建筑学及相关学科

（原著第三版）

[希腊] 安东尼·C·安东尼亚德斯 著
崔 昕 汪丽君 舒 平 译

中国建筑工业出版社

著作权合同登记图字：01-2004-3930号

图书在版编目（CIP）数据

建筑学及相关学科（原著第三版）/（希）安东尼亚德斯著；崔昕，汪丽君，舒平译．
北京：中国建筑工业出版社，2009
ISBN 978-7-112-09707-4

Ⅰ.建… Ⅱ.①安…②崔…③汪…④舒… Ⅲ.建筑学 Ⅳ.TU

中国版本图书馆CIP数据核字（2007）第175334号

责任编辑：董苏华
责任设计：赵明霞
责任校对：李志立 关 健

建筑学及相关学科
（原著第三版）
［希腊］安东尼·C·安东尼亚德斯 著
崔 昕 汪丽君 舒 平 译
*
中国建筑工业出版社出版、发行（北京西郊百万庄）
各地新华书店、建筑书店经销
北京嘉泰利德公司制版
北京富生印刷厂印刷
*
开本：880×1230毫米 1/16 印张：28 字数：896千字
2009年1月第一版 2009年1月第一次印刷
定价：**89.00**元
ISBN 978-7-112-09707-4
（16371）

目录

第三版序

建筑
是一个独特的机会
来向上帝、社会和人
表示尊敬
赞美自然
升华思考
创造情感和幸福
改善生活方式。
创造建筑
有很多主要的方法：
光线、空间、墙体、色彩、材料
但在创造建筑的
整个过程中
我们应该保持
真诚、关爱和投入
不是为我们
而是为我们建筑的
未来使用者

里卡多 · 莱戈雷塔（Ricardo Legorreta）
墨西哥城

第二版序

建筑是我们生活中的一个组成部分。它影响我们每天的经历和行为。在其最简单和最直接的形式中，它遮蔽、保护我们，并使我们生活舒适，而在其最崇高和诗意的方面，它表达了我们最高的文化追求并触动我们的灵魂和精神。建筑包括了所有时期的伟大纪念物，如陵墓、宫殿和庙宇，力量和权力的象征以及由那些居住于其中的人们修建并维护的朴素的村落和小村庄。

在今天的动态世界中塑造建筑决定的力量比以往任何时候都多样和复杂。在我们的公式中人们很容易忽略或者忘记人的因素。阿尔多·凡·艾克（Aldo Van Eyck），一位出色的荷兰建筑师，提醒我们在做设计决定的时候要对使用我们的建筑物和城市的人们予以关注。凡·艾克的话是说，“如果人们将人加入到空间和时间中，人们得到的就是场所和时机。”要求建筑师创造出支持、改善和关心人类世俗和宗教的活动的建筑物和场所。

城市、建筑物和景观现在是并且一直是文化和经济动力的结果。在最后，一个社区得到它所期望的、要求的并且可能应得的物质环境。建筑师负有提倡这些文化动力的使命，这些动力支持了这些相应建筑物和活跃、激荡的城市的设计和规划。不幸的是，太多的东西只是出于短期的收益而建，即便为其自身的利益着想的话，也有很多改进的空间。在很大程度上，我们依赖于公共区域来控制和管理物质环境的整体质量，我们城市的基础结构。不幸的是，人们常常缺乏要求所有参与者提高工作质量并为将来制订先进规划的远见和意愿。

专用建筑物，不管多么优雅和令人信服，光靠它们自己是不够的。就像人，他们需要成为一个社区的一部分，一个宏大而满意的整体的一部分。接近这个目标是一个巨大的任务。它要求建筑师、景观建筑师、规划师和其他设计专业人员从事创造性的研究……一个没有尽头的旅程。

在这条路上有必要正视和理解私人和公共双方的价值。需要提出一些挑战性的问题，“是不是寻找根源的国际主义或区域主义？它是‘时代精神’还只是一个时尚？技术是一个工具还是我们这个时代的表现？浪漫的记忆还是乌托邦般的幻想？住房是市场经济还是不太富裕的人们的安居问题？城市应该有更多的步行道还是应有更多的车行道？”这些只是困扰我们大家的美学、技术、社会－文化、经济和政治问题中的几个而已。

安东尼亚德斯教授写出的是一部关于建筑的综合性著作，充满了信息和洞察力。它是面对所有客户以及专业人员、学生以及富有经验的建筑师的旅途中的一个合适的旅伴。

George Anselevicius，FAIA
建筑和规划系主任
新墨西哥大学

前 言

"建筑是对世界现实和人类生存的一种直接表达。"

——尤哈尼 · 帕拉斯马（Juhani Pallasmaa）

现在是学习建筑学的一个非常激动人心的时候。这是一个可以预见目前进入学校的学生最终会有所作为的时候。20 世纪的最后一个十年中我们很清楚地了解了过去发生的事情。建筑师现在很清楚历史的重要性。我们已形成了自我批评的谦逊态度，并且避免了许多执业建筑师曾在 20 世纪 60 年代初一直受其熏陶的现代运动的教条。而且我们变得更开明、更具包容性、更大胆并更富有经验。

20 世纪 70 年代中期随着后现代主义的出现及它对建筑界和实践的影响而出现的激烈争论，以及在后现代主义与现代主义、后现代主义与解构主义等等之间的论战和两极分化，已经将我们带到了现在的"和解"边缘。我们正处于建筑师倾向于发展、很容易接受两种方法中积极的一面的阶段，这不是"现代"或"后现代"的问题，而是合成两方面最佳部分的问题。我们对现代先驱们有很详尽的记录，通过具备质量非凡的视觉和信息的书籍和发表物，我们可以很容易地接触到 20 世纪的"杰作"。

我们现在对一些建筑师们有了更中肯的研究，例如阿斯普隆德和阿尔托，他们在很多年中默默无闻，而另外一些人，例如柯布和密斯却被极度美化。相比那些不得不自己创造方法发展自己的上一代，我们具有一些非凡的方面"更容易"成为更好的建筑师。在过去，建筑师们将其发现隐秘不发，并且将他们的理论和创作工作神秘化。与此相反，今天在学术界和实践应用方面有一种"分享"的气氛。

建筑师们开始越来越成为更关心"环境"的建筑师， 尽管近来"环境"一词在创办学校的计划书和学校命名中已经被贬低。

室内设计和景观建筑设计，以及与建筑始终相关和相连的学科，也有了相当的发展。这些专业发展出了自己的专业特点和理论，并且很多项目已经真正将其放在了与建筑平等的地位。至少近来在美国实践的城市设计和城市规划中，在没有好的建筑师、景观建筑师和室内设计师的信息输入时，在统计、社会学或计划方面不可能独立。有太多的城市室内空间，如购物中心、旅馆大堂等等，都需要专业室内设计。今天的设计中确实有团队的实践。没有任何一个致力于设计出一个计划周密的建筑物的建筑师认为，不要室内设计师和景观建筑师的平等参与，他（或她）可以自己做到这一点。格罗皮乌斯倡议的“设计中的团队实践”在最近的实践中已经成为无可争辩的事实。所有这些都是近年来辩论和政策的结果。我们每一个人也许都各有风格上的不同见解，但对今天大多数建筑师来说，把建筑物看作“客观实体”是不可思议的，正像考虑建筑物而不整体考虑一样：室内、建筑外壳、就近地形和更广阔的环境等共同代表了一个有机协调、相互联系的实体。建筑物作为一个综合的环境行为，在其中，环境的所有方面共存，是大多数严肃建筑师的目标。

这些事件的大多数正面状态来自许多人的努力，包括学术界和实践界。后现代和解构主义的指导者使建筑设计中从未受到重视的新关注成为焦点，例如“比喻”、“转变”、“建筑与文学的关系”等等，而学生、年轻的从业者和合作的客户的努力已经用他们的项目创造出实在的证据。

作为教师和执业建筑师，本书笔者时刻以创造性进程和建筑专业学生为重，回顾了我们时代的建筑大事并对它作出了贡献。这本书目前重新校订的版本是一个对建筑学及相关学科在20世纪90年代中转变的理解文脉之间关系的合成回顾。

构成笔者个人论点基础的基本前提是：不管时代态势和流行风尚如何，当建筑师逐渐摸索而形成“包容性”建筑学时；当他们在许多“协同设计师”的帮助下着手创造出于多层次设计考虑的综合行动的“有形”和“无形”的建筑物时（这些协同设计师可能在其特有的设计任务中比建筑师们受到更好的锻炼），和环境息息相关的建筑学最终将应运而生。这种演变的整个创造过程曾在本人所著的《建筑诗学——设计理论》* 中讨论过，它可以被用作目前这个综合探究的合理序列。

在这个世界上建筑的“包容”范例是无数的。一些个人，例如冈纳·阿斯普隆德（Gunnar Asplund）、阿尔瓦·阿尔托（Alvar Aalto）、约恩·伍重（Jörn Utzon）、雷玛·皮蒂拉（Reima Pietilä）、埃罗·沙里宁（Eero Saarinen）、拉尔夫·厄斯金（Ralph Erskine）、尤哈·莱维斯凯（Juha Leiviskä）、克里斯蒂安·古利克森（Kristian Gullichsen）、尤哈尼·帕拉斯玛（Juhani Pallasmaa）、里卡多·莱戈雷塔（Ricardo Legorreta）、冈纳·比克兹（Gunnar Birkerts）和安托万·普雷多克（Antoine Predock），设计了一些具有前所未有的形式魅力且有意义的内容的项目，它们在周围结构和整体环境方面也很中肯。可以想像，笔者的个人建议受惠于这些典范。

笔者相信在“环境”方面包容的方法一定是而且大有希望成为未来建筑设计的格局。这本书涉及了今天的建筑中最基础的问题；学生们应该知道的基本概念、术语、演变中的基础、杰出人物和设计学科之间的相互联系。在这些基础上，学生们可以建立后继的建筑演变中的下一个且更复杂的层次。

建筑是一个正在变化的演变过程，并且对以一个想成为“有环境意识”和“包容”的建筑师的人，热情和章法缺一不可。

安东尼·C·安东尼亚德斯

得克萨斯州，阿灵顿

* 《建筑诗学——设计理论》，“国外建筑理论译丛”，中国建筑工业出版社，2006年10月出版。——编者注

致　谢

我要对施莱格尔（Don P. Schlegel）表达我的感激之情，因为他给了我开始这个研究的初始动力，并且将它介绍给新墨西哥大学阿尔伯克基分校的学生们。

还有一些其他的人，如教师和同事，也值得我感谢，因为他们教育了我、激励了我，并且试着帮助我去“体会”。这些人是 Panagiotis Michelis，我在雅典时的美学教授；Victor F-Christ Janer，我在哥伦比亚大学时的设计课教授；Percival Goodman 和 Harry Anthony，也在哥伦比亚大学，以及英国的 Nathaniel Lichfield。我还要承认保罗·鲁道夫的贡献；我有幸看到了这位大师如何工作并且深入探究了“同步”方法。

我希望进一步提及我与一些非常关注此书的建筑师和教师的重要性：新墨西哥州的 Bob Walters、已故的 Baimbridge Bunting 博士、Michel Pillet 和 Jane Abrams；得克萨斯州的 Martin Price 和 Andrzej Pinno；希腊的 Theodore Panzaris、Constantine Xanthopoulos 博士、已故的 Laskarina Philippidou Bouras、Alkistis Tricha 和 Nicholas Cholevas 博士；日本的石井和纮（Kazuhiro Ishii）；墨西哥的里卡多·莱戈雷塔（Ricardo Legorreta）和以色列的泽维·黑克尔（Zvi Hecker）。得克萨斯大学阿灵顿分校的 Alice Kennedy 和 Cindy Smith 给我的尝试提供了极大的帮助，他们总是帮助我整理手稿并输入计算机。

在这个校园中的我的一些大学一年级的学生，如今已是已有几年实践经验的建筑师了，他们在此书的成型过程中曾是我最主要的挑战者。我非常感谢下列这些得克萨斯大学阿灵顿分校的学生们的帮助，他们在此书的最初阶段阅读了手稿并提供了改进建议。这些人是 Marianne Andrews、Penelope Hudson、Larry Joe、Susan Long、Alice Love、Lionel Morrison、Charles Northington、Kathleen Payne、Kathie Robinson、Javnne Seeburger，Linda Ann Smith、Marsha Schwob 和 Denice Thedford。最初的阅读和支持还包括我的实验室助手，Eddie Brooks、Donald Harrington、David Browning 和 Aaron Farmer。

最后且同样重要的是，我希望提及并感谢许多未提名的同事，他们作为评估人替代出版商在本书的修改过程中提供了有建设性的意见。正是这些同事的支持和其建设性的反馈使得所有的努力和牺牲都是值得的。

我感激所有这些人。但是没有任何人对这里所表达的理念和解释负有责任。本书所有缺点的责任全部在我。

安东尼·C·安东尼亚德斯

献给 Tassia 和 Costas，我的父母双亲和分散在各地的我的学生。

作者简介

安东尼·C·安东尼亚德斯（Anthony C. Antoniades）是得克萨斯大学阿灵顿分校的建筑学教授。他曾是华盛顿大学圣路易斯分校的建筑学客座教授，新墨西哥大学建筑与规划的全时讲师，并且曾在伦敦大学教授城市设计课。

安东尼亚德斯出生于希腊，在雅典国家科技大学、哥伦比亚大学和伦敦大学受过教育。他是美国建筑师学会、美国规划师学会和希腊建筑学会的会员，他曾在SOM事务所和纽约市保罗·鲁道夫的事务所工作过。安东尼亚德斯教授还拥有自己的设计事务所，并在新墨西哥州、得克萨斯州和希腊有自己的设计作品建成。

安东尼亚德斯教授著有很多建筑和设计方面的文章，用英语、日语和希腊语发表在国际的各种文献上；他还著有《现代希腊建筑》、《建筑诗学——设计理论》和《壮丽空间》，第一部为希腊语，后两部由Van Norstrand Reinhold 用英语出版。

安东尼亚德斯教授是一位游历广泛的学者，一位关心包容性建筑设计教育并具有眼光的优秀建筑教育家。他相信当西方的潜力与地中海的设计态度和人文学相结合时，当设计师由“折中主义”转向“包容主义”模式时，“环境道德观”和“环境设计方法”会大有用途。

导 言

"外在世界的复杂性等同于内在世界的复杂性。"

——乔治 · 曼塔斯 (George Mantas)

"影响当代决策制定的诸多可变因素简直超出了哪怕是最有才智的人的驾驭能力。"

——克里斯托弗 · 亚历山大
(Christopher Alexander)

什么是环境设计?

今天，我们习惯于称我们所探究的学科为"环境设计学科"。那些实践它们的人们则被称为"环境设计师"。

"环境设计"指的只是解决和实践建筑及其相关专业设计时的一种思维状态，它们用一个相互作用、相互关联的方式来处理人造和修建的环境。考虑到这个传统方法，在我们对独立的设计学科进行研究之前，重要的是要尽可能地弄清楚什么是"环境设计"，什么是"环境"和"设计"。

"环境"一词有两种含义，一个是物理的，一个是生物的。物理的含义认为环境是"环绕着我们的一切事物"[1]，而生物的概念则将其理解为"任何人或生物生存或发展的状况；改变和决定生命或个性发展的影响的总和"。[2] 上述有关环境意义的含义两者结合起来为此词在本书的应用提供了理解基础："环境就是环绕着我们的一切事物， 它影响我们的生活和个性。"

"设计"一词常常被认为是意义自明的，但它的意义要比"环境"一词复杂得多。对于不同的人它意味着不同的意义。它常常是指"人类解决面对的问题的智力预想"。你会经常听见人们说他们计划做"这事或那事"。我们可以说这些人正在脑子中对其面对的问题进行"设计"。有可能他们会将其想法用更具体的形式表现出来：即“计划”或“方案”以便进一步的实施。[3]其他人也许会联系相应专业人士来为他们准备计划或方案。这里习惯于将这些专业人士称为“设计师”。一个主意的初步想法或脑子里的想法的这个概念是设计的关键成分。一个准备好的计划、方案或描述性的文件都可以表现一个想法，但它不是想法本身。因此我们可以说设计涉及的是人创造处境或事物的预想，而这个创造将会改善某些处境或改进以前人使用过的东西的性能。现在，一个设计是许多可能的设计中的一个；我们选择能对我们的问题提供最佳解决办法的一个。最佳的解决办法能使人们，无论在物质上还是在精神上，在他们所创造的新处境的约束下或在应用新事物时生活得更轻松。

人们可能自己设计并建造一些东西以供自己使用；或自己设计并请他人为其建造；或委托他人为其设计并建造；或者最后购买那些由他人设计并已经建造好的东西供其使用。在上述任何一种可能性中，设计关注的是想法、创新、改善处境、优化外在影响，最后，通过设计创造物的应用来改善生活。在消费社会中，这些设计被称为“产品设计”。

因此，在上述背景的范围内，环境设计是涉及我们的预想、观念、想法的设计，它们有关改善我们的需要以及围绕着我们的一切。这个定义明确地显示了环境设计师工作的困难性。

对一些人来说，正是这种可以涵盖我们周围任何事情的设计学科的想法听上去很肤浅。他们会争辩说，产生一个能够解决所有与人类和谐发展有关问题的人，一个环境设计师，是不可能的。人们还可以进一步争辩说，要求一个人具有解决所有面对人类及其环境问题的知识和专长，不仅是困难的而且也是不公平的。这些争辩都是正确的，如果我们真的期望创造这么一个人的话。即使把一个人的一生都投入到学习与环境有关的所有知识领域中去，毕生也不可能完成此项教育。但是人们并不期望着一个环境设计师能够成为各方面的专家。“环境设计师”一词最近被用来区分一些在自己的领域中被称为专家的专业人士，他们理解与其他设计领域的相互关系。不仅如此，这些人执著于一种信仰，那就是在解决任何问题时，多方面和相互协调的方法是必不可少的；不管它们是生态的、物质的、心理的或是经济方面的。

迈向环境设计的第一步是要有被越来越多的人追随的倾向，尤其是年轻人，这些人站在环境的立场上；他们关心环境，而且他们支持“环境议题”，我们称他们为，他们也自称为“环境主义者”。任何一个关心人造环境处境的人都是环境主义者。下一步则是积极参与，要求有一定知识的觉醒并且发展各种环境学科的词汇。这就能使人踏上成为环境设计师的正确道路。

成为环境设计师的最后一步是要对环境保持敏感。一个人必须要明白目前那些引起环境不平衡并且引出现在的环境设计想法的问题。这些问题是设计师们必须小心处理的关键点，以便避免任何学科对环境产生的副作用。

一个与环境相关的设计模式，不仅必须考虑到特定学科的自身要求，而且还要考虑到它与环境有关的标准的关系，这些包括普遍的和特殊情况下的要求，即环境限制的偶然情况。

环境设计的范畴

环境设计的定义显示出环境设计师任务的艰巨。但是，目前当我们谈到环境设计这个新兴专业时还有胆怯的意味。许多人甚至会怀疑它的存在，或者它能否发展成为一个主要专业。这本书的基础是坚信这一学科是绝对必要的，而且最终它会发展成为未来文明发展的最重要的学科之一。尽管，很明显今天许多人依然持怀疑态度，并且初入门的读者会马上提问，即这个设计的巨大探究是否能提供有关环境设计方面的负责任的知识。在回答这些疑问时，我们应该解释清楚，发展这个学科的任务是巨大的。

大学是我们今天所知道的最广博包容的环境教育者。在校园里有许多分散的环境保护课题。今天的真正环境设计师应该是电话号码簿中的黄页！所有的专业人士、所有的专家、所有的企业家、所有的知识分子、理论家、实干家和思想家，都是环境设计师。我们不能自欺欺人地认为只有某一个人才有资格配称“环境设计师”。环境设计师是所有“设计师”的总称，是人类所有的人。

只有当今的文明时尚才把一小部分学科归类到这个包容性的术语“环境设计”之中。这个时尚在闭合的探究范围内关注环境。

所以，如果从黄页中去除所有其他的“环境行业”，只留下那些与传统建筑业有关的，这样我们得到的就是我们现时文明所谓的环境设计。它包括了那些小于、等于或大于人的尺度的设计范畴。这个环境设计的范畴是：（1）物件设计；（2）家具设计；（3）室内

环境设计的范畴 **表 I.1**

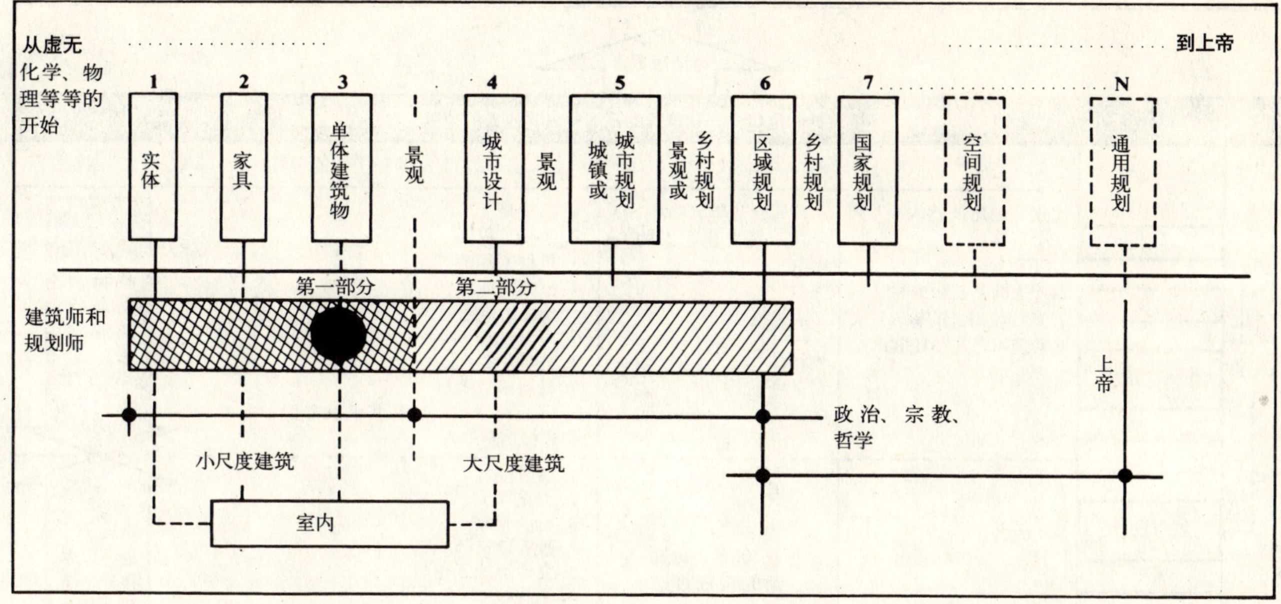

设计；(4) 单体建筑设计（在此书中即为建筑设计领域）；(5) 景观设计；(6) 城市设计；(7) 城市规划和 (8) 区域规划。任何在上述领域中工作的专业人士目前都被称为环境设计师。其中一些设计范畴实际上是非常古老的，如涉及单体建筑物的范畴。无数带有不同倾向的专业人士会在各自独立的设计领域中找到任务，并且每个设计领域中产品的设计周期长短不一。

通过去除所有其他行业和学科的过程，这个巨大的探究工作就会容易一些。当一个人研究环境设计时，航空器和航天器的设计毫无疑问地会被首先想到。但你会在这本书中发现，笔者只讨论了他认为有资格写的一部分设计领域。在这里所讨论的不同领域的共同特征是人类和自然界所具有的偶然情况的环境问题。但是“人”是主要因素。在这里所展示的环境学科的基础，以及所有其他各学科的基础，是人。

读者应该认识到，每个设计师的关注点，每个设计方法论和每个设计实践应永远把人类的利益放在首位。如果做到了这点，那么他就处于相互联系不同的学科，而且设计出以人为导向的、恰当的设计作品的正确道路上。

本书将介绍前面所说的环境设计范畴，如表 I.1 和表 I.2 所示。第一部分通过环境设计学科中建筑的视角来介绍环境设计的语言及概念。这样做有两个目的，一是方法上的并且与最基本的学习过程有关，而另一个目的是实用性的。从逻辑演绎的角度来讲，在学习过程中最容易理解的东西是那些既不太近也不太远，既不太小也不太大的东西。[4] 在环境设计范畴中，建筑不像家具设计那样小，也不像区域规划那么大。从实用角度讲，建筑成品尺度足够大，能使人在其内部和周围活动。这两种可能性（生活在内部和外部）给人一种完整的个人经历，使人能够深入地研究一个环境并且更容易了解其基础。[5]

此探究的第二部分致力于所有其他环境设计学科，即，景观或室外建筑、室内设计或室内建筑、城市设计、城市规划和区域规划。国家规划和更综合的规划超出了我们在此书中涉及的封闭式的自然环境范围。

现在理解在本书中需要陈述的各学科之间相互关联的关注是很重要的。之所以必须是因为人类已经有太多的、与其周围环境毫不相关的“宏伟”建筑物，城市设计的新产物及其构成部分，如公路等，常常毁坏了历史环境和社会环境。许多景观建筑的作品，如大面积的空地等，已成为犯罪和心理疏远的陷阱。许多室内设计及其陈设完全忽视了使用者的需要。最后许多以前的城市规划和区域规划的原型已经成为人们忧虑的原因而加剧了浪费。因此重要的是将产生目前普遍环境堕落的时代问题呈现出来，同时，这些问题已经提出了相互关联设计的需要。根据这一讨论，我们将继续关于建筑的介绍和研究。

建筑师和其他设计师的范畴 表I.2

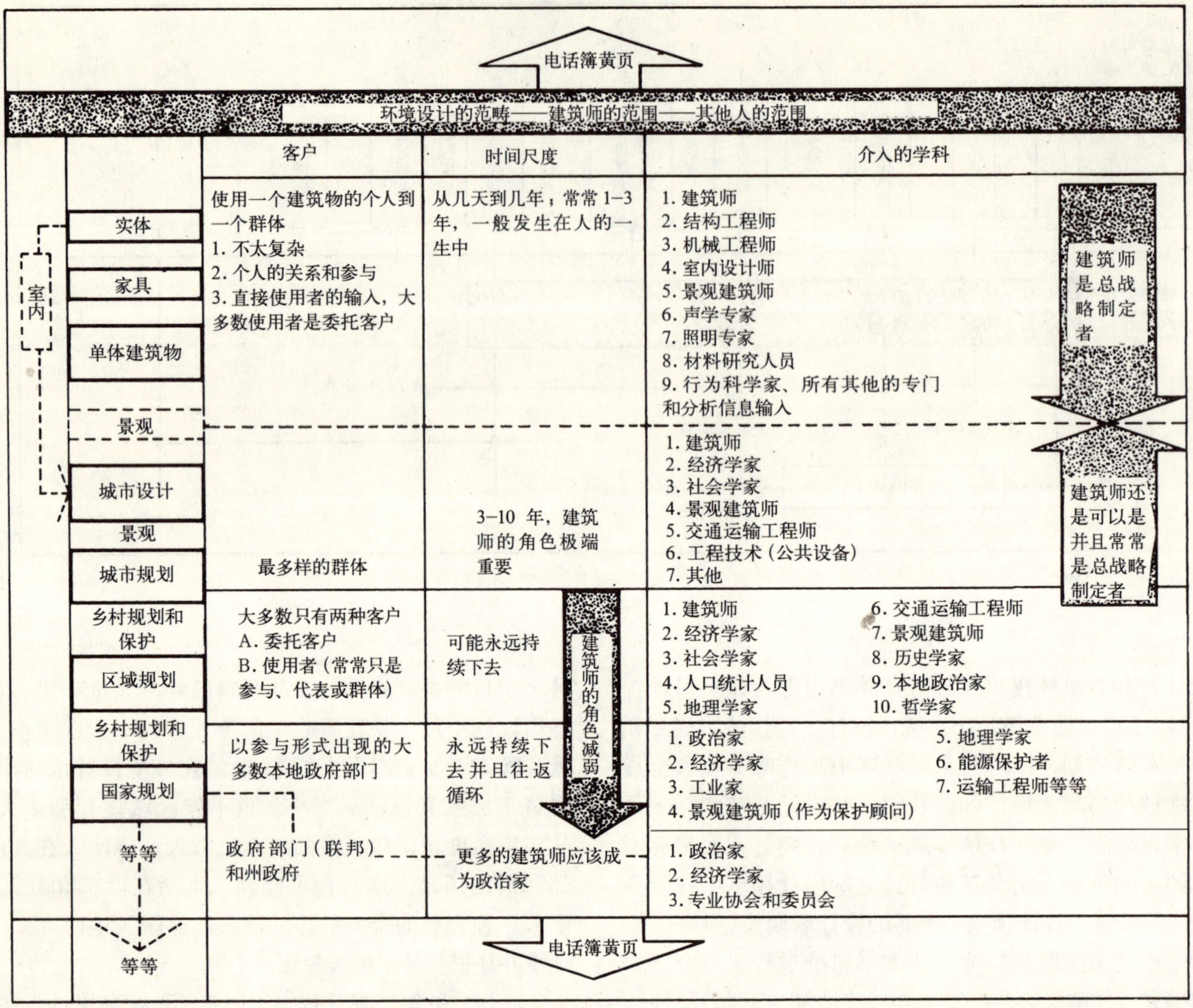

电话簿黄页

环境设计的范畴——建筑师的范围——其他人的范围

	客户	时间尺度	介入的学科	
实体 家具 单体建筑物 （室内）	使用一个建筑物的个人到一个群体 1. 不太复杂 2. 个人的关系和参与 3. 直接使用者的输入，大多数使用者是委托客户	从几天到几年，常常1–3年，一般发生在人的一生中	1. 建筑师 2. 结构工程师 3. 机械工程师 4. 室内设计师 5. 景观建筑师 6. 声学专家 7. 照明专家 8. 材料研究人员 9. 行为科学家、所有其他的专门和分析信息输入	建筑师是总战略制定者
景观				
城市设计 景观 城市规划	最多样的群体	3–10 年，建筑师的角色极端重要	1. 建筑师 2. 经济学家 3. 社会学家 4. 景观建筑师 5. 交通运输工程师 6. 工程技术（公共设备） 7. 其他	建筑师还是可以是并且常常是总战略制定者
乡村规划和保护 区域规划	大多数只有两种客户 A. 委托客户 B. 使用者（常常只是参与、代表或群体）	可能永远持续下去 （建筑师的角色减弱）	1. 建筑师 2. 经济学家 3. 社会学家 4. 人口统计人员 5. 地理学家 6. 交通运输工程师 7. 景观建筑师 8. 历史学家 9. 本地政治家 10. 哲学家	
乡村规划和保护 国家规划	以参与形式出现的大多数本地政府部门	永远持续下去并且往返循环	1. 政治家 2. 经济学家 3. 工业家 4. 景观建筑师（作为保护顾问） 5. 地理学家 6. 能源保护者 7. 运输工程师等等	
等等	政府部门（联邦）和州政府	更多的建筑师应该成为政治家	1. 政治家 2. 经济学家 3. 专业协会和委员会	
等等				

电话簿黄页

环境平衡

"环绕着我们的一切东西"。这包括自然的和人造的东西。一些围绕我们的东西离我们很近，另一些则远离我们。我们周围的物体中某些成分是极近的，甚至我们的思维也是我们周围物体的一部分；它来自我们的内心世界，是我们心灵的产物，而且有时它还会充满在空气中。我们能感觉到它。在许多语言中的一个常用表达方式是"你的思绪飞到哪儿去了？"一个人的思维氛围围绕着他；他的思维影响他的个性、他的外表、他的紧邻环境，以及他与他人的关系。环境，自然的或人造的、很近的或很远的，始于我们的心灵和大脑并终于无限的宇宙。

有几个历史上的文明经历过环境和谐发展的繁盛顶峰时期。古希腊的黄金时代为其中之一。意大利文艺复兴时期是另外一个。历史上许多人——诗人、哲学家、政治家——曾经批评过有害环境平衡的做法，他们提倡相反的做法。亚里士多德、达·芬奇和托马斯·莫尔（Thomas More）是过去我们能称之为"有影响的环境综合主义者"的代表人物。巴克敏斯特·富勒（Buckminster Fuller）是由类似忧虑的一类人近期的一个好例子，他们对人造环境的议题有相当的贡献。

在历史上，环境平衡是从环境不平衡发展来的，而且这样的事也能发生在今天。

除了极少数的几个国家外，世界的现状基本上呈现的是环境不平衡的状态。幸运的是，我们现在开始认识到这种现存的不平衡。地球上不同地区的许多人开始关注环境问题，正是这些问题引起了这个认识并与环境设计观念的需要密切相关。认识到引发一个问题的原因[6]的下一步是解决这个问题。因此我们可以说，尽管缓慢，但我们确实是在通向解决现存环境问题的结论的道路上，而且我们会再一次达到环境和谐的繁盛顶峰。这个由下几代人经历的时期也许会比人类上一次经历的环境和谐顶峰（即意大利文艺复兴时期）持续时间要短；这是因为在今天，事物发展的速度要比过去快得多。但是如果一切顺利的话，这个即将来到的新的环境和谐时代会覆盖比文艺复兴时期大得多的地理范围。

引起今天环境问题的原因很多而且很普遍。最重要的一条与人类难于从乡村生活转成工业化城市生活有关。继而由于人类难于从工业化生活转成后工业化时代和目前的电子时代生活，问题被进一步恶化了。工业社会的第一个环境问题是在英国发现的，其原因是产生污染的工业厂房附近不卫生的住房条件。工业时代英国的贫民窟提供了19世纪环境污染悲惨状况的第一批例证：工业法忽视工作环境以及对妇女和孩子的雇佣。缺乏适当的立法引起了一系列致命的工业事故和增高的童工死亡率。这种情况首先被大不列颠医学界的人士发现[7]并由他们以及一些社会思想家引起了公众的注意，其中最著名的是恩格斯，他们倡议改变整个工业环境，包括物质方面和社会方面。这些第一批英国环境保护主义者打破了平静。政府通过了旨在改善工业区和贫民窟环境的立法。

这些变化并不是在一夜之间发生的。首先通过环境卫生法和公共设施的应用，贫民窟变得卫生了很多。继而发展成为“工业园”，即预先规划好的工业－居住区；最后贫民窟被更卫生的、在更大程度上更尊重人的英国“新城镇”的小区环境所代替。在随后的时间里发生了很多环境运动。花园城市运动要求“城镇环境”将城市发展与空地规划相结合，并且通过慎重的设计，将工业区与生活区分开。英国及其在危害性环境问题上日益觉醒的故事是此论题的重要历史资料。

从英国最近的经验所学到的证明：即使最恶劣的环境错误也能被更正过来，并且通过适当的立法、共同的环境道德观和时间，环境可以被净化。在通过了禁止在壁炉烧煤的有环境意识的立法后，伦敦重新找回了蓝天，由燃煤引起的著名的“伦敦雾”已成为历史。英国还做到了重新净化泰晤士河。禁止货船下河航行及控制工业废弃物排放的环境立法使河水重新赢回清水和游鱼成为可能。

环境平衡中最大的障碍是由不同的人或国家对自由这个概念的不同解释的相对性引起的。在一些国家中，人们也许会认为自由的定义就是对个人没有任何约束。在不干涉主义的极端例子中，人可以随心所欲地为所欲为，而且当工业化和对自然资源的开发伴随着无限制的利润动机时，人们会经历到环境不平衡中最恶劣的情况。对环境“物质”方面的不经心行为会对其“生物”方面（见前面定义）造成负面影响。在许多打着“改善”和“发展”旗号的，以牟利为目的的行为中，植物、动物和人类的生态常常被牺牲以致灭绝。许多这种例子出现在环境方面的文献和媒体报道上。所有这些对自然界的生态进程都带有不负责任的态度，而要做到环境平衡的话，那么自然界生态进程的各个方面都需要受到尊重。丛林和森林、河流和湖泊、水源和土地都已经被许多我们不经心的开发所破坏。自然环境变成了“上帝自己的垃圾场”[8]，过去很少有人想过更好的做法也许是“改建垃圾场，调查森林情况，而不是毁林搞建筑”。[9]

20世纪70年代的“能源危机”是环境不平衡的典型例证。难得的燃料短缺引发了对能源问题的广泛关注，并且将公众的注意力引到了节约能源上。它成为20世纪70年代早期各国家和国际的忧虑，并且从此成为全球性的环境问题。

能源危机是由许多因素引发的。其中最重要的是：(a) 对稀有燃料能源的无计划开采；(b) 人类对私人运输工具日益增长的需求（私人轿车取代快速公共交通系统）；(c) 除石油外无法运用其他能源；(d) 城市新拓居地形式无节约能源的意识（无计划的非中心化、无计划的延伸、分散）；(e) 缺乏能源道德观和 (f) 整体上缺乏环境道德观。

能源问题极大地推动了人们对环境设计的关注。1973年在全球被定为“环境年”。研讨会、展览、演讲和媒体报道将公众注意力转到了环境主题上。许多国家开始建立针对环境问题的立法。美国政府建立了环境保护委员会，并且通过立法来要求任何有可能引起环境危害的开发计划都必须准备环境影响综述。基于此经验，我们可以认为任何具有环境意识的计划都应该本身具有自明的环境影响。20世纪70年代的“能源问题”还提出：如果设计师们灵活、以环境为目标，并且如果他们以积极的和全身心的态度对待变化的关注和价值，那么会大有好处。

图I.1 私人汽车：无计划地延伸和能源浪费

图I.2 在其使用期内它们能消耗多少能源？（左图，摄影 Craig Kuhner；右图，摄影 Richard Scherr）

斯堪的纳维亚地区的国家给环境态度的研究提供了一个范例。在它的自然界和人造环境中有一种“生机勃勃的两重性”，并且双方能和谐地共存。这些国家的人口密度不高，因此解决其环境问题的办法就容易一些（图I.5，图I.8）。日本可以作为目前人口密集国家的样本（图I.6，图 I.7）。人们应该考虑到日本极多的人口，目前相当于美国人口的一半，却居住在相当于加利福尼亚州大小的地理面积上。更有甚者，居住在城市范围内的人口只占了所有土地的20%，其余的土地则保持其自然状态。这个国家城市化的部分由最复杂的公共交通系统连接着，并且生活充分利用所有20世纪的发明创造，同时还保有传统遗产的意识。

与人口密集和高度城市化的日本环境奇迹相反，在绝大多数其他国家，人们会发现一系列的问题。例如美国，尽管其宣称对环境关注，目前在环境废弃物

图 I.3 在技术不够发达的技术文化中汽车的地位：一个展示物而不是一个城市空间的浪费物［墨西哥的普埃布拉城（Puebla）］

图 I.4 汽车的另一种使用方式（摄影 Richard Scherr）

方面仍居世界前列。看上去不公平的是美国的人口，虽只占全球人口的 5%，却消耗（浪费）着全球每天消耗能源的 30%。[10] 我们可以得出结论：对个人自私的强调而不是公共权益的优先是造成今天许多环境堕落的一个主要原因。

环境不平衡的原因

下面是在世界上许多地方引起了我们看到的环境不平衡的因素的一个总结。

主要原因

1. 对自然界生态进程的不尊重；
2. 在使用稀有能源时不经心的操作；
3. 对个人价值而不是公众价值的强调。

次要原因

自然的

4. 与环境不和谐的有形规划和发展的方法；
5. 偏向于人类居住地无计划延伸的方案；
6. 自然环境的污染——空气、水源和噪声——源于对环境净化和健康环境的不经心的活动；

7. 强调物质性的解决方法而忽视生活的社会、经济和心理方面；

8. 不尊重并破坏了许多城市环境中古老的和历史的环境。

社会的

9. 所有的社会问题，例如失业、犯罪、教育质量、出生率和过度拥挤；

10. 社会偏见，例如种族和性别歧视，加上许多人不情愿改正它们；

11. 工业国家目前的人口流动性，由此产生的持久的暂居状态，妨碍了人和环境发展永久性的联系；

12. 创造者和使用者的匿名性，在目前的实践中，由此排除了创造者和使用者之间的接触。

经济的

13. 当考虑环境发展的最佳战略时，对金钱的强调而不是对生活质量标准（或人的需要）的强调；

14. 私人开发商和金融机构的牟利目的伴随着政府缺乏环境控制；

15. 宣传过程、公共关系和广告常常把对环境不好的产品介绍给公众。

政治的

16. 政治的本性常常鼓励片面和／或短见的解决方法，服务于政治的权宜之计而不是长期的环境和谐；

17. 在所有已知的政府系统中公用部门的腐败；为了个人经济利益或政治利益，这常常“扼杀”那些对环境有利的计划中有利的部分；

18. 大多数政治人物的政治与环境错位。这是由于大多数政治人物的短期个人目标与应考虑的环境的长期目标相冲突。

道德的

19. 缺乏规划，缺乏设计，缺乏能源道德观，缺乏环境道德观，缺乏解决环境问题的相互关联的手段和方法；

20. 不尊重传统的和区域的进程；许多国家在进步和发展的旗号下牺牲了过去环境中的经验教训；

21. 设计师有时的短见和他们有时对单项环境问题的强调而忽略了环境相互之间的联系。现代建筑的历史有很多例子可以证明这一点。最突出的例子是许多建筑师有时对外观形式的关注，只注重视觉上的美感而不能满足使用者的需要。表 I.3 所示的基本考虑和改善，将最终帮助设计师扩大其个人的能力范围，逐步丰富其思考参数，并且最终成为“中肯的”和更“包容的”设计师；

22. 许多知识分子，尤其是年轻人，急于在艺术和建筑方面发明新的运动和呼唤革新，而不给以前的想法一个成熟和全面发展的机会；

23. 对决定性的问题有时缺乏考虑。在设计细节和局部方法上浪费时间和精力。例如，许多建筑师看上去不关心大的问题，如“教育”、“住房”或“城市”，他们明显只关心怎样选择“风格”、“细节”和“装饰”或“有趣和好笑之间的区别”以及其他个人的问题，而不是普遍的、重要的问题；

24. 现代人日益增长的愤世嫉俗，伴随着浪漫主义的彻底消失和精神错位的倾向。目前的艺术运动常常产生如“美即是丑”的教义，并且接受堕落的现状为生活和愉悦和谐的表达方式的替代品。

教育的

25. 缺乏对公众的环境教育；

26. 相对于今天的环境危机，环境教育专业人士缺乏充分的教育；

27. 从工匠技艺转向工业技术，但极少强调环境创造的科学教育。

上述总结在不同情况下可以进一步扩展。单个的环境不平衡是由不同系列的原因引起的。环境评论家应该点明这些问题。设计师应该考虑这些问题以避免对其设计造成有害影响。任何设计，如果它要真的对环境有利，那么它应该符合以独特环境情况为特点的一套标准。从这种意义上讲，成功的环境设计只有通过一定的设计努力才能实现，这种努力应该考虑最普遍的环境标准以及各环境设计学科必须符合的小范围标准（例如见表I.3）。各种标准最理想的相互关系应该是能够尽可能完善人们与所计划作品的未来的关系的那一个。

如果上述论点可以被接受的话，环境设计的方法总的说来就可能很简单。此书建议的环境设计方法论的模式是：第一，它将涉及各单项设计学科及其固有的设计标准；第二，它涉及最普遍的环境标准的调查；第三，在“以人为本”的积极态度下，它将解决上述

图 I.5　斯堪的纳维亚的例子：乡村和城市，在环境和谐中的高密度和空地

图 I.6 日本的乡村：城市－乡村连续体的清晰的双重性

图 I.7 日本精心设计的人造环境和自然的平衡

图 I.8 自然和人造环境中清晰的双重性，但又和谐，是这个芬兰环境的关键特点。阿尔瓦·阿尔托设计的赛于奈察洛(Säynätsalo)市政厅，1952 年(摄影 Constantine Xanthopoulos)

有环境意识的设计表　　　表 I.3

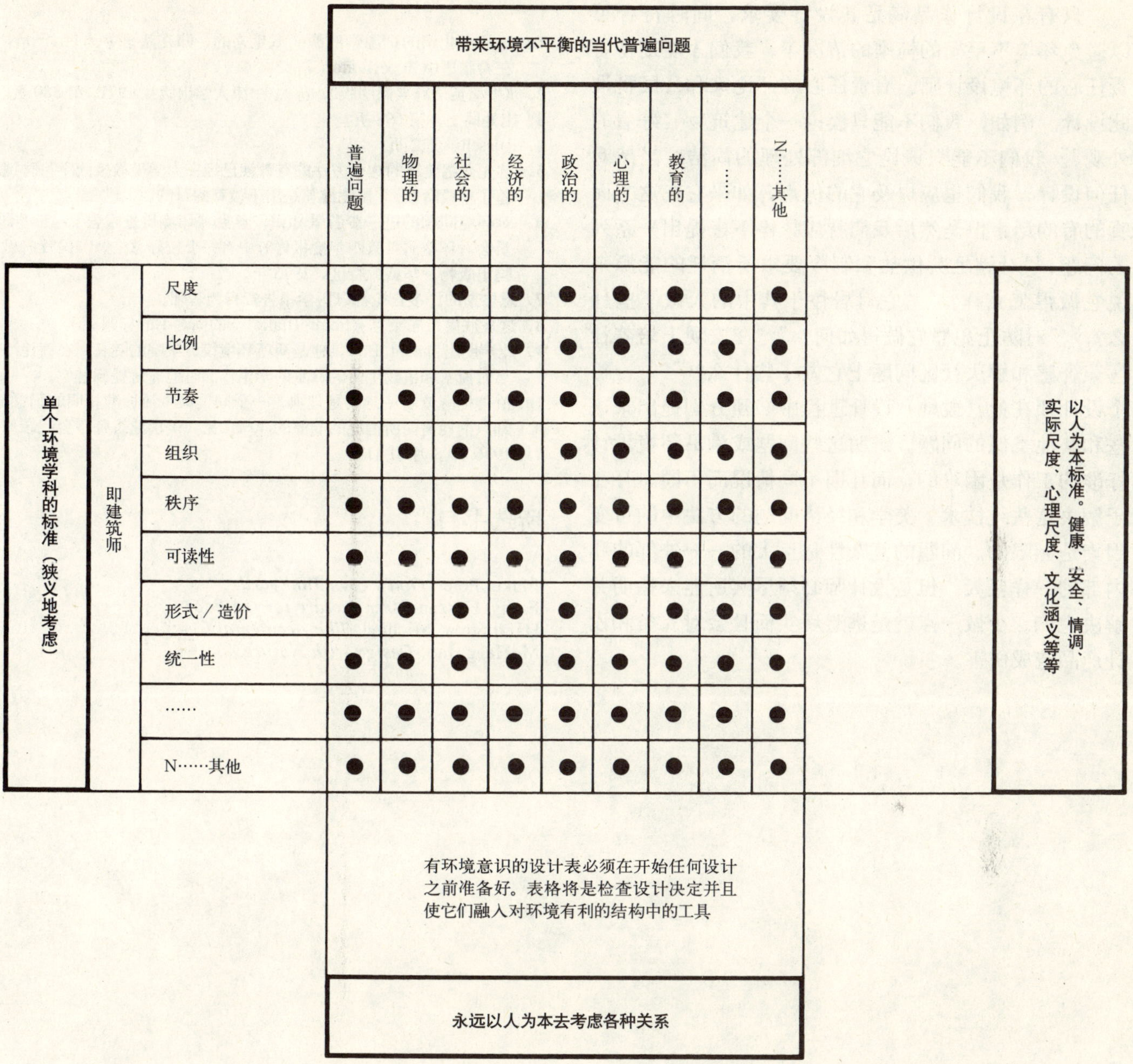

带来环境不平衡的当代普遍问题

单个环境学科的标准（狭义地考虑）即建筑师

	普遍问题	物理的	社会的	经济的	政治的	心理的	教育的	……	N……其他
尺度	●	●	●	●	●	●	●	●	●
比例	●	●	●	●	●	●	●	●	●
节奏	●	●	●	●	●	●	●	●	●
组织	●	●	●	●	●	●	●	●	●
秩序	●	●	●	●	●	●	●	●	●
可读性	●	●	●	●	●	●	●	●	●
形式／造价	●	●	●	●	●	●	●	●	●
统一性	●	●	●	●	●	●	●	●	●
……	●	●	●	●	●	●	●	●	●
N……其他	●	●	●	●	●	●	●	●	●

以人为本标准。健康、安全、情调
实际尺度、心理尺度、文化涵义等等

有环境意识的设计表必须在开始任何设计之前准备好。表格将是检查设计决定并且使它们融入对环境有利的结构中的工具

永远以人为本去考虑各种关系

两方面关系中存在的问题。

只有在设计作品满足其设计要求，同时符合可以避免环境不平衡的标准的情况下，我们才能期待有责任心的环境设计师、有责任心的评论家和公民批准此设计。例如，我们不能只谈论一个建筑物“好看的外观”。我们不能只谈论它细部处理的简洁。当然对任何设计，我们也应提及它的优点，如果它在这方面真的有的话；但是然后我们就应该停下来提出一系列的问题：“对满足其供热和制冷要求所消耗的能源来说它做得怎么样？”“它对居住于其中的人做了些什么？”“对防止犯罪它做得如何？”“在宏观上培养社区荣誉感和解决社区问题上它做了些什么？”……每个设计师在他（或她）设计过程中必须分别提出来这些和其他类似的问题。辨明这些问题或满足环境设计标准的工作是困难的，而且因不同情况而不同。存在于解决这些纯技术、美学和经济问题的方法中的可变因素是无限的。问题的复杂性是巨大的——外部的和内部的一样巨大。但是设计师必须尽其所能来指明并解决它们。少做一点就是逃避现实而且会对人类和设计产品造成伤害。

注释

1. 这是由此词的词源学的源头派生来的，即在法语中为 environ；在希腊语中为 perivalon 等。
2. 《牛津英语辞典简明版》，卷 1，牛津大学出版社 1971，第 880 页。
3. 出处同上，第 698 页。
4. Russell，第 2 页。
5. 首先介绍建筑的这个方法的有效性已经在大学里教授此学科时试验了一段时间。 在此推荐是出于教育的目的。
6. 对环境问题的进一步背景知识，参见“环境质量报告”。在《委员会对环境质量第四年度报告》中有一个较好总结。美国政府机构出版物，华盛顿特区，1973 年。
7. 恩格斯的许多言论都以医学报告资料为基础。
8. 这是彼得 · 布莱克（Peter Blake） 的同名书的标题。
9. 此声明出自 Hal Box，他是两所环境设计学院的院长。在评论缺乏对树木和植物生命的尊重的学生作品时他有时提到过它。
10. 值得提醒读者注意的是瑞典，一个同美国生活标准相同的国家，却只消耗美国所消耗的能源的 40%。见《美国建筑师学会纪录》，1976 年 8 月 31 日。

所选书目

Blake, Peter. *God's Own Junkyard.*
Fathy, Hassan. *Architecture for the Poor.*
Harrington, Michael. *The Accidental Century.*
McHarg, Ian. *Design with Nature.*

第一部分

建筑学

第 1 章

建筑学简介

“如果太阳没有照到建筑物上，那它永远都不会知道它有多伟大。同样道理，人们必须考虑建筑……”

——路易斯·康[1]

什么是建筑学?

让一些门外汉来定义建筑是一件很有趣的事。有些人会告诉你："建筑就是画平面图，"或者"建筑就是设计房子，"或甚至是："建筑是很多东西。"建筑是很多东西，就像在其进化过程中被建筑师们理解和定义的那样。

建筑是一门学科、一个专业和一种思想。建筑是文化的一个指数。在不同的文明和政治背景中建筑会以不同的形式出现。"建筑不仅以实用经济的方式进行建造，而且还在情感上吸引着有不同见地的欣赏者，从而最终创造出一个人造的环境。"

很多重要的建筑师，如勒·柯布西耶都具有对建筑的这种鉴赏力，史上第一位建筑学理论家维特鲁威(Vitruvius)首先阐明了建筑学的要义。

建筑是一门旨在从不存在或无联系的各成分中合成、组织并产生秩序的学科。建筑是对混乱和单调的补救。建筑要求"诗一般的布置"；它是一个带有诗意的行为。[2]

建筑是聚在一起的很多东西。一些东西是有形的，另一些是无形的。一些东西是可见的，另一些是不可见的。如果所有这些东西，有形的或无形的、可见的或不可见的，相互之间并且与其余世界处于一种平衡的和谐中，组成一个有用且升华精神的整体，那么这个整体就是"建筑"。

建筑保护生命、健康和财产，并且促进公共福利。[3]不幸的是，目前建筑只是现实海洋中的一滴；[4]但是"建筑可以等待成千上万年，因为它在这个世界上的存在是不可毁灭的"。[5]如果不同的学科能以有用、迷人和升华精神的方式来和谐地"创造"有形的实体，那么它们就帮助创造了"建筑"。室内设计、景观建筑、城市设计和所有其他相关的学科实际上都是建筑。尽管其中的一些作品比其他的要"大"。因此建筑在体量规模上有所不同。它取决于创作物的实际有形尺寸，取决于组合在一起的"许多事物"的数量，取决于将它们放在一起所需的时间，还取决于使用这个创作物或所创环境的人群数量。

依其体量，建筑有两种基本的尺度或范畴。

1. 小尺度或私密尺度的建筑，是指从一个使用者到一个家庭的使用关系或单体建筑物的使用关系（这是大多数实践者所认为的"建筑"）。

2. 大尺度建筑，是指多于一栋建筑物的关系（这常常被称为城市设计）。

为了便于实践，这两种基本的建筑体量的尺度又被进一步细分为专门的关注，例如涉及室内的情况和涉及室外的问题。室内设计和景观建筑就是这种创造性的工作。它们代表的是在技术发达国家中专业的进一步完善，同时在某些古老文明，例如日本、许多地中海的乡土文化以及20世纪一些最富影响的建筑师的作品中，它们是整体创造性工作中的一部分。

建筑处理的是解决各种关系的复杂系统的结论，这些关系包括了参与任何建筑创造作品的性能表现的各种关系。从这种意义上讲，建筑是解决系统关系问题的学科。在任何建筑工作中都必须满足的主要相互关系如下：

1. 建筑特定的工作（任何尺度的）；古老的、外部世界的联系；即创造物（建筑物）的位置与其周围环境、社会环境和经济背景的联系。

2. 建筑特定的工作与功能要求的关系。功能不相冲突在过去已成为教义。

3. 建筑特定的工作与其自身所产生的形式间的关系（一件建筑新作品的形式代表的是加入到环境中的新实体，它有正面的或负面的影响）。

4. 建筑特定的工作与"其设计的经济性"的关系。

一个建筑作品＝回应环境的各种限制＋功能＋形式＋经济性

由于上述公式中各因素的复杂性，建筑是一个非常复杂和困难的工作。然而这种困难加强了建筑师对一个有意义的作品的最终满足感。P·L·奈尔维(Pier Luigi Nervi)，一位也许比许多好的建筑师更能领会建筑真意的意大利结构工程师，在谈到建筑的困难性和满足感时写道："没有任何一个创造性的工作是如此的耗时和困难，因为没有其他的表现语言（词汇、声音、色彩和雕塑形式）像建筑一样难对付，因为它来自许多限制而且与功能的、静态的和施工的特性相连。"[6]克服这些困难是为了达到一点以使功能、形式、经济和所有其他的环境限制结合到一起以达到一种"均衡的折中办法，并且在能够表达建筑意图的形态和体量之间达到自发的相互和谐……"[7]。

在建筑的演化过程中，曾有过一些建筑师和运动，他们不惜牺牲其他部分的代价以强调建筑的某一组成部分。那些强调形式的人被称为形式主义者。那些强调功能的人被称为功能主义者。对经济的强调同样也引向功能主义。对“所有其他环境限制”的强调，20 世纪 70 年代初期的一个症候，则被称为以过程为导向的建筑。由此转向完全的“非建筑化”（de-architectural）[8] 的立场。对建筑真正的关注不应该为任何“主义”留有余地。一个建筑师应该避免这些带有偏见的态度；他或她应该代之以对奈尔维所说的“均衡的折中办法”感兴趣。

因此建筑的主要目的应该是满足整个建筑公式中的所有因素，能够超越平凡，能够激活情感，并且能够将精神升华到美化人类生活的真意和精髓的层次上。这才应该是建筑；而且建筑的目标应该是一个振奋人的行为。与每个创造性工作相联系的无可比拟的满足感和能够在文明进程中作出贡献的这种升华灵魂的感觉是建筑师们最大的回报。[9]

一些人着实花了几年的时间才真正领略和定义了建筑的意义。很多好的建筑师花了很长时间才有了自己的理解，且随着时间逐渐发展，并以其作品为其时代的建筑演化作出了贡献。我们今天的所有例子都表明了所有好的建筑师都是长期努力、对其学科不间断地关注，并且不间断地与建筑及人类问题对话的结果。

要成为一个建筑师，仅仅会给建筑物“画平面图”是远远不够的。是的，一个建筑师必须知道怎样画图，理想的情况应该是会速写并且能画得很好；这会有很大的帮助。一个建筑师必须懂得建筑语言，它是以制造正确且合理的表达方式为基础的；因此一个建筑师必须学习设计的原则和元素。然后还必须学会怎样制定计划并使想法成为现实。一个建筑师因此还必须懂得结构方面、建筑机械设备方面以及材料和施工方法等方面的知识。建筑师还应该非常懂得一个建筑物的用途。他（或她）应该不仅能够设计室内而且能够设计室外，他应该着眼环境和谐及周围该关注的方方面面进行设计。他应该了解现存的问题并且在设计中考虑它们。最后他还应该永远记住他不是单独的，而是社会中的一员；因此他的创作应该服务社会的需要而不是他个人的需要。

已经很清楚，建筑不仅仅像它以前被理解的那样只是“形式、功能和经济”，而是还要加上“回应其他一切事情”。这使它成为一件更综合而且明显地要求更高的事情。立志追求这种意义的建筑的建筑师以及努力以此为宗旨来实践的建筑师就是一个“包容的”建筑师。“包容性”是通过建筑方面正规的学习或通过许多年非正规学习或学徒的经验来达到的。但通过学徒这条路在今天这个专业和设计都非常专门化的时代是很困难的。今天的学徒关系缺少以前的建筑师通过与大师工作所得到的综合的参与和训练，那些大师往往有相对小的事务所并且对其所做的事将能有全面的控制。

但是不管用何种方法学习，目标是学，学好而且正确地运用它。但是，学习不应该只是得到知识并把它盲目地运用；它应该还包括找出所学知识中的合适部分并且懂得怎样运用它。用浅显的话说，应该常常提出什么是“好的”和什么是“坏的”这个问题，还要努力，而且是不间断地努力来思考和回答它们。因为这个原因，任何有创造力的人，首先应该对“诗学”建立一个健康的基础和态度，或用更通俗的话，即这一学科的“美学”。这将培养建筑师爱质询的态度（即好奇）并有希望帮助他设计更加接近“完美”的作品（在过去美学被称为 Kalologia[10]，即“评论什么是好的”）。从某种意义上讲，相比较其他创作性的艺术家，这给建筑师的肩头放了一副巨大的担子，因为建筑师的作品如果不“好”，就会对人类的利益有巨大的负面影响。美学是建筑作为创作性和诗意行为的广泛基础，而且由于这个原因，它必须被看作是任何进一步学习语言要素或最新水平的建筑的基础。

……一个人应该进一步让门外汉或学生解释所有这些事物：“有形的”、“无形的”、“室内”、“室外”、“建筑语言”、“设计法则”、“使用者的需要”、“技术性的考虑”、“环境限制”、“包容性”、“美学”……

……我会在本书试着分析这些事物，希望我不会失掉我的坚强信念，那就是，建筑首先是“一个诗意的行为”……并且……如果任何事情出了差错，如果任何琐事介于其中，我会要求你们不打扰我，这样我也许能够回到我的思绪上来——闭上眼睛，再回到诗中，在那里，我能感觉到真正的自我（而且同时我又是不存在的）。在诗中，所有的一切都在，所有的一切都在一起并且是独立的，“在其各部不可分离并通过设计重新结合在一起。”[11]

注释

1. 路易斯·康,《建筑》,Tulane 大学建筑学院,新奥尔良,1972年(无页数)。
2. 上述陈述的资料和分析性讨论可以在很多人的著作中找到,包括维特鲁威、文艺复兴时期的作者,例如阿尔伯蒂、菲拉雷特、瓦萨里、帕拉第奥和 20 世纪的作者,杰弗里·斯科特(Geoffrey Scott)、伯纳德·贝伦森(Bernard Berenson)、弗兰克·劳埃德·赖特、勒·柯布西耶、格罗皮乌斯、密斯·凡·德·罗、吉迪恩(Giedion)、拉斯姆森(Rasmussen)、Gauldie 以及其他。还可参见 Antoniades,1973 年(1)。
3. 建筑概念是根据美国建筑法和规定。详细参考:《建筑法和规定及规则》,新墨西哥州建筑师考试委员会,1971 年 6 月,第 78 页。
4. Antoniades, 1975 年(1)。
5. 路易斯·康,同上。
6. 奈尔维,1965 年,第 108 页。
7. 出处同上。
8. Huxtable,1976 年(2),第 52 页。
9. 请参阅 Gauldie 著作第一章,1972 年。
10. 在德国学者把“美学”一词介绍给世人之前即在古希腊以外广泛运用的古希腊术语。更多的资料详见 Varnalis,1958 年,第 11 页;Michelis,1977 年;Tatarkiewicz,卷 I,II,III,1970 年,1974 年。
11. 摘自 Yannis Ritsos,1975 年,第 32 页。

所选书目

Aalto. *Sketches.*
Gauldie. *Architecture.*
Labatut. *An Approach to Architectural Composition.*
Rasmussen. *Experiencing Architecture.*

第2章

建筑学与美学

“1971年的建筑学的发展状况乃是一场强烈的混乱……在定义和实践中，到底什么是建筑？……其时的争论是风格与反风格、过程与结果……另外一些人则反对任何种类的建筑形式……在纽黑文，一个时代的真正信号，一个反抗和革命的标志已被重新振兴。两年前继激烈批评之后神秘地遭到火灾，而且被拒绝作为艺术家作品的，保罗·鲁道夫设计的耶鲁艺术与建筑学院，在修复之后重新对学生开放了。他们宣布他们倡议承认此楼为‘人类精神的宣言以及一个理想的人类文化的表现’。看上去像是建筑又回到了流行阵线。”

——阿达·路易丝·赫克塔布莱（Ada Louise Huxtable）[1]

（摄影 Jay Henry 教授）

这段建筑学论述是阿达·路易丝·赫克塔布莱（Ada Louise Huxtable）对美国20世纪70年代早期建筑状况的描述。它确实是处在一种混乱和怀疑的状态中。[2]

在20世纪70年代中期这种混乱更糟。[3]到20世纪70年代末期这种混乱达到了顶峰。几乎同时流行的一些书，作者如布伦特·布罗林（Brent Brolin）、查尔斯·詹克斯（Charles Jencks）、雷·史密斯（Ray Smith）和彼得·布莱克（Peter Blake）[所有这些书均是继一本早一些由布鲁诺·赛维（Bruno Zevi）[4]所著的意大利语书籍而出现的]，挑战了20世纪的现代建筑运动至当时所做的一切，它向每个人宣告现代运动的末日，并且宣布一个新纪元，即后现代建筑纪元的开始。[5]在实践和学校中的对话日趋白热化。许多人指出了20世纪初现代建筑运动诞生的真正原因（即大规模生产、新技术、新材料等等），以及后现代主义的矫揉造作，因为它缺乏构成它的一切的重要动力。另一些人则成为后现代主义的热烈支持者，因为它的新自由、新形式和它所允许的折中主义。在后现代主义被引进后两年，学生杂志《Crit》提出了最全面的反对辩论。[6]它提醒学生和建筑师们并呼吁人们所说的"回到章法上来，远离时尚的陷阱"。

尽管如此，在世界范围内，各商业建筑出版社继续发表想法并且授予一些建筑师一些建议奖项，尽管在任何正常的情况下，那些建议会被归类到反人类、受虐狂或甚至是疯狂的一类。尽管智力辩论是发展的先决条件，但是让很多人沮丧的是，许多受宣传的建筑和许多"杰出人物"在20世纪80年代的建筑著作却都以"自我主义"为中心。其中的许多是打着"建筑是一门艺术"、"为使用者的建筑"等等的旗号，但是实际上，它只是以自我为中心，自我服务为目的的幌子。"建筑是一门艺术"这个观念似乎已经淡化了，今天许多时尚的建筑文章创造了许多无意义的、不可理解的莫名其妙的话来迷惑这个论题——从而迷惑学生和公众。建筑评论变得微不足道，常常带有商业和推销性的偏见，并且在许多情况下是浅薄的。[7]许多建筑师、专业组织甚至学校都在寻找"术语"和设计诀窍。尽管这些东西中很少是有用的。

这一切的结果就是建筑在建筑师手中失去控制。许多重要的建筑项目被设计得很粗俗，并且一些建筑术语，如"美学"、"艺术"和"社会"失去了意义。它们仅仅变成商品促销商和以牟利为主的开发商扩大的词汇表中一些多出来的无意义的词汇。"建筑是一门艺术"对大多数人来说不意味着任何东西。"为什么我要雇一个建筑师仅仅给我画几张平面图？"……这会是一个想要兴建中等尺度的建筑物的人马上提出的疑虑。"……如果我能画平面图，或雇一个'设计师'来做，为什么我非要用建筑师？" 确实存在一些公司或私人客户支持建筑是一门"艺术"，但是他们常常会被减税的奖励所激动而不是"艺术"。

在世界上很多地方确实存在建筑是一门艺术的情况，但是尤其是在20世纪的美国，一个人所能遇到的好的建筑只是环境现实中的沧海一粟。美国许多最好的建筑和最好的建筑师都是默默无闻的。值得一提的建筑寥寥无几。尽管不断产生了一些好的建筑，即具有智慧和教育基础的产品，然而许多人，包括许多建筑师都已经忘掉这个职业中美学的作用。一个人必须时时记住，美学涉及的是知识，艺术涉及的是行动，美学使美哲学化并为艺术评价制定批评法则。[8]美学应停止意味"外表"[9]或"立面"。艺术应该重新成为艺术。如果不这样，那么建筑师应该放弃建筑而去做包工头，以牟利为主的开发商、"设计师"和绘图匠……。人们常常听到建筑师说这样的话："我这是为了美的原因；这个颜色对这个建筑物的美观来说不合适；……美化；……不合时尚；……不是好的美学。"这些话都是无意义的、浅薄的。学生们应该从零做起并严肃地努力；有付出才会有回报。

想成为建筑师的人们应该有个有意义的开端。如果他们依然只是一个消费者，那么他们最好弄明白他们在消费什么。人们需要开始理解为什么做他们所做的事情，而且为什么想要他们所想的东西。

……不管怎样，在Ada Louise Huxtable写下"看上去像是建筑又回到了流行阵线"时，她也许没有错。

什么是美学？

"美学"关注的是什么是"好"（在希腊语中，kalon）、什么是艺术，它的起源和演化是什么，它在社会生活中的作用是什么且应该是什么的问题。[10]建筑美学指的是建筑方面的上述所有观点。"美学"一词派生于希腊语aesthetiki。Aesthetiki来自动词aesthanome，意为"去感觉"。因此这个词也许会被误解为美学，不仅因为它与被特定艺术作品唤起的感觉相联系（即视觉－精神－知觉的感觉），而且与"什么是好”的整个探究相联系，包括物质和社会的方面。这是为什么 kalologia（对什么是好的探究）是一个比单方面的词“美学”更合理的术语，“美学”一词是从希腊语中借来的，并在大约200年前由德国哲学家鲍姆伽登（Alexander Gottlieb Baumgarten）介绍给西方世界。[11] 不管怎样，人们应试着尽可能综合全面地理解建筑美学的观念 。

根据过去200年间我们所理解的传统美学，通过欧洲和美国美学家的分析，整个美学探究可以归类为4个基本方面：物质性的，涉及此词“情感的唤起”的方面；历史性的，关注的是艺术的演化进程；社会性的，关注建筑作品在社会中的作用；批评性的，则是有关什么是“好”，有多好和为什么的叙述。本书涉及的所有事物都是美学探究的一部分。在下面一部分，我们将初步关注建筑美学的4个基本方面，尤其将注意力集中在社会性的方面，因为这是在上两个世纪的美学中被许多建筑论文普遍忽视的一面。[12]

美学探究

情感的唤起

美学探究的一个主要部分有关情感：视觉的、精神的和知觉的。它试图理解由某些艺术作品所唤起的情感以及为什么。例如，为什么一个建筑物立面各实际尺寸之间的某种关系能产生一种安全和稳定的感觉而另外的则不行？为什么一定的有形布局被一个人认为是平静的而另外一人则不？为什么某些作品会唤起恐惧、焦虑、冷漠等等的感觉而其他的却不？为什么某些作品会使一些人微笑或大笑，同时它又会抑制另外一些人甚至使其产生厌恶感？在了解这些“为什么”的尝试中，美学也从所欣赏的作品中得到了丰富。它用普遍的方式积累知识并且进行组织以便在创作未来的作品时有所帮助。从这种意义上讲，美学具有分析性的一面，而自然科学则是以分析性为特点的。

在审美辩论的过程中，人们会遇到“想法”和“概念”，这些在作品创作中是最基本的东西，因此美学涉及想法和概念以及解决视觉、精神和知觉问题的描述性尝试。美学预先假设情感的敏感性与整个实际经历的现实有关系。[13] 进一步，它要求具有将唤起的情感理性化的能力，以及将结果用其他人、艺术家和观众能理解的方式清晰地表达出来的能力。我们可以肯定地说：“任何有关艺术的哲学化的讨论即是美学。”[14]

批判

但是这点需要在一个批评态度的框架内完成。批判是美学的中心，而且建立在合理的审美基础上的批判是艺术演化的先决条件。美学和批判是所有艺术的神圣基础。

要成为一门特定艺术的评论家，一个人必须首先具备该艺术的知识。要成为一个艺术家，一个人却不必非要是一位审美家；许多艺术家不认为他们需要清楚说明其决定的“原因”，或其创作的动机。马蒂斯（Matisse）的话极富特点：“当你的手与你的大脑脱节时，你就能画好了。”[15] 同样布拉克（Braque）也说过：“在艺术中惟一重要的事情是不可解释的东西。”[16] 这些想法人们能常常听到，但不应忘记马蒂斯和布拉克都是天才，因此他们的格言也仅仅对天才才适用。

许多人同意真理的多样性的观点，并且有人会认为即使天才也需在审美论证上进行思考，尽管他们意识不到。他们的艺术作品是他们在艺术创作过程中所采用的各种不同论点间有意识或无意识的对话。许多天才，例如毕加索，曾经憎恨别人用传统的批评法评论他们的作品；但是他们接受那些他们尊重并认为有资格的人们的好意批评。毕加索和布拉克之间曾有过一段高度戏剧化的审美辩论。这段诚实的对话的结果是立体主义画派的产生，这是20世纪的一个重要艺术形式，如果这两位画家不曾有过那些美学方面的智力辩论和冲突，那么也许永远不会有这个画派的形成。所以即使在天才的情况中[17]，我们也能感到美学影响的重要性。

当然，大多数人不是天生的天才，但是许多人却拥有天生的创造潜力，我们称其为有天分的人。但是如果没有美学论点的陶冶和坚持不懈的努力，天分也会永远停留在初级阶段。美学帮助有天分的人发展他们的天分。美学也能帮助在某一方面没有天分的人。这些人需要比有天分的人付出更多的努力，但是通过他们的参与和坚持，最终会弥补其先天的不足。也有可能有天分却厌恶美学且不持之以恒的人会失掉或永远无法发展他们的天分；而也可能且常见没有任何天分的人在艺术领域获得成功。

伟大的艺术家同时又是表达力非常强的审美家也是可能的。这些人会是一个学生所能找到的最好的老师。

美学的教育目的是在一种艺术或另一种艺术中为艺术家的发展提供基础。美学赋予建筑师其艺术的“智力工具”；这个知识来自关于建筑的哲学化的讨论。

历史的基础

这些讨论中的一些涉及以前的建筑。因此建筑史是审美探究的一部分。这同样适用于对当代作品的研究，对重要建筑师的作品的研究，对建筑及其他艺术的关系的考虑，以及建筑与其相关设计学科的关系的考虑。

人类的第一批审美家是早期的古代哲学家。美学和哲学的相互关系可以用伯里克利（Pericles）的一段著名的话来说明，他是帕提农神庙的建立者，他在其“悼词”中写道：他的雅典同胞[18] 往往“谦卑地追求艺术并且无畏地将其哲学化”。[19]

今天我们有极其丰富的关于建筑美学的文献。绝大多数好的作品是在20世纪早期写出的。[20]随着建筑的发展，随着建筑与社会和技术的关系的拓宽，审美探究也得到了发展。扩展审美探究以使其包括技术方面的考虑的建筑审美家是已故的雷纳·班汉姆(Reyner Banham)[21]。扩展审美探究使其包括城市化考虑的建筑审美家是文森特·斯卡利（Vincent Scully）[22]。而将注意力集中在环境心理学和建筑性能标准的审美家是詹姆斯·M·菲奇（James Marston Fitch）[23]。笔者认为这些人及其理论是建筑思潮更近期发展的关键。例如，如果有人寻找“美国后现代”的基础的话，那他应该归功于这些人。

对建筑师们极为重要的非建筑方面的审美家们是一些哲学家们（尽管在开始很难理解他们的理论）。例如，加斯东·巴什拉(Gaston Bachelard)，他曾著有《空间的诗学》；让·保罗·萨特（Jean Paul Sartre）曾写过综合性的论著《美学随笔》，主要谈论的是创作过程[24]；阿尔贝·加谬（Albert Camus）的著作《批评与抒情随笔》则部分涉及空间对人的意义；音乐家斯特拉文斯基（Igor Stravinsky）的作品《音乐的诗法》则是关于传统与现代建筑元素审美问题的第一手资料。[25]在发展全面的审美语言方面的必不可少的读物则是社会人类学者的著作。他们处理的是不同文化背景中观念与意义的问题。[26]挪威教授克里斯蒂安·诺伯格-舒尔茨（Christian Norberg-Schulz）从“意义”的角度来解释美学。他的著作为有关不同群体和文化背景的人们的美学问题提供了一个好的入门。[27]还值得一提的是，地理学家段义孚（Yi-Fu-Tuan）研究了“恋乡情结”（topophilia）的概念。即人类对一个地方的热爱，他还深入调查了美学中精神的先决条件。[28]

美学包含有关艺术方面的哲学化的讨论。但是建筑是一门服务人类的艺术。人是社会的一部分。因此美学应首先考虑存在于社会、艺术和建筑艺术之间的联系。对于上述问题，笔者认为米切利斯（Panagitis Michelis）在其著作《建筑作为艺术》中有一些很好的论点。[29]下面关于社会、艺术和建筑艺术方面的分析代表了笔者对他的赞同，同时也是米切利斯观点的改编以便适应此研究的入门性质。

审美探究的社会性

很明显人们的创造物是其需要的产物，包括物质和精神的方面。人类的作品常常服务人类。但是人生活在社会中；如果人们想与大环境和平共处的话，其作品应该服务他们自己和社会。人们的作品常常旨在满足他们。在某些社会中有些人在创造满足自身需要的作品时能得到更大的满足。在另一些社会中的另一些人则会在创造满足他人需要的作品时得到更大的满足。几乎所有的人在他人赞扬和钦佩其作品时都会感到满足。许多人希望社会知道他们的作品；他们需要表现和承认。与社会进行交流是创作性工作的一个更深层次的原因。出于这些原因，曾有争论认为交流的需要是暂时的，而原因及动机则是永恒的。“我们来了又走了，但社会却会永存。”还有观点认为“一个作品越个人主义化，它越与公共利益相对立，反之亦然”。[30]人们不一定非要同意上面的观点不可。但是人们会同意，一个建筑作品不应该与环境设计的集体范畴——例如城市设计和城市规划分开来考虑。建筑和城市设计，如果处理得好，能在私人（或个人）需要与一定公共次序的公共需要（或集体）之间创造平衡。

小尺度的建筑（单体构筑物的建筑）和大尺度的建筑（城市设计和城市规划），考虑个人和集体的需要，创造并维护社会成员间的和平共存。建筑及其相关设计领域的大多数作品以实用的方式服务人类；它们还满足人类的视觉愉悦。还有一些尝试，例如绘画、音乐、歌唱甚至建筑，不服务实用目的；它们甚至不服务金融利益。尽管如此，它们却能引起社会的兴趣和赞赏。这种非实用性的作品具有唤起情感的力量；它们有能力使人类超越日常琐事、超越自我的狭隘限制，并使他们感觉到集体的感觉。人们可以说，这就是艺术最伟大的目的，而且这是为什么建筑中最伟大的表现是在唤醒人类的灵魂并且能将“陌生人变成亲人”[31]的作

1
希腊、秘鲁等等
屋顶结构。墨西哥、新墨西哥、希腊群岛、北非等等
形式的通用性
2
在伯罗奔尼撒的防御型住宅，希腊
Vathevia：在伯罗奔尼撒的防御型村落，希腊
Svanetia 的村落，Caugasus 西部
3
西柏林大教堂
新教堂
从镇中心一侧的入口
废墟
新建筑物
考文垂大教堂
考文垂大教堂和西柏林大教堂。两个献给人类的伟大纪念物
4
剖面
实用部分：存放尸体
行进
存宝室："以往生活的辉煌"
平面
5
罗马的万神庙
平面
通过剖面采用自然光的经典例子
6
"崇高"
海底
7
T.V
技术形式
堕落

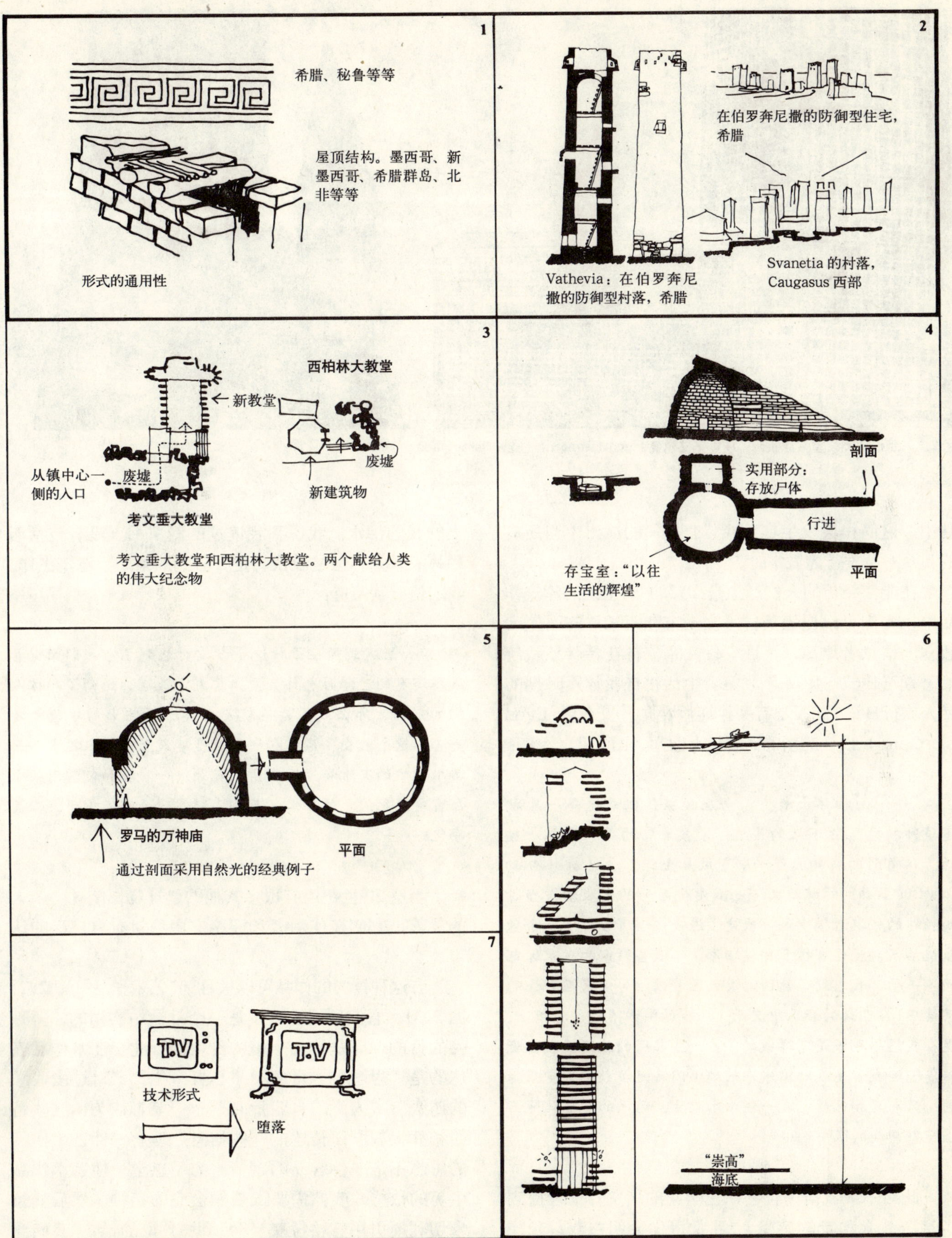

图2.1 美学概念(1)

图 2.2 西柏林大教堂。建筑师：埃贡·艾尔曼 (Egon Eiermann) (摄影 Hasan Tariq)

品中。这同样会发生在古代"悲剧"的演出中当所有的观众对英雄行为鼓掌时。[32]

在能使经历的人们产生崇高感的 20 世纪的建筑作品中，人们可以提出英国考文垂市和西柏林的两座大教堂。请读者原谅，下面一段文字摘自在希腊独裁统治时期（1967—1974 年）笔者生活在自我放逐时期的私人旅行日记。此段是有关建筑师埃贡·艾尔曼(Egon Eiermann）设计的新的西柏林大教堂（图 2.2）。

"……西柏林大教堂。一座废墟；但是这是一座被建筑师特意保留下来的废墟。紧挨着它的是一个很一般的、八角形的新的大厦……管风琴上弹奏着巴赫（Johann Sebastian Bach）的赋格曲……我走进敞开的大教堂，当时西柏林的旅游者很少……我走了进去……家乡处于一个独裁统治下。我已有很多年没回家了。我当时以为我永远都回不去了。我想到了德国的其他独裁政治……我在自己的思绪中，在巴赫的音乐中沉湎……我的泪水落到了地板上。现在我想起地板是怎样做的了：一些晶莹的玻璃镶嵌在瓷砖内……我看见我的泪水在玻璃上闪着光。教堂里空荡荡的；只有我和巴赫。我一任泪水流着。闪烁的群星从地面上反射回我的眼中……"

此后不久我给一位艺术史学家的朋友写信时提到了这个教堂和我的感受。"我觉得你会明白我。我想告诉你建筑及其对人的影响，"并且我提到了闪光地面上的我的泪水。我说到我读过的教科书上没有包括西柏林大教堂；但是我很肯定我看到的是一个建筑杰作。我的信继续写道：

"如果建筑师在设计这个教堂时想到了当人们倾听管风琴演奏的巴赫时也许会哭，想到了废墟，想到了柏林人们的残酷，那么我认为他就是世界上最伟大的建筑师之一……这个教堂、废墟和新大厦是建筑上的格尔尼卡——格尔尼卡的灾难和油画左角的花朵——废墟和教堂内某个秘密角落里闪光的晶体。花朵、哭泣、诚实、希望、心灵净化……"[33]

当然 20 世纪还有很多其他的建筑物影响过一个人的灵魂，它们在使用者和评论家中绝对有更广泛的认可。

有这种神力的作品可以被称为"艺术作品"(图 2.2，图 2.3)，它们所满足的不是一个社会中实用的、暂时性的目的，而是社会永恒的价值。因此，艺术作品表达的是"思想"、"希望"、"心灵净化"、"对过去残忍的谴责"、"人类的自我批判"……笔者认为，这些是西柏林大教堂所传达的一些信息。理解一件艺术作品的思想不是一件容易的事情。为了感觉一件艺术作品中美的情感，我们需要试着领会它的精神。然后就像米切利斯引用苏格拉底（Socrates）说的话："我们会爱上它，与它成为一体"[34] ……艺术作品吸引我们就

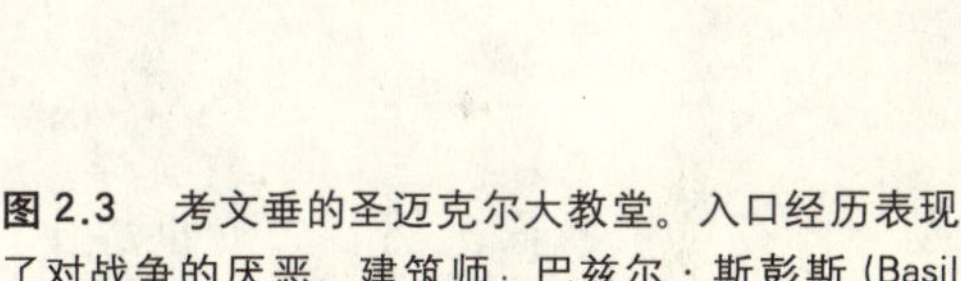

图 2.3　考文垂的圣迈克尔大教堂。入口经历表现了对战争的厌恶。建筑师：巴兹尔·斯彭斯（Basil Spence）爵士，1951—1962 年

像一块吸铁石吸引一个铁环一样。它会吸引所有其他的铁环直到产生一个铁环的金字塔，在这个金字塔的顶端就是诗人的灵感……[35] 创造者、画家、音乐家、建筑师的灵感。

理想情况下，艺术作品应是这样的：通过观赏它们，人们有可能理解作品的精神内容。只有在这时一件建筑艺术作品才能从其服务目的的需要中解放出来。超出实用需要而变成了某些精神需要的表现，即其表达出的精神需要。

艺术常常被认为是我们全球大家庭的通用语言。艺术是只有人类才会的事情。在某些未来的时候，当我们的生活变得越来越复杂，并使我们彻底忘记且完全看不清我们的原始人性时，艺术会提醒我们，我们还有一些积极的价值，我们还是好的，我们还是人。如果我们认为这是必须的，如果我们承认我们正在渐渐远离自我和人类，那么，作为建筑师，我们有责任将我们的职业重新当作艺术来对待。我们必须为社会做我们所能单独做的一切，并将我们的作品贡献给世界；就这样创作并费力地形成精神艺术作品，它将最终使我们感到再一次联合在一起了。它将使我们再次行动起来，并且快乐地声明：建筑作品触动了我们内心的、本性的、人的心弦（图 2.4）。

……然后建筑才应是为人们服务的一个工具，为人类的兄弟般的团结的一种手段，一个心灵净化的

图 2.4 旧金山的室外雕塑。破碎的混凝体构件和水：大地震的破坏和继续的生活

激励……在这个我们茫然若失的世界中。这应该是建筑作为艺术的立场，而且这应该是建筑与社会的关系。

但是建筑师们怎样才能达到这些目标呢？有时人们会问："所有的一切非要全是建筑的吗？所有的一切非要全是好的吗？有些作品只是为了使用，并不是每一个东西都能成为永恒的作品。"一个建筑师应该这样回答："是的，每一个事物都可以被注入艺术性，建筑师应赋予每一件作品生活的真谛、创造的精神。"当创作者没有做到这一点时，当他们没有对其艺术负起责任时，失败的作品就产生了。

创造美的建筑

建筑师的主要关注应是创造能超越日常琐事而成为艺术的作品。大多数建筑作品，像人类其他的大多数作品一样，满足了一些实用需要。从这方面，一些基本的问题必须要先做出回答：怎样才能使建筑作品超越实用性而上升到精神境界？什么时候一件满足实用需要的作品能引起美的愉悦，从而拥有自身价值——这个价值能表达其内在精神而且培养人们从艺术作品中所得到的"共同的联合"？有无可能在任何作品中做到这些方面，或是否在某些作品中创造美的愉悦要容易一些？

现在必须明确的是：审美愉悦的产生是由于创作者给作品中注入了生命，这个注入可以被称为作品形成的过程。根据过程种类的不同，我们可以归纳出三种基本形式的人类创造：

1. 纯实用主义；

2. 来自特定科学规律的直接结果且不可否认的技术形式；

3. 艺术形式。[36]

上述三种形式都有可能是艺术作品，但我们必须明白我们应从每一个中得到些什么。

图 2.5 El Greco 的颂歌；托莱多阿德伯斯的圣托梅教堂（Santo Tome）的室内壁画

图 2.6 帕拉波尔提亚尼教堂（Paraportiani），米科诺斯（Mykonos）。一个民族的诗歌

图 2.7 朗香教堂，勒·柯布西耶，一个人的诗歌，1954 年

实用主义形式

艺术史、考古学以及人类教给了我们有关人类早期的实用性作品。人类用来杀死动物和其他人来果腹和保护自己的工具就是人类最早的作品。它们最初的特点是临时性、相对于人类身体形式的最小的可调节性，以及最有限的活动半径。人花了很大的力气来使用他的第一件工具而且常常不能将其所瞄准的动物杀死。人类的这些原始的实用性创造物、他的第一批工具，只有在它们完成其最初的使命后，当人们感到需要保留它们而不是将其扔掉时，才会成为艺术品。人开始在上面刻出他想要杀死的动物的标志，并把他的工具和武器变成家庭用具、墙上的装饰物。他将它们保留为纪念物来纪念他的年轻时代、他的第一次狩猎活动，

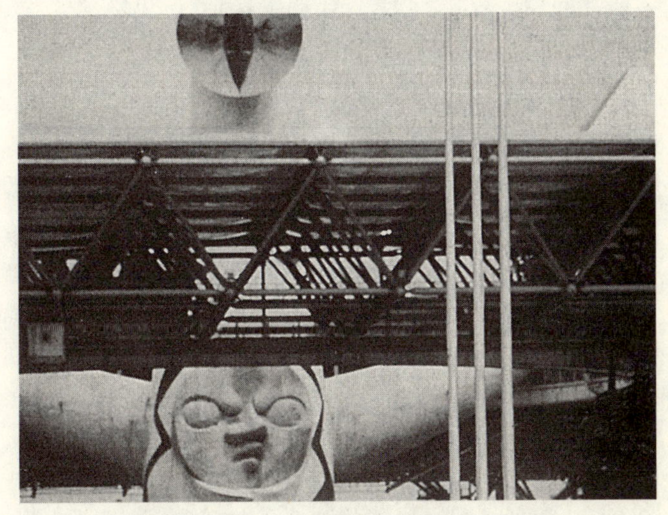

图 2.8 日本的和平标志。丹下健三在大阪的亭子，1970 年

图 2.9　洞穴住所满足了早期的庇护实用性。最终，洞穴有了入口和喷涂的立面。最后通过乡土的独创性，其他形式的记忆在大石上找到了位置。希腊桑托尼岛（Santorini）史前穴居住所的三角墙。洞穴超越了其实用性

或者他用来保护他的家庭和信仰的武器。在中世纪，狩猎工具的实用性退到了次要的地位。当一个箭头理所应当能起作用时，更多的注意力就被放到了颜色上、刻上或画上的线条上，以及所用工具的个人风格和精湛技艺上。仪式与实用物品的应用联系在一起。仪式成为生活的一部分。[37]

因此，人类的一个实用性作品可以转变并且后来成为艺术作品，其价值超越了初创时的价值。

当欣赏一件人工制品时，我们必须问自己：它是不是纯实用性的？它是不是真的满足初创时所计划的实用性（需要）（例如原始的狩猎者能否适当地使用这个石头）？如果能，它是否超越了其纯实用性的需要？看到它时能否产生其他的感觉？除其纯功能原因外，它能否唤起人们的尊重？如果答案是肯定的话，这件作品就是一件人工制品，即注入了创作者热爱的一件实用物体。它是一个普通人的艺术作品，尽管它只满足其主要目的：服务人类。

因此，即使在创造纯实用性形式的过程中，一件艺术品也可能产生，并且这应该是每个创造者的目标。

就像任何手工制品，任何建筑作品，不应该有“实用性的物体不能成为艺术品”的借口。美国和其他各地的许多建筑事务所曾建了很多超越纯实用主义目的的纯实用性的建筑物（例如气象台、发电厂等等）。他们超越了最初的“需要”目的而创造了“建筑”（图 7.34）。

技术形式

我们称那些基于特定科学规律——重力法则、特定的月球辐射、卫星的形状或宇航员制服——的形式为技术形式。它们严格地遵照自然事实和数学。这些形式只能是我们看到的这样而不可能是别的。如果它们发展了，那不可能是出于一个设计师的艺术动机，而只能是因为现存的形式不够完善。当一个技术形式达到它的顶峰时，它就是适应自然限制（如辐射）的绝对答案，而正是自然限制定义了其需要。超越了这一点即是堕落。最近电视制造商推销的木制雕花外壳电视机就是一个例子。木料像红木和刻意的装饰对发展成熟的电视机来说是“不必要的化妆品”（图 2.1:7）。

一个技术形式应该成为艺术品吗？笔者认为不应该。因为一件伟大的技术作品具有与艺术品类似的力量。一个技术作品在人们对这件作品性能的钦佩中联合了人们：对电视机的“不可解释的奇迹”的钦佩，对宇航服的钦佩，对能将肉眼所不能看清的东西放大千倍的“小仪器”的钦佩。这种钦佩来自所有的人；所有的人在一件技术作品前联合了起来。

负面影响也可能存在。一件技术作品可能在人们中产生距离，它可能产生仇恨，它可能引发战争。

因此，一件技术作品的潜在危险在于它与艺术的人性一面的绝对区别：艺术应该促进和平而不是战争，是爱而不是恨。在使用技术形式时，战争和仇恨也许会不幸地发生，但创造技术形式（其中很多本身带有破坏性潜力）的人们却喜欢人们的尊敬。我们都尊敬科学家和科技工程师，因为我们不理解他们所做的事情。我们不懂他们的数学和科学的实验；而且我们也愿意将他们置于我们之上，承认他们是优秀的，让他们高兴。

科学家是快乐的，因为人们尽管不明白他们怎么做的、做些什么，但人们预备着接受他们的工作结果。

艺术家常常是不快乐的。如果约翰 · 多伊（John Doe）不明白毕加索的《格尔尼卡》（Guernica），毕加索“一定会疯掉”。这就是艺术家的窘境—— 一方面不断地无可奈何，另一方面又不断地做着完善和被欣赏的努力。

图 2.10　独立的乡村结构完全来自对希腊提诺斯岛上“鸽子的喜爱和庇护”，大约公元 1300 年至今

图 2.11　“鸽子洞”的乡土特点被结合进提诺斯岛住宅建筑中，将原本简单的立方体体量提升为较高艺术的声明

艺术形式

我们已经讨论过音乐、戏剧、绘画和建筑的艺术特点。我们还可以讨论舞蹈、散文和电影的特点。在这里重要的是我们要弄明白建筑与其他艺术表现形式的区别。

音乐和舞蹈以及更近期的电影是很容易给人带来美的愉悦[38]、共同的联合、共同的灵魂和心灵净化的艺术。这些感觉用绘画和雕塑则较难表现，用建筑就更困难了。

在所有的艺术表现形式中，建筑超越精神达到了最高的层次，因为即使当它服务最实用的目的时，它也必须是精神的。建筑与其他艺术的区别也在于此。不像其他艺术作品，一件建筑作品必须将三个方面集于一体。建筑必须是实用性的、技术性的和艺术性的。只有当这三种形式和谐地共存时，人们才会满意，进而承认一件建筑作品的存在。

当然，人类经历过很多创造作品只为庇护自己而不是“建筑”作品的时代。洞穴不是建筑。但是希腊和意大利的库凯斯（Kaukase）和马尼（Mani）的防御性住宅，以及科罗拉多州梅萨维德（Mesa Verde）的窑洞居住群却是建筑（图 2.12，图 2.13）。人们会惊讶和敬佩建造这个保护其家庭的大厦的人。[39] 这个人对家庭的热爱能感动每个人，并使人产生积极的回应。这个人由于他对其住所的巧妙创造而受到钦佩。

陵墓也是如此。地上的一个实用性洞穴［希腊迈锡尼（Mycenae）］，一个埋葬死者的必需的一件事情在以后的时代里变成了一个仪式队列和一个有特殊用途的场所。阿特瑞（Atreus）的陵墓、它的街道以及皇家珍宝是“过去辉煌生活”的象征性表现。在他的左边或右边，与其相对应的是埋葬死者的纯实用性的场所（图 2.1:4）……

……所以这一章将以下面的话来作结束语：只有当实用形式和技术形式以既合乎功能又和谐的方式屈从于艺术形式时，这个创作物才能被认为是建筑作品。

如果这是真的，如果这是一件建筑作品的话，那么人们会迁移、停留、使用或观赏它，并与其他人联系起来，回应它。人与这件作品处于和平状态，因为这件作品满足了他的自然需要、他的环境调节能力和他的精神需要……有人曾说建筑是一门圣灵的艺术，而建筑师则是它最高层次的牧师。因此建筑不是“一些平面图”……建筑的完成不仅要通过平面图的形式，不仅要通过体量的方法，不仅要用虚实的方法，不仅要用光线和时间的经历，不仅用建筑物的比例以及它们与人的关系……而且还要把上述元素综合在一起，所有的元素同时在一起，以便给予此作品整体性、统一性与和谐性。然后这件作品会感动人；它会感动使用者和看见它的人。它能使人得窥永恒，并永远留给这个人一个印象。

图 2.12　“悬崖宫殿”和“方形塔楼”，大尺度的洞穴住所，科罗拉多州梅萨维德的印第安人的村落。最大程度地展示了不受人、自然和动物侵袭的保护（公元 1100—1300 年）

图 2.13 Vatheia–Mani，希腊伯罗奔尼撒。城镇和防御型住宅。其形式来自免于遭到持续的封建主之间战争和部落打斗侵袭的需要（公元 1300 年）

注释

1. Huxtable，1972 年，第 26 页。
2. 这个时代的“迷惑”由 James Marston Fitch 在 1970 年阐述清楚。它发生在 Huxtable 的《纽约时报》社论之前。见 Fitch，1970 年，第 87 页。
3. 20 世纪 70 年代中期专业和教育文献的一个研究为这些观点提供了具体的证据。见《美国建筑师学会纪录》和《美国建筑师学会日志》，1974 年，1975 年；另见 Antoniades，1973 年 (1)，以及 Antoniades，1973 年 (2) 。
4. 英文版标题《现代建筑语言》，Bruno Zevi，1978 年。
5. 见 Brolin，1976 年；Jencks，1978 年；Smith，1977 年；以及 Blake，1977 年。
6. 例如参见 Laine，1978 年。
7. 很多人知道，一些最近的建筑评论性书籍是在很无准备的情况下写出的。有谣言说一个 4 天的访问就能写出一本关于特色汽车城的书，同时某位纽约最著名的建筑评论家对休斯敦的一次短暂停留产生了一些“创造流行倾向”的社论。
8. Michelis，1965 年，前言。另见 Tatarkiewicz，I，II，III，1970 年，1974 年。
9. 关于“美学”一词的错误理解见 Fitch，1970 年，第 86 页。
10. 见 Varnalis Costas《Aesthetika–Kritika》Kedros，雅典，1958 年，第 11 页。
11. Van De Ven Cornelis T.M.，《关注空间的观念：到 1930 年止德国建筑理论和现代运动的新基础的崛起》哲学博士论文，1974 年，国际大学联盟缩微照片（Microfilm），第 4 页。
12. 人们不应该将克里斯托弗 · 亚历山大的重要理论和几本关于使用者问题和社会意识的书与美国审美家审美探究的方法相混淆。社会问题曾经很活跃，但不幸的是始终被排斥在“美的”范畴之外。
13. 同上，第 86 页。
14. Michelis，同上，前言。
15. O’ Brian，第 267 页。也许是毕加索的态度使得他的朋友 Cocteau 声称：“天才，像电流，是不该进行分析的。你要么拥有它，要么没有。”
16. O’ Brian，第 7 页。
17. Jean Cocteau，“Le Rappel a l’ Ordre” in Phelps，1970 年，第 83 页。另见 O’ Brian，第 267 页。
18. 在伯罗奔尼撒战争中第一年战亡的雅典战士的葬礼上。
19. 此段声明被认为是希腊美学态度的“丰碑”。
20. 见 Tatarkiewicz、Berenson、Scott、Michelis 和 Papanoutsos

图 2.14　社会秩序中，保护、集体需要和个人表现方式的基本需要的合成结论。希腊圣山的修道院，建于公元 10 世纪。Vatopedi（左上图）；Megisti Lavra（右上图）；Stavronikita（左下图）；Vatopedi 的塔和住宅区（右下图）

的著作。
21. 见 Banham，1969 年。
22. 见 Scully，1971 年。
23. 见 Fitch，1970 年和 1971 年。
24. 见 Sartre 中的论 Alberto Giacometti 和 Calder，1963 年。
25. 另见 Antoniades，1971 年。
26. 由于此类原著对年轻的建筑学学生来说过于艰深，可参见 Christian Norberg-Schulz，1969 年和 Yi-fu-tuan，1974 年的简明版次要资料。
27. Norberg-Schulz，1973 年和 Jencks，1969 年。
28. Yi-fu-tuan（段义孚），1974 年。
29. Michelis 的著作《建筑作为艺术》只有希腊语版、雅典版，1965 年。建议美学学生参考 Michelis 的 1949 年，1958 年，1959 年，1962 年，1966 年，1969 年，1971 年，1972 年以及 Michelis 的《美学理论》（法语版和希腊语版）的全部著作，雅典，1965 年，1971 年，1972 年。另见 Michelis，1974 年和 Bonta，1977 年，第 235–238 页。
30. Mechelis，1965 年（1），第 1 页。
31. Fitch，1970 年，第 101 页。
32. 关于各种“美学范畴”的分类和分析见 Papanoetsos，1964 年。
33. Antoniades，未发表的速写本，西柏林，1968 年夏季。
34. Mechelis，1965 年（1）。
35. 出处同上。
36. 关于人类作品各种形式的讨论可见于大多数艺术史和美学论文入门。此处资料摘自 Mechelis，1965 年（1），第 7—9 页。
37. Huizinga，1954 年和 1962 年。
38. Fitch，1970 年，第 101 页。
39. 关于在希腊伯罗奔尼撒的马尼的防御型住宅的功能——社会动态／形式关系的详细资料见 Fermor，1971 年，第 125–135 页。关于科罗拉多州梅萨维德，见 Ferguson 和 Rohn，1987 年和 Wenger，1980 年。

所选书目

Michelis. *Aisthētikós*
Tatarkiewicz. *History of Aesthetics*

第 3 章

设计概念

建筑的审美词汇包括下面这些概念：(1) 合成(synthesis)；(2) 组织(organization)；(3) 秩序/等级(order/hierarchy)；(4) 优势－重点(dominance-exarsis-punctuation)；(5) 印象性(imageability)；(6) 易读性(legibility)；(7) 特性(identity)；(8) 多样性(diversity)；(9) 尺度(scale)；(10) 比例(proportions)；(11) 韵律(rhythm)；(12) 统一性(unity)；(13) 意义(meaning)；(14) 意图(intention) 和(15) 道德观(morality)。[1]上述各术语的特殊涵义构成了所有建筑设计的基础，以及几乎所有创造性艺术的基础。这些概念是设计师的“智力工具”；任何设计的质量都取决于它们。包含在每一个这些“智力设计工具”中的合理性能够解释某一件艺术作品的魅力或缺乏魅力的基本原因。如果对这些基本概念没有一个较好的理解，任何审美分析和设计都不可能成功。对这些概念的理解应该是所有建筑学学生和所有建筑师基本的首要任务。为了便于学生和非专业人士的使用，在这里我们将对这些概念进行详尽的考察(图 3.1)。

合成

一个最重要的概念是有关合成。在英语中人们常用“构成”(composition)一词。它的意思与“合成”一模一样。“合成”是两个希腊语词汇合在一起，syn 和 thesis：syn——一起，加上，或加；thesis——论点、处境、位置、实体、阐述。因此“合成”一词意味着将某些元素“放在一起”……使得一个新的理论被阐述，一个新的位置被产生，一个新的作品被创造出来。一个建筑作品，即是一个将各元素放在一起以便形成一个实体，产生一个新论点或新说法的合成作品。如果各元素已经放在一起了，但却没有构成一个新陈述，或一个新的有意义的实体，那么人们不会说这是一件合成作品（图 3.1：1)。

“构成”(来自法语 composer——放在一起)同“合成”意味着同一个意思。[2]在一件建筑作品中被放在一起的元素（当然同任何其他形式的艺术一样）也许是毫无关联甚至于完全对立的；但是，如果它们要成为建筑（绘画、舞蹈或音乐）的话，它们必须按照彼此协调合作的原理，互为补充地被放在一起。在绝大多数艺术中这种基本原理是基于艺术家的特点的。这就是所说的“诗的破格”(poetic license)。作为一种功能艺术，在建筑中，这种基本原理是由所要完成的“计划”或将居住于这个作品中的使用者的需要所限制的。建筑合成的基本原理在很大程度上取决于建筑师的个性和他在各种可能性的范围内约束自己的能力，这些可能性可以从非常宽松到非常严格（紧)。说得更准确点，建筑师必须给自己制定“游戏规则”(rules of the games)。例如他可以终其一生来试着寻找将他的合成元素放在一起的最佳组合，或者他可以决定更倾向于只花一周的时间。这个到底是选择终生的努力还是一周的努力(或是合成的尝试)的决定完全取决于艺术家。在建筑上，这个决定常常被此项目出图的日期所限制。建筑的实用因素帮助建筑师制定一个最后期限；这一点帮助建筑师能在一定的“游戏规则”中工作，从而使任务相对容易一些。

如果这些游戏规则不是被现实或建筑师自己所限制，那么这个合成的工作可能会永远继续下去，因为总会有一种将所考虑的元素组合在一起的更好的可能性。如果是这样的话，建筑师一生中只能设计出一件未完成的作品，而且它永远也建不成。因此，好的建筑师，必须不仅能够将元素组合在一起以便创造出一个有意义的新的实体，而且他必须能够在设计过程的早期就制定出创造其艺术作品的规则。有经验的建筑师在制定这些规则时（时间、所用材料、正式性相对于非正式性等等）要容易一些。这些游戏规则，特别是花在设计上的时间的限制性，有可能对整个作品产生消极影响。但如果你赞成的话，花在合成上的“时间”因素和建筑师的培训、经验、年龄及“天资”有关。随着一个建筑师变得更有经验而且成为“包含主义者”，很多影响设计的因素就能处理得更快更容易。但是当一个人刚刚开始从事建筑行业时，他应该清楚一个很短的工作周期也许会产生一个很差的设计，甚至可能使建筑师抄袭他以前的一些作品。因此在这种情况下，我们不能说这个建筑作品是各元素的“新论点”或“新说法”。由此我们可以认为在设计阶段花了最少时间的作品不能算是建筑作品。因此，它们必须要被挑战，而且这个建筑师也应当受到美学的、艺术的和职业方面的质询。人们应把它作为没有价值的建筑而且应放弃这种实践。

一个人制定自己的游戏规则的能力取决于经验；这些规则的陈述和建筑师对其的坚持性代表了艺术的纪律性。纪律性是能够排除所有其他可能性而在所定游戏规则中工作的能力。不管怎样，生活有着无穷无尽的可能性。一个有纪律的生活是在某些预先制定的

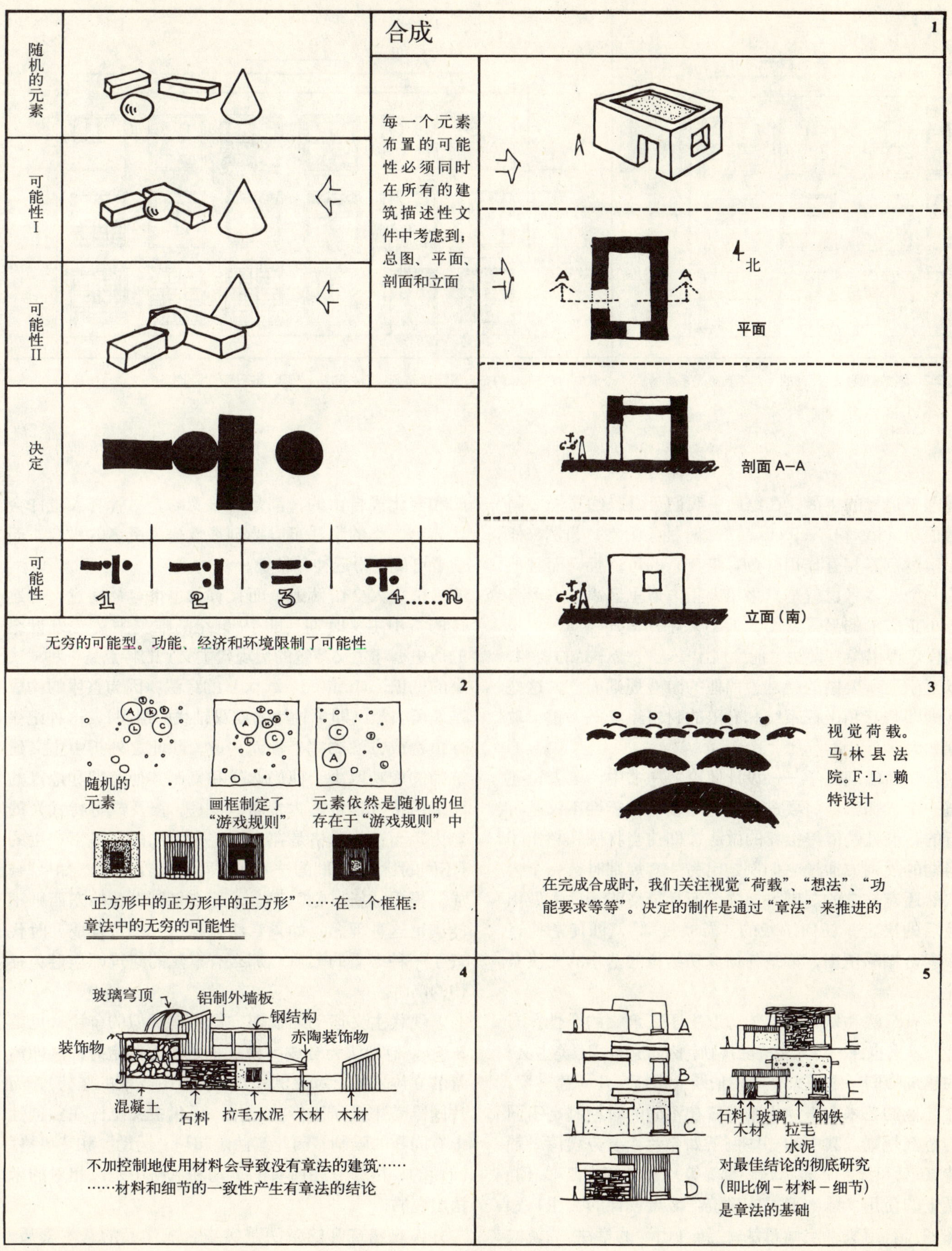
合成
1
随机的元素
可能性I
可能性II
每一个元素布置的可能性必须同时在所有的建筑描述性文件中考虑到：总图、平面、剖面和立面
北
平面
决定
剖面 A–A
可能性
1 2 3 4……n
立面（南）
无穷的可能型。功能、经济和环境限制了可能性
2
随机的元素
画框制定了“游戏规则”
元素依然是随机的但存在于“游戏规则”中
“正方形中的正方形中的正方形”……在一个框框：
章法中的无穷的可能性
3
视觉荷载。马林县法院。F·L·赖特设计
在完成合成时，我们关注视觉“荷载”、“想法”、“功能要求等等”。决定的制作是通过“章法”来推进的
4
玻璃穹顶
铝制外墙板
钢结构
赤陶装饰物
装饰物
混凝土
石料
拉毛水泥
木材
木材
不加控制地使用材料会导致没有章法的建筑……
……材料和细节的一致性产生有章法的结论
5
A
B
C
D
E
F
石料
木材
玻璃
拉毛水泥
钢铁
对最佳结论的彻底研究（即比例－材料－细节）是章法的基础

图3.1 美学概念（2）

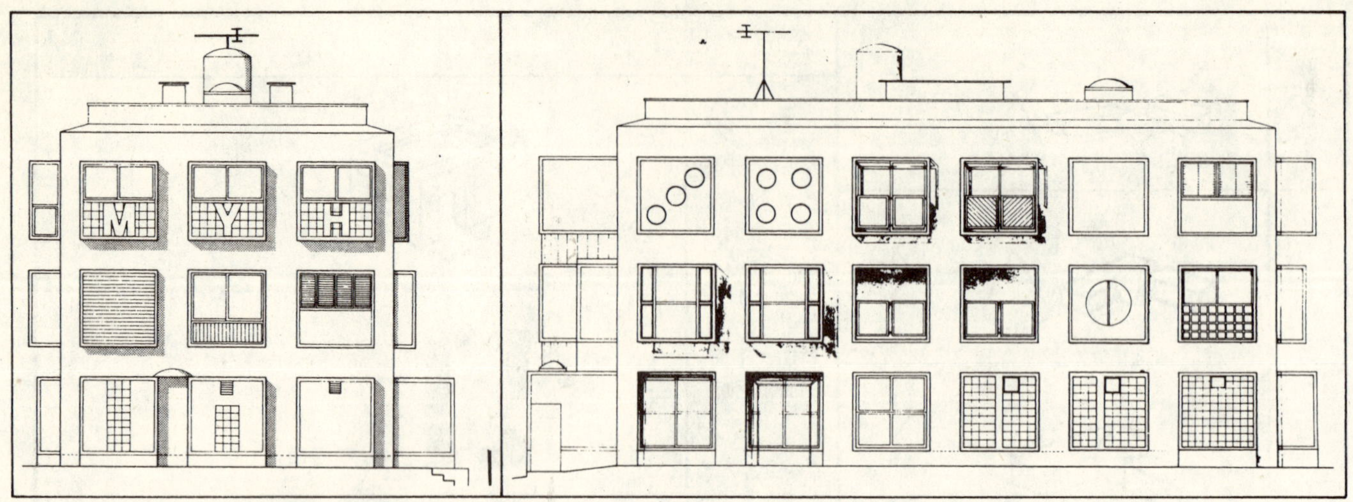

图 3.2 游戏规则是“严谨的”；游戏自身是多样的。“54 个窗户”或“东京的布吉乐”，建筑师：石井和纮，1975 年（图石井和纮）

规则下追寻的生活。在绘画中我们可以以约瑟夫 · 阿尔伯斯（Joseph Albers，二战时抽象画家）为例。他探索过色彩相互作用（色彩组合）的可能性，而且他的一个基本考虑就是只采用大正方形里套小正方形再套小正方形的形式（图 3.1:2）。密斯 · 凡 · 德 · 罗也同样表现出颇有章法。他发展出一套合成作品的规律，以至于他所要做的就是遵照他的游戏规则而已，这些规则即是直角坐标系统和有限的材料组合——钢、玻璃和大理石。

在《建筑诗学——设计理论》一书中，笔者论述道一个人探索他将要进行创造的多种可能性不仅是可行的，而且是值得推荐的做法。[3] 即使当打破和超出了当初的规则或通过它们制定出另一套规则时，一个人依然还有一定的规则可遵守，而且最终能帮助人做出最后的决定。任何游戏的“游戏规则”，即使是通过探索含糊的范围，都是任何成功结论的基本的先决条件。

有章法和执行它的能力取决于艺术家的个性。有些艺术家也许一生只用一套规则，例如追随“唯美主义”的建筑师们，约瑟夫 · 阿尔伯斯、密斯 · 凡 · 德 · 罗，而其他的艺术家一生中则试着在不同的时期制定不同的游戏规则。其中的一些例子如弗兰克 · 劳埃德 · 赖特（草原时期、古根海姆晚期等等），勒 · 柯布西耶（混凝土的使用、雕塑形式的建筑、城市设计的关注）和保罗 · 鲁道夫（空间章法、“新自由”的章法、“模式设计和系统”的章法）。两种种类的章法，严格或静态的和变化或自由的，都是可接受的，尽管有人也许会认为第二类的章法可以为创造性提供更多的机会。而前者可能变得迟钝和枯燥。

很多人会辩解道，而且有人也很容易同意，各建筑的折中主义时期（即 19 世纪的唯美主义，20 世纪的历史循环主义系统的后现代主义）的特点是一种“狭隘的见识”（limited scope）的章法。因为整体的构成是理所当然（即单轴线的或双轴线的组织），这种纪律性由构成方法的完善性而构成，除此之外折中主义建筑师的成功取决于他们选择和复制其他时期和地点的建筑风格（常常是古希腊、罗马、埃及或哥特式）的能力，而这些风格是在过去完全不同的环境下产生的（不同的材料、不同的技术和不同的生活方式）。如果“合成”提倡“新事物”理念，那么复制以前的东西则不能满足这种理念。如果章法在执行一个“合成”时代表了一种必需的素质，那么有章法的建筑师应避免模仿的陷阱。

现代主义运动的批评家们早有类似的争论（见第 5 章）。他们认为合成的模式也是预先制定好的（即体量的立体表现、对比例和几何形状的支配的坚持），而且同唯美主义所坚持的一样，现代主义也许在独创性上有同样的限制。因此章法是超越“运动”和“风格”问题的，尽管它在所有的运动和风格中是以相对的术语出现的。

因此建筑师的章法是实施合成作品的基本素质，因为它能使合成成为一个现实的可能性。但是运用章

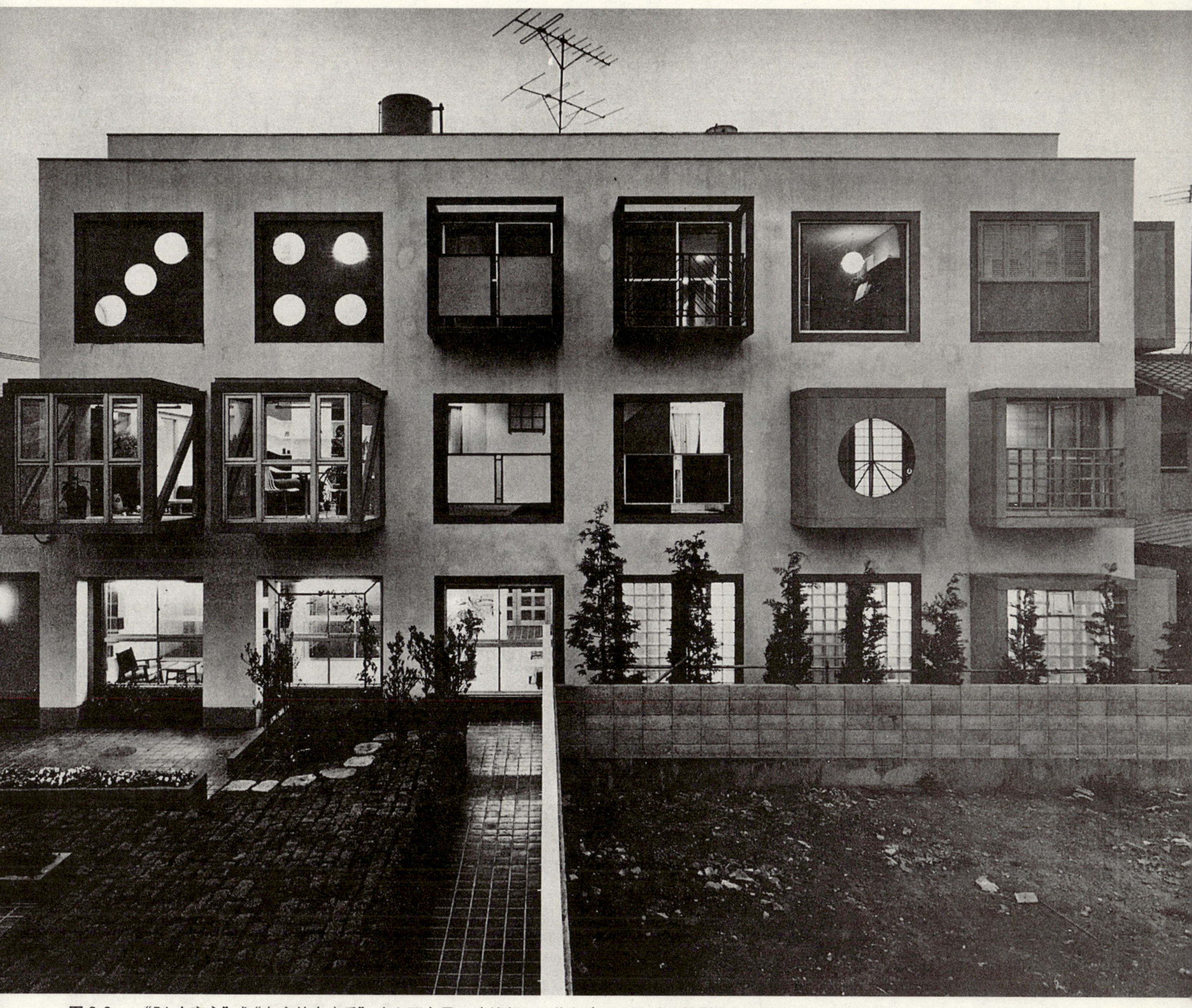

图 3.3 “54 个窗户”或“东京的布吉乐”，南立面夜景。建筑师：石井和纮，1975 年（摄影 Tohru Waki）

法的程度却是建筑师所具备的完全不同的素质。这种素质被称为“分寸”(measure)。有人可能有一个非常严格的生活（即不喝酒、不吃某种食物等等），但是问题是多少纪律性才是我们所说的“有分寸”。古希腊人相信分寸是艺术作品的头等素质。他们常说，“Pan metron Ariston”；“创造有分寸的作品是最重要的优点。”决定合适的分寸是最困难的事情。如果没有多余的东西，如果建筑师所定的游戏规则曾被认真地遵循，那么一件作品即会有分寸。

如果所有这些先决条件都存在的话，游戏规则、章法和分寸，那么一件合成的作品可能最终能够完成。

但是在这个过程中，必须还要运用一些其他的概念。下面将会对这些“手段”进行进一步的分析。因此合成的概念是最基本的，而其他的概念是次一级的，

图 3.4　左图，系统化施工的章法。日本大阪的住宅楼。右图，由生活风格引起的章法。西班牙托莱多市的住宅楼为女士而设的阳台

但又是完成最基本的概念所必需的。运用所有的概念完成一件合成作品的过程就是我们所指的“设计过程”或简单地称之为“设计”。

总结

“合成”即是从许多组成部分中创造出一个新的现实存在。

创作一个合成物的过程被称为“设计”；而“设计过程”代表的只是技巧，或被称为“过程”的步骤，即人们在做一个设计时必须遵守的东西。尽管如此，“合成”是高出“设计”的；“设计”并不一定意味着将各部分合成地放在一起的作品就是个合成，即一个新的现实存在，一个新论点的产生。这是为什么“设计师”一词常常被认为带有保留和怀疑的态度。

笔者个人认为建筑必须寻求合成，甚至“解构主义”也应这样，解构主义的基础是将从前合成顺序分解以最终达成自己的新的合成结果的设计意图。

后现代主义的几个积极的贡献之一就是给予了建筑师一种特许来激发其想像力从而变得更富有创造性，即使是通过对抽象图案[4]、绘画、自然形成物等等的探索得来的。有无数的设计是通过对抽象图形的探索而最终演化成新的合成议题的。历史上风格派（DeStijl）组织的整个合成语言就是从对抽象图形的研究[5]以及通过绘画激发建筑师想像力的创造渠道中发展而来［如在乌得勒支的里特维尔德／施罗德（Rietveld/Schroder）住宅，1923 年至 1945 年，图 3.5］。[6]

但是，在开始进行对抽象的合成探索时，人们必须极为小心。他必须始终铭记在心他的最终目的是服务人类（使用者）和社区（组织构造），当然人们也可以不赞同。

一件二维设计的作品越简单[7]，比如约瑟夫·阿尔伯斯的一个“正方形”，它成为一件作品的刺激物的机

图3.5 绘画和雕塑曾刺激过建筑师创造建筑物。但是，20世纪早期大师们的许多此类作品产生的"物体"对其环境漠不关心。在乌得勒支的里特维尔德／施罗德住宅，1924年

会也就越大。一个三维的正方体意味着一个通用空间，用另一句话说即是一个自由空间，在其中可能发生许多事而且可能产生灵活性。那么这个设计作品（例如阿尔伯斯的正方形）可能很容易被使用。

当然，建筑师教育的一部分就是通过一些特点相反的训练来发展其想像力。这种试图将一种功能赋予一个形状的练习（例如试着将一幅图画转变成三维的作品）不仅是合理的而且是值得推荐的。[8]

"合成"应该是建筑师主要关注的。它的取得是通过不懈地调查将事物放在一起的所有可能性。如果在建筑上将事物放在一起只是二维的，只是在平面上的，那么合成会相对容易一些。但是建筑是处理空间的，它处理的是三维。正是在这儿，事情变得复杂起来。

合成采取可能性，而可能性可以用计算机很容易地进行查看。[9]但是由于第三维的介入，所有可能性则以指数比例上升，在此之外就不仅仅只是数字的关系了。但我们在使用计算机时，处理空间时最基本的直觉就用不上了；建筑合成控制在人类计算机的范围内，即人的大脑仍然是可行的。

组织

在合成过程中基本的步骤是"组织"和"建立"事物的秩序。如果一个合成的各元素合理地组织在一种不可推翻、相互联系的状态下，那么这个建筑作品就具备了一个健康有机体的特点。在这种情况下每个功能都互不冲突；每个功能都能支持其他的功能而且所有的功能都能合作地完善建筑想法。我们可以肯定地说这个"组织"，就像在建筑中运用的，是这个特定合成的一个特点。通过"组织"的过程[10]，组织者创造出一组组特征相近的元素。这些"组"最终会在完成的合成中找到合适的位置。这些组的特征可以是功能的、活动的、技术的、形式的或材料的。

我们一般认为出于"活动性"考虑的组织更能产生有吸引力的空间结论。如果我们能考虑一个建筑设计的简单问题，这点就会更清楚。假定产生一个合成作品所需放在一起的各元素如下：

1. 卧室
2. 卫生间 I
3. 厨房
4. 起居室
5. 储藏间
6. 卧室
7. 设备间
8. 客房
9. 温室
10. 卧室
11. 书房
12. 主卧室
13. 卫生间 II
14. 活动室
15. 卧室
16. 卧室等等
17. 门厅等等
18. 餐厅

这些元素也许有名称，如上面所示，而且名称也许很明确；例如主卧室或书房，从而意味着一种具体

图 3.6　有章法的作品常常看上去很简单，它们就像清水一样清澈。第一基督教教堂，哥伦布斯，印第安纳州。建筑师：伊利尔・沙里宁，1940 年（摄影 Craig Kuhner）

图 3.7　缺乏章法或“另一个极端”：脑子中出现的任何东西以及任何手头可用的东西。加利福尼亚州索萨利托（Sausalito）的艺术家漂流社区

图 3.8　材料的多样性和对建筑物体量的过分表现给施工造成困难，可能会造成不良的接缝并且最终会导致施工的失败。视觉的混乱常常有负面的实际困难。一个过早衰败的房屋，由于缺乏上述基本概念中的章法而引起的问题的牺牲品。加利福尼亚州拉霍亚

的含义，取决于不同的文化背景，这些名称已经被决定和预先确定了其准确的用途（即"den"只在美国才有书房的意义）。另一方面，这些元素也可以定得较宽松，如睡眠空间 I、睡眠空间 II 等等（而不是卧室 I、II 等等）。在这种情况下，构成的元素可能要靠建筑师自己来根据他的特点和天分以及使用者生活习惯的要求解释。

有明确名称的空间是预先定义好的，但是在设计阶段初期以活动种类来指定空间，能允许建筑师对空间进行新的解释以便使空间中这些特定的活动得到最佳的发挥。[11] 上述问题中的元素看上去是随机而置的。这个随机的状况也许是和客户初次接触的结果。尽管有可能其中一些元素也许已在客户的脑海中分类和组织过了，但要求这些元素最初随机地考虑并且尽可能松散地排列出来是建筑师的责任，这样建筑师才能运用他受过训练的责任来创造组织的布局和新的实体。

一些有待合成的元素有着相同的名称。其他则意味着在其中发生着类似的活动。建筑师必须在最终要合成的元素中找出这些类似性并建立一套新的组合。在做这步时，组织者最后会得出一套新的表格以成组地描述问题的元素，如下所示：

I.　卧室 I、卧室 II、卧室 III、卧室 IV

II.　厨房、设备间、餐厅

III. 机械储藏间

Ⅳ. 书房、起居室、活动室，也许餐厅

Ⅴ. 门厅、温室

Ⅵ. 卫生间Ⅰ、卫生间Ⅱ、卫生间Ⅲ

因此问题中元素的个数减少了。如果我们假设最终的组合安排已经完成——如果这些组合是由功能、活动、操作性、建筑物的经济性、生活方式和地点考虑来分类的话。那么我们可以比较肯定地说，合成的工作会变得容易一些。当然这是因为放在一起的元素不像以前那么多。在这个简单的建筑设计问题中，建筑师最初需要组合的18个元素现在变成了6个。如果我们假设最终的结果是要变成一个的话，那么我们在第一个例子中需要将18个组织起来，而现在只需要合并6个了。

将互不相干的元素分组的组织过程是合成过程的第一步。它代表的是加快合成过程而使作品现实化的努力。但事情还不那么简单。场地和其他“室外”和“室内”的环境考虑使情况进一步复杂化。例如，是不是应该将所有的卧室放在一起以形成一个有组织的小组，或者也许这是不对的而且也是不必要的？当仔细考虑所有设计因素后，例如功能、经济、活动、生活习惯等等，这个答案就会被找到。

倾向于将所有卧室组合在一起的论点可以很容易解释为朝向或噪声的避免。但是生活习惯方面的考虑也许会建议这些类似的元素中的一个应自成一体（例如，客人用的卧房或年龄最大的孩子住的卧室），而且还会建议将这个元素从这个小组中排除出去。生活习惯的考虑也许来自这样的理论，即如果给予孩子更多的个人自由，如果他有自己的出入口，如果他有自己的停车位，那么这个孩子会在家里待得更多一些。客人也许会喜欢同样的自由。没有理由非让未来客人的未知生活习惯变得同主人一样。当然，有人会认为应该“入乡随俗”，但是不仅现实中不总是这么回事，而且这也不符合现代客户的意愿。因此，如果是客户的意愿或是客户和建筑师之间得出的自然结论，即客人必须拥有他的自由，那么客人卧室可能自成一“组”。

因此我们可以看到建筑师在进行组织（分组）最初毫不相干的元素时没有一个绝对的标准。客户越个性化（客户对他的要求、生活习惯和经济状况越具体），问题就会变得越困难和越复杂，还越现实。

如果客户是个未知数，那么到底如何分类要组合的元素就会有很大的不确定性。在设计公共住宅或投资型住宅时，建筑师不可能得到某个使用者具体的要求和具体的生活习惯的信息。那么建筑师必须根据普通情况，以前项目的经验和研究结果来进行判断。他在组织过程中会运用很多假设。在上述例子中，问题的特点是“不确定性”。

有人也许会说对于这种有不确定性的问题，建筑师绝对应该站稳立场并将个人的喜好排除在外。他应该提供中立的答案，并且提供他所知道的所有人都喜欢的物质元素。在完成这个中立的立场时，建筑师应该只组织问题中大的想法并且在他的组织结构中提供他所知道的被所有人喜欢的“小事情”（例如供人们休息的街道设施，具有良好的视野且能避开干扰人的风等等）。建筑师不应该介入到那些可能侵犯未知私人偏爱物的设计细节中去。他的设计任务应该停止在“不确定性”开始的地方。

这个想法是由已故荷兰建筑师贝克玛（J. Bakema）第一个提出的，并且它开辟了室内设计师和其他相关学科设计师进一步参与到设计中的道路。贝克玛自己并没有作出成功的先例，因为他所设计的建筑物外观是非常单调的。但是拉尔夫·厄斯金（Ralph Erskine）成功了，他应该被认为是彻底实现这一理念的最初典范（图3.9）。

建筑师应该给家庭的每一个需要提供一个“小房间”或一个特定的“空间”。他应该避免鼓吹“想当然的”需要（需要、使用者的行为和他所知极少的生活习惯）。因此我们知道如果建筑师真的将他作为“组织者”的角色哲学化的话，如果他真正进入到设计过程的这一步的话，他最终会知道，由于客户专业知识的有限以及他和客户在此阶段的关系，他不太可能得出明确的结论。他的意见取决于问题的性质。但是通过严肃的调查，建筑师不仅加速了合成的过程，而且他可以变得更现实，挑战他的客户和他自己。

如果建筑师已经将问题中的元素进行了系统的组织，而且也彻底地考虑了以后需要调查的其他方面，那么他的最终作品会具备一个“有机整体”的优点。“组织”的过程不仅是设计过程的一步，而且它也是建筑作品的一个素质。如果组织存在的话，那么建筑物会有较大的机会以一个“有机体”的形式存在，并能使各部分合理地组织在一起而且能较满意地作为一个整体运作，在某种意义上讲，即从毕达哥拉斯（Pythagoras）到马蒂拉·吉卡（Matila Ghyka）到勒·柯布西耶和雷纳·班汉姆的时代被理解为一件艺术作品美德的、人们长期以来所期望的“交响乐般的

图 3.9 The Byker Wall。一个综合的建筑项目综合了多种考虑，例如“回收”、“环境”、“材料”、“历史借鉴”、“私密性”、“个性”、“尺度的作用”等等。建筑师：拉尔夫 · 厄斯金，在泰恩河（Tyne）之上的新城堡，英国，1968 年

合成”的观念。[12] 正是这种建筑才应该被称为“有机的”建筑，而不是“有机建筑”，即那些在视觉上模仿生物体部分的一类建筑。

在平面或立面上引人联想起一个生物体的形状（例如生物器官和变形虫等等），常常被贴上有机建筑作品的标签。是否使用“有机”一词的标准不在于外观而是在于作品各元素间相互作用的联系。从这方面讲，一个基于“立方体”三维合成教义的棱角分明的长方形建筑物也许是一个“有机”建筑作品，而一个外观与一个生物体相似的作品也许与正确使用这个词毫不相干。[13]

建筑师必须具备组织任务中建筑内在联系的全套知识。他必须能很好地应付各种要求——技术的、空间的、功能的、经济的和环境的。在过去这些是通过建筑教育的传统方式达到的。不幸的是今天却普遍做不到。一些人曾经建议，而且也得到了很多人的支持，在培养一个全面的建筑师时最重要的是研究正在使用的现代建筑的历史，考察和研究那些与现在要求类似的作品，以便得到有关生活习惯和独特的使用者要求的必要知识，否则这些信息就无从知道。然而正是在这方面建筑师需要更多的信息。值得欣慰的是，现在的建筑师能在环境心理学家的协助、专长和发现中得到足够的知识。组织的任务目前是在建筑计划书的规划阶段进行的，这点会在本书后面的章节中进行更详细的研究。

总结

组织工作是值得的，因为它：

1. 提高设计的经济性，因为类似的功能能共用类似的服务设施；
2. 使设计过程进行得更快；
3. 使建筑物功能更合理；
4. 使建筑物对使用者更全面综合；
5. 在施工中能少一些冲突（使施工更容易）。

组织取决于使用者的要求，尽管它可能影响建筑物的使用方式，建筑师的作用应该是建立“组织”，这个组织不仅不应使使用者困惑，而且恰恰相反，它应启发他们，使他们更具创造力，并且使他们快乐。

组织是一个复杂的工作；为了顺利地进行它，我们在要组织的元素中建立了等级次序。在做这一点时我们会涉及“秩序”的概念，即协助建筑师完成合成的另一个设计工具。

秩序

“一旦抓住主要矛盾，其余的即会迎刃而解。”[14]……如果在设计中做到这一点，即，如果它的各组成元素已经合理地组织整理过了并且主要矛盾已被解决等等，那么我们可以说这个设计安排得“有条理”。因此，秩序，是一个建筑作品的品质，它能告诉使用者或观

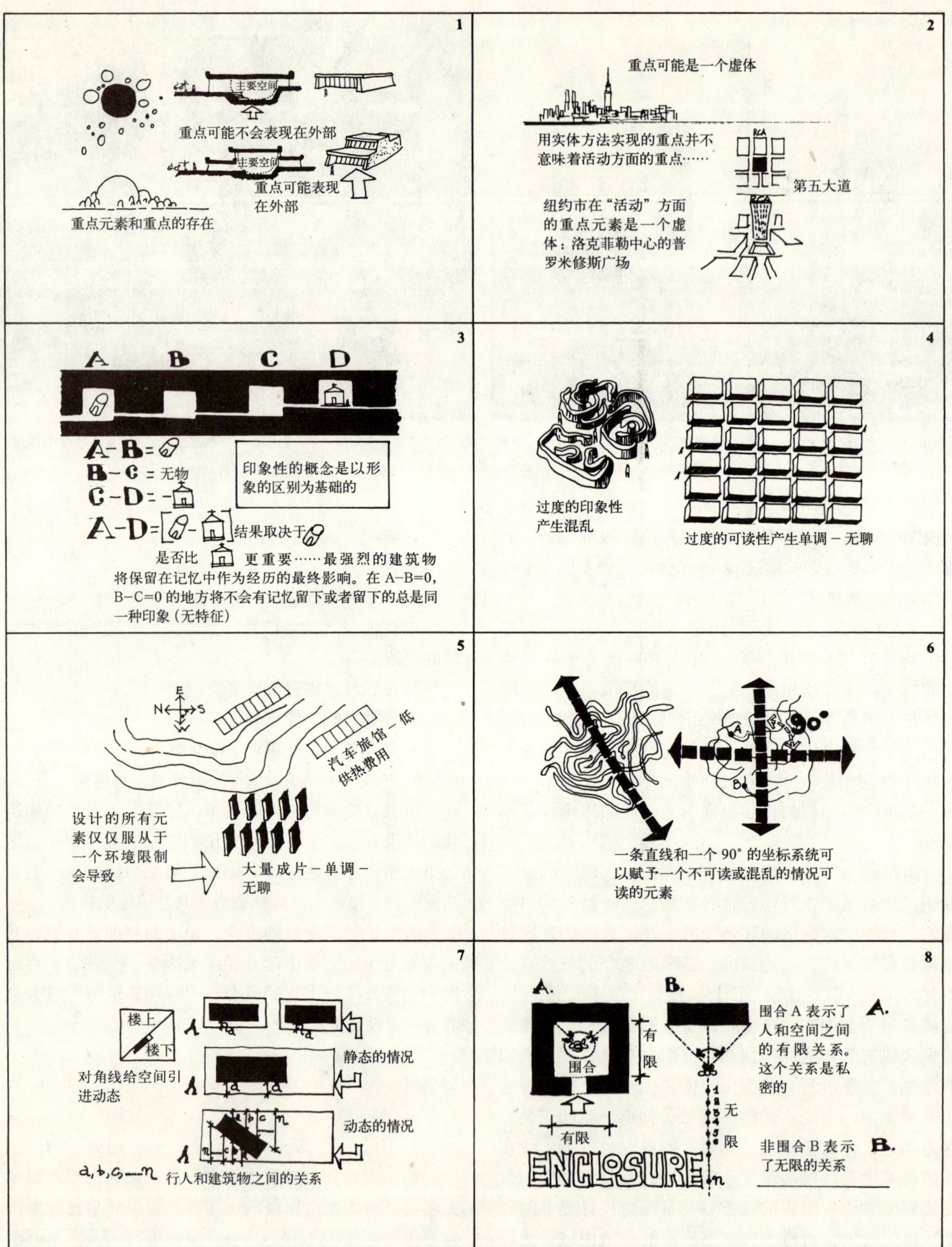
1
主要空间
重点可能不会表现在外部
主要空间
重点可能表现在外部
重点元素和重点的存在
2
重点可能是一个虚体
用实体方法实现的重点并不意味着活动方面的重点……
RCA
第五大道
纽约市在“活动”方面的重点元素是一个虚体：洛克菲勒中心的普罗米修斯广场
3
A B C D
A-B=
B-C=无物
C-D=-
A-D=[-]结果取决于
是否比 更重要……最强烈的建筑物将保留在记忆中作为经历的最终影响。在A-B=0，B-C=0的地方将不会有记忆留下或者留下的总是同一种印象（无特征）
印象性的概念是以形象的区别为基础的
4
过度的印象性产生混乱
过度的可读性产生单调－无聊
5
E
N S
W
汽车旅馆－低供热费用
设计的所有元素仅仅服从于一个环境限制会导致
大量成片－单调－无聊
6
A
90°
B
一条直线和一个90°的坐标系统可以赋予一个不可读或混乱的情况可读的元素
7
楼上
楼下
对角线给空间引进动态
静态的情况
动态的情况
a,b,c,—n 行人和建筑物之间的关系
8
A.
B.
有限
围合
有限
ENCLOSURE
1
2
3
4
5
6
n
无限
围合A表示了人和空间之间的有限关系。这个关系是私密的 A.
非围合B表示了无限的关系 B.

图3.10 美学概念（3）

察者组织中各元素间没有不公平，从而产生一个均衡或平衡。[15] 设计者可以在功能、活动或形式方面寻求这个均衡。建筑作品的各元素，为了简单起见我们可以说，一个设计的各元素在理想的合成状态下必须以一种有秩序的方式相联系，并且存在最少的“冲突”；或更进一步，希望没有冲突存在。

在建立秩序的努力中设计者简化了合成的工作。一旦组织结构中的元素已经弄清并组成了类似的组合，制定规则和弄清各元素或各组元素与环境限制间关系的工作就可以进行下去。建立“秩序”的工作即准备就绪。

与环境限制有着不同关系的设计各元素（如一组用于睡眠目的的元素：卧室 I、卧室 II、卧室 III）要求重点对待存在于地点、朝向和此组元素在总图上的位置之间的关系。卧室在夜间需要暖和一些，因此应将卧室放在下午大多数时间能接收到阳光的地方。如果向阳的优先权给了另一组不太需要或根本不需要阳光的空间，那么我们会说这个设计有不公平的地方，因为位置分派和位置没有根据需要的优先权以“有秩序”的方式决定。

因此，“秩序”，只有在设计者对内部功能和环境限制间的关系进行过仔细的分析，考虑，并且形成了关于重点的陈述后才会开始发展。建筑师然后试着得出一个结论，既能表明最重要的问题首先已得到了解决，又能显示出不同的需要在一种公平的方式下得到了满足。

“秩序”一词在字典中的定义为“一种均衡、平衡、和平或最终无冲突存在的状况”。根据这个定义，如果一件作品在合成时组织结构中相互关联的各元素之间不存在冲突，那么建筑师就建立了秩序。但是实现这种情况几乎是不可能的。它取决于一件建筑作品的尺度体量。要组合的元素越多，冲突的可能性就越大。因此建立秩序是建筑师最困难的工作。所以这时可以让计算机来帮助人类。一般的计算机可以定出设计的各元素必须满足的要求（即环境限制、功能性和经济性的要求）。然后计算机可以点出在建筑地点分派位置时可能有利益冲突的组合，因此告知设计师在设计过程中可能遇到的困难或潜在的一些不可能的因素。

下面的这个简单的例子也许能表明这里所说的困难，即创造一个有秩序的设计的困难。让我们假设在朝向和景色之间存在冲突，并且建筑场地不是很充裕。例如如果西南方向有好的景色而且卧室最好的朝向也是西南向，那么无可置疑设计中两个组合中的一个，卧室或起居室和常常要求有好景色的白天使用的空间，会被牺牲。很明显设计者必须将这个地区西南方向的优势给予两种用途中的一种，因而使另一个处于稍差的位置，从而产生一个有弱点的设计。当然，这种冲突可以用剖面的方法解决；一个处理得好的剖面和可能的二层的解决办法可以将一组置于另一组之上从而解决这个问题。但是这个办法在高密度地区（如公共住宅）和城市规范不允许二层的地区却行不通。一个公平的解决办法也许永远不能得到。如果这个设计是无秩序的，它算不算是一个妥协的方案？妥协是可以避免的，如果计划书中有明确的指示的话，如计划书中指明太阳对卧室比景色对起居室更为重要，景色可能被认为是一个奢侈。因此计划书中必须有一部分在所需组合的建筑组织结构中的空间或一组空间与环境限制（地点、朝向、风向等等）及经济限制之间建立绝对的重点。只有在设计的最终有形的表现中这些简述的重点已被满足的情况下，秩序才能建立。

勒·柯布西耶曾说：“在人类试图建立秩序的努力中，标准是必需的。”[16] 我们可以将此话延伸为在建筑中建立秩序的努力中标准是必需的。这些标准应该满足人类“精神秩序”[17] 的需要以及功能要求。“精神秩序”不容易建立，而功能性的秩序则比较容易处理一些。

为了创作出一个成功的设计，创作者可以遵循一些规则，至少在基本的功能方面。理由如下：环境限制很多，如果其中一个被提到最重要的位置并且建筑组织结构的所有组合都能围绕它而设，那么结论的最终秩序就会具备统一性、视觉的相似性、重复性和成组的特点。这类例子可以在公共机构的建筑设计中见到，此类建筑设计标准只有一个同时也是最重要的；例如一个汽车旅馆的业主最关心的就是最经济的施工方法和在保温方面最经济的建筑物。这两个考虑也许能互相补充，并且在决定汽车旅馆的朝向时这两点均可得到兼顾。一个西南朝向的长条形建筑物会满足这两个要求：所有房间在下半天都能得到相同程度的日晒，因此在供热方面会节省一些费用；而且施工过程中的重复性也能节省一些费用。这个结果就会是一大片同样的房子而且是一个方向的。军队的营房、学校建筑物和公共住宅是这种类型的典型例子，在现代建筑中这种现象是可以常常看到的，即一律化、单调并且平淡，原因即是没有秩序或者没有重点，或者只强调一个重点。

因此，我们可以在此说建筑师必须要尽力建立标准并且要为这些标准建立重点的先后次序，但又不能只强调一个重点。如果后者真的发生了，我们就会得到无秩序且在视觉和功能方面单调的作品。在建筑设计的努力中建立秩序，标准是必要的。

总结

在一个组织结构的各元素中建立等级次序的努力其结果是在建筑中建立秩序。一旦抓住主要矛盾，其余的即迎刃而解。

建筑师建立秩序。他（或她）在组织好相关的元素后就会排列不相关的元素。问题是他应该建立多少秩序，并且如果这个秩序是基于多样性（那么应是多少）或单调性（那么又应该是多少）。后面要讨论的韵律这个概念是与秩序的本质相联系的。过分的秩序会产生“单调”以及“混乱”。

设计的简洁和经济性存在于组织结构和秩序系统的简洁中。

重点

与秩序这个概念相联系的是重点。如果“先解决最重要的……”的情况的存在代表了一件作品的一种品质，那么问题是，“什么是最重要的？”或者“有多少是最重要的？”“为什么？”或“在哪里？”在一个建筑组织结构中有些元素或有些元素组合绝对要比另外一些重要（图4.6，图4.8）。这个重要性同样可以用功能、活动、经济、形状等等形式表现出来。如果最重要的元素或一组元素在设计中被置于重要且突出的位置；或者如果它代表的是整个构成的焦点；或者如果它被作为一个休息点、一个放松点，或被当作周围所有其他组合的总结元素（图3.10）；那么这个合成作品就有了重点。这个元素或这组元素在视觉上对外围观者可能不明显。它也许是个室内空间。一个三维作品的重点元素也许在所有的描述性文件中都明显；即它也许在平面图、剖面图和立面图上看得出来。那么人们可以肯定地说这个“重点”是这个建筑作品的一个特点（也许它被很好地显示出来了，因而是正面的，或者不好，即是负面的）。但是很有可能一个重点元素只在平面图和剖面图中或只在平面图中才明显。

由于这些可能性的存在，我们可以讨论三种不同种类的重点。第二种和第三种可能是纯功能性的，而第一种却是更倾向于表达性并进一步满足象征性的考虑。因此，重点元素对一个设计是重要的。因为，如果它存在的话，一个重点不仅能服务于功能性的问题，而且它能为进一步的精神表达提供刺激。例如圣索菲亚大教堂的穹顶，它是这个大建筑物所有元素中最重要的。它不仅满足了庇护大批人群并覆盖这个庙宇开敞平面的功能要求，它不仅行使提供自然光线的功能；更有甚者，它象征了所有事物的中心，即天空，这个未知宇宙的惟一可以看得见的内涵。在这种意义上讲一个重点元素加强了风景，并且一个重点建筑物代表了活动高潮　的一个场所。高潮和强调是重点的进一步特性。

建筑中的重点可以用下列方法做到：“实体”或“虚体”、“色彩”、“光线”、“标志”、“符号”（即如一个十字架、一个宝座等等）。对于外面的观看者来说，圣索菲亚大教堂的重点元素是这个穹顶的实在体量。对一个在教堂内部的人来说这个构成的重点元素是穹顶下的空间（即虚体）。在大尺度的建筑中，或如我们现在所称的，在“城市设计”中，对行人来说的重点元素常常是虚体而不是实体。威尼斯城市构成的重点元素是圣马可广场这个虚体，而对大运河中的人来说钟楼和有威尼斯雄狮的几个柱子却是重点元素。一个通过“虚体”来构成重点的现代城市设计的成功范例是纽约市的洛克菲勒中心。这个中心的重点元素不是高高的洛克菲勒摩天大楼，而是普罗米修斯（Prometheus）滑冰场（图3.11）。

人们在谈论重点时会涉及“生活”或“活动”方面和“视觉”重点。纽约市的生活重点元素可以说是洛克菲勒中心的滑冰场，而曼哈顿南部的视觉重点则是帝国大厦。如果两种重点，“生活的”和“视觉的”重叠了，那么我们可以说一个完整的建筑重点表现就产生了。但这种情况不常发生，常见的只是单方面的重点。在建筑设计上，理论上当然希望设计者能够创作出表达完整的重点来。调查并保证这些优点已经完成并成为这个场所的特点应该是评论家的工作。

建筑中重点的形成不仅仅只是简化了合成的工作或决定了秩序和重要性。重点可以通过对标志物或城市“突出物”的适当强调来实现。这些对较大范围的城市景观中正常运作的组织极为重要，并且它们产生印象性、易读性和城市可能的清晰性的概念。我们会

图 3.11　纽约市的洛克菲勒中心。从活动的角度来看，主宰因素是虚体。1930—1933 年 Reinhart，Hofmeister，Morris，Corbett，Harmon 和 MacMurray，Hood　和 Fouilhoux，1931—1940 年

对这些代表了大尺度建筑设计词汇的新概念、新工具和新词汇的术语进行进一步的探讨，而且在小尺度和大尺度建筑设计范围内，这些概念由于重点的存在而大大增色。

印象性

“印象性”这个术语是由凯文·林奇（Kevin Lynch）在 1964 年介绍给设计专业人士的。它本来是

图 3.12　Sinzuku 的印象制造器，东京，日本。Ichi—ban—kan（左图）和 Ni—ban—kan（右图）。建筑师：竹山实，1970 年

用于城市设计的目的，它指的是一个环境所具备的产生印象的能力。[18] 如果一个环境有能力在你的脑海中留下你余生都不会忘记的印象，那么我们可以说这个环境具有一个很强的印象性。有些争论认为（而且在这里这点被作为理论的基础）印象性在原理上是一个环境所能具备的优秀特点。但是印象性可以是正面的也可以是负面的。并且还有一个“多少印象性”的问题，即一个环境应该有多大容量，并且需要多少单个的印象才能构成一个环境的最佳综合印象？

让我们假设一个被考虑的环境（图 3.10:3）被分析成一系列重要而且突出的视觉经历并用一个总和来表示：

整体印象 = A + B + C + D …… + n

设计师在他的设计过程中必须明白且需要控制的事情如下：从 A 到 n 将会有多少元素，即，n 到底应该是几？这些元素之间的距离应该有多近？

A，B，C……n 之间的距离是否应该一样？或应该不同？而且如果是的话，应是多少，应以什么作为标准，并且为什么？这些不是简单易答的问题，而且现在还没有一个关于城市印象的正式研究能让我们找到答案。尽管如此，有必要声明的是，在一个环境在我们脑中产生印象的过程中，最重要的因素是“时间”和“速度”。时间的长度和行进的速度是我们对环境知觉的基本决定因素。如果从 A 到 B（A 和 B 是环境中不同的物质陈述）的时间非常短，那么在我们脑中记录下的经历就会是不全面的或是错的或是没有经过很好地消化的。人们可以认为我们从 A 和 B 中得到的经历就会仅仅是 A 和 B 之间的差别。如果 A 比 B 大，且如果 A 是一个有大教堂的广场，B 只是一个同样大小的广场而没有教堂，那么 A 和 B 之间的区别就是这个

大教堂。如果我们有足够的时间而且从A到B时用的是一个合适的速度，那么我们能够在脑中进行计算并把它保留在脑中，或把它留在我们的速写本儿上，并且记住这个区别。如果我们没有足够的时间，这个计算可能做的不对或计算完全没有发生。这样的话我们就不会有印象留下，而且我们对此环境的印象就仅仅是环境教给我们的东西。因此一个担心即是如果从A，B……到n的时间间距太短，如果从A，B……到n的运动速度太快，如果A，B……和n之间是完全不一样的或是完全一样的，那么我们对这个环境的直觉可能就不是正面的，因为那些计算也许永远都没有发生；或者计算确实发生了但可能是一个错误的结果。只有当我们被一些事情所困扰时，我们才会在计算中发生错误。因此人们可以说错误的印象性，不管正面的还是负面的，可能是一个混乱环境造成的结果。

如果所有单个环境课程的总和（A……n）是清晰的，那么我们可以说这个印象性绝对是正面的。如果由于各印象有过多的变化并且积累的所有因素都不相同而造成这个总和是混乱的，那么我们可以说这个印象性是负面的。我们会把它与“混乱”（印象的过多序列，由于过高的运动速度而失去了对环境积累各元素之间的时间间距的连续控制）联系起来。如果这个总和并不混乱，但环境元素的总和和时间间距都是相等的，我们可以说这个环境有很强的印象性，但却是无趣味或“单调”的那种。

因此印象性必须要加以控制。真正的困难在于控制时间间距并且创造有意义的设计差别，就像两个相同大小但其中一个有教堂的广场的例子。那么C应该是什么？它应该离B有多远，并且在哪种特点上它应该不同于B和A？

这些都是抽象的理论问题，而且目前还没有一个科学的答案，也许永远也不会有。A，B和C等等都是空间，它们是三维的并且它们都有可能容纳各种不同的活动——这个活动指的不是这个空间的面积容量（即所有的空间都可以适应类似的城市观众），而是活动安排方面。一个城市的活动安排也许会指定A是一个集会大厅，同时B是一个交通枢纽。因此活动安排可能提供足够的差别因而加强或改变一个现有的印象性。由此可见印象性是一个环境的素质，正面的或负面的，也可能是混乱的或单调的。对最佳印象性问题的答案可以在最难掌握的设计“分寸”的概念中和在设计师的章法中找到。

印象性是出于城市设计的目的而产生的。关于建筑方面的印象性的文献却很少；尽管概念已经存在了。从A到n的元素是一个建筑构成中的各种元素或元素组合。它们的不同可能是由于“空间”的连续，如空间序列、空间爆炸等等。这些可以是由于独特的光线状况，自然的或人工的，水、声音、气味或色彩的存在，独特和精心安排的活动，或由于独特“形式的”环境的存在和具有象征意义的唤起“意义”的特点。凯文·林奇在城市中发现的一切也可以在一个建筑物中找到。对上述所有的合理操作能够美化和加强一个建筑物的“印象性”，并且通过对平面、剖面和建筑物内部活动的精心安排，这一切都可以做到。

有一组次一级的元素也对我们所说的建筑物“印象性”的“微型尺度”的产生起一定的作用。尽管这点只与所考虑的建筑物有关，但它可能会对城市观者和建筑物的外观产生有害的作用。质地、开窗形式和一个建筑物各部分的形式表达都对一个建筑物的正面或负面印象的产生能力有帮助。一个建筑物印象性的这种“微型尺度”可能是愉悦的或相反，可能是混乱、单调、困惑或没有刺激的。通过对一个建筑物立面的努力探索可以避免这些负面影响。

易读性

易读性是凯文·林奇给建筑词汇表介绍的第二个术语。[19] 它意味着一个环境不使人困惑，它是容易“读懂”的并且对指点你的所在有帮助。如果一个环境让你很容易找到你从未到过的地方，那么这个环境是易读的。一个表现易读性的典型例子是这样的：到朋友的新家去拜访他；以最少的信息找到他的家，然后再成功地找路出来。如果一个城市布局让你很难在其中找到你的路，我们就称其为一个难读的环境。城市的易读性还与混乱和单调的概念有关。一个难读的环境的典型例子就是迷宫：在神话中这样的一个地方是迷宫（Labyrinth），即米诺陶（Minotaur，希腊神话中的人身牛头怪物。——编辑注）居住的地方。提休斯（Theseus）为了找到出去的路，不得不求助于坐在整个建筑群入口的米诺斯国王的女儿。通过一卷打开的线他找到了逃出迷宫的路（图3.13）。“混乱”是过分难读性的情况（图3.7）。与此相反，“单调”是过分易读性的情况（图3.37）。一个没有重点且具有较低印象性的网格系统也许很易读，但是它可能完全地不吸引

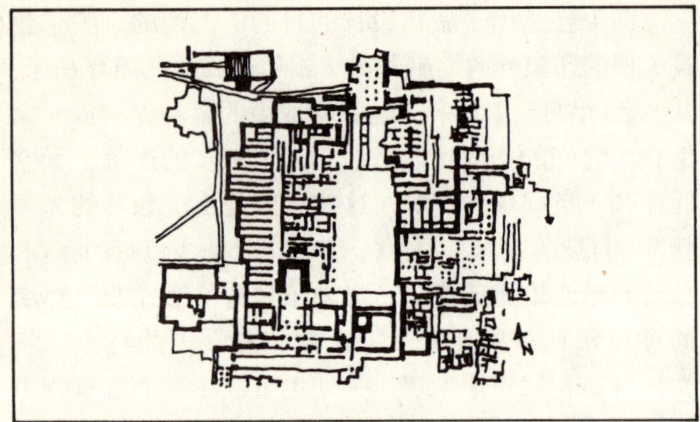

图 3.13 克诺索斯，米诺斯宫殿，克里特

图 3.14 海亚特摄政饭店，旧金山。建筑师：约翰·波特曼（John Portman）

人或没有刺激性。因此，易读性是设计控制的一个素质，但它不可能是惟一的设计控制。过度的易读性和过度的难读性一样都必须加以避免。

易读性在小尺度的建筑中可以常常见到。它代表的是一个平面的特性。不需要询问平面中各个空间的所在位置，一个建筑师可能很容易在他人设计的、有着很好的组织性的和合理秩序的平面中找到他的路。易读性可以用重点来加强，而且后者可能对前者的成功有帮助。

设计师必须知道的一个实践经验就是通过在一个难读的环境中切一条直线（图 3.10:6）这样一个简单的行动，就能达到易读的目的。中世纪巴黎难读和混乱的格局在奥斯曼（Haussmann）用直线形的林荫大道打开后即变得“易读”了。从理论上讲，一个难读的系统如果能用直角坐标系统来分析即能很容易变得易读。这一点常常被用于实践而且曾理清过以往被认为不可能的局面。

特性

如果某个环境具备一个独特的特点，那么我们说它具有特性。也许一个环境有特点是因为它在这个环境使用了其他地方不曾用过的某种独特的“形式”；也许它有特点是因为在其内部有某种别处没有的活动或某种活动的序列。特殊的土地使用常常给予城镇特性。我们可以说给予纽约市特性的物质元素是其“摩天大楼”的高度，而纽约市在特殊土地使用方面的特性则是洛克菲勒中心的部分及其广场上的活动。“特性”的概念与“印象性”直接相连，因为正是人们对一个强烈印象的记忆使他们认出一个特定的环境，或与此环境联系起来。由特殊土地使用引起的特性常常较为强烈，因为人们由于参与这个用途的活动从而与这个环境联系起来。因此一个环境有特性不仅是当它有能力使你记住它的独特性从而认出它时，而且是当它有能力让你通过参与它的使用而与它联系起来。有特性的环境或建筑物能成为其使用者骄傲的源泉。后现代主义的城市设计师成功地给以前缺少特点的许多地方提供了特性。圣迭戈的霍顿（Horton）广场建筑群就是这方面的主要例子。

单体建筑物也应具备特性。例如海亚特摄政饭店都以其内部绚丽的多层共享空间的独特性而著称（图 3.14）。通过精心设计的景观建筑和增加独特的室外特点，如喷泉、艺术作品等等（图 3.17），一个不具备这点或没有仔细考虑过这点的建筑物的特性，可以大大地得到改善。各设计专业的合作可以帮助探明有关建筑物特性的问题并且寻求办法来改善它。

多样性

多样性涉及活动、形式、体量、感觉。它与印象性、混乱、单调、特性等概念直接相连。多样性必须加以控制以便在各印象间产生一个好的差别，从而产生印象性。太多视觉上或活动上的多样性会引起混乱。一点没有多样性又会造成单调。如果它想成为一个设计中积极的特点，多样性需要“分寸”。如果多样性与一个大建筑物的所用施工材料有关，那么多样性是危险的。多样性是合乎设计需要的一个素质，但是它应该用于一个大建筑物的室内空间经历中而不是外部的特色。如果不加控制，多样性很容易破坏一个作品的“统一性”。

尽管如此人们还应该记住的是，设计师们曾经运用过“过多的”材料和某些不恰当的形状，例如状如大象或鱼状的建筑物（图3.15:7），弗兰克·盖里和彼得·埃森曼所用的一些为大家所不熟悉的形状等等。这种探索可能偶尔会干扰我们所说的状态，但是它们可能挑战了处于静止且毫无生气的其他设计师和人们。开明的社会一般会容忍和接纳这种“非正统”的事物，并且正是通过这种过分，新的“天地”才会被打开。

有了多样性概念的研究我们可以得出第一组基本设计概念，设计师的智力工具。我们现在必须开始研究非常重要的实用概念和尺度、比例及韵律等工具以便弄清楚与人—环境辩证法直接相连的设计问题。

尺度[20]

“它超出了人的尺度”或“这个建筑物没有尺度”是评论观察家们对建筑作品常常发出的感叹。第二个感叹中在使用尺度这个词时已经假设它意味着“人的尺度”。根据从19世纪法国和德国的学院发展起来的最传统的建筑理论，人这个元素具有帮助确定适当尺度的资格。但是人的尺度代表的只是一种尺度并且有必要与广义的“尺度”概念联系起来。尽管如此，为了进行尺度概念的讨论，关于人（提出尺度陈述的“观察者”）的重要性的某些假定必须确定。从这种意义上讲，接下来的应是一种理解方法，它将假设人的重要性，即人们必须从“人的尺度”这个概念开始。

尺度的词源的解释

“尺度”一词最初来自拉丁词汇Scala（在法语中是eschelle）。Scala意味着“楼梯”或“梯子”；即它意味着人们用来**到达某处**的工具。请注意粗黑体的字，因为它们可能代表的是理解建筑中物质方面尺度概念的要点（图3.15）。

因此我们可以从这个分析中理解为：建筑中的“尺度”也可以指的是一个人用来“接近”（reach）一个建筑物以便“掌握”(grasp)一个建筑物的设计工具。“接近”一个建筑物或“掌握”一个建筑物，比喻的是“理解一个建筑物”（图3.15:1）。就像梯子的例子，为了到达顶端，为了抓住目标，人们需要一级一级地、一步一步地上。它可以被设想为对建筑中的“尺度”一个人需要通过一个“一级一级”的过程来到达顶端，“接近”和“理解”这个建筑物，将这个建筑物的印象变成自己的财产，做一个征服者——即在视觉方面理解这个建筑物，从基础到顶，通过一个一步一步理解的智力过程，通过一个不吓人的方式。

这就是在建筑中要做的。如果一个建筑物有一些可以被用作台阶（比喻的）元素，通过它观察者可以在智力上接近、掌握或理解这个建筑物，那么我们说这个建筑物具备尺度。这种意义上的“台阶”是观察者了解的一个建筑物的构成元素，这些元素是他所熟悉的并且他也明了这些元素尺寸与其自身的关系（图3.27）。一面墙上的一个洞口可以是设计师想要的任何尺寸，但是“洞口”并不是人们熟悉的一个建筑元素的术语（图3.26），可是这样的如“窗户”或“门”洞口却是，因此它们可以肯定地被认为是人们所熟悉的建筑元素。通过考虑这些所熟知的元素，通过这些起媒介作用的熟悉的元素将自身与建筑物联系起来作为一个整体，人们可以成为所考虑的建筑物大小，重要性和朴素或不朴素的视觉征服者，即人“接近”或“掌握”这个建筑物。

在这种情况下，我们可以说这个建筑物具备人的尺度，因为通过其组成元素它允许了人们对其重要性的智力欣赏。这种欣赏是通过使用人类熟知的建筑元素而进行人和建筑物之间视觉比较的结果。

这个解释“尺度”概念的过程可以告诉我们如果熟悉的元素不存在，那么理解这个建筑物的过程就会使用其他尺寸，产生其他的感觉，并且可能对这个建筑物的重要性、体量和内容……所有这些产生困惑，因为上梯、上升、“接近”和“掌握”这个建筑物过程中所需的元素不存在了。那么很明显“接近”这个建筑物的另外一个不同的过程就是必须的，即一个不同的智力准备。这个建筑物的尺度已经有了，只是不同而已。不仅如此，而且一个建筑物可以有不同的尺度，这取决于其所有的可视部分（人熟悉的立面）是否具

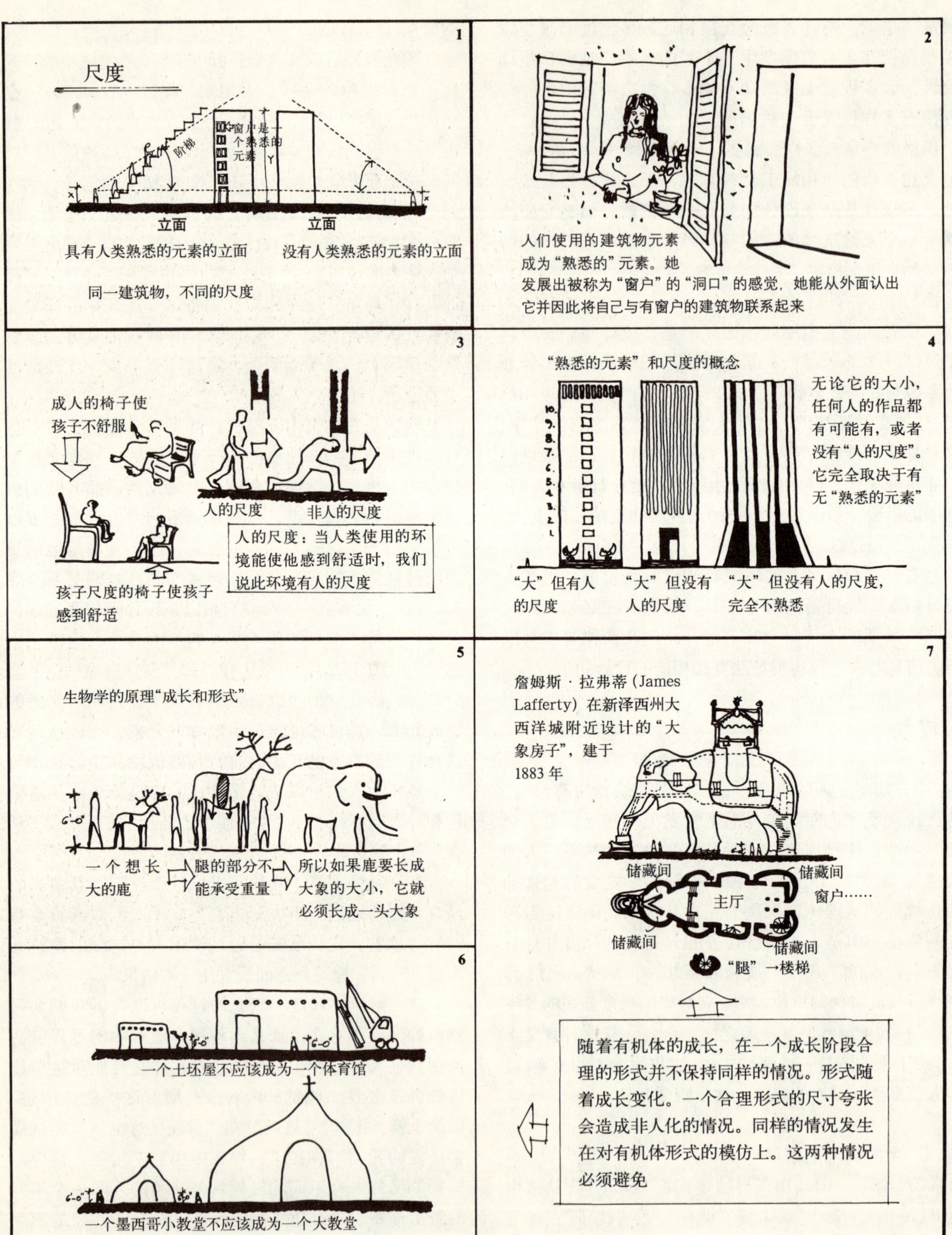

图 3.15 关于尺度的概念

图 3.16　人们熟悉元素的缺乏。不合人性的尺度的建筑物。NOA 大楼，日本东京，1974 年

图 3.17 不合"人性的尺度"的"洞口"，例如从楼面到屋顶的统一的窗户，可能超出一个层高，是不熟悉的元素。结果是上图的非人化的公共空间，进一步被广场上真马一倍半大小的奔跑的野马加剧了。所有上述都参与了 Las Colinas 的"不合人的尺度"的非人化的状况，得克萨斯州

图 3.18　如果不是照片中的人，熟悉元素的缺乏可能会使这个图书馆巨大的多层立面看上去像一大幅刺绣，而不是一个建筑物。熟悉元素的出现，例如入口的高度，开始给人们一个建筑物尺度的概念。国家大学主图书馆，墨西哥城。建筑师－壁画家：Juan O'Gorman，建筑师：Gustavo Saavedra，Juan Martinez de Velasco，1956 年

备所需的元素。同样的原因，有着类似体量的建筑物可能有完全不同的尺度。

尺度与大小无关。一个很大的建筑物可以具备人的尺度，如果它对人熟悉的尺度有足够清晰的表现，通过它，人可以将他自己的大小与建筑物的大小联系起来。

关于尺度和大小的问题，建筑师应该记住生物学的理论。达西·汤姆森（D'Arcy Thompson）在他的巨著《成长和形态》中建议如果一个有机体成长，即如果它的大小变化了，它的形态必须变化。一只有着极度夸大比例的鹿会不成为鹿；它的形态将会改变而且会最终呈现……大象的形态。[21] 鹿的四肢不可能支撑一头大象大小的鹿的身体的夸张重量。因此它的四肢的比例会改变；它们会采用大象四肢的比例。实际上，这只鹿会变成一头大象（图 3.15:5，图 3.15:6）。

同样的道理也适用于建筑物。一个墨西哥小教堂不可能大到一个大教堂的尺寸却依然保留小教堂的比例和形式。它必须呈现一个新形式，一个新的结构表达方法。大教堂的形式是由不同于朴素的小教堂的施工方法支配的。[22] 如果形式在尺寸上变化了并且还保持了它以前的比例，即，如果它还与以前一样，这个新的建筑种类会失去尺度。

尺度作为情感的控制器

尺度表示的不仅仅只是一个物质过程。它关注的不只是物质关系（通过考虑已知的熟悉的建筑元素来理解人与建筑物的关系）。尺度还有“精神”方面的涵义。它可以指的是建筑作品与观赏者之间在视觉理解过程中产生的精神联系。理解尺度的“精神”解释是很重要的，因为它容忍对一些可能明显的有形的比例失调置之不理。尺度的精神元素可能有其自己的整体性。当单独考虑精神元素而抛开其物质关系时（即当只考虑“尺度”的智力面时），它可以使这个观察者个人产生某种独特的心理状态即可以描述为情感——如“崇高”、“谦卑”、“朴素”、“傲慢”等等的情感。

图 3.19 建筑物被考虑为缺乏人性尺度的布告牌或壁画，有时给人不舒服的感觉，但是有时又会产生宏伟或崇高的感觉。国家大学办公楼，墨西哥城。建筑师：Salvador Ortega，Mario Pani，Enrique del Moral，墨西哥城，1951—1953 年

图 3.20 关于尺度的概念。布景设计往往不合人性的尺度

各个时期的建筑曾试图创造这些情感，例如，“崇高”是在看到宗教作品时常常产生的情感。这种情感代表的即是一种对“尺度”的尝试性的精神解释。这种尺度的精神元素常常是在不考虑建筑作品中熟悉的物质元素时才能做到的。在哥特大教堂中，人，透过黑暗和光线，而不是通过将他自己和任何熟悉的元素相比较，来掌握这个建筑物的意义；通过一个心理过程，他到达了“未知的境界”。“崇高”这种感觉即产生了，并且这个特别的建筑尺度的精神元素即被美化了。

乡土建筑表达朴实和谦卑的情感，新墨西哥州印第安人的村落和希腊群岛的建筑即是这种例子。存在于各建筑物之间的关系，这些建筑物的元素以及观察

图 3.21 极度夸大的“圆石子”。不合人性的尺度的建筑物。京都，日本

者都持有一种明确的观点——即用自己的双手建造一切的、崇拜土地的人们的特点和尺寸（图 8.3），一切都是用谦卑和朴实的需要和潜力来衡量的——需要休息和放松、需要看到太阳、需要从一阵清凉的清风和附近的小溪中得到快乐、谦卑的人的需要。但是，“尺度”不可以只被考虑为一个精神的或一个物质的关系。为了设计，尺度的两个方面必须都要加以考虑，并且必须要做出完成这两个方面的努力。

必须明白的是建筑的精神解释（看到物质实体时产生的心理结果）和物质实体本身是相互依赖的；后者可以控制前者。即通过对尺度元素的合理关注，将建筑物考虑为一个物质实体，一个精神整体即可以产生；并且反过来的考虑也是必需的。这就告诉我们，取决于一个设计师想要创造的情感，一个建筑物的物质元素可以加以控制调整。

如果这点明白了，那么必须接受的一点是尺度并不一定指的是“人的尺度”；任何种类的尺度都可以使用，如果它是经过仔细考虑的，如果存在创造某种不同的经历和情感的倾向的话（图 3.28）。

建筑史上有一些例子展现了尺度最彻底和大量不同种类的运用——只表达一种尺度的建筑物，和一些出于不同尺度考虑结果的建筑物。尺度的双重性可以见于现代体育馆中。人的尺度存在于室内空间，因为在这里建筑物被分割成了服务于个人的好多部分。在

图3.22 缺乏熟悉元素和使用尺度极度夸张的肖像能产生缺乏人性尺度的环境。私人开发区的项目——法国 Chandeloupe les Vignes

图3.23 对熟悉元素极度夸张的尺度造成了环境没有人性的尺度。在法国 Chandeloupe les Vignes 的“脚的雕塑”

图 3.24 具有人们不熟悉尺度的环境空洞可能大大地影响建筑物的尺度。巴黎的 Tristan Tzara 住宅。建筑师：阿道夫·路斯

图 3.25 “熟悉元素”的缺乏而产生的建筑物没有人性的尺度。建筑师：詹姆斯·斯特林

图 3.26 对尺度的处理可以产生不朽、威严主宰和丧失个性感。这种例子常见于法西斯主义的建筑中。意大利民族宫，E.B.La Padula，罗马新区，1939 年

图 3.27　英国泰恩河之上的新城堡，由拉尔夫·厄斯金设计的 Byker Wall 住宅项目。尺度的双重性被作为一个方法来使观察者产生不同的感觉。1968 年至今

图 3.28　“不合人性的尺度”在这里是适宜的。墨西哥城卫星城的象征性入口，通过尺度的处理产生崇高的感觉。建筑师：路易斯 · 巴拉甘 (Luis Barragan)，雕塑的合作者：马赛厄斯 · 格里茨 (Mathias Goeritz)，1957 年

这个例子中，这个部分就是人们可以舒适地坐在其上观看比赛的台阶；即建筑物的室内是由人们所熟悉的元素组成的，通过它人们可以接近和理解这个建筑物（体育场代表了显示目前对尺度尝试性解释的最具特征的实例，既是比喻性的也是实际的）。与此相反，室外的尺度是为了方便大批人群在接近建筑物时对它的欣赏。在这里不强调细节。建筑物是以体量形式存在的，在大广场上大到能够吸引远处的人群。因为目的不同，因此尺度与室内所用的也就不同。室外是为了大批人群而设计的。

目前有一种思潮，即在建筑中接受和运用并列而置的尺度。[23]一个建筑物可以有两种不同的尺度，一个在一侧，另一个在另一侧。罗伯特·文丘里（Robert Venturi）曾创造过这种意义不明确的建筑，既出于“秘而不宣的”原因也为了功能的原因。[24]今天的建筑师可以运用这一特许是很重要的，尤其是当步行和汽车的使用能够产生截然不同的视觉欣赏和视觉理解时。

比例

这里描述的一些概念可能在特点上比其他一些更“强烈”一些。其区别在于当引用这些概念时运用了某种比较——或者是建筑元素之间的比较，或是在建筑物和人之间的比较。有人参与的比较可以认为比其他没有人参与的比较要“强烈”一些……原因是当有人的元素，或“自我”参与比较时，作出一个客观陈述要比没有人参与时困难。从这方面讲，尺度这个概念，就目前所讨论的，可以认为比比例这个概念强烈一些。

尺度是人和客观物体之间的一个“对话”，而“比例”表示的仅仅是一个有关建筑物各部分之间物质关系的干巴巴的概念（图 3.29:1–4）。按严格的建筑意义说，比例的概念代表的是来自物质（线性的）尺寸间比较的一个几何概念。[25]一个建筑物的比例已经在“那儿”了，尽管人可能不在附近评价或欣赏它们。比例的存在是因为建筑物的存在，即，因为其宽度和高度的关系，或整体尺寸和建筑物个体元素尺寸的关系，已经在那里了。

建筑师们很早就知道这个概念并且已经研究得很深入了。在不同的历史时期，比例这个概念的运用就是很有意识的了，并且“适当”的比例也被定义过[例如，黄金分割或天赐比例，以及由勒·柯布西耶定义的模度体系（Modulor）的比例][26]，以便使建筑物看上去更吸引人，即，通过建筑物元素之间的适当关系，以及建筑物作为一个整体的适当关系达到吸引人的效果。

马蒂拉·吉卡（Matila Ghyka）提供了到目前为止关于比例的最好的理论性文章，而且任何想尝试个人设计实践的人，都应该仔细地学习和深思他的著作《艺术和生活的几何学》，以便理解黄金分割和各种动态长方形。人们还应该在勒·柯布西耶的模度比例的动手练习上和斐波纳契（Fibonacci）数列的数学关系上花些时间。

一个建筑作品的比例可以在平面、剖面和立面中找到。当涉及平面时，比例要与功能联系起来。有些特定的比例可以被马上排除，因为它们可能不能符合某个功能性的要求。例如，一个房间的宽度对放置某套家具，或应付某种特定的活动来说也许不够。一个不同的宽度可以改变所有这些状况。比例改变空间中的“张力”和“运动”。[27]

剖面中功能的考虑也是重要的，但它不像在平面中那样强烈。人的视野和高度是剖面比例的决定因素。这些比例决定了进入室内光线的多少并且因此在控制空间本身质量方面是重要的。

由于剖面的比例从空间的角度来讲主要是功能性的，同样的道理也许应适用于立面比例。但事实上却不是这样。立面的比例没有任何实用性的功能。它们的功能是结构的纯粹表现，是纯任意的；它们常常与剖面的比例有很少的关系，当然与平面比例的关系就更少。

尽管如此，正是在立面上，比例被许多建筑师和建筑学学生最严肃地对待。[28]平面和剖面的比例常常不像立面的比例那样被待以虔诚的态度。当然对这种现象有一个解释；对“使用者”来说了解平面的比例是极为困难的；理解剖面的比例也很困难，因为我们常常经历的是剖面的局部而不是一个建筑物整体的剖面。但是，立面却可以以整体的面目被人们所体会，即使是在极度狭窄的街道中和极度有限的视野中。因此，一个建筑师很容易地被其立面的视觉可能性所控制而忽略平面和剖面的比例就像是一件合乎逻辑的事。当然这不是一个设计师应有的态度，而且上述解释也不应该成为只强调立面比例的片面性考虑的借口。

尽管如此，立面的比例可以为这个理论的讨论以及后面有关基本设计概念的解释提供例证。

比例涉及视觉荷载。视觉荷载是由虚体部分支撑在地面上的。一个建筑物实体部分的视觉体量更多的

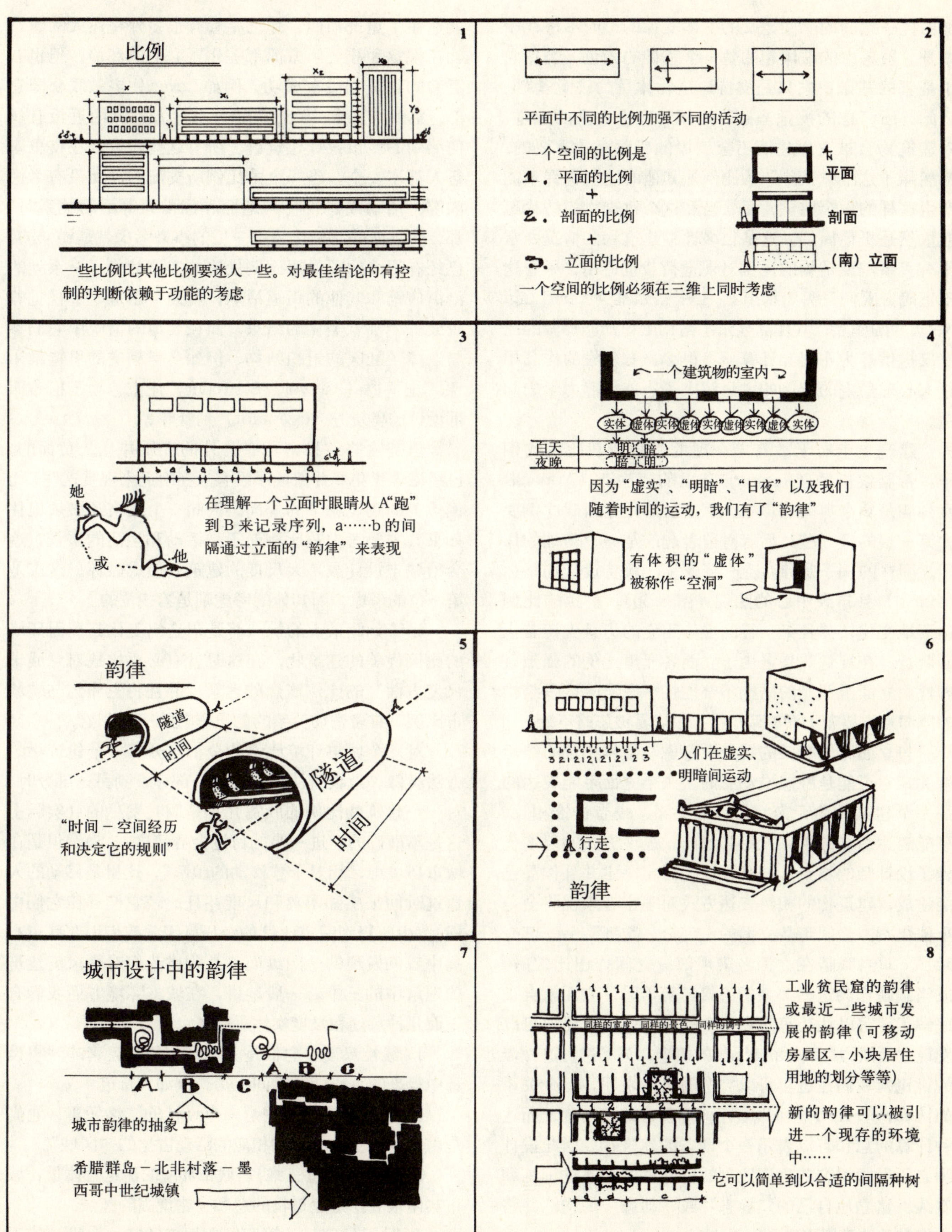
1
比例
一些比例比其他比例要迷人一些。对最佳结论的有控制的判断依赖于功能的考虑
2
平面中不同的比例加强不同的活动
一个空间的比例是
1．平面的比例
+
2．剖面的比例
+
3．立面的比例
平面
剖面
（南）立面
一个空间的比例必须在三维上同时考虑
3
她
或
他
在理解一个立面时眼睛从 A“跑”到 B 来记录序列，a……b 的间隔通过立面的“韵律”来表现
4
一个建筑物的室内
实体 虚体 实体 虚体 实体 虚体 实体 虚体 实体
白天
夜晚
明 暗
暗 明
因为“虚实”、“明暗”、“日夜”以及我们随着时间的运动，我们有了“韵律”
有体积的“虚体”被称作“空洞”
5
韵律
隧道
时间
隧道
时间
“时间－空间经历和决定它的规则”
6
人们在虚实、明暗间运动
行走
韵律
7
城市设计中的韵律
A B C
A B C
城市韵律的抽象
希腊群岛－北非村落－墨西哥中世纪城镇
8
同样的宽度，同样的景色，同样的调子
工业贫民窟的韵律或最近一些城市发展的韵律（可移动房屋区－小块居住用地的划分等等）
新的韵律可以被引进一个现存的环境中……
它可以简单到以合适的间隔种树

图 3.29　比例和韵律

是由柱子之间的隔间定义的虚体支撑的，而不是柱子本身。被考虑的虚体起的是一个基础的角色，当然它不是真的基础；它只是支持建筑物体量的视觉基础。因此，所考虑的视觉基础的比例对产生安全的感觉，即建筑物会被支撑住而不会倒塌的感觉，是重要的。当然除了这个“正确”的比例外其他的比例也许不能产生这样的一个感觉，尽管当然这个建筑物的结构可能依然是极稳固的。这是很多近期建筑物的情况。常常有人争辩说结构的比例对视觉荷载也适用，尽管这不正确。人们只需要指出P·L·奈尔维（Pier Luigi Nervi）的作品，其作品显示了结构工程师能够做的比仅仅提供静力布置和计算要多得多。奈尔维的作品用让人心理稳定的比例的方法解决了建筑物静力学的问题。

建筑史上有无数有着合理的视觉荷载比例的例子。希腊埃伊纳（Aegina）岛上的阿法亚（Aphaea）女神庙是一个典型的例子。第二层的视觉荷载比例要比第一层的轻一些，后者对前者起的是一个基础的作用。同样的例子是弗兰克·劳埃德·赖特设计的马林（Marin）县市政中心的法院（图3.30）。群拱的比例逐渐地变化，并且下一行的虚体用它的力量支持着上面两行。在视觉效果上由于立面各元素比例的强烈合理性，立面上明显的结构不合理性（底层的拱以结构的薄弱点支持着上面的两层拱）很容易被忽略不计。

与立面比例有关的第二个考虑与整体感觉的经历有关，它可能是静态或动态的。一个立面可能表达的是一个建筑物各元素间最少的关系，或者恰恰相反，可能表达最多的关系。尽管如此，表现方式的程度代表了设计师的特点。一旦设计师做出决定并且作品已经建成，建筑物的相对表达方式对观察者来说将会是个催化剂。当眼睛从立面的一部分“跑到”另一部分时[29]，即当眼睛在立面各表现部分之间作出比较时，或当眼睛作为这些关系的直接计算器时，立面就会被理解了。可以认为正是在这个即时的计算过程中可以发现立面活力（Dynamism）的概念。为了进行进一步的讨论，我们在这里可以完全随机地表明，一个关系的计算，即X/Y，可以表示一个静态的建筑物，而这种计算的总和可以表示一个动态的建筑物。因此设计师必须尽力探究其立面比例的可能性并且通过训练和实践，建立他自己的“静态”或“动态”的词汇并将它们有效地表现出来。

尽管比例的问题，尤其是立面的比例，从古代起就迷住了建筑师们，并且尽管有很多外观迷人的建筑物在视觉和社会两方面都美化了它们的环境，但也有更多的建筑物没有成功，例如Lever住宅、联合国总部、林肯中心和20世纪60年代无数在其附近没有任何活动的城市设计建筑群。所有这些建筑物在夜里对行人都不安全。当一个由比例所支配的立面没有考虑内容、活动或建筑物与地面和周围人群活动关系时，那么将立面的比例作为第一位的事来考虑就是错误的。已经有很多的项目用比例优美的实墙替代了一系列的沿街店铺和其他的街道活动，就为了创造一个视觉背景或一个视觉美化的结果，而在其他的情况中它们参与毁掉了社区的组织结构，例如乌得勒支的里特维尔德／施罗德（Rietveld/Schröder）住宅、勒·柯布西耶设计的奥赞方（Ozenfant）别墅等等。

但是这些结果常具有另外的性质并且是负面的。已经滋养了犯罪并造成了没有人在附近来观赏这些“比例优美的建筑物”的局面。因此一个建筑师必须记住如果其主要考虑是比例而不是活动和生活的质量，这会给城市设计或“大尺度的建筑”造成破坏。这应是第一位的考虑，而其他的考虑则是第二位的。

尽管如此最大的挑战将是创造出美化其周围环境的比例优美的建筑物。在这时就有必要挑战对“城市尺度方面”的比例概念的理解，并且将它作为与“城市比例”有着密切关系的韵律概念的一个介绍。

对一个城市环境比例的分析与分析一个建筑物的方法类似。当眼睛从建筑物的一部分看到另一部分时，对一个建筑物比例的欣赏几乎是同时发生的（实际上这是不准确的；进一步的讨论会弄清这一点）。但是在城市环境中，相对于“移动的眼睛”，这里是移动的人通过时间来感知距离和尺度并且比较它们（在它们中间），由此得到城市比例的经历。因此我们说在城市布局中我们发现的是四维而不是构成我们对小尺度建筑的理解中的三维。一般地讲，在城市环境方面我们有下面几种尺度和尺度实体：

1. 线性尺度：它们是关于从直线性元素的城市设计中得来的直线性的时间经历，例如人行道。

2. 平面尺度：这些是一个设计的二维元素；它们是由不同的土地使用和相应的活动占据的“区域”。

3. 立体尺度（三维）：城市环境的建筑物体量；城市实体被看作是建筑物的总和、密度高的区域。

4. 时间尺度——第四维：用来欣赏一个设计的不同部分的时间，或是完成一个空间经历所需的时间。

图 3.30　横向和纵向的韵律。马林县法院，建筑师：弗兰克·劳埃德·赖特，1959 年

图 3.31 通过自然光和结构产生的韵律能强调运动感和在行进时产生仪式性的倾向。主入口轴线，Toulouse le Mirail 大学，法国。建筑师：Candilis–Josic–Woods

这个关于第四维的考虑使得对城市环境比例的理解颇具独特性，并且它将我们带到探究“韵律”概念的一个好起点上。我们会先探讨城市方面的“韵律”，因为这个概念与城市设计联系在一起解释要容易一些。在接下来的讨论中，我们会试着研究这个概念在小尺度建筑中的运用。

韵律[30]

韵律，指的是一个空间－时间的经历，并且它与城市设计比例的所有方面都有关系。韵律是一个空间比例的函数。由某个环境引起的环境知觉还与一个人的运动速度有关。因此，韵律是空间比例、运动时间和运动速度的函数。

一个城市空间的线性的、平面的和立体的比例以及它们之间的关系，即城市比例，决定了某种特定的经历来自一个人在一定时间内在这个空间中的运动。花在全部运动上的时间是在城市空间各细节之间运动时所花的时间间距的总和。因此韵律是决定空间－时间经历的规则的总和。环境 A、B、C、D、E 的韵律可以是以下情况：花在欣赏环境 A 或仅仅得到关于其活动的视觉知觉或其视觉刺激的时间，加上花在从 A 运动到 B 的时间，加上花在经历活动 B 的时间，加上从 B 运动到 C 的时间等等，直到整个环境都被欣赏过（图 3.29;3–8）。

韵律代表的是“运动的游戏规则”。从 A 到 B 之间所花的时间也许与从 B 到 C 等等所花的时间完全不同。设计师在设计过程中制定游戏规则。因此由设计所决定的线性、平面和立体的关系谱出了交响乐，这个交响乐是通过时间来经历的，我们称其为“城市空间”。一个环境蕴含着一种特定的时间－空间经历，即一种特定的韵律。它鼓励某种运动或某种特定类型的生活（因为生活是时间间距和相应经历的总和）；同时另一方面，也许正是生活或某种生活形式为设计师提示了他应该包含到设计中的韵律。一个环境也许是一种生活习惯韵律的表现。显示一个环境韵律的“游戏规则”对创造有刺激性的（或没有刺激性的）处境是极为重要的。

建筑中的韵律可以解释得类似与音乐中的韵律。我们可以谈论“音调”（tones），类似的或不同的，以及音调之间的“音程”（intervals）（图 3.31– 图 3.45）。当谈到“音调”时，我们可以指的是进行活动的城市

图 3.32　明暗对比：旧金山泛美公司大楼雨篷下强烈的韵律。建筑师：威廉·佩雷拉（William Pereira），1973 年

区域；而关于“音程”我们可以指的是花在把我们从空间 A 带到空间 B 的线性的或过程性元素的时间，或者我们还可以说是从音调 A 到音调 B。存在于音调间的关系，它们的类似性（如果有的话），以及其重复量的产生和音程间存在的关系是决定韵律的元素。这里的目的是构成和谐而不是单调或混乱。

如果在音调和音程间有过量的重复时，一个城市韵律会变得单调。因此，这里又遇到“分寸”的问题，并且设计师必须时时地问自己，“A 到 B 应是多少，以及多少个 A 和 B？”在大尺度建筑中，当只强调一个设计限制而忽略其他的限制时，单调的韵律就产生了。例如，结构的经济性可能是产生单调的韵律处境的原因之一。有时产生韵律单调性的最强烈的原因来自对社会限制的过度强调。将社会的公平作为第一准则的设计态度会产生单调的城市景色，典型的例子是欧洲的工业棚户区和在一些国家的城镇规划中见到的城市设计。一个“单调”环境的最终现象是很少的刺激物和枯燥性（图 3.37，图 3.39）。

如果在决定存在于音调和音程间的关系时只有很少的控制或根本没有任何规则，相反的情况也会出现。这些音调间可能没有任何相似性并且音程间也许毫不相干；因此，人们必须时刻警惕着去抓住每个经过的音调，去经历每个随之而来的音程。如果一个人不够警觉，他很可能会错过许多音调和音程，从而这个人将不可能从这个环境中学到他在一个有着较好的重复性的环境中所能学到的东西。一个有着过度的和无间歇的音调和音程的环境提供的韵律经历是无控制的多音，我们在这儿可以将其称为一个混乱的经历（图 3.38）。

城市的混乱性产生所有可能的音调，但在音调间却没有任何连续性。观察者常常忽略所有不吸引他的“音调”　而直接与他个人喜欢的音调联系起来，因此产生高度复杂的当代城市混乱处境的特有情形。

一个有着吸引人的韵律的城市经历、单调性和混乱构成了整个城市美学的三种可能性。韵律是允许整体经历的一个素质，因为它是设计中惟一一个与第四维有联系的方面。谈到韵律，我们可以从纯生活方式、“生活节奏”或“活动”等意义上入手；或者它可能指的仅仅是城市平面中纯几何形和抽象的关系。一个平面的纯几何形式可以显示出单调的、混乱的或者一个最佳设计。

在讨论过城市方面的“韵律”概念后，也许在理解韵律在小尺度建筑方面的运用时会容易一些。理解这个概念在建筑物方面的运用要困难一些，因为花在经历一个建筑物的时间一般要比花在经历一个城市活动的时间要少得多。一个建筑物的韵律一般是在平面中经历的。正是平面的不同分区可以等同于一个城市空间例子的“音调”；而这些分区间的联系是走廊或是允许活动的流通元素。但是在过去，一个建筑物的韵律常常被误解为立面所产生的韵律。此概念的这一部分是最难理解的。当我们观察一个立面时，一个图像会在我们脑海中瞬时记录下来。但是“瞬时”仅仅是出于交流目的才使用的一个词。这依然需要时间，它是光线通过我们的眼睛并将图像记录在我们脑中所需的时间。在这个极短的时间间距内，我们的眼睛从立面的一端看到另一端并且通过运用虚实序列或明暗序列来理解这个建筑物。虚实关系或明暗关系已经在设计建筑物比例的过程中制定好了。因此它们间接地制定了“韵律的”主题，即，在理解一个建筑立面时我

图 3.33　多方向的韵律能产生动态的环境并蕴含运动感。佛罗里达州萨拉索塔（Sarasota）高级中学，建筑师：保罗·鲁道夫

图 3.34　历史上许多伟大的建筑物中有刻意的韵律。萨尔克（Salk）学院，拉霍亚，加利福尼亚州，建筑师：路易斯·康，1966 年

图 3.35 建筑中的韵律通过细部的元素来体现。Taivallahti 教堂，赫尔辛基教堂，Timo 和 Tuomo Suomalainen

图 3.36 韵律通过开窗形式来体现。芬兰大厦–赫尔辛基，建筑师：阿尔瓦 · 阿尔托，1967—1971 年

图 3.37　缺乏良好的韵律可能引起“单调感”，转而可能成为枯燥和陌生的原因。在新城 Kutiky 的住宅楼，新布拉迪斯拉发 (New Bratislava)，捷克（摄影 Craig Kuhner）

图 3.38　过度的重复、单调、混乱或单调的混乱？（石井和纮）

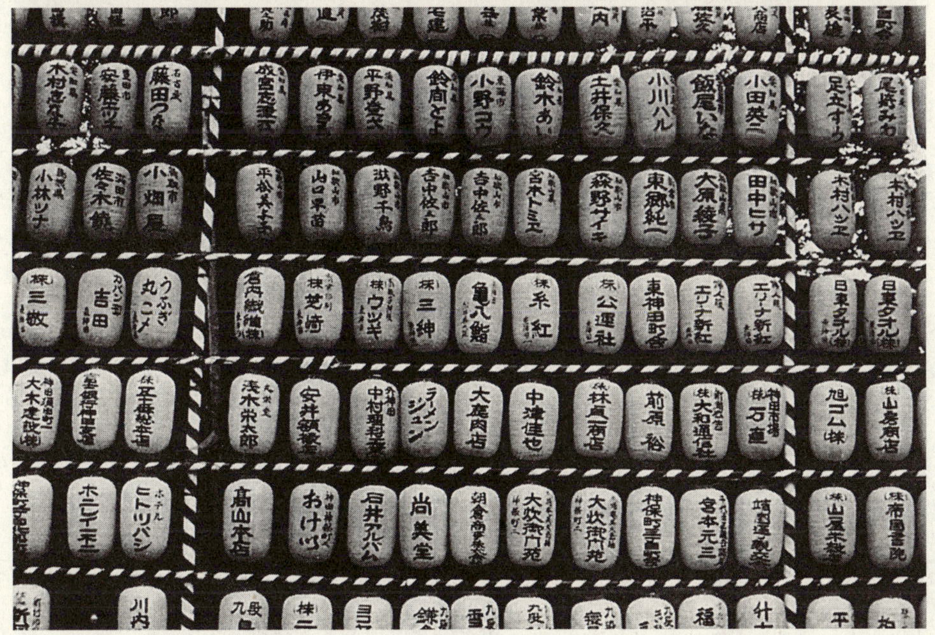

图 3.39 轴对称和韵律的单调性往往引起不舒服的“崇高感”。无名战士纪念碑，日本东京

们沉湎于其中的时间－形状的欣赏经历。类似的情况下就像城市空间韵律经历一样，我们也可能会有单调或混乱感。

设计中的分寸是目前惟一能控制这些状况的办法。只有通过训练和实践，分寸才能被掌握，并且通过它，城市和建筑韵律才能以其最合理的可能性体现出来。

统一性

统一性代表的是对一件艺术作品的“检查性”考虑。当前面谈到的所有概念都能在一个平衡的稳定状态下将作品聚合成一个整体时，这个特点就存在了。如果一个设计的一些部分不能“聚合”在一起，如果对一个设计方面的强调强过另一个，如果看上去这个建筑物有一些相互冲突的元素不适合或违反这个构成的整体精神，那么我们说这个建筑物缺乏统一性。缺乏统一性是一个扰人的美学境况。它常常可以在无章法的艺术家的作品中看到。除了美学的负担，它还可能给施工的经济性带来负担，尤其当建筑师缺乏经验时。实践证明，我们都会乐于节约相当数目的施工费用。

图 3.40 通过模式施工的韵律能成功地将建筑物和特别不规则的地形联系起来。圣约翰学校，希腊帕特莫斯（Patmos），建筑师：Patroclos Karantinos，1970 年

图 3.41 模式建筑系统的使用并不意味着一定会产生单调的韵律。东京令人愉悦的 Nakagin 塔楼。建筑师：黑川纪章

图 3.42 消除早期玻璃幕墙建筑物由于过度重复产生的单调问题的努力。"天空"是使用显示内部功能的不同颜色符号的方法来表达的，因此产生令人愉快的纵向韵律。休斯敦的橡叶塔，建筑师：西萨·佩里（Cesar Pelli），1982 年

图 3.43　城市尺度中的环境韵律是通过建筑元素的表现来实现的，例如交通、设备塔等等。住宅开发区（上图），北阿姆斯特丹，建筑师：R·库哈斯（Rem Koolhaas）；Bloomsbury 住宅（下图），英国伦敦，1975 年。建筑师：Pattrick　Hodgkinson

图 3.44　如果在水平或竖直两方向避免过度的重复或过度的多样性，单调或混乱可以被避免。阿兰布拉宫的细部处理，西班牙，公元 10 世纪

图 3.45　通过单独的功能元素和结构元素的清晰表达来实现的韵律感。水晶汽车旅馆栈道，米申（Mission）沙滩，加利福尼亚州圣迭戈

统一性是一个构成努力的最后结果，并且作为一个“检查工具”，它是建筑师所有工具中最全面的一个。

统一性和以前所讨论的设计概念都涉及了有形的问题，或与人及其有形尺度相联系的有形问题。但是人的创造物还具有某些其他的尺度；在每个创造者脑海中隐蔽的角落还有着无形的尺度。艺术作品不是别的，就是这些隐含设计考虑的产物。当涉及艺术作品时，一件作品的“意义”、一件作品的“意图”和控制意义并允许意图的“道德观”代表了最后的考虑。

道德观

也许一件艺术作品的“道德观”是最容易被理解的概念——尽管在讨论时是最“感人的”一个，并且是最难掌握的一个。建筑中的“道德观”指的是被社会所理解的并且被不同群体的职业道德准则所声称的道德和正派的最基本的问题。道德观很明显是非常需要视情况而定的，并且它是构成建筑师面对人类偶然遭遇的危机所作出的反映的基础。因此从今天的环境角度来讲，“道德观”与一个设计的成功有直接的联系。

设计师或早或晚都要在物质的、经济的、社会的、心理的和政治的问题上选择自己的立场。作为一个建筑师，当你的祖国处于一个独裁统治时你应该怎样做？在你的祖国的环境受到进一步的压制[31]时你会成为一个合作者吗？在面对一个社会危机时你会怎样做？如果你的社会价值与一个建筑计划（例如设计竞赛）的价值完全对立你会采取什么态度？在一个环境危机的事件中你会怎样反应？最后，面对目前被广泛接受的但又与其自身的“道德妥协”自相矛盾的“发展和进步”的困境（至少是如前不久讨论过的同时目前仍在“传统文化和社会”中运用的“道德观”），你又会怎样做？[32]

现代建筑史上随处可见相互对立的道德观的例子。菲利普·约翰逊曾经暗示过密斯·凡·德·罗为了得到项目曾与希特勒套过近乎，并且他离开纳粹德国的原因并不是他对压迫统治的忧虑，而是因为“希特勒喜欢坡屋顶”。[33]菲利普·约翰逊自己在研究建筑道德观的问题上也可以代表一个典型的例子。他就曾经声称过建筑对人的道德生活没有影响[34]；并且他不愿意为哈莱姆区设计任何东西。他宣称“让我来设计副总统的宫殿！”有些人的用意也许是好的，但是有时付诸于文字时就会伤害一些人。

与上面所示的态度相反，荷兰的约翰尼斯·杜伊克（Johannes Duiker）却愿意为孩子们建造“健康的”学校（图3.47）、“疗养院”和“为中产阶级而设的旅馆”，在那里人们可以享受安逸和放松，这些以前是属于富人的特权。不幸的是约翰尼斯·杜伊克却英年早逝（1890—1935年），而现代建筑史却没有给予他及其超群的作品应得的注意力。[35]其他荷兰建筑师追随过他的脚步，但是，在世界上的许多地方，尤其是在美国，这种“让我来设计副总统的宫殿！”的态度还在盛行。

正是这些代表了已将建筑从社会中疏远出去并且招致了社会评论界以及建筑评论界对建筑的负面评论的因素。[35]

很明显有人可能会归罪于疏忽，例如他不知道一个极权统治下隐含的压迫性建筑实践。那么他的合作可以解脱为无辜吗？唉，正是在这里，正义留在了后世人的手中，因为笔者相信所有的道德观是因情况而定的，并且人们在做出最后的判决前应得到所有的事实证据。就像评论家应该拥有所有的事实，建筑师也应该这样。再者，笔者认为一个“有道德的”建筑师应尽其最大努力来收集所有相关其项目处境的事实。如果他确信所有的事实都到手了，那么他应该考虑它们并决定是否做这个项目。如果他没有经过这一步，他可能就会犯下一个“不道德”的罪行，尽管有可能是在不知不觉中。

大多数的罪行是在建筑的功能方面犯下的，并且它们常常是由于形式的挑战。无数具有日常功能的当代建筑在人们工作的地方没有窗户。很多无窗户的房间被作为最日常的工作环境，太阳和自然光是生命的源泉这一事实把这种情况当作建筑犯罪的作品。[36]这种决定的做出经常是为了一个立面或一个形式的缘故。

还有很多人深信，包括笔者，谈论那些为了美化它们的形式而容忍某些犯罪的在功能上的建筑作品、更坏的是授予其奖项是不道德的。不幸的是大多数的建筑奖项授予了那些忽视建筑和环境道德的项目。这种颁奖制度应该被取消，并且应该把那些不关心环境关系及其作品道德的建筑师从建筑实践中开除出去。

建筑道德应该是所有建筑师的美德。人们不应该把建筑道德观与“职业道德”[37]混淆在一起。后者有时是与前者冲突的。例如在美国，“职业道德”常常容忍建筑不道德的行为，就像没有窗户的工作环境的例子。一个作品的道德观将被未来的评论家决定。

对于现在所建的作品，即建在我们知道能源危机

图 3.46 Penzoil 大楼，得克萨斯州休斯敦。建筑师：菲利普 · 约翰逊，1976 年

图 3.47 “敞开式学校”以便孩子们在缺少阳光的阿姆斯特丹探索阳光的治疗特性。建筑师：约翰尼斯 · 杜伊克，1929—1930 年。科技和独创性为需要社交的建筑物和被剥夺社交权利的建筑物探索合适的形式，构成了“道德的”设计行为和高度发展的文明

的时代中，评论家可能会问，“当人类已经意识到能源危机开始时建造有空调环境的大规模室内空间是否道德？”建筑师可能会回答：“做出这种‘不道德’的行动不是我的意图，在我设计这个项目时还没有能源危机的问题，而且我也完全不知道它对人类未来生存的影响……”“我只想向未来的人们传达我们时代文明的‘意义’，即我们能够创造出这样伟大的空调建筑并给人们提供舒适的环境……比自然环境好得多。我的建筑是试图显示‘人类超越自然的辉煌’。”这可以算是一个可以被接受的回答——也许傲慢，但是可以接受。它试图“意味着什么东西”，它的意图是诚实的，因此在这个特殊的文明背景中它不算一个不道德的行为。但是对建筑来说“认罪”不是解决办法。

建筑师不像其他的艺术家。他的作品是在地球表面的作品；即每个建筑作品，不论尺度有多小或有多独立，在公共空间中占有一个位置。很多时候它是用公共基金建的，不管是在社会主义环境还是在资本主义环境。因此，建筑必须对公共问题负责；它必须是道德的；它的意图必须是好的并且它的意义必须集中在人类的身上。

有很多不知名的建筑师之所以不知名的原因也许是因为他们对道德观过度地强调——一个远远超出狭义的“建筑道德观”的道德观；他们的道德观深植于其存在的广义理论中。毕基尼斯（Pikionis）和维克托 · 克里斯特 · 雅内尔（Victor F-Christ Janer）就是笔者碰到的这类人。不是所有的学生和建筑师都能幸运地在生活中遇到这样伟大的榜样。在绝大多数情况下，学生必须满足于书中给他们传达的榜样形象。这些榜样常常被笔者和评论家们的虚荣心处理过了，因此学生们必须要保持调查心和警惕性。

对一个建筑师及其作品形成评价的最佳途径就是亲历并仔细观摹那些书本上推荐的值得尊敬的作品，然后做出自己的判断。笔者可以证明当他参观在东京新宿的竹山实的建筑物时（图 3.12，右图），被建筑物所表现出来的深度的缺乏所震惊，而这个建筑物曾出现在查尔斯 · 詹克斯（Charles Jencks）的颇具影响的著作《后现代建筑语言》的封面上。

要知道吸引人的形式并不一定能确保道德性。相反的情况也是可能的。所有不吸引人的形式不一定就揭示着一个设计者道德的缺乏。观察者或评论家们，只有在他们手中拥有所有的证据时才能做出评判。

在那些因制造出迷人的形式而吸引了许多评论家的当代建筑师中，人们可以提出菲利普 · 约翰逊来。[38] 然而人们不可能把他作为有环境道德感的典范。一个有环境意识的建筑师不仅应该为国家的首都设计建筑物，还应该为哈莱姆区设计。[39] 他还应该试着找出一些可以解决环境面对的大问题的办法。

英国建筑师詹姆斯 · 斯特林（James Sterling）关于设计和普遍问题的态度是另一种“形式－道德观”关系的例子。评论家、观察者和学生们应该在对他的评价上极为小心。斯特林的建筑曾经被他自己及其最近的评论家们评价为对社会和公众问题、公共基金和造价方法等方面极为负责的设计之一。[40] 确实他对造价的关注曾帮助他发展出独特的结构和功能结论，它们最终产生了具备合理的结构并且体量充分表达建筑计划独特且引人的建筑物。他支持过一些关键的问题，如独立住宅不适合战后英国的问题，并且他对“自由平面”（free plan）中交通部分的浪费问题也表明过立场。抛开他对上述问题的解决所声明的关切，多数他的建筑在很大程度上还没有让大多数使用者以及英国公众满意（图 10.11，图 10.12 ）[41]；并且与他对现实问题的关注“声明”恰恰相反，他的建筑看上去只是一种形式而且只有形式。

因此，他（或她）的道德观，不是一些设计师所谈论的或他坚持自己具备的东西。它是一个诚实和有能力的设计师将赋予其设计的一种素质，并且它会与这个设计永远在一起。绝大多数情况下，有道德的作品不被人注意。它们全面地服务着使用者并且不干扰所处环境。与此相反，它们美化了它。旧金山的 Ghirardelli 广场和 Cannery 购物中心就是有关有环境意识的建筑的有道德行为的绝好例子（图 16.25）。同样的例子是波士顿的昆西（Quincy）市场（图 16.20，图 16.21）。

在各民族传统建筑中无数有关道德观的例子有待学习研究。至于一个全国性关心环境的当代例子，人们可以很容易地提出芬兰。在芬兰，建筑与环境之间的相互尊重可以使人毫不犹豫地称它为今天世界上最道德和最有环境意识的建筑国度。它不只是一个人的建筑，尽管很多这些归功于阿尔瓦 · 阿尔托，这是一个整个国家的建筑师都有道德感的建筑国度。这个为树干装上橡胶减震器并把它制度化的国家应该被当作一个典范。它的建筑师及其人民是值得称赞的。

如果建筑作品没有清晰的意图，如果道德关切被排在我们尊严的底层的话，它们就没有意义。[42] 也许它们该彻底被去除掉。

注释

1. 关于基本设计概念的资料非常少。现存的这些也是很过时的，但是由于它们涉及的是设计的“最普遍的原则”，它们永远是中肯且切中要点的。下列几章的注释和原始的资料是详尽的。关于综合的资料，见 Banham，1967 年。此处所提供的解释和理论性建议没有更进一步的资料，因为关于各种概念的思考完全出自本书的笔者。关于此章主要的资料，详见本章所有的文献目录。
2. 值得一提的是“构成”一词在美国直到 1956 年都是常用的。关于标志性的资料见 Labatut，1956 年。
3. “包容性”一词指的是由多种参数的结果而产生的建筑，“包括”了许多关注多“层次”考虑的建筑。它与“排除”许多参数而只集中于所选几个的建筑相对立。关于“包容性”的进一步讨论见 Antoniades 的《建筑诗学——设计理论》，Van Nostrand Reinhold，1990 年。
4. 关于抽象和抽象图案的概念，见 Arnheim，1971 年，第 173 页。另见 Antoniades ，出处同上，1990 年。
5. 关于“抽象性”和建筑与绘画关系的陈述见 Frampton，1982 年，第 99-123 页。
6. 出处同上，第 139 页。“DeStijl”另见上述 Frampton，第 139 页。
7. 关于两维的设计原理，见 Wong,1972 年，一般性资料。
8. 关于建筑创造的这个渠道见 Antoniades，同上。
9. 关于这里的理论见 Negroponte，1970 年，第 41 页。
10. 它发生在建筑计划阶段。关于此过程的技巧，见 Peña，《问题的寻求》。
11. 这点是被大伦敦地区委员会所认同的。在 1969 年他们所作的一个关于住房的报告（《为人民的住房》）对行使某种特定活动的最小面积提出了建议，而不是建议一个某种符合质量空间的最小尺寸。
12. 见 Ghyka 和 Antoniades，同上。
13. 在美国，这种错误的理解很普遍，并且很多是由于对弗兰克·劳埃德·赖特的一段陈述的错误理解。Paolo Soleri 依旧将“有机”建筑的定义基于是否有生命的有机体器官的类似性。
14. 一个广泛应用的希腊语词汇。
15. 不要将“秩序”与“建筑柱式”的概念相混淆，在古典意义上后者指的是一种根据一个已经规定好的柱础、柱身、柱头和柱楣词汇的特定组合。关于“建筑柱式”还可见 Gauldie，1972 年，第 113 页。关于“秩序”的进一步的讨论见 Gauldie，1972 年，第 26，35 页。并见 Fletcher，1975 年，第 1052 页。
16. 勒·柯布西耶，1972 年，第 125 页。
17. 出处同上，第 126 页。
18. 林奇，1963 年，第 9 页。
19. 出处同上（易读性），第 2，3，10 页。
20. 关于尺度的进一步讨论，见 Rasmussen，1974 年，第 104 页。并见 Gauldie，第 30 页；和 Michelis，1965 年。
21. Thompson D'Arcy，1917 年。
22. Antoniades，1971 年（1）。
23. 这种方法的鼓吹者是罗伯特·文丘里。见文丘里，1968 年，第 38-46 页。
24. 一个好例子是文丘里为俄亥俄州的一个镇设计的市政厅。这个建筑物面对广场人群的一面有一个“尺度”，而有职员入口的另一面则有另外一个尺度。文丘里，1968 年，第 125 页。
25. 关于比例的进一步理论，见 Rasmussen，1974 年，第 104 页；Michelis，1965 年；Arnheim，1971 年，第 49 页。
26. 见勒·柯布西耶，1968 年，一般性资料。
27. Arnheim，1971 年，第 403 页。
28. Colin Rowe 的全部理论著作集中在平面和立面的两维比例问题上。其著名的关于“通透性”、“墙体和超级墙体”等等的论点，在笔者认为，全是错的。对建筑的关切不应该只局限于立面的比例或平面的比例，它应该包括三维的所有方面。关于 Colin Rowe 的理论，见 Rowe 和 Slutzky。
29. “移动的眼睛”的概念第一次是由 Borissavliévitch 介绍的，1926 年，第 41-42 页。
30. 关于韵律的进一步信息，见 Rasmussen，1974 年，第 127 页；Gauldie，同上，第 30 页。
31. 关于所引的“压制性”问题，见 Tzonis，1972 年，第 11、13 页。
32. 建筑中“道德观”的问题在 1980 年此书第一版中强调过。读者现在可以详见段义孚（Yi-Fu-Tuan）在这个问题上更广泛、更升华精神的评论。1989 年，第 165-175 页。
33. 库克（Cook）和 Klotz，1973 年，第 37 页。
34. 出处同上，第 37 页。
35. 关于 Duiker 见 Vickery，工业大学的展览目录，苏黎世，1977 年 10 月 27 日 -11 月 17 日（无页号）。
36. 出处同上。显然有很多的活动不需要光线并且在这里无窗户的房间在功能上是必需的。
37. 不要将道德观与“职业道德”相混淆。职业道德有时与广义的建筑道德观相对立。
38. 许多其他重要的现代建筑师曾经被批评为其作品缺乏道德和社会内涵。在他们中的理查德·迈耶（Richard Meier），美国建筑师中“最精于雕饰”的一位，抗议这样的批评并建议道：……“形式的概念不是先天就反社会的。实际上，只有形式的概念才能将建筑从普通的房子中提升起来，并且使它成为（不管一个人喜欢与否）一个文明的创造物——一件艺术品。”见 Richard Pommer 在 1976 年 10 月《艺术论坛》，第 42 页的《建筑的新至上主义者》。
39. 约翰逊在库克（Cook）和 Klotz，《与建筑师的对话》，1973 年，第 37 页。
40. Jacobus，1975 年，第 17 页。
41. 出处同上，第 19 页。
42. 关于建筑意图的进一步读物见 Norberg-Schulz，1965 年。

所选书目

Antoniades, *Poetics of Architecture: Theory of Design*
Ghyka. *The Geometry of Art and Life*
Michelis. *Architecture as Art.* (*E. Architectonike os Techni*—only in Greek)
Rasmussen. *Experiencing Architecture*
Thompson D'Arcy, *On Growth And Form*

第4章

建筑简史

	埃及	克里特	迈锡尼	古希腊	希腊时期	古典柱式	罗马：发明	罗马：单体建筑物	罗马：公共建筑群	罗马：宫殿式别墅
所选建筑物	约公元前 2600 年 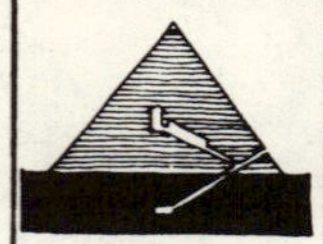 胡夫金字塔	约公元前 2000 年 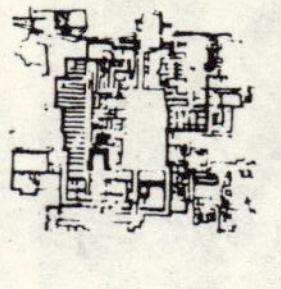 克诺索斯宫	约公元前 1325 年  阿特瑞（Atreus）陵墓  大厅（Megaron）	公元前 447 年—前 432 年  帕提农神庙	公元前 4 世纪 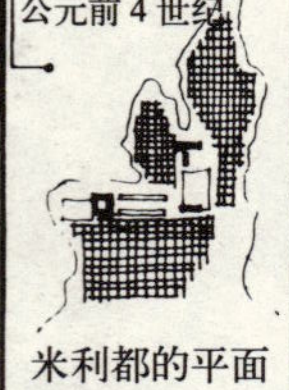 米利都的平面	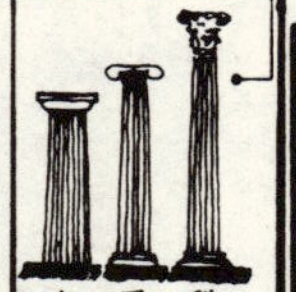 多立克 爱奥尼 科林斯	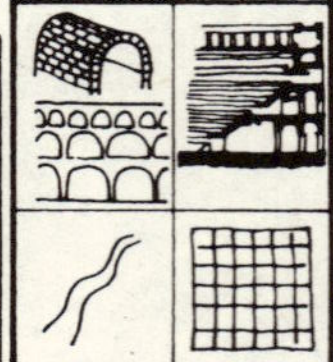 公路 军营	公元 120 年至 123 年  万神庙	公元 106 年  图拉真市场	公元 120 年  哈德良别墅
美学、空间、意义和解决的主要问题	纯几何形的美，以宗教和典礼为目的的巨大的施工和组装的建筑物，建筑中的“巨型”文化在公元前 2600 年左右达到顶峰	“全面的”建筑美，环境调节性－基础的－结构的－序列的－注重能源的设计，室内空间色彩和天窗的运用，典礼般的楼梯，最早的时期：公元前 2000 年左右	将“实用性”提升到精神高度，具有行进性的上升感觉的结构高效率。阿特瑞陵墓还被称为“阿特瑞宝库”，公元前 1325 年。“大厅”：来自希腊梯林斯的建筑	希腊人“美”的概念的总结，经典“完美”概念的主要纪念碑，公元前 447 年—前 432 年 有记载的有影响的资料来源和进一步的进化	设计中的高效率和简洁美	古典希腊的三个主要柱式	施工合理性的美——实用性和便捷的限制	动态的空间经历，室内空间被当作一个大的空洞，自然光线从穹顶的中央传入	平面形式作为一个较大的城市建筑群的组织者（凹形立面和复杂的剖面）在密集的城市环境中多层－多用途的建筑先例	在不规则地势上经过很长时期修建的大规模建筑群的美，几何形体的碰撞和地形调节产生的张力结合点
总图规划和与周围关系	建筑物沿典礼仪式的轴线组织布置	跟随地势，最大程度地利用地形和朝向限制的自由组织		总图规划的策略是运用通向公共空间的进入“点”并且根据最佳视觉效果来调整建筑物走向	正方形或长方形的网格系统，随地势而改变比例		罗马帝国征服其他地区的方法，与自然重叠的、具有城市和区域的重要性的实用作品	单体建筑作为紧凑的城市组织结构的一部分	单体建筑作为一个连续的城市结构的一部分	整体的“图画般的”视觉效果，通过可辨认几何形体结合的“碰撞”
能源，朝向，地形，回收利用	高效率的建筑，回应气候条件和朝向，埃及本土建筑的最好例子	历史上最有效的／最注重能源的建筑物，回应气候条件，朝向，空气交叉对流，眩光控制，卫生设备 必须进行进一步的研究	能源高效率主要来自巨大的施工构件的使用，即“蛮石”墙和正确的朝向	通过运用“回收”的材料来节约能源，朝向为东西是出于象征性目的	通过正确的朝向和对地形的经济性开发来节约能源		通过合理使用施工方法和技术来节约能源 有足够证据表明能源的高效性是古代建筑师的中心考虑之一	将拯救的材料运用于施工中，空间围合使用合理的结构	通过高密度和紧凑的城市结构来实现能源节约的	通过正确的地形规划和朝向以实现能源的节约，即使是“富人的宫殿”
艺术，颜色，雕塑	建筑物与雕塑和壁画相结合	小心地运用强烈的色彩。大面积的壁画完全与建筑结合起来		雕塑世界与建筑相结合来叙述历史中的重要事件。帕提农神庙原先是有绘画的			罗马环境中常常有过多的艺术作品（雕塑和绘画），它们常常是极富装饰性的，预制的（即雕塑）和过分的			
理论		无证据	无证据	建筑师著有著作	希波达姆斯（是一位富有成就的理论家					
建筑师和专业	伊姆荷太普，埃及的主要建筑师，第一位建筑作家	代达罗斯，成功的建筑师和发明家		伊克提诺斯和卡利克特 Iktinos 著有建筑方面的著作 研究已发现了超过 100 个在上述时期工作过的建筑师的名字	希波达姆斯	通过许多建筑师的作品而演变	研究已经发现了很多有成就的建筑师的名字，几个皇帝也是受过训练的建筑师，最著名的是皇帝哈德良		大马士革的阿波罗多罗斯，公元 106 年	和一组建筑师和砖石匠

维特鲁威：建筑界的主要权威和理论家——公元前 1 世纪晚期，主要著作《建筑十书》于公元 1486 年在罗马被发现并发表

图 4.1 建筑简史。一个图像总结

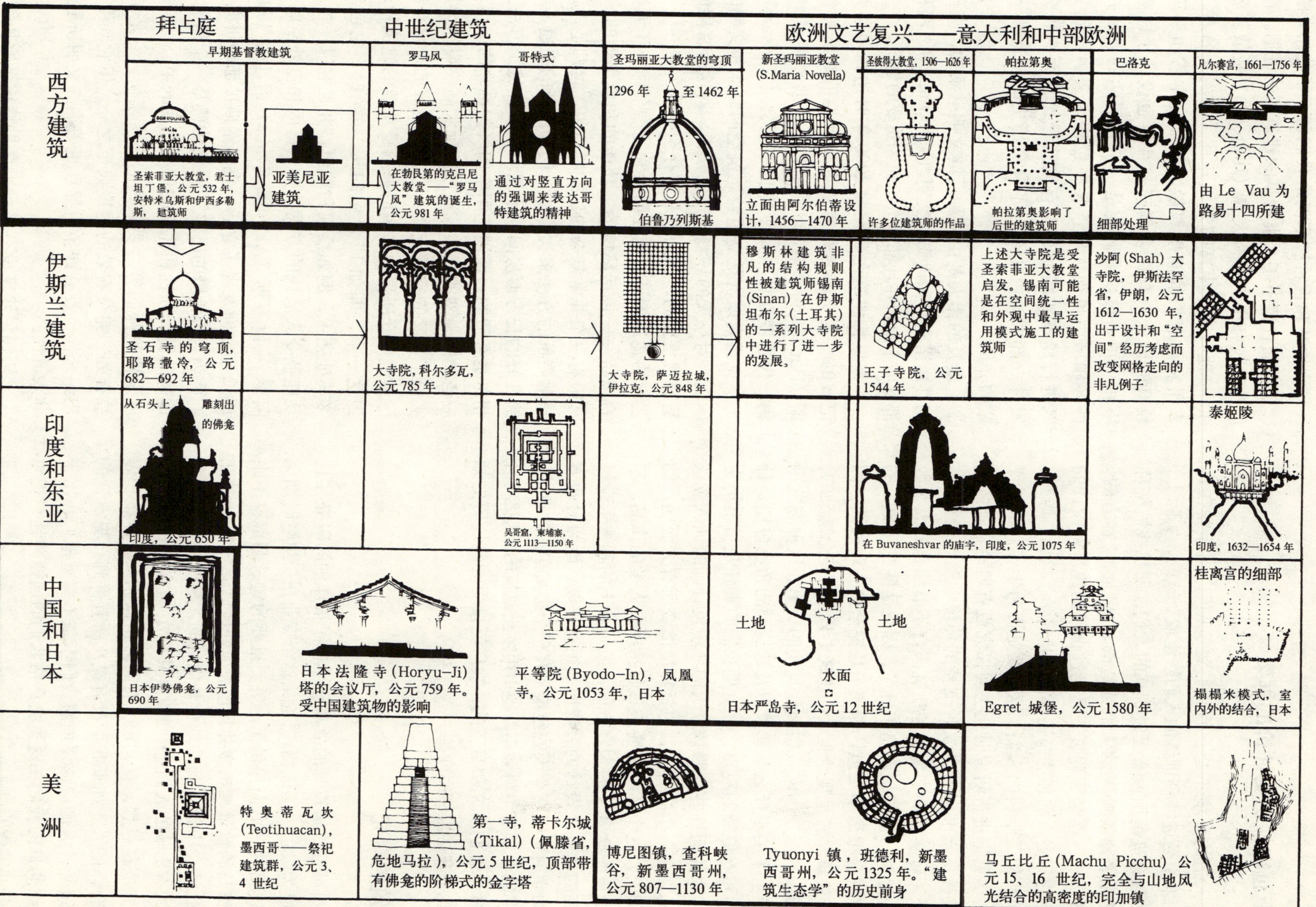

图4.2 建筑简史。一个图像总结以及有关问题

一个包容性历史评价的框架

人造的环境不是一直由“建筑师”，或那些在建筑艺术中受过特别训练的人们修建或塑造的。实际上，大多数建筑是由没有受过训练的人们，即那些被统称为“无名建筑师”的人们建造的。[1]但是，“官方的”建筑历史，在最大程度上是受过训练的建筑师设计的作品的历史，即那些精通理论、几何学、绘画、雕塑、数学和相关学科的人们。这主要是因为学者们根据现存文字见证进行研究时比主观探究没有理论文献，朝廷或教皇批准以及其文件支持的环境问题要轻松些。此外，对学者们来说凡是建筑语言不够综合的大多数人的建筑一般都被忽略不计了，因此这些在历史上的地位就会很微不足道，即使不是完全被省略的话。因此，建筑学者呈现给世人的建筑史只是有纪念意义的、有影响的以及国家或宗教建筑物的历史。这种态度因此产生了关于什么是建筑以及建筑师的角色应该是什么的相当偏颇的观点。在这里我们的责任是指出历史的这个片面性并且强调今天的环境设计师的训练应该是建立在一个综合的，包括环境演变所有方面观点的基础上，这个环境演变应该包括所有人类的作品，不管是有纪念意义的和官方的，或是乡土的和被未受过训练的建筑师设计的。我们必须这样做，因为对两方面的学习可以使今天的建筑师有一个实实在在的改善。此书的各章节中将会不断地引用乡土建筑的原型经验，同时学者们研究和写下的、被广泛接受的建筑历史知识也会在这里作出介绍。

建筑的曙光

对古代建筑师的故事已经有了很详细的研究并且已成为吸引人的读物。[2]它给这个专业在历史各时期保持连贯的各方面提供了一瞥。重要的建筑师留存下来的作品的数量相当多并且已被很好地记录下来了。[3]在古代社会中建筑师的地位是优越的，总是处于当时那些富有影响的人们之中，即神职人员、政客和君主阶级。他们是有思想、有知识、有能力指挥他人怎样建和怎样合作的人。如果我们没有提及所有得到历史承认的建筑师，人们应该要理解我们不是不尊重他们，出于介绍的目的我们在这里会严格我们的选择并且只提供一些非常少的例子。[4]

古埃及和古希腊不仅给我们留下了其伟大的不朽建筑，而且留下了人类最早的建筑师的证据。在许多埃及建筑师中伊姆荷太普（Imhotep）是最著名的一个。[5]他具有极丰富的知识并且受到埃及名人、神职人员和法老们的高度尊敬。他在金字塔和平顶斜坡坟墓的设计中有许多创新并且他也设计了许多金字塔和平顶斜坡坟墓。他是一位几何学的大师并且在许多领域中也很优异，其中包括天文学和数学。他既进行建筑实践而且也有建筑理论方面的研究。他写过一部书，由此开辟了贯穿历史的建筑师－理论家的先例。[6]

埃及的伟大是由两种后继文明继承的，克里特文明（米诺斯）和迈锡尼文明（Mycenaean）。两种文明都发展于希腊并且都创造了极为重要的建筑。[7]

克里特建筑在公元前2000年时达到鼎盛并且有记载的主要贡献者是米诺斯王和他的建筑师代达罗斯（Daedalus），两者都是政界和创作界的传奇人物。代达罗斯曾主持了克诺索斯宫（Knossos）的施工，克诺索斯宫是克里特建筑空间制作和文明的集中体现。对今天的环境建筑师来说，对这个宫殿的研究是非常重要的，因为它是留存至今最古老的结合所有艺术的建筑例证，而且因为它是一个回应了无数限制的作品——包括环境的、功能的和象征性的。[8]这个宫殿有一个非常复杂的建筑群组织，但却是通过一些非常简单的方法来实现的，例如清晰的交通系统、比例良好的长方形房间、承重墙和梁柱施工方法。它的朝向是合适的；通过遮阳空间（门廊）的运用，它适应当地的强烈的气候；通过门廊和高侧窗的运用，它实现了交叉的空气流通；它具有良好的排水系统和排污系统（众所周知许多后来颇受尊敬的建筑物却做不到这一点，即如17世纪的凡尔赛宫）；它包含了许多其他艺术，例如绘画和雕塑；并且它以一种最合乎功能且令人愉快的方式结合了室内和室外空间。自从阿瑟·伊万斯（Arthur Evans）爵士在1899年和1932年之间发现了它后，克诺索斯被那些研究它的人们称为“古希腊的巴黎”[9]。它的确是一个创造出无可逾越的美、理性和礼仪的伟大文明的中心。它展示了近来建筑师们努力要做到的许多素质。它是最早的、综合的、完全有效的建筑典范之一，但它既没有展示出纪念性也没有许多后继且更著名的文明所展示出的非人道性。

迈锡尼建筑没有显示出克里特建筑所具备的完美

和工艺水平[10]，它更原始和乡土一些。它的建筑物和城镇[迈锡尼（Mycenae）、梯林斯（Tiryns）、阿尔戈斯（Argos）等等]都建在不规则的地址上，出于防卫的目的一般都不容易出入。[11] 防卫系统跟随着地形的起伏展示出结构的理性、功能的简单性和发明创造（“ekforic”系统）。阿加迈农（Agamemnon）王国的无名建筑师们，通过承重墙和梁柱的使用，创造了最原始的空间围合原型——中央大厅，它作为一个主要的建筑形式流传至今。

简单的房间、宫殿和庙宇都是在这种原型的基础上建成的。迈锡尼人还是几何学的大师、使用巨大材料的大师和实现一些复杂空间围合的大师，例如他们为其皇族成员所建的圆锥体陵墓。阿加迈农陵墓，被称为“阿特瑞（Atreus）宝库”，是其建筑中最伟大的例子，在其中各种结构方面的发明（通过砖石的运用一层一层同心地垒起来形成一个圆锥体）、仪式般的入口和实用性的东西和谐地共存着。我们不知道这个时期建筑师的任何事情，我们只知道委托建造这些项目的国王和贵族们。这是历史上第一次真正的创造者被置于那些居功的赞助人的阴影之下。[12]

古典派初期（Classical Antiquity）——从希腊到罗马

疾驶过历史的长河，我们来到古典派的初期。[13] 在这里我们将集中讨论公元前500年左右在希腊，特别是在雅典发生的事件和工程。

希腊的建筑师有很多，但是伊克提诺斯（Iktinos）将会永远被当作当时最负盛名的一位。[14] 他是一个作家[15]，像伊姆荷太普一样，但是他更以作为最早的建筑合作关系的建立者之一而著称，伊克提诺斯和卡利克拉特（Kallikrates）事务所是帕提农神庙的创作者。伊克提诺斯常常被当作这个“事务所”的设计师，是更具有艺术性和创作动机的一个；而卡利克拉特则被认为更具有“工程师的”倾向，是两个人中更实际和重实效的一个。就像今天一样，完成重要的建筑作品需要天分和专长的多样性。还同今天一样的是，许多艺术学科的合作也同样重要并且当时也是这样的。主要的协调人和全面负责雅典卫城的全部施工的人是菲迪亚斯（Feidias）。他是一位雕塑家，同时又是伯里克利（Pericles）的朋友。伯里克利是雅典政府的领袖，是他委托创造了这些将这个特殊的历史时期标志为“黄金时期”的工程的。

政治和建筑师设计出的建筑物总是密切关联。当古代各个国家扩张时，当有必要开始一个新项目和新城市的施工时，建筑的角色就会变化并且专业分工就开始了。一个建筑史上最重要的人同时也是第一个解决更为复杂的环境问题的人，包括新城镇的设计和规划，是希波达姆斯（Hippodamus）。在古希腊人文主义（Hellenistic）时期，他负责了很多希腊城镇的设计和规划，其中最著名的是米利都和Priene的新城。[16] 这两个城镇的设计是以网格系统为基础的，一个长方格的街道系统根据不同的地形划分出比例不同的长方形城市街区。当地势平坦时，网格系统就是正方形的；但是当地形有坡时，网格系统就会是垂直尺寸并且将长方形的长向沿山坡的走向布置。这样做是为了使施工更经济。但是，希波达姆斯不仅仅只是一个测绘师，他设计过城市并且有过很多如何使这些城市在物质方面、社会方面和经济方面更可行的观点。他对城市最佳人口的数量、最佳居民区的大小，私人建筑物和公共建筑物之间的关系，以及建筑物和空地之间的关系有过看法和切实可行的计划。他非常小心地使他的设计满足这些考虑。希波达姆斯备受其同代人的推崇，而且亚里士多德，一个全时期的最伟大的哲学家之一，认为希波达姆斯更多的是一位政治性的哲学家。[17] 希波达姆斯的网格系统，又被称为希波达姆斯系统，后来被罗马人用来设计他们的军营[18]，这些军营随着时间的推移演变成了大的市镇。同样的系统也被用于许多美国早期殖民和商业城镇[19]，例如萨凡纳、新奥尔良和费城，都展现了不同比例和完善的网格系统设计。这种网格系统很容易规划而且可以产生容易漫游的环境。由于能够促进迅捷性和经济性，它成为最受欢迎的城镇规划系统。

随着时间的推移以及耶稣时代的到来，建筑师的角色变化了。希腊黄金时期的建筑师之后是许多代的学徒们，他们试验这些伟大的大师们的原理和发明，并且常常是客户们得到建筑成就的承认。这类客户中非常重要的一个是亚历山大大帝。他在他所征服的许多地方建立了无数的新城和具有影响的建筑物。其中最著名的是埃及的亚历山大城。它是由他最喜爱的建筑师，迪诺克拉特设计的并且在随后的很多年中由他的将军们统治。

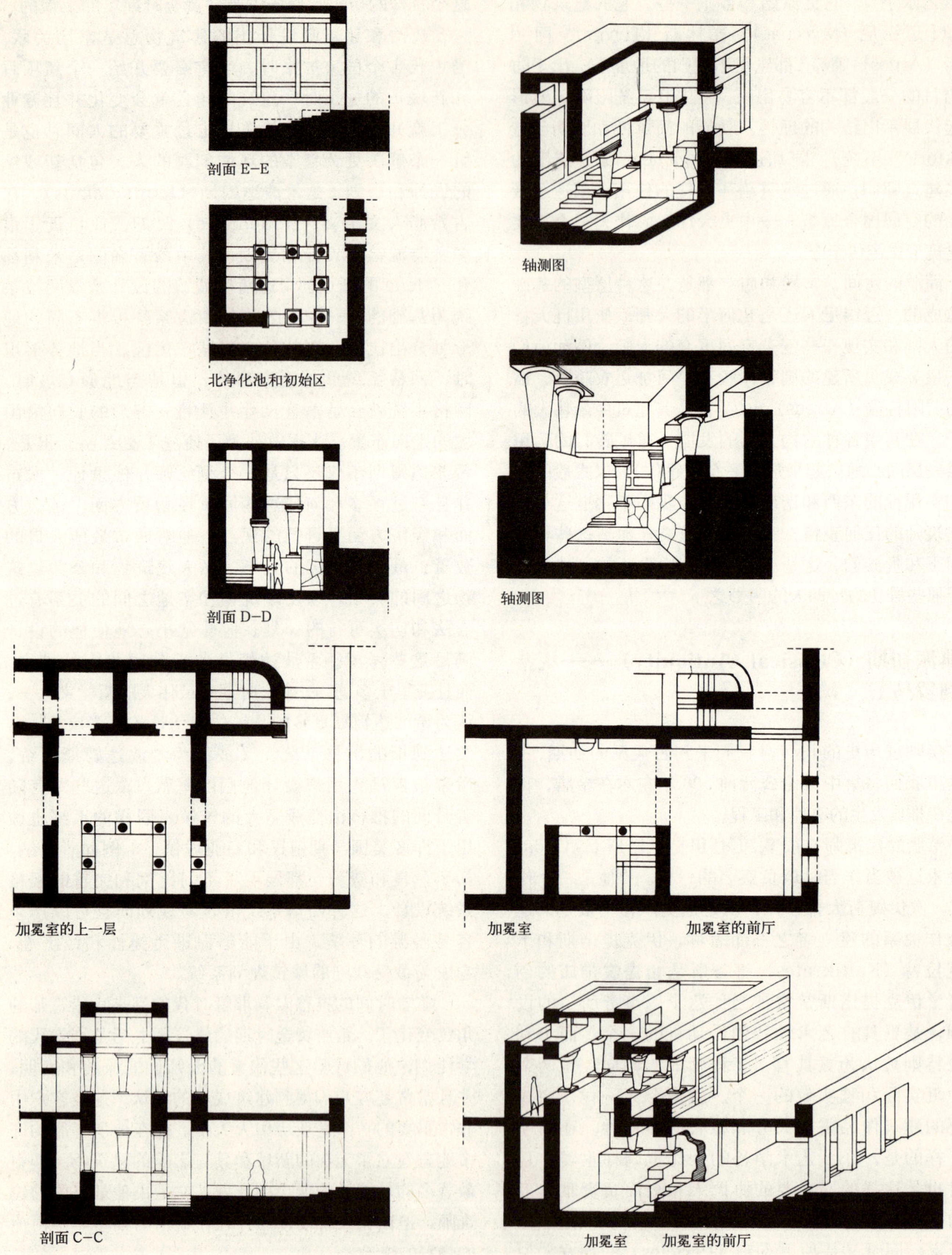

图 4.3 克诺索斯宫，克里特：在创造空间连续性和空间仪式经历的最早的最成功的努力之一

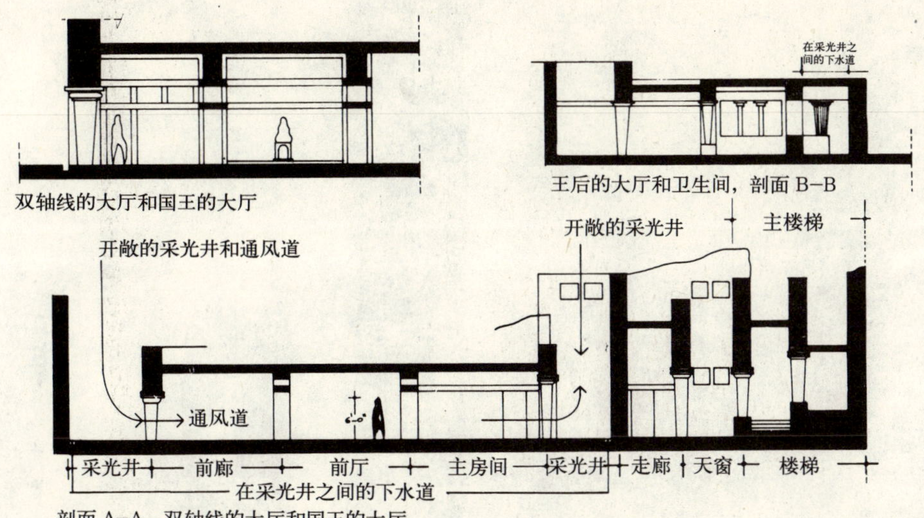

“皇家别墅”的西部，宝座，摘自 Theodor Fyfe，阿瑟 · 伊万斯（Arthur Evans）爵士，建筑师

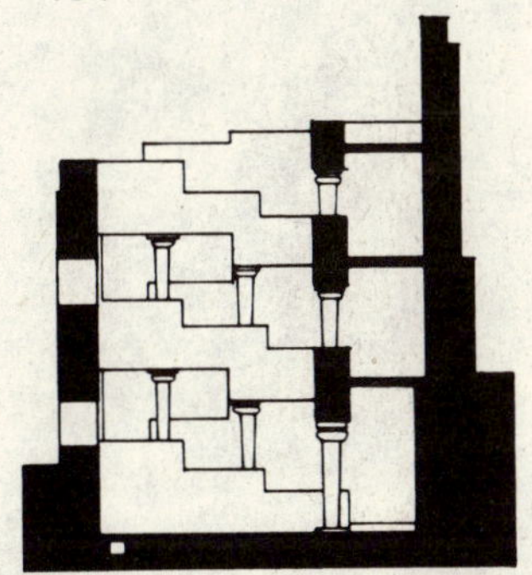

通向国王的大厅的主楼梯（摘自阿瑟 · 伊万斯爵士）

图 4.4　克诺索斯宫，克里特。通过光线（上图）和下部的流通路线（大台阶）的方法来表达经历中的仪式和空间的使用

图 4.5　观众席，在德尔斐的阿波罗神庙的剧场和柱子，希腊

图4.6　在德尔斐的体育场

图4.7　埃庇多拉斯（Epidaurus）露天剧场，埃庇多拉斯，希腊

图 4.8 多立克、爱奥尼、科林斯、罗马。这四个古代建筑柱式可以在地中海盆地随处可见。古代科林斯的展览，希腊

罗马时期

历史上其他时期的建筑师却没有得到很好的待遇，特别是罗马帝国的建筑师们。[20]尽管他们其中的一些人是知名的，但是一般情况下他们是被置于那些委托其设计的皇帝们的阴影下的。尼禄的例子就是这样。他渴望做一名建筑师[21]并且历史上认为他是新罗马城的建筑师。但是学术上的详细研究表明，他雇用了建筑师如塞维鲁和西勒，和另一组为他设计和建造金宫的专家们。[22]罗马建筑在一段时期内曾是希腊建筑的延续。事实上，许多罗马建筑师都有希腊名字。他们在建筑中的结构和技术方面发展了特殊专长。他们发展了新材料和新技艺，例如砖石、拱和加强混凝土。他们建过许多大的公共建筑，例如市场、公共浴室、宫殿、体育场、高架水渠和道路。[23]许多建筑物是为了能够满足大众和允许集会而建的。罗马建筑的历史是一个受人尊敬的历史，不仅是因为它所建的建筑物而且因为它的建筑师和理论家。维特鲁威(Vitruvius)，第一位伟大的罗马理论家，在公元前 25 年写出了论著《建筑十书》，开始了一个理论论述的传统，这个传统在许多个世纪后的意大利文艺复兴时期达到了顶峰。

在所有最受尊敬的罗马建筑物中最著名的是罗马的万神庙、古罗马斗兽场、图拉真（Trajan）市场和在蒂沃利的哈德良别墅。前两个代表的是在结构方面做出巨大贡献的单体建筑物的例子；例如建筑柱式组合的展现（古罗马斗兽场）、令人惊叹的室内空间的创造（万神庙）以及回收方法的运用（利用其他建筑物上的材料，万神庙）。后两个例子是在许多年中发展起来的，包括许多建筑物的庞大组织但在今天看来却像是一个整体的构成。在图拉真市场和哈德良别墅的例子中[24]，它们平面的各个部分，有着对称的和长方形的安排（古典的部分），是通过随着不规则的地势添加的建筑物而扩展的，因此形成了不规则形状的结合点和不对称的整体。许多时时到罗马找寻原型的历史学家们还没能足够理解这些建筑物在相当长的时间内的发

图 4.9 斗兽场，罗马，公元 70—80 年

图 4.10 罗马万神庙，公元 120—124 年

图 4.11 罗马市场，罗马

展和最终塑造这些罗马作品的地形调节性。

罗马建筑在西方一直受到极大的推崇，尽管人们应该非常谨慎地指出不是所有的罗马建筑都是为人的需要和道德的原因而设计的。对罗马著作的仔细研究揭示出许多建筑物是很多不相称的活动的场所，例如血腥的表演[25]、背叛行为、刺杀、国家明令的自杀行为、政治和宗教迫害、卖淫、高利贷和阴谋。尽管这些行为在历史的许多时期都或多或少地出现过，人们需要记住的是罗马在这方面尤为厉害；因此人们在罗马寻求经验时应该格外小心。

伟大的拜占庭空间形成时期

罗马帝国变得极其庞大，并且后来分裂成了东帝国和西帝国。东罗马帝国即成为我们所说的拜占庭（图 4.2）。它的中心是君士坦丁堡（今天的伊斯坦布尔），一个由君士坦丁大帝（Constantine）建造的城镇，君士坦丁大帝是一个基督教徒并且后来成为基督教东正教教会的一个圣哲。[26] 君士坦丁堡作为这个国家的首都长达一千多年。这个新的、基督教的、上帝和新帝国发展出一个新的建筑形式。事实上，基督教的上帝已经给了他们描述其庙宇建筑形状、尺寸和材料的专门规则。[27] 基督教的建筑师们有上帝规定好的原型，他们只需要在其基础上修建就是了。所罗门王（King Solomon）建的庙宇即是早期基督教长方形教堂（巴西利卡）的原型，并且它们随着时间的推移变成更复杂的组织并最终创造出所有时代以来最非凡的空间围合之一，即拜占庭的十字形教堂。两个拜占庭建筑师，安特米乌斯（Anthemios）和伊西多勒斯（Isidoros）——建筑历史上第二个最重要的合作关系——发展、设计并建造了圣索菲亚大教堂[28]（圣哲的大教堂），通过使用多个室内层次、相互穿插的空间体量并通过高侧窗

图 4.12 中世纪本土建筑。十字军在地中海各地修建的城防工事的柱子。在克里特南部的一个范例

活跃室内光线，它是第一个展示室内三维连续性的建筑物。这两个精通几何学和数学的建筑师在这些论题上著有著作，为他们的建筑物做过模型。他们将其专长和制作模型的习惯传给了“小伊西多勒斯”（伊西多勒斯的侄子），他制作了这个教堂最终穹顶的一个1∶1比例的模型，并且通过加荷载测试了几次它的强度，然后在它塌毁之后又几次重建[29]。不幸的是拜占庭建筑没有在普通西方建筑公众中得到过应有的注意力。众所周知拜占庭建筑对东方有巨大的影响，特别是对中国和日本[30]，并且它们对穆斯林建筑产生过极大的影响，穆斯林建筑常常使用甚至重复拜占庭的原型，例如圣索菲亚大教堂。

欧洲的中世纪时期：穆斯林式－加洛林式－罗马风－哥特式

在拜占庭时期西罗马帝国也在进行着重要的政治变革和领土变革。西方世界在扩大，许多被派出征服新土地，并且建造了著名的通向欧洲各地的高速公路和高架水渠的罗马将军们决定宁愿居留在他们被派往的地方，而不再回到罗马。征服和非中心化因此消弱了中心和帝国的力量。随后的几个世纪中一些新的国家形成了。这个时期持续了近一千年并且被称作“中世纪”。对于一个总结性的介绍来说它是一个综合且复杂的时期。它是战争、持续的领土变更、封建主义、宗教迷狂、国家主义和迫害的时期。通过所有这些演变形成了今天我们所知的欧洲的大部分构成和印象。建筑历史学家已经将这个非常长的时期分成了一系列主要的阶段，全都对应其当时流行的政治社会事件并且与其主要的统治者联系在一起。对我们来说，在这里涉及中世纪欧洲建筑时，假设它是以四个主要建筑方向的创造为特点就足够了。

第一个时期包括了穆斯林对部分欧洲的征服以及穆斯林建筑的繁盛[31]，尤其是在西班牙。这个建筑的特点是高度发达的工匠技艺、室内和室外的结合、对景观的强调以及注重人的各种感觉的元素的运用。古兰

图 4.13　欧洲城镇不同历史层次的例子。法国图卢兹的圣塞沃兰中世纪大教堂

经中非常频繁地提及室外、快乐的花园以及群星灿烂的七个天堂[32]；因此穆斯林建筑创造了精致的花园以及室外经历，同时其室内屋顶上的刺绣般的装饰明显是重新创造象征群星灿烂的第七天堂的事物的努力。格林纳达的阿兰布拉宫和 Generalife 花园[33]，以及在科尔多瓦的 Temenos 代表了中世纪时期穆斯林建筑在欧洲繁盛的最好例证。

欧洲中世纪的第二个时期与查理大帝的统治相联系，并且这个时期被称为“加洛林式”。这个时期最富代表性的建筑物是瑞士的圣加伦修道院。[34] 第三个时期产生了“罗马风”风格，以在勃艮地的克吕尼（Cluny）修道院的重建（981 年）为代表。最后一个时期创造出了“哥特”风格。

中世纪的欧洲建筑在许多方面作出了非常的成就，不仅仅局限于其常常被称赞的结构、象征性和施工方面的特点。加洛林式和罗马风时期尤其重要，因为它们提供了修道院和城市建筑的原型，而且这些原型可以被认为是建筑生态学的历史前身；即它们是自给自足的、自我包容的、在社会和经济方面都平衡的个体且与其环境处于一种合作性的和谐中。欧洲的许多修道院建筑建于中世纪时期，并且大约同时期（963 年）建于圣山（Athos）的拜占庭式修道院是过去有环境意

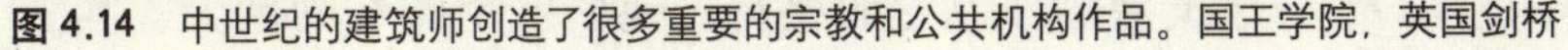

图 4.14　中世纪的建筑师创造了很多重要的宗教和公共机构作品。国王学院，英国剑桥

图 4.15　中世纪建筑的非凡动感：从无生命的砖石中提取体量来揭示生命。在纽约市修道院展览的中世纪教堂中圣徒的雕塑

图 4.16　圣埃蒂安大教堂，维也纳

识的建筑中最不被认可的先例之一。[35] 与此相反的是，历史学家的兴趣一直集中在哥特时期的单体建筑物，即欧洲中部和北部的教堂和主要的大教堂上。[36] 考虑到哥特建筑物的精神性和工匠技艺、结构能力，以及人在其内部空间中观察到的和经历的崇高的感觉，历史学家对它的迷恋当然是完全有理由的。哥特风格，同其他中世纪建筑一样，是由当时的一些著名建筑工人——泥瓦工 [37] 和几伙从一个封建领地到另一个封建领地游动的泥瓦匠们完成的。他们用很多作品：防御工事、城堡以及尤其是富丽堂皇的大教堂点缀了欧洲。[38] 许多当时的建筑者，特别是建造那些主要纪念性建筑的，确有名字流传至今。[39] 但是一些在英国、法国和欧洲中部和北部的一些城堡、实用性建筑物、私人住宅和一些小教堂，尽管它们的空间、结构和细部处理显示了同样的中世纪建筑语言，但是其建筑者的名字却无从所知。所有这些建筑物都是那些建造它们的创造者艺术、结构、雕塑和空间处理的天才的证言。这些建筑的艺术和秘密通过一套系统的培训和学徒关系的方法从一代建筑师手中传到下一代，这种方式延续了许多年。[40] 这些游动的建筑工人在欧洲各地游动，修建了一个大教堂又一个大教堂，随着时间技艺日渐成熟，在完善的基础上日渐完善。一种“向上的”精神在这些建筑者的作品之间盛行。他们所用砖石的巨大、其工

图 4.17　瑞典乌普萨拉（Uppsala）的大教堂

图 4.18　瑞典乌普萨拉的教堂

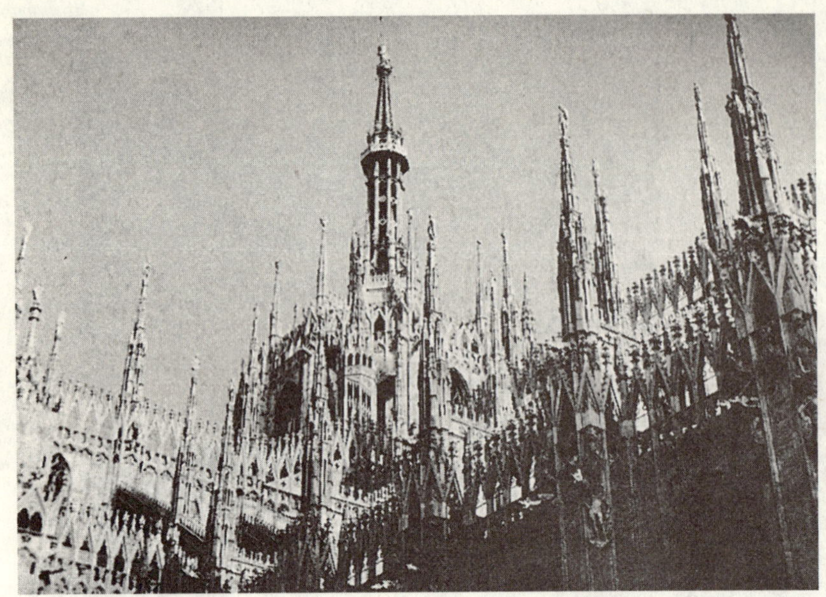

图 4.19　米兰大教堂，向天堂上升过程中的哥特式的“刺绣”极致

图 4.20　由中世纪游动的砖石匠开始的很多世纪的古老传统。左图为公元 10 世纪教堂的 Scrafito。同样的技艺最近被用于在 Pyrghi，Chios 的一个住宅，右图

图 4.21 自然光线和装饰的有机结合。在科尔多瓦的穆斯林建筑，西班牙

图 4.22 西班牙阿兰布拉（Alhambra）的防御城墙。一个大尺度的建筑生态学。综合穆斯林建筑独特性的杰出例证。公元 10 世纪

图 4.23 柱林。在科尔多瓦的穆斯林庙宇，西班牙。公元 8—10 世纪

图 4.24 拜占庭建筑中刺绣般的砖石技艺。上卢卡（Osios Loukas）修道院的东立面，公元 9 世纪。希腊上卢卡

图 4.25 拜占庭建筑师创造了具有非凡的复杂性、吸引人的空间和质感的作品。圣约翰 Theologian 修道院的几个景观。希腊帕特莫斯 (Patmos)

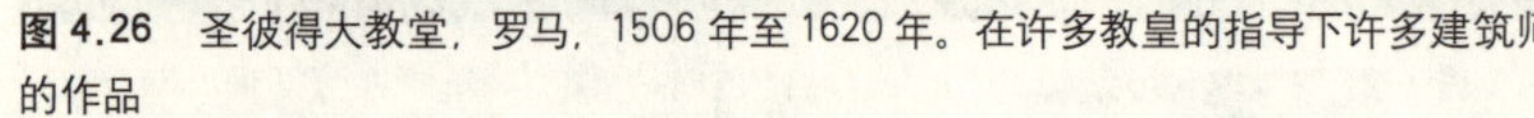

图 4.26　圣彼得大教堂，罗马，1506 年至 1620 年。在许多教皇的指导下许多建筑师的作品

匠技艺的精湛，以及他们在结构方面的发明创造已经成为，并且将永远成为这些以其艺术和技艺为生的无名建筑者的天才的证明。

文艺复兴：从意大利和法国到 20 世纪

就像文明的历史是一个连续辩证的故事，而且一个时代是在前一个时代的原则和哲学思想上发展它自己的原则和哲学思想一样，建筑的历史也不例外。中世纪（包括一个迫害的时期，即黑暗世纪）以经验为根据的“实干家们”，即那些创造了艺术和宗教狂热的不朽作品的人们，在 14 世纪被我们所称的意大利文艺复兴时期的“具有多种天才和理论倾向的建筑师们”所接替。这是自维特鲁威和菲拉雷特（Filarete）之后第一次，建筑师、艺术家和艺术历史学家——例如阿尔伯蒂（Leon Batista Alberti）、瓦萨里（Vasari）、达·芬奇和帕拉第奥（Andrea Palladio）——又写出了建筑方面的理论著作和指南，并将一些建成的项目作为其理论研究的例证，这一切常常是以前例和理论研究为基础的。[41] 他们的著作不仅影响了其同时期的人和以后的多少代人，而且他们的作品有时也被当作原型，常常被借鉴并且更常常被后来的建筑师照样复制。在这个时期内一些艺术家例如拉斐尔、达·芬奇和米开朗琪罗经常以建筑师的身份工作，还有一些其他的艺术家如伯拉孟特（Bramante）和菲利波·布鲁乃列斯基（Filippo Brunelleschi）成了优秀的建筑发明家。后两个人创造了相当多的建筑物并且发展了专业发明的天赋。尤其是布鲁乃列斯基不仅注重改进他赢得项目的手段而且注重改进其艺术作品的创作手段。[42] 他在佛罗伦萨圣玛丽亚教堂的工程在专业和艺术天赋两方面提供了一个研究范例。其他的建筑师，并且常常是艺术家－雕塑家－建筑师，在 quattrocento（意大利文艺复兴的 15 世纪时期）以及其后的时期内建造了许多具有异乎寻常影响性的建筑物。在他们之间最著名的是弗朗切斯科·波罗米尼（Francesco Borromini）和伯尼尼（Bernini），他们及其继承者们创造了一系列的演变即所指的“个人风格主义”（Mannerism）、“巴洛克”、“欧洲个人风格主义”等等。

总的来说，意大利文艺复兴的建筑是以希腊古典建筑特征的复兴为特点的——立面的对称性、对迷人比例的注重以及对以前各种建筑柱式的精心运用。它总的来说是城市结构中的建筑。它常常是由经济、政治和宗教名流们，例如美第奇家族（Medici）、法尔尼斯（Farneses）家族和许多教皇委托建造的。

图 4.27 西班牙台阶。罗马 (1721—1725 年)

图 4.28 带有喷泉的纳沃纳广场，罗马，1647—1652 年。圣阿格内塞教堂

图 4.29 特雷维泉，罗马 (1732—1762 年)

图 4.30 在布林迪西的巴洛克教堂，意大利

不同于这种情况的是帕拉第奥的作品；他的作品大多数是在乡间。他设计了一系列的别墅，绝大多数是在他的家乡维琴察附近[43]，尽管他的作品中也包括一些建在高度城市化地区的建筑物，例如在威尼斯的圣乔治 · 马焦雷教堂 (S. Giorgio Maggiore) 和救世主教堂 (Redentore)。帕拉第奥的作品具有异乎寻常的影响性[44]，而且在建筑历史上每当折中主义盛行的时候他的风格即开始流行。在所有受帕拉第奥影响最大的建筑师中，托马斯 · 杰斐逊是迄今最著名的一个例子，而且他的住所，“Monticello” 就是遵循帕拉第奥别墅原则建造的最著名的美国建筑物。[45]

个人风格主义和巴洛克运动是那些在文艺复兴时期寻求与直接引用希腊古典和罗马前例的做法相反的独创性建筑师们发展出的两个主要创作体现。但是这种借鉴发生在文艺复兴期间和其后。[46] 个人风格主义代表的是一种“文艺复兴盛期”(High Renaissance) 风格的完善。立面都被处以谨慎的对待，而且一个建筑的外观比例、表现、细部处理和装饰“风格”都极为重要。一些作品如米开朗琪罗设计的洛伦佐 (Laurentian) 图书馆和布鲁乃列斯基完成的佛罗伦萨圣玛丽亚教堂都是个人风格主义的绝好例证。比起这个简介所能提供的信息，这种独特的完善性应该得到更深的研究和调查。只有通过系统的历史调查和现场参观，一个人才能彻底地理解这些成就。

但是，巴洛克建筑却要好理解得多。[47] 同拜占庭

图 4.31 从布鲁乃列斯基的圆顶上俯瞰佛罗伦萨和乔托塔，圣玛丽亚大教堂，佛罗伦萨

图 4.32 圣玛丽亚大教堂和它的布鲁乃列斯基的穹顶，主宰着佛罗伦萨城

图 4.33　佛罗伦萨的山上的圣米尼亚托教堂（St. Miniato al Monte）。无名建筑师，公元 11 世纪左右

风格类似，通过相互穿插的室内空间的运用和运用高侧窗来提供室内光线的方法，巴洛克风格展现了立体的室内空间连续性。但是它不同于拜占庭风格的地方是：其室内空间的比例倾向于强调竖直方向并且建筑元素例如柱子、柱头、山墙（常常是断开的）和女儿墙都有独特的装饰而且常常饰有绘画。巴洛克时代的建筑大师是伯尼尼和波罗米尼。[48]

总的来说，人们可以说文艺复兴盛期的建筑，特别是市政建筑，大多是立面的建筑；而巴洛克建筑一般则是一个关于空间和城市适应性、具有想像力的发明创造性和礼节性（楼梯、行进序列等等）的建筑，因为许多巴洛克风格的建筑物是城市组织结构中的一部分。不奇怪在意大利文艺复兴建筑中，个人风格主义和巴洛克风格吸引了许多学者的注意力并且常常被当作他们选定的前例加以引用。这些建筑一般是城市建筑，并且它们涉及当时城市组织结构和空间形成方面的问题，这些问题在今天一样存在。

在意大利文艺复兴时期和 17 世纪的法国之间的这一段时间是建筑完善和演变的时期。其他国家和文明的建筑在同一时期也发展了，如果不能说这些发展更重要的话，它们至少与欧洲建筑同等重要，但是它们却没有受到什么重视。例如，东方的建筑没有在西方学者那里得到应得的重视。[49] 同样的情况也发生在穆斯林建筑和美洲土著人的建筑上。当然对这些忽视人们可以归罪于某些孤立主义的、宗教、地区和信息交流方面的考虑。中国和日本景观建筑的秘密、日本建筑优美的简洁性和轻盈以及亚洲庙宇[50]超乎寻常的章法和精湛的工匠技艺都没有得到足够细致的研究，这些都是在很晚的时候才被一些单独的旅游者和从中寻求启发的客居建筑师所发现。墨西哥、中美洲和北美印第安人的建筑也受到了类似的忽视。尽管历史在欧洲建筑发展上的处理是准确和彻底的。

正如我们所见的，意大利在文艺复兴时期创造出许多个人的作品和重要的建筑师－艺术家－理论家；“文艺复兴人”，即是那些具有解决问题能力的人，具

图 4.34 佛罗伦萨的新圣玛丽亚教堂（Santa Maria Novalla）。由阿尔伯蒂设计的新立面

有独特性和非凡能力的创造者，我们可以说教皇们和那些私人客户喜欢那些有能力完成创造性工作的个人。他们更喜欢“以任务定向的”建筑师。但是，在法国情况却完全不同。法国的国王对建筑上发生的事负有主要责任。从查理五世的统治（1364—1380 年）开始，建筑就变得完全取决于支持它的统治者并且随着统治者风格的偏爱而改变方向。国王建立了一个被称为“皇家建筑管理委员会”的中央组织[51]，从某种意义上讲，建筑师变成了为这个组织服务的官僚整体。这个委员会工作了长达三个多世纪，经历了一系列的变革。由统治者委派的首席建筑师们操纵，这个组织负责了很多国家级建筑的施工和监理工作。正是这个委员会提出了建筑教育需要的问题。在经历了一系列的变革阶段之后，包括委员会首席建筑官员写的书，随着路易十四的上台，在 1611 年皇家建筑学院建立。它在 1733 年被巴黎美术学院（Ecole des Beaux-Arts）取代。[52] 这个学院建立的原宗旨是为建筑管理委员会培养法国建筑师。[53]

巴黎美术学院将建筑作为艺术。它强调古典古迹的美学、罗马柱式、过去和当时著名建筑师的作品，以及对现存理论论点的研究。所有在历史教科书中提到的著名法国建筑师们或多或少地都与皇家建筑管理委员会、法国国王、皇家建筑学院和巴黎美术学院有着联系。凡尔赛宫、卢浮宫以及它的扩展部分，以及一系列被称为“旅馆”的法国大厦都是由委员会的建筑师们设计的；并且这些建筑师只有在极少的情况下，而且是在很后来的时候，才以自由参与者的身份运作。[54] 这是建筑师 - 管理者们向过去寻找经验的时期，并且他们是在学院集体性的系统下作为一个组合受的训练。在这里找不到文艺复兴时期建筑师的个人特点。尽管法国革命结束了法国的君主统治，建筑在法国继续保持其纪念性和折中性，并在其后的几个世纪里为新兴的资产阶级和工业贵族服务。巴黎美术学院幸存了下来而且根据每一个时期的需要、材料和技术，它成为一个有关过去建筑物的选择、复兴和施工方法的主要堡垒、档案和历史资料库。这个学院代表了这个

图 4.35 特奥蒂瓦坎，墨西哥

专业的特征学院，并且受到了 19 世纪全世界建筑师的尊敬，许多人来到法国以寻求他们的建筑教育。[55]

20 世纪带来了新材料——钢筋混凝土、钢铁、玻璃——以及对少一些的纪念性建筑的需要和对住房、工厂、医院、社区建筑物和为大众服务的公共建筑的新要求。20 世纪的建筑对新需要——技术的、社会的——作出了反应并且反对 19 世纪的唯美艺术建筑的折中主义－精美主义的方法。

这个新对话的英雄人物就是一些建筑师，例如勒·柯布西耶、格罗皮乌斯、密斯·凡·德·罗、弗兰克·劳埃德·赖特、阿尔瓦·阿尔托以及他们的追随者，并且他们代表的基本是今天的建筑。但是，现在一代的建筑师们怀疑很多事情，并且有很多的不确定性和争论。就像在先驱们的作品中所看到的那样，今天的建筑特点包含了历史借鉴、折中主义的复兴、材料和技术的研究、象征主义和意义不明确的作品。20 世纪建筑演变的最重要发展和目前艺术的现状将在随后的一章中加以讨论。

注释

1. 在这个题材方面有无数的书籍。人们可以参见 Rudofsky，《没有建筑师的建筑》； Sibyl Moholy Nagy，《惊人的建筑者》；Myron Goldfinger，《太阳下的村庄》。
2. 例如见 Coulton，1977 年； Kostof，1977 年。
3. 即“从公元前 650 年至公元前 50 年被发现的超过百名希腊建筑师的名字”，Coulton，1977 年，第 15 页。
4. 关于综合性的研究详见 Kostof 和 Coulton，同上。
5. Kostof，出处同上，第 3 页。
6. 根据传说，这本书的标题是《庙宇的基础丛书》。见 Kostof，出处同上，第 6 页。
7. 关于综合性的研究详见 Marinatos，1960 年；Graham，1962 年；Scully，1979 年。
8. 上述的原始资料：阿瑟 · 伊万斯爵士，《克诺索斯的米诺斯宫殿》，卷 I，II，伦敦，1921 年。
9. 克诺索斯是由诗人 George Seferis 命名的。见 Ioanna Tsatsou，“我的兄弟 Seferis”——它是与 Seferis 的通信原文。
10. 关于这个建筑的资料见 Marinatos，同上。
11. 关于这个论题可以引用荷马的《伊利亚特》作为原始资料。
12. 这种事情在历史上不断出现。波斯和早期的犹太建筑中有类似的例子。见 Kostof，同上，第 5 页，以及 Rykwert，1972 年。
13. 这一时期中有非常丰富的主要文献。有关古典建筑的资料是 Choisy 和 Fletcher 著的书（1975 年）。最重要的文献是由

Vincent Scully 提供的，1979 年。

14. Coulton，同上，第 26 页。
15. Kostof，同上，第 17 页。
16. 关于上述论题的基本资料见 Mumford，1966 年和 Benevolo，1980 年，第 110-117 页。
17. 亚里士多德。
18. 见 Benevolo，同上，第 222 页；第 223 页。
19. 关于这个论题的原始学术资料：Reps，1969 年和 1979 年。
20. Kostof，同上，第 17 页。
21. 见 Romain Rolan 所著的尼禄传记。
22. Kostof，同上，第 39 页。
23. 关于罗马建筑的细部处理和施工方面的资料见 Choisy，同上和 Fletcher。
24. 关于哈德良别墅发展和功能方面的较好分析参见 Thorndike，第 54 页。
25. 值得一提的是 Seneca 认为在中场休息时以一种冷酷的方法用剃须刀片割断奴隶喉咙的做法有对抗美学的性质，而同样的哲学思想却不反对在斗兽场中斗兽士们常规的血腥打斗。见 Seneca 的《信件》。
26. 君士坦丁大帝还在伯利恒建造了圣墓教堂，Kostof 设计，第 51 页。
27. 见 Rykwert，1972 年，以及《圣经》中的《出埃及记》，第 25-31 页和第 35-40 页。
28. 关于圣索菲亚大教堂的原始资料见 E. Antoniades，《Ekfrasis：圣索菲亚大教堂》，1905 年；P. Michelis，《圣索菲亚大教堂和拜占庭艺术的美学方法》。
29. Downey，1976 年，第 112 页，113 页；Michelis，1976 年，第 12 页。
30. 日本人对拜占庭建筑更熟悉一些，并且有相当多日本学者所著的有关拜占庭和东方联系以及相关影响的文献。
31. 见 Hoage，1963 年和 1975 年。
32. 见古兰经。
33. 见 Grabar，1978 年。
34. 关于欧洲中世纪的一份出色的详细介绍见 Risebero，1979 年，第 36-85 页。
35. 见 Antoniades，1979 年，(2)，第 9-20 页。
36. 见 Otto Simpson，1974 年；Harvey John，1972 年；关于“中世纪建筑师”的基本资料，第 69 页。
37. 此观点的例子，John James，《城堡的建筑者》。
38. Risebero，同上，第 55 页，第 64-65 页。另见 Lancaster，第 16 页。
39. 关于更多的资料见 Kostof，1977 年，第 59-93 页。
40. 关于哥特风格在英国的变化见 Lancaster，同上，第 16-32 页。关于中世纪建筑师的教育和职业性另见 Harvey，1972 年，第 90-91 页。
41. 关于这些论题的进一步详细资料见 Kostof 著作中的 Ettligner，1977 年，第 96-158 页。
42. 见 Fanelli，1980 年，第 10-11 页。
43. 见帕拉第奥（展览目录）和 Ackerman，1966 年。
44. 见 Farber，《帕拉第奥的建筑及其影响：一个图像介绍》；另见 Whitehill 和 Nichols，1976 年。
45. 见 Vincent Scully，1970 年，第 164-168 页和 Adams，1983 年。
46. Fletcher，1975 年，第 788 页；Pevsner，1976 年，第 111-140 页。
47. 关于巴洛克建筑及其空间规律的一个杰出分析见 Portoguese。
48. 关于更多的资料见 Fletcher，1975 年，第 846-851 页。
49. 还必须要注明的是这种情况在建筑设计室中更为明显一些，在设计室中人们很少会借用这些文明的原型。
50. 即，Vassiliou，1971 年。
51. 在 Kostof 著作中的 Rosenfeld，1977 年，第 161 页。
52. 在 Drextler 著作中的 Chafee，1977 年，第 61 页。关于唯美艺术详细的时间演变及其教育方法见 Rosenfeld，出处同上，第 173 页。
53. 见 Rosenfeld，出处同上，第 177 页。
54. 见 Rosenfeld 和 Drextler。
55. 巴黎美术学院的教育系统被许多国家和许多从美术学院的毕业生领导的院校所应用；例如，美国的（加利福尼亚大学）伯克利分校。见 Kostof 著作中的 Draper，1977 年，第 229 页。
56. 本章的图像表是由笔者通过对此章节的书目文献尤其是对所选书目的借鉴绘制的。

所选书目

Risebero, Bill, *The Story of Western Architecture*
Stierlin, Henri, *Encyclopedia of World Architecture*
Lancaster, Osbert, *A Cartoon History of Architecture*
Kostof, Spiro K., *The Architect; Chapters in the History of the Profession*
Fletcher, Banister, Sir, *A History of Architecture*

第 5 章

20 世纪建筑的演变

“无论任何职业，你的内心为自己设定的对工作的敬业精神一定要很强，以至于你永远不会偏离你的目标。但是这个准线常常会从你的手中脱落，你必须要有足够的耐心一次又一次地将其卷起。你应该将你的目标定得很远就像你会永远活下去一样。

我的意思是你的责任心不应该受时间限制，并且你自己能否活着看到你的成就的念头永远都不应该进入你的脑海。如果你的贡献很重要的话，总会有人继承你未完的事业，而这将会成为你流芳百世的宣言……”

——沃尔特·格罗皮乌斯[1]，给一组学生的信，1964 年 1 月 14 日

从现代运动的先驱到建筑的“包容主义”

20世纪建筑的演变是这个时代的真实反映。它是由一些重要的全球性事件来塑造的，例如两次世界大战、一次主要革命、一个全球性的经济萧条以及一个前所未见的惊人的科技发展。

现代运动及其组成部分和各分支运动［俄国结构主义、未来主义、风格派（De Stijl）、包豪斯］主宰了20世纪的大部分，紧随其后的是20世纪70年代的后现代运动，它也有自己的分支运动和特色，例如“历史主义”和“解构主义”。[2]新闻界和其他媒体的作用，伴随着某些建筑师和理论家的写作努力，对这些事件正式的产生、这些运动的推广和20世纪的建筑教义起了极大的作用。在这个演变的总过程中（图5.1），一直有一些建筑师不属于任何流派或表现风格，并且他们对建筑学科各种论调保持距离。然而这些建筑师创造的符合发展趋势的建筑作品不仅好而且迷人；这些作品适应所处的环境，且解决了所面对的问题。通过后现代时期异常活跃的尝试性研究和学术活动，这些建筑师的特点和作品在后些年得到了发现，并且被称为“包容主义”（inclusivist）的建筑师。[3]冈纳·阿斯普隆德（Gunnar Asplund）和阿尔瓦·阿尔托是这些人中的先锋人物。

“区域主义”是被用于描述一种态度和当时一部分建筑努力的一个术语（请不要与20世纪40年代的区域主义运动相混淆，它是一个非中心化的规划运动），并且在整个20世纪一直有建筑师和一部分公众是这个观点的支持者，例如新墨西哥州的John Gaw Meem和得克萨斯州的奥尼尔·福特（O' Neal Ford）（图18.5－图18.19）。[4]

从有关演变前景的辩论和思考来说，可以认为20世纪80年代的建筑状态（图5.80－图5.109）是最动态的。它可能来自现代运动和后现代运动，“历史主义”与“解构主义”的挑战，并且它可能将其演变建立于日益为人们所瞩目的“区域主义”和“包容主义者”作品的范例上，例如阿尔瓦·阿尔托及其追随者（图5.60－图5.69）。

所有这些情况（“名称”、“哲学思想”、“建筑表现方式”等等）都是以一种辩证的方式发展的，因为一个流派的建筑师和理论家们与另一方对立，并且他们都在试图显示他们自己的方向才是未来的方向。

现代运动涉及了一些社会问题，例如普通民众的住房、卫生条件等等，并且接受了新技术，例如钢筋混凝土、玻璃和钢铁。它试图通过建筑种类或“类型学”（住宅、学校、医院、旅馆等等）来解决建筑问题。做到这些是通过普遍运用几何的明晰、可识别的建筑体量和几何形及比例清晰的构成。即建筑物的哪一个体量和哪一部分的作用是什么。

现代运动中最重要的分支运动是风格派和包豪斯。两者都对建筑作出了巨大的贡献并且两者都有“环境”倾向。风格派运动通过与艺术的结合来寻求环境的改善，并且它的支持者给出了第一批建筑师／画家／其他艺术家合作而相互丰富效果的例子。特奥·冯·杜斯堡（Theo Von Doesburg）是它的建立者，皮特·蒙德里安（Piet Mondrian）和格里特·里特维尔德（Gerrit Rietveld）是它的主要成员。布鲁塞尔的Aubette咖啡屋和乌得勒支的里特维尔德／施罗德（Rietveld/Schroder）住宅（图3.5）是这种混合的主要建筑设计。包豪斯运动包含了类似的观念，但是它是一个真正的学校而风格派运动只是一个通过杂志（1917—1931年）介绍而来的建筑运动。包豪斯的影响在介绍它的建立者，沃尔特·格罗皮乌斯一节中会有详尽的介绍。

后现代运动的理论家们批评现代主义运动的建筑师们缺乏对历史的关注以及建筑的文化氛围。他们还看到“装饰”的缺乏、对“周围环境”关注的缺乏，以及使用者广泛满意程度的缺乏，包括这种风格的喜爱者。在这个过程中他们发展了非常可观的一大批学术建筑著作，它们大大丰富了建筑知识、历史理解和对“无形”方面的关注的资料库。无形指的是一个建筑物的“意义”，在建筑设计过程中对相关文化考虑的包含，例如仪式、习惯和典礼，以及对丰富设计过程和美化设计结果的新创造渠道的开发（即“比喻”和“转变”）。[3]

不过后现代主义直至20世纪80年代中期在建筑实践中却被一大批将重点主要放在“历史前例”的建筑作品所代表，而这些建筑物并没有表达出后现代主义原先保证的精髓，例如对文化的关注。恰恰相反它们只是“历史主义”的形式性的操作，即，对过去的不同时间、不同地点建筑物和形式未经消化的模仿（图5.91，图5.92，图5.96，图5.99，图5.100，图5.107，图5.108）。

就像现代运动发展出“国际风格”，一个有着迷人的比例、白色拉毛水泥和缺少装饰的风格，且遍及了

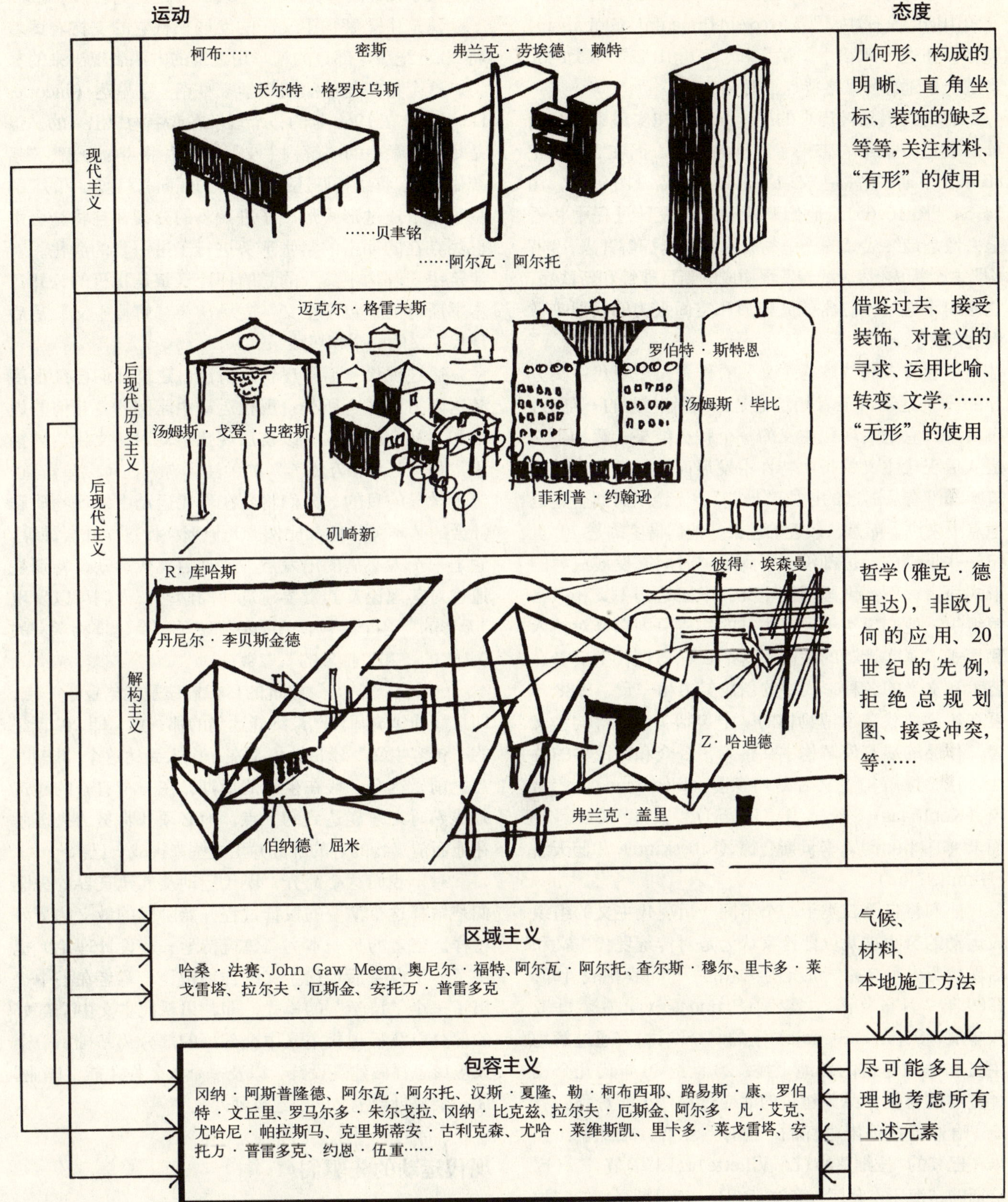

图 5.1　图解 20 世纪的基本建筑运动以及塑造这些运动的基本观念和态度以及其代表建筑师

世界各地一样[5]，后现代运动也发展出可以称为“拱－三角山墙的全球主义”（Arco-Pedimental Globalism）风格，在这个风格中“拱”和“三角山墙”一类的元素赋予了建筑物风格特点（图 5.106）。

后现代主义对历史的过度强调和在实践中过分简单的表达方式给它带来了过早的失败，而在 20 世纪 80 年代中期“解构主义者”走到了前沿（图 9.11，图 14.54，图 16.65）。他们坚持的是在设计过程中将看上去像是最终成品的一个构成的各元素拆解开来，“解构”这个构成，然后试着发现构成的新可能性和新秩序，它倾向于通过不寻常的几何形和空间张力的状况来做到这点。[5]

尽管有人将“解构主义”看作是与后现代主义分开的一个运动，笔者相信它是后现代主义的一部分。事实上，它是后现代主义的一个积极结果。解构主义是从后现代主义的折中特许中发展而来，但是它的建筑师却没有从遥远的过去“借鉴”，无论从时间上还是地点上来讲，而是从较近的过去。他们借鉴的是 20 世纪一些早期的、但却没有得到足够时间来发展成熟的形式语言，例如俄国至上主义、俄国结构主义和风格派组织。他们忠实于现代主义的构成原则以及对技术和形式“真实性”的关注，这个目标与现代主义者在艺术和文学的各种形式中的创作努力相一致。1988 年夏在纽约现代艺术博物馆的一个包括 7 个“解构主义者”作品的展览使解构主义得到了公众和评论界的关注，这 7 位解构主义者是埃森曼（Eisenman）、库哈斯（Koolhaas）、哈迪德（Hadid）、盖里（Gehry）、屈米（Tschumi）、李贝斯金德（Libeskind）和蓝天组（Himmelblau）。

他们将自己归类于一个不同于后现代主义的组织或运动的努力被几位评论家认为是对传统现代主义和后现代历史主义死气沉沉的状态的一个可喜挑战［即，1989 年 7 月布鲁诺 · 赛维（Bruno Zevi）在索非亚双年展（Sophia Bienale）上的一个演讲］。通过解构主义和通向建筑的新地平线，20 世纪 80 年代几个设计竞赛的得奖作品为建筑的演变过程作上了标记：有 Z · 哈迪德在香港中标的“顶峰”竞赛，伯纳德 · 屈米在巴黎的“拉维莱特（La Villette）公园”竞赛，R · 库哈斯的“海牙市政厅”竞赛，和 D · 李贝斯金德的“柏林德国博物馆的犹太博物馆扩建部分”。这个运动建成的例子有在圣莫尼卡的盖里住宅和盖里的洛杉矶太空博物馆，由屈米设计的公园和彼得 · 埃森曼在俄亥俄州立大学设计的韦克斯纳（Wexner）视觉艺术中心。

建筑中“解构主义”的发展来自它的支持者试着将 20 世纪后半部分的精华用建筑的方法表现出来的努力，这个精华是从法国哲学家雅克 · 德里达（Jacques Derrida）在 1960 年的一个哲学态度中构想出来的。但是尽管哲学中的“解构主义”有一种将事物分解、“系统化”并“将结构归还给世界”的倾向[6]，建筑中的“解构主义”通过形式形成了进一步的分裂并且将社会中已经存在的冲击的紧张形势进行了进一步的激化。对建筑中“解构主义”的总的评论气氛是积极的，并且本书所持的“包容主义”立场认为“解构主义”是后现代主义的一个积极成果。

通过现代－后－现代的辩论，建筑师们已经很清楚这两方面各有所长：现代运动中比例的、几何的规则和对社会的关注，以及后现代运动对“文化”、“抽象”和“艺术相互滋养”的关注。有人还可以争辩道，出于教导的目的，人们将会在现代运动中发现物质和社会的基本关注例如比例、几何形、材料、社会等等，它是一个人必需的出发点。通过后现代运动，特别是通过对其理论及其重要建筑师的学习，人们可以发现“无形的”各个参数，它是最终赋予一个建筑物意义的“文化的”和“抽象的”参数。

一个人“学习”建筑的目标应该是能毕业于一点，即最好的建筑师自己最终能达到的那一点，即 20 世纪的“包容主义”建筑。但是在一个人到达这个“毕业”点之前，这个一般在生活的后期、在一个有心的建筑师成熟时期才能达到的一点，他必须非常努力去理解在他面前事物的好的部分并用这些来挑战自己。

对于我们这个简介，现代运动及其建筑界的先驱们是解释这个演变的设计过程开始阶段的教义的最好榜样。笔者的另一本书《建筑诗学——设计理论》提供了一个有关后现代主义的详细辩论，笔者在书中提出了一个“诗学”的模式，即，用现代主义中全部好的部分以及后现代主义中全部好的部分为基础，一个人应该怎样做建筑设计，以及一个人怎样才能“毕业”成一个“包含主义的”建筑师。

现代运动的先驱们

威廉 · 莫里斯（William Morris）、奥古斯特 · 佩雷（August Perret）、彼得 · 贝伦斯（Peter Berhens）和路易斯 · 沙利文（Louis Sullivan）是第一批挑战过

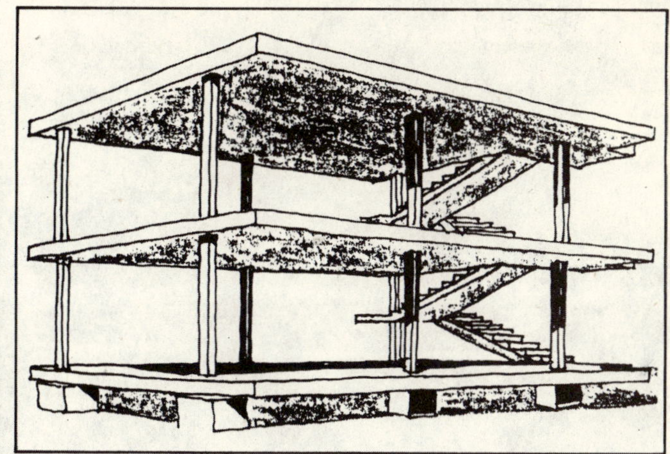

图5.2 （左图）希腊的典型钢筋混凝土构架。（右图）钢筋混凝土构架。勒·柯布西耶设计的"多米诺"(Dom-Ino) 住宅

去的建筑实践并为将要发生的演变铺平道路的人们。[7] 勒·柯布西耶、弗兰克·劳埃德·赖特、沃尔特·格罗皮乌斯和密斯·凡·德·罗受过所有这些人以及其他人的影响，并且他们被现代运动的理论家们认作20世纪建筑的四位创始人。[8] 事实上，他们是四位最负盛名的先驱人物，他们的理论倡议、个人作品和领袖地位影响了20世纪发生在建筑界的绝大多数事件以及这个世界的形象。他们留给后世建筑师一个坚实的基础，建筑师们以这个基础为始点，可以思考它、追随它或挑战它和避免它的错误。非常重要的是在思考这些榜样时不仅仅因为他们是其时代的"英雄式"人物，更多的是因为他们所说的一切。他们所显示的章法性以及他们创造的许多作品中不可否认的魅力能够进一步丰富建筑，并且进一步强化那些刚刚开始从事这个具有创造性、技术性和社会性要求职业的人们的工作态度和习惯。

"一个现代建筑师必须到各处看看并且同时需要处理无数的工作，除了要做建筑师的这些复杂工作，我有意识地注意培养对艺术的修养。我知道这个世界已被年轻的一代彻底否定了，他们认为用这种方法可以打败学术主义这个怪物。但是即使我承认我的双手被过去几个世纪的垃圾玷污了，我还是宁可洗干净它们而不是将它们切掉。再者，过去的世纪并没有弄脏我们的手，恰恰相反，它们充实了我们。将你自己献身给艺术是为了成为你自己的裁判，做你自己的主人；你面对的是一张白纸而你写上去的是你自身个性的真实产物。你完全了解自己的个性。你显示你的真实自我并且你认识到你的真实自我，不多也不少。这就意味着你将自己真实地呈现给公众来评判，不相信机会，失败时不归罪于它，成功时也不忽视它。"

——勒·柯布西耶[6]

"我们必须诚实地描述我们看到的一切，但是更重要并且也是更困难的是，我们必须弄明白我们看到的一切。"

——勒·柯布西耶[7]

勒·柯布西耶

勒·柯布西耶在他的著作及其作品中，被他的传记作家和他自己形容成为20世纪的反叛建筑师。[8] 在其生活的极早阶段他即开始反对一切学术的旧习俗并且反对那个时代一切建筑方面长久建立起来的顽固思想。[9] 当时的建筑追随学术传统并且复兴过去时代中已经死亡的和没道理的作品，这些作品已经不能适应工业时代的生产过程和劳工技术。这个人的性格坚强且求知欲强烈，有一双敏锐的眼睛可以记录并理解所看到的形式的形成原因。更重要的是，他在艺术、绘画和雕塑方面具有雄厚的基础。他的生命是一个无止境的刻苦努力的过程，作为一个追求建筑的专业人士，他更感兴趣的是艺术的演变而不是金钱的回报。他在实践建筑的同时还著有建筑方面的著作。他的著作主题集中在他的工作上，并且这是使他的作品被人们所知以及使客户接受其观点的手段。年轻的学生和建筑师们首先是受勒·柯布西耶速写和书面陈述的影响[10]，然后才是他的真实作品，如果他们有机会旅行参观这位大师的伟大作品的话[11]，世界上许多今天的建筑形式将带有勒·柯布西耶的影响。[12] 人们可以很容易地说，不是仅仅一些个别的建筑师，而常常是很多整个国家

图 5.3 地中海地区建筑的可塑性和空间是勒·柯布西耶的早期课程

的现代建筑受勒·柯布西耶的教义和形式手法的影响。[13] 日本二战后的建筑受到勒·柯布西耶极大的影响。[14] 拉丁美洲、印度以及很多欧洲国家有类似的现象（图 5.13，图 5.14）。对于今天的年轻建筑师们，特别是欧洲的建筑师，勒·柯布西耶就是智慧的象征。他应该受到人们的敬仰，不仅仅是由于他的作品更多的应该是他对建筑的态度。这个态度是最恰当的并详细讨论如下所列。这个态度涉及建筑师学习的过程。以勒·柯布西耶为榜样，出于教育的目的，年轻的建筑师必须做到下列事情：

1. 旅行：为了能够亲眼见到其他建筑师的作品和其他的文明，他应该试着通过无数的速写来理解那些“为什么”。

2. 绘画和雕塑：以便通过这个与建筑有紧密联系的创造过程得到给这个世界提供一些新东西的感觉。勒·柯布西耶坚信建筑师们应该是“实干家”。在此部分开始时所引用的勒·柯布西耶的一段话总结了这位大师将建筑作为艺术的态度，以及建筑与其他艺术和职业特性的关系。

3. 教育：首先教育自己，同时教育客户。如果你想实现你的设想和信念的话，始终要解释你的想法并始终使客户保持智力上的警觉。

4. 建造：不仅仅做一个旅行者、一个画家、一个雕塑家、一个作家或一个学者，而且还要建造。因为建造是建筑的最终目标，并且正是这一点是社会从建筑师那里寻求的服务。

勒·柯布西耶的一生是独特的，因为人们可以从上述的声明中推想到勒·柯布西耶一生所做的事情。他在年轻的时候旅行得极多极广。其早期的速写显示了这些旅行对其后期作品的巨大影响。他常常表达他对从早期旅行中学到的东西的感激之情，并且他常常对他的学徒们谈及这些旅行的影响和某个陌生环境对他产生的影响。例如在希腊斯基罗斯（Skyros）的住宅启发了他设计的马赛公寓中的公寓单位的想法。他

图 5.4　皮萨克 (Pessac) 的住宅。勒・柯布西耶。19 世纪中期

图 5.5　普瓦西的萨伏伊别墅。勒・柯布西耶。1929—1931 年

图 5.6 朗香教堂。勒 · 柯布西耶。1950—1953 年

图 5.7 在朗香教堂内正常的光线表达出的崇高感。勒 · 柯布西耶。1950—1953 年

还提及在他设计拉土雷特修道院时对希腊圣山修道院历时 21 天的访问中经历到的影响。[15] 他让世人知道得很清楚是在桑托林（Santorini）岛上他第一次得到了关于建筑－现代建筑的想法。

美国也给年轻的勒・柯布西耶留下了长久的影响。他被美国的高粮仓所震惊，而且他还将它收录在他的第一部书《走向新建筑》中，同时他还公开谈及了纽约城的高层建筑以及将他带到美国的海平线给他留下的印象。所有四个方面，“古典的”、“传统的”、“现代的”以及“异域”和“多种文化的”，都在这个建筑师的形成过程中起了作用。

勒・柯布西耶喜欢与学生们谈话、社交和交换他的观点。他甚至从全世界雇用了一些年轻的建筑师作为他的合笔者。他谈话时总是带有一种诗意的方式，就像他的建筑著述风格一样。从其建筑生涯的初期，他的演讲就是富含对人类同情的诗歌。也许显得很矛盾：他把房子的概念最终作为一种居住机器来表达。但他将这个建筑是居住机器的概念在他的建筑中发展得很完善。但是不幸的是，许多人误解了这个观点。

图 5.8　烟囱和屋顶出口，马赛公寓屋顶上的雕塑性元素。勒・柯布西耶

图 5.9　马赛公寓，法国马赛。勒・柯布西耶。1947—1952 年

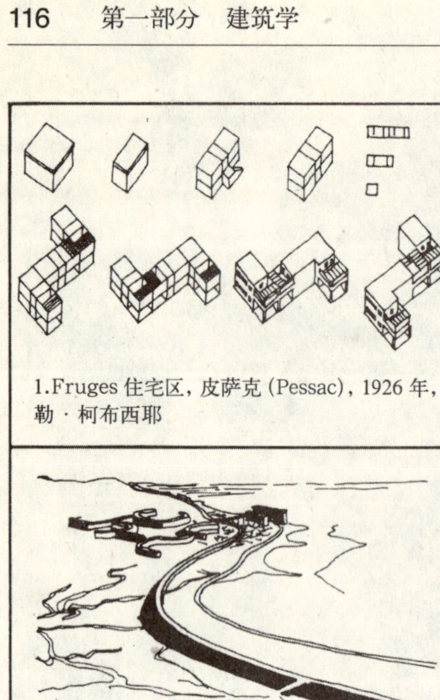

1.Fruges 住宅区，皮萨克（Pessac），1926 年，勒·柯布西耶

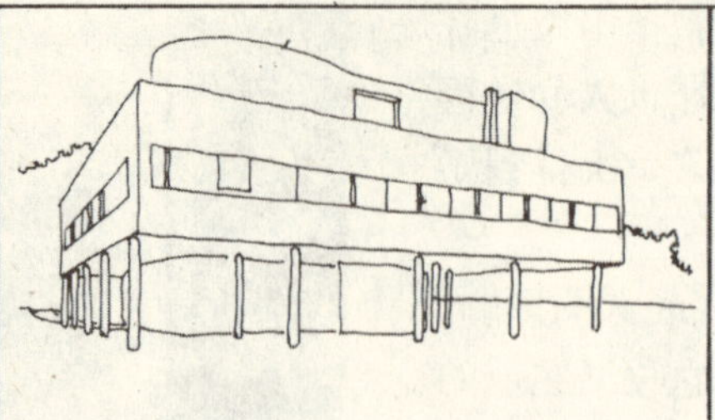

2. 萨伏伊别墅。塞纳河旁的普瓦西（Poissy–Sur–Seine），法国，1930 年，勒·柯布西耶

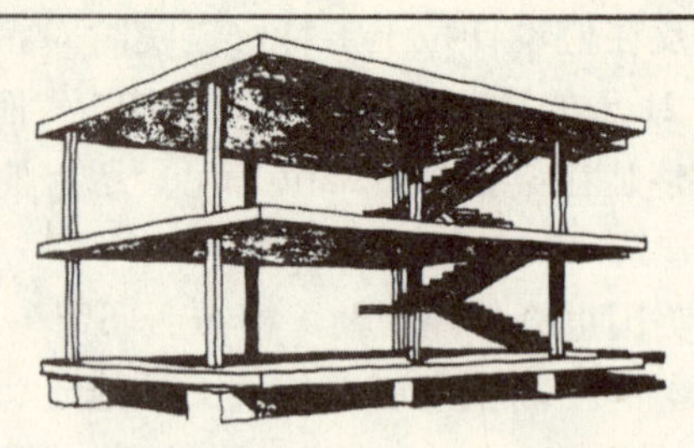

3. “多米诺”（Dom–Ino）住宅，钢筋混凝土构架，勒·柯布西耶

4. 阿尔及尔（Algiers）的平面。勒·柯布西耶

5. 一个 300 万人的城市中心，1922 年，勒·柯布西耶

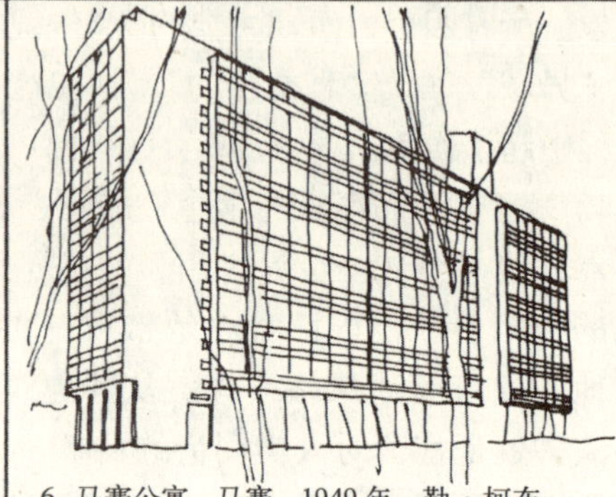

6. 马赛公寓，马赛，1949 年，勒·柯布西耶

7. 朗香教堂，法国，1955 年，勒·柯布西耶

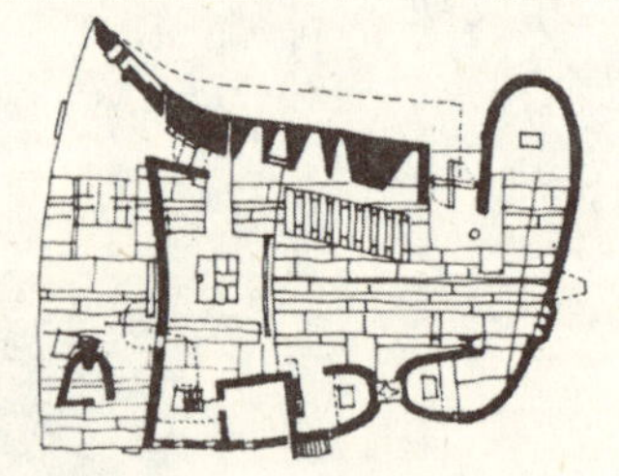

8. 朗香教堂平面，勒·柯布西耶

9. 朗香教堂三维剖面，勒·柯布西耶

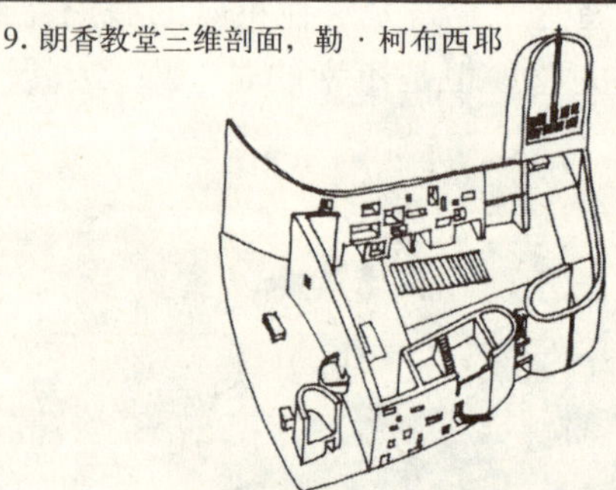

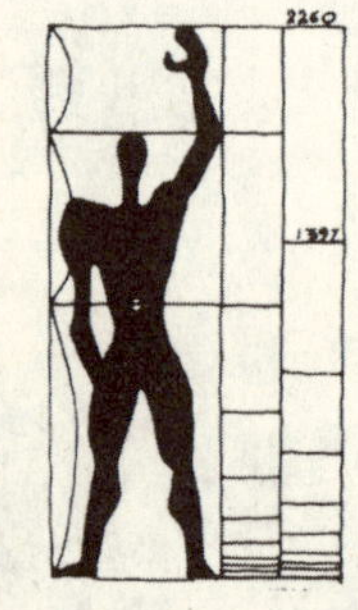

10. 模度。勒·柯布西耶

11. 圣玛丽亚的拉土雷特（Saint–Marie–De–La–Tourette）修道院，1959 年，勒·柯布西耶

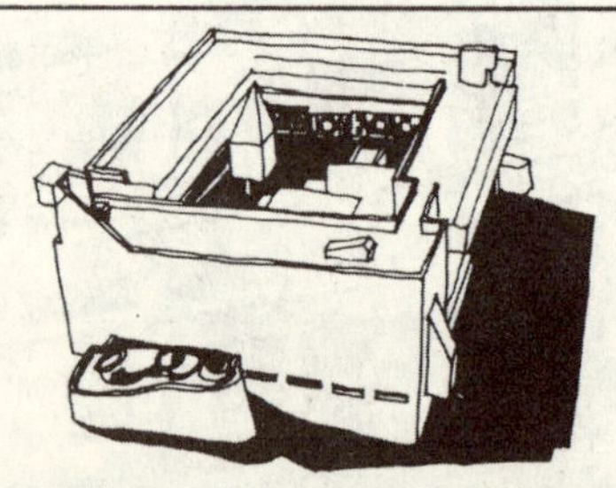

12. 圣玛丽亚的拉土雷特修道院，1959 年，勒·柯布西耶

13. 昌迪加尔，议会大厦，勒·柯布西耶

14. 高等法院大楼，昌迪加尔，印度，1957 年，勒·柯布西耶

15. 昌迪加尔，州长官邸，勒·柯布西耶

图 5.10　勒·柯布西耶的建筑物和构想

图5.11　卡彭特中心。勒·柯布西耶在美国建的惟一的一座建筑物。坐落在哈佛大学校园中18世纪红砖建筑物环境中的一个20 世纪的超级诚实的建筑物，1961—1964年

勒·柯布西耶是个多产的建筑师和思想家。因此，许多早期的追随者抓住了他的精髓，但是其他人却没有。那些没有掌握其精髓的人背离了人类的要求，而建造了追求形式操作的典范作品。其早期的一些日本模仿者是最没有创造性和最令人消沉的建筑师。[16]

勒·柯布西耶的精神发展成为对旧风格（新哥特式、新古典式）复兴的反抗，以及对当时的新艺术运动（Art Nouveau）所取方向的反抗。勒·柯布西耶不同意新的艺术应该使用不合适的材料，例如钢铁和玻璃，来模仿植物形态。随着新艺术风格的死亡（这其实在某种意义上是向前发展了一步，因为它起的是暴露和反抗学术新古典主义的作用），勒·柯布西耶创建了“新精神”（New Spirit）运动，这也是他和他的朋友、画家奥赞方（Amadeus Ozenfant）共同创办的杂志的名字。

新精神——这个运动是关于新工业时代应有的美学。勒·柯布西耶宣称，“一个伟大的时代已经开始了。一个新的精神存在于其中！”[17]这个新精神的主要观点贯穿了勒·柯布西耶的一生，它们是：

—对材料的诚实表达；

—对结构的诚实表达；

—避免装饰；

—平面的自由性和灵活性。

应该提到的是这个运动的主要前辈和实干的倡议者是奥古斯特·佩雷（法国人）和彼得·贝伦斯（德国人）。勒·柯布西耶师从他们并与之共事，但是他们二人在向公众宣扬其观点并试着向人们解释其观点的原因方面都不如勒·柯布西耶做得好。

对“新精神”的研究就是对勒·柯布西耶全部作品的研究；并且每个建筑学的学生都应该做这一步。它不是一个简单的工作，但却是每个建筑师必须做的。这个研究应该包括对勒·柯布西耶原始著作的阅读以及对其建筑物的学习和亲身检验。一些尤其适合现代学生学习的勒·柯布西耶最重要的作品有下列几个：

1. 皮萨克（Pessac），在法国波尔多（Bordeaux）附近为工人们修建的住宅区（图5.4）。它之所以重要

图 5.12 圣玛丽亚的拉士雷特修道院。勒·柯布西耶，1959–1960 年

是因为在 20 世纪 80 年代它曾被作为一个有关空间－行为问题的研究范例，并且这表明勒·柯布西耶在这方面是一位大师（图 6.25）。

2. 萨伏伊别墅，普瓦西（Poissy），法国（图 5.5）。用混凝土柱将建筑物升离地面的前卫观念。勒·柯布西耶后来的许多城市设计理论是围绕着这个项目的原理发展而来的。“桩基”的建议出于好的意向：人们相信这样会将地面留给孩子们玩耍并且不会阻碍自然的连续性。不幸的是这个观念在密度高的城市环境内并不成功，尤其是在美国。桩基产生了“无人的”环境。将建筑物提升一层并使人们远离地面鼓励了犯罪的增加和对公共区域的忽视。

3. 模度（Modulor）。这是勒·柯布西耶关于尺度和比例的理论。勒·柯布西耶发明的理想的人类体形，它的比例被作为后来项目的设计准则（图 5.10:10）。

4. 城市主义理论：非常高的密度、接受汽车的使用、地面层的开敞空间。勒·柯布西耶的城市设计理论[18]对一些国家起了破坏作用。许多根据他的理论修建的项目运作得不好并且产生了不友好的环境，因为人们被从地面上摒弃出去了，并且还因为失去了建筑物与开敞空间的尺度和比例。

5. 马赛公寓。高密度的住宅（图 5.8，图 5.9）。通过夹层单位的使用它引入了空间的连续性。其公寓

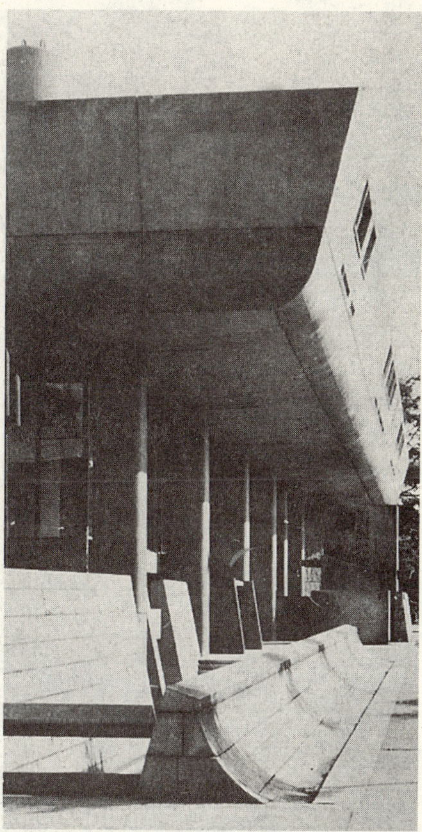

图 5.13　左上图，东京的年轻人旅馆，日本。右上图，东京大都会节日大厅。建筑师：前川国男，1961 年。左下图，Vouliagmeni 市政厅，希腊，1965 年。建筑师：Elias Papayannopoulos，右下图，Thessaloniki 大学校园。建筑师：Fines–Papaioannou，1963 年

图 5.14　对现代建筑运动原理的影响和演变：勒·柯布西耶的粗野性，第 10 组平面组合，圣山的前身；雅典大学神学院。由建筑师 Calyvitis 和 Leonardos 设计的竞赛中标方案，1970 年

图 5.15　受到勒·柯布西耶形式风格极大影响的世界各地的建筑物。上图，希腊；下图，美国（下图摄影 Craig Kuhner）

图 5.16　我们今天做的很多事情是由赖特建议的。约翰逊制蜡公司大楼的走廊中对塑料管道的前卫性使用。建筑师：弗兰克·劳埃德·赖特，1936 年

图 5.17　芝加哥会议厅，入口。建筑师：路易斯·沙利文，1886—1890 年

单位还提供了有着非常窄的立面以便使更多的人可以最大程度地分享景色。在全球的范围内这也许是一个最具影响的公寓原型。

6. 朗香教堂，法国朗香（图 5.6，图 5.7）。在这个项目中勒·柯布西耶显示了对自然光线的成功运用。设计的方法是通过剖面来实施的。这个作品已经被许多人认为是勒·柯布西耶最成功的作品之一。

7. 拉土雷特修道院，法国（图 5.12）。一个有关协调整体（教堂－祈祷室）功能要求和个体（单人小室）功能要求的成功设计范例。它是一个平衡的建筑物，结构和形式两方面都是合理的，并且具有非常迷人的外观。

8. 大尺度建筑：昌迪加尔的设计（昌迪加尔的设计观念将会在本书的城市设计部分进行详细的讨论，见昌迪加尔，图 16.2）。勒·柯布西耶是这个市政府中心的建筑师。

9. 勒·柯布西耶的著作和速写。他著有总约 44 卷的大量著作。

这位伟大的大师于 1887 年 10 月 6 日生于瑞士。他具有父母的艺术遗传和对艺术的强烈倾向。1957 年 10 月 5 日他在游泳时死于他热爱的地中海中。现在人们可以在全世界留下他作品的地方和在瑞士苏黎世的“勒·柯布西耶中心”进行学习和研究。[19]

弗兰克·劳埃德·赖特

赖特童年的游戏经验引向了他后来做一个建筑师的决定。他的母亲给过他一些玩具例如立方体、角锥体、球体和其他结构构件。“组”、“系统”和“整体”的概念开始成为这个孩子对世界的最初感性认识。[20]

赖特的正规教育从来都不是建筑。这也是许多其他伟大建筑师例如勒·柯布西耶和密斯·凡·德·罗

图 5.18　弗兰克·劳埃德·赖特在橡树园的早期住宅设计，伊利诺伊州。一些早期的住宅是为路易斯·沙利文的客户设计的

的情况，赖特从来没有在学术环境中上过建筑方面的课程。[21] 在 19 世纪只有极少的这方面的课程。在美国直到 20 世纪初期才有建筑方面的学位。所以不难想像绝大多数建筑师没有在专业学校中学习过。人们可以说他们用的是更难的方法成为建筑师的。这样的事在过去是可能的。在 1887 年，赖特进入爱德勒（Dankmar Adler）和路易斯·沙利文的建筑事务所工作。通过这层关系沙利文成为赖特的导师。沙利文曾使理性主义的教义，由霍拉蒂奥·格里诺（Horatio Greenough）介绍的"功能决定形式"流行于世。这个教义认为一个来自功能的形式是好的建筑和美的基本条件。[22] 沙利文曾将他的态度写进他的著作《民主的新建筑》中，并且很明显赖特不久就了解了它们。[23] 在这位大师的学习中，这些原则被进一步深化为形式应该自然地从结构、材料和功能中发展而来。

根据赖特的自述，1873 年芝加哥世博会上日本厅里的日本建筑和印刷品给了他巨大的影响。[24]

彼得·布莱克（Peter Blake），赖特第一部传记的笔者，将这个建筑师的作品确定为五个特点鲜明的时期。[25] 但是根据本书笔者的发现，第 6 个时期——日本时期——比其他的更为重要。它证实了东方对这个建筑师后期作品的真实影响。不管怎样，赖特自己承认过他的作品在更深层的哲学感觉上是东方的。赖特在日本建成了不止一个建筑物。[26] 但只有在东京的帝国饭店是知名的，而无数其他建筑物的存在却默默无闻。这个发现提出了新的问题并要求对弗兰克·劳埃德·赖特的"形成"进行重新研究。有了这段必要的插入语，赖特的作品可分为六个特点鲜明的时期：

1. 在芝加哥与沙利文在一起的早期；
2. 草原风格时期；
3. 日本式时期；
4. 20 世纪 30 年代的代表作品时期；
5. 广亩城市时期（Broadacre City）；
6. 晚期，回归装饰的时期。

至于草原时期出现在日本式时期之前还是之后，以及在两种建筑中发现的原理的类似性是否是个巧合，这仍然是被争论的一个学术问题，也许在将来会被赖特作品的未来学生进一步澄清。抛开这个问题，每一个时期都表现出了在这里需要点明的、显而易见的特点，这些是所有建筑学学生都必须进一步学习[27] 和理解的。

赖特的六个时期

1. 在与沙利文合作的早期，赖特在芝加哥及其郊区（橡树园、Riverdale、Forest Hills 等等）设计了无数的住宅建筑。功能决定形式只是这段早期建筑的一般性原则，但是他将强调放到了形式与功能的相互关系之上，这点在后来发展成了一个完整的观点。[28] 这些关系表现为黑色的木柱和木梁、幽深的屋檐出挑、深色框架之间的白色石膏板、建筑物与自然的关系、开敞空间和推拉隔断。

2. 赖特的"草原"建筑是他对风景的主宰线条，即草原的地平线与草原上垂直于它的高高的树木之间

图 5.19　草原时期的开始。温斯洛（Winslow）别墅。橡树园，伊利诺伊州。弗兰克·劳埃德·赖特，1894 年

的那种平衡性的反映，并且它强调的是水平性（图 5.19，图 5.22）。这一切的结果是三个事物：水平的、竖直的、水平的。这类建筑的主要特点是低低的檐口、带形窗、从建筑物中延伸出去的平台并因此将建筑物与景观连成一体，通过玻璃与玻璃在转角处的相交来消除角落、空间与形式的连续性，以及作为整个建筑物中心的壁炉。开敞空间、水、火和土地像是成了赖特割舍不断的东西，并且它们被结合进功能和形式的整体中。赖特的“草原”建筑还开始显露他对几何图形的迷恋。这点反映在平面上、灯具上、家具摆设上、彩色玻璃上等等。对通过几何形达到统一的信奉贯穿了其职业的一生。这个态度既阻碍了也帮助了他的设计。三角形和圆形也许可以创造出迷人的空间，但不太可能造出舒适的椅子。这一个时期对赖特及美国建筑来说都很重要，因为通过这一时期他清楚地说明了其民主建筑的观点，并且表达了他的信念，即他是“……大地和天空的一个美国孩子”。绝大多数草原别墅建于芝加哥和纽约州的布法罗。

在同一时期他还设计了一些非住宅的建筑物，例如在橡树园的团结教堂（Unity Church，1906 年）和在布法罗的拉金（Larkin）大厦。团结教堂（图 5.21）的重要性在于它对现浇混凝土和室内共享空间的运用。赖特将这个建筑物作为他第一次自觉地表达了其“新”建筑观念的一个。[26] 拉金大厦也运用了共享空间，并且他还用建筑物竖直的筒仓状设备系统对其加以强调。[27] 这个由赖特第一个表现出来的竖直性建筑表现方式在 20 世纪 50 至 60 年代一度成为建筑师们迷恋的方式。[28]

3. 日本式时期包括了赖特在日本建造的作品。赖特在东京的市中心修建了帝国饭店 [29]。它是仅有的几个没有被大地震毁坏的建筑物之一，但是最终却被火灾烧毁并且被一个不值一文的怪物所替代。最近得悉赖特在日本还建了一些住宅建筑物。直到最近它们在一个日本杂志上被当作一个一般性的信息提到之前，这些建筑物一直是不为人知的。[30] 在东京的这个饭店进一步发展了赖特关于整体建筑的观念，并且再一次显示了建筑师将功能以及结构和设备问题作为一个整体考虑的天才。辐射式的地板供热系统是首次用于东京帝国饭店的建筑发明。[31]

图 5.20　树木的竖直性相对于建筑物的水平性。弗兰克 · 劳埃德 · 赖特设计的另一个草原式别墅

图 5.21　团结教堂，橡树园，伊利诺伊州。弗兰克 · 劳埃德 · 赖特。1905—1906 年

4. 20 世纪 30 年代被认为是赖特的杰作时期。[32] 坐落于宾夕法尼亚州熊跑（Bear Run）的考夫曼别墅，又被称为“流水别墅”（图 5.29:2）是赖特将室内、建筑体量和室外结合成一体的整体建筑观念的最成功的写照。这个别墅与风景处于一种完全的和谐中，尽管其出挑的技术形式，对钢筋混凝土的合理运用，大面积玻璃的运用，以及合理的活动和空间规划代表了这件成功作品的主要特点。他的第二个杰作是威斯康星州拉辛（Racine）市的约翰逊制蜡公司大楼（图 5.23，图 5.24）。在这个建筑物中建筑师显示了他的结构天才。只有在赖特修建了一个 1 ∶ 1 比例的蘑菇状柱子并在上面压上水泥包后，他才劝服了主管规范的工程师发给他许可证修建这个前卫的建筑物。这个建筑物的重要性还在于它对透明材料的独创性运用，它在夜间的照明中展示出一个美观的完整形象。这个建筑物还有一些由赖特设计的室内细部和家具。其杰作中列于第三的是西塔里埃森（Taliesin West），赖特建在亚利桑那州的学校。“塔里埃森”不只是一个建筑物，更多的是一个“建筑温室”的观念。学生的集体生活方式、大师与学生们的关系以及所设课程和成员们的艺术活动都反映在这个建筑群的规划中。绘图室、音乐和戏剧表演大厅、起居活动空间和室外空间全都结合在一个连续的整体中。通过大量运用周围随处可见的沙漠石，这个建筑物与风景汇成了一体。所有室内和室外的元素都是根据大师的理论设计的。对施工材料的选择（沙漠石、木材、粗帆布）、总图规划、室外地面的面材选择（景观中的硬对软的元素）以及在接近这个建筑物时的多角度和控制良好的设计使得这个建筑物成为另一个赖特留给未来建筑师的教科书。

与其说“美国风”住宅是一个特别的住宅，不如说它是一个住宅类型的倡议。尽管赖特只修建并展览了一个原型，“美国风住宅”在美国各地都有修建。通过这个类型赖特试图将草原风格通用化，简化早期的形式，并且避免装饰。这个住宅类型倡议的目的是创造一个通用的美国民主式住宅。[33]

5. 广亩城市时期，1933 年。这个时期充满了赖特对城市设计的关注。根据这个建筑师的许多学生的回忆，这些关注是在经济衰退时期他的设计项目短少时发展起来的副产品。[34] 广亩城市当时在许多地方发表过并成为无数文章的谈论主题，其中大多数将赖特描述成一个具有农民意识、悲观并且仇恨城市的人。[35] 这些早期的批评是基于广亩理论的反城市特点、低密度和贬低社会联系而进行的。广亩城市提倡发展和自给自足。

尽管赖特对其批评者的回应及其暴烈的脾气没能允许他对其广亩城市非中心化的观念作出进一步的修改，但随后他的城市作品显示出，在处理有关城市处境时他是一位极富天才的建筑师。他显示出一种对城市现实环境富于创见性的理解。不同于其低密度的广亩城市（在这个问题上他从来没有再在概念和形式上重新考虑过，甚至于当它在永无尽头的城市郊区例子中成为现实时），他后来的城市作品介绍了先进的城市设计和城市整体性的观念。例如“街道三维性”的

图 5.22 罗比 (Robie) 别墅。赖特草原风格的代表作，伊利诺伊州芝加哥，1907 年

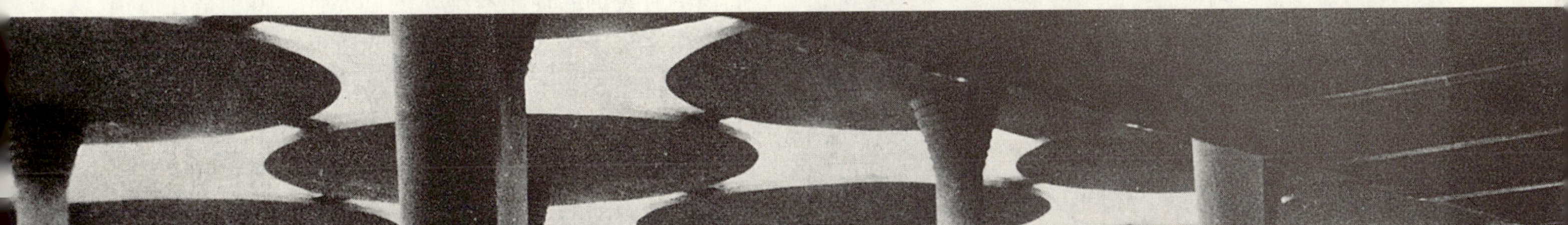

图 5.23 “蘑菇”林。约翰逊制蜡公司大楼的主要办公空间，威斯康星州拉辛，弗兰克 · 劳埃德 · 赖特，1936 年

图 5.24 天空和森林，或者天堂的群星。工作环境的美和精神性。主要办公空间，约翰逊制蜡公司办公楼，威斯康星州拉辛，弗兰克·劳埃德·赖特，1936 年

概念，就像古根海姆博物馆、旧金山莫里斯商店和著名的城市之珠，建在比佛利山庄的安德森（Anderson）法院中心所显示的（图 5.28，图 5.30）。[36] 这些概念在 20 世纪 60 和 70 年代中成为许多欧洲规划师集中使用的观点，并且随后在很多高密度的项目中成为现实，但是他们从来没有在概念上给过赖特任何应有的认可。[37] 与此相反，赖特作为建筑师和规划师的双重角色从来没有得到过承认，并且他惟一的规划理论，广亩城市，得到的只是攻击。笔者的观点是，赖特在处理城市处境时是一位非常出色的城市设计师，而且如果他能得到机会设计一个城镇的一个区或者甚至整个城镇的话，他会是成功的，而且也许能比勒·柯布西耶做得更好。

6. 在其设计生涯的前三个时期中赖特用过大量的装饰，这是受路易斯·沙利文的影响。他在创作鼎盛时期抛弃了装饰，但在其晚期又开始重新使用它。[38] 重新使用装饰的突出例子是马林县市政中心。在这个建筑物中对装饰的使用有绝对的必要性，特别是在屋顶上。在这个巨大的建筑群横跨的附近山上可以看见这个屋顶（图 5.26，图 5.27）。这些建筑物的职员们在山上吃午饭和休息。在这里装饰的运用不仅只是在纯视觉方面的，就像过去立面上的装饰 [39]，更多的它是一种功能方面的运用。如果这个建筑物的屋顶不是这样设计的，那么人们只能面对一堆没有魅力且混乱的设备机器、沥青和石子。

图 5.25 混凝土预制构件的应用。弗兰克·劳埃德·赖特在好莱坞设计的斯托勒（Storer）医生的住宅，加利福尼亚州

图 5.26　对在山上休息的人们来说刺绣般的屋顶是一个视觉愉悦。马林县法院大楼，加利福尼亚州。弗兰克 · 劳埃德 · 赖特，1959 年

图 5.27　屋檐细部处理。马林县法院大楼

在所有上述时期中，弗兰克 · 劳埃德 · 赖特在其以前的基础上不断完善自己并且最终发展成为 20 世纪最早的“包容主义”建筑师之一。他的设计是异乎寻常多的考虑的结果，包括几何图形、自然、材料、技术、工程、地震、火灾以及室内、室外、概念和整体哲学框架。但是，他在某些方面持续地保持了低效性。他的无能为力包括其著名的不能为功能性和环境性的考虑牺牲几何形和形式的安排，就像在古根海姆博物馆，在那里斜坡的楼面完全不适合一个展厅，以及其完全不能回应客户需要的无能。但是俗话说得好，“每一个天才都有缺点。”事实还是证明弗兰克 · 劳埃德 · 赖特是一位传奇式的建筑师。他的作品以及他的著作和演讲，对 20 世纪建筑的形成有不朽的贡献。他在总体上把握了建筑。他创造的作品与自然成为一体，甚至当他是通过使用大胆的结构手法做到这一点时，例如在熊跑的考夫曼别墅。他声称在建筑上没有受过欧洲运动的影响。他没有否认过他曾被东方所感动。不管怎样，他总是以其独特的方式表达他的信念。如果我们还能听到他说话的话，他会再一次说，“不管怎样，是谁建的它？是谁把这些思想放进建筑中？有意识地建了它的是中国老子而不是别人。……那么，不管你说什么，我还是能高昂着头向前走。”[40]

图 5.28　树木和墙体之间的游戏。安德森法院中心，比佛利山庄 Rodeo 路，加利福尼亚州。弗兰克 · 劳埃德 · 赖特，1955 年

1. 罗比别墅，伊利诺伊州芝加哥，1909 年。弗兰克·劳埃德·赖特

2. "流水别墅"，埃德加·J·考夫曼别墅，宾夕法尼亚州熊跑，1936 年。弗兰克·劳埃德·赖特

3. 约翰逊制蜡公司大楼，威斯康星州拉辛，1939 年。弗兰克·劳埃德·赖特

4. 莫里斯商店，旧金山。弗兰克·劳埃德·赖特

5. 马林县市政中心。弗兰克·劳埃德·赖特

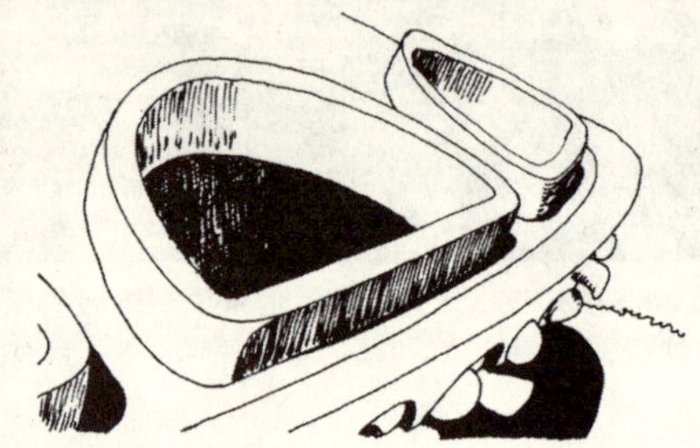
6. 马林县市政中心屋顶细部处理。弗兰克·劳埃德·赖特

图 5.29　弗兰克·劳埃德·赖特设计的建筑物

格罗皮乌斯和包豪斯

"格罗皮乌斯"和"包豪斯"在许多建筑师的脑中代表的是同样的一件事。笔者认为，它们代表的更多的是一个精神观念。沃尔特·格罗皮乌斯和包豪斯，即他创立的组织和设计学校，对现代建筑和当代文明来说比所有其他有影响的建筑师、工业设计师和各种运动加起来还要重要。[41] 格罗皮乌斯和包豪斯所包含的不是一个建筑教义而是一个观念："所要建的不只是一个房子，首先而且最重要的是一个社区，因为好的东西都是在社区中流传下来的……"[42]"多样中的统一"是格罗皮乌斯创立的学校的座右铭（表 5.1）。

包豪斯是一个建筑学校的名字，事实上，它是 20 世纪的第一个环境设计学校。包豪斯还是这个学校在其德绍时期使用的建筑物的名字。最后，包豪斯代表的是由格罗皮乌斯创立和领导的一个政治和活动组织的名字，这个组织经历了三个独特的变革时期：影响、受迫害和最终在法西斯控制德国后被从其祖国驱逐出去。[43]

包豪斯是在 1919 年至 1925 年魏玛共和国统治时期创立和运作的一个文化和政治组织。在那些年中，这个组织年轻的成员们探索了传统价值观与现代价值观的基本问题；挑战了当时流行的新哥特－新古典复兴[44]；攻击 19 世纪过时的施工技术；并且争辩应该使用现代材料如钢铁、玻璃和钢筋混凝土，并且回应大规模住宅、标准化和批量生产的需要。[45] 对社区项目他们还提出了包括各种单独专门人才的合作性设计努力的需要[46]，而不是由某个单个建筑师设计出的傲慢结论，因为一个建筑师不可能具备解决 20 世纪复杂工程的各种技能。总而言之，这个组织对当时在德国流行的民族主义[47]方法提出了质疑，它倾向于利用过去而忽视新技术时代问题。而包豪斯组织则要求在未来的建筑物上使用革新方法。很显然这种探索在魏玛共和国的保守派一方引起了论战的爆发，尤其是当时建筑业的代表人物们[48]，由于他们的技能和施工方法受到了使用未来新方法的潜在威胁，他们看到了利益的损失。包豪斯终于被从魏玛驱逐出去，并且在当时（1925 年）任何属于这个组织的人都被认为是个"疯子"。在后来的日子里，"包豪斯"则被认为是个光荣的称号。[49]

包豪斯的第二个时期是与德绍镇联系在一起的。

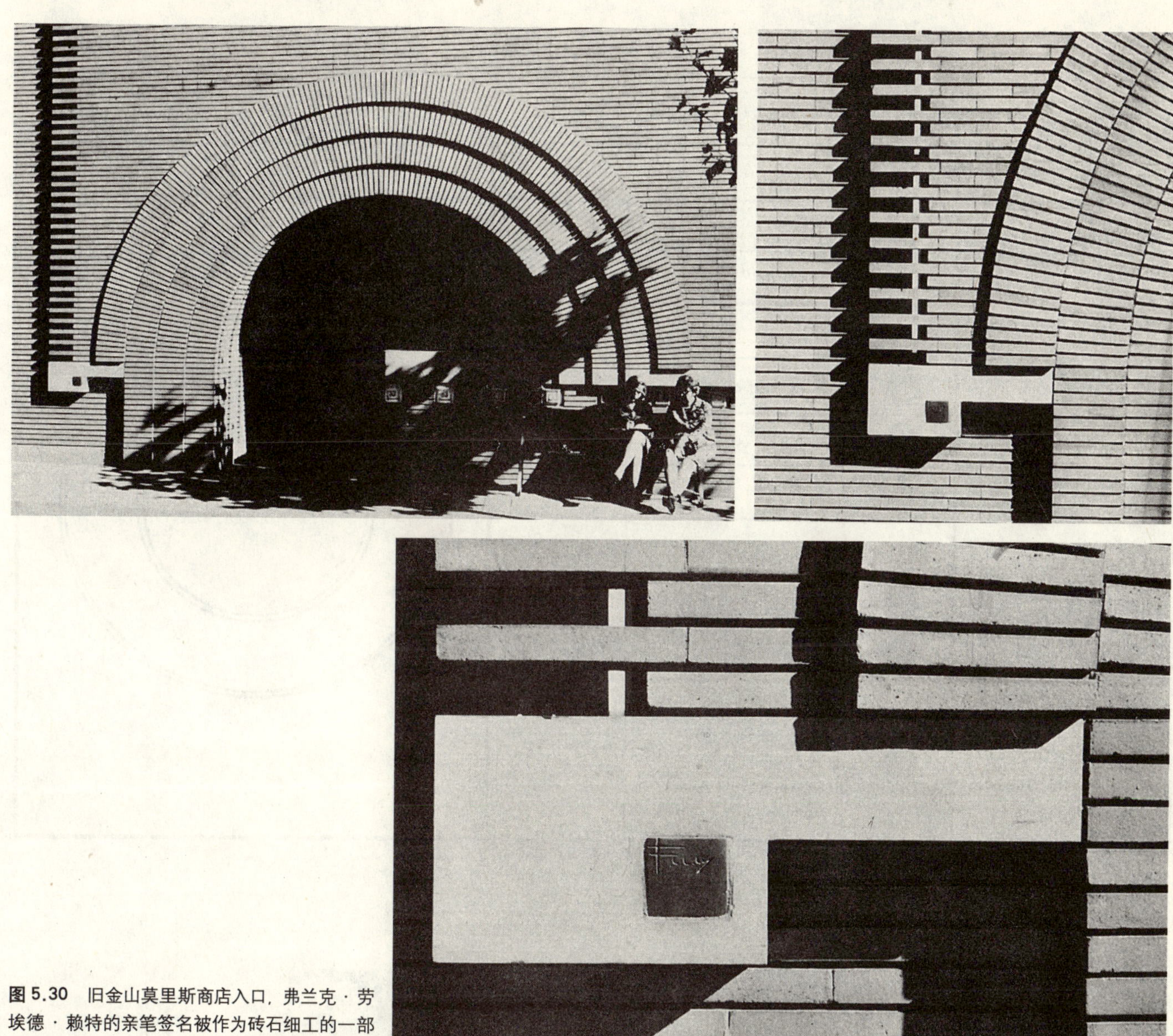

图5.30　旧金山莫里斯商店入口，弗兰克·劳埃德·赖特的亲笔签名被作为砖石细工的一部分，1948年

它从1925年维持到1932年。包豪斯学校建在一个同名的建筑物中，这个建筑物是格罗皮乌斯及其信徒所提倡的建筑语言的一个真实总结。与格罗皮乌斯的早期设计项目例如法古斯（Fagus）工厂和德意志制造联盟（Werkbund）展览中心一样，包豪斯在德绍的建筑物表现出清晰的体量关系，玻璃"皮肤"与骨架的分离，以及良好的结构秩序。这个建筑物是由不可否认的功能决定的（例如，为了绘图室得到北向的自然光，因此玻璃幕墙被用在了建筑物的北面）（图5.33:3）。这个功能性的组织是以在其中发生的革命性的建筑教育为基础的。不同的学科例如绘画、色彩理论、设计理论、摄影学、施工、布景设计、家具设计、规划以及其他各学科都在同一个屋檐下运作。因此学习是通过实际的交流加上传统理论和必须且易于得到的实践方法来得到的。学生和教师们的不断交流是通过将教师部放在与学校同一地点而做到的。包豪斯建筑学校是以一个学习公社来运作的。

1932年这个组织搬到了柏林，希望在当时德国像是寻求激进观念和革新的时期能够更好地宣扬他们的观念。可惜这些年轻的艺术家和知识分子们被欺骗了；希特勒支持者们的许诺和鼓吹只是一个大大的花言巧语，深植在出于邪恶目的的民族主义中，它不仅蒙蔽了德国人民而且使真理难于存在。[50]预示了即将来临的灾难，被起诉为布尔什维克的格罗皮乌斯和他的组织

包豪斯——关注点图解　　表 5.1

包豪斯

重要的教师	名望	专长	美国	关注图
阿伯斯 (Albers)	●	色彩	耶鲁大学	信息 自然研究 金属、玻璃、布料、建筑物、舞蹈 在工地上的实际修建 讨论和学习
阿恩特 (Arndt)		实践教学		
拜尔 (Bayer)		设计图案－交流表达		
布劳耶 (Breuer)	●	家具－建筑	实践 (Practice)	
格罗皮乌斯 (Gropius)	●	创立者－教授建筑	哈佛大学	
希伯塞默 (Hilberseimer)		规划、住宅		
伊滕 (Itten)		色彩		
康定斯基 (Kandinsky)	●	绘画－色彩		
克利 (Klee)	●	美学合成－色彩		
莫霍伊－纳吉 (Moholy-Nagy)		摄影－影片制作	哈佛大学	
密斯 (Mies)	●	最著名的建筑师	伊利诺伊理工学院	
谢尔默 (Schelmmer)		布景设计		

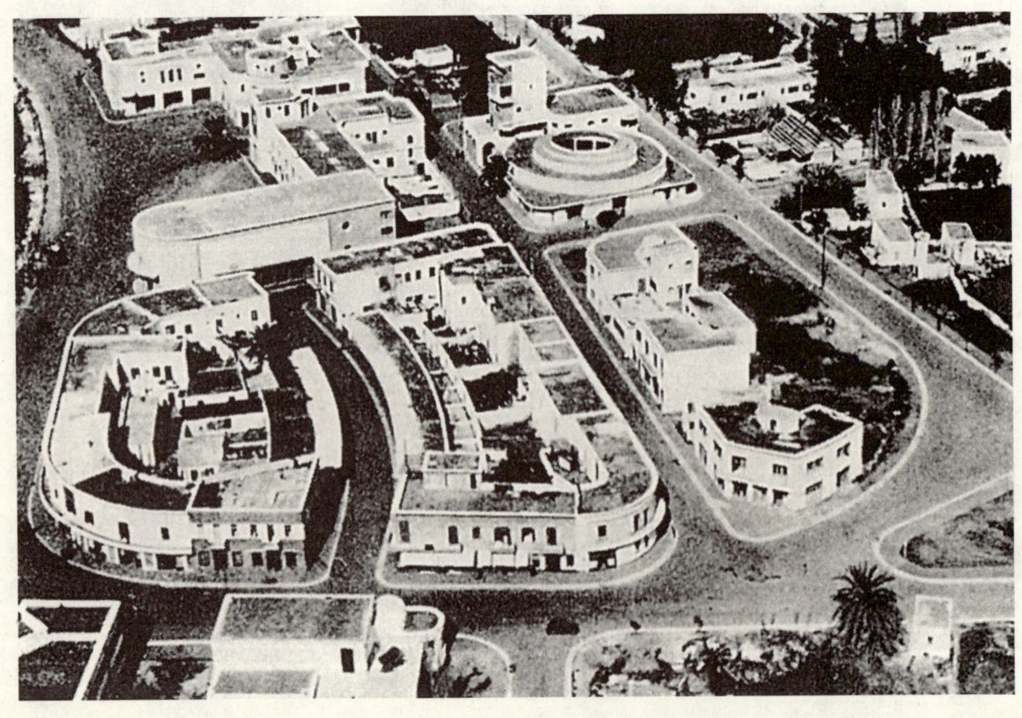

图 5.31　Lakki-Leros/佐泽卡尼索斯群岛 (Dodecanese)，希腊。一个根据包豪斯的结构方法修建的新城。地中海东部魏森霍夫城 (Weissenhof) 的姐妹城

图 5.32　美国大使馆，希腊雅典。沃尔特 · 格罗皮乌斯和“合作的建筑师们”，1960 年

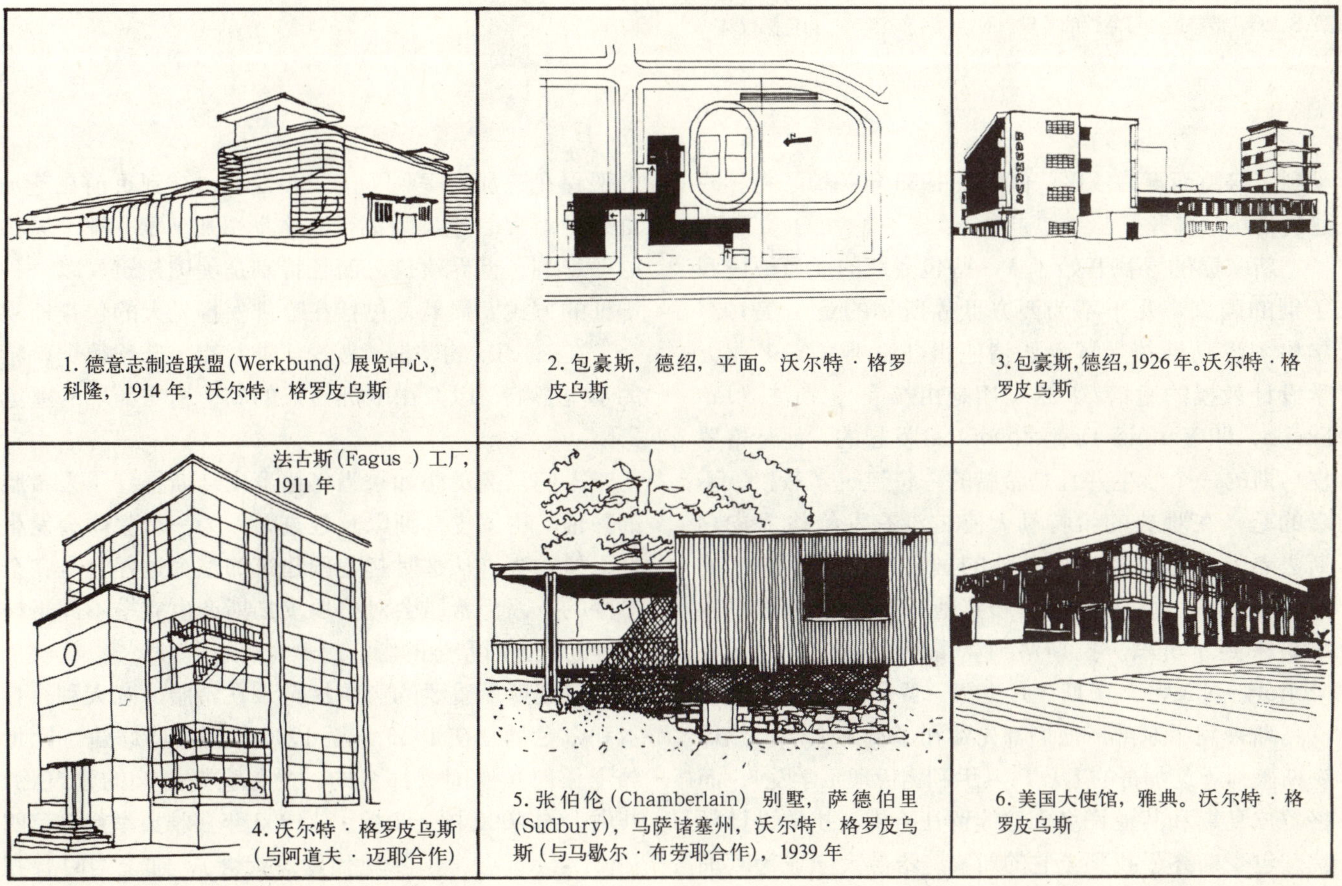

1. 德意志制造联盟（Werkbund）展览中心，科隆，1914 年，沃尔特 · 格罗皮乌斯

2. 包豪斯，德绍，平面。沃尔特 · 格罗皮乌斯

3. 包豪斯，德绍，1926 年。沃尔特 · 格罗皮乌斯

法古斯（Fagus）工厂，1911 年

4. 沃尔特 · 格罗皮乌斯（与阿道夫 · 迈耶合作）

5. 张伯伦（Chamberlain）别墅，萨德伯里（Sudbury），马萨诸塞州，沃尔特 · 格罗皮乌斯（与马歇尔 · 布劳耶合作），1939 年

6. 美国大使馆，雅典。沃尔特 · 格罗皮乌斯

图 5.33　沃尔特 · 格罗皮乌斯设计的建筑物

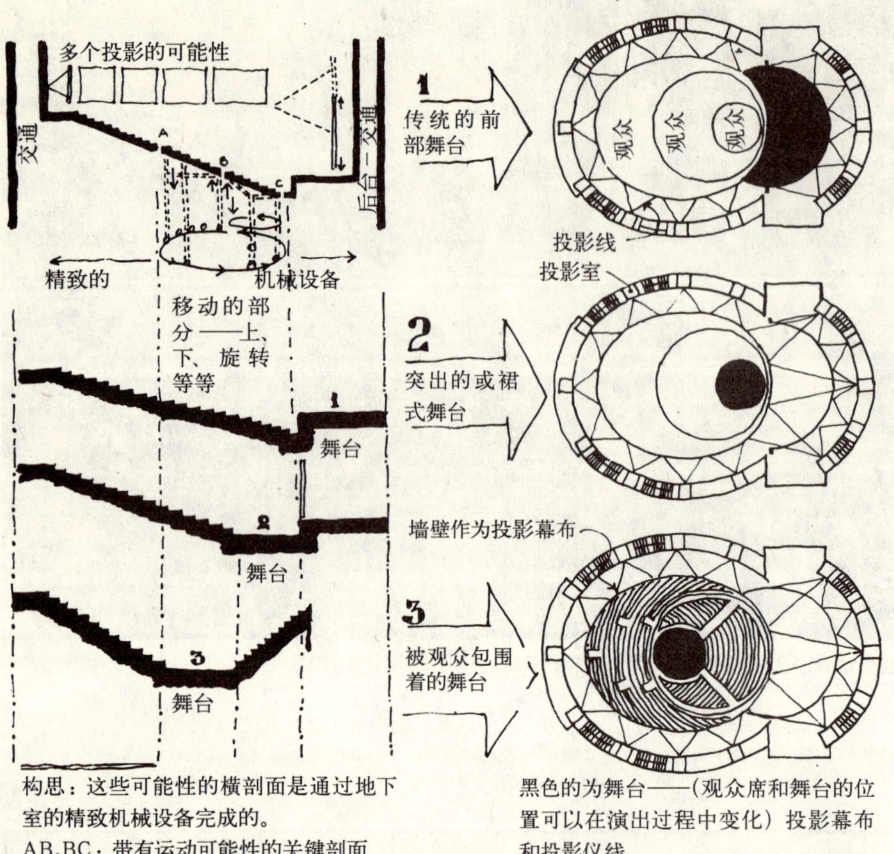

图 5.34 Erwin Piscator 剧院（设计），建筑师：沃尔特·格罗皮乌斯

受到了接踵而至的放逐；他们在 1933 年关掉了柏林的建筑物然后离开了。

新家园的寻找开始了。一些包豪斯的成员被请到了别的国家。几乎不为西方世界所知的是，在 1934 年格罗皮乌斯接受了希腊请他担任雅典国家工业大学设计教授的邀请。[51] 这一切是由扬·德斯波（Jan Despo，即 Yannis Despotopoulos）发起的，他是格罗皮乌斯的一个学生并且是希腊的一位建筑学教授。不幸的是，在雅典的希特勒大使馆没有发给格罗皮乌斯去希腊的签证。一些其他的国家在这方面的影响更大些，最后格罗皮乌斯和其他一些包豪斯的领袖成员来到了美国。拉斯洛·莫霍伊－纳吉（László Moholy–Nagy）、密斯·凡·德·罗和沃尔特·格罗皮乌斯来到了东部。他们都先留在了哈佛大学；然后密斯搬到了芝加哥的 I.I.T.（伊利诺伊理工学院），而格罗皮乌斯和其他许多人继续留在哈佛，执掌设计学院。包豪斯终于找到了它的新家。哈佛大学成为欧洲建筑移植到美国的地点。随后的三个十年中一大批出色的美国建筑师都是格罗皮乌斯的学生。[52] 一些包豪斯的课程在芝加哥得到了进一步发展，直到目前在芝加哥受过教育的建筑师都带有密斯·凡·德·罗“风格的”影响。世界建筑，而且特别是美国建筑，以一种辩证的方式发展着，包括在哈佛发扬光大的包豪斯观念、在 I.I.T. 的密斯式观念、弗兰克·劳埃德·赖特的本土影响，以及由欧洲传入的勒·柯布西耶的遥远影响。[53]

人们只能猜想如果当年格罗皮乌斯得到了去希腊的签证，格罗皮乌斯以及包豪斯作为一个整体会发生什么样的事。从那时起美国建筑的整个过程会是完全不同的，因为希腊会对格罗皮乌斯产生完全不同于技术性的美国所产生的影响。

包豪斯最重要的影响被记录在希腊、意大利、日本和以色列。在 1933 年至 1936 年间希腊修建了比世界上任何其他国家都多的、受包豪斯影响的建筑物，其中大约 4000 栋是学校。[54] 1933 年在雅典举行的第四届 CIAM 大会（国际现代建筑大会），加上当时曾在包豪斯和其他德国大学受过教育的希腊建筑师的直接影响，创造了这个几乎不为外界所知的非凡举动（图

图 5.35　Yannis Despotopoulos（一个包豪斯的真正学生）在雅典设计的一所学校（照片提供："Ta Nea Scholika Ktiria"，Technikon Epimeletrion，雅典，1938 年）

图 5.36　雅典的一所学校，建筑师：C. Panagiotakos（照片提供："Ta Nea Scholika Ktiria"，Technikon Epimeletrion，雅典，1938 年）

图 5.37　Lycabettus 的学校。建筑师：Dimitris Pikionis，1938 年

图 5.38　雅典的私人住宅，建筑师：Stamos Papadakis，1936 年

5.35 – 图 5.38，图 5.43 – 图 5.45）。这些建筑物中的一些与德绍时期某些包豪斯的建筑物具有惊人的相似性。[55]

居住在希腊十二群岛（Dodecanese）的一些年轻的意大利建筑师们也建了许多受"包豪斯"影响的建筑物（图 5.31，图 5.41）。[56] 在这些建筑师中最出色的是弗洛雷斯塔诺 · 迪福斯托（Florestano di Fausto）和皮耶罗 · 隆巴尔迪（Pietro Lombardi），他们的重要性受到了压制以便取悦在意大利本土实践的一些人。朱塞佩 · 泰拉尼（Giuseppe Terragni）是意大利最杰出的一位，他带领一组建筑师设计了很多包豪斯／国际风格的建筑物。他们的"运动"被称为"意大利理性运动"，并且泰拉尼在科莫设计的"法斯齐奥（Fascio）

图 5.39　特拉维夫的公寓

图 5.40　包豪斯在日本的影响。一个国际风格流行开来，银座，东京

图 5.41　包豪斯在希腊莱罗斯岛 (Leros) 的影响——20 世纪 30 年代由意大利建筑师设计的市政厅／市场建筑群

图 5.42　特拉维夫的建筑。受使用者适应性影响的国际风格

图 5.43　雅典的国际风格住宅，希腊

图 5.44　Lycabettus 的学校。建筑师：Dimitris Pikionis

图 5.45　塞萨洛尼基（Thessaloniki）的高密度的教育机构，希腊

别墅”代表了现代运动所创造的最纯粹的框架建筑物。[57] 许多日本的“包豪斯”建筑物现在都被作为一个伟大建筑时期的范例受到了翻修和保护（图 5.40）。[58]

包豪斯的结构形态和观念被沙龙（Arieh Sharon）介绍进以色列，他是包豪斯的学生并且后来成为其国家中富有影响的建筑师和规划师。[59] 他在特拉维夫最早的一些住宅合作项目表明作为一个设计师，他这个学生已经超过了他的老师（图 5.39）。特拉维夫是在德国境外包豪斯风格的扩散以及通过使用者的扩建而引起风格改变的一个展示地（图 5.42）。

将格罗皮乌斯作为一个建筑师的故事常常被其作为一个教育家的重要性所掩盖。尽管他除了设计了一个“完整剧院”的计划，又称为“Piscator”剧院（以客户／剧院总监的名字命名）之外没有设计过其他的东西，他的贡献也是无可争议的[60]，因为这个剧院探索了“灵活性”、“自由平面”的观念，以及提到了极限的功能调节性。这是一个有关“灵活空间”的现代运动的不朽作品。格罗皮乌斯还设计了几个其他的项目，包括一些住宅原型，例如在柏林的住宅建筑物展览、在巴黎的制造联盟展览中心以及在雅典的美国大使馆（图 5.32）。后者是与他在美国创建的“建筑师合作组”联合设计的。

沃尔特·格罗皮乌斯、阿伯斯（Albers）、阿恩特（Arndt）、拜尔（Bayer）、布劳耶、希伯塞默（Hilberseimer）、伊滕（Itten）、康定斯基（Kandinsky）、克利（Klee）、莫霍伊-纳吉、密斯·凡·德·罗和谢尔默（Schelmmer）必须被所有建筑师记在心中并且应被当作现代建筑之父。

包豪斯的故事已经被重复地记载过。关于这个组织绝大部分成员的理论和设计态度也被广泛地写过。[61] 总的来说，他们试图发展受有多方面设计技艺训练的设计师，但又准备与他人合作并以团队来工作以便创造出技术时代要求严格的设计。实践训练和实地教育被认为是必需的。沃尔特·格罗皮乌斯从来没有停止强调技艺的取得和实践教育应该与社会道德心和理论意识并行。[62]

密斯·凡·德·罗

回顾现代建筑运动的先锋建筑师们，人们意识到赖特和密斯在空间问题上对后世的建筑师们影响最大。勒·柯布西耶在现代规划的无数城市设计项目，在比例和形式上，以及在钢筋混凝土的表现形式上有着不可否认的影响。格罗皮乌斯的影响主要是在设计过程和建筑教育上。人们可以说，赖特和密斯始终是建筑空间概念和建筑技术方面启发和教育后世建筑师的两个极端。在 20 世纪 60 年代至 70 年代的十年中（图 9.1，图 9.2，图 9.3），成功的建筑空间可以认为是在这两极之间摆动，一方面是赖特的三维空间连续性的观念，另一方面是密斯式的平面直接性、结构清晰性，以及表达的大胆性。[63] 对空间处理表现出超群的理解力的建筑师，例如鲁道夫·辛德勒和保罗·鲁道夫，当然是受赖特的影响；而整个美国大公司建筑的主流，以及欧洲的玻璃幕墙办公楼建筑，很显然是受了密斯·凡·德·罗的影响。

不幸的是早一些的评论家们没有给予密斯·凡·德·罗公正的待遇，甚至包括其强烈的崇拜者。他们曾将他描述成一个相当“迟钝”和“严峻”的人，一个“没有受过教育的”工匠，利用他在施工方面的权威性和他与包豪斯的联系来征服这个世界。根据最近一些密斯的传记和一些研究过其设计生涯并了解他的人们的“坦言”，我们终于开始全面地了解这个建筑师。[64] 他是一个目标性极强、工作极其努力和一个自学成材的人。他寻找合适的联系，包括艺术家、艺术历史学家和审美家，并且他读书极为广泛，尤其是古典和古典建筑方面的书籍。他的传记作家，Franz Schultze 曾证实密斯可能读遍了他的第一个客户，哲学家 Alois Riehl 博士的全部藏书。[65]

与赖特恰恰相反，密斯与他的客户相处极好，并且他在发展与客户关系方面尤其成功，有时甚至是与很遥远的客户。女人作为他的部分“建筑赞助者”也起了重要的作用。尽管他对她们的态度却没有那么好，他的至爱是建筑，他利用她们有时是为了社交方便、专业培养，以及为了得到项目。他对政客和政治系统有类似的态度。对他来说“建筑”比其他任何事情要重要得多，而且为了得到项目他愿意牺牲一切。这些话题在早些的建筑“道德观”部分已经讨论过了。

菲利普·约翰逊在将密斯·凡·德·罗引进美国并且使这个建筑师的几个项目获奖，包括西格拉姆（Seagram）大厦，起了极大的作用。最终通过在西格拉姆项目上的合作，约翰逊得到了密斯的回报。

在密斯来到美国前他已经在一系列叹为观止的建筑设计上有了声誉，从他的第一个“经典”设计，一位哲学家的住宅，到 1929 年巴塞罗那国际展览会的德

图 5.46　特拉维夫的建筑。受使用者适应性影响的国际风格

国馆（图 5.54：2–3）。“巴塞罗那馆”成为随后一些年现代运动“开敞平面”的缩影，并且与勒·柯布西耶的萨伏伊别墅一起被认为是“现代建筑”空间语言的范例。它的空间是由线性和竖直元素、竖直和水平平面以及点状的钢柱围合而成（图 15.1：3）。这个场馆在展览之后被拆毁了，但又在 20 世纪 80 年代晚期得以重建。[66] 通过将零碎的、19 世纪建筑中零碎的容器式的室内推到一边，这个设计在建立开敞平面的密斯式的空间语言方面很好地服务了它的目的，并且还将密斯关于空间内自由主义的观念推到了极致。此后密斯的建筑物则是通过钢铁、玻璃和昂贵的装修以及极为精细的细部设计来实现的（图 5.47，图 5.48，图 5.50，图 5.51，图 5.54）。

密斯可以被认为是现代建筑真正的大师级工匠，其结构和细部的完美主义魅力迷住了美国大公司级的客户。在他到达北美后，他最初在哈佛大学执教（在格罗皮乌斯的领导下），但是随后他即在伊利诺伊理工学院找到了教授建筑学的位置。这个大学校园的规划和校园的一些建筑物是由密斯设计的。密斯的空间观念主要集中在允许二维连续性的开敞平面上。戏剧性和多样性不是密斯·凡·德·罗关心的事。他要的是坚固的建筑物，一个强烈概念的表现——像闪亮的剃须刀片儿一样清晰和锐利。他对这个态度极为强调。人们会永远记住他是怎样用声明来总结其信条的：“我不想做有趣的，我要做好的。”[67] 而“做好的”这一点正是美国大公司客户想从他们的建筑师那里得到的。因此密斯式建筑物准确的细部处理为他赢得名声并且吸引了一些客户并非偶然，这些客户的兴趣在于“不会漏的”建筑物，而不是不可能修建的，或者即使建了也会漏的“伟大想法”。……[68] 密斯·凡·德·罗在伊利诺伊理工学院教出了一大批学生，绝大多数都宣誓效忠密斯的名字以及密斯式的建筑观念。伊利诺伊理工学院创造了许多密斯·凡·德·罗的信徒(图 5.52，图 5.53)。

在密斯的时代能源危机不是个问题。幕墙的摩天大厦充斥了美国和欧洲。用于人工空气调节这些有固定玻璃的建筑物的能源消耗是巨大的，因此从能源的角度来看，密斯的“好”最终创造出了最坏的建筑，并且是在他不知道或从来没有考虑过这点的情况下。当文森特·斯卡利（Vincent Scully）写下这段话时他简直就是一个预言家：“密斯·凡·德·罗将他自己局限到几个简单的形状中，在‘几乎什么也没有’的有限性里，最初时是一个优点；但是这个有限性有着某种危险的限制，因为它回答了所有的问题但却忽略了最重要的。”[69] 毋庸置疑密斯忽略了能源问题。

作为一个建筑师，密斯·凡·德·罗要么被人热爱要么就被人仇恨。他的建筑物要么是被钦佩的要么就是被诅咒的（图 5.47，图 5.48）。最近的一些评论家，尤其是后现代的理论家们，现在看来在研究他的一些项目的命运和操作情况后，简直是将他判了死刑。[70] 不管怎样，学生们不应该忽视学习密斯·凡·德·罗，因为他代表了一个独特的例子，他是一位颇有章法的大师，是对许多关键性的建筑学问题深思熟虑的生动榜样。

密斯对其纯粹性原则的坚持以及他对这些原则在其建筑物上的应用使他成为一个传奇式人物，他力求可能在天赐的绝对性中，如果有的话，找到一种完美。对纯粹性的追求成为密斯追随者们的一种关注，以菲利普·约翰逊为著名的代表。一些人，例如埃罗·沙里宁，有时设法创造出有关密斯观念更为人道的解释；

图 5.47　芝加哥市中心的玻璃反射。密斯・凡・德・罗

另一些人，Skidmore，Owings 和 Merrill（S.O.M.）则保持了很多年密斯的风格；而其他，像凯文・罗奇（Kevin Roche）和约翰・丁克洛（John Dinkeloo），设法将密斯的二维连续性延伸为三维连续性。密斯的原理主宰了技术发达世界的建筑至少长达两个十年，尤其是在 20 世纪 40 年代晚期到 60 年代晚期之间。20 世纪 70 年代初期经历了密斯在 20 世纪初期所构想的“全玻璃”摩天大厦（反射玻璃）的原型的施工。信徒们可以建造大师设想的时候终于来了。具有讽刺意义的是，作为开始了解能源危机的一代建筑师们，因此意识到应该抛弃玻璃和固定窗的结论。

密斯・凡・德・罗是一个教授了章法、功能至上主义、二维平衡、比例的魅力和细部完美的老师。对于最终以一种独特的工匠大师的方式领会建筑的工程师，密斯在所有上述方面做得都极其成功。如果能源问题和建筑物的环境行为在他的时代是个问题的话，笔者相信他会已经解决了许多他在身后受到了如此多批评的问题。密斯的“自由平面”和整体空间制作的原则以及比例的完美无缺在现在还是适用的。加上 20 世纪后期介绍来的“无形的”概念元素带来的建筑设计的丰富，自由平面还将继续在建筑设计方面被建筑师们使用，并且这一点显然会得到密斯的赞赏。

图 5.48　湖滩路公寓。伊利诺伊州芝加哥，密斯・凡・德・罗

人们只需要观察由帕拉斯马（Juhani Pallasmaa，图 5.74）、路易斯・巴拉甘（Luis Barragan，图 14.46）和里卡多・莱戈雷塔（Ricardo Legorreta，图 14.55）

图 5.49　对密斯·凡·德·罗通用原则的坚持可以产生并且也真的产生过带有强烈的个人主义的优秀作品，就像在一些设计师的作品中所表现的一样

图 5.50　常春藤与密斯·凡·德·罗在伊利诺伊理工学院校园建筑物的完美无瑕的转角处具有讽刺意味的交接

设计的后继作品（所有这些人都是运用密斯的空间语言的），即可看出如果这位大师提高并转变为“包容主义”诗学的可能性，他的贡献会有多大。如果能源问题及其建筑物的环境行为成为他的关注的话，他会为自己和整个文明做得更好。他可能已经解决了许多由于他对能源的不关注及其产生眩光的玻璃摩天大厦而留给我们的现实环境问题。任何对今天的能源和建筑物行为问题不够关注的密斯式的衍生物在今天都应作为环境的危害物加以抛弃。

阿尔瓦·阿尔托

阿尔瓦·阿尔托是 20 世纪中其重要性只在其本人死后才流传开来的许多建筑师中的一位。在他活着的时候他被我们前面谈到过的很多建筑师的盛名所掩盖。他比赖特、柯布、格罗皮乌斯和密斯要年轻得多，他也很熟悉他们的理论和作品，并且曾经私下见过这些人中的多数。由于他与格罗皮乌斯以及莫霍伊-纳吉的关系，他受他们的影响尤其大，后者在包豪斯教授影片和摄影学。[71]

阿尔瓦·阿尔托在许多方面是一位出众的建筑师，但笔者相信，他对那些刚刚进入建筑领域的人尤其重要。他可以作为一个如何成为更中肯、更全面，并且“包容主义”的建筑师的模范；同时他还展示了人的一生如何才能加强其创造力。就像戈兰·希尔特（Göran

图 5.51 伊利诺伊理工学院建筑学院，密斯·凡·德·罗，1950—1956 年

图 5.52 在伊利诺伊理工学院时密斯的一个学生的设计模型

图 5.53 阿尔伯克基的教堂，新墨西哥州，由密斯·凡·德·罗的一位学生设计

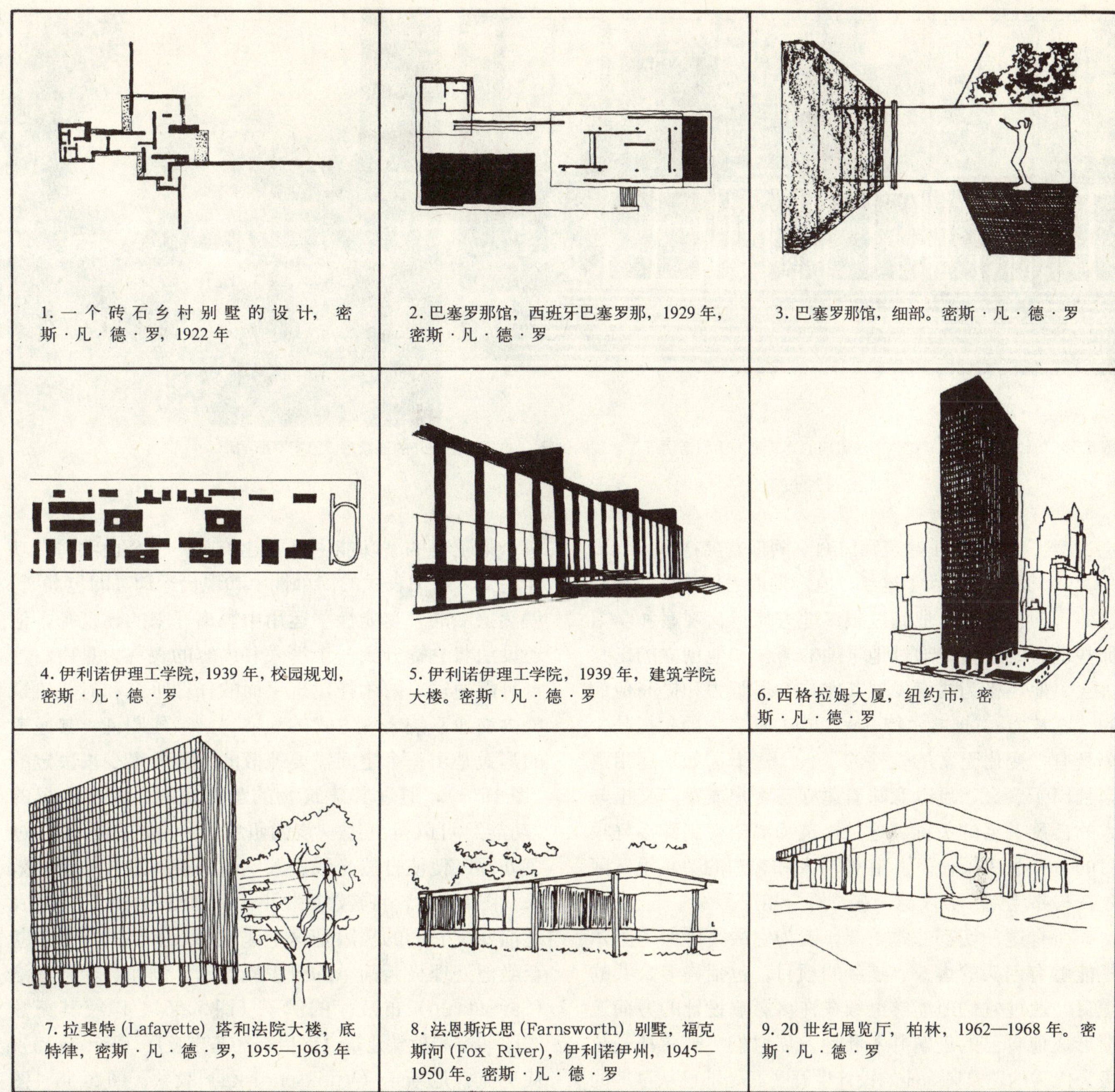

1. 一个砖石乡村别墅的设计，密斯·凡·德·罗，1922年

2. 巴塞罗那馆，西班牙巴塞罗那，1929年，密斯·凡·德·罗

3. 巴塞罗那馆，细部。密斯·凡·德·罗

4. 伊利诺伊理工学院，1939年，校园规划，密斯·凡·德·罗

5. 伊利诺伊理工学院，1939年，建筑学院大楼。密斯·凡·德·罗

6. 西格拉姆大厦，纽约市，密斯·凡·德·罗

7. 拉斐特（Lafayette）塔和法院大楼，底特律，密斯·凡·德·罗，1955—1963年

8. 法恩斯沃思（Farnsworth）别墅，福克斯河（Fox River），伊利诺伊州，1945—1950年。密斯·凡·德·罗

9. 20世纪展览厅，柏林，1962—1968年。密斯·凡·德·罗

图 5.54　密斯·凡·德·罗设计的建筑

Schildt）在其总共三卷的《阿尔托传记》中非常优美地展示的那样[72]，阿尔托的一生可以为建筑师的创造力和职业灵活性提供一个典范。

阿尔托因成长于一个以设计为主的环境得益匪浅。他的父亲是一位测绘师，而阿尔托重要的童年记忆就是坐在他父亲绘图室的“圆桌子”旁，他们常常在那儿做测绘、谈论艺术和不同的其他事情。他从年轻时代就很接近自然，而且他对绘画的爱好由于他一生与画家和其他艺术家的联系进一步得到了加强。他对其祖国的传统建筑发展出一个强烈的关注，即东卡累利阿（Karelian，卡累利阿人属芬兰族，居住在俄罗斯北部、芬兰东部。——编者注）建筑，它为阿尔托后来自己的形式灌输了很多教育，尤其是屋顶形式。[73]

阿尔托还与各种群体的人们交往极多，并由此建立了他的“客户组成部分”。他还常常有选择地与同行联系，并且参与建筑方面的会议。他寻求他自己的建

图 5.55　（左图）受密斯结构方法影响的建筑物。伊利诺伊理工学院的一瞥。（右图）室内外的连续性。"巴塞罗那"椅

筑"指导",他在瑞士建筑师冈纳·阿斯普隆德（Gunnar Asplund）身上找到了这点，他定期地去斯德哥尔摩拜访他、向他请教。他到过很多地方旅行，观察和学习那些地方的建筑。通过他早期的著作和他创立的影片协会，他还极为注意发展其客户的理解力和提高他们的"鉴赏力"。据希尔特（Schildt）所言，阿尔托是一个具有"变化无常的性格的"人。这个词如果运用得当且出于褒义，可以意味着建立与客户或在广义上与人的良好关系的关键，这是建筑师渴望得到许多好项目的一个先决条件。[74] 在他与人和客户的关系上，阿尔托与弗兰克·劳埃德·赖特恰恰相反。

所有这一切都非常重要，因为它最终确保了阿尔托能够有回头的客户、连续的项目，包括许多公共的项目，通过它们他能够继续在许多影响设计的方面逐渐形成他自己的理解并不断地发展它们。阿尔托是位极为优秀的建筑师，他的设计生涯一开始即已从早期的"古典主义""毕业"了，通过对包豪斯和国际风格语言的"练习"，并且进入一个最终的建筑"包容主义"。包容主义是包容了全部意义和内容的建筑，它创造的形式来自最多的"有形的"考虑的结果，例如几何形、材料、地点、形式等等，以及"无形的考虑"例如"意义"、"抽象"、"象征性"等等。

阿尔托的建筑物完全是因地制宜的设计，每一个都经过精心地考虑以便适应其地形、室内环境以及功能、施工方面和材料的统一性。此外，它们还包括了每一个被考虑的建筑类型的概念理解（图 5.56 – 图 5.59）。在以前的几篇文章中人们不断地提及阿尔托是一个最重要的"功能主义"建筑师，一个设法将"功能主义"从图表式的简单性中和现代运动（即包豪斯）偶然狭隘的"功能性"运用中脱离开来的建筑师，他还设法将它提升到一个形式和内容的表现力量中。这点可以通过对阿尔托建筑平面的仔细研究和对其建筑物内交通系统表现方式的观察得到最佳印证，其通道的形式是由一个空间需要疏散的人数的多少来决定的（图 15.3）。通过其建筑物的剖面，一个更高阶层的"功能"可以得到进一步的研究，所有的剖面都经过了处理以便使自然光线进入室内来得到最大的美学效果（图 5.62）。将其建筑物平面、剖面和立面的清晰表达演绎到它们的极限是这个建筑师最重要的任务，甚至当他处理极为简单的组织概念时，例如赛于奈察洛（Säynätsalo）市政厅的例子（图 5.56），以及其无数的图书馆和教堂建筑［塞伊奈约基市政厅（Seinäjoki），武奥克森尼斯卡（Vuoksenniska）教堂，图 5.58，图 15.8］。他同时还非常注意细部处理和材料的使用，就像他在考虑作为一个整体的建筑物以及关于内容的决定（图 5.60，图 5.61）。

阿尔托只有在某个特别的行动满足了与这个项目有关的多重考虑时才会满意，它们也许是关于自然、材料或是他想到的一个"抽象"启发，例如屋顶轮廓做成一朵花（图 14.22）等等。

对那些还没有大量接触或亲身经历过建筑设计原则的人们来说，开始在理解阿尔瓦·阿尔托建筑的形式 – 内容的结果时也许会有些困难。但是对那些参观过他的建筑物的人们或看过其作品照片的人们来说，

图 5.56　赛于奈察洛市政厅，建筑师：阿尔瓦·阿尔托，1949—1952 年

图 5.57　Muuratsalo，1952 年。阿尔瓦·阿尔托的设计室及住宅。对不同材料的试验，"室外房间" 的制作

图 5.58　赛于奈察洛市政厅，建筑师：阿尔瓦·阿尔托，1963—1965 年

图 5.59　阿尔堡（Aalborg）现代艺术博物馆。建筑师：阿尔瓦·阿尔托，阿尔堡，丹麦（设计于 1958 年），建于 1969—1973 年

他创造的空间"诗歌"毋庸置疑具有永恒的魅力。

如果要亲身经历弗兰克·劳埃德·赖特的作品，人们需要用一个夏天的时间游遍整个美国，或者要从波士顿取道法国到印度昌迪加尔才能亲身经历勒·柯布西耶的空间魅力。但是，人们也许可以用少于一个星期的时间参观遍整个阿尔托的作品，因为几乎没有一个芬兰的主要城镇没有留下过这个建筑师天才的印证（图 5.64），并且绝大多数坐落在离火车站几分钟的地方（图 5.58）。由于这种易于到达性，阿尔托注定要比 20 世纪建筑的早期创立者们能影响更多的建筑师，这种情况可以被认为是件幸事，因为笔者相信阿尔托代表了许多人总结的 20 世纪最"关注客户"、"最关心使用者"、"最尊重自然"、"对材料感觉最敏感"和"最振奋精神和思想"的建筑师的最好榜样。

在今天的实践中最成功的"包容主义"建筑师中的几个，被委托了要求极为严格的公共和私人性质的项目的，要么是直接从他的事务所出来的他的强烈崇拜者，要么是其建筑的强烈崇拜者和"学生"就不是个巧合，例如约恩·伍重、克里斯蒂安·古利克森（Kristian Gullichsen）和尤哈·莱维斯凯（Juha Leiviskä）、亨宁·拉尔森（Henning Larsen）、拉尔夫·厄斯金（Ralph Erskine）、哈里·威斯（Harry Weese）、冈纳·比克兹（Gunnar Birkerts）等等。简而言之，阿尔瓦·阿尔托是所能找到的"包容主义"建筑师的最好范例，笔者相信他是许多建筑师可以追求的范例。

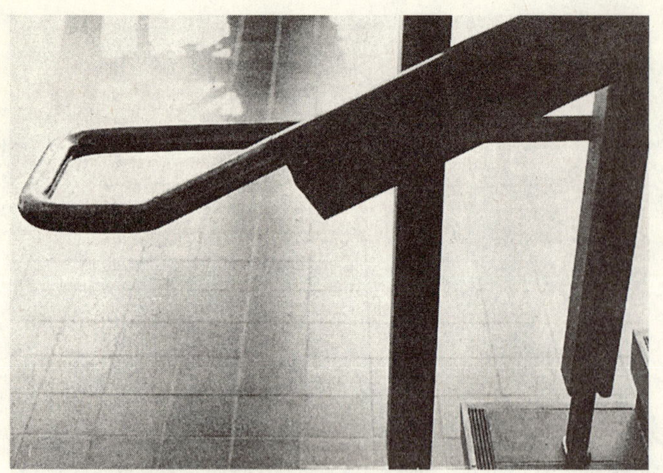

图 5.60 楼梯扶手的金属端部刺激所有人到达的感觉，尤其是盲人。奥塔尼米大学图书馆。建筑师：阿尔瓦·阿尔托

图 5.61 上部带有反射装置的室外灯柱，以便在芬兰冬天漫长的黑夜加强光的强度。奥塔尼米大学。摄影 Martin Price

图 5.62 （左图）在奥卢(Oulu) 的 Puolivälinkankaan 教堂，芬兰，建筑师：尤哈·莱维斯凯(Juha Leiviskä)，1971 年。（右图）图书馆，Mount Angel Benedictine 学院，建筑师：阿尔瓦·阿尔托，俄勒冈州，美国，1965—1970 年。摄影 Martin Price

图5.63 （上图）阿尔瓦·阿尔托的诗歌：奥塔尼米理工学院，芬兰，1961—1964年。摄影，Contantine Xanthopoulos。（下图）Rovaniemi音乐与展览中心细部，1965年。阿尔瓦·阿尔托不仅仅将建筑物与风景建在一起，而且每当他觉得需要时他还创造了“新的风景”

图 5.64　在赛于奈察洛的阿尔托设计的建筑物：图书馆（左上）；市政厅（右上）；教堂建筑群（前景）。照片是在教堂的塔楼上拍摄的

继阿尔托之后的“包容主义”和后现代主义

包豪斯教授的是建筑、“团队设计”（team design）、对批量生产、设计工业化、简单性、现代材料使用的关注。……评论家们给这类建筑起了不同且不断发展的名字：“包豪斯”、“国际风格”。[75] 弗兰克·劳埃德·赖特教授的是空间。……然后他们谈论的就是“草原风格”、“美国风风格”。勒·柯布西耶，也是同样的。他提供的是“建筑”，他教授的是空间、创造性、城市设计。他们谈论“勒·柯布西耶”；他们谩骂他：粗野主义者、功能主义者、形式主义者等等，等等。客户们期待着从他们的建筑师那里得到一个……“主义”。在过去是新哥特（主义）、新古典（主义）。在这些“伟大的建筑师”之后，客户们开始要求弗兰克·劳埃德·赖特（主义）、勒·柯布西耶（主义）、包豪斯（主义）……国际风格。

但是就像我们看到的（图 5.65，图 5.66），建筑在选择自己的方向。全世界的建筑师一直都在努力，用他们的作品反对“主流”偶尔的谬误，一直在试验、一直在思考……大多数时间是在沉默中。有几个早期现代主义“评论家们”的命运在开始受到了漠视，是由其一生的环境所致；也许是由于历史，也许是出于后继理论家的特殊动机和忽略，或者，也许是他们自己的错误。有这种命运的许多人中的一些是伟大的人，如埃及的哈桑·法赛（Hassan Fathy）、希腊的 Dimitris Pikionis、瑞典的 Sigur Lewerentz，以及当然在很长的一段时间内，瑞典的冈纳·阿斯普隆德（Gunnar Asplund）和芬兰的阿尔瓦·阿尔托。在笔者看来，阿尔瓦·阿尔托的例子是评论指南和教科书中最大的失误。笔者看来，他的“包容性”是他留给后世的最伟大的礼物，这点还没有得到足够的重视，并且每当提及阿尔托时，他总是被从一个狭隘的视角来看待，一般被归类到一个“国家”或“地区的”标签下。他只受到了很少的一些人的尊重，其中一些人曾经在他的指导下工作过，更少的一些是那些在他的作品得到大众关注之前和在 20 世纪 80 年代他的传记出版之前见过他的作品的人。

戈兰·希尔特（Göran Schildt）所著传记的最后一卷《阿尔瓦·阿尔托：成熟的时期》暗示了一些原因，为什么阿尔托没有在更早的时候为人们熟知并产生更大的影响。他的成功激怒了其祖国的一些年轻建筑师，20 世纪 60 年代的一些“年轻反叛者”，他们不惜一切地反对、威胁并且甚至用不适当的行为攻击他。这位伟大的建筑师的最后十年的确是个悲剧。其反对者在继阿尔托之后的第一个十年中成功地掩盖了他的重要性，且在某种意义上促进了后现代主义的出现。但是阿尔托“包容主义”的精神和建筑遗产，随着时间的推移，甚至将他的敌人变成了追随者。根据他的传记作家，戈兰·希尔特，阿尔托一直有“改变现实，将水变成酒的能力……”。

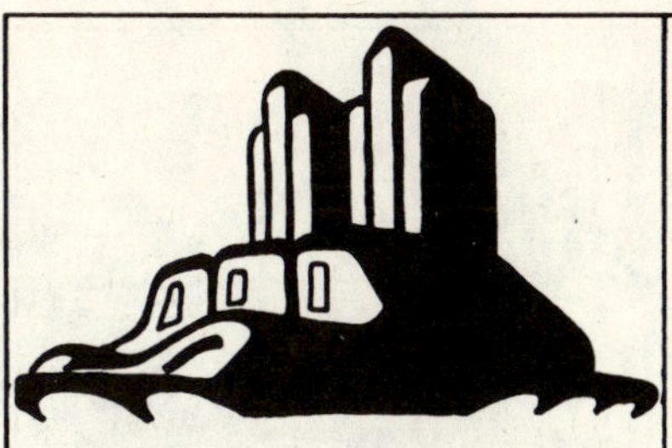
1. 爱因斯坦塔,波茨坦,德国,1919—1921 年。埃里希 · 门德尔松 (Erich Mendelsohn)

2. 一个住宅研究。安德烈 · 布洛克 (Andre Bloc)

3. 圣弗朗西斯教堂，潘普利亚 (Pampulha)，巴西，1943 年，奥斯卡 · 尼迈耶

4. 赛于奈察洛市政厅，芬兰，阿尔瓦 · 阿尔托，1950 年

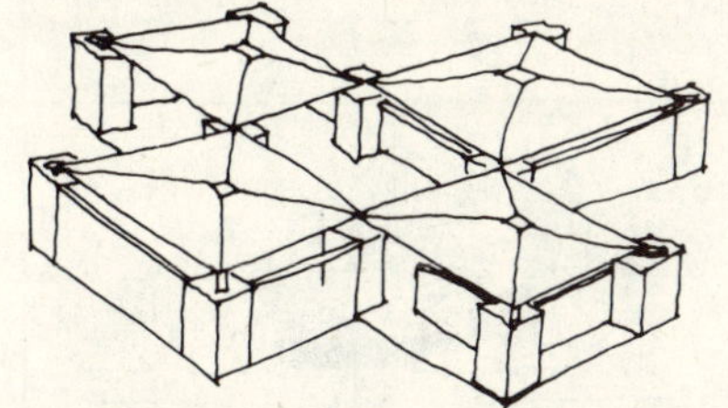
5. 巴思 (Bath) 别墅，特雷东 (Treton)，新泽西州。路易斯 · 康

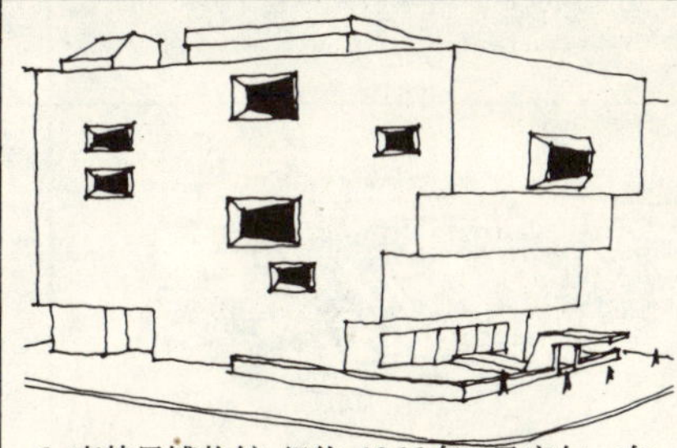
6. 惠特尼博物馆,纽约,1966 年。马塞尔 · 布劳耶

7. 纪念教堂，西柏林，“西柏林大教堂”，埃贡 · 艾尔曼(Egon Eiermann) (与 R. Wiest 合作)，1959—1963 年

8. 莱斯特 (Leicester) 工程大楼，莱斯特，1964 年。詹姆斯 · 斯特林和高恩 (Gowan)

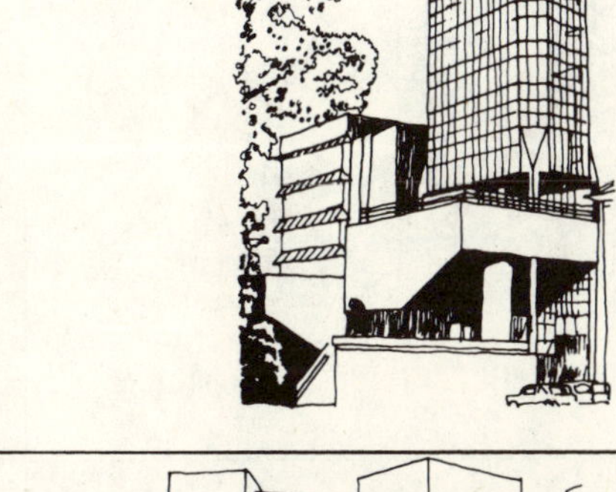
9. 精神病院大楼，波士顿。保罗 · 鲁道夫

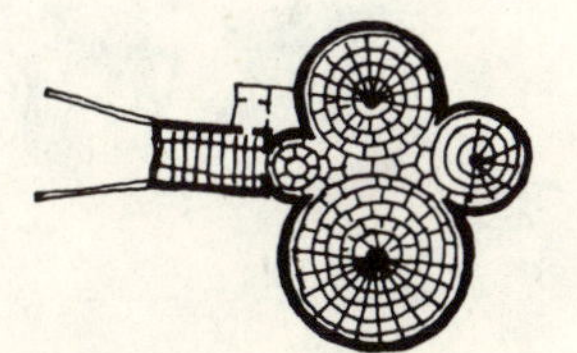
10. 地下艺术展厅，1969—1975 年。菲利普 · 约翰逊

11. 哑剧 (Mummers) 剧场。约翰 · 约翰森 (John Johansen)

12. 悉尼歌剧院，澳大利亚，1970 年，约恩 · 伍重

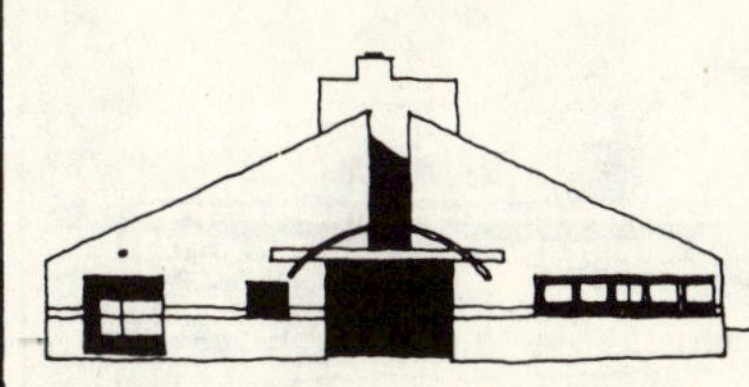
13. 罗伯特 · 文丘里住宅，1964 年。罗伯特 · 文丘里和约翰 · 罗奇

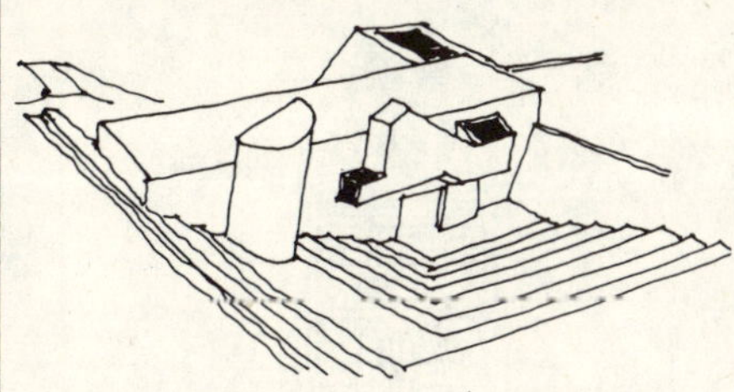
14.Sea Ranch,运动员俱乐部。查尔斯 · 摩尔，1965 年

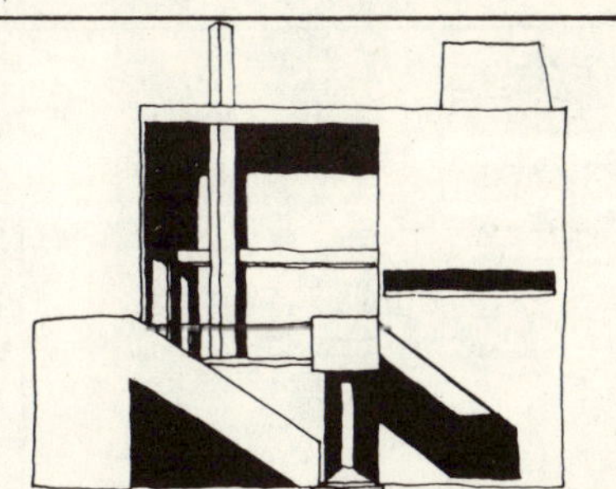
15. 格瓦思梅住宅及设计室。查尔斯 · 格瓦思梅，1966 年

图 5.65　20 世纪有代表性的建筑师的作品

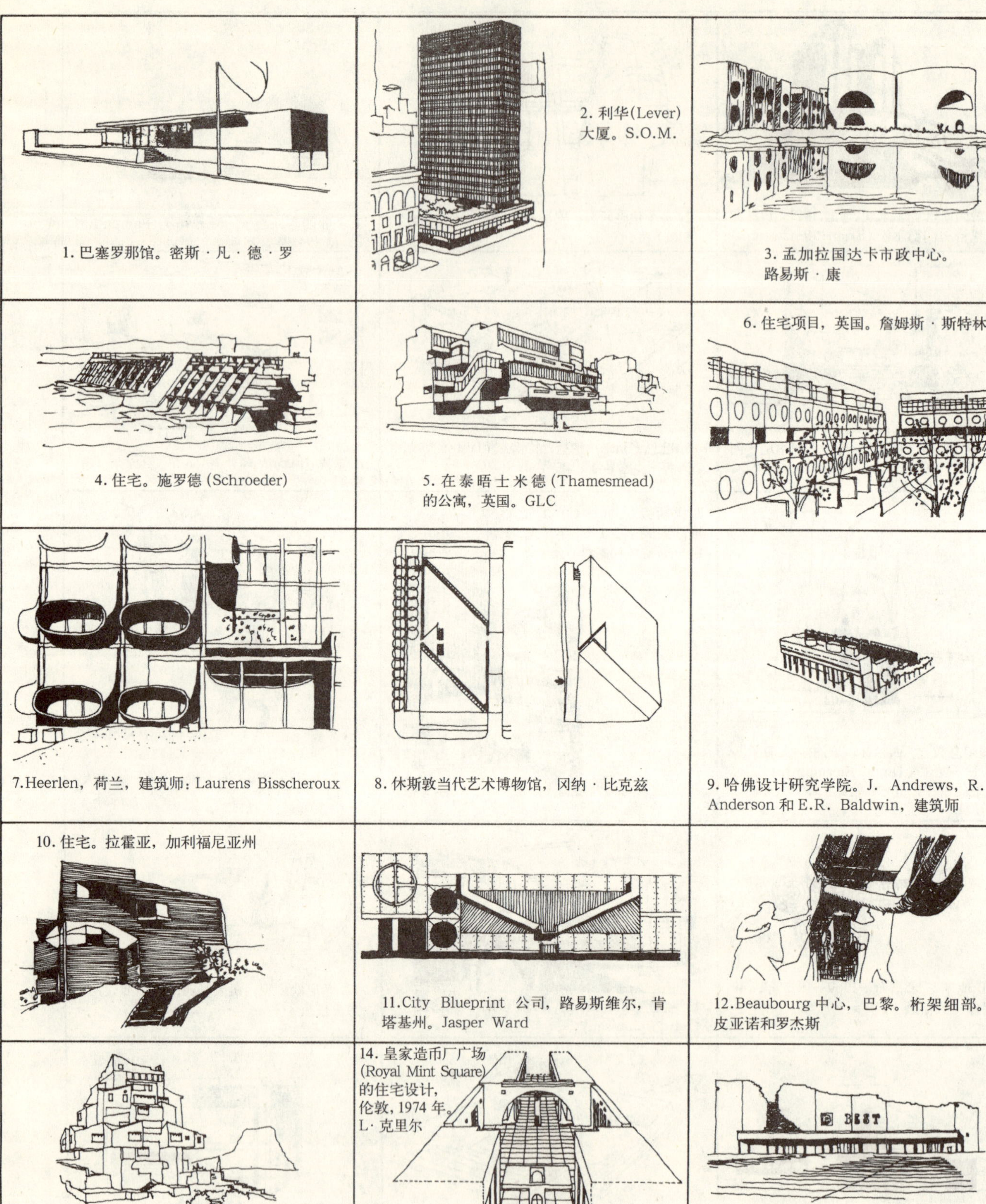

1. 巴塞罗那馆。密斯·凡·德·罗

2. 利华(Lever)大厦。S.O.M.

3. 孟加拉国达卡市政中心。路易斯·康

4. 住宅。施罗德(Schroeder)

5. 在泰晤士米德(Thamesmead)的公寓，英国。GLC

6. 住宅项目，英国。詹姆斯·斯特林

7.Heerlen，荷兰，建筑师：Laurens Bisscheroux

8. 休斯敦当代艺术博物馆，冈纳·比克兹

9. 哈佛设计研究学院。J. Andrews，R. Anderson 和 E.R. Baldwin，建筑师

10. 住宅。拉霍亚，加利福尼亚州

11.City Blueprint 公司，路易斯维尔，肯塔基州。Jasper Ward

12.Beaubourg 中心，巴黎。桁架细部。皮亚诺和罗杰斯

13.Xanadu, Calpe Bay,西班牙。里卡多·博菲尔建筑设计室

14. 皇家造币厂广场(Royal Mint Square)的住宅设计，伦敦，1974 年。L·克里尔

15.Best Products 大楼，由 SITE 设计，得克萨斯州休斯敦

图 5.66 20 世纪有代表性的建筑师的作品

图5.67 斯德哥尔摩公共图书馆。建筑师：冈纳·阿斯普隆德，1920—1928年

在芬兰人们可以发现很多具有类似能力的建筑师，他们中的绝大多数是受阿尔托"包容的"天才所启发。芬兰是一个拥有迄今为止所建的最中肯、最综合的建筑的活"展廊"；一个显示了人类可以拥有的各种创造可能性的展廊。如果人类能通过处理尽可能多地设计参数——环境、结构、材料、心理、象征和形式方面的参数来解决建筑问题的话，这个国家的建筑师们，著名的和不太著名的，都将这些作为一个原则来强调。建筑师例如Aarno Ruusuvuori、Juhani Pallasmaa、Timo Penttilä、Juha Leiviskä、Kristian Gullichsen、Timo 和Tuomo Suomalainen、Kaija和Heikki Siren、Reima Pietilä、Cari Virta，以及已经过世的Kirmo Mikkola是许多中的一些，这些建筑师的优秀作品可以作为继阿尔托之后的芬兰建筑集体天才的证据（图5.69-图5.77）。[76]这个建筑不是一个孤立的现象，而是各种影响循序渐进地演变的一个结果，这些影响始于丹麦（图5.58），影响了瑞士，然后通过冈纳·阿斯普隆德（图5.67，图9.4，图14.23），20世纪最重要的瑞典建筑师，通过阿尔瓦·阿尔托传到芬兰并在那里结晶，阿尔托是阿斯普隆德的朋友、崇拜者，而且在很大程度上是他的信徒。[77]斯堪的纳维亚建筑的故事还远远没有被全部写出来。某些对单个建筑师及其作品的研究指出对于20世纪的建筑、形成它的事件和运动、其主要人物，以及其建筑师的教育和专业还有很多需要研究的地方。尽管人们所说的"丹麦-瑞典-芬兰建筑联系"[78]的故事还没有被写出来，人们肯定可以在世界大部分地区发现无数的斯堪的纳维亚原作的模仿者，一般说来，几乎这些人没有提及赋予他们灵感的源泉。

在芬兰众星般的建筑师之后，人们应该试着研究一下世界各地有着同样态度的建筑师们。笔者认为汉斯·夏隆(Hans Scharoun)、阿尔多·凡·艾克(Aldo Van Eyck)、拉尔夫·厄斯金（Ralph Erskine)、路易斯·巴拉甘（Luis Barragán)、里卡多·莱戈雷塔（Ricardo Legorreta)、安托万·普雷多克（Antoine Predock)、冈纳·比克兹和Romaldo Guirgola是值得称赞的，因为其"关注人类的"建筑及其"包容的"态度。人们应该将他们以及那些可能还不知名的人，当作榜样和个人追求的"目标"，人们在生活的成熟时期应该达到的目标。勒·柯布西耶曾经说过，"建筑与各种'风格'没有任何关系，风格对于建筑就像一个女子头上戴的羽毛：有时它是美丽的，但不是所有的时候，并且仅此而已，不可能是更多的任何东西。"与勒·柯布西耶不同的是，大多数其他建筑师没有参加反对"风格"的辩论战。一个"风格"，永远都不应该认为理所当然。人们应该理解它，看它是否适合他的生活方式、他的预算、他目前所处的现实。我们必须要先了解自己并且对我们的建筑师坦白；我们需要帮助他（或她）更多地了解我们。他将发现我们真正的风格，适合我们和我们需要的风格。它会是我们自己的、独特的和惟一的风格……

图 5.68　Ahrus 大学。丹麦－瑞典－芬兰建筑演变的标志性建筑之一。建筑师：Kay Fisker，C.F. Möller 和 Poul Stegmann

图 5.69　由 Reima Pietilä 和 Raili Paatelainen 设计的奥塔尼米大学“Dipoli”学生联合会大楼，芬兰，1964—1966 年

图 5.70 Kaleva 教堂。在服务精神和建筑时经济和施工方面的独创性。Reima Pietilä 和 Raili Paatelainen。坦佩雷 (Tampere)，芬兰，1964—1966 年

图 5.71 罗瓦涅米 (Rovaniemi) 的公共汽车站，芬兰

图 5.72 在赫尔辛基的芬兰国家大剧院。建筑师：Timo Penttilä，1964—1967 年

图 5.73 在奥塔尼米的小教堂。奥塔尼米理工大学。建筑师：Kaija 和 Heikki Siren，1956—1957 年

图 5.74 画家 Tor Arnc 的夏季工作室。在芬兰海湾南部海域的 Vänö 群岛。建筑师：帕拉斯马，1970 年（照片由帕拉斯马提供）

抱着有一天可能会成为“包容主义者”的希望，在批判地吸收我们这个时代的建筑状态时，学生们应该有一双“眼睛”和一个“脑子”。因为“好的东西”到处都是，我们要做的只是找到它。有了这个前提我们还必须集中在后现代主义上。因此我们必须要专注于它的建筑师和理论家们。

“现代运动”利用的是简单性、避免装饰、对建筑体量的关注、立面比例的魅力和常常对玻璃的过度使用——特别是密斯·凡·德·罗的例子。这个影响了整个世界的建筑有很多不足的地方，其中最著名的是：极少注意使用者，他的需要、他的偏爱，即极少注意我们将会在后面章节中讨论的个人重要性和心理重要性的问题。现代主义完全没有涉及“文化”和抽象的一面，好像它们已被历史完全抛弃了。

现代建筑演变中的一些学生在 20 世纪 70 年代早期和中期变得极为不满。布伦特·布罗林（Brent Brolin）、彼得·布莱克（Peter Blake）和查尔斯·詹克斯（Charles Jencks）是现代运动最激烈的批评家。查尔斯·詹克斯在他的著作《后现代建筑的语言》中很清楚地提出：我们已经超越了现代建筑的时代并且正向他所称的“后现代”前进。开始詹克斯所说的在很大程度上是对的。尽管后来对詹克斯以及其他人的著作的研究可以指出，后现代主义只是另一个不够包容的运动。事实上，后现代主义作为一个术语归结起来包括了各种倡议和努力，从历史复兴主义、历史折中主义和历史主义的态度到精神分裂的、不合理的拼凑方法以及常常不相干的、优越主义建筑。一些事件，例如 1980 年威尼斯的建筑双年展（Strada Novissima），总结了后现代先锋人物的各种不同方向，这个展览后来移到了巴黎、旧金山和东京。这个运动中一些领袖人物关于上述展览的文章证明了后现代主义支持者投机取巧的本性以及其追猎项目授权的动机，而不是他们对问题真正解决办法的关注。人们可以说这些干涉主义者活动的主要关注、后现代新闻的制造以及各事件和展览的连续阶段正是查尔斯·詹克斯所指出的一切；不管怎样，“你怎么才能使前十名建筑师得到前十名赞助者委托的前十项工程？”[79] 但是不应该否认的是，抛开这个运动有问题的基础不说，这期间建筑辩论被激发了，同时一系列有争议的作品问世了，如果不是这个运动这些作品将永远不会被建成。更重要的是，一些被教育成现代主义者的年轻建筑师们允

图 5.75　拉尔夫·厄斯金的“感觉功能主义”。斯德哥尔摩大学图书馆，上图。斯德哥尔摩大学同一堵墙的室内和室外，学生联合会大楼；下图。建筑用最综合的方式照顾到所有的感官，在这里形式和感觉有一个不可否认的功能性理由

图 5.76　阿尔瓦·阿尔托的国际影响。Happaranda 教堂，瑞典（左图）；伦敦的住宅（右图）

图 5.77 对我们的艺术来说，伟大的建筑作品将永远可以证明所有包容性方法的基本原则和原理会比流行版本短暂的出现要优越得多。哥本哈根附近的 Bagsvaerd 教堂。建筑师：约恩·伍重，摄影 Martin Price

许自己使用一些后现代的特许，并创造了有章法的作品，同时还具备了形式、视觉和对使用者的魅力。在具有争议的作品中最重要的一些是迈克尔·格雷夫斯（Michael Graves）在波特兰市设计的、备受批评的建筑物和纽约市的菲利普·约翰逊的 AT & T 大厦。许多名气小的追随者的地区性作品展示了对历史折中性借鉴的类似设计态度；它们是从过去的结构和材料限制中发展来的形式的拼凑组合，它们表现出一种实用的装饰性，并且开始接近布景设计的水平。[80] 折中主义，即从过去中选择和借鉴的特许，曾是巴黎美术学院的主要特征，又复兴起来。复制过去变成了可以被接受的事。[81] 菲利普·约翰逊发表的一段声明说他“不能不复制”也许是 20 世纪 70 年代晚期至 80 年代初期建筑师们给予他们自己借鉴（剽窃？）特许的最说明事实的证据。后现代的历史主义在美国和欧洲繁荣起来，并且日本也兴致勃勃地跟随其后。在欧洲最著名的后现代主义者中，各种不同倾向的代表人物，人们可以指出卢西恩·克罗尔（Lucien Kroll）、里卡多·博菲尔（Ricardo Bofill）、阿尔多·罗西（Aldo Rossi）和克里尔兄弟（Krier Brothers），美国的罗伯特·文丘里（Robert Venturi）、罗伯特·斯特恩（Robert Stern）、迈克尔·格雷夫斯、汤姆斯·戈登·史密斯（Thomas Gordon Smith）、E·O·莫斯（Eric Owen Moss）、菲利普·约翰逊、the Taft 建筑师事务所、弗兰克·盖里和无数其他有资格的人，如日本的矶崎新（Arata Isozaki）和石井和纮。任何规则当然也有例外的时候并且确实也有几个可以被称为特例的后现代创作，它们不符合任何“标签”，无论是后现代还是其他的。查尔斯·摩尔（Charles Moore）也许是这方面主要人物，他的建筑极富创造性、迷人，并富于人类和环境的意识。

“阿尔基泰克托尼奥”（arquitectonica）（由 Bernardo Fort-Brescia、Hervin Romney 和 Laurinda Spear 组成）的作品同印度的查尔斯·柯里亚（Charles M. Correa）代表了后现代合成的例子，它们可以通过结合现代主义的经验和原理、偏离的特许和对色彩的包含演变而来，就像早些“诗意的”建筑师们例如路易斯·巴拉甘和里卡多·莱戈雷塔所运

图 5.78　大的观点可以通过简单的方法创造城市建筑物。墨西哥城的带有运动设施的购物中心。建筑师：Juan Sordo Madaleno，1978 年

图 5.79　通过方法的经济性产生最大的结果是里卡多·莱戈雷塔的建筑。IBM 的库房，墨西哥城，1978 年

用的。几个其他年轻的建筑师，欧洲和美国（特别是来自加利福尼亚州的）两地的，已经结合了后现代主义和现代主义的合成原理来创造超乎寻常的迷人的设计。

但是，后现代主义最重要的一个正面影响是在设计教育方面。它使人们开始关注“比喻”、“转变”、“建筑与文学的关系”等等。所有这些在设计室内打开了新的天地，并且一些熟悉后现代运动目标的年轻教师与学生一起创造了寻求具有“丰富的意义”、强调空间和抽象问题设计，这些在以前是没有涉及的。因为后现代主义[82]，“建筑诗学”受到了巨大的推动。建筑创造性的新渠道通过“无形的”方面发展起来。这对建筑设计的创造性理论是一个相当大的贡献，考虑到现代主义曾将“无形的”部分排除在外，而仅仅集中在“有形的”部分，例如几何图形、材料、结构等等。后现代主义，随着开始的“历史主义”阶段，打开了通往“包容主义”的大门。同样的倾向也可以在一些更激进的实践中发现，还可以在那些试图理解现代和后现代两种运动并从两者中提取最好成分的建筑师的作品中发现。

我们已经重复地探索了那些我们称为“演变的合成包容主义”（evolutionary synthetic inclusivity）范例的建筑师的例子，即那些没有单纯地孩子似的模仿的建筑师，而是那些一生中都保持警觉的建筑师，以及那些不断演变、一直探索、从来不做一种“风格”或一种“一时时尚”的呆板的牺牲者的建筑师，尽管他们可能曾在偶然的“风格”和“一时的时尚”中试探过。笔者相信这是通向自我改善的必经之路，它需要格外的章法、意愿和决心以及不断的探索。没有一个伟大的建筑师是“没有教养的”人。所有这些人全都阅读广泛，他们中的大多数还是作家，并且几乎所有人的伟大都是通过演变和在生活和设计态度方面的“毕业”来完成的。勒·柯布西耶、赖特、阿尔瓦·阿尔托是这样的典范。

最后但同样重要的，路易斯·康：多么美妙的音乐！最后一个存在主义者，更是一个古典主义者，一个最正式的风格主义者，最深奥的，但又最非正统，而且也许是我们这个时代最不易理解的建筑师。……人们必须明白并且试着理解这些人的作品和“主义”。去一趟图书馆并对上述每一个人的作品的认真思考会是有帮助且有启发的。可能性很多，而好的建筑师是受多种源泉和开放式的思考启发的。

图 5.80 美国城市的建筑巡视。从巨大的晶体般的玻璃雕塑到具有纪念意义的历史原型的重新声明。得克萨斯州达拉斯的例子。顺时针，Welton Becket 及合作者的海亚特摄政饭店，贝聿铭的达拉斯市政厅和菲利普·约翰逊的感恩广场小教堂

图 5.81　Camino Real 饭店，墨西哥城。建筑师：里卡多·莱戈雷塔

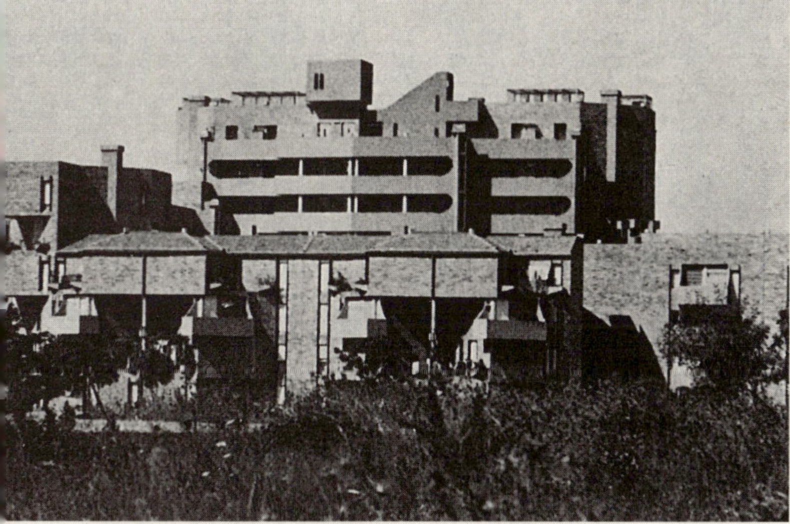

图 5.82　Barrio Gaudí。雷乌斯(Reus) 的低造价住宅，西班牙。里卡多·博菲尔建筑设计室

图 5.83　通过极其简单的结构系统实现的复杂性。Barrio Gaudí，西班牙雷乌斯 (Reus)。里卡多·博菲尔建筑设计室

图 5.84　低造价的住宅。Barrio Gaudí，西班牙雷乌斯 (Reus)，1964—1966 年

图 5.85　在巴塞罗那的高密度居住情况。里卡多·博菲尔，1975 年

图 5.86 "Walden Seven"，里卡多 · 博菲尔建筑设计室，巴塞罗那，西班牙，1975 年

图 5.87 蓬皮杜中心，巴黎。建筑师：皮亚诺和罗杰斯，1977 年

图 5.88 蓬皮杜中心内的交通流线，巴黎，以及它与现存环境的关系。建筑师：皮亚诺和罗杰斯，1977 年

图 5.89　巴黎蓬皮杜中心的机械图解式的立面。建筑师：皮亚诺和罗杰斯，1977 年

图5.90　哑剧剧院，俄克拉何马市。建筑形式是对机械系统的强调和表现的结果。建筑师：约翰·约翰森，1970 年

图 5.91　新－新－爱奥尼式，新－新－科林斯式，水／不锈钢的原创：后现代独创性的柱子。意大利广场，新奥尔良。查尔斯·穆尔和 Perez 合作公司，1980 年

图 5.92　意大利广场，新奥尔良。现代（左侧的办公建筑）与历史主义的后现代并列的共同努力为一个特殊的民族团体创造了一个城市空间。项目设计师查尔斯·穆尔。建筑师：Perez 合作公司。新奥尔良，1978 年

图 5.93　加利福尼亚州威尼斯的 Spiller 住宅。建筑师：弗兰克·盖里

图 5.94　互不尊重的个人主义。阿尔伯克基泥墙住宅顶上的单个垫子，新墨西哥州，20 世纪 70 年代中期

图 5.95　后现代的特许和想像力遭遇正统主义的限制和自然法则。"花瓣别墅"。建筑师：E·O·莫斯，洛杉矶（1982 年）

图 5.96　后现代历史主义。里卡多·博菲尔在法国新城圣康坦－昂伊夫林（St.Quentin–en–Yvelines）的住宅项目。完工于 1982 年

图 5.97　后现代本土建筑。"我与我" 快餐店，加利福尼亚州伯克利。建筑师：丹尼尔 · 所罗门，1979 年

图 5.98　原型的、综合的建筑。多种设计函数、智力以及现实的关注，成功结合的可能性的例子。尼尔森（Nilsson）住宅，加利福尼亚州比佛利山庄。建筑师：Eugene Kupper，1978 年

图 5.99　流行历史主义。休斯敦的摄政宿舍楼侧立面上的实用装饰，得克萨斯州。罗伯特 · 文丘里，丹尼斯 · 斯哥特 · 布朗，1982 年

图 5.100　圣胡安 · 卡皮斯特拉诺（San Juan Capistrano）的城市图书馆。历史主义的创造性与历史环境的对话。建筑师：迈克尔 · 格雷夫斯，1983 年

图 5.101　不管什么样的风格选择，对环境内容关系的敏感能产生强烈的效果。斯图加特的新国家展览馆和小剧院的后现代古典主义与"高技术"的细部处理的组合，德国。建筑师：詹姆斯 · 斯特林和 Michael Wilford，1983 年（摄影 Guido Porto）

图 5.102　迈阿密的最佳产品大楼，佛罗里达州。幽默和矛盾修饰法态度的结合。难道破碎的建筑物是最佳产品的最好建筑物？产品推销和后现代主义同时愉快地共存于 SITE 的建筑作品中，迈阿密，1978 年

图 5.103　被后现代主义对个性、内容和使用者满意程度的关注所丰富的现代主义教育与训练产生了近些年的一些最佳作品。圣莫尼卡的公寓建筑群，加利福尼亚州

图 5.104　圣迭戈南部的一座别墅。建筑师：Tom Grondona，1979 年（照片由 Tom Grondona 提供）

图 5.105　后现代／现代主义。"基本设计"的练习变成了现实。简单性和方法的经济性将会产生正面的效果，不管流行的倾向是什么。内部庭院，Spear 住宅，迈阿密（左图）和"阿尔基泰克托尼奥"在休斯敦设计的宿舍楼（右图，摄影 Todd Hamilton）

图 5.106　后－后现代的历史主义在美国环境中的神化（后现代“装饰性三角形”山墙）。从公司的“凡尔赛”（达拉斯）和帕拉第奥式的轴对称（阿尔伯克基）到霍华德·约翰逊（Howard Johnson）和各处汉堡式的特许

图 5.107　很多早期后现代先锋人物的设计特点是各种材料和表面处理的混杂伴随着布景设计方法的线条。休斯敦的 YMCA 大楼，得克萨斯州。建筑师：Taft，1981 年

图 5.108　后现代印象性的流行化。通过胶合板柱和“古典”的轴对称将典型的购物中心的“现代”语言转变成了“后现代”语言。六面旗（Six Flags）购物中心。得克萨斯州阿灵顿

图 5.109 演变中实验性的"包容性"。弗兰克·盖里的演变过程，从早期的现代主义者到实验性的解构主义者。比佛利山庄的设计室（左上图）；比佛利山庄展览厅的外墙细部处理（右图）；洛杉矶的洛约拉（Loyolla）学校（左下图）。建筑师：弗兰克·盖里

图 5.110　沃思堡的金贝尔艺术博物馆，得克萨斯州。建筑师：路易斯 · 康，1972 年（摄影 Tommy Stewart）

注释

1. 沃尔特·格罗皮乌斯。 给一组学生的信，1964年1月14日。
2. 关于20世纪建筑的更详尽的重要资料：关于现代主义：Banham，1967年；Giedion，1967年；Frampton，1985年；Curtis，1987年。另见：勒·柯布西耶、格罗皮乌斯、密斯的绘画和作品档案，Kahu（Garland 系列，Alexander Tzonis，主编）关于后现代主义：Jenks，1973年，1974年；Brolin，1976年，1980年；关于De Stijl：《De Stijl：1917—1931年》，《乌托邦的幻想》，1982年。关于“解构主义”更多的资料见下面的注释5。
3. 见 Antoniades，《建筑的诗学》，1990年。
4. 另见希区柯克 /Johson，1966年。
5. 关于“解构主义者”设计过程的更多资料见埃森曼，1982年。关于其评论态度见 Ingraham，1987年，1988年；Massengale，1988年。
6. 关于“解构主义”在哲学和建筑方面的理解差异见 Ingraham，1977年，第44页。到目前为止最富精神性的，并且关于“解构主义”的最怀疑的批评见 Massengale，1988年，第66—69页。
7. 见《现代建筑的四位伟大创始人》，哥伦比亚大学的专题论著，1970年。
8. 关于这方面的著名介绍性资料见 Nikolaus Pevsner 的著作，《现代设计的先驱者》。读者参见第一章以便理解从莫里斯到格罗皮乌斯的艺术理论，第19—39页。关于奥古斯特·佩雷，彼得·贝伦斯，路易斯·沙利文，见总书目目录（见上面注释2）和沙利文，1956年。
9. 勒·柯布西耶。在《现代建筑的四位伟大创始人》一书中的“与学生的对话”。
10. 出处同上。另见勒·柯布西耶，1972年，第9页，“看不见东西的眼睛”。
11. Choay，1960年，第9页。
12. Furneaux，1972年，第2页。关于所考虑的建筑师的传记资料或其态度和理论将不会在正文中给出进一步的特别资料。读者最好能借鉴文末新附的所选书目进行研究。与紧随其后的论点有关的选择性资料只有在必要时才将提供。
13. Choay，同上，第9页。
14. Antoniades，1975年（4），第22—29页。
15. 勒·柯布西耶，1972年。
16. Antoniades，同上。
17. 勒·柯布西耶，同上，1972年；另见 Furneaux，1972年，第23页。
18. 勒·柯布西耶，1971年。
19. 关于勒·柯布西耶的直接研究，见书目目录中下列所选的资料：Choay，1960年；Furneaux，1972年；Jencks，1974年；勒·柯布西耶，1972年等等。
20. George Collins 在《现代建筑的四位伟大创始人》中。
21. 关于传记的信息，见 Scully，1969年；Peter Blake，1965年；以及 Twombly，1973年。
22. Bush Brown，1960年，第27页。另见 Fitch 的《美国建筑物》，第270页；并见 DeZurko，1957年，第4页。DeZurko 的作品是关于功能主义起源理论的资料最全面的作品。
23. Peter Blake，1965年。
24. 弗兰克·劳埃德·赖特，《自然的住宅》。1954年。
25. Peter Blake，1965年。
26. 日本国家旅游局。《日本》。东京，1975年；另见 Antoniades，1975年（4），第28页。
27. 对赖特哲学思想和建筑原理的研究可以开始于对赖特综合作品的研究，《圣约书》不是本初级读物，下列是值得推荐的资料：Blake，1965年；Scully，1969年；赖特，1970年以及赖特，1954年。
28. 赖特，1954年，第54页。
29. 赖特，1970年，第2页。
30. 日本，同上， 以及 Antoniades，1975年（4），第28页。
31. 赖特，1954年，第220页。
32. Blake，1965年。
33. 赖特，1954年，第208页。
34. 关于广亩城市的故事，见赖特，《活着的城市》，并见 Collins，1963年，第55—75页。
35. 在这方面对赖特的主要批评者是城市主义者，Katerina Bauer。关于广亩城市的简单评价，见 Paul 和 Percival Goodman，1960年，第88页。
36. Anderson 法院中心是赖特晚期的作品之一。它从来没有被深入地发表或研究过。Antoniades 在1966年曾写过一篇未发表的关于这个城市杰作的学术论文。
37. Bakema 常常将这个术语用于城市的三维性中（“街道的三维性”），但从来没有将其归功于赖特。见 Bakema 在1967年春在哥伦比亚大学给建筑学学生的演讲。
38. Collins，《现代建筑的四位伟大创始人》。
39. 关于装饰物、装饰以及装饰物与非装饰物问题的早期争论，见 Pevsner，1972年，第19页，第28页；见赖特，1954年，第55，56，57页；见 Bush-Brown，1960年，第13，15，20，22页，等等；Scully 在《Perspecta V》，（无日期）以及 Brolin，1976年，1980年。
40. 改编自赖特，1954年，第223页。
41. 关于沃尔特·格罗皮乌斯的作品和他作为一个设计师、建筑学教育家和评论家的贡献的巨著已被 James Marston Fitch 改编为一个综合的小册子。笔者认为这个作品代表了关于沃尔特·格罗皮乌斯的最好介绍和最高赞誉。关于进一步的一般性介绍，见 Fitch，1960年，第7页，另见 Fitch，1966年，在《哥伦比亚大学论坛》的《重新降临的乌托邦》一文。
42. 格罗皮乌斯，1943年，以及格罗皮乌斯，1974年。
43. 关于包豪斯请参见下列资料：Bayer，格罗皮乌斯，和 Ise 。格罗皮乌斯，《包豪斯 1919—1928年》，Charles T. Branford 公司，波士顿，1952年；关于包豪斯以及包豪斯在美国教授的课程。另见，Wingler，1969年，《包豪斯》。这是最综合的资料并且包括了包豪斯教师们的原始文字、绘画和宣言，以及一个完整的文献目录和学生名单。
44. 关于包豪斯的故事，见 Wingler，出处同上。另见 Bayer，出处同上。关于包豪斯在魏玛，见 Eckardt，1963年，第230页，另见 Peter Gay，1976年，第111—172页。
45. 见格罗皮乌斯，1943年。另见 Pevsner，1972年，第38页。
46. 关于团队设计，见格罗皮乌斯，1943年。另见格罗皮乌斯，1968年，第53页。
47. 关于包豪斯的故事（民族主义问题）。
48. 出处同上。另见 Gay，同上。
49. 出处同上。
50. 关于流行情形的大概情况，见 Speer，1970年。
51. 此事在此书在1980年第一次发表时第一次为人们所知。它是 Jan Despo（Yannis Despotopoulos）向笔者揭示的，并且他还向笔者阅读了一些相关的资料。
52. 那些得到相继声望的学生是保罗·鲁道夫、菲利普·约翰逊、贝聿铭、E. Barnes 等等。
53. 尽管勒·柯布西耶访问过美国并在哈佛大学设计了卡彭特中心，他对这个国家的建筑产生的是次一级的影响。包豪斯是在第二次世界大战后对美国建筑最重要的欧洲影响。勒·柯布西耶的影响是后来的，发生于20世纪70年代早期和中期。
54. Antoniades，1979年，第36—43页。
55. 出处同上。

56. Antoniades，1984年，第18–25页。
57. 关于“意大利理性主义”见Zevi，1981年；Danesi/Patetta，1976年。
58. 笔者的证言。
59. 见Sharon，1976年。
60. 笔者完全不同意有些人认为格罗皮乌斯作为一个设计师缺乏“细致美”的一些攻击（即希区柯克，1932年，第60页）。笔者相信Piscator剧院是一个极为“精致的”并且非常先进的想法。
61. 关于完整的文献目录，见Wingler，1969年。
62. 格罗皮乌斯，1943年。
63. Antoniades，1975年（3）。
64. 迄今为止读者可以找到的关于密斯的最综合的总结是《内陆建筑师》，1986年3/4月期，这是一个关于密斯的专集，包括了出自学生、朋友、同事、亲人等等的文章。关于密斯富于精神性的传记见Schulze，1985年。
65. Schulze，出处同上，第23–26页。
66. 关于巴塞罗那馆的重建见《建筑实录》，1966年8月，第60–61页。
67. 见Blaser，1965年；另见关于密斯·凡·德·罗的一般性资料。
68. 在这方面，人们可以提及密斯和Rudolph Schindler之间的对比。后者很显然以其粗劣的施工细部而著称。见关于在Gebhard的La Jolla公寓漏水的故事，1971年。
69. Scully，1974年，第34页。
70. 例如见Blake，1977年。
71. 关于阿尔托的传记资料来自于Schildt，1983年，1985年。关于阿尔托的建筑物见Fleig，1971年。关于阿尔托的“批评性的”评论见Heinonen，1978年，第20–27页；Porphyrios，1982年，Antoniades，1981年，第88–111页。关于此建筑师“包容主义的”方面见Antoniades，1990年。
72. Schildt，同上。
73. Schildt，1985年；阿尔托，1978年。
74. Schildt，1985年。
75. 希区柯克，1966年。一般性资料。
76. Antoniades，1981年，第88–111页。
77. 在这方面的一个例外是Leonardo Benevolo在其《现代运动》一书中指出的斯堪的纳维亚。见Benevolo，1967年，第607–613页。在这方面的杰出领导者是一些建筑师例如Danish Möller、Sven Markelius、Peter Celsing、Asplund、阿尔托等等，除了阿尔托，以及最近的Asplund，其余的人很大程度上被其他非斯堪的纳维亚的著名建筑师们所掩盖。
78. Pawley，1970年，第9–19页。
79. Jencks，1982年，第33页。
80. 关于在加利福尼亚州发生的不同方向的一个相当全面的分析，见Tigerman，1983年，第11–29页。关于后现代主义方向和态度的一个综合性重要争论见Aldo-Van-Eyck，1981年，第25–29页。
81. 约翰逊在史密斯学院艺术博物馆，1981年，第35页。
82. 见Antoniades，1990年。

所选书目

Aalto, Alvar. *Sketches*

Columbia University. *Four Great Makers of Modern Architecture*

Cook and Klotz. *Conversation with Architects*

Gropius. *The New Architecture and the Bauhaus*

Le Corbusier. "A Talk to Students" in *Four Great Makers of Modern Architecture*

Schildt. *Alvar Aalto: The Early Years*
Alvar Aalto: The Decisive Years
Alvar Aalto: The Mature Years

Wright, Frank Lloyd. *A Testament*

第 6 章

为人类和社会的建筑

“首先也是最重要的，压抑的环境是一个人压制人的环境。人造环境的发展与人类作为寻求自由的本质，而不是作为寻求理性的本质的发展相互联系的。”

——亚历山大 · 楚尼斯（Alexander Tzonis）[1]

环境的一个基本组成部分是人。“人”，即“他”和“她”，一个共同的社会整体。所有的社会问题都来自社会环境的状态。由于建筑是环境的一部分，它具有社会影响，而且它应该对人类负责，不管是对个人还是集体。建筑师需要理解这些需要、态度、心理以及个人和集体的行为。

建筑师，以及其他的专业人士，本身也是社会的成员。他们有个人的性格，例如其个人态度、文化背景、心理素质等等。建筑师最主要的责任应该是节制他们自己的个人态度和价值观并且试着使它们顺从他们服务的人们的态度和价值观。如果他们想使其作品从人们的需要发展而来[2]，服务人们并对人们具有意义，那么他们自己必须首先成为人们的一部分。建筑师应该捍卫其专业的内在要求，例如各种技术和职业的构成部分和标准；但是他们应该在“客户”或他们服务的人们的需求框架中运用这些构成部分和标准。社会希望从建筑师身上得到的是其所受训练的纯粹的职业服务[3]并且还应该期待他们的工作将改善社会环境和其中的生活质量。建筑师永远都不应该为了其自我表现来曲解社会需要。他们应该抑制他们的自我并且通过偶然环境事件中社会内容的现实情况来解决其设计问题。

为了扮演好上述角色，建筑师应当做到下面三件事情：(1) 他们应该在一个道德观的概念中运作，它包括其狭义考虑的职业道德[4]，以及环境责任的所有方面。在调节设计时以某种狭义的职业标准为标准(例如，由于过度的办公开支和有限的设计费，在设计阶段所花的极少的时间，无法确保彻底的建筑计划和使用者的意见输入)，然而排除了社会准则的这种企图应该被作为不道德的行为抛弃。

(2) 建筑师应该设法了解其客户的需要：授权建筑师设计的客户（即发展商－委托客户）和最终使用这个设计成品的客户。在大多数情况下，在委托客户的需要和期望以及使用客户的需要之间可能会存在冲突。前者也许想从设计中得到更大的利润，而后者想要的是舒适。建筑师应该尽最大努力来满足双方的需要，但永远都不应该牺牲使用客户的需要。在这种意义上，建筑师的主要责任应该致力于使用客户的需要和期望，因为这个客户将是最终生活在这个空间的人。

(3) 建筑师应该做的第三件事是尽可能深刻地分析他们的问题以便合理地定义它们，从而避免无效的结论，既不适合社会方面又和具体使用者的需要毫不相干。

为了达到人们希望的这些结果，建筑师必须在上述所有方面训练自己。一些特定的职业问题，狭义地考虑的话（即，建筑实践、保险、责任义务、建筑师－客户－建筑商的关系等等），对这个介绍性的研究来说过于复杂，并且对作为建筑使用者的一般性读者来说也不符合其兴趣。但是，使用者的问题必须在这里加以研究，因为如果设计师和使用者要在设计过程中合作的话，对与他们有关的术语和概念有个相互的理解是很重要的。

如果建筑师想要理解使用者及其需要，他们就必须要从使用者那里得到信息输入（使用者的要求），即合作。

在这里将要调查的第三件事有关于建筑分析的意识问题，例如建筑计划，建筑师和公众都必须明白对于使用者，并且因此对有社会意义的设计来说，它是个先决条件。

空间行为问题

“真正完全饱和的环境是看不见的。相比较我们看不见的那一个，我们能注意到的环境是相当片面且不重要的。”

——马歇尔 · 麦克卢汉（Marshal McLuhan）[5]

“似乎有某种证据表明，一种新类型的人正在出现。”

——皮埃尔 · 贝尔托（Pierre Bertaux）[6]

笔者注：首先我要请求读者原谅我在介绍这一章时用第一人称，并且将读者当作参加我的课程的学生，我会给我的学生讲座并且留作业。我相信这样能帮助我更好地传达在一些所要讨论的问题上的重要观点。还要假设的是作为你们的老师，我的用意是好的，而且你们已经完成了两星期一次的作业，正焦急地等待一个关于建筑师社会责任的新一轮讲座。我自己的焦急会更多一些。这个方面的理论既复杂又多样。我认为许多建筑师的方法和目标以及许多环境／行为科学家的方法和目标在现实中还不能总证明其正确性。我另外还了解到如果我采取攻击传统建筑实践方法并且指责建筑师对人类的需求和使用者的要求不负责任的话——就像一些早期的环境心理学研究者所做的——我就不是在做一件服务于建筑的事情（图 6.5，图 6.7）。

图 6.1　左上图，圣塞瓦斯蒂安（San Sebastian）的公共海滩，西班牙。右上图，圣塞瓦斯蒂安的人们，西班牙。右下图，伦敦的孩子们（左下图的照片由国际联合新闻提供）

这样是不公平的，因为我相信早期的现代建筑在 20 世纪文明的发展中公平地扮演了它的角色。

不管怎样，根据我的信念，20 世纪建筑的伟大先驱们是真正的环境设计师。有时他们失败了，但是他们是诚实的，并且尽力地缓和了工业贫民窟的悲惨状况。他们努力提供了卫生的庇护所，“给健康的孩子们健康的学校”（图 3.47）。他们考虑到了许多人的利益，而不是有限的、住在宫殿里的少数人。预制化和工业化适当地扮演了它们的角色，同时 20 世纪的新材料（钢铁、玻璃、钢筋混凝土）容许了前所未有的实用性和表现的直接结论。20 世纪早期建筑师的客户不是“个人”，而是一个“想法”。这些客户是劳动阶层的人们；并且他们的需要是集体概念上所有人们的需要。

对于你们，我是一个有学问的教师。对于比我年轻的同事，我是一个愤怒的建筑师。我相信我是一个有环境意识的评论家。我可以“同意”有关人类行为研究的一些论点，但是我还不准备接受许多行为科学家伟大的推论。我还绝对相信建筑计划的需要，但是我也确信许多事情是错的。计划只是为了计划并且浪费公众基金的事情常有发生。如果要在你们的脑中留下一个冲击的话，我需要夸大这种状况，并且我需要保持开明而且要尽可能地直截了当。我必须要传达的

图 6.2　得克萨斯州立大学阿灵顿分校的一年级学生所做的人的尺度练习

是：你们的主要责任应该是尊重你们为其设计的人……尊重包括这个词所有可能的解释。我已经开始使你们去"尊重"了，尽管只是通过一个简单的方法，即你们刚刚完成的练习，刻一个 1 ：1 比例的你自己身体的剪图（图 6.2 – 图 6.4，图 6.8）。这些剪图已经交上来了，约 340 个。我们把它们放在学校的一个大"评图室"内。事实上，在通向评图室的走廊里也放了一些。一些艺术教师被这些举着胳膊的各种颜色的纸剪图搞得很激动，这些剪图像是勒 · 柯布西耶的模度离开了马赛公寓的入口，叫上了所有的朋友并来到了我们的学校。

有人给电视台打了电话，我知道这件事，但你们不知道。弄一个通告已经太晚了。我已经告诉学生我们将会在评图室碰头而不是我们以往上课的大礼堂。你们开始进来并坐在地板上。一个年轻的女孩子四处张望。我也在那些剪图中四处看，试图找出她的形象。"我奶奶说你疯了，"她告诉我。我笑了并感谢她告诉我她奶奶对我的看法。与我以往讲课从不看讲稿的做法不同，那一天我直接读的日记。在此书中我照抄了那天我念给你们的那一部分。

建筑中有形的与隐含的尺度

今天我把全体学生带到了这里是为了我们在将来可以记住这个时刻。

我想首先总结一下这个美好的一天的要点，以便你们中间那些想离开的人可以随意离开。

1. 我们在这里是为了表明：在今后的日子里你们中的大多数会忘记我们今天所说的这一切。

2. 我们在这里是为了表明：在今后的日子里，这些你们自己尺度的剪图极有可能是你们在建筑学习中最重要的练习。

3. 我们在这里是为了表明：在建筑创造中你们将会处理可视尺度以及不可视的尺度。

4. 我们在这里是为了表明：在建筑创造中你们处理的可视尺度是人的身体的有形尺寸，而且如果这个处理结果不合适的话，人的身体就会遭殃。大脑、智力、心理将会有压力，即不可视的尺度就会受到损害。

5. 我们在这里是为了表明：这些沉默的剪图是你们所能梦想找到的最好的客户，就人类身体的有形尺度和人的比例而言。

6. 我们在这里是为了表明：那一组（指着剪图）是你们开始这一切的地方，并且这一组（指着听众们）是你们要去的地方。

这一组是很容易满足的（指着剪图）。看，它们站得都很好。它们占了许多地方。它们是安静的。但现在你们怎么样？你们感觉有多舒适？你们坐在哪儿？

图 6.3　一年级的学生们在上关于建筑尺度的课（摄影"Shorthorn"）

在地板上？你们真的在这里吗？你们的思绪在哪儿？你们能听见我说的吗？坐在你旁边的人使你感到舒服吗？或者你想移开一些？为什么那些剪图是舒适的，而你们却不？这是个傻的问题。你们不舒服，因为你们是人。因为这一点你们是不同的。看一看你们给你们的玩具娃娃决定的漂亮颜色，在某种程度上这些色彩缤纷的娃娃都是你们自己的写照。我们有铬黄、蓝色、红色、黑色、白色、黄色、绿色。所有的颜色都在这里了，你们选择的。但是你们的娃娃是站着的，而且只是你们的复制品。当然，只是一个复制品——一个僵硬的复制品，一个最终固定的姿势。人有无穷的其他姿势，但是所有的姿势都需要身体关节的参与。这是为什么从地面到关节的尺寸是重要的。角度也许会变，但是尺寸不会变；它只随着时间变化，随着我们变老，所有的东西都会改变。

你们将要忘记的课程与这些基本尺寸有关——你的高度、你的膝盖、你的臀部、你胳膊的长度、你伸开的胳膊所能达到的高度。你可以用你自己的原料，用你自己尽可能伸长的胳膊修建你的土坯屋。这个土坯屋是你自己建的，没用任何帮助，只用你自己，你的身体的尺寸（当然还有你的力量和能量），它有你的尺度；它是你的，是你做的，并且是为你自己的需要做的。

但是比如说出于这样那样的原因，比如你想给许多人建个教堂，或为社区建一个 Kiva（一种印第安人用于宗教和祭祀活动的土坯屋——译者注），你有一个脚手架和一些挖掘工具，一些外界的额外的帮助，社区的其他帮助。你用其他的原料和其他的帮助建了一个房子。你建了一个更大的建筑物，用的不只是你自己的力量和能量。社区参与进来了。并且如果你们中的一个有权利作决定的话，或者如果传统已作了决定，那么你的教堂和你的 Kiva 会有一个你的座位，一个满

图 6.4 学生认识自己的实际尺度的实验课题

足观众的观看设施的布局，使人感到舒适的顶棚高度，即它是一个不压抑、而是能使人感觉“在家”一样的建筑物。

这是一个公共建筑物，很多人一起建的，根据一个人的指挥（建筑师，第一个建筑者），或者根据传统的方法。这个后者，传统，可能已经表明了要做的工作的顺序；它可能已经在施工期间举行了一些仪式，以便使工作的人群放松并且歌颂上帝或其他迷信。你们建造了一个能使你们舒适的公共建筑物。那么这个公共建筑物，尽管比你的泥坯屋要大一些，就有人的尺度。就像你用自己的双手为自己建的泥坯屋一样，这个集体共同修建的教堂或 Kiva 可以让你的有形尺寸舒适并让你的精神愉悦。这就是人的尺度。但我们以前谈论过尺度，那是一段时候以前并且是从其他的角度来看待它的。

……今天我们能有多少机会建造我们自己的泥坯屋？在我们居住的房子中我们感到有多舒适？在我们今天的文明建造的公共机构和商业建筑物里我们能有多放松？我很怀疑是否我们在大多数时候是放松的。最差的是，我们中间有多少人真正喜欢我们住的房子？做一个小实验。你们在家里一般待多长时间？即，你的公寓或房子有多长时间能使你在家里生活，出于娱乐和生产的目的？我们的许多麻烦来自不能让人放松的环境。这些麻烦不全是物质方面的，但它们在很大程度上是并且主要是物质方面的。墙的高度、窗台的高度、围墙的高度——所有这些都与私密性、安全性和视觉愉悦有关。你会不会为了私密性牺牲视觉愉悦，而且更进一步，为了安全性？

你甚至将忘掉你自己身体的确切尺寸，你会发现很难记住它们。也许你永远也不会忘记你的身高，但是从地面到你的膝盖的高度，从地面到臀部的高度？你要知道，对建筑师来说最困难的事情是设计他自己的绘图桌！

那么现在让我们转移到更复杂的事情上。让我们假设你不会忘记你自己的尺寸，抛开我预见的那些不说。让我们假设你建造了自己的房子，一个一个地测量过你的所有客户、父母、孩子们、社区内的每一成员，而且你为他们建造了定制的住宅，定制的建筑物。但是这样就可以了吗？现在复杂的地方来了。它是建筑中“超出物质”方面的复杂性。每一个个体使用者的大脑、偏爱、印象、涵义、“图解”（schemata）都将会起作用，要么是在使用中要么是在经历一件建筑作品时。有一些东西我们中的大多数人现在知道得很少。我们对“沉默”知道多少？John Cage 曾告诉我们：在每个环境中所有的时间内发生的所有事情中，从来没有计划过的或想要做的一件事是沉默。事情很复杂，而且它们每一天都在变得更复杂。

让我们把复杂性放在一边；让我们把我们智力上的假充内行放在一边；让我们承认我们的忽略，并且宣布从现在开始对于我们，建筑师们，开始的最大未知将是我们的作品的使用者。最重要的也是最基本的，你是为使用者和文明工作的。你的客户是使用者，不是委托你设计的客户，不是发展商、包工头、金融机构或别的人，别的首先想从你设计的项目中得到金钱利益的人。你的客户是这个设计的使用者。而这儿将是你的困惑之处，实际上，这是现代建筑的困惑。你的真实的客户比这些沉默的傀儡要少一些具体性。你的客户是一个未知的客户。我们是为未知的客户、未知的人设计的。如果你不这样，其他的人会；并且他们比你知道的要少得多，并且他们也不像你那样在意。

因此你是不同的；你在意。我假设你已经懂得了你的职业中物质方面的情况，而且你知道你不可能一个一个地应付这些未知的使用者，但是你试图做些什

图 6.5　自由市场经济和控制市场经济在为大批人群创造迷人的建筑方面都失败了。上图，新城：Kutiky，新布拉迪斯拉发 (New Bratislava)，斯洛伐克；下图，美国大学的学生宿舍（摄影 Craig Kuhner）

图 6.6 现代建筑的问题：它的困境和它的诅咒：为"未知的"使用者建的伟大"建筑"日本千里（Senri）新城，1961—1968 年。"空中公寓建筑群"——日本，建筑师：渡边诚，1970 年

么来改变它。而且这也正是过去那些重要的建筑师试着做的，就是做些什么来改变它。今天的有环境意识的建筑师必须要走得远一些。他必须尊重其真诚的、分析的和诚实的环境心理学同事。他必须明白他们的关注就像他们应该理解建筑师的一样。环境心理学家和医生（顺便提一句，今天的环境文献中缺少他们的参与）是建筑师用科学的方法学习其未知客户群的机会。没有那些专门的行话的长期性研究、多方向研究将会教给建筑师人类隐含的尺度。到目前为止，已经有很多著作，但是其中很多是些浮夸的东西。绝大多数都是在严肃的学生论文和大学的研究文件中冬眠着；我们自己的文件中就有很多。在很多时候今天的建筑师与环境心理学家之间处于战争状态，因为许多心理学家不理解建筑师，而且许多建筑师也不理解心理学家。迄今为止，建筑师最好的环境老师是对建筑历史的研究，通过旅行和参观正在使用的环境的经验性研究，以及对人们和客户群的直觉性学习，通过不懈的谈话、社交以及在人类学和文化方面的经验。

现在我们知道了我们需要做所有这些事情。未来的建筑师不只要对人类需要的隐含尺度负责而且要对有形的尺度负责。

—有必要接受学习这些隐含尺度的需要。

—个人观察、不断地回顾、科学研究，以及研究正在使用的建筑是必需的。

—抑制学院中所教授的有害的形式优越性的能力和章法，相对于经验优越性是必需的。

—严肃的学习、工作和坚韧不拔是最重要的。

—社会学家：去除那些莫名其妙的行话并且使你

图 6.7 过度的重复和单调的韵律造成了陌生的环境和"死气沉沉的"感觉。这是在欧洲北部和许多社会主义国家中不成功的项目。由 Kviber Krematorium 设计的 Götheborg 的住宅，瑞典

们的研究能被人们理解（建筑师就是其中一些）。

—建筑师们：经验比形式更重要。阅读以前的例子；旅行并且参观；合上你的眼睛来感觉、倾听并触摸你的建筑物。

—学生们：你们的任务是艰巨的，并且不是片面的。你必须要刻苦学习环境心理学，即使你喜爱有形和形式；如果你想了解应该到底为人类建造些什么的话，你必须学习内在联系的所有方面——即，为使用者的不可视的和复杂的智力尺度以及其可视的和有形的尺度建造。

克里斯蒂安·诺伯格－舒尔茨用一个概念清楚地解释了建筑的问题，他认为人在公共空间的行为（在那里人们使用同一种“正规的行为”）是一种附加各种制度的行为，就像一个工厂里的规则和制度，或者某种典礼上的规定。我呼吁建筑必须要回到人们中间去。从世界贸易中心、服装展示中心、受人称赞的博物馆，以及许多庄严的市政厅，建筑必须再一次回到我们的家中——并且建筑的责任应该交还到有意识的建筑师手中，就像其他文化所做的一样。

但是如果要促使这一切发生的话，我所预计的将会被忘记的这个讲座就不应该被忘记。恰恰相反，我可以大胆地吹嘘，你应该永远记住它，并且每一次当你开始考虑一个新项目或一个新的设计委托时，你就应该重温它。我希望它会永远提醒你，建筑师们不是惟一的环境设计师；提醒你人类不仅仅只有有形的尺度；提醒你人的行为是受其他事物影响的，就像人的环境影响其实际舒适程度及其心理舒适程度一样。因此，你的设计必须使人感到舒适，身体和心理两方面。如果这个环境是根据人的实际尺度定做的，那么他会感到舒适。如果这个环境不压制人的智慧和他与其他人的关系，他会在心理上感到舒适。今天我们知道某些设计标准压制，而另一些标准刺激心理利益、提高创造力，并且使某些活动比以往更加让人愉悦。[7]设计新标准的大部分知识与人的心理和精神利益有关，这些我们是从环境行为科学家的研究中得知的。

例如，我们知道人们喜欢私密性。[8]这是个设计素质并且它可以给人这些好处：如果他想独处时有这个选择，对外人来说他是不可视的且是不可挡的，而同时他能看见外面、享受景色，并且观察他的周围环境（图6.18）。我们知道人类，就像许多其他生物种类一样，喜欢占据一块他认为属于他自己的地盘儿（图6.10）。“领地性”（territoriality）被认为是人类愉悦的成分之一或者反过来也一样。我们还了解到，如果人类感觉他的领地是安全的[9]且没有受到他人侵犯，那么他会感到舒适。鼓励保护使用者领地性的设计要比那些领地容易被侵入者或其他使用者侵犯的设计成功得多。我们还确信只有在真正的私人领地，即每个人周围随身携带的看不见的空间圈子，在没有受到他人以及他人相应的“圈子”的阻碍时，他才会感到舒适。我们的私人“圈子”对我们的心理利益和行为欣快是很重要的。设计必须能允许我们的私人“圈子”不受干扰（图6.23：2）。

关于不同平面和家居布置、在不同空间中的布置规律，我们已经知道了很多。已经有很多的研究可以让我们咨询以便决定最佳的平面布置。原始的研究表明，一些平面鼓励人们的参与而其他的则不。在参与性是个需要时，我们寻求“参与者”的平面以及参与者的布置。[10]

你们不应该忘记我们已经比过去的许多建筑师知道的要多，而且我们应该为保卫我们私人和社区的领地而设计，它们能使我们感到安全（出于这个词的最佳意义），在这方面的大量研究[11]表明，一些20世纪先驱建筑师的早期结论没有保卫公共领地，即他们刺激了公共空间犯罪的增加而不是建造和平的环境。

最后，不要忘记仅仅“在意”是不够的。为了能够在你的设计中表达你的“在意”，你必须准备经历分析、研究和掌握建筑计划方法的严格训练。因为建筑计划是帮助你寻求和定义偶然性设计问题的工作，它能帮助你弄清问题的各个参数并且为你的有意义和有环境意识的答案准备基础。通过好的建筑计划你能以最佳方式回应空间／人们的问题。建筑计划不应只是大的建筑实践的一个深奥技巧，它应当是所有设计范畴的一个通用过程。

你在试着解决一个问题时要做的第一件事应该是决定问题的种类。它将帮助你将解决它的能力变成现实。问题共有四个主要种类，而且每一个种类有其自己的特点和限制。[12]避免试图解决属于不可能一类的问题。具有人所共知的性能和预期功能的传统种类建筑是简单问题。这类建筑中有很多原型．很多成功的建筑物可以让你研究、参观、经历、学习并且作为你自己的创造的出发点。新的、有创新的、也许从未建过的建筑属于复杂和艰巨问题的种类。因此，对于此类问题，准备好要做很多的调查、不背包袱、保持开明、与尽可能多的环境学同事合作，假设并质询你的假设，而且试着定义困难的问题。

在你确定了问题的种类之后，试着找出它的参数并且定义它。但是不要仅仅凭你的直觉或者你自己的价值判断来做这件事。这样做将不会考虑使用者。建筑计划包括客户的参与和有环境意识的建筑师的参与。理想的建筑计划团队应包括委托客户、使用客户和建筑师。如果没有包括使用客户，建筑师必须指出这个问题并将他引入建筑计划团队中。

目前探明的计划理论至少有50种计划方法。所有的计划方法都是由建筑事务所发展来的，并且是已经在实践中检验过的理论建议。

由C.R.S.研发的方法论是一个非常清楚、经过许多辩论的、并且表现充分的方法。它可以很好地用作入门。它可以被用来作为进一步挑战而理解其他方法论的基础。[13]C.R.S.的问题寻求方法有以下五步：(1)目标；(2)事实；(3)想法；(4)需要和(5)问题的陈述(缺乏建筑种类方面的经验需要通过研究建立一个信息背景。在综合、复杂和艰巨种类的问题中这点尤其重要)。所有这五步都考虑了形式、功能、经济和时间的相互关系。

目标是由客户提出的，同时建筑师尽力引导客户用形式、功能、经济和时间的术语来陈述他的目标。

事实是由建筑计划团队收集的。这个团队收集、组织并分析这些事实。

想法是由做建筑计划的人发现的并提起客户的注意。做建筑计划的人提供分析来引出想法并且促进决定的作出，但是作决定的人是客户。

需要就空间要求、预算和质量来说是数量的。所计划空间的要求和所期望的质量水平必须在建筑计划阶段经过计划预算的检验。

问题的陈述是问题定义和问题解决之间、建筑计划与设计之间的联系。它是用质量性的术语来陈述的，以便将项目的精髓和独特性表现出来。根据C.R.S.，这样的陈述不应少于四个，涉及形式、功能、经济和时间。

关注人类的及好的建筑计划将帮助你将你的设计与有环境意识的建筑作品公式中第四个，也是最困难的一个构成部分联系起来——这个公式是形式+功能+经济+其他所有的事情。对人类的有教养的关注和好的建筑计划是“其他所有事情”这一构成部分的保证。

你们其中一些人也许想专攻建筑计划技巧及方法论。其他的人可能喜欢于环境心理学和空间/行为问题。你们所有人都必须变得好且敏感。永远都不要忘记“人类”并且永远都不要因为一个“优雅的方法”或一个“优雅的研究”结果而牺牲人类的利益。永远试着与“你心中的人类”保持联系，这将使你变得出色且敏锐。出色且敏锐的建筑计划师和行为——环境分析师是有环境意识的建筑团队的重要成员。出色且敏锐的建筑计划和行为信息是对使用者负责的建筑的基本先决条件。

为了实现这些，你必须用道德的眼光看待你的职业。它必须成为你的使命，同时你应该成为它的主宰者。关于如何做到这一点，我认为没有任何人能比勒·柯布西耶给你更好的建议。在去世前的一个月，他总结了他一生的道德哲学：“……行动，以一种谦卑的精神行动，带着严格、带着精确。执行一个创造性工作的

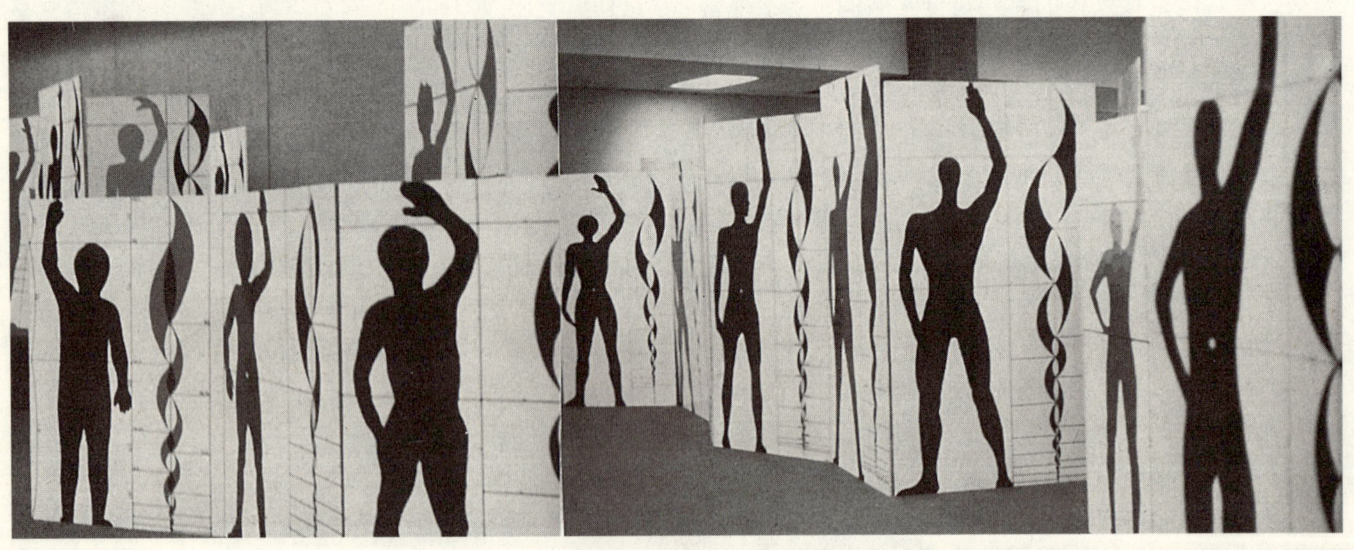

图6.8　未知的客户

图 6.9 学生们在参加关于建筑尺度的讲座(摄影 Ed Brooks)

惟一可能的氛围是包含这些素质的氛围：有规律、谦卑、持续性、坚忍不拔……”[14]

……离开时将你们的剪图带走。我想它可以成为你的起居室中一个有意义的雕塑。至少保留一张照片，在今后的日子里它可以提醒你今天。

感谢大家！ 1975年10月13日

我是在1975年10月13日给你们讲这个课的。就像我刚刚做的那样，今天我会给你们讲一模一样的课。今天惟一不同的是我会对你们坦白一件事，在我给过讲座的两个星期后那个女孩子又一次在礼堂里拦住我对我说：“我想为那一天的事道歉。我给我奶奶解释了剪图的意义。她认为你是对的。”每当我想起这一幕就会忍不住莞尔，就像当时我笑着从心底感谢她一样。

空间－行为理论

展示对人类及其未来环境的负责任态度的最佳方法是早早地显示出一种“积极的关注”以及学习环境使用者空间－行为需要的欲望。这点可以通过早期合理的训练来加以鼓励。环境设计中“使用者”和“行为”方面的问题应该早早成为年轻学生们和关心环境的公民的关注点。“关注”可以通过建设性的行动来表现，甚至当一个人还不是一个有资格的环境设计师时。行为概念可以在讲课中讲解，但是由于它们对人类关怀、交流、参与和最初的观察的独特性，最好的课程是通过实验室的讨论、练习、原始现场的研究和真正的环境问题。

这个方法已经得到了检验并且可以被认为最适合我们这一部分探究的方法。我们还发现如果将讲解空间／行为必需的介绍性理论与实验室练习结合起来的话，它要好理解一些。这个方法通过个人经历可以鼓励交流并加强学习效果。

设计专业的产品最近受到了心理和环境行为科学界代表人物批评的挑战。[15]这些批评在很大程度上是公平的。但是，在某些方面，他们却是完全不公平。关于存在于设计产品和使用者信息输入之间联系的关注，在上个十年中已在一系列的发表物中陈述过，这些发表物的概要可以被称作是环境和行为科学对设计专业信息输入的挑战。这些著作的大部分作品来自于非建筑专业人士，但是论题与建筑设计实践的批评有直接联系。[16]只有一个著名的建筑理论家是个例外，他与那些环境－行为科学家的观点类似，他就是建筑历史学家和评论家，詹姆斯·马斯顿·菲奇（James Marston Fitch）。[17]另外还有三个著名的论点，它们提出了研究的观念和建设性设计态度，并包括了目前所有的一些理论家的批评性探索。这三个研究是菲利普·布东(Phillippe Boudon)的“正在使用的建筑”[18]、奥斯卡·纽曼(Oscar Newman)的“防御性的空间”[19]和戴维·坎特（David Canter）的“环境的交流”。[20]从建筑实践者的世界人们可以指出C.M. Deasy[21]的例子及其设计事务所对设计的行为信息输入的实用范畴的关注。得克萨斯州休斯敦的C.R.S.设计事务所，代表了同时参加设计实践和“建筑计划”理论发展的另一个著名例子。

除了一些著名的例外情况，我们所谈论的这组人的作品总的来说还没有对今天的普通建筑实践产生大的影响；但是，它动摇了今天建筑师的教育方向。这个组织及其理论在两组人中产生了激烈的对立，一组是在被称为“传统教育系统”中成长起来的建筑师，他们在做设计时自然而然地使用传统方法，另一组建筑师则希望改变教育过程并通过运用合理的使用者信息输入将设计带到他们认为有环境意识的设计过程中。[22]根据环境心理学家－行为科学家组织，关键问题是所有的传统设计都是错误的并且应该使用以使用者行为为基础的设计新方向。

在这里进行一个对不同学术辩论的调查，将不会对我们有什么帮助。更具建设性的做法是将最具影响性的空间－行为理论和概念单独提出来，并且通过实验室的练习试着进行原始的研究以便进一步地理解它。

在所有最流行的环境心理学家的理论中，有两个似乎最中肯且最富影响。罗伯特·萨默（Robert Sommer）的理论和贝克特尔（Bechtel）的理论。这两个人的理论都很容易理解并且容易检验。人们在这个论题上进行进一步的调查之前应该先读一读他们的理论。

萨默的领地性理论

在所有的环境心理理论中最流行的是由罗伯特·萨默提出的领地性理论。萨默目前是环境心理倡导组织的领袖人物并且是对建筑师最不留情面的批评家。[23]萨默曾“看不起”建筑师，但是他在使建筑师屈服于他的方向以及诚实地对其作品进行自我评价方面极富影响力。建筑教育学家们十分看重萨默的理论；而且学生们，特别是那些接触过建筑作为自由艺术理论的学生们，发现他的作品很有魅力[24]并且发现他的社会－心理学的语言很吸引人。与领地性的概念同时运用的还有空间侵入和私人空间的概念。

萨默发展出一个概念，即每个人都有一个他在其中感到舒适的不同空间。另一个人的接近可能是一种侵入行为，取决于距离、照明、噪声程度、附近的人数、温度、压力等等。对萨默论点的总结如下：领地性是人类归属感的一个指数。萨默说道：“社会组织结构的另一种形式就是领地性，在其中人们知道他们在空间上的位置，而不是在社会上的位置。”[25]领地性是领地概念和定义或保护它的努力的一个混合物。“领地性是一个其主人以一种特定的方式使其具备独特性，并由其主人防御的区域。”[26]与领地有关的主要议题是个人化和防御。当领地性有个人化和防御相伴时就提高到对一个地域进行主宰的高度。对一个地域的主宰，即领地性，削弱侵犯行为。

这点是由萨默作为一个事实提出的，并且他在这个境况中进一步看到了保持社会秩序的可能性。“当每个人都拥有自己的领地时，一个人占据另一个人领地的原因就消失了。”[27]萨默还提出了相反的论点，即建筑空间可以成为我们领地需要的保护者。证明这些陈述成立的例子可以在建筑历史的研究中发现，圣山的修道院、欧洲的封建城堡和意大利以及希腊的防御性住宅都是这个心理学家论点的证明。在对萨默最重要和最具影响的理论的总结中，我们可以找到以下这些：

1. 空间可以增加领地方面的信心。实体和虚体以及使用用途的相互作用可以建立正面或负面的领地态度（正面：当关系是亲密的并具有安全感时）。

2. 在这个例子中，我们和空间成为一体，不可分离。这个特指的空间是我们的；我们是一体；我们不可分。空间和它的设计可以促进归属感。

3. 空间可以促进同一性、通用性；例如，商业空间、火车站。

4. 但是通过不同的处理，空间可以促进统一性。当一个领地是集体的时，尽管它不是我们自己的（与财产所有权没有关系），我们在里面感到像在家里一样。集体性的公共空间是最好的城市空间；例如，体育场、礼堂等等。

5. 并且有一些空间可以使我们感到超越了空间，使我们成为征服者；这个空间以一种胜利的方式属于我们（即，这个形式刺激我们的优越感）。

不同的空间、空间的种类，以及设计激发不同程度的领地性。这些可能性的多样（最佳的）是创造一个成功环境的因素。它们允许领地的选择。下列空间和处境的例子促进在城市环境中领地感的产生：

1. 街道：它们加强了领地性的感觉，特别是对孩子们。

2. 安排好的私人空间（例如，酒吧和餐馆里的包间）

3. 街道细部处理和街道设施可以让人们建立私人空间（即，足够的长凳等等）。

4. 栅栏、墙体、街道标识和建筑物细部处理加强领地性的联系。

5. 足够的室外空间可以满足人们增加其私人空间的欲望（例如野餐等等）。

图 6.10　领地性。保护他的领地同时又被它保护着（摄影 Wolfgang Stübler）

图 6.11　一个公共机构内的领地性。大学一年级学生做的放在教室内的不同颜色的盒子，用于实验室教师退回作业

图 6.12 完全的环境良知。芬兰坦佩雷公园中专门给狗留出的地方。对领地性的最高关注和“满意”超出了单独对人的关怀

6. 为大批人群的活动和公共仪式而设的空间（例如，从示威到摇滚节）。

7. 人行道。

8. 任何保护性的建筑物理所当然加强了领域性的感觉，尽管它可能疏远非使用者。

保护和领地性是紧密相连的。但是对保护性元素的包含可能引起正面的或负面的处境，取决于保护的程度（最大－最小）。一个极端的负面结果可能是犯罪。

缺乏允许领地选择的合理元素会使人们在使用他们的空间时有凑合的感觉。

缺乏社交空间会产生劣质的环境。

空间侵入(spatial invasion)是对个人空间的打扰。“了解不可视界限在哪儿的最佳方法是一直走，直到有人开始抱怨。私人空间指的是包围在一个人身体周围的带有不可视界限的区域，在这个界限内侵入者是不可以进来的。”[28]

私密性（在希腊语中没有私密性一词）是一个状态，在这个状态中，当人想独处时，有形的环境或者其细节可以让他做到这一点。

私密性和领地性是重要的。在萨默的早期著作《个人空间》一书中，他介绍了这个理论的概念，他常常用一种攻击性的语言反对建筑师以及其他一些设计师。在他的第二个研究《设计意识》中，他变得积极一些并更富建设性[29]，尽管这个作品是其理论的另一个陈述。此书在设计使用方面涉及很少，它过于笼统，在应该怎样评价空间和建筑种类方面留下了很多问题。[30]萨默的著作是重要的，但是需要记住的是，它依然只是许多概念和术语的重复，通过建筑史课程和对正在使用中的、现存处境的学习，这些概念和术语教育了几代建筑师。在欧洲的建筑学校这点尤其是个事实。美国的学校忽视了对正在使用的建筑（lived-in architecture）的学习，因此人们可以明白萨默论点的作用。正是在这儿贝克特尔（Bechtel）的理论显示了其卓越性并且值得我们注意。

贝克特尔的理论——实践的方法

罗伯特·贝克特尔（Robert Bechtel）是环境心理学专业的一个成员。他是这个领域中第一位得出能帮助设计师设计出更好、对人类更负责的环境结论的人。贝克特尔没有否认设计师的主要关注应该是使用者及其需要[31]和信息输入是必需的，但是他很清楚地说明了一个现实即由于竞争，专业人员之间常常不可能交换有关使用者需要以及他们与有形和空间概念的关系的信息。所以根据贝克特尔（同时本书笔者也支持他的观点），其答案是经验这个极为简单的概念。通过经验每个设计师可以积累他自己的信息文件，然后合理地使用它们。手头拥有这种相关信息的另一个方法可以是使用环境——行为研究资料库。这些资料库一般是在大学里或这个专业合理的分支中——建

图 6.13 重复性韵律的环境

图 6.14 学生住宅。布鲁塞尔－卢万（Louvain）大学医学院。建筑师：Lucien Kroll，1977 年

图 6.15 圣山 Iviron 修道院，希腊。从高度密集的重复性居住单位中死气沉沉的非人化到 Lucien Kroll 在布鲁塞尔个人化尝试的混乱例子。圣山的修道院和老桥（Ponte–Vechio）的例子显示出大尺度的建筑物可以容纳个人化的表现同时保证领地性的主宰和高密度。拉尔夫·厄斯金在 Newcastle Upon Tyne 的项目代表了近期对上述可能性成功应用的例证之一

筑、规划和行为研究所。[32] 这个研究将会提供下列基本问题的信息，为了实践应用设计师可以从这里学到一些知识：

1. 建筑物想要传达的是什么信息？它应该强调什么信息？

2. 分析建筑物时要以它所具备的行为种类开始。

3. 这个建筑物必须以其成功程度来评价。它是否恰恰是原先预计的那样？如果不是，哪里出错了并且为什么？

用这种方法，要么通过保持一个人自己的文件或者通过使用资料库提供的信息，贝克特尔建议，在设计过程中需要一个以观察和直觉性的解释为基础的“新中世纪主义”的时期。贝克特尔认为科学的方法已经失败了，而现在需要的是一个更系统、更富直觉性的方法。他建议为设计信息建立资料库。但是他认为，“科学的”方法，就像已经讨论过的，而且就像萨默自己关于短期与长期研究的陈述[33]，有时间的因素在起反作用——更不用说阻碍了绝对可靠信息的收集的“抑制”因素。

法国和英国在这些方面的尝试居于领先地位。英国具备高质量且“科学”，而法国则更凭“直觉”一些。布东（Boudon）的著作《正在使用中的建筑》[34]，给出了使用者－行为问题的答案，在这个问题上贝克特尔依赖知识。这个答案是通过对“Pessac”的研究得出的，皮萨克“Pessac”是勒·柯布西耶早期设计的工人的住宅区（图 6.25）。笔者相信对正在使用中的建筑的

图 6.16 Newcastle Upon Tyne 的"Byker Wall"开发区的环境敏感性和包容设计片断，英国。正在进行中的设计过程，建筑师的办公室坐落在一个被重新利用的老建筑物中（左上图）。建筑师：拉尔夫·厄斯金

学习是一个人在使用者和环境之间关系上进行自我教育的最好方法。现代建筑中备受赞扬的作品、美学方面的原型都应该是人们首先学习的作品。贝克特尔的论点已经证明建筑师没有失败；它还证明过去系统建立起来的建筑教育实践应该再一次流行起来，特别是因为它们是惟一在过去创造出迷人的设计的方法。

环境心理学家和行为科学家的时期，1960—1970年（当然直到今天），不是浪费时间。[35] 它是一个建筑挑战的时代并且是一个介绍了使用者信息输入、人类和行为问题的时代。一些建筑师也许被那些在他们

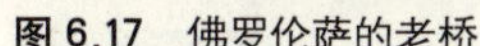

图 6.17　佛罗伦萨的老桥

图 6.18　西班牙低收入住宅中的个人的领地和私密性。Barrio Gaudí，巴塞罗那。建筑师：里卡多·博菲尔，1964—1968 年

看来是门外汉对其职业的入侵弄得很反感。许多建筑师将环境心理学家说成为伪科学家，而许多环境心理学家将许多建筑师说成伪设计师。科学方法和实践方法之间的冲突还会继续下去。也许这个冲突应该继续下去，因为其中一个可以成为另一个的挑战，并且因此通过竞争的辩证法来鼓励演变。贝克特尔很明显是站在经验主义者一边的。这个观点可以用建筑师理查德·诺伊特拉（Richard Neutra）的一段“关键”引言来最佳概括。他写道：

“……要远离这种做法，即设计师在工作时完全被科学的态度或方法所左右，或者自己就想做一个科学家。设计师有时在完成其最重要的作品时只需一秒钟的几分之一的时间，就像活着的人脑所能做到的那样。他必须继续依赖于内在的直觉，常常缩短……到一刹那，就像一个医生在实践医学艺术时，为了应付生命的紧急情况常常必须行动于……事件突发的那一刻。两者都不能有吃力的缓慢，而它常常是科学家骄傲的一点。很明显，艺术，作为生活艺术一部分的设计艺术，不能被科学和技术所取代。”[36]

学生们有责任调查两种方法，科学的和经验的。今后有时候他会感觉需要每一个。也有时候需要其中一个或两个的合作。我自己的观点是未来有环境意识的建筑师必须在科学方法和实践的空间－行为方法两方面有更多训练。对两者的调查将会丰富他并且为他将来的贡献作准备（图 6.16）。

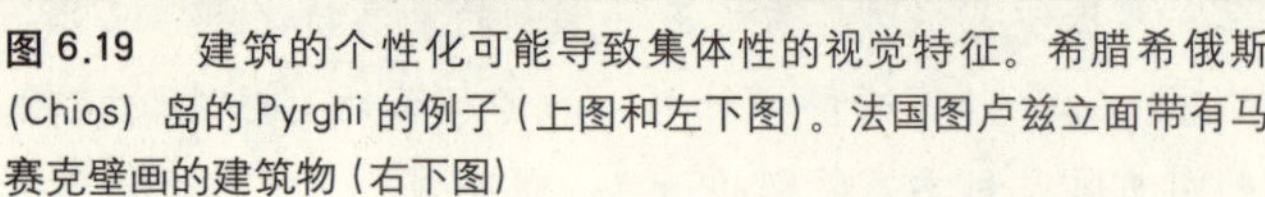

图 6.19　建筑的个性化可能导致集体性的视觉特征。希腊希俄斯(Chios)岛的 Pyrghi 的例子(上图和左下图)。法国图卢兹立面带有马赛克壁画的建筑物(右下图)

图 6.20　人们利用环境细部

图 6.21　公共空间中人们的分布规律表明人们增大个人空间的需要

图 6.22　公园长椅的设计提供了坐法的选择（组合、两个人、一个人）。建筑师：Ippolytos Papaeliopoulos，Zapeion 公园，希腊雅典

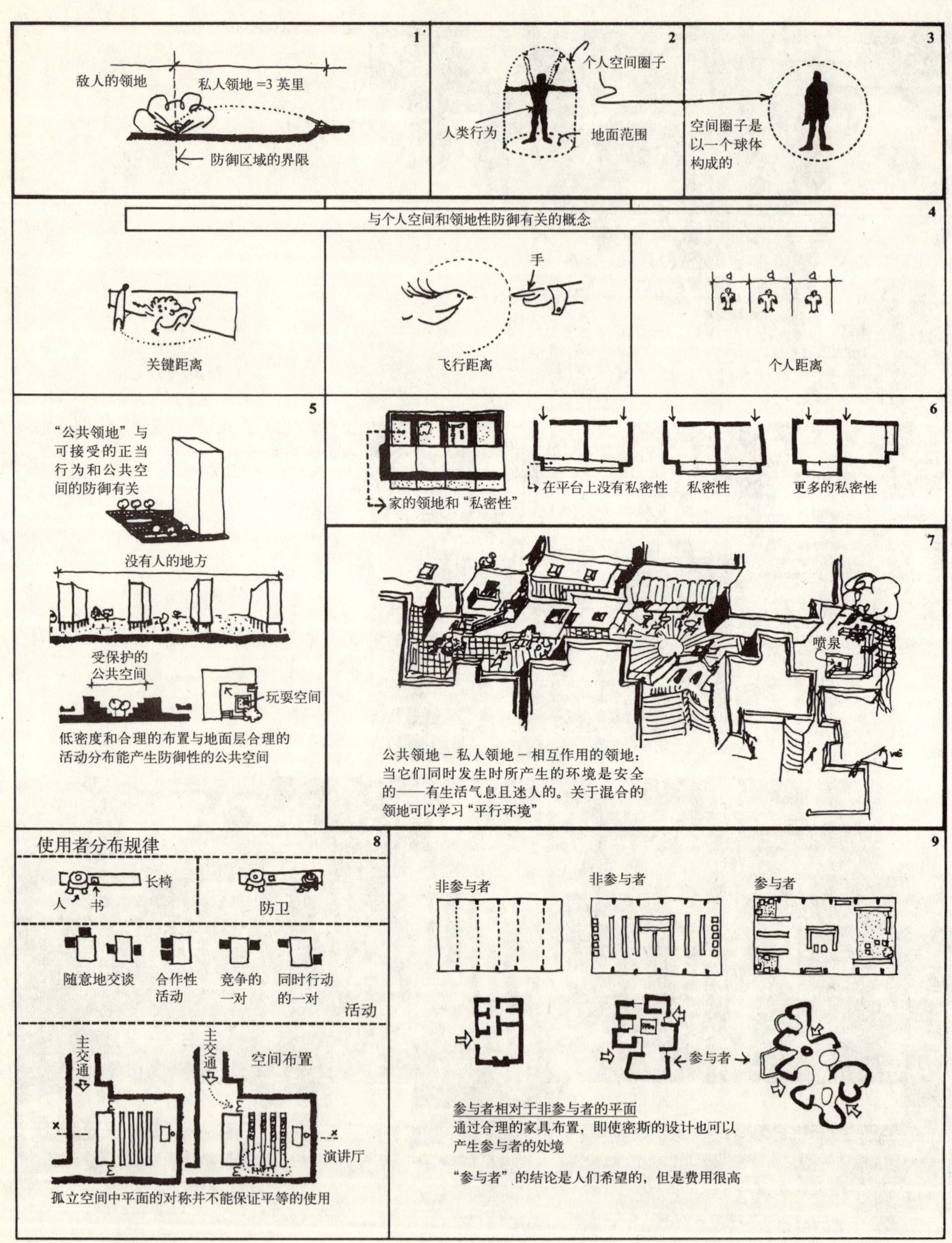

图 6.23 环境心理学的概念

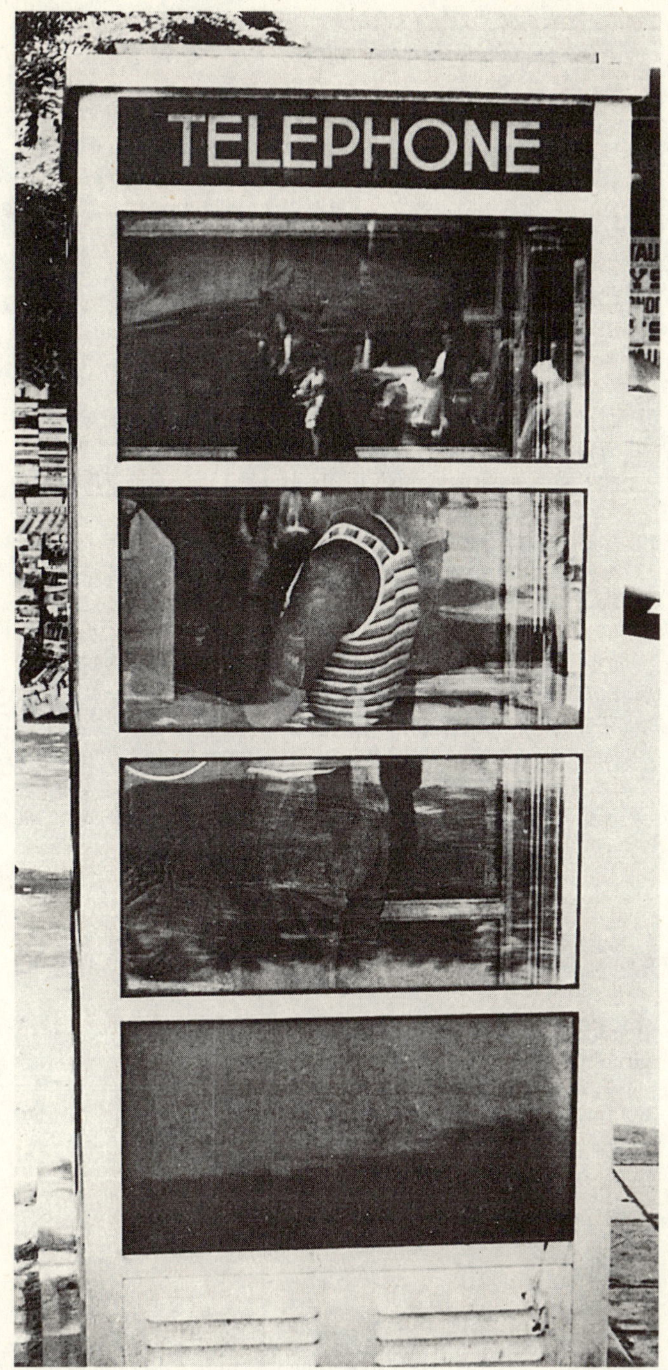

图 6.24　高度个性化的电话亭，也许是公共领地中私人空间的最佳例子

图 6.25　经过使用者改变的勒·柯布西耶设计的皮萨克(Pessac) 住宅。如果建筑师没有考虑使用者的需要的话，包括个人表现的需要，使用者的改变可能完全改变了最初的建筑意图

图 6.26　环境中的“满意”元素。Skärholmen 新城，瑞典

注释

1. Tzonis，1972 年，第 13 页。
2. Aris Constantinides 在 1947 年第一次表达了类似的想法。见 Constantinides，1947 年，第 37 页。
3. Antoniades，1972 年。
4. 这个指的是目前被不同的建筑群体所理解的职业道德观。关于建筑作为一个职业的进一步读物，见《建筑师专业实践手册》，美国建筑师学会，1963 年 9 月。卷 1，总纲。关于建筑作为一个职业的启发性读物见格罗皮乌斯，1968 年。
5. McLuhan，1966 年。
6. Bertaux,在《环境和改变》中的《人类的未来》一文,编辑 W.R. Ewald。
7. 关于与使用者行为有关的保温环境、照明环境、声学环境和空间环境的论题的资料，见 Canter，1976 年。
8. 关于私密性的进一步理论，见此章的空间－行为理论。
9. 出处同上。
10. 形容平面“参与者”和“非参与者”的术语第一次是由 Dick McRae 在其关于环境问题的未发表的论文中使用的。新墨西哥大学，1972 年。Edward T. White 曾称参与者的平面为“特制的空间”，同时称非参与者的平面为“匿名空间”。见 White，1975 年，第 70 － 71 页。
11. 关于这个论题的最好资料见 Oscar Newman，1973 年。
12. 关于此类问题的进一步理论见 Cartwright，1973 年，第 174 － 187 页。
13. 关于建筑计划的主要资料：Peña，William，1969 年。另见 White，1972 年。
14. 勒·柯布西耶，1958 年，第 173 页。
15. 关 于 Barker，Roger；Campbell,R.；Perin，Constance；Sommer，Robert；Birren，James；Lasswell，Thomas；Gans，Herbert 等等的一般性资料。另见 Canter，D.V.，1969 年。
16. Herbert Gans 曾说过：“绝大多数建筑师对社会怎样运行，人们怎样生活，以及人们想怎样生活没有一个甚至是最模糊的概念。”见 Gans,1968 年。另见 Sommer,1972 年,《设计意识》,第 93 页。
17. J. M. Fitch，1965 年，第 120 页。
18. Phillippe Boudon，1972 年，一般性资料。
19. Oscar Newman，1973 年，一般性资料。
20. Canter David，1976 年，一般性资料。
21. C. M. Deasy，在《人类行为》中的《纸面上人的规律》，社会科学的新闻杂志，1973 年，8 月刊。
22. 出处同上，第 8 页。
23. Robert Sommer,《个人空间》。另见 Edward Hall,《隐含的尺度》。
24. 这是笔者的个人证明，以学生们对 Sommer 建议假设的研究和论文的反映为基础。UTA，建筑 1361，第 2 号项目，1973 年和 UNM，建筑入门，第 2 号项目，1971－1973 年。
25. Robert Sommer，1969 年，第 25 页。
26. 出处同上，第 39－57 页，另见 Newman，第 25 页。
27. 出处同上。
28. 出处同上，第 26 页。
29. Robert Sommer，《设计意识》，对建筑师少了一些攻击和理解。
30. Sommer，1972 年，第 113 页。
31. 在这里“需要”这个术语的运用是为了与环境心理学文献中的流行语言相一致。笔者很清楚 Sommer 所做的关于“价值”(Value) 和“需要”(Needs) 使用上的区别。关于进一步的澄清，读者可以参见 Sommer，1972 年，第 129 页。
32. 除了 Bechtel，另见 Robert Sommer，1972 年，第 102－112 页。
33. Sommer，1972 年，第 123 页。在这里还参见了 R.H. Moos 和 Paul M. Insel 的资料，《社会生态学中的问题》。一般性资料，第一部分，理论和设计。以及 Rudoff H. Moos，《人类环境中的评价和分类系统：总结》。国家新闻书籍，1974 年，第 1－59 页。
34. Phillippe Boudon，《正在使用的建筑》。
35. 在发展出的无数理论中，最重要的一些是以下这些：克里斯托弗·亚历山大的“规律分析”；B.F. Skinner 的“操作学习理论”；Learner 和 Scully 的“满意理论”；Roger Barker 的“行为环境理论”；和无数理论家的“群体理论”，特别是在动物的处境。关于进一步的信息学生们可以分别参考他们的理论。
36. Neutra，1954 年，第 381 页。

所选书目

Boudon: *Lived-in Architecture*
Gropius: *Apollo in the Democracy*
Peña: *Problem Seeking*
Sommer: *Personal Space*
Tzonis: *Towards a Nonoppressive Environment*

第 7 章

建筑技术

"控制技术的平衡和和谐，在它的存在中人们必须假设的客观性，它所揭示出的我们神秘的要求的谦卑性，构成了这样一个优雅的经验，以至于它不可能不对所有智力和道德表现以及甚至对社会生活具有极大的反响。"

——P·L· 奈尔维[1]

香港银行，香港。建筑物外景。建筑师与工程师：福斯特及合笔者（摄影 Ian Lambot）

建筑是一个出于和平的目和为人类的利益而使用技术的创造性艺术。在这种意义上，建筑是以积极的方式利用技术优势的。那些使用技术的建筑步骤分别涉及建筑物的“结构”、“机械”、“照明”、“声学”和“普通环境舒适的考虑”。一个建筑作品在施工中用到的全部材料、所有的建筑和设备系统，以及为完善建筑而使用技术革新的所有技艺，都属于建筑技术的广泛关注。

可以想像在具备高新技术的发达国家，建筑技术将会是异乎寻常的复杂。可以找得到的建筑材料、机械和节源系统等等以及它们的不断改进，使得“单独的”建筑师几乎不可能对所有涉及的新发明保持一个具备深度的警觉。专门化解决了上述问题。有一些建筑师专攻建筑技术方面的问题，并且因此在建筑“合作实践”中占据了受人尊重的位置，同时普通的实践者也了解建筑技术的一般性问题以便能够与其专家同事交流。

但是“建筑技术”是一个广阔的领域。如果没有那些充当建筑师（“单个人”或“一组”）顾问角色的高度专门化的工程师，今天的建筑将不会存在，这些专门的工程师涉及结构、机械、照明、声学以及其他技术性的方面。实际上，自己本身就是一个建筑技术专家的建筑师是另一个在技术方面受过负责任的教育和训练的普通建筑师。如果他（或她）是在一个小组中，他将可以在建筑设计团队和实际的技术人员、特定项目的顾问工程师之间建立一个负责任的交流基础。必须弄清楚的一点是设计中关于结构、机械和其他环境舒适问题的研究应该是专门工程师的任务。这些工程师是与建筑有着重要联系的“专业人员”，并且他们应该在设计过程的极早阶段就参与设计，以便在一开始就与建筑师讨论整个项目。一个建筑物的实际“安全”以及它的实际“费用”高度依赖于设计过程中设计顾问有组织的参与。

抛开所有上述规则不说，极为重要的一点是，建筑师要通过其教育和实践训练来高度理解每一个设计顾问的任务。如果建筑师想要使用顾问的建议，并且如果他们偶尔想使用一些建筑优势的“小窍门儿”，做到这一点是非常重要的。好的建筑学院会高度强调对其学生的建筑技术教育。对技术原理富有深度的理解并不一定意味着建筑师必须喜爱数学和工程。[2]恰恰相反，好的建筑师对领会技术的机械法则有一种好的直觉，并且其技术人员的同事也会欣赏这一点。建筑技术人员更常用的称呼是工程师。从现在起我们将使用工程师一词。与建筑师合作的工程师中最重要的是结构和机械工程师。次一级的合作工程师常常是其他的、那些更专门化的专家例如“照明”和“声学”工程师。由于前一组工程师的重要性，在这里有必要向读者介绍一些有关结构和机械工程的最基本的语言。此章下面的部分将会谈论结构、环境舒适、建筑物系统和“能源”语汇中最基本的东西；同时在推荐的读物中人们将发现与建筑有关的灯光、声学、“系统建筑”、“建筑材料”和“能源”的进一步资料。在下面的讨论中，我们将重点放在了“结构”的概念和问题上，因为结构考虑对一个建筑物的安全和经济，以及其健康存在是非常重要的。

结构

“……建筑学的老教授进来了，并且提出了他的第一个速写问题。他在黑板上画了一个正交的墙，给出了它的尺寸，长度和高度；然后在墙边画了一个人。他用大写字母写下了他的问题：‘在墙上放置一个吸引人的洞口……不可以问任何问题。这个问题的所有参数已经给出了。你们有 4 个小时来完成这个问题。一做完马上就将你的作品挂在展览板上……’绝大多数学生在第一个 30 分钟后开始上交他们的作业。其他的人在草图上开始画钢笔图。整个练习在第一个小时结束时就全部完成了。现在轮到教授了。他没说一个字。他在教室里转悠着，在每一个作品前停一下，看一眼，然后把每一张撕成碎片……人们开始小声嘀咕。这个疯子在干什么？所有的图，包括钢笔图，都被撕成了碎片……教授走回来，点燃了他的烟斗，然后说：‘在你知道这个墙的材料以前并且在考虑它的强度以前，永远都不要在一个墙上开洞口。不同的材料允许不同比例的不同洞口。这就是你们关于结构的第一课。’……然后他离开了教室……”

许多人将“结构”一词当作“建筑物”或者“大厦”的同义词来使用。你会听到人们将一个建筑物说成“这个结构” 而不是“这个建筑物”。[3]对“结构”一词的这种用法不总是正确的；这个词在用于建筑方面时有其特指的意义。“结构”是一个建筑物中支撑所有的（动和静）荷载并将之传到地面上的那一部分。但是有时建筑物的全部外壳都需要参与结构的用途，而在这些情况下“结构”是与“建筑物”同义的。我们有原始的或“变形虫”（Amoeba）结构、鱼类结构[4]，先进

图 7.1　“变形虫”类的结构不能支持大的洞口，但是它们常常有很迷人的雕塑效果。在米科诺斯（Mykonos）的帕拉波尔提亚尼（Paraportiani）教堂，以及桑托林岛（Santorini）的街道序列，希腊

图 7.2　在阿尔贝罗贝洛（Alberobello）的“变形虫”结构，意大利。承重墙支持着由砖石同心圆砌成的砖石圆锥体

图 7.3 德尔斐阿波罗神庙的基础墙。表面带有铭文的细致的砖石接缝儿。古建筑的天才

图 7.4 墨西哥特奥蒂瓦坎（Teotihuacan）沿仪式轴线布置的金字塔状砖石结构

的结构例如壳类、膜类、充气结构类以及张力类结构。最常见的结构是鱼类原则的结构（图 7.6）。

原始结构[5]就像变形虫（图 7.1- 图 7.5）。它们是朴素的、自我承重的结构，一旦受外界力量支配时，它就会倒塌；这个力量可以是时间或者某个地震。当一个变形虫受到外力攻击时，它无力抵抗分裂成两个或三个部分。一个变形虫的每个部分对它的完整性都是必需的；一旦其中一部分由于外力的原因被移走或被毁坏，这个变形虫就会分裂。在一个“变形虫”结构的例子中，建筑物则会倒塌。当讨论变形虫结构时，“结构”和“建筑物”可以同义地使用；这点之所以成立是因为此类建筑物的所有部分对支持这个建筑物并将荷载传到地面都是至关重要的。

泥坯墙和砖石结构是原始的或变形虫类的结构。每一个泥坯对支持另一个都是必需的；建筑物的每一部分对支持这个建筑物都是必需的。但是，它并不意味着在现实中如果我们省略了某些“土坯”来创造一个洞口、一个窗户或者一个入口，这个建筑物就会倒塌。实际上，它不会塌，因为我们在这个结构中结合了其他不是土坯的材料——比土坯更强壮的材料，而它能够支撑起在它上面的土坯荷载，将荷载分布到这个结构的其他部分，并且通过它们传到地面。但是这个洞口，必须是尽可能地狭窄和朴素。希腊岛屿和美洲印第安人建筑中小洞口的原因是结构的原因。

原始的结构常常被称为“自承”和“承重”结构。一个野地里孤零零的砖石墙是一个自承墙。形成一个半径渐小的同心圆的多层砖石墙会产生一个砖石圆锥体，也许是一个谷仓或者一个印第安人的圆锥形帐篷（tipi）。一个洞穴内部的每一方土对支持整个洞穴都是必需的。四堵自承墙以 90° 角放在一起，并结合在四堵墙中的两堵上放着的一些结实的木梁就产生了最原始的人造围护空间，即古老的“中央大厅”（megaron）。印第安人的“土坯屋”和希腊群岛、意大利山城、非洲北部的城镇上的砖石住宅，以及墨西哥的村落全都是“大厅”这种原始结构的重新表现。

原始结构是经济的结构，因为它们的材料是就地取材的。它们看上去就像是从地里长出来的。你可以用这种方法修建出小的、朴素的环境，但是你不能建大的；你不能开大的洞口；你不能满足大的功能。

更先进也较常用的结构是鱼类的结构。一条鱼是以肉和骨的混合物的形式存在的。渔民打到的鱼是你们看到的鱼，但是构成鱼的是血肉和骨头。在鱼的 X

图 7.5 梅萨维德（Mesa Verde）的“太阳神庙”（上图）；在马尼－伯罗奔尼撒（Mani–Peloponnese）的私人住宅，希腊（右图）（摄影 Constantine Xanthopoulos）

光中看到的骨架是将血肉连在一起且构成鱼的部分。鱼类的结构有“血肉”和由“骨头”组成的“骨架”。你把血肉拿走而骨头会留下来；血肉不能支持鱼，只有骨头可以。然后你们可以开始研究“骨头”，你们可以看见有一个中央脊椎，然后在左右悬挑出一些骨头。骨头在与脊椎结合的地方变得很粗壮。这是因为它们必须要在脊椎处支持它们自己，并且将它们的重量以及它们支持的血肉的重量传到强壮的脊椎上。支持更多血肉的骨头甚至比其他的更粗壮一些。你们可以在鱼头部分辨别出一个粗大的骨头，即一个“加强的构件”。然后还可以在尾部看见一个粗大的接点，另一个加强构件。在原理上类似鱼的结构是构成我们今天所建的绝大部分中等尺寸建筑物的先进的线性结构。里面有一个“骨架”，你也许看得见也许看不见它，取决于这个结构的建筑表现形式（一些建筑物表现出来结构，另一些则不[6]），并且还有“血肉”。这个“骨架”或者“结构”是支持这个建筑物的部分。“血肉”是墙体、内墙、外墙维护、所有静荷载和活荷载。

鱼的结构类似于绝大多数动物和树木的结构，它直接启发了一些建筑物的结构，例如弗兰克·劳埃德·赖特设计的威斯康星州拉辛（Racine）的约翰逊制蜡公司大楼的办公塔楼，以及P·L·奈尔维在米兰设计的奥利韦蒂（Olivetti）大楼。每一个“鱼”（骨架的）结构中的关键点是基础和接合点。为了简化悬挑结构（图 7.7，图 7.9）中基础和接合点的问题，柱和梁被发展出来。不同于从一端出挑，我们现在是将一个梁的两端都支持着，因此将负担分布到两个柱子（post or column）上而不是一个“脊椎”上，就像鱼的例子。

由此建筑物最常用的骨架是由一维元素构成的；竖直的元素被称为“柱子”（posts），而水平的为“梁”（beams）。柱和梁（post and beam）[7]的结构，常常又被称为“柱与楣”，属于“鱼”的类型，而且它们是在历史上运用最多的结构。[8]柱和梁都支持重量，并且在受到荷载时它们可能产生“弯曲”、“扭转”和“弯折”状况，这些在随后的图表中表达得很清楚。

任何结构中最关键的元素是其覆盖空间的能力。因此，一个梁柱体系的跨度是重要的。通过重复遵循某种结构“游戏”规则的柱和梁，你们可以创造出一个三维的骨架（图 7.6：2）。平面中每一个柱和梁之间的距离被称为一个“开间”（bay）。一个梁柱体系中的两个柱子之间的距离被称作“跨度”（span）。从安全、经济和功能的角度，跨度的选择和开间的决定是最关键的决定。这些决定必须在很早的时期通过建筑师和结构工程师的紧密合作来决定。选择合适的结构材料将允许合适的跨度和开间。将结构开间与功能要求结合起来的设计努力能产生功能－结构协调的平面，它既经济又能创造出避免碍事儿的柱子和扰人的梁的开敞的室内空间。

柱和梁可以由不同的材料来实现，例如钢铁、钢筋混凝土和木材。今天最常用的是钢铁和钢筋混凝土。但是每种材料都有不同的承重性能。在这方面梁的“厚度”是最关键的。当跨度变大时，梁的厚度也必须变得很大。通过“桁架”的运用有可能创造出比实心儿的梁更为强壮且能够适合更大的跨度的梁。[9]一个桁架是由线性元素组成的一个梁。桁架可以是长方形或三角形的形式。它们可以帮助我们在一个方向上实现大

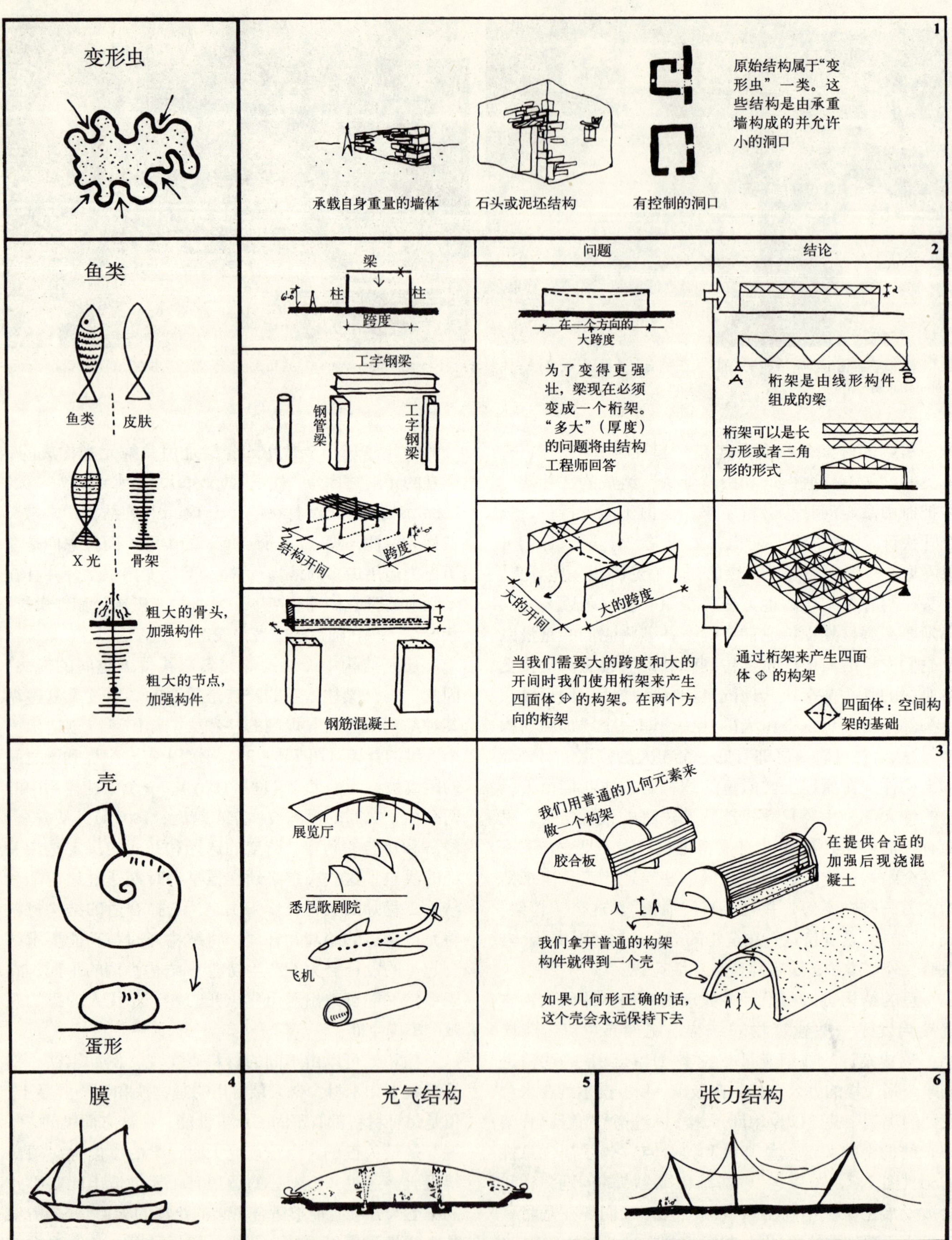
变形虫
1
承载自身重量的墙体
石头或泥坯结构
有控制的洞口
原始结构属于“变形虫”一类。这些结构是由承重墙构成的并允许小的洞口
鱼类
鱼类
皮肤
X光
骨架
粗大的骨头，加强构件
粗大的节点，加强构件
梁
柱
柱
跨度
工字钢梁
钢管梁
工字钢梁
结构开间
跨度
钢筋混凝土
问题
结论
2
在一个方向的大跨度
为了变得更强壮，梁现在必须变成一个桁架。“多大”（厚度）的问题将由结构工程师回答
桁架是由线形构件组成的梁
桁架可以是长方形或者三角形的形式
大的开间
大的跨度
当我们需要大的跨度和大的开间时我们使用桁架来产生四面体 ⊕ 的构架。在两个方向的桁架
通过桁架来产生四面体 ⊕ 的构架
四面体：空间构架的基础
3
壳
蛋形
展览厅
悉尼歌剧院
飞机
我们用普通的几何元素来做一个构架
胶合板
在提供合适的加强后现浇混凝土
我们拿开普通的构架构件就得到一个壳
如果几何形正确的话，这个壳会永远保持下去
膜
4
充气结构
5
张力结构
6

图 7.6 结构种类

图 7.7 出挑的结构有时可以帮助产生“非人间的效果”和“形式的统一性”。Wet'N Wild 游乐园（左图）。东京的“混凝土的飞舞体量”雕塑（右图）

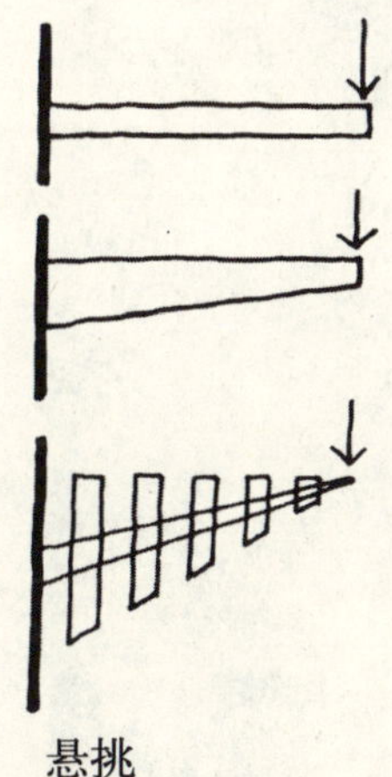

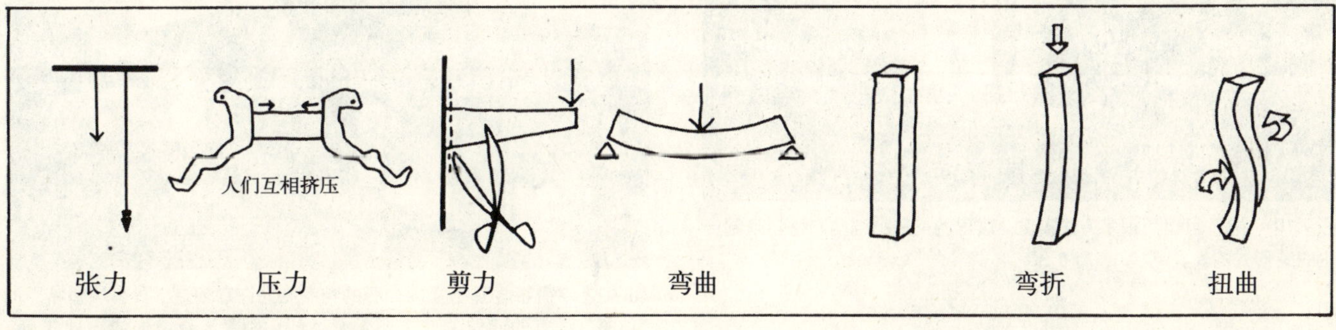

图 7.8 在压力下的应力和状况

图 7.9 芬兰坦佩雷 (Tampere) 的奥林匹克体育场。建筑师：Timo Penttilä

图 7.11 圣迭戈南加州大学图书馆的倒金字塔结构。对于一个地震频繁地区这是一个错误的几何形，它要求非同寻常的地基"做体操一样"的支持。但是钢筋混凝土坚硬如石的特点使它成为可能。建筑师：William Pereira

图 7.10 "美"可以用很多方法实现。这里的美是由结构和材料限制产生的纯形式的表现

图 7.12 钢筋混凝土坚硬如石的特点能允许它创造出具有雕塑特点的"体量"语言的建筑物。拉弗尔 (Lovell) 别墅，新港海滩。建筑师：鲁道夫 · 辛德勒

图 7.13 早期的而且最终成为最常见的钢筋混凝土的运用形式。通过现浇的柱和梁的“骨架”表现。巴黎的公寓。建筑师：奥古斯特·佩雷，1903 年

图 7.14 建筑物较沉重的上部的不合理性通过手指状的表现和对柱子的合理表达显示出其合理性的结构表现主义。高层建筑物，米兰的“Torre Velasca”，意大利，B.B.P.R. 事务所，1957 年

图 7.15 商业展览建筑物立面上表现出的木桁架，阿尔伯克基，新墨西哥州

的跨度。使用沿两个方向布置的桁架（即，带有檩条的桁架），我们就能覆盖很大的空间。

当我们有在两个方向都要求大跨度的功能要求时，我们则使用空间构架（space frame）。[10] 一个空间构架的立面看上去像一个桁架，它是一个通常有一系列四面体组成的三维结构（图 7.16）。[11] 这个三维性赋予它一个完整的内在粘合性（图 7.17）。它可以用起重机吊起然后放在四根柱子上，因此覆盖一个比一个简单的桁架或一个简单的柱和梁可以覆盖的大得多的空间。大的集会厅、展览厅和工业建筑物可以通过空间构架的方法来完成。[12] 一个空间构架的高度常常是如此之大以至于一些功能性的活动可以利用其空间。[13] 当空间构架覆盖的空间是个正方形时它们可以处于最佳运作状态，但是它们可以覆盖比例大到 2 比 1 的空间，但永远不能超过这个比例。

在某种意义上，一个空间构架可以被考虑成一个刚性板块，它是另一种空间覆盖体系（事实上有很多不同的板式系统），一个“板块”的各部分结合得如此之紧以至于当你将它提升起来时它都不会破裂。一小片胶合板就是一个刚性板块，尽管当它大到一定程度且被提升时就会弯曲。同样的情况也会发生在一张纸上。但是如果你把它对折起来它就变成刚性的了。在这种情况下你就有了一个折叠板块。空间构架、板块、折叠板块和壳都将二维结构的特性提升成了三维特性。由于外力的分布是发生在很多方向上的，这些结构变

图 7.16 丹下健三设计的空间构架的基本元素，20 世纪 70 年代世界博览会日本馆，日本大阪

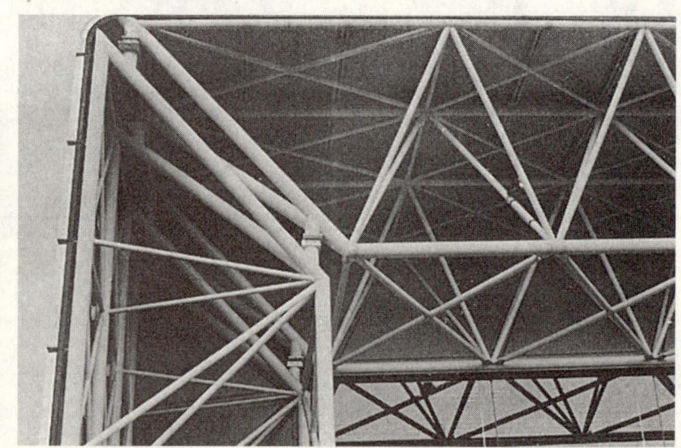

图 7.17 Saintbury 画廊，诺里奇 (Norwich)，英国。福斯特及合作者，1978 年

图 7.18 通过各种结构体系的结合的“运动”和“游戏”。柱和梁的出挑，甚至“象征性的扭曲”。Wet'N Wild 游乐园，得克萨斯州阿灵顿

得更稳定，自重较轻，常常更经济，且能够提供大的跨度。先进的结构特性[14]，例如空间构架的三维结构，可以通过组成它的线性元素（每一个普通的四面体的每一个边）的单一方向性来做到。

非常大的围护空间还可以通过几个其他的结构体系来实现，例如壳式、膜式、充气式等等。在这些结构体系中壳式是最重要的，因为通过使用极薄且轻的材料，它们有能力覆盖极其大的空间，同时在其自我承重方面也很强而且是刚性的。

壳的存在是因为它们的几何形状。它们的形式是其存在的绝对因素。壳是由板块或薄板构成的，或者由可塑性材料构成，例如以合理的方法浇进有着合适的几何形状的合适的模板中的钢筋混凝土。壳是硬挺且是曲线形的承重表面，有时是一个方向的（圆柱、圆锥），有时是同向的两个方向（球体、椭球体），而有时是反向的两个方向（互反的，即马鞍形的双曲线）。[15]

壳的尺寸可以变化，但是每个壳的比例和几何形状必须一直保持一致。

壳能够覆盖很大的空间。其设计需要极为复杂的计算，但是对于任何有着强烈的几何概念倾向的人来说，壳的概念可以是有规律可循的。曾成功地运用过壳的建筑师是一个墨西哥人，费利克斯·坎德拉（Félix Candela）[16]（图 7.21）。曾设计过极度迷人的壳并且创造了崇高的围合空间的工程师是意大利人，P·L·奈尔维[17]。一个壳的结构和一个基本结构是一个壳的建筑物是同义的。在壳中，结构体系和建筑物外壳形成了一个整体。膜的结构也是这样。

膜是不硬挺的、平的或者曲线形的承重表面。膜抵抗两个方向受力的能力可以忽略不计。[18] 为了实践，膜应该被考虑为基本上只抵抗一个方向受力的结构。因为这个原因，它不能取代壳。轮船的帆是膜。膜的高效性仅仅与它们的“重量”和“体积”的“值”有关，它影响建筑物的造价。

人类使用的绝大多数结构将荷载传到地面上，因此符合重力的法则。膜常常用于充气结构（pneumatic structure）[19]的创造[另外又被称为可充气的(inflatable)]，在某种意义上，其工作原理与重力法则相对立。不停地被从地面向上泵入的空气流可以将薄且轻的膜充起，

图 7.19 形式和结构重叠的建筑。雅典的 Lycabettus 剧院，建筑师：Takis Zenetos，希腊雅典，1965 年（照片由 Takis Zenetos 提供）

图 7.20　由当代建筑技术和合理的结构设计提供的可能性而带来的璀璨群星。洛杉矶的水晶大教堂。建筑师：菲利普·约翰逊和约翰·伯奇（John Burgee），1979 年

图 7.21　壳。费利克斯·坎德拉（Félix Candela）在霍奇米尔科（Xochimilco）设计的一个餐馆，墨西哥，1958 年

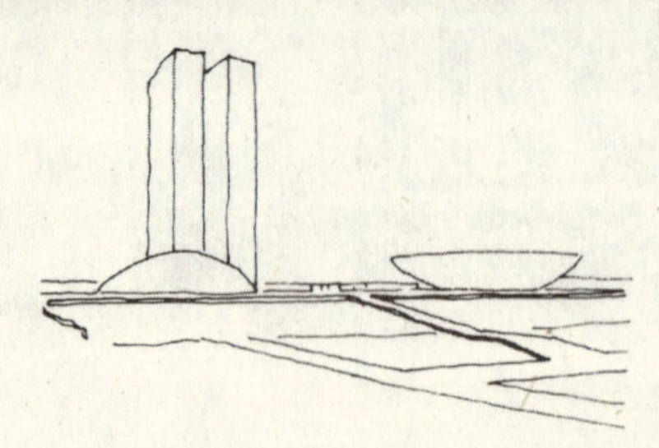

1. 政府大楼，巴西利亚。奥斯卡·尼迈耶，1956—1960 年

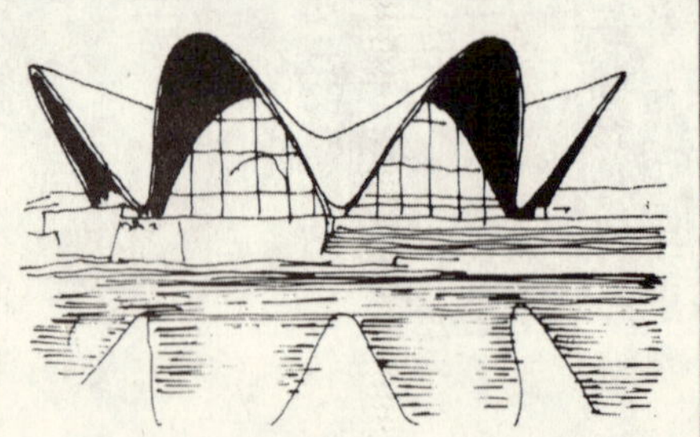

2. 餐馆，霍奇米尔科，墨西哥市，1958 年。费利克斯·坎德拉和阿尔瓦雷斯·奥多涅斯（Alvarez Ordonez）

图 7.22　许多壳是在 1950—1960 年这 10 年中修建的。中美洲和南美洲在这方面创造了重要的成就

图 7.23　不同结构元素的明晰性和连接方式是通过不同的质感和接缝表现来完成的。金贝尔艺术博物馆，得克萨斯州沃思堡，最初设计师是路易斯·康，1972 年（摄影 Tommy Stewart）

图 7.24　对结构元素真实地说明和表现。S.O.M. 设计的办公建筑物，得梅因 (Des Moines)，艾奥瓦州，1965 年

图 7.25　张力结构。代代木体育馆（篮球运动馆），日本东京。建筑师：丹下健三，由丹下健三和 URTEC 设计，1964 年

使它们保持其位置，并且因此产生气球式的围合空间。充气结构非常轻，能够覆盖极大的空间并且适应临时安装、展览和其他不需要永久功能性要求的建筑结构。壳、膜和充气结构不能用于多层功能。

基本结构的最后一个类型包括张力一类。张力结构[20]已为人类工作有年了。人类建的第一个帐篷就是一个张力结构。将一根柱子打进地面，然后将一根缆线一端连接柱顶一端连接地面就显示了基本张力结构的原理。[21]如果其他的缆线或线围绕着原来的缆线编织，一个围合就产生了，一个张力围合。一架悬索桥是一个张力结构，它的次要缆线从最初的缆线上悬垂下来。这些悬垂的缆线支持着桥面板。张力结构可以覆盖极大的空间。它们可以支持它们自己的重量以及一些极小的附加荷载，例如工人的重量、一个悬垂的平台或一个屋顶面层。张力结构极易受到风力的破坏；风容易从张力结构底下穿过，将其鼓起，在更坏的情况中，将它们“连根拔起”并毁坏。因此在张力结构的设计中，风的方向是最重要的环境考虑。[22]以前曾有过一些对张力结构的出色运用，特别是在体育馆的设计中。丹下健三（Kenzo Tange）的早期杰作，东京的代代木体育馆是一个张力结构（图 7.25– 图 7.26）。慕尼黑的

奥运会体育馆是另一个出色的例子。它是由费赖·奥托（Frei Otto）设计并计算的，奥托是目前张力结构的最主要的提倡者和最重要的世界级专家。

选择合适的结构体系

就像已经提到的，在设计过程中最关键的是对结构体系的早期选择。它是通过与解决这个问题的结构工程师的合作来完成的。建筑师必须对有关问题具备很强的知识以便能够衡量工程师提出的建议，并且能够做到尽可能地有创造性和有帮助。好的工程师能采纳好的建筑师的建议，反过来也一样。只有通过考虑周密的合作，最好的作品才能诞生。在选择一个结构体系时，建筑师和工程师应照顾到安全、造价、效率、能源消耗、应力和综合的合理性。[23] 为了进一步弄清上述问题，我们有必要对它们进行一些讨论。

在决定使用什么样的结构体系时，一个人必须考虑它所能提供的安全因素。节约材料和较安全的结构体系并不一定意味着它是一个更好的结构体系。在以安全为基础做出结构决定之前，我们必须要考虑下列因素：劳力、涉及的特殊结构体系的知识、所供应的材料和空间特点。

造价是在选择一个结构体系时最起决定性的一个因素。新的和更具革新的结构体系要比传统的结构体系贵一些。

效率在判断使用哪种结构体系和材料时是一个非常重要的考虑。一个结构体系的效率与其“重量”和“体量”的“值”有关。

一个具体建筑结构的整个能源消耗是相互比较的最好的测量工具。在这点上，所有的结构体系都能被比较，并且不管是实质性的比较还是非实质性的比较都没有区别。不仅所有建筑材料的价格取决于在制造它们时所用的能量，并且不仅类似如工时和施工时间的因素都包括进了能源考虑，而且材料本身，在物理学的现代知识基础上，也可以被考虑为能源的一种形式因此得到评估。

一个功能上类似但却要求较少能源消耗的结构体系，在长期来看有更多的可能性更为经济一些。

另外，还有一些单纯的结构考虑，它们涉及某种结构必须承受的、起决定性作用的受力方式（在荷载下的应力）。在不同外力作用下产生的应力抵抗，某些

图 7.26 张力结构。代代木体育馆（室内游泳馆），日本东京。建筑师：丹下健三，由丹下健三和 URTEC 设计，1964 年

图 7.27 以张力原理运作的带有悬索桥的悬索住宅。Bavinger 别墅。布鲁斯 · 戈夫 — 诺曼 (Bruce Goff—Norman)，俄克拉何马州，1949 年

图 7.28（对面页图） 为了实现有着多种空间要求的多功能建筑物的高效和经济性，使用多于一种结构体系的结合是必需的。根据用途和结构体系将不同的区域分开创造了具有整体结构特点的成功建筑物。宫崎 · 博 (Kazuhiro Ishii) 设计的日本直岛 (Naoshima) 体育馆弧线柱廊的柱和梁以及篮球场的空间框架。在这个例子中对结构的娴熟运用能够给予设计师特许，甚至包含进“结构妙语”。例如请注意在下图中的“缺少的柱子”，1979 年（摄影 Kazuhiro Ishii）

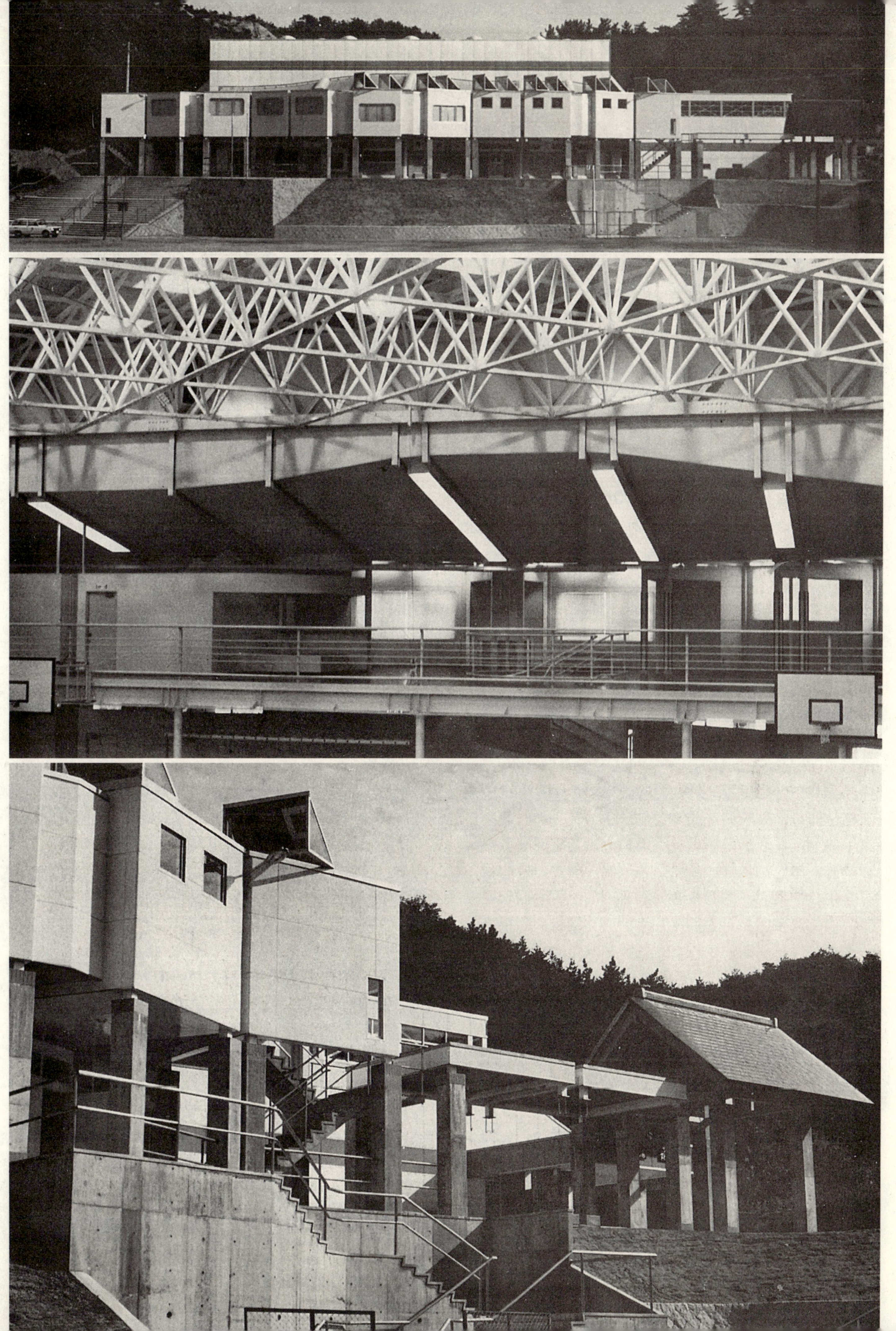

结构比另外一些表现要好一些，因此，对于某种用途它们比另外一些要合适一些。关于一个结构的应力和荷载抵抗合理程度的决定是以对基本应力和荷载施加方式问题的良好理解为基础的。工程师们必须绝对明白所有的应力和荷载情况；实际上，他们要计算它们的值并且指定仔细设计的不同结构构件来抵抗这些应力和荷载。尽管建筑师也许在实践中永远都不需要做任何应力计算，并且许多人认为他们也不应该做这些，但他们必须理解所用的术语和概念。下面的部分就是一个对三种基本应力的理解。紧随其后的是一个关于地震力（横向外力）特殊问题的讨论，它值得特别的注意。

应力

任何材料都是由物质的粒子组成的。每一种材料都有某种“性质”以及某种“性能”。由于材料的性质和性能，组成它的粒子——那些成千上万的粒子——在彼此之间保持某种距离，这个距离是这个特指的材料的特点。在其中有某种“内在的力量”使这些粒子保持在其位置上。在自然状态下这些粒子保持放松的、不被打扰的状态。它们保持它们的自然距离，“轻轻地”或“紧紧地”连在一起；如果这个材料是多孔的则是“轻轻地”，如果它是“密实的”则是“紧紧地”。在这种自然状态下材料不受任何外力。

如果由于某种原因我们进入了这个材料的内部，我们将双手放进去然后开始将两个粒子使劲往一起推，即，如果我们开始将它们“压”到一起，这些粒子将会反抗我们的压力——因为它们会想回到原来的位置，即它们感到“放松“的位置。因此，这些粒子会用我们推它们的力量往回推我们的手。它们承受着我们的双手，而对它们施加水平压力的我们的手受的是这些粒子往回的反抗。这些粒子承受的类似性质的应力被称为“压应力”，而这种情况的一般状态被称为“压力”。

相反的情况也会出现。如果我们试着将材料的粒子拉开，即如果我们“意图”使这些粒子互相离开，我们就是将它们放到了“张力”的应力下。张力是粒子对分离的抵抗。发生在我们所考虑的粒子身上的一切会发生在任何材料的所有粒子身上。现在，压力和张力是在受到水平外力时的两种“应力”情况。

另外还有一种竖直外力的可能。如果我们将双手放在两个粒子上并且试着竖直地将它们向相反的方向推，我们就是试图将一个粒子与另一个分开就像我们用一个剪刀剪开它们一样。粒子承受的这种应力被称为“剪力”。

每一个结构构件承受的基本上都是这三种主要应力：张力、压力和剪力。但是就像我们刚刚说过的，不同的材料具有不同的“性质”和不同的性能。一些材料在张力上比其他一些强些，而另一些则在压力上强一些，同时另一些则是在剪力上。结构构件通过它们的材料以及它们的基本形状来抵抗应力，例如其剖面的厚度。

如果结构构件在张力、压力和剪力方面显示出弱点，我们要么用其他有更强抵抗这些应力能力的材料来取代它们，要么我们用在抵抗这些破坏外力方面更强的材料来加强受力的薄弱部分。这正是发生在钢筋混凝土梁中的情况。如果这个梁仅仅是由混凝土制成的，在某种外力下它会断开并倒塌。就像在图 7.29：3 所示，梁上部的粒子由于承受压力而变得更接近。这种情况的发生是因为在荷载作用下，梁的上部长度变短了，但水泥在压力下表现较好。而梁的底部表面变长了（看，简单几何图形），它即意味着粒子是被迫相互远离了。底部的粒子在经受张力。如果对粒子的转移超过了一定限度，梁的底部将会断裂。就像你在图中看到的，在中轴线（称为中轴）上的梁的长度与受力之前的长度保持一致。梁的裂缝正是从这个轴线以下开始的。

为了弥补这个裂缝并且为了避免梁的倒塌，我们用钢（在张力上较强的一种材料），来加强梁的下部，混凝土和钢铁（加强钢筋）的结合，就产生了钢筋混凝土。混凝土和钢铁要经过结构工程师计算以便使它们合作。

结构体系必须抵抗压力、张力、剪力和弯曲。“弯曲”是一个结构构件在应力下“弯曲”的状态。

线性的压力构件、受压力荷载的表面和受压力荷载的空间系统应该用能够抵抗压力的材料来制作。

能够抵抗张力的材料，例如线性的钢索，能够用于承受张力的膜和索网上，以及受张力荷载的空间框架上。

抵抗弯曲的材料适用于梁、板块和刚性框架。

结构体系是有限度的。它不可能随个人的意愿大到无限度的跨度。承受压应力的系统跨度限度比张力系统的限度要小。目前张力系统的跨度限度大约是压力系统限制的 5-10 倍。

1
压力
粒子
粒子
你将它们向对方推，即挤压他们
2
张力
你拉开它们、分开它们，它们会反抗
3
荷载
受压
受拉
C′D′ <CD= 压力
中轴
在梁下部的加强钢筋来承受张力
4
在初期设计阶段参考已经计算好的图表来查看梁的厚度
混凝土梁
以英寸为单位的厚度 (d)
以英尺为单位的跨度 (L)
超出正常的荷载
正常的荷载
小于正常的荷载
考克基尔制表
混凝土梁
以英尺为单位的厚度 (d)
以英尺为单位的跨度 (L)
正常荷载作用下的 25 英尺的跨度：梁的厚度 =2 英尺
正常荷载作用下的 32 英尺的跨度：梁的厚度 =2 英尺 6 英寸
横向外力
风力
直接压力
拖拉
吸附
摇晃－冲击
振动
清扫效应
地震
风车
混凝土
柔韧
钢铁
弹簧
吸收
概念
为抗震设置的剪力墙以风车形布置
引起麻烦
结论
最佳结论
对称
好的
不对称和“自由”的形式会引起额外的问题
坏的
底层架空已经失败了
基石
基石
30~40 英尺的桩基
第一层比上层更“柔韧”和“软”的概念，如果计算不合理会是不利的
它可以变成一个有价值的东西（新西兰）

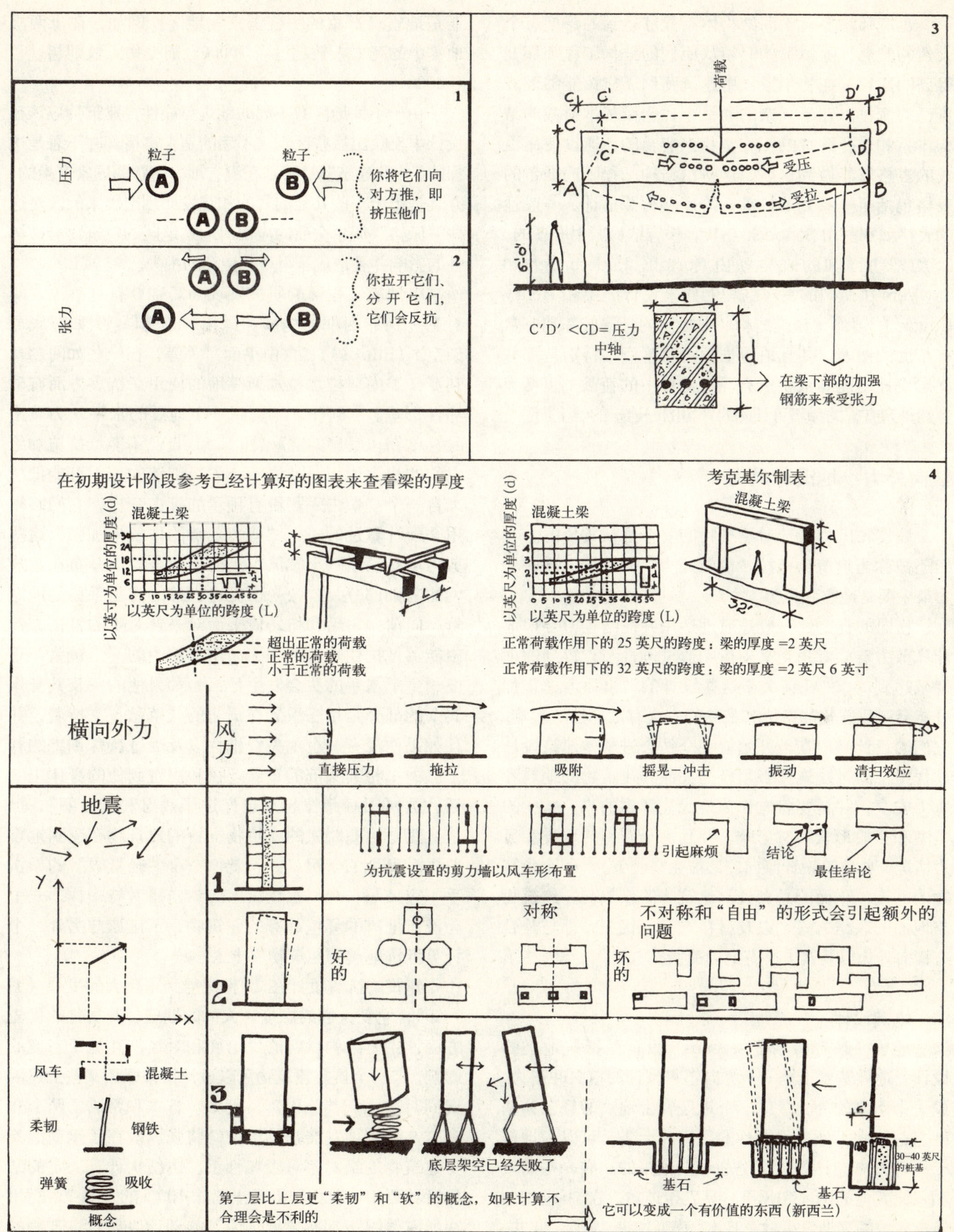

图 7.29 结构的概念

建筑师需要对不同结构体系能够达到的跨度有个大致的概念。除掉那些必须从他们的结构工程师那儿得到的建议，在初步设计中建筑师们还应该能够形成自己的意见。在不复杂的项目中，选择基本荷载的结构体系和选择跨度的工作是相当容易的；通过使用现成的表格就能做到这些。这些由结构工程师们准备的表格包括了一系列的计算，跨度和荷载估计。一般性的表格如那些由Schodek在其著作《结构》中准备的，以及一些详细的表格如由Corkill，Puderbaugh和Sawyers在他们的书《结构和建筑设计》中和Henry Cowan的著作《建筑结构》中提出的，这些都是非常有帮助的图表，并且值得推荐给学生们，特别是那些立志设计出能够抵抗所有现实世界中的荷载，包括大自然母亲有害的和不可预测的外力的好建筑的学生们。[24]

横向外力：地震和风力

地震和风力设计对建筑物的安全是最重要的。它们还被称为建筑物抵抗“横向外力”的设计，这些外力最主要是地震和风力。[25]

横向的稳定性一般是通过运用并在结构中合理地计算剪力墙、对角交叉支撑和通过刚性节点得到的框架来达到的。[26]任何关于这些设计的“事后考虑”都可能会对建筑物的造价和最终的安全有破坏性的影响。它们的设计必须在最开始就完全结合进整体建筑设计过程中，同时建筑师必须极为关注其建筑物的地震和风力安全，并且要将它作为最优先考虑的事。结构的类型和一般形状都有影响，并且由于有害的地震和风力情况某些建筑设计倾向应该被完全避免。[27]一个建筑物的高度、平面的总布置、建筑物的横剖面，建筑物与地面的联结方式，以及材料选择的优先，都与是否有横向外力以及其大小有绝对关系。

地震设计

地震（来自希腊语seismos）设计是抵抗地震的设计。地震基本上是一个方向不可预计的横向冲击力，或一个水平的外力。以一个地区发生地震的倾向为基础，这种水平外力间歇性的发生和大小是可以由地震工程师大概预计的，甚至是可以预报的。有一些国家和州比其他的国家和州更容易发生地震。在20世纪地震灾害曾频繁地发生过。日本、南斯拉夫、希腊、北非、新西兰、加利福尼亚州、墨西哥、危地马拉和亚美尼亚是地震最严重的一些国家和地区。例如，在上两次地震中的死亡人数超过了70000，而受伤人数则超过了100000。

由于不同地区有不同的地震可能性，建筑物应该在设计中反映出这些区别。不幸的是，事情却并不总是这样的。一些建筑“风格”是在没有地震问题的国家产生的，并且是出于一些其他的目的和启发而创造出来的。对这些“风格”偶尔全面的应用对地震地区的建筑物有破坏性的影响并且造成了财产和生命的损失。

以地震工程师的研究发现为基础曾有过争论，即对勒·柯布西耶的构成和风格“创造”，例如《底层架空》(Pilotis)、“自由平面”等等，在一些如阿尔及利亚、委内瑞拉加拉加斯等地的使用在抗震方面有破坏性影响。[28]例如，当受到一个地震的水平外力袭击时，单靠《底层架空》（图5.5）自己不能抵抗施加给它们的扭力作用，就像一个未经训练的人不可能抵抗来自一个“拳击手”没有预示的打击一样。它们必须用合理计算过的一个“剪力”墙的体量来加强，这些剪力墙必须以一个“风车”的形式合理地分布在建筑物的基础部分，就像一个受过训练的拳击手稳稳地站着，向前、向后和扭转着来面对来自对手的打击，希望能够抵抗住这个冲击力。用你脑中的“慢镜头”想像一下拳击手的头会发生什么，如果他的头及其身体其余的部分是用一组置在周边的“草秸”支持着，并且如果他没有一个中央脊椎柱以及受过特殊训练的脖子肌肉来将其头部的重量连接和固定到他的身体上的话。这幅图画想像起来也许过于残忍和“丑陋”，但是这正是由高跷式的支持物支持的建筑物在受到地震袭击时发生的情况。并且就像一个“轻量级”的拳击手不应该与一个“重量级”的拳击手对峙一样，一个为没有地震的环境计算的建筑物，不应该与另外一个计算抵抗地震的建筑物看上去一样。

建筑的抗震设计在20世纪得到了巨大的发展（图7.29），它受人们的态度、人们的期望、其文化的优先方面、主要结构材料的供给性和对经济和施工态度的影响。[29]一个抗震建筑物可以设计得多强调某些上述因素同时少强调其他因素。例如，日本和希腊，两个非常容易受到地震袭击的国家，将强调放在了钢筋混凝土建筑物的绝对不可毁坏性上。由结构计算决定的结构设计要用“剪力”混凝土墙作100%的加强[30]，运用在所有情况下都有“抵抗力”的设计原理对建筑物的造价有异乎寻常的影响。

美国的设计原理则是建筑物的"让步"和"柔韧性"。在这种情况下，建筑物被计算得要"让步"，而不是"抵抗"，并且在受到地震袭击时允许建筑物某些部分的部分毁坏，例如玻璃和设备，以及建筑物的摇摆给居住者带来的恶心、不适感。这个态度是通过使用轻型材料，例如钢铁、极度关注总平面和建筑物横剖面、避免不对称平面，以及最后通过非常完善的工程计算来做到的。在每一个延长的建筑物中使用"地震节点"，它能允许建筑物的一部分独立于另一部分单独地运动，或者建筑物相互之间有足够的隔离以便避免互相碰撞。[31]

其他国家例如新西兰则更进了一步。[32] 他们的目标是创造出能够完全吸收地震冲击力的建筑物，类似于一辆汽车在高速公路上遇到突然的碰撞时保护乘客的悬置系统和减震装置的工作原理。例如，人们可以将一个建筑物想像成一个实心的盒子，以某种方式"悬浮"在地面的一个大洞中，通过一个大橡胶气球的介入支持，四面用悬置系统支持着，建筑物就坐落在这个橡胶气球上。在现实中，这个建议要复杂得多，并且基础"气球"的角色可以由建筑物的地面楼板来充当，它的地面楼板是通过特别设计的允许运动的连接部分与建筑物上层的、刚性的部分连接在一起的。

在这个简介中拳击手猛击的印象、双腿的抵抗性和悬置的可能性应该被鲜明地留在脑中。但是对于建筑师来说更重要的是记住需要作出一系列非常的决定，它们一般会影响一个建筑物的抗震。它们是：

• 关于建筑物的特性（轴测平面布置）的决定是绝对重要的。

• 平面和空间制造的原理选择。它们应该与一个地方的地震设计理论相一致，并且应该强调平面布置、横剖面、主要材料的选择以及建筑技术，取决于国家或地区的优先选择以及其抗震设计的期望，建筑技术可以是完全抵抗、让步或吸收。在一些将"硬挺的"和"加强的"混凝土作为优先选择的国家中，带有"剪力墙"的"盒子式"的平面比有"底层架空"的不对称平面要好得多，而各部分的局部之间有空间变化的平面对钢材充裕并将"柔韧性"作为优先选择的国家最好[33]。

尽管有时建筑师们感觉到他们已找到了抗震设计的答案，绝大多数建筑师意识到由于这个问题的巨大

图 7.30　原始的"变形虫"结构应该避免建在有可能有地震的环境中。Oia 村庄，桑托林（Santorini）岛，希腊

图 7.31 典型的、高效的抗震建筑物，正在施工中，1969 年（左图）。超越了严格的图表式的抗震设计要求的抗震建筑物：通过对它们的精心设计使其变成了一件艺术品（右图）。Yamanachi 出版社和广播中心，江府（Kofu），日本。建筑师：丹下健三，1969 年

和重要，他们不能仅仅依赖其直觉或坚持使用他们的风格和组织偏爱而忽视地震设计工程师的经验和专长。

大多数问题都可通过地震规范的要求来解决。规范是绝对重要的并且是必须要遵守的，不管用什么方法。大多数发达国家的绝大多数建筑规范都在不断地修改以满足地震考虑的要求。这些规范要求建筑物要有一定的抗震能力。这个抵抗力可以在当地要求的基础上来计算；每一个地区都属于一个由规范划分的地震区域。例如在美国，一个建筑物的抗震性取决于地震区（Z=0，1，2，3，4）和地震系数（K），而这个系数取决于地震区和建筑物的体量。实际的抗震计算可以变得非常复杂；这完全取决于地震区域。

0 地震区（Z=0），一点也没有问题，因为在这个区内没有任何来自地震的结构破坏预测。[34] 得克萨斯州的地震区为 0（Z=0）。加利福尼亚州、北卡罗来纳州和美国东部一些地区的地震区是 2-4（问题最大）。规范的限制保证了安全和经济性，并且可以加速设计。除掉这些，其余的部分将会比较容易并将取决于结论的直觉性，建筑师结合功能和结构决定的能力，以及出于形式和视觉目的的合理的结构表达方式。但是花在合成上的“时间”因素与建筑师的训练、经验、年龄和“天分”有关系。

随着一个人变得更有经验和更“包容”，更多影响设计的参数到位得就更快更容易。在尝试建筑的道路上学生们应该明白即使一些最“有经验的”工程师也承认“地震设计挑战任何预言”。关于结构决定，我能够给予学生、年轻的建筑师或客户的最谨慎的建议是：认识到选择最好的工程师的重要性，并且从项目的最开始就使工程师参与到整个设计过程中来。

风力设计

一个建筑物总的形状，例如它的高度、立面和横剖面的联结方式都受到风力的极大影响，并且因此应该根据预期风力的冲击力来设计和考虑。风是一团有特定持续时间和速度的流动空气。建筑物必须要承受暴风雨、龙卷风、飓风、不可预计和有特殊发生期的区域风力或者速度较低但持续时间很长的风。一个持续时间很长的低速风可能对一个没有计算承受此风的建筑物造成破坏性影响。例如，这就是 1940 年塔科马海峡（Tacoma Narrows）大桥倒塌的原因。[35]

建筑物的结构设计必须要预计到所有可能发生的情况。建筑物应该能抵抗：

• 对外立面的直接风压。

• 风对建筑物的拖拉作用，即，风在建筑物表面上

移动时产生的作用。

• 在建筑物内部积累起来的负风压。

• 有可能引起建筑物中松动的部件分离的“摇摆”效果。

• 在低速风时产生的“谐波”效应，即震动、风啸声等等。

• 清扫效应，即在风吹过的路线上清扫一切物体，它有可能对过路人造成危险。[36]

由于风效应的不同情况和某些地带偶然面临的有较高危险的风力，规范提供了不同的考虑。还有一些特别的规范能够，或者应该，控制飓风区的建筑物和居住小区的整体发展。施工类型和建筑物的抵抗力对长期的保险费用也有影响。

在风力设计中整体结构和建筑物的构件都有一定作用。外墙、屋顶表面、屋顶形式、地基保护建筑物不会滑动或翻个儿的能力，以及开窗形式、洞口和消极空间，必须都要加以谨慎的考虑。如果设计中没有考虑到承受可能引起建筑物扭曲的扭曲作用，所有上述这些都可能对建筑物引起重大的破坏，尤其是如果这个建筑物的平面有个错误的形状的话。例如，不对称的建筑物就更容易引起这些问题。建筑物还必须设计得能够承受来自不同方向的风，即使设计师知道当地的主风向。[37]

对风力设计来说，建筑物高度的重要性与地震设计一样。对高层建筑物必须要给予特别的注意，并且当使用过高的框架和材料时，高度超过10层的建筑物在经济上可能会是不可取的。直观的工程技术、对结构构件的焊接而不是铆接，以及精心的抗风设计使得高层建筑物成为可能。一个典型的例子是纽约市的花旗集团大楼（图16.32，图16.33），它是一个抗风设计的杰作。它在竖直方向的高度被分割成9层楼一组，并且每组都是悬吊在上面的主梁上，这些主梁是从楼板上悬挑出来的，而建筑物的周边设有稳定核心。

风力设计还影响建筑物的细部处理和建筑组装的造价，例如窗框和门框。对这类细节的好的设计必须能承受相对的“让步”并且必须允许玻璃相对于窗框的一些运动，或者一个组装的框架相对于整个建筑物结构的运动。[38]所有这些都是必需的，以便消除建筑物各部分之间荷载的相互传导。

在龙卷风和飓风区风的问题更严峻一些，并且必须承认的是在建筑方面发展合理的“类型”的工作还做得极少，例如预制容器的统一化、使用庇护场所的统一化等等。这是一个建筑师可以非常富于创造性的设计区域，并且在这个领域中宇宙空间工程师和造船工程师会大有用途。

建筑空间的环境舒适性

在20世纪建筑行业中科技的应用是一复杂的幸事。当代科技使控制建筑空间的环境条件成为可能，并且使居住者感到舒适是一个值得高兴的事。这个极受欢迎的技术浪费了稀有资源，例如石油，并且将人类带到了环境危机的边缘，环境危机代表了目前所有建筑考虑中最关键的问题。

不幸的是，大多数建筑师和建筑评论家们在早一些时候没有关注科技在建筑上的应用。但是这种忽视对大多数专业来说很普遍，特别是在这个将其发展和兴盛以科技为基础的技术政治社会里。在这些事件的一般情况中，与建筑有关的技术应用的“道德”问题被忽视了。这个忽视的一个后果就是许多建筑师以及绝大多数学生们在这个问题上始终是“没受过教育的”。[39]

由于过去一些年中建筑行业在这些科技上的金融投资利益，最初的“错误教育”因此被建筑行业的缓慢过程变成了永久性的事物，这种缓慢性在建筑行业被传统地当作了一种规则。有观察显示，在建筑业从一个科技发明最初介绍给公众到它实际应用的时间间隔大约是40年。[40]这种现象的原因是劳工组织的态度、公众的不信任、社会对新发明逐渐接受和作废建筑规范所需的时间，以及完善建筑规范所必需的官僚主义机构的缓慢节奏。

这种拖延的另一个原因是责任保险费的增长，它使得建筑师在运用新发明方面极为小心。

就像已故的雷纳·班汉姆（Reyner Banham）写的，一个特定时期的发明，例如充气结构、太阳能供暖等等，可以预计在初次介绍给公众的40年后得到他们的接受。在20世纪80年代实践中运用的建筑方法是40年代时由勒·柯布西耶和包豪斯的人们为现代用途构想和建议的。在70年代发展起来的回应能源节约问题的各种“技术”[41]直至80年代晚期还没有得到广泛地接受，尽管所有一切都表明了类似于70年代所预言的另一个“能源危机”的现实。但是尽管这个时间间隔，建筑师们必须永远要为“能源节约”技术的未来做好充分准备。

图 7.32 ……但是所有规则都有例外！新奥尔良

具备一个新的技术道德观对建筑师和公众是必需的。[42] 它必须以能源节约的考虑为基础。“能源职业道德”必须成为所有环境设计师、公众、学生和技术人员的检验标准。随着建筑师为新的时代准备他自己（或她自己），他应该完全明了目前所能使用的东西及它如何能被最佳地利用，以及未来将会出现的东西。

我们今天所运用的不成熟的技术和我们在未来将要运用的新技术基本上关注的是我们空间的环境舒适性——温度的、视觉的和声学的舒适性。

如果建筑师们想要明智地运作并且成功地满足未来的要求的话，对一些基础概念的深入理解是必需的。不像早期那些忽视了对建筑整体评价的大多数历史学家和建筑评论家们[43]（即他们忽视了建筑物的室内、结构、机械、照明和声学舒适性），年轻的建筑师们必须要做与其相反的一切。由于建筑空间环境控制这个课题是如此之巨大（关键，但对于这样一个简介却又过于专业化），在这里关于这些问题只能仅仅给以最初级的介绍。[44] 学生们在学习过程中应该对这些问题加以深入的学习；同时，当他们作为建筑师进行建筑实践时，他们将会有合适的顾问来为他们进行这些专业化的研究。在下面的部分中将会介绍给读者们环境控制、照明和结合了所有结构、环境舒适性、材料和施工考虑的“系统建筑物”的问题。

环境控制

环境控制是涉及给一个空间加热、通风和制冷所必需的机械系统的合理位置（在平面和剖面中）的设计方面，它应该能够促进设备系统发挥其功能并且使那些居住于其中的人们感到舒适。环境控制系统常常占了建筑造价的 30%−50%，因此其协作设计是重要的。[45] 此类设计涉及问题解决的两个主要方面：通过材料的使用来控制，以及通过机械系统和设备的使用来控制。最先涉及的是材料的特性、材料在环境限制方面例如保温限制方面的（热量的损失相对于热量的得到）表现以及对材料的合理选择。建筑物环境控制的第二个关注涉及暖通空调系统（HAVC）的选择、计算和配合。这指的是供热、通风和制冷，一个完整的空调系统的必要运作步骤（图 3.33：6）。[46]

“供热”是将一个空间保持在比周围环境温度高的一个温度。

“通风”提供环境空气并且排除足够量的室内空气以便提供一个满意的生活环境。

“制冷”是将一个空间内部的温度控制在比周围环境温度低的过程。

对早期供热系统（壁炉和炉灶）的研究表明，现代供热系统（中央供热——空气、用热水为媒介的蒸汽、重力暖空气系统和加压空气系统）是最有效、最容易维护的，更干净并且比早期的系统危险少。能源问题是在后来才进行考虑的。正是这个问题才是现代技术最关心的；并且目前对能源问题最主要的解决办法是

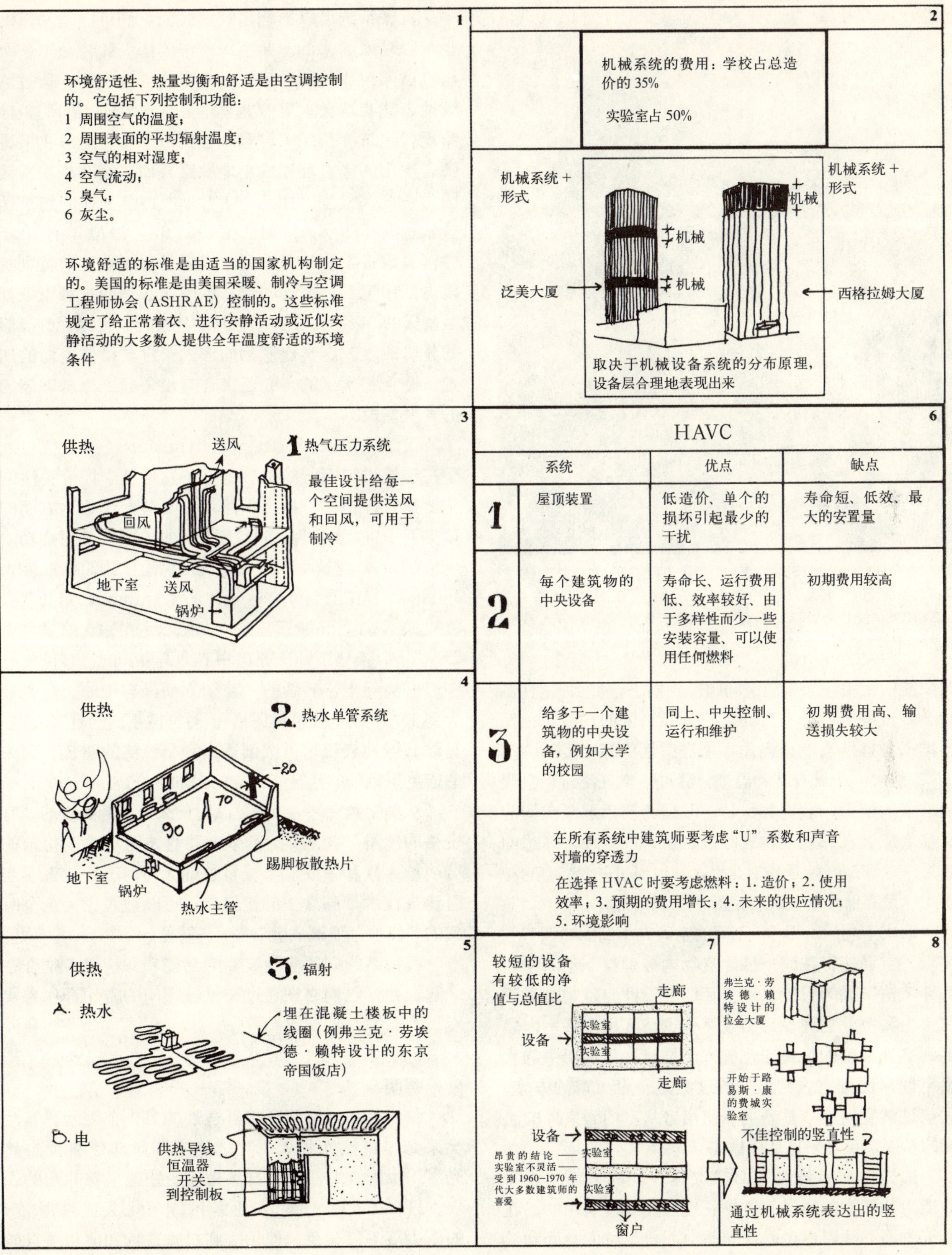

	系统	优点	缺点＋
1	屋顶装置	低造价、单个的损坏引起最少的干扰	寿命短、低效、最大的安置量
2	每个建筑物的中央设备	寿命长、运行费用低、效率较好、由于多样性而少一些安装容量、可以使用任何燃料	初期费用较高
3	给多于一个建筑物的中央设备，例如大学的校园	同上、中央控制、运行和维护	初期费用高、输送损失较大

图 7.33　环境舒适性的概念

图 7.34　理查兹医疗实验室。第一个运用“服务”和“被服务”表现主义概念而设计的建筑物。机械设备的竖直烟囱在平面上有自己的特点并且在建筑物体量上表达出来。建筑师：路易斯·康（摄影 Jay Henry 教授）

太阳能的使用。如果能源问题得到解决，那么“空调”将会变成一个在所有方面都极为吸引人的局面。在发达国家被理所当然地当作环境舒适性头等要素的“空调”，是对一个具有某种温度、湿度、空气流通和空气清洁度的氛围的创造和保持，以便为使用那个空间的居住者或者在那里操作或存放的材料产生一个理想的效果。空调最开始是为工业用途发展而来的。[47] 它的初次用途是存储要求某种特定环境状况的棉花。

取决于它们的用途，不同的空间有不同的“调节”要求。空调使得在同一栋建筑物内分别控制不同空间的环境情况成为可能。建筑师们在设计建筑物时必须在室内和室外之间设计出过渡性调节环境。从室内温度到室外温度的突然变化有害于健康。用平面中的次要空间来促进室内到室外的过渡是一个可取的方案。这些过渡空间应该具备调节使用者从室内到室外的温度的功能，反过来也是一样。

选择空调系统时还必须选择在耗能方面、设备的能力和所需的通风管道的长度方面经济实用的。在建筑方面必须考虑中心化和非中心化系统的长处和缺点。[48]

机械系统可以影响建筑形式。它们可以是暴露的也可以是藏起来的。弗兰克·劳埃德·赖特是第一个将机械系统作为一种形式表达方式的建筑师。通过清晰地表达其拉金大厦的竖直烟道（图 10.18：18），他给现代建筑介绍了一种竖直性的形态学。通过机械设备表现出的竖直性还成功地被路易斯·康运用在费城医学研究实验室（图 7.34）中。[49] 许多其他的建筑师也做过同样的事，特别是在 1960 年至 1970 年的 10 年中。对设备系统的完全表现很容易在工业厂房特别是发电厂中见到，在这些例子中所有必需的机械设备都是暴露的。[50] 人们在许多较新的建筑物中可以看到类似的建筑表现。这类建筑物的形式来自其设备走向的形式，竖直和水平的，它还来自对设备间、冷却塔等等的表现方式。

雷纳·班汉姆（Reyner Banham），第一位引入了在建筑机械系统的基础上进行建筑美学评价关注的主要建筑评论家，指出伊丽莎白女皇大厅是这方面的顶尖例子。[51] 人们现在可以举出一些在这方面更成功的（更诚实的）建筑物，例如建筑师约翰·约翰森（John Johansen）在俄克拉何马市的哑剧（Mummers）剧院，渡边诚（Watanabe）在东京 Sinjuku Ward 的“空中公寓”，以及建筑师皮亚诺和罗杰斯设计的巴黎蓬皮杜中心（实际上，后者的一整个立面没有别的，全是放大到 1 ：1 比例的机械图形）。对机械系统的真实表现，勇敢真诚地表现，可以创造出一个经济的建筑，因为它避免了额外的建筑物外壳的附加造价。

从美学角度来看，并且以对什么是“经典”的“有资格的理解”为基础，建筑物像蓬皮杜中心、伦敦的劳埃德大楼和香港汇丰银行总部大楼，这些代表了当时建筑技术最高潜力的建筑物，可以被考虑为这个时代的“经典”建筑成就（图 7.37）。

机械系统必须与建筑物的功能和结构要求结合在一起，并且它们必须通过与机械顾问的密切合作来实现。[52]

照明

照明是室内空间环境舒适性的另一个因素。有两类采光：自然光和人工光。建筑师倾向于喜爱自然光 [53]，并且他们常常在自然光线的处理上有非凡的表现。只有在人口过剩和商业集中（市中心发展、高密度）的压力下不可避免地使用了高层建筑物和使用了自然光无法达到的空间时 [54]，建筑师们才接受了使用人工光

图7.35　机械系统作为建筑表现的一个组成部分。詹姆斯·斯特林和詹姆斯·高恩（James Gowan）设计的莱斯特大学,工程大楼（细部处理）（左上图）；拉尔夫·厄斯金在Newcastle Upon Tyne设计的Byker Wall住宅（右图）；阿尔瓦·阿尔托设计的奥塔尼米（Otaniemi）大学机械厂（左下图）

的必要性。今天光线被考虑为建筑元素之一，就像砖和灰泥一样（图9.8，图9.9，图9.10）。

自然光是通过一个建筑物的“平面”和“剖面”的设计协调来控制的。但是在有自然光的设计中“剖面”比“平面”更重要一些。合理的剖面甚至可以给有着极大进深的高层建筑物带进自然光线。“合理的”剖面是通过运用“天窗”、“高侧窗”和不同高度的不同“洞口”来做到的（图9.1、图9.2、图9.3）。

传统环境曾成功地运用过光线。合理的采光，再加上建筑物体量的表现方法，能在立面上投下产生富有韵律的阴影，因此能使在室外的漫步经历更加令人愉快。但是如果自然光处理得不合理，它可能会引起一些问题。传统建筑成功地避免了“眩光”（图7.38，图7.39）。

“眩光”是由不好的采光产生的不适。[55]它是由以下原因引起的：

1. 光源与使用者太接近；

2. 两个光线环境对比强烈却没有过渡。

传统建筑曾通过分解建筑物体量的方法来控制眩光。我们可以通过合理的平面和剖面设计来避免眩光。一个“前廊”或者一个有顶的游廊可能很好地解决眩光的问题并且在室内和室外之间提供一个过渡。

建筑师必须考虑自然光线和人工光线以及每一种光线的优缺点。在这个问题上的特定信息输入必须要从照明顾问那里得到。[56]

自然光线的优点

1. 它不浪费能源；不用花钱；

2. 它影响人的心理，因为它随着每天的不同时间、季节以及地区加强人的特点；

图 7.36 历史和当代的建筑物，在这里“机械”系统被作为建筑表现的一个组成部分。圣山（Athos）的修道院建筑（Vatopedi 修道院，上图）。哑剧剧院，俄克拉何马市，建筑师：约翰·约翰森（下图）

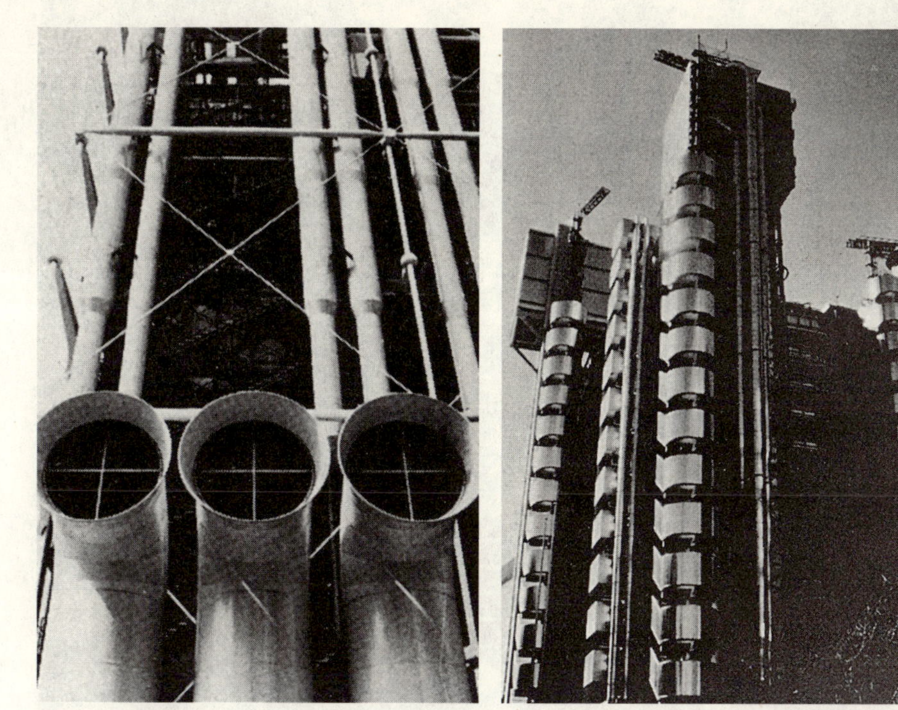

图 7.37 “高科技”的机械和结构表现主义。蓬皮杜中心（左图），建筑师 皮亚诺和罗杰斯，巴黎。劳埃德大楼（中图），建筑师：罗杰斯建筑事务所，伦敦。香港汇丰银行（右图），香港。建筑物外观。建筑师和工程师：福斯特事务所（摄影 Ian Lambot，右图）

图 7.38　Acoma 的眩光控制，新墨西哥州

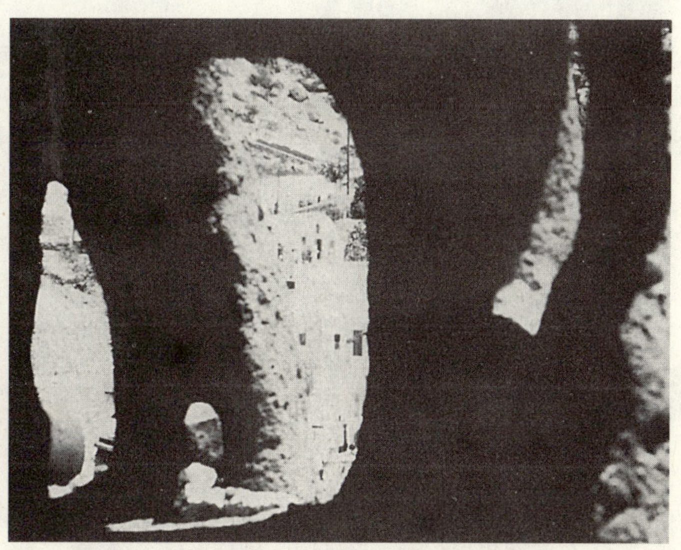

图 7.39　Troglodytic 居住区的眩光控制，桑托林岛，希腊

3．它允许形状的明晰性；

4．它在不同的时间产生不同的气氛；

5．它创造了建筑。伟大的建筑作品是通过自然光不同情况的“生活”和“戏剧性”的多种可能来实现的。

自然光线的缺点

1．将自然光引进室内的代价，特别是如果必要的建筑“剖面”过于精致的话；

2．不灵活性；不可预期性。有阳光灿烂的日子和阴天的日子，因此不能保证充沛的自然光；

3．天空的眩光；

4．“平面”的限制（超过 50 英尺的平面进深）绝对需要人工光线的使用；

5．不能适合所有类型的生产活动。

图 7.40　通过天井或带天窗的走廊引进建筑物内的自然光产生了动态、游动的室内环境。在普埃布拉 (Puebla) 的建筑物，墨西哥

人工光线的优点

1. 24 小时的灯光；持续地输出；
2. 可以控制（打开—关闭）；
3. 强度可以控制并且可以促进某种“情绪”的产生；
4. 可以控制种类和强度来促进某种特定的生产目的；
5. 可以被用作反犯罪的工具。

人工光线的缺点

1. 过度的使用影响能源消耗；
2. 它需要花钱；
3. 它需要灯具；
4. 它容易引起不正确的使用。

与建筑师有关的照明问题包含了六个主要方面：(1) 美学；(2) 功能考虑；(3) 施工考虑；(4) 光线分布的种类；(5) 灯的种类和 (6) 光学的术语。

Ⅰ. 照明的美学考虑

照明与建筑物韵律，以及“特殊情绪”或“气氛”的唤起有直接关系。

1. 建筑物的韵律。白天的自然光线在建筑物立面和体量上产生阴影的深浅，它能够突出韵律。在夜间这点是通过使用人工光线来做到的。在夜间的人工光线可以“为在白天看上去分散的一个景色提供连续性”。[57] 它可以产生不同的韵律和“抽象性”。这个抽象性类似于白天当建筑物细节被雪盖住时所产生的抽象性。好的人工光线可以每晚产生理想的抽象性，而由雪所产生的自然的抽象性和连续性常常是不常发生的，并且在某些地方根本不存在。

2. 特殊“情绪”。不同的区域有不同的灯光要求，并且室内不同的灯光情况加强不同的功能并促进不同的用途。

Ⅱ. 功能考虑 [58]

在决定灯光时必须要加以考虑的主要功能考虑如下：

1. 建筑物的用途；
2. 空间用途；
3. 有不同照明要求的、使用此空间的组织；
4. 空间的大小；
5. 在一天中使用此空间的时间。

图 7.41 耶路撒冷拉莫特（Ramot）小区的低造价住宅，以色列。建筑师：泽维 · 黑克尔，1976 年。用于耶路撒冷的多边形住宅的预制板材。建筑师：泽维 · 黑克尔，1976 年

III. 施工考虑

关于灯光的主要施工考虑是与所使用的灯具以及它们与建筑物不同构件的连接方式有关。常用的是装在建筑物上的灯具、悬垂的灯具和与建筑物结合在一起的灯具。它们之间的协调以及与建筑结构之间的实际关系是通过“镜像顶棚平面”的研究而来的。这些图纸所表现的是一个人抬头看顶棚时所看到的一切。

IV. 光线分布种类

活动、所进行的工作，以及想要产生的情绪都对光线分布的种类有影响。分布可以是直接的、半直接的、一般性散射的、半－非直接的或者非直接的。

V. 灯具种类和 VI. 光学术语

建筑师必须明了不同种类的灯具的特性（即白炽灯、荧光灯、高强度灯）并且必须理解“光学术语”。与人工光线打交道的照明专家和室内设计师也许每天比建筑师更频繁地使用一些术语，例如“下投光”、“上投光”、“壁光”、“上－下投光”等等。这些术语常常在字面上就能解释清楚。

在 20 世纪的伟大建筑师中，勒 · 柯布西耶也许将自然光线的运用发挥到了最极致的地步，而朗香教堂则是他运用自然光线的天才杰作。[59] 另一方面，弗兰克 · 劳埃德 · 赖特创造了显示出自然光线和人工光线结合的杰出室内空间。他在旧金山设计的莫里斯商店的镜像顶棚平面是一个整体灯光设计的杰作。其他几位强调照明，并且甚至自己设计灯具的现代建筑师们有阿尔瓦 · 阿尔托和埃里希 · 门德尔松（Erich Mendelsohn）。后者不仅仅将照明设计与结构和机械设计结合起来，他在考虑建筑物夜间照明时还画了这些

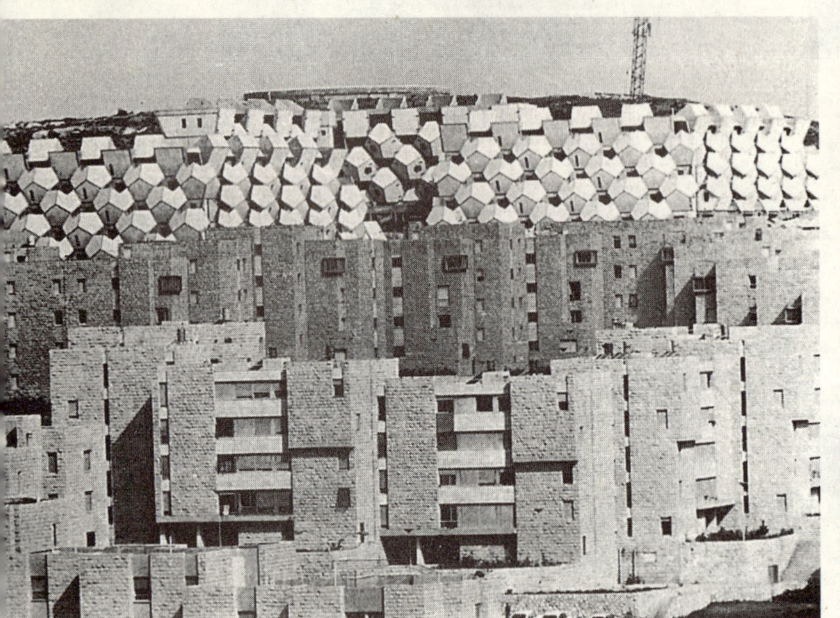

图 7.42 系统建筑和预制能够将非凡创议的造价降低。由泽维 · 黑克尔为以色列拉莫特居住小区设计的多边形住宅部分是在与其附近的传统住宅一样的预算内完成的

建筑物的夜间速写。这些速写抓住了通过夜间人工灯光实现的“建筑抽象性”。

系统建筑

当建筑技术的所有方面都被结合在一起时，当完成这个结合的一个系统被发现时，并且当这个系统为施工发展出一套系统的技艺和方法时，我们就有了一个“系统建筑”的例子。

系统建筑和预制法成为了自然的建筑方法是因为近期产生的需求是由下列情况带来的：建筑物体积的增加、发达国家“国民总收入”的增长和从一般化到专业化的劳动力的改变。[60] 系统建筑是一个包容的术语并且它依赖于“预制”。它可以是单个构件的预制或者整个单位的预制。预制运用了组装线的技术，这是 20 世纪的专业化所熟悉的技术。但是预制不是一个近期的发明。它的历史可以追溯到希腊古典时期。帕提农神庙的柱子是用预制的元素组装起来的，它先被提升到位然后用融化的铅竖直地固定好。在更近一些的时期里，达 · 芬奇在 1516 年倡议使用建筑预制。他在法国卢瓦尔（Loire）规划了一个乌托邦的城市，它是由可以拆卸的系列房屋组成的。只有地基是在工地（in situ）上建的。

1851 年约瑟夫 · 帕克斯顿爵士在英国伦敦为大博览会修建了“水晶宫”。[61] 它在 1854 年被拆卸开并且在锡德纳姆（Sydenham）重新组建起来。这个有趣的历史建筑在 1935 年被一场大火烧毁。这个伟大的水晶宫是在令人惊奇的 9 天内树起来的！如果没有预制，这一切是不可能做到的。

在 1854 年，巴黎国际博览会的四个可拆卸的巨木房屋被运到了澳大利亚并且在悉尼被重新组装在一起。[62]

取决于不同的情况，预制可以是不同的种类。如果施工工地有足够空间的话，预制可以在工地上完成。

也可能是一些工厂制造预制的构件然后在一个相当大的地域内提供他们的产品（这个供应半径有时可以长达125英里）。

目前世界上绝大多数的建筑物是通过预制来完成的。一些社会主义国家，为了大规模解决住宅和施工问题，极大地依赖于预制。在前苏联80%的施工量是由预制完成的；瑞士是60%，而在英国是40%。在非社会主义国家中，法国和瑞士在这方面处于领先地位。[63]世界范围内，粗结构预制是40%，而细节预制则是整体的60%。

在预制中重要的是将“规划”、“施工”和“生产”作为一个整体考虑，而不是分别的过程。[64]一个预制构件的设计必须包括这个构件的所有方面，从每一个小的细节到整体。

在实践中共有三种主要种类的系统：构架式、板式和盒式。[65]当一个系统使用的是线性预制构件时它就是一个“构架式”的系统。“板式系统”在围护结构的施工上使用的是二维的预制构件。

“盒式”系统使用的是预制的三维建筑外壳，它被运到工地上，用起重机提起，然后固定到位。对盒式系统可能性的一个早期研究例子是建筑师摩西·萨夫迪（Moshe Safdie）在蒙特利尔做的“住宅”（the Habitat，图9.2：65）。[66]荷兰建筑师Piet Blom在鹿特丹Black区建造了一个非常有趣的多边形系统的住宅项目（图16.29）。路易斯·康也曾试验过盒式系统的建筑，而日本建筑师黑川纪章（Kisho Kurokawa）最成功地树立在Nagagin的双塔，在笔者看来，是使用盒式系统建筑的最佳例子之一。

今天的大多数系统不能抵抗地震，特别是构架和板式系统。这是由于其节点的多样性。这些系统在“通用室内围合”的创造方面还有问题，尽管它们在城市景观中常常允许相当多的室外空洞的创造。关于通过系统建筑物的方法来实现“大的围合空间”的问题，一个已经研究了一段时间这个问题的人是以色列建筑师泽维·黑克尔（Zvi Hecker）。他在以色列沙漠里设计的“犹太教会堂”（Synagogue）是这个可能性的好例子（图9.2：46）。[67]黑克尔还设计了运用多边形的形状和预制法制造的住宅（图7.41，图7.42）。他设法用与普通建筑物同样的造价创造出了不同寻常的结果。

到目前为止在它的演变中，系统建筑还没能够创造出迷人的环境。不幸的是这点在社会主义国家和资本主义国家都是事实。

目前关于系统建筑的问题不是一个有关形式结果的问题。它更多的是一个能源的问题。系统建筑能否节约能源？答案是非常复杂的；它必须要考虑到与能源有关的每一个新型系统造价和益处的极为复杂的研究。[68]实际上在劳动力和花在施工上的时间方面来讲，系统建筑节约了能源；但是当它要求生产新材料时，它是否真的能够节约能源？这点才是答案所在；并且这个答案必须来自其他的专家们及其在未来进行的研究。

建筑师们，特别是在过去受教育的那些，需要等一等，休息一下，也许从过去的经验中吸取一些东西，也许在过去的文明中寻找并且将它们的原理作为能源教义。不考虑能源问题地使用技术对建筑师来说是一个不能接受的实践行为。在使用技术时不能闭着眼睛。

笔者在能源问题上的个人观点是以“休息的观念和过去文明的能源研究“为基础。如果它能被广泛地接受的话，这个观念有可能对未来的、有能源意识的建筑具有相当的影响。出于这个原因，这点将下列的章节中进行进一步的讨论。

注释

1. 奈尔维，1965年，第96页。
2. Salvadori-Heller，1963年，第8页。
3. 在这里我对著名结构工程师Mario Salvadori的观念持不同意见。在其结构概念中他将“建筑物”和“结构”等同起来。他将“结构”看做空间的围合和定义，而不是将荷载传到地面上。Salvadori声称，“只有在很少的例子中一个结构的主要目的是抵抗荷载：荷载一般是一个必要性和一个不可避免的恶魔。” Salvadori-Heller，1963年，第12页。
4. 结构比喻，“变形虫”和“鱼”，在这里出于解释的目的才介绍来的。
5. 关于结构历史评价的讨论，见Cowan，1966年，第3-6页；另见Salvadori，第4-5页。
6. 关于结构表现潜力的美学争论，见Michelis，1963年。另见：Knowles-Villecco，1980年，第48-49页；Abercrombie，1980年，第50-54页。
7. 下面关于各种结构体系的讨论是基于：Corkill，Puderbaugh，Sawyers，1974年；Salvadori & Heller，1963年；Schodek，1980年；Cowan，1971年。上述顺序是根据笔者为建筑学学生提出的这些资料交流重要性的欣赏程度而定的。
8. 简单、合逻辑且经济实用的梁柱体系从希腊“大厅”时期一直使用到今天的高层办公楼、商业和住宅施工。被用于波斯、罗马和哥特建筑中的拱券的复杂结构体系，创造的建筑物要少一些，且常常是宗教和实用性的建筑物。见Cowan的“结构的选择”，1971年，第15页。
9. 所有的总体资料见上面注释7。
10. 一个“空间框架”是一个多面的、连续的框架，它在三个方向同时抵抗所有的加于其上的外力。Rapp，1964年，第4页。另见上面注释7。

11. 空间框架的种类有无数复杂的区别。空间框架种类常常被称为“格子系统”，并且一个普通的空间框架是“方格”框架。一个方格框架可以被形容为一个连续同质的二维系统，它常常由一系列长向和横向的构件对称地绑在一起来抵抗所有施加于系统平面的常态外力。Rapp，1964年，第2页。另外的一般性资料见Fischer，1964年，第2-20页。另见Corkill，Puderbaugh，Sawyers，同上，第246-260页；Gugliotta，1980年，第58-65页；Wilson，1987年，第81-87页。
12. 密斯·凡·德·罗曾为他的大聚会厅项目提出过使用空间框架的建议。S.O.M.曾为科罗拉多泉的空军学院设计过杰出的空间框架，科罗拉多；另外还有贝聿铭及合笔者，建筑师Ammann和惠特尼，结构工程师，为纽约国际机场设计的多家航空公司候机楼，以及丹下健三和URTEC在大阪设计的日本国家馆，1972年国际博览会。
13. 在日本，生活容器曾被连在丹下健三的空间框架上。在Yona Friedman的空间框架建议中也提供了生活设备。
14. 关于基本的介绍见Salvadori & Heller，1963年，第222-242页；Cowan，1971年。第329页，第339页，以及Fischer，1964年，第26页，第72页。
15. 见Salvadori，1963年，第294-357页。
16. 见Felix Candela，1964年，第45页。
17. 一般性资料见P·L·奈尔维，1965年，第102页。
18. 关于膜，见Salvadori，1963年，第272页。
19. 出处同上，第276页。
20. 关于这个话题的基本资料，见Frei，Otto，1962年。
21. 出处同上，第147页，第155页。
22. 出处同上，第32页。
23. 合理性的问题属于“可选择结构”的一般性问题。关于进一步的争论，见Salvadori，1963年，第74页。
24. 同样的资料见上面注释7。
25. 见Ambrose/Vergun，1987年。
26. 见Schodek，1980年，第480页。
27. 关于形式和抗震和所产生的平面／剖面类型的相互联系见Arnold，1980年，第33-37页；Dowrick，1978年，第81-88页。
28. 见Wang，1981年，第59页。关于与Wang相反的观点人们应该参见Seligmann，1987年，第142-151页；Anderson，1988年，第110-114页。
29. 关于抗震设计不同态度的讨论是以下列资料为基础的：Osman，1976年；Dowrick，1977年；Wang，1981年；Arnold，1980年，1987年。
30. Wang，1981年。
31. 关于美国抗震设计的思想见Ambrose/Vergun，同上，第48-63页。
32. 关于新西兰的例子见Arnold，1983年，第74-76页。
33. 见Osman，1976年，同上。
34. Z=0并不一定意味着地震永远都不会在那里发生，它只是意味着一个可能的低强度地震不应该引起任何结构破坏。
35. 见《进步建筑》，1980年第2期，第107页。
36. 关于风力对建筑物的影响见Ambrose/Vergun，同上，第38-39页。关于相反的，影响行人活动等等的“建筑物对风力的影响”，见Crump，1974年，第38-40页。
37. Ambrose/Vergun，同上。
38. 出处同上，第47页。
39. Banham，1969年，第13页。
40. 出处同上，第27页。
41. 在这点上的著名例子是有关太阳能的实验。早在20世纪50年代中期在亚利桑那州和新墨西哥州的一些激进个人就开始了一些先锋的作品。见库克，1974年。在20世纪70年代早期几个研究所开始了实验项目。
42. 在20世纪70年代中期，“新道德观”集中在对老建筑物节约能源的原理、回收利用和修复的接受上。在美国的座右铭是，“让我们在能源节约上投资而不是浪费”，《美国建筑师学会学报》，1975年3月，第19页。对公众的教育也是关注中心之一。见《美国建筑师学会学报》，1975年9月，第40页。
43. Banham，同上，第14页。
44. 给建筑学学生的基本专业资料：McGuinness和Stein，《建筑物的机械和电器设备》。
45. 出处同上；另见在《美国建筑师学会学报》中的“能源管理”，1975年9月，第11页。
46. 后面讨论的基本资料：McGuinness和Stein，同上。
47. 关于环境控制评价的一个历史概略，见Banham，同上，第29-70页。
48. 细节同上。
49. 关于机械系统和形式之间的关系的一个讨论，见Banham，同上。另见Burns，1983年，第44-49页。
50. 关于上述问题的进一步读物，见Hasselman，1975年，第48页。
51. 同上，第258-264页。
52. 关于进一步的一般性读物，见Banham，出处同上，“在环境技术方面的读物”，第290页。
53. 关于自然光的基本资料：Lynes，1968年。另见Kohler-Luckhart，1959年，第109-143页；Hopkinson和Kay，1969年，第42-68页。
54. 关于人工光线，见Kohler-Luckhart，1959年，第147-219页；Hopkinson和Kay，出处同上，第68-120页。
55. Hopkinson和Collins，1970年，第80页。
56. Boud，1973年。关于各种光线环境优缺点的一般性资料。
57. Larson，1964年，第13页。
58. 关于灯光设计考虑的进一步讨论，详见所有上述资料，以及McGuinness和Stein，照明部分。
59. Larson认为勒·柯布西耶的朗香教堂是现代建筑中自然光线运用的经典例子。Larson，1964年，第x页。
60. Schmid-Testa，1969年，第6页，第8页。
61. 出处同上，第12页。
62. 出处同上，第12页。
63. 百分比的出处同上，第14页。
64. 出处同上，第16页。
65. 关于系统建筑的主要资料：Schmid-Testa，1969年。另见Kurt Braudle的演变资料，1974年。关于美国系统建筑的进一步资料，见《建筑系统规划手册》，1971年。
66. Safdie，1970年，第59页。
67. Hazelton，1974年，第33-34页。另见Hecker，1972年，一般性资料；Hecker，1969年，一般性资料。
68. Dietz，1969年，第13-17页。

所选书目

Anderson. *Structural Architecture of Major Modernists*
Banham. *The Architecture of the Well-Tempered Environment*
Corkill, Puderbaugh, Sawyers. *Structure and Architectural Design*
Wang. *Stylistic Dogma vs. Seismic Resistance*
Schodek. *Structures*

第 8 章

为能源保护而设计

“……太阳是我们永恒未来的惟一希望……斯基罗斯岛屿（希腊）：优美、简单、高效，生活在那里的人们长寿，一个小小的社会是以人为中心的，而不是汽车。日常所需的大多数能源由风车提供。但是那里的女人们没有洗衣机，没有烘干机，没有洗碗机，没有电视，没有任何一种小玩意儿，而且没有电冰箱。当她们洗了头发后，太阳将它们晒干。你也许会说这是一种原始的生活。问题是，今天的美国人会接受这样一种生活吗？恐怕答案是不会！”

——哈里 · 安东尼（Harry Anthony）博士[1]

“休斯敦……正确地被构思为且被宣传为一个高速公路城、汽车城、太空城和投机者的城市……休斯敦的高速公路网是被称为20世纪现象的商业带的极致例证……加油站、服务到车的设施，以及为了吸引驾车时速60英里的人们的视线所设计的广告展示……Gertrude Stein曾说在奥克兰那里没有“那里”。人们也可以说在休斯敦人们永远也到不了那里……休斯敦是20世纪后半部分的典型城市。”

——阿达 · 路易丝 · 赫克塔布莱（Ada Louise Huxtable）[2]

我们已经提到过，对目前环境设计关注负有责任的一个主要因素之一是我们过去能源运用的不充分性。人类已经浪费了稀有资源（例如石油）；我们也没有合理地使用其他可供使用的资源（例如煤炭）；并且人类没有从事有关如何使用丰富且无穷的资源（例如太阳能）的研究，尽管这些研究可能会是硕果累累的。我们在总体上失去了对能源的控制。对能源保护的关注和对有关替代性能源的思考是最近的事情。在20世纪70年代早期建立了一个对紧急的能源危机的普遍认识。设计师们，特别是建筑师、城市设计师以及城市规划师们，应该关注任何与能源有关的事情。另外，如果他们想要开发出对环境有利的设计，他们应该发展出一套受其“能源道德观”约束的设计新方法。

在“能源危机”中对能源的关注全都走了形。其后果是，“能源”被很多人表现为一个科学性的关注，并且关于对能源负责的设计的一些极简单的事实被忘掉了，或者没有被合理地表现出来。就研究和替代性能源而言，化学和物理学确实是重要的。但同样是事实的是，从能源角度出发的对环境有利的设计不应该一定只是科学努力和科学研究的结果。“有能源意义的”课程可以通过学习对环境有利的传统建筑的经验来得到。实际上，笔者坚信对能源负责的环境设计的答案藏在许多成功的传统环境中，这些在研究中曾被忽略过。……我们在这里将集中考虑这些被忽略的问题以便得出一些可以用来作为未来设计基础的基本原理。

在建筑术语中提到的“能源道德观”可以简单地由对“热量损失”和“热量获取”的新态度、“技术复杂性”以及对建筑物环境控制、建筑形式和材料新标准的采用等几部分组成；所有上述也许能够或不能够加强能源保护。在这些已经广泛地出现在一般性和专业化读物中的广义因素中，关于建筑形式的次一级因素的重要性较一般，特别是当人们已经假设“材料”和“技术复杂性”可以通过敏锐的设计师容易进行控制。这种逻辑带给我们的重要事实即，正是一个建筑作品的基本设计能揭示出这个建筑物是不是一个有关能源的“道德的”阐述。

同样的逻辑还要求我们将注意力放到“空间”创造这个始终存在的考虑上，这曾是而且也永远应该是建筑师的任务。空间应该超越“遮蔽物”的要求并且应该有足够好的质量来促进高效率的功能、舒适性、交流和对使用者的心理吸引。这个“空间”创造过程的构成元素可以抽象地考虑成既是物质的也是人的。[3]空间的物质构成元素[4]就是三维，它最终决定建筑体量以及实体与虚体的序列，这些序列通过采光韵律的建立来控制室内的特点。这个构成元素取决于空间的使用者，他们通过其生活方式（和需要）、文化涵义，或对“纲要”（Schemata）的某种欣赏[5]，对建筑师设计的三维整体产生反馈并且赋予它其各自的意义。[6]因此，将能源节约作为其任务的建筑必须寻求满足三维空间和人两方面的要求。

在质询他们的“能源道德观”时，建筑师必须要超出他们现有的，绝大多数在性质上仅仅有关技术和包含各学科的考虑[7]（例如，对各种太阳能供热系统的关注）。建筑师在设计原理上必须回到设计基础上来。他们必须回到其早期建筑教育和训练的一些先决条件上。他们必须再一次询问关于控制实体与虚体的问题，控制其作品的体量特点的问题（动态相对于静态的体量），以及控制关于回应能源保护要求的室内空间制作的态度。他们还需要在大尺度建筑设计方面也发展出同样的关注，即城市设计和规划方面。

探索新墨西哥州有能源价值的建筑原理

对许多乡土建筑“空间”和“地方”的“类型”和“原理”的研究[8]揭示出一些经验教训，这些经验教训加强了我们对与建筑有关的能源道德观的欣赏和尊敬。我们在这里将集中考虑新墨西哥州的例子，因为“印第安人村落”中能源高效率的建筑还存在着并且还“兴旺”着（图8.1，图8.2），而且因为目前有足够的研究证据来证明我们的论点，并且因此也发展了一些有能源意识的环境设计原理。但是，我们必须注意到的是科罗拉多州的梅萨维德（Mesa Verde），一个大规模的窑洞居住群落（图2.12），是另一个类似的教学理论例子。[9]

在绝大多数原始建筑中，火是人类使用的自然能源。惟一受到损害的生态是附近的森林和回收利用的肥料。但是，人类不得不自己付出代价。其消耗了内部的能量。其生存依赖于自己身体的能量和辛勤劳动。辛苦和疲劳伴随着由其早期史前穴居生活方式带来的湿气和潮湿引起的不适，是其为高度的自然能源保护（无意识的）的生活方式所付出的代价。在那个早期时代，新墨西哥州有三种不同的居住方式：洞穴、悬崖洞穴住所和地下以及悬崖上用于举行仪式的空间

图 8.1　陶斯的印第安人村落，新墨西哥州

(cliff kiva)[10] (图 8.5)。

悬崖“住所”(图 8.2) 是早期洞穴住所的进一步发展，它们的入口被人造的墙体或者被与悬崖混在一起的结构保护着，偶尔这些结构中的洞穴组成了建筑物的后半部分。这些住所是通过开挖土地并通过将附加部件以“体量”表现的方式来做到的。“体量”的因素是根本性的。从能源节约的角度来讲这个成就也许是个偶然。人们可以轻易地说最初是结构的原因，即砖石和土地这些建筑材料的特性要求一个“巨大的”方式。但是“体量”是今天的设计师们应该保留的一个事情，如果在能源道德范围内建筑物能够完成的话。洞穴和悬崖住所的“巨大的”表现方式给了它一个能够吸收、储存和延迟传导在白天得到的热量的巨大能力，并且在日落之后将这个热量辐射到空间中来帮助缓和夜间的寒冷。[11]

会堂 (kivas) 是举行仪式的空间，大多数是通过开挖土地的方法来完成的地下空间。对自然光线的绝对控制、通过费力开挖的断面的通风，以及对称性是它们的基本客观特征。

在所有的例子中成为独特特征的客观构成元素是：

1. 有着独特的表现形式的“巨大性”；
2. 实体对虚体的优越性；
3. 毗邻性和高密度；
4. 平面和剖面的对称性，特别是举行仪式的空间；
5. 过渡空间的使用结合了光线、临时结构和为缓和眩光的散射光线的质地。

巨大性：体量的结合方式和分解

我们可以将“质量”和“巨大性”看作新墨西哥州中对能源有利的设计中的设计要点。在后来的日子里，悬崖的体量或人造砖石墙体的体量被独立的自然形成物的体量取代，人类常常将其建筑物连接在这些独立的自然形成物上。我在这个种类中提出了几个例子，并且有一幅照片我将它称为一个乡村“小亭”(图 10.3)。这个小小的沙漠建筑物代表的也许是一个视觉平衡、一个自然和人工的结合、一个独立的大石和建筑物之间的双人舞 (pas de deux) 的独特例子。这种乡村“小亭”式的住所种类也许主要是出于施工经济的目的才建成那样的 (因为大石帮助去除了一堵墙的造价)，但是即使经济性是惟一的考虑，我们还可以说能源的节约是一个附加的效果。这里的能源是免于修建第四堵墙而节省下来的人的能量。葡萄牙和希腊早期的建筑师们给我们提供了无数其他的这种独立的大石－建筑混合物的例子。

“巨大性”的下一个种类只在新墨西哥州纯粹的人工修建的住所才能见到。印第安文化中所有的村

图 8.2 紧挨着班德利国家保护区岩壁旁的美洲印第安人住所，新墨西哥州

落都表现出体量的高质量优点。通过毗邻性、共用墙体和对砖石和土壤的使用，在美国查科峡谷（Chaco Canyon）、班德利国家保护区（Bandelier）和陶斯（Taos）的印第安人村落都做到了能源的经济性，不管是自然的还是人工的。自然的能源保护与洞穴住所和举行仪式的地下会堂的能源保护原理一样。另外，印第安人村落还广泛使用了燃烧木材并结合了壁炉和烟道，这些壁炉和烟道在热源熄灭后和在寒冷的夜晚里给室内环境辐射了热量。

体量的结合方式还促进产生了令人愉悦的工作区域，这些工作环境避开了直射的日光并有阵阵清风保持清新。这些工作区域是通过村落整体体量的“人的尺度”[12] 和整体体量的结合方式达到的（图 8.3）。

新墨西哥州建筑中能源保护的“体量”的“体积”被分解成表达清晰的部分，因此产生了一个“自由的”或“雕塑式”的整体构成。这个“雕塑式”的特点来自由移动的太阳产生的永远变化的阴影图案，是太阳最终赋予了建筑物生命。这个动态性（表面上影子的运动）在体量之间创造了迷人的空间并且创造了工作角落，而且通过各种不同的体量分解（在体积和平面上），在白天的炎热中提供了在室外进行生产劳动的地方。印第安人村落体量比例的一个附加效应是它打破了眩光，如果体量集中在一个“静态的”体积中的话，眩光会是令人难以忍受的。

实体与虚体

与新墨西哥州建筑的“巨大性”直接相连的是实体对虚体的优越性。新墨西哥州印第安人村落展示了小洞口（虚体）的原则。这些洞口在使用在张力方面呈弱势的材料时是合适的，例如石料和土坯；同时它们对热量的损失和获取是重要的并且它们保护室内不受常年阳光灿烂的晴天的直接日晒。这些小洞口加上

图 8.3　当人的体能和人类能源用于施工方法中时，将建筑物的“比例降低”是一个合乎逻辑的事情。在这里“比例”和“能源高效性”的所有元素都存在。在陶斯的印第安人村落中正在进行的施工进程，新墨西哥州（照片，1989 年）

图 8.4　博尼图（Bonito）的印第安人村落，查科峡谷国家保护区。景色和结构的考虑

图 8.5　Tyuoni 的废墟，在班德利国家保护区的社区性印第安人居住区，新墨西哥州

那些巨大的墙体在寒冷的夜晚中帮助保持了舒适程度(图 8.4)。有关实体对虚体的优越性的具有代表性例子可以在新墨西哥州教堂的剖面中看到。每一个这类结构的洞口都被独特地安排在圣坛的上面，使太阳的光柱在做弥撒时能照射到十字架上。在其他情况下，特别是在住宅建筑中，小小的各个虚体被合理地布置在墙上以便固定某个特别的景色或者抓住阵阵清风并将它们引进室内。实体对虚体的优越性在新墨西哥州的设计中已经被很好地理解为一个原理。它代表了这个州的绝大多数乡土建筑的一个特点并且也是很多当代作品、住宅和公共机构作品的特点，这些作品在传统中提取精华并且以一种直觉性的现代方式使用这些传统和地区性的原理。当然，有某些不好的新建筑例子，特别是商业和办公建筑，它们偏离了这个非常逻辑化的设计实践。

毗邻性和高密度

到目前为止，我们讨论了“巨大性”和体量的结合方式以及实体对虚体的优越性。第三个元素，目前为止对能源保护方面最重要的，是“毗邻性”这个元素。洞穴住所和印第安人的村落代表密度非常高的城市居住群例子。在过去这些高密度是出于保护自身的目的；整个城镇成为一个由它的居住者操作的防御机器。尽管通过这种毗邻性实现的中心化极大地缩短了人们之间的交流线路，促进了城镇劳动力的分工，并且为那些居住于其中的人们提供了一场在城市剧场中永远上映的表演。今天，我们已经丢失了毗邻性。没有控制的发展和无计划的扩展加长了人类之间的交流线路。我们现在拥有长得不能令人相信的管道、电线网络和运输渠道，所有这些都消耗着我们星球的稀有能源。我们的欢乐是昂贵的；社会生活的礼仪已经丢

图 8.6 圣莫尼卡的锥形谷仓，萨卡特卡斯州(Zacatecas)，墨西哥。实用性谷仓的圆形原理成为在圣莫尼卡附近村落圆形厨房原型的创造者。圣莫尼卡，萨卡特卡斯州，墨西哥

失了。我们人类的体能（劳累）和自然界的能源在追求分布于隔离的环境里的欢乐而被浪费掉了。

无计划的扩展是能源危机的中心问题，并且无计划的扩展是建筑师和规划师们最重要的，也是应该最先着手处理的广泛问题。新墨西哥州的陶斯、班德利和查科峡谷国家保护区，以及那些非凡的大尺度洞穴住所，科罗拉多州梅萨维德的"洞穴中的城市"，是美国优秀的城市类型学但却在美国的建筑教育中受到了极大忽视。但是它们在很久之前就给出了这些问题的答案，而且应该成为教授保护能源的城市设计原理的楷模。但是毗邻性和高密度直接与人们在这些状况下的生活态度有关。在这里人的因素是个极其重要的考虑；它是能源保护设计类型的主要因素。关于空间"人的因素"和"人的构件"的讨论现在准备就绪。

对称性

比其他任何一种更多地影响设计（并且由此影响能源保护）的考虑是"人的因素"[13]，它的含义具有不同的层次[14]或者"对纲要的欣赏"（appreciation of schemata）。[15]人们对由建筑师决定的空间(反馈和意义）产生反应，并且接受空间到他们回应其物质，活动和心理需要的程度。在那些具有同类性人的因素的社区内，人们可以在建筑和城市设计中看到同质性。这点在传统的新墨西哥以及很多其他文化例如希腊、北非、意大利南部和其他地区都适用。在具有"复杂的人的因素"的社区内（多种生活风格、文化差异等等），在建筑上则有多样化和多样性。在多样性的极端例子中，例如美国，人们可以观察到环境的极端；并且如果这个多样性一开始不能通过教育渠道、巨大的政府计划和文化刺激完成的话，一个合理的能源保护的建筑发展就不可能。新墨西哥州教给我们一个合理的能源保护的建筑原理，它还显示了早期那里的人们对空间、高密度和环境形象（例如，居住者对土坯结构的热爱）的态度的同质性。

新墨西哥州早期的居住者们有着共同的偏爱、共同的符号和"纲要"，以及受到普遍接受的生活方式。在人的组成元素中，生活风格，并且更进一步，"生活的礼仪"[16]，对建筑和城市形式有直接的影响，这些形式显示了人们对能源保护和能源关注的尊敬。在建筑方面表达出来的生活风格和共同偏爱创造了印第安人村落的高密度和毗邻性，以及会堂和祭祀场所的公平的独特几何形状。具备某种功能的场所的形状［举行仪式的会堂、房间、印第安纳瓦霍族（Navajo）人的住所(hogans)］是对称的（圆形、半圆形、八角形、正方形）[17]；同时整个城市单位的形式在地形允许时，以及在一般环境限制下也遵守了紧凑的对称性原则。对称性和绝对形状的几何形可以在地下建筑中得到很好的施展，因为一般的环境限制（太阳、风、景色、雨、地形等等）都被挡在了外面，它们对建筑物的形状不产生任何影响。绝对的对称性对地上建筑不适宜，因为在地面上环境限制起作用。不同种类的建筑物，以及每个建筑物具备的不同功能，有着不同的环境要求，它对建筑物的不同部分影响就不同。地下建筑的对称性，除掉给使用者提供的同等潜力，它还在享受供暖和通风方面提供了公平，并且它的经济性也是不可言喻的。因此，对称性（圆形、正方形）应该保持下来，既使不能做得更多的话，它起码应该成为检查我们能源节约方案的关注之一，我们今天设计的很大一部分多功能建筑物中，严格对称的空间非常可能有很多机会，例如大的旅馆、购物中心、社区和大学建筑物等等。不提别的，一个好的、严格的、在几何方面有着较好的平衡的空间能帮助我们合理地分布热源和冷却设施，并且为室内用户提供经济公平的舒适性。另外，如果室内需要不同的功能时，其特点可以是没有对称性的地面布置和交通格局。

眩光的处理

太阳的亮度和昼夜温度的极度差异是新墨西哥州建筑的主要环境问题。亮度引起"眩光"的不适，在某种好些的程度上，它被已经讨论过的体量结合方式缓解了。吸收日光的质地（米色的拉毛水泥）和平面中控制眩光的过渡空间是另外两种控制眩光的主要方法。眩光与自然资源的浪费没有直接关系，但是它与人类能量的控制和人类的舒适度有联系。眩光的问题是通过在平面上考虑过渡空间的位置来解决的。这些空间，例如门廊（院子周围有顶的走廊或入口）允许了光线过渡的序列与和谐的变化，从而消除了眩光问题的基础，即突然的变化。眩光还可能由太阳与建筑物四周地面的直接接触引起。特别是当周围的景色是"硬性"时，眩光有可能非常厉害。没有处理过的建筑物周围环境可能产生不利于室外生活和工作的环境。对室外眩光问题的处理是人类在塑造其环境时所进行的最保护能源的行为。新墨西哥州陶斯印第安人村落的印第安人用粗圆木修建了临时庇护所，因此在地面

图 8.7 陶斯的印第安人村落的抵制眩光的木棚，新墨西哥州

上创造了比周围环境清凉的遮荫区域，在夏天可以进行室外的生活和工作（图 8.7）。给围合起来的工作空间降温需要大量的空调，但是这里的舒适是由花费不高的方法产生的阴凉加上阵阵清风提供的。

结论

也许 20 世纪能源意识在新墨西哥州得到高度发展不是一个偶然。很多早期的能源试验和研究始于这个州[18]和邻近的亚利桑那州。事实上，最早的一些有能源意识的现代建筑作品建于新墨西哥州。[19]

但是，抛开所有这些不说，绝对令人怀疑的是一些个别的自我满足的太阳能方案（住宅、圆顶等等）或者以有能源意识的设计为基础的一些个别建筑物的设计[20]（气候、朝向、开窗形式、墙体、阳光控制、风力控制等等），其本身是广泛解决能源危机的方法。它们能帮助缓解问题，但是它们自己不能解决问题。引起能源短缺的原因——至少如在一些国家例如极度依赖汽车的美国所经历的——是“无计划的城市扩展”。太阳能供暖的住所要求较低的密度以便使太阳能收集器能够收集到阳光。因此，它们是引起进一步无计划城市扩展的原因。只有在科学的、实践的和试验性的发明开发出一个负责任且以“空间”为主的建筑时，整个环境才能得到好处。

人类没有必要回到史前穴居的居住习惯中去，但是他应该回顾过去并且在技术不太复杂的文明中找寻并将其原理作为新设计的基础。但是，设计师应该小心，因为对传统建筑进一步和更详尽的研究中得出的教训并不意味着一定能给能源问题提供通用的解决方法。此章所陈述的是新墨西哥州地区性建筑在过去所创造出的明显连贯的普遍性，正是今天所说的对能源有利的建筑和城市组织。在这种意义上，可以认为一定的形式和空间普遍性将会在有着类似环境限制的其他地区发展出来，如果建筑想真正有能源价值的话。这个普遍性将不会排除个别的表现或者对新材料的运用。相反它会包含一定的对能源问题负责的通用设计原理，并且一些原理将简单到“用玻璃或不用玻璃”的态度。这种态度，通过合适顾问的可靠建议来进行科学的解释后，将产生“道德的”[21]或者节约能源的作品，不仅将满足目前使用者的需要，而且还会对未来的人负责。

就像新墨西哥州，我们目前考虑的地区，相当清楚的是道德的、节约能源的建筑的形式语言是巨大性、体量的分解、实体对虚体的优越性、毗邻性和高密度、大量使用遮阳物以及散射阳光的质地。

有环境意义的设计的前提

“……在不墨守任何一个特别社会的元素的同时，我们使用所有的元素以便区分社会生活的那些原理，它们可以用来重新塑造我们自己的习惯但不是那些我们陌生的习惯……我们自己的社会是惟一一个我们可以改变、但不是摧毁的社会，因为我们应该引进的改变将来自内部。”

——克劳德·列维－斯特劳斯（Claude Levi-Strauss）[22]

在地中海盆地和中美洲高原的许多“传统”环境已经存在了许多世代。它们看上去在环境方面是合理的，并且也很迷人；它们吸引了我们研究的注意力和单纯的游览。对这些环境结构的一个实践性探寻，即我们从现在起所指的“共生环境”（parallel environment）[23]，揭示了其物质、社会和经济生活中某些共有的特性。这些类似性可以被认为是有环境意义的设计的前提。在这里我们将会讨论一些起决定性的类似性以便帮助铺平发展有环境价值的建筑语言的道路。

在过去，我们这里谈及的环境的大多数人们不做规划；至少就我们所知他们没有规划。尽管他们是以一种放任主义的方式来行动的；可以肯定的是他们规划的方式和范围不像我们今天做的。希腊群岛不是规划的；雅典和帕提农神庙不是规划的；意大利的那些山城也不是，葡萄牙的那些渔村更不是规划的。尽管我们所讨论的环境中没有规划，但并不意味着这种放任主义的态度是普遍的。在欧洲中世纪和文艺复兴时期，当绝大多数的“共生环境”诞生时，一些欧洲的大城市却是以规划的方式发展的。一些伟大的国王甚至将规划城镇的建筑物与他们的名字联系起来。哥本哈根的中心部分是由一个国王设计的。Zäringen的一些小镇也是由一位国王设计的。

有了上述特例，人们可以说共生环境的建筑范例是没有规划的尝试结果。用另外的话说，它们是解决单体建筑物问题时的独立解决方法的结果；并且由此发展而来的物质世界是细节的聚合体。这些细节与规划整体的概念无关。

有了这些理解，我们可以肯定地说乡土建筑是从传统中发展而来的自由主义建筑。它接受解决问题的传统方法，并且反过来被相应的社会所接受，它们从细节中创造整体。建筑者本身已被遗忘了；建筑师们的名字也不被人所知。我们常常将这些环境的设计归功于“人民”。“建筑”和“人民”变成了同义词；我们假设每一个居住者设计并建造了他自己的房子。这是我们怎样解释学术上的忽略，它是由于缺乏表明是谁，哪家的建筑者来建的某种传统环境的书面证据而引起的。

实际上确实有许多游动的砖石匠家庭从一个殖民领地旅行到另一个并且修建了那些今天我们崇敬的伟大城堡和欧洲的大教堂。这些游动建筑师的家庭可能将他们的“图章”留在了封建城堡、哥特大教堂和伊兹拉（Hydra）岛别墅的地基的某个地方。但是依然，这仅仅是一个猜测并且它几乎不能成为一个学术论点。因此我们只能研讨和比较由这些“游动的砖石匠”、“未知的建筑师”、“人民”创造的建筑形式，或者鲁道夫斯基（Rudofsky）所称的“没有建筑师的建筑”的类似性。今天对我们来说重要的是接受“乡土”建筑、“没有建筑师的建筑”或者“民间的建筑”，它们很有可能是一个“建筑师”的、过去职业建筑师的建筑，我们只是不知道他们而已。

他们的建筑是非常复杂的建筑，其中有很多我们今天可以借鉴的东西。如果我们正巧是研究它们的建筑师的话，我们能从中得到一些环境教训，如果我们是观察者、居住者或者路人的话，我们会得“安乐症”。总而言之，这些环境给建筑师提供经验并给其余的人提供美的热情。如果首先考虑“整体”其次“细节”的话，这些环境的教义如下：

整体：它可以被称为“大尺度建筑”，或者“广义的物质环境”或者“物质环境的城市设计范畴”。正是这个包含了私人和公共方面的人造环境是通过运动渠道来组织的，在其中有动态和静态的场所，而且它是由一系列的实体与虚体组成的（建筑物与街道和广场）。这个整体永远是对某种社会－文化和经济限制的反应。这两者，物质环境和社会－经济－文化动态，有着相互作用的关系。

正如你所理解的，这是一个理解“整体”的大框架；它是一个综合性的框架。关于这个整体，共生环境显示了下列共有的类似性。

街道序列

街道是共生环境中的主要运动渠道。一条街道是一个可以生存、放松、玩耍、与邻居谈天的场所；即街道是一个社交的场所。实际上，街道是社会生活和生活礼仪发生最多的地方。

沿着街道的运动是通过对转角的特殊处理来促进的。所切的转角是对交叉路口或方向的视觉叙述。

街道是一个连续的视觉经历，它通过不同宽度、动态走廊和静态洞口的方法来完成。

街道适应人群并且给高密度的住宅形式提供出入口。街道保护人们不受烈日的暴晒；它们减少眩光并且产生了不同调子的自然光线。

街道服务于公共和私人目的。它的用途有一个完整的混合。商品在街道上展览，市民坐着，孩子们玩耍，行人散步。

共生环境的街道序列能提供我所称的“城市设计的相机探测器”。有一些景色、视野、有限的视野和景色的一瞥，植物、建筑细节、雕塑透视会使你“按动”相机的快门，拍一张照片，将记忆永存。

在共生环境的街道中你会发现很少的“绿色”；但是不管你在什么地方发现它，它都是被以一种受尊敬的、神圣的方式对待的。对任何稀有的东西都会有一种神圣的热爱存在。

人们和动物在街道上自由活动。建筑的细部处理恰当。通向公共街道的私人台阶很狭窄，而转角则被切去来促进和指引交叉路口的运动。

极为强调街道上的细节。长凳、喷泉、花坛和烟囱都是经过精心考虑并且是手工制作的，它们的形式随着时间而发展。

最大的效果是通过最小的方法来实现的。对已经存在的事物的尊敬显示在环境的各个地方。一个现存的树的阴影被利用着。清风被利用着。每一个新的决定都是对以前决定的补充。

地形

共生环境在方法的经济性上显示了类似性。最明显的是它们在地形利用方面的连续性。通常，建筑物随地势的等高线修建并且服从一个连续的建筑系统，因此创造了高密度的局面。连续的建筑系统对防御的初始需要是必需的，但是它对施工的经济性有负作用。连续建筑的另一个好处是与土地保护有关。密集的市镇建在了山上和不规则的地形上；山谷和草原的土地被保留为农业用地。高密度、防御式的城镇可以在许多所比较的环境中发现。西班牙的昆卡（Cuenka）、希腊的圣山和科罗拉多州的梅萨维德代表这些原理的典型例子。

家庭结构

其他类似的环境形式来自类似的社会结构和生活方式，并且与家庭结构和城市形式之间的相互关系有关。物质发展的连续格局是一个扩展家庭增长的合乎逻辑的形式结果。由于家庭增长了，所以他们的房子以线性方式也增大了。

实用性建筑

实用性建筑物常常发展出视觉上吸引人的形式，并且随着时间的进程，这些形式变成了生活的一部分。这种结构的形式继而被居住建筑模仿并给其形式赋予了新用途。此类例子可以在墨西哥的谷仓和希腊的“鸽子洞”结构中看到。墨西哥萨卡特卡斯州（Zacatecas）的圣莫尼卡的谷仓形式，启发了邻近村落住宅中厨房的形式；而希腊米科诺斯（Mykonos）岛上的鸽子洞农场结构在这个岛上更城市化的建筑中找到其位置。一个给鸽子使用的实用性结构发展成了给人类使用的居住结构。

其他共有的和迷人的类似性

共生环境中其他吸引人的类似性可以在社会、经济和形式问题中观察到。在这些类似性中，最重要的是：

1. 社会生活：生活的礼仪和生活方式的习惯在街道和广场中找到它们的位置。实际上，此类活动促进了发生这些活动的合理的有形区域的产生。

2. 私密性：关于私密性有两个极端。在一些环境中一点儿也没有私密性，例如希腊群岛或墨西哥人的村落；或者就是完全由有形解决方法加固的私密性。在许多希腊岛屿上一个人的家是每一个人的家，并且“一个人的私事”是“每一个人的事”（因此使“流言蜚语”成为惯常的行为）。在非洲村落中住宅的私密性，特别是房子中女子居住的部分，产生了施工的内向形式、防御性的私密性，并且毫不夸张地将房子内的生活与外面的生活切断。

3. 材料的使用：一般情况下使用的材料是从当地取得的。经济性和质地的连续性是这种实践的结果。

4. 某种功能细节的类似性：T形的窗户和T形的入口常常在共生环境中看到。扛着一段木材或一种食品进屋的需要产生了T形的形式。

5. 施工的经济性：人类的直觉、临时凑合的作品、自然保护性元素的使用和使用从以前时期拆下来的现成材料是在环境创造过程中“经济”考虑的共同特点。

6. 基本形式的“简单性”和来自简单元素的重复的“复杂性”是共生环境的主要特点。这方面的最佳例子可以在希腊斯基罗斯（Skyros）岛上和新墨西哥州陶斯的印第安人村落中看到。整个形式是个极为复杂的整体，它带有非常明显的雕塑特点，尽管这个复杂体的一般元素，即单体住宅，在构思和施工上都极为简单。

7. 简单的体量：个体空间具备极为简单的体量；它常常是一个显示了室内空间经济性的正方体，并且是以一系列不同的层次和固定的家具为特点的。

8. 巧合的元素：这点总是出现于我们所研究环境的永无尽头、永远变化的、有机的城市形式中。

9. 眩光的处理：眩光一直是一个问题。它在绝大多数例子中的解决要么是通过打破体量来产生影子，反过来减弱眩光，要么通过颜色的合理使用，例如新墨西哥州印第安人村落的米色拉毛水泥；这种土地的颜色吸收而不是反射阳光。

10. 环境舒适的关注：这点是通过对现有清风的利用、使用厚重的墙体延缓对热量的吸收，以及整个环境使用反射热量的颜色来完成的。

11. 非实用性建筑的使用：有专门致力于“超物质的”、“未知的”和“超出我们理解的”生活元素的建筑物。教堂、佛龛和圣壁（ikonostasis），宗教或异教的符号从来都显现在共生环境中。它的居住者用一种精神性的方式来处理整个环境。精神构成的最终表现发生在一年一度或季节性的仪式中。它们致力于生与死的观念，并且既是严肃的也是轻松愉快的。正规的宗教、异教和节日娱乐都出现在我们讨论的共生环境中。

结束语

……我们从所有这些中学到了什么？

建筑师们都做了些什么来满足人类的需要——来愉悦人类的精神？问问你自己……你为什么会选择一个希腊岛屿、一座意大利山城、一个墨西哥村落、一个印第安人村庄或者坐落在国家公园中的小木屋来度过你的假期、来放松？你为什么会选择这些环境而不是泽西城？不管怎样，它邻近纽约市……我想我们都知道决定夏季节日的原因……我可以提一个简单的原因：假期时吸引我们的地方是"吸引人"的地方。也许它们那些"吸引人"的秘密应该保留下来，并且甚至应该成为我们自己建筑作品的特性……是的，我知道不可以模仿，只可以遵循原理……"吸引人"的环境的第一个原理是"人的尺度"。但是在我们每天的生活中我们却被陌生的物质世界围绕着。办公建筑物、摩天大厦，它们只是一个比我们大多数人大得多的社会经济优越性的物质表现……令人陌生的高速公路和其上的速度。两者都减弱了我们对细节的感知能力；我们感觉不到我们在哪里。景色移动得那么快。根据我们行进的速度我们不可能看清我们身边的东西；我们开过的是不存在的环境。

……我们日常生活的地理区域扩大了，但是我们的环境意识却缩小了。我们有机会得到人与人，或人与自然接触的惟一环境是行人的环境。行人的生活发生在居住小区内。但是尽管在那里我们也是被陷住的。

……过去的环境是在选择中经历的。空间的、活动和仪式的"多样性"可以在所有的共生环境中发现。没有复杂的技术，没有华丽的材料，没有美学的争论，没有外行的批评；只有多样性和人的尺度。没有令人难以接受的答案，没有困难的解决方法。但是今天，多么矛盾！我们有多样性，但却是在工业产品中；我们有不同种类，但却是在清洗剂中；我们有选择，但是有太多的选择。多样性、种类和选择已经进入了超级市场，进入了我们消费的物品。它们已经成为我们这个世纪的疾病。我们不知道怎样决定选择什么。托夫勒（Alvin Tofler）在他的书中描述的"未来的震惊"今天已经在我们身边了，并且在美国比任何其他地方都明显。我们活在一种没有能力来为我们自己决定、挑选、选择的状态中。我们活在震惊中，因为我们有太多的选择。

……我们的环境引起一个对立的震惊、环境选择的缺乏。我们缺乏可生存的地方，并且缺乏实在的选择。工业产品和多样化的过程创造了人类居住的有形环境的统一性。但是，人造工业产品的非持久性——从玩具到汽车或钢笔——将我们的物质环境转变成一个工业垃圾箱。我们环境的污染与我们同在，它实际上就在我们的"脑中"；那里才是所有这一切发生的地方。

……也许奥尔登堡（Oldenburg）的"螺丝"雕塑能够为未来的时代很好地将我们思维中的病症永远地保存下去，而对地中海某地一个朴素教堂幽暗的室内一个不起眼的烛光的遥远记忆可能使我们再一次想起诗歌。想一想生活中的崇高心态，这个现代人已经丢失的心态。这可能会使我们哭泣；然后在泪水中，我们可能重新找到我们失去的一切。我们最好重新遵循我们已经失去的共生环境的原理来建造，而不是让我们目前的"科技"环境将我们从地球表面彻底消灭。

当人们看到共生环境的经验时，我们很难变得悲观。重要的是我们能尽可能地从其中学到所有的东西。

注释

1. Harry Anthony 博士在"国家问题会议"上关于通过设计保护能源的论文。加利福尼亚大学 -Riverside，1973 年 10 月 2 日，第 7、8 页。
2. Huxtable，1976 年（1），第 D1 页和 D-35 页。
3. 见 Norberg-Schulz。"空间被理解为一个双向的过程，一个真正的交流。'建筑空间'是这个过程中一个实在的物质方面。"《存在、空间和建筑》，Praeger，1971 年，第 37 页。关于建筑空间的一个全面的介绍性的讨论见下一章。
4. 关于空间的物质构成部件和相关设计概念的涵盖面较广的一个理论，例如尺度、韵律、比例等等，见文章《室内体量》和《室外体量》，《进步建筑》，1965 年，6 月，第 155、166 页。另外关于这个话题的基本资料，见 S.Rasmussen，《经历建筑》。
5. 关于上述概念研究的一份著名资料，它同时也建议了对空间细节处理的态度：Paul Baker，《能力的结合：创造性发展的练习》，三一大学出版社，1972 年。
6. 见 Norberg-Schulz。《建筑的意义》，C.Jenks 和 G.Baird 编辑，1969 年。
7. 这指的是有关特定的节能设施（例如通过杂志的介绍流行起来的太阳能供热系统）信息的关注，但不是对可能影响能源保护的基础设计原理的真正关注。例如，《大众科学》，1975 年，3 月，第 74 页。
8. 在这里对"空间"和"场所"做了区分："空间"指的是"围合"、"集中点"、"自身的顶端"；"场所"指的是"一个终端和一个开始"、"一个终点和一个分布点"，"场所"指的是城市设计的例子。见凯

文 · 林奇，《城市印象》，1960 年，第 72 页。另见 C.Norberg-Schulz，《存在、空间和建筑》，同上，第 39 页。

9. 关于包括照片和平面图的文件见 Ferguson & Rohn，1987 年。另见 Wenger，1988 年。

10. Kittridge，A.Wing，《Bandelier》，国家公园设施，历史手册系列，第 23 号，华盛顿特区，1955 年，再版，1961 年，第 4 页。另见 Antoniades，1976 年。第 10-13 页。

11. R.Banham，《温和环境的建筑》，建筑出版社，1969 年，第 23 页。

12. 关于印第安人村落"尺度"问题的讨论，见 A.C.Antoniades，在《新墨西哥建筑》中的《建筑中的传统与当代元素》一文，1971 年 11-12 月。

13. 有关新墨西哥州"人民"（印第安人、西班牙人和英国人）的信息，见 A.Paul Theil，《新墨西哥州：太阳的舞地》，新墨西哥州历史协会和美国研究学校，Santa Fe，1954 年，第 10 页。

14. "级的含义"一词最初由"地震学家"创造出来。见 L.Straus，Piaget，等等。

15. "纲要"，希腊语词汇，意为"事物的形状"，由 C.Norberg-Schulz 介绍给英-日耳曼建筑文献。

16. 这个仪式的特征性活动可以在印第安人舞蹈和墨西哥节日中见到（例如，在 Santa Fe 的一年一度的节日、宗教仪式等等）。

17. "正方形"指的是科罗拉多国家纪念物的 Kuaua 印第安人村落中单个房间的几乎绝对正方形的图案。见 A.Paul Theil，《新墨西哥州：太阳的舞地》，新墨西哥州历史协会和美国研究学校，Santa Fe，1954 年，第 31 页。

18. 在此方向很大一部分的发展是由 Jeffrey Cook 报道的，"新墨西哥州北部的各种极早期的太阳能应用"，《美国建筑师学会学报》，1974 年，8 月，第 37 页。

19. 出处同上，Stanley 和赖特在阿尔伯克基的"太阳能建筑物"，第 38 页。

20. 关于上述所有论题的一个出色的介绍性资料见 Caudill，Lawyer & Bullock，1974 年。

21. 笔者第一次听到"道德性"一词用在对能源负责的建筑上是得克萨斯州建筑师，Frank Moreland 在一个关于全球能源问题的演讲中提到的，得克萨斯州立大学阿灵顿分校，1975 年春。

22. Leach，Edmund，《Claude Levi-Strauss》，1974 年。

23. 关于共生环境问题的进一步研究的基本资料如下：Rapoport，住宅和文化；Goldfinger，M.，《太阳下的村庄》和 Rudofsky，《没有建筑师的建筑》。另见 Ferguson & Rohn，同上。

所选书目

Caudill, Laywer & Bullock. *A Bucket of Oil.*

第 9 章

创造建筑空间

Van Arskerk 牧师的教堂，荷兰海牙。建筑师：阿尔多 · 凡 · 艾克（Aldo Van Eyck）

更大的“空间”的框架

空间创造是建筑师、室内设计师、景观建筑师和城市设计师想做到的最重要的设计目标。

空间常常被称为：

“建筑空间”
“室内空间”
“室外空间”
“城市空间”

我们还常常称它为：

“普通空间”（Generic Space）
“表达清晰的空间”

我们在谈论它时可以用这些术语：

“正面空间”（Positive Space）
“负面空间”（Negative Space）

或者我们可以限定它为：

“有限的空间”
“无限的空间”
“神圣的空间”
“世俗的空间”

最后，不同时期的建筑常常以时代特征给重大空间命名，例如“巴洛克空间”、“19 世纪的空间”、“现代空间”等等。[1]

上述一些空间限定具有“有形的”（tangible）含义而其他一些则是“无形的”（intangible）和“精神的”含义。[2]随着建筑师“包容地”构思和思考空间，所有这些关注元素都融入了设计。建筑师们处理的一般是被称为“建筑空间”的空间，即建筑物的“普通空间”、“未加工的建筑围合”，加上“普通室外空间”，即建筑物之间的空间或者同一建筑物各部分之间的空间。人们常常将“普通室内空间”称为“正面空间”，即建筑物体量内部的空间；同时“室外空间”，或者“建筑物之间的普通空间”则被考虑为“负面空间”。一个城市的建筑物之间的空间也被称为“负面空间”。“正面”和“负面”空间在整体“空间经历”、周围环境、使用者情感的产生和控制，以及建筑对人们的影响等方面的成功或失败都是绝对重要的。

“时间”是空间欣赏中最重要的元素，同时建筑师通过规划平面的空间设计而指定的所有成分，例如家具、质地、颜色、气味、声音等等，或者景观建筑师用在室外的所有成分，例如植被、表面、树木等等，一起完成了整体空间经历。在设计过程中，建筑师的主要责任为所说的“建筑的”或“普通空间”的创造。

室内设计师的角色是根据居住者的特定需要“清晰地表达”并进一步“美化”“普通空间”。景观建筑师具备清晰表达并美化一个建筑物的“普通室外空间”或者“负面空间”的专长。在对待今天的“城市空间”时，所有三个学科都是必需的。为了成功地合作出一部“交响乐”，所有上述方面必须对空间的基本概念有一个共同的理解。他们必须能同意所需遵循的“意识形态”以便能够相互支持，加强相互的观点和尝试。

因此重要的是设计师们不仅要共同关注“空间的物质成分”，例如体量、比例、几何图形或者这些方面的缺乏等等，他们还应该共同关注“无形的”或“精神的”方面的空间尺度，例如“空间的意义”和“图解的含义”（connotation of schemata）。[3]就像莫霍伊－纳吉（László Moholy-Nagy）自包豪斯时期起主张的[4]，和舒尔茨（Christian Norberg Schulz）在 20 世纪 70 年代重复的[5]：空间极大地受到心理和文化参数的影响，它对不同的组织来说是不同的，它需要一个因情况而定、包含所有空间参数的“包容性”方法。参与“空间经历”制造的每一个人都应该对下列方面有一个清晰的理解并相互支持，即“空间的意义”、被空间“唤起的情感”、对什么是“神圣的”并不管怎样都应该保留的和什么是“世俗的”并应该改变以使其满足礼貌和趣味标准的清晰理解[6]，或者最后，造价分配的先后顺序的制定和设计应该采用的整体强调。

“有限空间”和“无限空间”很明显是空间的两个“物质”特征，但是，它同样具有“精神的”含义（图 9.4）。前者指的是可以用有形的方法实实在在地定义的空间，例如墙体和顶棚的平面。“无限空间”指的是空间的一个精神状态，它的物质定义只能用意识来完成，例如一个顶棚可以延伸到“天堂”的房间。“无限”的幻觉也可以通过“有形的”的方式完成。这在空间的历史上重复地出现过。在文艺复兴时期，它是用绘画的方法来真实地创造天空幻觉。在拜占庭和巴洛克时期，它则使用纯空间的"普通方式"，通过一个建筑物的横剖面、通过穹顶、抬高的顶棚和从上部引入的自然光线，例如在圣索菲亚大教堂的穹顶底部所见到的（图 9.6）。[7]

在无限空间的感觉是通过设计处理来实现的例子中，当我们谈及建筑物的横剖面和"空间通透性"时我们会说到"空间爆炸"（space explosions）。"空间爆炸"一词是由科林 · 罗（Colin Rowe）和罗伯特 · 斯卢茨基（Robert Slutzky）在 20 世纪 60 年代晚期最先提出的，它可以是"具象的"和"现象的"。[8]"具象的"指的是观察者可以直接看见的空气体积或平面表面的真实穿插，例如一个"开敞平面"的例子（图 15.1：6–8）。"现象的"指的是一个连续性的"暗示"情况，在这个情况中，观察者用想像来完成空间组合，例如空气体积的连续性或者一行圆柱定线的连续，甚至越过了可能挡住思维构建中真实的视觉证据的平面（图 15.1：5）。幻觉地创造和将空间感知层次从"物质"提升到"精神"的尝试已经成为建筑师们的一个主要关注。

建筑师关于空间的态度

现代和后现代运动在对空间欣赏的思维整体演变中都起了其分内的作用。建筑师和相关的设计师们在提及空间时使用的是变化的术语，通过思考、个人反省和崇敬。也许是他们对空间的特别崇敬才使得 20 世纪绝大多数伟大的"空间制造者们"在公开回答关于空间的问题时要么陈述个人教义，要么是不理睬，变得完全不可理解。这点对现代运动中伟大的空间制造者都是事实，后现代运动也一样。当菲利普 · 约翰逊在一次采访中被问及关于尺度作为一个主要"空间"构件的问题时，他回答："我们不知道它是什么，不是吗？"[9] 我们还注意到贝聿铭，一位空间纪念性的提倡者和创造者，承认简洁是他对"空间"问题的惟一教义性回答。[10]这个答案几乎不可能教给求知的学生、建筑记者或非专业人士（也许只是一个发展商）任何东西。路易斯 · 康，近代最深奥的空间制造者，带着其诗意的氛围，几乎总是将他自己描述成不能被为入门学生和大众理解的人物。[11]保罗 · 鲁道夫，20 世纪 60 年代和 70 年代中最多产的空间制造者之一，当他讨论和著述其设计的"空间原理"时则用完全比喻化的方法[12]，可能封锁了艺术的秘密。我的看法是所承认的忽视、诗意般的氛围和比喻性的谈话都表明了建筑师脑子中空间概念的神圣性。

勒 · 柯布西耶倾向于在他的谈话中强调平面的重要性而忽视空间制造的剖面，人们乐于相信他的这种倾向来自他赋予"空间的"概念和这个词中的神圣性。尽管他敬佩的是古希腊人[13]而不是更擅长制造空间的罗马人，柯布自己是一个不可否认的空间制造大师，既是一个希腊人又是一个罗马人。其建筑物的剖面展示了不可逾越的室内围合空间。在印度昌迪加尔的设计中，他用高度节制的方式将室内空间与室外宇宙结合在一起（图 5.10：13–15）。朗香教堂是其空间完美性的另一颗珍珠。他在印度艾哈迈达巴德的 Shodan 别墅，也许是空间创造中"瑞典奶酪类型"（Swiss cheese type）[14]的伟大语言的第一个例子。也许正是柯布对空间片段速写的非凡能力，一直伴随他的想法，使得他在谈话中忽视了其剖面的重要性而仅仅赞美平面。另一个原因也许是柯布从来没有正式教过建筑学；因此他从来没有系统地分析并用实用设计术语来表现过其空间创造过程的秘密。也许这是他不肯谈论的职业秘密，或者是由于他认为空间制造对别人不是一件难事，因为他生来就是个空间制造大师，因此对他来说，空间制造从来不是一件难事。最后，也可能是柯布对立体主义者难以控制的反应，他们尽管不是建筑师，但却是最早提出了在空间表现和欣赏中时间的因素这个问题的人。

所以让我们试着用简单的术语来总结那些空间制造大师们以前没有用理论术语教给我们的东西。

20 世纪的空间概念

"几何形"与"心理性"的框架

在 20 世纪中，"空间"的概念是缓慢地发展的，而且经历了各种不同的方向。建筑师以及理论家们，为了清晰表达他们各自的观念做出了长时间且辛勤的劳动。在多数和常常保持孤立和不受重视的少数之间有相当多的"雄辩"、"争论"，但却很少"分享"和相互丰富地交流。[15]

现代运动和后现代运动的绝大多数建筑师，一般将欧氏几何和几何原理作为创造和进一步表达空间的方法。勒 · 柯布西耶、密斯 · 凡 · 德 · 罗以及风格派（DeStijl）、俄国至上主义和俄国结构主义的建筑师们，将抽象图形作为建筑构件、二维抽象图形和抽象实体的产生物。少数艺术家和建筑师，其中以莫霍伊 – 纳吉（László Moholy–Nagy）和阿尔瓦 · 阿尔托为主要人物，终于立志于一种空间概念，它将试验性心理学

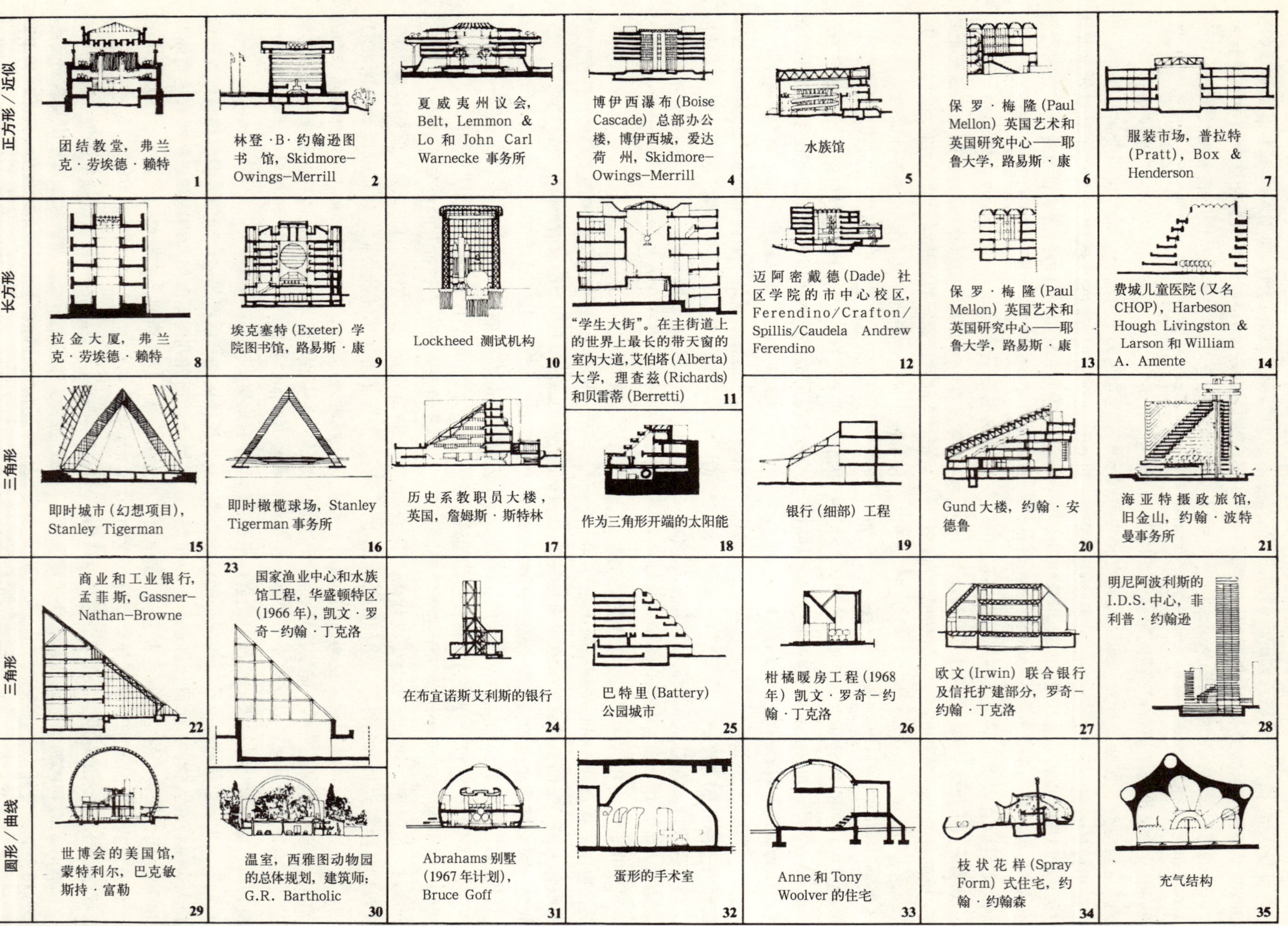

图 9.1 “几何的”空间类型 (1)

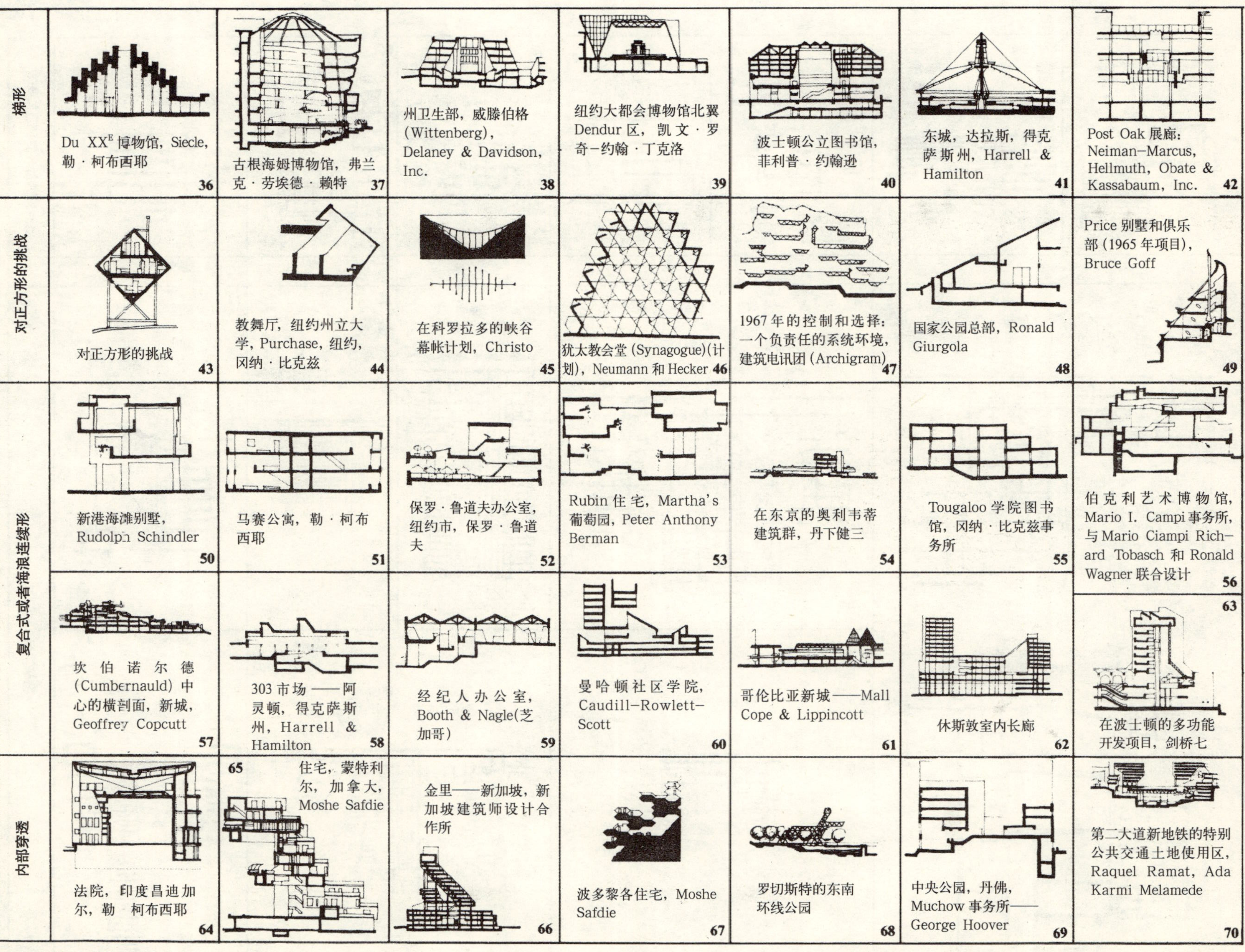

图 9.2 “几何的”空间类型 (2)

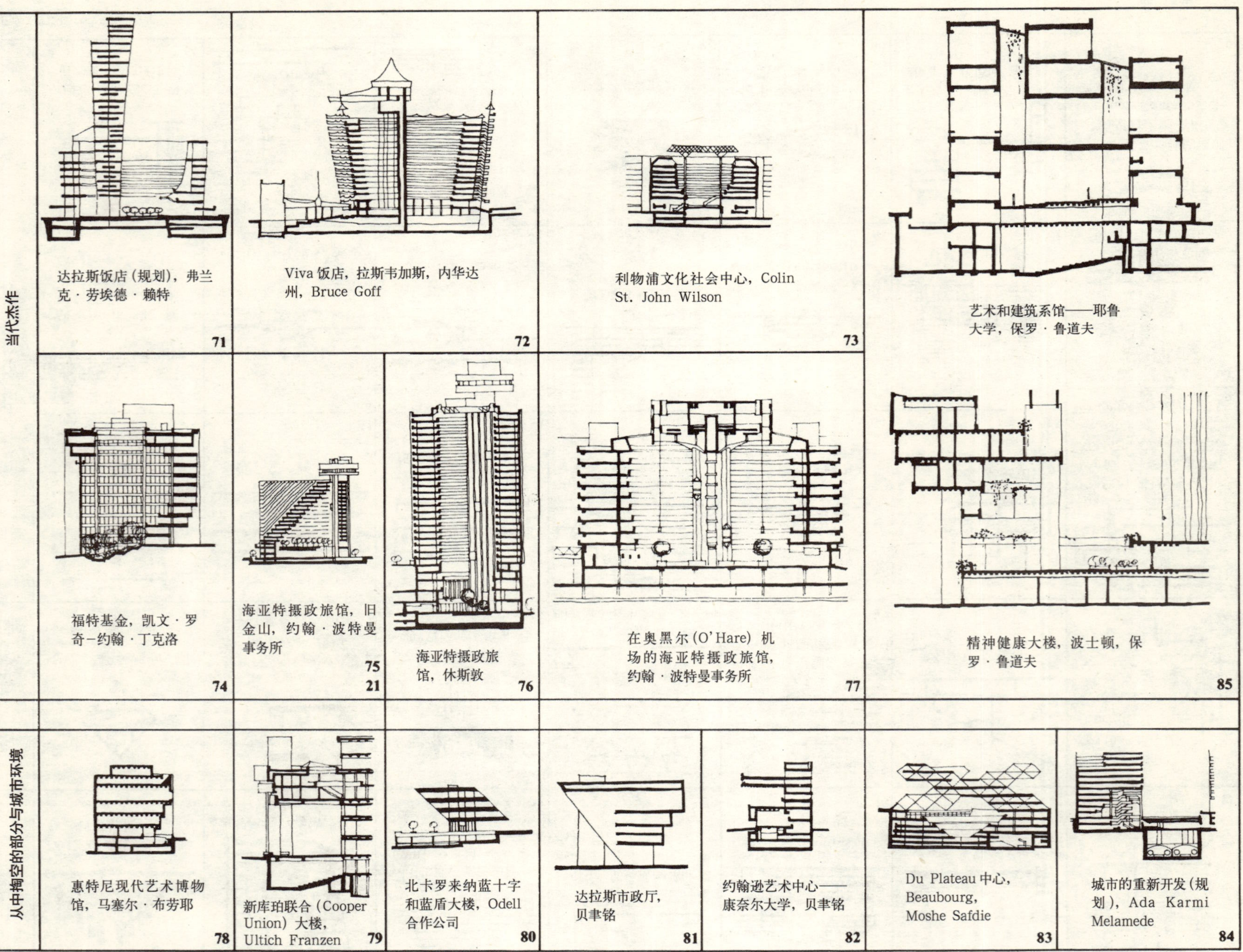

图 9.3　“几何的”空间类型（3）

的原理作为其基本创造框架。[16] 弗兰克·劳埃德·赖特也是一个设法将几何概念与“试验性”相结合来创造空间的建筑师，但是在他的例子中，“几何形”主宰了存在，常常“约束”了“人的”和“心理的”因素。

几何的范畴

现代运动的空间

“开敞平面”，有时又被称为“自由平面”，并且运用“组合的实体”(integral solids)，它常常用其他的“组合实体”来将其自身连接起来，这些实体即“连接物”、“脖子”(图 10.19：20–22)，它们是建筑师在现代运动中创造“普通空间”和普通室内与室外空间的连接方式。这个运动起初的特点是最初的构成用“二维”的方式来做到“空间的连续性”，在密斯·凡·德·罗的空间语言中有一些东西尤其明显，例如他对平面“自由性”的单独强调。有着“开敞平面”的巴塞罗那馆(图 5.54：2–3)，以一种水平的、二维的方式打破了 19 世纪的早期空间语言的有限性，即自我围合的空间和区域。同时它还设法达到了“将室内外结合在一起”的令人惊异的幻觉，通过玻璃的运用、各平面的排列、简洁的室内、室内到室外的质地和线的延伸，这个“开敞平面”实际上保持了一个“二维的”观念。大多数包豪斯建筑，以及后来所谓的“国际式风格”都遵循了“开敞平面”的空间语言。

对“第三维”的强调，从有限到无限的扩张，以及在整体上向上的倾向是通过对建筑物横剖面的关注来做到的，这点是由欧洲的勒·柯布西耶和美国的弗兰克·劳埃德·赖特开始的。抛开勒·柯布西耶关于“平面至上”的言论不提[17]，他的主要贡献在于其建筑物的横剖面，在于它超越最初的图解式想法而对第三维的清晰表达。他的关注是在所有方向上创造空间连续性、产生空间“爆炸”，将“有限”与“无限”在水平和竖直两方面统一起来，从而将建筑物与宇宙连接起来。他在小尺度和大尺度的建筑物中都实践过这种空间创造的关注，从为艺术家设计的创作室兼住宅到在昌迪加尔的议院大厦。弗兰克·劳埃德·赖特的类似关注以他在芝加哥附近橡树园建的团结教堂(图 5.21)和在宾夕法尼亚州熊跑的考夫曼别墅为最佳例证(图 5.29：2)。赖特尤其擅长通过变化强度来创造非凡的时间–空间经历，特别是对线性方法的运用。因为他常常将他的建筑物沿线性平面布置，体量、灯具和室内外的整体控制、连接方式、家具摆设和花卉，都成为组成部分参与到时间–空间韵律经历的创造中去。

所有现代运动的建筑师们，从密斯到柯布和弗兰克·劳埃德·赖特，都以一种合乎逻辑的方法处理“空间”，在其中几何图形、一般体量和功能都是通过组合的相互关系发生的，通过补充和尊重对方的整体性(图 9.1，图 9.2，图 9.3)。实体尊重实体，功能范围尊重功能范围，并且没有任何一方不遵循几何“秩序”所提出的规则，即游戏规则，而侵入另一方。

后现代运动的空间

与现代运动循序发展的空间态度相反，即由二维连续性到三维连续性的转变，后现代运动的空间态度是在两个极端之间摆动的；一方面是对唯美艺术空间原理的重新运用而另一方面是对任何原理的彻底抛弃。

第一个例子以后现代“历史主义”建筑师的作品为代表，它彻底否决了“自由平面”的观念并回到了 19 世纪的“片段”空间中。每一个空间都被考虑成独立的整体，它服从于设计的整体布局规则，并且有时在整体上是对称的，而且坚持其局部对称性的自定规则。它有对称布置的家具、轴线、进入点、“接受点”(receivers)等等。单独的房间，例如读书室、休息室等等，常常被考虑为完整的实体，它具有“一般的”和“表达清晰”的室内空间，通过所选择的实体，例如正方体、金字塔形、圆柱、球体等等，他们对使用者可以产生不可否认的迷人魅力。

后现代空间的第二类却接受了“碰撞”、“虚体”和“旋转”等状态的“不连续的”组织“特许”，在这里几何形式和实体变得绝对自由，自由地相互连接。功能则被以设计者认为构思合理的任何方式布置，一般来说抛弃了考虑“现实的”功能调节。其论点是建筑物未来的功能是“不可预期的”，重要的是大的设计“想法”、构思和空间“质量”，而功能可以被“按摩”进空间中去。早一些时候同样的言论也被用在现代运动中，并且通过高度控制和约束的几何图形和比例的处理而创造出了“自由平面”，它也被后现代解构主义者们采用，但对于未入门者，他们的作品像是一个偶然和随意的过程。[18] 但是，曾有论点认为解构主义空间是 1968 年在巴黎学生革命之后所提出的“自由主义”哲学思想在三维上的一个反思，它提倡一种“新的生活方式”和全面的行为特许。[19]

图 9.4 在“有限”和“无限”之间的对话，对建筑师的一个空间挑战。Karl Miles 的灵魂升上天堂的一个象征表现。建筑师：冈纳 · 阿斯普隆德（上图）。世俗的类似努力。荷兰乌得勒支（Utrecht）购物中心。建筑师：Herman Hertzberger（下图）

在解构主义者的空间态度下，“几何图形”，至少是欧氏几何，在建筑物空间处理的创造中不再是规范的理性。与此相反，起决定性的因素是“感觉”和设计师考虑三维“碰撞”并在结构和细节上解决它们的能力。中世纪城市和山城中消极空间的魅力最初施加给设计者的影响加强了他们的这个态度。中世纪城市的街道格局是建筑物依附不规则地形以及安全需要和迷惑侵入者方向的结果，这些发展花了几个世纪。它们成为必须在极短的时间内建成且要适应完全不同的地形和功能的大建筑物群的交通格局。在其他例子中，解构主义者的建筑从周围环境观察出来的现存的方格系统中得到启发，并且从这些方格的碰撞中发展出内部组织和空间特点。建于 20 世纪 80 年代晚期，在俄亥俄州立大学中的韦克斯纳（Wexner）视觉艺术中心是这方面的一个典型例证。[20] 在这个意义上，这些“历史前身”、街道布局或现存的方格系统，给了解构主义可能性，它代表了空间创造过程中碰撞特许的极点（图 16.58）。

所有上述可能性，现代的、后现代的、解构主义的，都可供建筑师在空间创造过程中运用。关于不同

图 9.5 休斯敦的海亚特摄政旅馆大堂，得克萨斯州。建筑师：Koetter Tharp 和 Cowell，Caudill–Rowlett–Scott，Neuhaus 和 Tayler

美学情感的“创造”、“使用者心理欣赏”的控制或“感觉”，所有方法都有优点和缺点，而且会对“建筑物造价”和施工过程有根本的影响。

经验模式（包容主义）

20世纪的建筑师并不缺乏具备引起非凡“精神”和“振奋”的空间魅力的模范例证。绝大多数这些项目依赖于建筑师的能力，是否能在空间创造的“几何原则”间达到一个稳定的平衡，同时又回应其他复杂的考虑，其中“心理的”考虑是主要关注。在建筑物内使用者经历的完整欣赏是一种空间的观念；是“矛盾”之间的相互迁就和“相互渗透的空间能量”之间的上下浮动，在这里人是一方而建筑物是另一方。在几何原理和心理原则的结合中一个中介角色是由“自然的”调节和形式的恰当来扮演的，它存在于平面和剖面两方面，存在于功能、总体交通流线和结构之间。

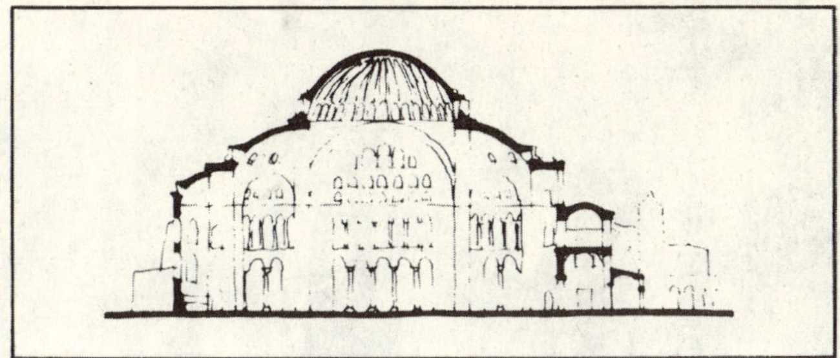

图 9.6 圣索菲亚大教堂。建筑师：Anthemios 和 Isidoros

我们还要不断关注时间－空间经历，这个经历是由光线，包括自然的和人工的，质地和环境的整体气氛来表达的。

此类决议主要的杰出建筑师是冈纳·阿斯普隆德和阿尔瓦·阿尔托，追随者则是由阿尔多的同事和学生组成的继阿尔多之后的一代人，例如 Luja Leiviskü、约恩·伍重、克里斯蒂安·古利克森（Kristian Gullichsen）和亨宁·拉尔森（Henning Larsen）。还有其他的一些建筑师偶尔也显示出这些可能性，例如路易斯·巴拉甘、里卡多·莱戈雷塔、阿尔多·凡·艾克和赫尔曼·赫茨伯格（Herman Hetzberger）。

当然，也有一些时候尽管在多层的“空间”层次的复杂性之间不能达成一个绝对的结论，但也会有出色的“部分性”结论。例如这种空间结论可以以20世纪70年代在美国发展起来的海亚特摄政旅馆的休息室为例，它是以纽约市福特基金大厦的多层大厅为模型的。

关于建筑师们空间创造（例如“有限／无限”、“通透性”、“爆炸”等等）尝试的一个图形总结，我们在图9.1、图9.2和图9.3 中做一个描述，这些尝试包含了几何“类型”的多层次考虑。但是，只有经过个人对这类空间的亲身访问，才能体验到明确的空间效果。[21] 一个学生对朗香教堂、对拉土雷特小教堂、对阿尔多·凡·艾克在荷兰设计的 Van Arskerk 牧师的教堂（图9.8）、对阿尔瓦·阿尔托在芬兰设计的武奥克森尼斯卡（Vuoksenniska）教堂（图15.8）或者对其他一些此类伟大的范例（图9.8，图9.9，图9.10）的自身经历，将回答他关于建筑是什么、建筑师应该努力创造些什么的问题，这些答案是任何一本书或理论都不可能表达出来的东西。亲身经历值得称赞的空间必须成为每个建筑师早早养成的习惯。[22]

图 9.7 “最多”是通过最少来实现的。通过对正方形剖面的旋转取得大一些的空间感觉。迈阿密的一个小客房的室内，佛罗里达州。建筑师：Yannis Antoniadis，1968 年（摄影 Yannis Antoniadis）

各种空间语言的优缺点

现代主义对几何清晰性的运用和所构成的几何实体的完整性，特别是通过对横剖面的精心控制，一般被认为对“熟悉”、“不可否定”和“结构安全”等感情的产生起了重要作用。正因为“不可否定的秩序”，人们才能领悟空间各部分的不可否定的特征和几何完整性，不管是具象地领悟的还是现象上的领悟。毫无疑问这种空间创造的策略有造价优势的论点，因为“现代空间”的结构结论可以很容易地运用秩序和模式。

单一功能的建筑物，是通过运用合理地选择实体来演变的，例如 1968 年在蒙特利尔世博会上美国馆的球体（图 9.1：29），可以有许多层重叠的结构整体性、“形式的不可否认性”、“施工的经济和便利”（即最短线圆顶、壳）、“运用预制的优点”、“可移动性”等等。现代空间的缺点只有在不经心运用这些规则的例子中才能看见。在没有技巧、没有热情的设计师手中有一种产生平淡和单调处境的危险。这个危险在于缺乏“谐力”的可能性以及缺乏“探险和惊奇”的元素，或者在有些情况下根本不考虑经历和心理方面。到目前为止所有上述都有可能，并且也曾经被那些坚持空间心理模式的建筑师做到过，就像我们一会儿将看到的。

图 9.8 Van Arskerk 牧师的教堂，海牙，荷兰。建筑师：阿尔多·凡·艾克

人们不会发现很多支持“后现代历史主义”/“唯美艺术”空间制造语言的人。尽管对称性一直有，并且也一直将有它的支持者，但人们一般认为它给现代建筑物强加上了一个虚假的秩序，而这些建筑物一般没有服务庙宇的“神性”和“神圣”职能，相反有不

图 9.9　Myyrmaki 教堂，赫尔辛基，建筑师：Juha Leviskä

图 9.10　外交部，利雅得，沙特阿拉伯。室内主廊（左图）和主大厅（右图）。建筑师：亨宁 · 拉尔森（摄影 Richard Bryant）

图 9.11 带有超级市场和社交设备的住宅，阿姆斯特丹北部。R·库哈斯

同的功能和结构要求。对对称和唯美艺术轴线不满的最强烈证据来自后现代主义对自身的反对，并且由此诞生了解构主义的自由特许而且激发了对重新思考空间和进一步认真反思的挑战。由于这种新特许，以前从未见过的空间被创造了出来。这种特许，当经过消化和吸收各种项目积累出的经验，通过很难实现的“无形”方面空间的建筑物，可能为进一步的思考打开新的天地。“戏剧性”、“惊奇”、“崇高”、对“因地制宜”的回应和空间感知的概念，包括“有限”和“无限”两方面，也许就藏在解构主义者探索道路上的“转弯处”。

所有这些也许能通过具备特殊空间能力的设计师的作品演变出来，他们愿意投入额外的时间用许多大比例的模型来探索他们的设计，这些模型允许他们及其客户在设计建成之前理解其空间建议。这种方法需要超常的训练。如果没有这种训练，在未入门、没有经验和随意的人的手中，它可以是灾难性的。它可能最终是一个随意的不合理性，有时是混乱、感觉不舒适的空间格局，它可能是“挤压”、“闷塞”和“迷惑的”，并且在结构上是“不可能的”或者极其昂贵的。这样的结果可能在两极摆动，一方面是成功和独特的设计，例如由雷马·皮耶蒂莱（Reima Pietilä）设计的“Dopili”大楼和同样成功的弗兰克·盖里设计的阿根廷的洛约拉学院；另一方面则是完全不舒服的经历，例如R·库哈斯在阿姆斯特丹北部设计的住宅的空间碰撞（图 9.11）。

对于未来建筑空间的演变，我们确实正处于一个非常令人兴奋的起点。每个人都可以通过一个批评的态度、好的工作习惯并且通过很早就坚持进行的与空间有关的设计方法的空间训练，参与进这个演变中来。

适宜的空间设计方法

建筑历史学家和评论家们常常被建筑交流手法迷住，并且他们常常将空间概念的形成归因于创新的交流方法。吉迪恩（Giedion）和许多其他在他之前的人毫不犹豫地将文艺复兴空间的发展归功于透视的发明。[23] 有时这些非设计者的建筑历史学家过于浪漫并且过分迷恋明显还没有掌握其技巧的媒体。因此不幸的是他们给予了媒体它们不应得的功劳。在更近一些的时候，布鲁诺·赛维（Bruno Zevi）提到了电影摄像机并认为其能力使立体感觉的空间欣赏成为可能。[24] 实际上，赛维将电影摄像机作为建筑工具的观点代表了今天的建筑师和学生们的一个常见的考虑。影片已经在建筑实践中占据了一席之地。[25] 但是影片只在建筑表现中有用途，即将没有动作的东西做成动画；它们的用途依赖于一个设计或者一个最终的产品。因此，影片和影片制作代表的仅仅是一种消极的媒体，而且它们不足以创造建筑。而且赛维关于建筑空间的整个出色论点有一种“欣赏者”的语气，而不是一个创造者的。当然，建筑空间的“欣赏”和“个人经历”应该代表建筑设计师每日思考的一部分，但是创造才应该是其存在的最终理由，而单纯的影片制作不能创造。

查尔斯·詹克斯在其著作《建筑中的现代运动》

中提到了詹姆斯·斯特林的轴测图并且赋予了它们作为建筑和空间创造工具的普遍意义上的重要性。"斯特林的作品扎根于绘图技巧；方法导致了形式。没有这种技巧，复杂的施工是不可能的。生活中一个完整的美的方式来自这个方法的逻辑和清晰表现……"[26] 关于轴测图的明晰性能够帮助交流施工的表现并且帮助检查一件作品逻辑的明晰性，詹克斯的观点是正确的，但是当他将美学重要性的意义仅仅归功于一个图示交流媒介时，他绝对没有理解对。因为任何一个有能力的建筑师都知道，视觉的透视图、平面、剖面、立面和轴测图及完美的质量仅仅是表现目的的手段，而不是创造设计的手段。创造设计过程的手段当然是以设计师的速写和绘图才能为基础的。[27] 通过他们对速写的热爱和他们的速写能力，好的设计师通过检查平面、剖面、立面、空间片断和模型的同时也在检查他们的设计决定。

在包豪斯－密斯式和柯布西耶式的观念中，设计师是从平面开始建立他的设计文件的，首先是平面和平面的发展，然后剖面，然后立面，最后是一个表现透视图（"渲染图"——真糟糕！）。很清楚今天的好建筑师设计的好一些的空间是一个不同的设计原理的产品。新的设计原理是用设计过程中的一个被称作"同时性的概念"推进的。在设计决定制定过程中的任何阶段，设计师通过所有必要的文件同时检查他的所有设计决定，并且使用所有可供使用的手段以便"空间地"描述设计。平面、剖面、立面、空间片断的速写和空间模型是这个过程的手段。它们参与设计演变的每一步。如果可供选择的设计变化了，所有平面、所有剖面、所有立面和空间模型同时都会变化——同时地。不管设计想法多么初级，建筑师通过所有的交流文件来检查它。

不幸的是，许多建筑师已经忘记了如何画图。更糟糕的是，速写这门课也时不时在各个学校受到影响。

到现在已经很清楚，速写（正确且合比例的）和工作模型的使用是不可分离的。制作工作模型的能力，以及随着可供选择的设计变化时并且设计发展时，立即切开它们、改变它们或者从新开始重建的意愿是很重要的。

由于有了易于切割的材料和X-acto刀片，在今天非常容易做工作模型。在所有的材料中，泡沫芯板是最容易使用的，并且它的厚度使得它在使用2英寸和4英寸比例时几乎就是真实的比例。这些比例非常适合用来观察室内空间和检查室内自然光线的情况。

不同于文艺复兴透视的虚假可能性、影片摄像机的消极可能性、对轴测图的错误理解和环境心理学家的消极的"经验完整性"的方法[28]，交流方式的三个传统手段——平面、剖面、立面加上对空间片断速写和工作模型的同时考虑，是检查设计决定的合理方法。

在20世纪60年代之后"空间"的创造受到了泡沫芯板和X-acto刀片出现的推动。[29]（图9.13）这些设计手段的重要性不应该被忽视。它们的重要性应该像"透视"对佛罗伦萨文艺复兴的重要性一样。

对所有上述方法的严格训练将会帮助建筑师完成"空间方面的毕业"的过程。因为在任何好的建筑师的一生中都会有一个可以被称作"与空间有关的时刻"的经历。在这一时刻一个设计在他的（或她的）脑海中酝酿；他发现他自己处于其想像的内部空间中。比例、颜色、质地……现实……都在那里。这个幸运的建筑师不需要任何其他的东西来刺激现实。在他脑海中的空间是真实的，并且在它建成之后它会成为真实的。

……数不清的时间花在了我们钦佩的设计的演变过程中。它不是一个设计师花在一个项目上的那三个星期或者三个月；它是一个建筑师在达到那一点前花的40年或50年零3个月的时间。我们经历的空间，不论复杂或者简单，不是那个时刻神力的启发或者不可言说的随想的结果。双手和指甲被磨粗了；一个模型又一个模型建了出来，砍掉，又在重建。一段像这样的文字不可能表达清楚这一切。真正能完成它的是劳苦和艰巨的工作。为了做到这点并且继续前不久伟大的空间运动，我们必须再一次启发我们的建筑"空间道德感"并且在"同时性"实践原理的范畴内工作，将我们的传统技艺、泡沫芯板和X-acto刀片作为空间演变的钥匙。

注释

1. 关于建筑空间的早一些的标志性资料见 Zevi，1957年。
2. 关于空间的"无形"含义的更多资料，一般见 Bachelard，1969年。
3. 见 Norberg，Schulz，1971年，第37页。
4. 见 Schildt，1985年，第221页。
5. 同上。
6. 关于"神圣"和"世俗"见 Eliade，1959年。
7. 关于历史上的空间的更多资料见 Zevi，1957年。关于拜占庭见 Michelis，1955年。

图 9.12　有综合设计意识的建筑（"包容主义"）：在这里室外和室内是回应环境限制以及生活风格和空间氛围的合作性关注的结果。在 Boulder 的私人住宅，科罗拉多州，建筑师：James Leese（摄影 Thomas Eiben）

图 9.13 刻出的泡沫芯板的部分模型帮助从“有限”中创造出“无限”。在比佛利山庄私人住所内的室内序列。建筑师：Eugene Kupper

8. 见 Colin Rowe 和 Robert Slutzky，在耶鲁《Perspecta 8》发表的“通透性：具象的和现象的”一文。
9. 在《进步建筑》的《室内体量》一文，1965 年 6 月期，第 155 页。
10. 出处同上，第 157 页。
11. 摘自路易斯 · 康公开演讲的无数引言可以支持这一点。下面一段引言可以说明观点：

“……在空间的性质中是某种存在方式的权利和意愿。
设计必须紧紧地追寻这个意愿。
因此一个画满条纹的马不是斑马。
在一个火车站前是一座房子，
它想成为一条街。
它从街道的需要发展而来，
从运动的秩序而来……”

摘自 Vincent Scully，Jr,《路易斯 · 康》,George Braziller,纽约，1962 年，第 113 页。
12. 见关于“迷宫”中的“内部”与“外部”的讨论，《建筑实录》，1973 年 7 月，第 114 页。
13. Bruno Zevi，同上，第 143 – 144 页。
14. 这里谈论的是通过一个谨慎的雕塑性体量的抽取而来的建筑，通过这个方法，最终产品的样子类似于 Victor F. Christ Janer 提出的建筑的“瑞典奶酪类型”。“瑞典奶酪”是 Victor F. Christ Janer 最喜欢引用的类型学比喻用语，他是笔者的设计课教授。
15. 在这里必须指出的是关于空间方面的文献极为稀少。除了古典的，Giedion 的一般性著作，《空间、时间和建筑》；Zevi 的 1957 年的著作及 Rowe 和 Slutzky 的论文，同上，代表著名的现代 / 后现代理论的基础。还应该注意 Rowe，1972 年和 Frampton，1982 年。
16. Schildt，1985 年，第 221 页。
17. 这指的是柯布的“平面创造器”（plan the generator）的观念。Bruno Zevi 认为柯布在其追随者中引起了“一种平面美学的神秘”。见 Bruno Zevi，《建筑作为空间》，地平线出版社，纽约，1857 年，第 46 页。另见勒 · 柯布西耶，《走向新建筑》。
18. 读者会发现一个关于空间 / 概念欣赏问题的绝佳例证，就像解构主义者李贝斯金德所追求的那样，1989 年，第 5 页。
19. 见 Muschamp，1989 年，第 275 页。
20. 出处同上。另见埃森曼，1980 年和 1982 年关于解构主义者的设计过程。
21. 关于“几何的空间类型学”的图表最先发表在 Antoniades 的《近期的空间》一文中，1975 年，在《美国建筑师学会学报》的许可下重印。
22. 关于笔者对这些建筑物的一些个人经历见 Antoniades，1981 年。
23. Giedion，《空间、时间和建筑》，同上，第 vi 页。
24. Bruno Zevi，同上，第 59 页。另见 Antoniades，《影片和规划过程的公共关系阶段》。讨论论文系列第 13 号，伦敦大学，1969 年 9 月。
25. Antoniades，A.《影片和规划过程的公共关系阶段》。讨论论文系列第 13 号，伦敦大学，1969 年 9 月。
26. Charles Jencks，《建筑中的现代运动》，Anchor 图书，1973 年，第 267 页。
27. 关于这个效果有大量的证据。勒 · 柯布西耶，密斯 · 凡 · 德 · 罗和赖特是经典的例子。保罗 · 鲁道夫曾说，“速写，我热爱它。”关于将速写作为设计创造方法的态度可以选自 Yukio Futagawa 在《建筑论坛》的文章，《保罗 · 鲁道夫：绘画》，1973 年 6 月，第 51 页等等。
28. “经验的完整性”指的是 James Marston Fitch 提出的决定性的美学理论是建筑美学的基础……但是 Fitch，谈论的是以使用者的身份“参与”的问题，他采取一个消极的、欣赏者的态度，而不是一个创造者的态度。见 J. M. Fitch，在《人与建筑物》中的“功能的美学”，编辑 Robert Gutman，基本图书公司（Basic Books，Inc.），纽约，1972 年，第 4 页。
29. 见 Antoniades，“空间的道德观”，1975 年。

所选书目

Bachelard: *Poetics of Space*
Norberg-Schulz: *Existence, Space, and Architecture*
Progressive Architecture: "Interior Volume"
Zevi: *Architecture as Space*

第 10 章

建筑空间的经济学和美学

"坚固，实用，美观"

——维特鲁威

"我认为每个人都应该住在一个大大的空旷的空间中……如果你住在纽约市，那么你的储藏间至少应该在新泽西。"

——安迪 · 沃霍尔（Andy Warhol）

建筑是一个“日用品”。没有“空间”的考虑，就没有建筑。我们应该同时关注建筑的经济学和空间创造。因为这一点，关于建筑经济方面的讨论，我们把它和空间词汇连在一起。但在过去却不是这样的，并且在那时建筑问题和经济情况是分别考虑的。

在路易斯·沙利文的“功能决定形式”和“折中特许”之间，或者在某种意义上，后现代建筑以及其所有“前卫的”方面，包括解构主义，所强调的新自由，给这个世界留下了不经心的琐屑和“最丑陋的”有形的现实。[1]

“今天还有多少建筑师依然将制造人们居住的‘空间’作为他们的第一要务？有多少建筑师整天嘟囔着‘空间’、‘空间’、‘空间’这个词。还有，有谁还会梦到要设计的空间，梦到正做着的项目的模型，梦到各种光线……其建筑物的声音？有多少会从噩梦中醒来想到一个依然在绘图板上的、还未建成的项目的回声顶棚？这类问题的单子可以永远进行下去……是的，但是‘关于金钱’……对了，‘现在你是在谈论建筑了’；金钱、抵押贷款、临时贷款、整套服务……”[2]

如果建筑师继续那样想，那么他们最好将对“空间”的关注留给安迪·沃霍尔（Andy Warhol）。[3]但是“空间”过去是，而且也将永远是，所有建筑师的主要关注点。在前一章中我们谈到了建筑师关于空间想法的系统演变。在这里，我们会谈到一些更基本的概念，“现实”参数，它们将永远代表“理想”空间概念的“检查和平衡”，这个“理想”的空间概念应该是建筑师们努力追求的目标。实践和经验最终将帮助“现实”与“理想”融合在一起，但是学生们必须尽早地明确这两个关注的存在。

……建筑的概念化和时时发展出的方向代表了在“功能主义”和“自由”潮流之间（所有的时髦事物都包括在这里了，不管它们是有意的还是无意的）不断变化的一个辩证法。“空间”的概念化，就像长期以来在许多建筑师的作品中看到的，在每天大多数的运用中倾向于在“绝对地没有关注”到“虚无主义”（nihilistic nothingness）之间摆动。[4]前者（绝对地没有关注）也许是出于忽略、缺乏天分、在视觉想像上能力不够或者没有一套能够挑战所计划“空间”的设计方法；而后一种极端（虚无主义）可能源于（看上去很复杂）对“空间”问题陈述的过度简单化。不管怎样，任何一种“空间”处理的极端常常是在“空间造价”的基础上做出判断的，由此在“空间关注”和“空间的能力缺乏”方面赋予金钱一种催化剂的角色[5]。

图 10.1　史前穴居住所，桑托林岛，希腊

为了简化下一步论点，我们应该再一次提醒自己，甚至冒着啰嗦的危险，即空间具有三个可视方向（当然人们应该永远记住“时间”，空间的第四维。时间还出现在空间／经济调查的内容中。因为它影响设计过程，因此它对空间的实现和质量具有重要的、有形的影响）。实际上这三维在这里是我们的主要关注，因为它们构成了我们所建的建筑物的主要物质特性。它们定义一个围合空间的特点、“内部的空气体积、气氛和在里面的人们的感觉”，并且它们为建筑外的人们定义了其余的室外“世界”。建筑物作为一个三维整体的概念、作为一个室内“空间”和一个室外世界的决定因素（边缘）的概念，完全可以成为建筑工作的一个概括性定义。改善室内的质量并加强室外的影响意味着要进行额外的工作和训练，它们最终会进一步拓宽并使符合定义——并且因此，丰富对建筑的理解（社会、心理、生物方面的关注等等）。但是抛开性质上的复杂

图10.2 地中海乡土建筑的“经济性”。米科诺斯岛上的乡村住宅，希腊（摄影 Chris Ferrante）

程度，在这里最基本的且最普通的概念（这些话题将在下一章中谈到）是三维的概念。所有的复杂性最终都会总结在三个非常古老的词中：“平面”、“剖面”、“立面”。它们实际上是所有“设计师”的手法，但是它们只有通过辛劳、痛苦和智力的挑战才能成为一个建筑师的手段并且创造出建筑。在各套可供选择的平面－剖面－立面之间的质量上的区别最终会在所创造的空间中产生区别，并且有时如果经过了全面的考虑，它们能创造出迷人的、堪称建筑的最佳形式。

在“辛劳”和“创造的痛苦”被快速盈利回报的驱动力所替代的某些情况中，最终产品会受到损害。所有关于“建筑”质量的考虑被金钱的主要关注所取代……因此建筑师就失去了对“空间”考虑的责任。

有一种“空间道德感”必须永存，它是基于空间和经济因素可以合作、基于考虑经济因素不应排斥空间关注的信念的。为了实现具有恰当空间的建筑，建筑师需要时时记住其学生时期的设计训练；要记住平面、剖面和立面的要求；要发展其好奇心；并且不断地挑战他们的决定，将其判断放在这里提出和讨论的“建筑美学经济性”问题的基础上。组成这个讨论基础的问题如下：

1. 可以肯定建筑空间需要金钱。

2. 今天的建筑学学生和年轻的实践者们对存在于空间设计决定和造价之间的关系知道得很少。

3. 在学校里所教授的建筑历史（如果比演示“立面”幻灯片和辨别“风格”更深入的话）常常将在经济上属于高额造价一类的作品作为好的建筑例子演示给学生。没有任何资料谈论低造价的建筑物，也没有表现过它们的美学重要性。学生毕业时带着关于这个重要问题的错误信息——即存在于经济学和美学之间的关系。在一些年中，他试图成就“昂贵”的建筑，即他在学校里从历史手册和建筑杂志的闪光图片中学来的那种建筑。最终他的结局常常是得出一些不现实的结论以及一些令人困惑的经历，直到当他屈服于施工的要求和开发商要赚钱的要求，设计出不激动人的建筑的那一刻的到来。到那时候他就成了一个职业建筑师。

图 10.3　原始建筑的“经济性”。在去往 Acoma 路上的乡村“小亭”

4. 职业建筑师常常争辩说低预算不能创造出好的建筑[6]；这当然是一个缪见并且是在设计上花费少量时间的借口。

5. 建筑美学和造价之间看上去有一种相互的联系，在这个基础上人们可以讨论建筑美学的“范畴”，而每一个范畴对应着相应的经济情况。

6. 承包商们常常声称工程估算是“他们的事情”。当然在大多数情况下他们是比建筑师更了解当前的造价和价格。但是承包商常常单纯地将他们的设计（当他们扮演建筑师的角色时，而今天在美国大部分地方都可以看到正在发生这种情况）以施工的经济情况为基础，而在设计上强调最少（他们的职业不是一个设计职业），因此提供给市场的是材料和空间的经济组合，与建筑没有任何关系。

在建筑师的整个设计生涯中，建筑师有必要时时注意一下上述问题。还应该注意的是“建筑空间需要花钱”这一总前提。因此有必要首先分析这个思想背后的基本原理，然后开发出一套关于建筑美学经济理论的规范。还应该提醒读者的是这种探究在过去的建筑文献中还没有涉及，因此在这里用到的一些术语是第一次介绍出来的。

造价与收益。与制造建筑空间相联系的所有造价都与使用者所享受的好处有联系，这个使用者是作为建筑师客户的人。这些收益可以包括经济上的回报，它可以是在极短时间内的、并且代表了投机开发商的基本利益，以及长期的回报：心理的、幸福、舒适的生活和高效性能的好处。就像第二类可能的回报显示的那样，我们很难给“舒适的生活”和“幸福”赋予一种用金钱来衡量的价值，因此我们可以肯定地说“无形的”因素是这种长期利益的特征。所以与建筑造价直接相连的有“有形的”利益，而且在同样的造价中也有“无形的”利益。[7] 后一类使建筑经济方面的调查变得困难，并且正是这里是我们的注意力应该集中的地方。所以我们可以肯定地说，就使用者的利益来说，

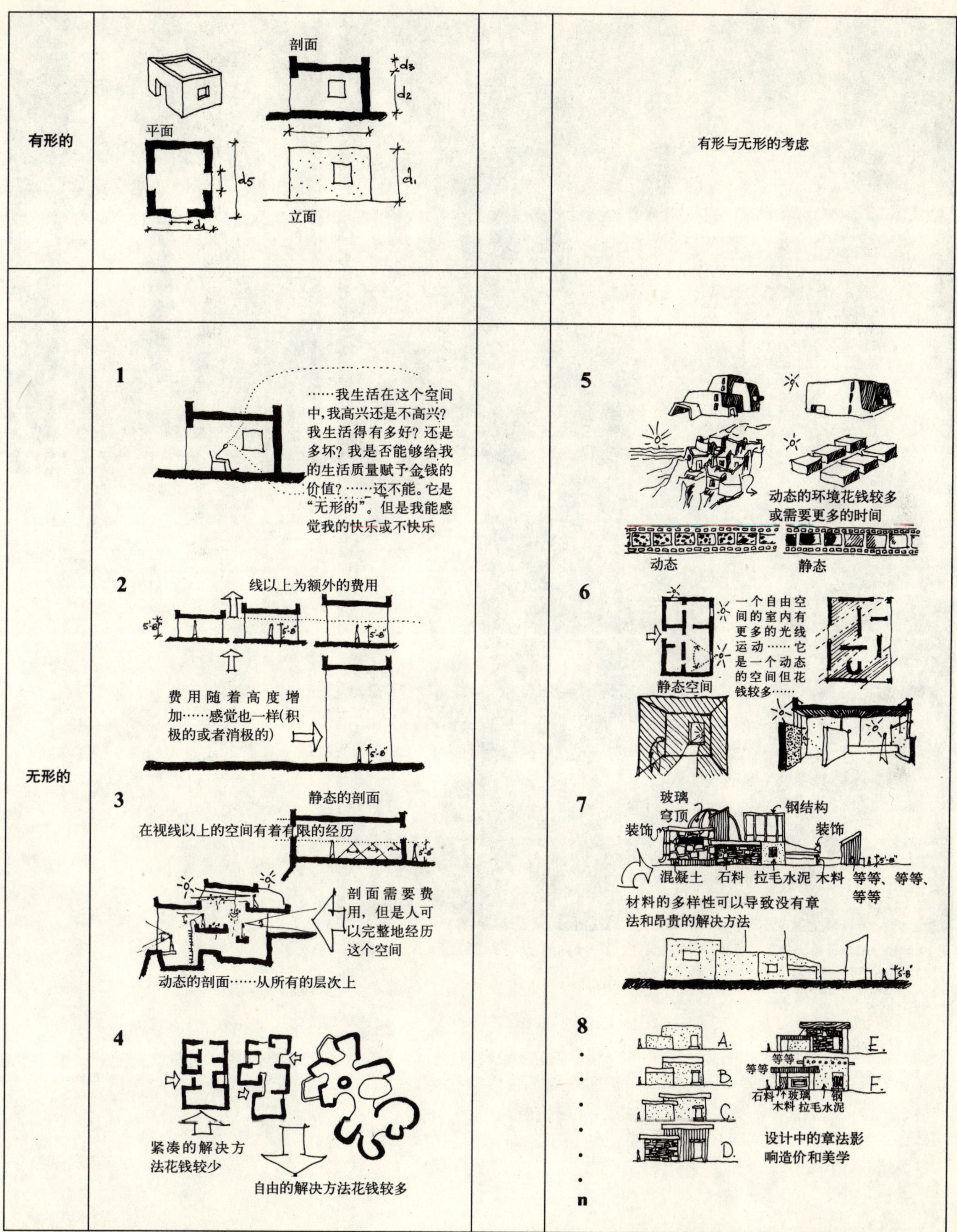

图10.4 建筑美学的经济学概念

图 10.5 一幅象征意义的建筑摄影，这个建筑产生了一个内部空间并且定义了一个外部世界。大使的房间，阿兰布拉宫（Alhambra），西班牙格拉纳达

图 10.6　光线和剖面，室内空间的基本元素，阿兰布拉宫，西班牙

图 10.7　自然光线，来自富裕的高度，自由空间，我的家（Casa Milà），安东尼奥 · 高迪。巴塞罗那

图 10.8　具有空间重要性的米拉公寓(Casa Milà)的大厅，安东尼奥 · 高迪。巴塞罗那

图 10.9　钻石原则：露台元素的布置。我的家，安东尼奥 · 高迪，1906—1910 年

构成建筑的元素有（一些）有形的和（一些）无形的。有形的那些是“面积”和“体积”的元素，并且它们可以通过对一个设计平面、剖面和立面的直接参考来计算。这三种文件给建筑师、职业预算师或者承包商提供直接的信息，来“着手”并得出预算估价。建筑的无形元素是承包商或职业预算师不能看到的；它们是设计中隐藏的或与生具来的特性。当然它们存在于好建筑师的脑子中，并且是将来由使用者或者建筑评论家发现的特性。我们可以说建筑的“无形”元素是那些只能被一个受过训练的评论家发现并能被表达出来的元素；而且在几乎所有情况中，这些评论家不可能给这些元素制定一个金钱上的价值。现在让我们进一步检验一些空间限定的元素。

有形与无形的空间构件

只有当它创造出“某种情感”时，空间对于建筑才有意义，这些情感是由功能（使用者的需要）来决定的，并且是由建筑形式来完善的。在人类和空间物质元素之间的辩证法（“恐惧”、“放松”、“舒适”或者“崇高”）是由建筑师对空间的合理比例及其尺度特点（有人的尺度与没有人的尺度）的关注的成功与否来决定的。比例和尺度可以通过空间的基本“线性”考虑很容易地实现并且能够在平面和剖面中表现出来；因此它们代表的是有形的组成构件。与之相反，韵律（在这里人们应该将韵律考虑成“时间－空间的经历”）是一个复杂得多的问题，并且它的大多数费用是无形的（图 10.4）。而韵律是我们制造的每一个空间内的生活和生活方式的基本先决条件。韵律与平面和剖面都有关系，剖面在三维上制定了实体与虚体的承继次序，由此控制了进入建筑物“内部”的光线的多少。对上述问题的一个很自然的引申即是自然（相对于人工的）光线可以美化空间而且可以培养某种情感，其中一些比其他的要强烈一些。就自然光线而言，在绝大多数建筑物中剖面要比平面重要；而平面，特别是一个平摊开来的平面，可以用合理地布置灯具的位置来处理。专门的研究将涉及人工光线的问题。

（A）建筑物的自然照明问题可能间接表明一些区域需要额外的开支。使用者从实现这些区域的费用中得到的好处是无形的那种。从长远角度来看，到目前为止没有任何数据表明一个通过某一区域实现的、有着多种光线和美化精神的光线的空间的经济利益。因此就空间的造价与利益的考虑，自然光线代表了一个无形的因素（图 10.4:6，7）。这意味着我们难以用金钱来衡量未来享受到的好处，这种好处是通过我们目前决定采用光线调节的区域和未提供这种做法的区域相对比而言的。

（B）空间的高度：空间的高度代表另一个对使用者有好处的因素，从长远角度来看，它也是不能用金钱来衡量的因素（图 10.4：2）。一个空间的相对高度与人有直接关系，它与建筑的其他元素一起产生舒适或不舒适的感觉。一个人可能会感觉舒适或者压抑、惬意或者亲切、放松或者甚至害怕、幽闭等等——取决于存在于空间的高度和他本身之间的感性关系，以及他所处空间的光线情况。我们在一个低矮的土坯屋中会产生一种感觉，而在一个大饭店的大堂中会有另一种完全不同的感觉，或者用一个现代的例子，即我们在纽约市中围合着的、天堂一般的福特基金大厦大厅中的感觉（图 9.3：78）。在第一个例子中，土坯屋可能使我们绝大多数人感到惬意、舒适并且像在家里一样；这种感觉是安全和平静的一种。在后一个例子中，在大厅花园的空间高度中，我们的身体仅仅是细节；我们感到入迷，我们会迷惑，我们会感觉不一样。

在每一个环境中我们经历的这些感觉对每一个建筑物的成功是必要的。每一个建筑物通过在使用者中产生合理的情感而加强了客户的要求。土坯屋的拥有者通过拥有一个使客人感觉“在家”、舒适和安全的房子来表达他的好客。福特基金大厦大堂的夸张高度暗示了通过建筑师所创造的感觉和成就的形象，创造这个大厅共享空间的最初费用在长远会得到回报。其他相继创造了类似的“某种情感”的建筑物是休斯敦、亚特兰大和旧金山的海亚特摄政旅馆；但是在那里的最初感觉是“惊慌”而不是“崇高”（图 9.3：75－76）。

（C）连续空间和长廊的花费可能要比小容器形式和单层建筑物多一些（图 10.4：3）。人们可能会认为自由平面的项目费用会少一些，因为它节省了室内隔断的最初费用。如果人们不需面对环境保持的问题的话，这会是正确的。削减连续空间费用的努力在长远来看可能会使连续空间更昂贵一些。但是连续空间是一种在建筑物室内允许动感的空间。在有自然光线的情况下，连续空间处于一种完全的运动状态中；这是由太阳的连续运动引起的，并且也是由于建筑物实体的不连贯产生的（实体的非连贯性和虚体的连贯性是

图 10.10　钻石原则。我的家，安东尼奥·高迪，1906—1910 年

实现连续空间的元素)。这种空间的动感可以用间隔的系列照片（lapse photography）来显示。具有定好时间间隔的一系列照片可以被动画成影片，在影片中阴影会持续地移动并且在屏幕上上演一个镜像的“舞蹈”。一个小容器型的空间不能产生这种“舞蹈”。动感是建筑师赋予其作品并使空间动起来的一种力量；因此人们可以认为动感是优点。所以我们可以说“动感”是一个非常昂贵的特性，因为在这种情况下，它可以用开敞平面和连续空间的方式来实现，就像我们已经指出的那样，它们在修建和维护上都较昂贵——特别是维护。

(D) 建筑物有雕塑感的表现方式，以及强调元素的非常特别的结合方式的立面要比静态的费用高一些（图 10.4：4)。在这里我们又遇到了动感的问题，但是从城市景观的角度来看到的。就城市设计而言，在街道或广场上可以看到的一个建筑物立面可以比其他立面更有趣味。为了显示这种“趣味性”我们将再一次使用间隔系列照片的试验。当太阳照在一个具有独特的体量表达方式的建筑物的不同体量上时，在照片的动画中它的移动有一种舞蹈的意味，而它在只有一个体量且有一个平板的立面的建筑上会“平滑”地移动而且没有舞蹈的感觉。非专业人士常常谴责的“方盒子”就是这种建筑物，它在间隔系列照片的试验中不会产生新的激情；它可以是我们所说的“静态”建筑物。在炎热气候中且又有着明亮的阳光的许多情况中，静态的建筑物会引起眩光，因此在功能上更不可取。从城市景观角度来看，在盒子状或静态建筑物和有体量表现或动态的建筑物之间，在造价上有巨大的区别。如果所有其他的因素都保持一样——材料、体积、面积——建造前一个建筑物要比建造后者便宜得多。原因很多：首先在布局上要少一些特别的注意，以及各种节点的特别注意，并且花在设计上和在平面和剖面上建立不同层次的整个工作时间要少。因此静态建筑物的费用要少，而动态建筑物要多一些。相比较存在有静态的、不令人兴奋的、不刺激的建筑物的社区，没有任何方法能够估算出由于具有动态感的建筑物的存在，居民因为得到刺激而享受的长远利益。

(E)“剖面”的不同层次。“剖面”这个描述性的文件是最终说明一个建筑作品是否成功的主要图纸（笔者是相信这点的极少数的建筑师之一，并且他在教授设计时宣讲了这点)。剖面不仅告诉我们空间的光线情况并且赋予了平面意义，而且它还允许我们到达不同的层次（如果它有这些层次的话)，因此为我们创造了感知空间的更多的可能性，为我们提供了更多的透视，并且加强了室内的视觉愉悦（图 10.4：3)。一个具备不同层次的剖面所提供的一切正是“小山”提供给意大利山城和希腊群岛的东西；它赋予了屋顶风景意义，它赋予了烟囱意义，它赋予了环境的每一个建成部分意义（它要求协调合作、艺术态度、各方面的质量)。一个具备不同高度的好的剖面是一个室内空间所能提

图 10.11　“圆雕饰”原理。历史系教职员大楼，英国剑桥大学。建筑师：詹姆斯 · 斯特林，1969 年

供的视觉经历的最终开发者。平面自己不能构成建筑，因为它不能给予我们空间的真实感觉。平面和剖面一起，并且再进一步，与具有不同层次的剖面一起考虑则可以；在一定程度上，对于一些建筑师来说剖面甚至要比平面重要。一些建筑师以“剖面”的考虑作为其设计过程的开始。

我认为这种设计方法的现实影响和正确性如下：人在大部分时间是站立的，因此对高度和在其视线高度的空间元素之间的联系的理解要多一些。人躺着的时间少一些并且因此明了水平或透视方面的联系要少一些（我们估计高度要比估计距离容易一些）。剖面是与重力法则有关的一种图。绝大多数将重力作为自然现象的人们不否认剖面的 90° 直角坐标系统（竖直性），但他们常常在平面中否认这个系统，并且竭尽全力偏离它。

所以，由于剖面的重要性并且因为设计师知道这一点，一个比较有趣的剖面——在平面合适的部分有较多不同的层次，在各部分之间以及与视线高度之间的光线关系——可能比一个剖面只有最少变化的建筑物产生更昂贵的形式。这些额外的费用一般是出于施工的复杂性、挡水板和转折细节。当然，如果剖面与“高侧窗”结合在一起，高度的费用就增加了，因此使得具备“复杂的”剖面的建筑物就更昂贵一些。

（F）自由、松散的形式要比紧凑的形式昂贵一些。紧凑的建筑形式不一定总有原因。生活方式或者改变生活方式的愿望可以认为开敞的平面和开敞的地形布局的形式比紧凑的形式更合适一些。但是，这个愿望需面对这个形式的费用的潜在结果。开敞平面的费用多一些。因为外墙多了，它们需要长一些的地基，同时外墙保温层还需要额外的费用。在一个紧凑的平面中紧邻的空间可以起到其他空间的保温层的作用，而在开敞平面中与室外的接触则多一些。所以我们再一次看到一个自由平面，也许对拯救一个家庭（例如，给儿子一个带有单独出入口的隔开的单位等等）、拯救

图 10.12 "圆雕饰"原理；或者"鸡与蛋"的原则。外部的中性体量创造了内部空间的特性。历史系教职员大楼，英国剑桥大学。建筑师：詹姆斯·斯特林

一个婚姻等等有意义，并且因此可能给这个家庭在长期带来巨大利益，但一般说来比紧凑形式费用要高一些。

(G) 绿化和室外围墙。在许多例子中绿化和某些可能定义室外露台或地形其他特点的室外围墙只在模型中才看得到，因为它们在项目的实施中被省略了（也许会在将来的某个时候加上去）。无可置疑绿化需要花钱，但是当没有做绿化时，人们本可以享受到的无形的长远利益就永远失去了。差的绿化会带来差的社区形象；建筑物拥有者的特点会受损；并且当室外围墙被当作一个奢侈而且有关的额外费用永远不能到位时，私密性就面临着巨大的损失。

在上述陈述中，我们讨论了一些建筑中经济的考虑。当然我们还没有涉及材料、耐久性和施工质量的问题；我们也没有进入错综复杂，但又极其现实的金融方面的问题，它对建筑空间美学有不小的影响。但是美学是建筑师的、并且应永远是建筑师的一个关注。建筑师代表了一个力量，尽管小，但它为经济和美学之间的平衡提供了必要的元素。建筑师和建筑学学生应该了解我们在这里讨论的最基本的问题。在不了解由某些经济情况设置的美学局限之前，我们不应做出任何结论。在一个"金钱的关注"可能最终扼杀美学的文化环境中，仅仅以绝对的美学观念为基础做设计是徒劳的，同时只"为了钱"而建而忘记空间、美学和建筑是不道德的。因此一个人应该永远记住存在于美学与经济学之间的联系。关于建筑美学的经济学的研究表明，不同层次的经济情况对应着不同的美学范畴，并且对于每一个经济层次有一个最理想的的美。

建筑美学的范畴 [8]

实际上人类庇护所的演变可以通过"经济"的棱镜分析很清晰地追溯到过去。从洞穴住所到运用现代技术建造并控制的环境的整个建筑进程可以完全被看作是一个经济行为——通过它人类曾试图以最有效率的方式做到了他想做的一切。我们可以说到没有预算的洞穴建筑（在短期内没有预算，但在长期是负面的利益：不健康的环境、人类年纪轻轻就死了）。我们可以谈到通过挖掘来创造的、相对没有费用的建筑（人造的史前洞穴住所）。我们可以谈论使用任何可以使用的自然形成物作为其建筑物一部分的流行建筑，它因此节省了一面墙或两面墙的造价。而且我们可以谈谈所有随着时间发展起来的乡土建筑的低造价，它利用使用者的劳力和设计服务，并且从传统的智慧中借鉴不花设计费的形式（图 10.13）。然后这个历史调查将

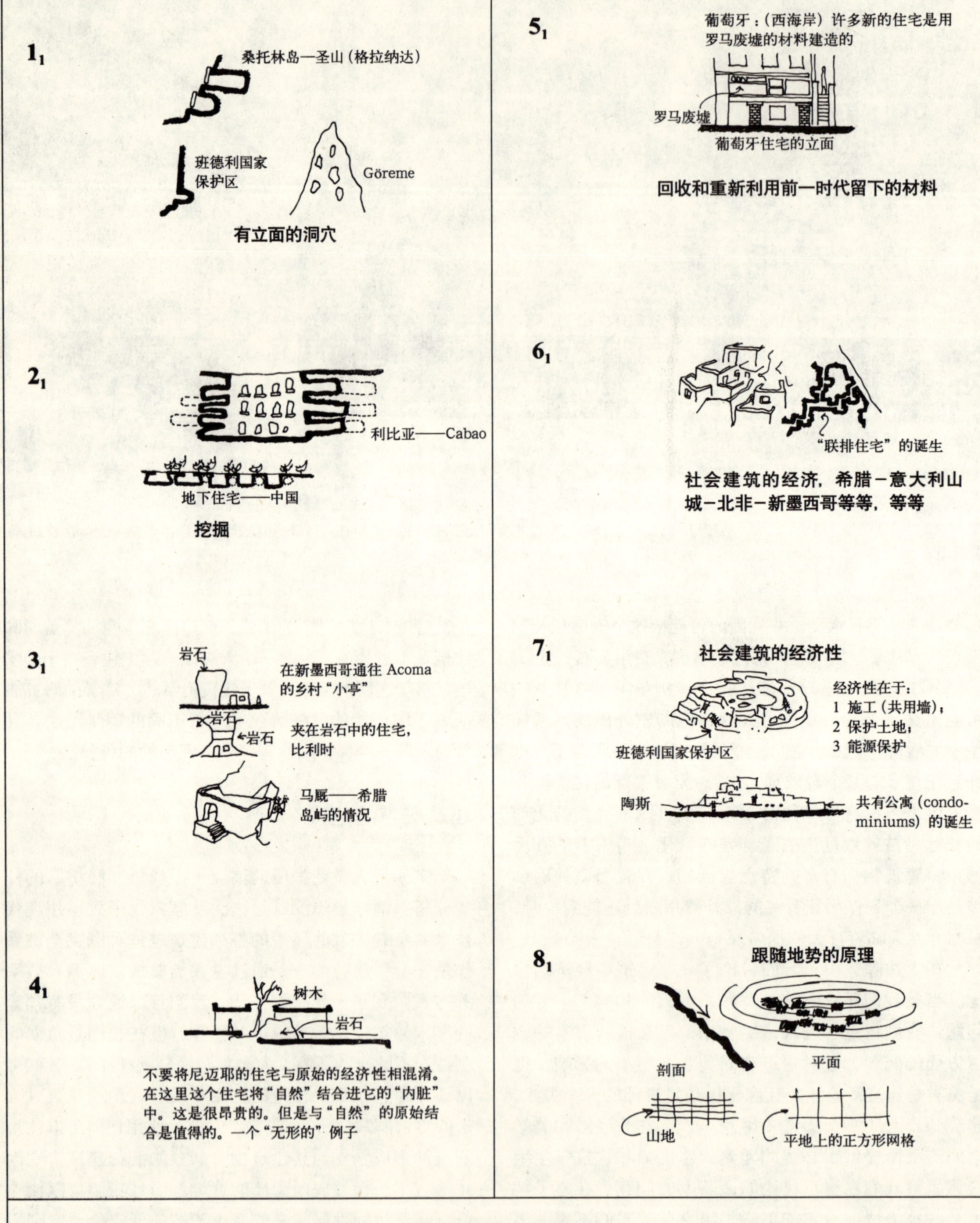

图 10.13 历史上建筑的经济学

我们带到了现在，在此时不幸的是，经济道德超过了建筑道德。

在重新探索这个问题并且培养有意义的设计关注的努力中，从经济角度来看，人们可以认为目前有，也许原来一直就有，三个最基本的美学范畴。与其将它们称为“无预算”、“控制的预算”（有限制的预算）和“低预算”，人们倾向于将它们称作美学范畴一、二和三。

在美学范畴一中，一个人可以彻底且任意地包括所有抽象和绝对美学的规则。只有在这个范畴中，建筑中所有想要的元素都可以被运用和开发——空间、光线、高度、剖面、空间的不同层次、开敞平面、连续空间、动态、最适合的材料、优雅的家具摆设、精美的细部处理等等。只有在没有经济限制的建筑中，这些元素才可以被使用、合理地调查并且根据情况被利用。将这个范畴称为建筑美学，“完整的钻石”的美学（图 10.18）也许更合适一些。这个范畴的建筑物像一颗大大的、完整的钻石，即整个的、没有被切割的而且纯净、富丽、闪光的钻石。历史上伟大的建筑范例和今天“丰富的”建筑代表了这个美学种类的作品；圣索菲亚大教堂、福特基金大厦和古根海姆博物馆属于这个范畴。

在其他的美学范畴中，即在那些经济问题是个关键的范畴中，将取决于建筑师决定使用什么样的空间和情感创造元素，用在哪里。建筑美学的这些范畴常常更困难一些。在这里建筑师必须不断地与现实保持联系，并且他（或她）必须运用选择性的训练来决定应该在空间上强调建筑物的哪一部分，并且这些有较好的平衡的空间处理应该用在哪里。这类建筑可以被称作“项链”原理的建筑——一个建筑物或一组建筑物，在这里“钻石”已经被切割并合理地镶嵌到平面中（图 10.19）。我们有小块的钻石和链子；“钻石”是建筑群中较昂贵的部分，而“链子”则是附属空间。欧洲和美国建筑中好的例子的绝大多数是项链性质的。在这里，建筑师通过了解其设计决定的经济影响，在其设计中进行控制并且只在建筑物的决定性部位完善空间中的无形潜力。具有出色的空间处理的部分最合乎逻辑的位置是建筑物内具有公共功能的区域——入口大堂和休息室，或者具有特殊仪式和象征意义的区域。

“项链”原则的建筑常常适用于水平方向延伸的线性建筑物。在高密度的环境和竖直结构中，“项链”变成了一个以微小的宝石组成的特殊“圆雕饰”来作为作品的高潮。这个小石头、一点点钻石、十字架或者大卫之星，是被一个中性的或者便宜的链子连接的；但它的确在那里，做着它的声明。类似的，高层建筑物，在造价问题再一次是个关键时，可以拥有其精雕细刻或空间刺激。它可以在公共活动发生的区域以及公共功能可以具备高质量的空间处理的区域。在“项链”和“圆雕饰”类的建筑物中，建筑师必须准备在设计上花足够的时间，调查一些设计并且不断地核实造价估算，以便他最终能够在其设计的相对经济状况中设计出最佳设计。上述两种建筑属于美学范畴二。

图 10.14　海亚特摄政旅馆，旧金山。一个中性的，反街道的外观，1975 年

中间的这个范畴是检验建筑师良知和天分的范畴。“有章法”的范畴既不是第一个，没有经济限制的范畴（极少人能得到这类项目的授权！），也不是最后一个，低预算——不关注空间的范畴（四周看看！），而是中间的范畴，而且正是在这个范畴中我们应该努力创造出出色的作品。

最后一个范畴是最差的。它是坏的建筑，而且不应该成为任何人的目标。

结束语

这里提出的思想和陈述的观点仅仅“浅浅地点到了”建筑专业和建筑作为艺术这个论题中涉及最少的话题之一。笔者相信建筑师在预算估算上不需要更多的研究或者更正式的知识。产品和材料增加得极快；每个建筑条目的造价也变化极快而且不平均。建筑师需要的是一个设计道德观（它与美国建筑师学会所理

图 10.15　海亚特摄政旅馆，旧金山。一个独特的室内，1975 年。为了享受多层中央休息大堂的“额外好处”(高度、氛围等等)，其余的部分不得不是重复和中性的。“鸡和蛋”原则的典型例子

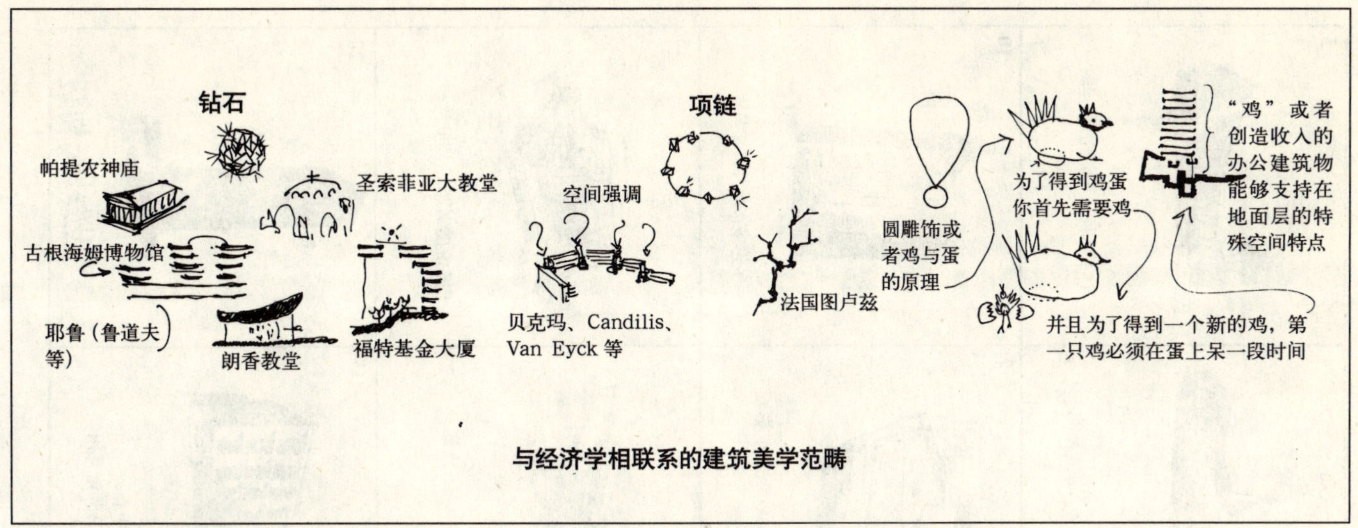

图 10.16　与经济学相联系的建筑美学范畴

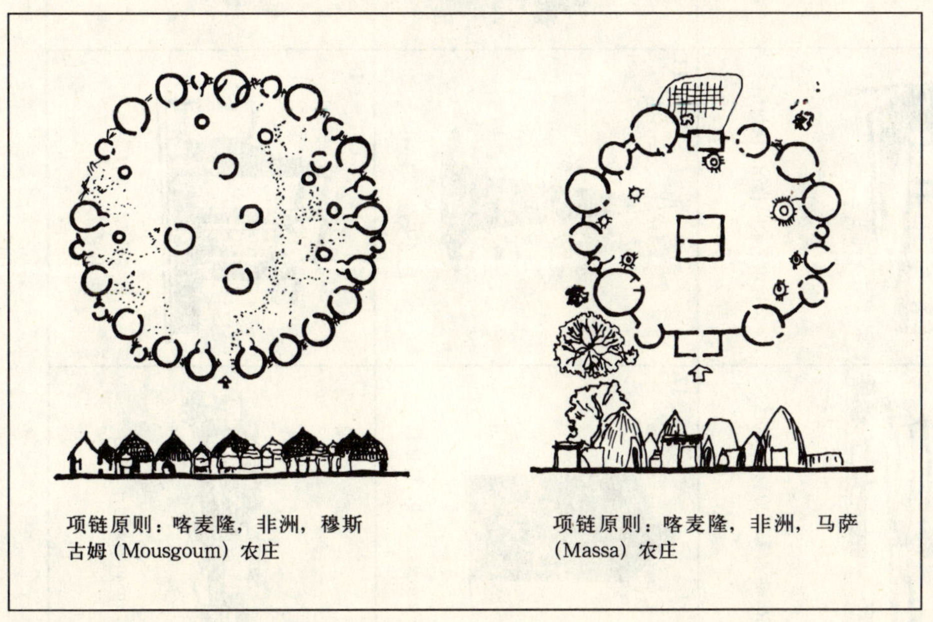

图 10.17　非洲农庄

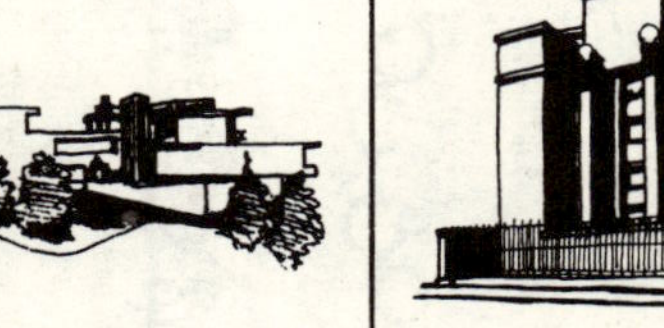

直线的	1 悉尼歌剧院，澳大利亚	2 朗香教堂，朗香	3 美国环球航空公司候机楼，肯尼迪机场	4 奥林匹克体育馆，东京	5 达拉斯机场候机楼，华盛顿特区
	6 斗兽场，罗马	7 S·R·古根海姆博物馆，纽约	8 金贝尔艺术博物馆，沃思堡	9 Kalita Humphreys 影剧中心，达拉斯	10 多伦多市政厅，加拿大
曲线的	11 阶梯式金字塔，Saggara，埃及	12 Pennzoil 大楼，休斯敦	13 泛美大厦，旧金山	14 国际会议中心，京都	15 巴尔的摩剧院，马里兰州
	16 帕提农神庙，雅典	17 巴思别墅，沃思堡	18 拉金大厦，布法罗，纽约州	19 卡彭特中心，剑桥，马萨诸塞州	20 西格拉姆大厦，纽约

图 10.18 建筑瑰宝

项链原则
同样尺寸的石头
1
加拿大圭尔夫(Guelph)大学，约翰·安德鲁
2
伊顿女子学院，约翰·安德鲁
3
东英吉利亚大学，Denis Lasdun 及合笔者
4
安大略广场，Craig, Zeidler 和 Strong
5
Barrio Gaudi，建筑设计室
一个大石头和一些小石头
6
波多黎各大学女子公寓，Henry Kluab
7
华盛顿大学 Haggett 楼，Kirk, Wallace, McKinley 事务所
8
犹太(Yeshiva)大学，医院，Fredrick Kiesler 和 Armand Bartos
9
加拿大圭尔夫大学，约翰·安德鲁
10
Rosemary 楼，James Stewart Polshek 事务所
大小交替的石头
11
迈阿密港，约翰·安德鲁
12
加拿大斯卡伯勒(Scarborough)学院，约翰·安德鲁
13
布林莫尔(Bryn Mawr)公寓，路易斯·康
14
休斯敦国际机场，Goleman 和 Rolfe, Pierce 和 Pierce
胸针
15
镇东购物中心，Harrell 和 Hamilton
16
ABC 大楼，Bertrand Goldberg
17
职业中心公司，E.H. Brenner
18
Randhurst 购物中心，Victor Gruen
19
Camelita 文化中心，Ladd 和 Kelsey
不同的石头
20
圣约翰大教堂，马塞尔·布劳耶
21
St. Procopius 教堂，Loebl, Schlossman, Bennett 和 Dart
22
日本文化中心，Minoru Yamasaki 事务所

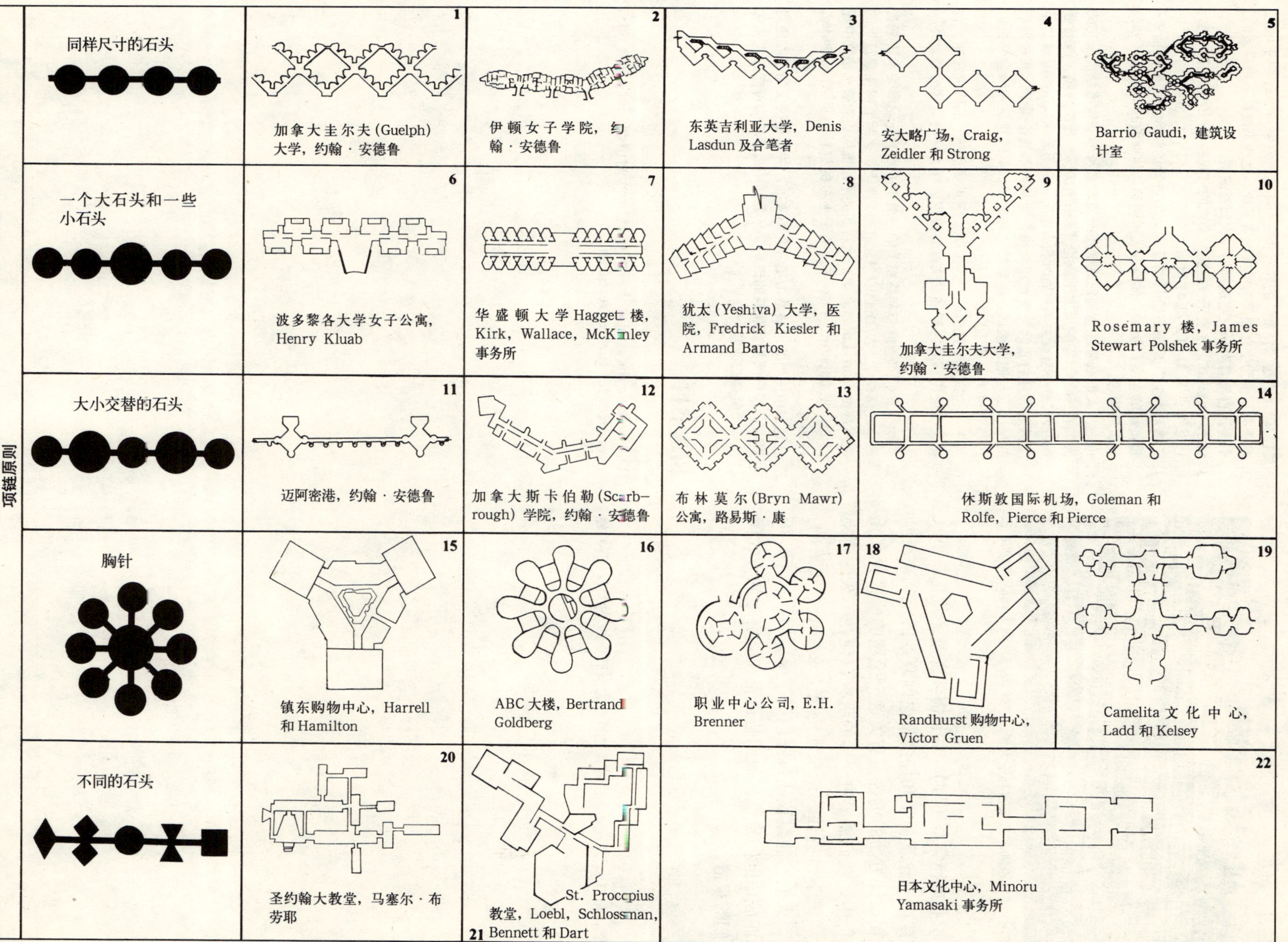

图 10.19 项链原则

图 10.20 项链原则。东英吉利亚大学，建筑师：Denis Lasdun，1968 年

解的职业道德完全不同），并且需要通过系统记录下来的、存在于建筑美学和经济学之间联系的范例来得到理论和设计方面的训练。有关这个论题的研究现在正在进行中。我们需要进一步的研究以便在不久的将来为建筑美学经济性的未来理论建立必要的坚实基础。同时，人们可能建议建筑师们停下来、回顾一下，而且也许应该问问自己，他们是否正在以合理的方式做着他们的事情。

注释

1. 当然，"最丑陋"的现实指的不是建筑杂志所展现的"建筑"；那种"建筑"代表的是"异常"的现实和整个环境形象中的不重要的少数。
2. 对所有目前为生存而努力的实践者来说，这些态度都是很熟悉的。引言选自笔者对一组建筑师的一次公开演讲。
3. Andy Warhol，发表于《纽约》杂志的《我的生活的秘密》一文，1975 年 3 月 31 日，第 41 页。
4. "虚无主义"是笔者给目前受到大力推行的被称为"极简抽象"建筑起的名字；例如，休斯敦艺术画廊，休斯敦的 Pennzoil 办公建筑群等等。
5. 但是，人们必须注意到建筑师还必须准备与那些作出经济决定的人们在一个平等的层次上谈论"经济情况"。就像约翰 · 波特曼所说，"……当我去华尔街时我会穿上一身 Brooks Brothers 牌子的西装并且将我的头发梳得光滑。我从来不谈论美学。我在他们的层次上与他们谈话：生意塑造建筑。"《美国建筑师学会学报》，1975 年 4 月，第 60 页。
6. 关于"建筑美学经济学：达拉斯／沃思堡范例"的研究课题，包括关于此论题的完整书目文献。得克萨斯大学阿灵顿分校，1974 年。
7. 与物质发展的造价与利益相关的、关于有形的与无形的术语来自城市经济学家，Nathaniel Lichfield 博士；这两个词在建筑上的使用是由 Jean Labatut 第一次在其关于建筑构成的著名论文中提到的。见 Labatut，1956 年。关于更多的资料另见 Antoniades，1990 年。
8. 在这章中使用的术语是由笔者介绍来的，并且是仅仅为了方便对形式／经济间相互联系的理解并且鼓励用最简单的可能方式来关注一个复杂的话题。

所选书目

The book on the subject has not yet been written. See above references for further research.

第11章

历史保护和相关的环境治理

“再说如果要求我们具体说出在一座建筑物中的艺术性、风格或其他利益达到什么分量才使得该建筑物值得保护的话，我们回答说，任何能被看作是艺术的、优美的、历史性的、古老的或意义重大的东西：简言之，有教养的、有艺术眼光的人们会认为值得一谈的任何作品。只有这样，我们才能逃脱我们的学习被变成我们的一部分的指责；只有这样，我们才能保护我们的古代建筑物，并且将它们有启发且受尊敬地传给我们的后代。”

——威廉·莫里斯（William Morris）[1]

历史保护（preservation）是一个很难建立分类的环境设计学科。它与建筑、建筑技术、室内设计和城市设计密切相联。上述任何一种都可以声明对它的拥有权，因为它们都对其任务的完成有贡献。但是，由于在城市历史街区的工作是20世纪70年代和80年代建筑师职业尝试的一大部分，至少是在北美地区，现在历史保护一般被认为是建筑学的重要部分。保护是几个环境治理的选择之一，通过环境治理，历史环境或其他优点可以被保留下来。在这些选择中突出的几个是保存（conservation）、修复（restoration）和适应性使用（adaptive use）。保护和保存常常是被同时考虑的，所以它们常常被混淆或者被当作同义词使用。[2] 抛开这两个术语定义上的区别不说，“保护”起主宰作用，并且它常常指的是寻求保持和保留有益环境的分支学科和专门化的整个范畴。

保持和保留有益环境的兴趣，在具体或综合的意义上，不是新概念。[3] 但是系统化的方法和这个学科的出现却是最近的事，特别是在美国。

环境保护有在孤立的（乡村）或者城市环境中保护单栋“建筑物”的孤立行动，还有保护城市连续统一体的一些片段——整个城市甚至地区的行动。在这种意义上，历史保护这个学科是一个用于许多环境领域的学科。因此，它本身注定就是一个学科，不是任何一个已经讨论过的学科的分支学科。但是，它与所有上述学科密切相连并且互相依赖。我们可以说“这个新学科”是一个关于文明的最完善的学科：它涉及文明的连续性、过去的价值和有形的证明。这些证明对于世界上任何部分的社区的骄傲和特点的发展都是一个重要因素。

也许，环境和历史保护者是今天的环境设计师中最“有文艺复兴精神的人”。他或她必须在尽可能多的环境学科方面具备专长，并且必须能够与其他环境学科的人们协调／合作，包括手艺人、工匠和材料及科技方面的专家。[4] 历史保护者必须是一个历史学家、建筑师－城市设计师－规划师、艺术家、技师、科学家、哲学家，以及人文主义者。如果创造新建筑物的建筑师被认为是创造新生命的普通人的话，历史保护者应该受到不同寻常的对待，因为他们扮演的角色类似于那些拯救和延长生命的医生。他们必须诊断出疾病、制定痊愈的处理方法，常常执行手术、保护生命，并且更重要的是保护健康。[5]

为了保护和延长历史环境的生命，我们不仅需要为它们的修复和保存采取实实在在的照料，而且要为其未来的生活方式和经济可行性制定方案。在这个意义上，历史保护者还要关心这些方面，例如通过可修复和回收利用的过程和技术[6] 给重要的老“建筑物”指定新的、更有效的和在经济上更可行的用途。直接与历史保护相连的治理是修复、保存和加强（consolidation）、重组（reconstitution）、适应性使用、重建（reconstruction）和复制（replication）的行动和实践。[7] 尽管上述所有，或者其中一些，有时是保护有历史优点的环境治理所必需的，但只有“保护”被作为这个学科中包容所有方面的术语。在此时重要的是阐明大众所接受的保护和相关历史治理活动的定义。

“保护”被理解为是“一个物体在不受改变的情况下的静态维持，类似于在最佳环境中的一个博物馆标本”。[8]

“保存”被理解为包括对物体长时间的维护并且通过所需的适应给它指定一个动态的特点。[9]

就像从其定义中看到的，“保存”更包容和动态一些，但是正是“保护”处于主宰地位并且正是它命名了这个动态的学科。

“修复”适用于治理的行动，通过它建筑物恢复到其形态发展的以前某些阶段中所处的客观状况。[10]

“保存和加强”指的是一种过程，通过这个过程建筑物的实际结构受到处理以便保证其持续的结构整体性[11]；而重组适用于“只能在原址或者一个新地点通过一片一片的重新组装来挽救”一个建筑物的例子中。[12]

拯救老建筑物的经济的方法是使它们适应于新居住者的要求，此方法被称为“适应性的使用”[13]。“重建”表述的是在原址重新建造已经消失的建筑物的行动[14]；最后，“复制”描述的是一个现存建筑物在非原址的其他地点的一模一样的创造。[15]

上述术语显示了历史治理可能性的多样化，这些治理可以是历史环境保护的各种战略方法的一部分。

通过规划周密的、成功的保护治理一般有可能创造巨大的经济利益。但是保护的原因不仅仅是经济上或者材料上的。精神收益是最重要的，尽管它们是无形的。只针对老建筑物，我们就发现它们对社会的价值是多重的。John Harvey 曾指出它们有一系列的价值：

1. 老建筑物作为人类精神的表现的价值。

2. 老建筑物提供给一个环境的永恒质量。[16]

3. “和谐”的价值；即由于老建筑物使用本地建

图 11.1　Coronado 旅馆。美国最大的木结构建筑。一个活生生的历史标志，有待保护和考虑周到地扩建。圣迭戈，加利福尼亚州

图 11.2　单栋建筑物的修复。奥卢（Oulu），芬兰

图 11.3　单栋建筑物的保护和重新利用。在雅典的经过清洗、粉刷和功能目的重新利用后的新古典式建筑物

图 11.4　修复和重新利用。最初此建筑物是第一个现代的希腊议会建筑师：Boulanger；现在是独立战争博物馆

图 11.5 Plakentia 宫殿。一座经过修复和重新利用的 19 世纪建筑物。最初的建筑师：Kleanthis；修复部门：希腊文化与文明部

材而产生的独特的区域性特点的价值（这种区域性特点刺激人们去旅行）。[17]

4. 由于老建筑物的“真实”价值而产生的纯经济价值（就像前面所说，老建筑物通过吸引旅游者创造了巨大的收入——“没有人出于旅游的目的造访”新城镇）。

5. 老建筑物代表了巨大的资本投资。[18]

6. 老建筑物的舒适、持久和实用不同于新建筑物的值得质疑的性能。[19]

对不寻常建筑物的保护和修复可以达到教导性[20]的目的，它们可以展示高质量的精神和艺术形式以及社区建筑。这点从古代时就已被理解了。甚至古人保护、修复并且回收利用了一些出色建筑物。许多依然存在的历史建筑物是用被拯救的材料建造的（即罗马的万神庙[21]），而且其他一些不只回收利用了一次而是许多次。在这方面最著名的例子也许是万神庙。根据诗人 Kostis Palamas，“庙宇”（The Temple）（诗人给万神庙起的名字）被回收利用了许多次：

—拜占庭人将使庙宇变成基督教的；

—西欧人想将它变成天主教的；

—穆斯林将迫使它戴上头巾；

—每一个民族都将疯狂地掠夺它。[22]

其他被保留到我们这个时代的老建筑物要么是出于被动的回收利用和征服，要么是出于规划。圣索菲亚大教堂变成一座清真寺，而今天几乎所有的历史建筑物都通过规划变成了旅游者参观的旅游点以及当地人的收入来源。

修复和复兴旧的事物一直被认为是人类的高尚行动。20 世纪与考古研究和挖掘相联系的修复和保护方面的行动尤其活跃。世界上许多地方都发现了非凡的结果。这类例子中最有价值的一个，尽管几乎完全被那些有关这个论题的文献忽视了，是克诺索斯宫的例子（图 3.13）。这个行动的领导者是英国人阿瑟 · 伊万斯爵士（Sir. Arthur Evans）。在 20 世纪早期，一组建筑师、考古学家以及其他技师，在他的指导和全力支持下完成了一个考古发现的奇迹，为后代修复并

图 11.6 通过“让步”的保护：在希腊雅典的 Dynamis 大教堂的祈祷室。与上面的教育部新楼共存。一个好的理论建议但在上例中却是不成功的结果。祈祷室被上面新楼的冷漠设计所压制

图 11.7 通过“让步”过程的保护。具有历史的拜占庭祈祷室通过一个巨大的空洞与新办公大楼结合（治理）在一起。雅典的公共汽车候车站，希腊，20 世纪 70 年代

图 11.8 芬兰 Tampere 的区域保护。历史规划条例保证了 19 世纪工业区特点的保持

图 11.9　路易斯安那州的新奥尔良。区域保护的最成功的地方之一。"法国区"的细部处理和街道家具

图 11.10　区域保护既可以是一个活生生的博物馆又可以在商业上很成功。圣巴巴拉（Santa Barbara）的“el Paseo”的例子，加利福尼亚州

图 11.11　成功的历史保护范例。圣奥古斯丁的历史区，佛罗里达州

图 11.12　圣安东尼奥的运河工程，得克萨斯州。包括绿化、特殊用途的协调（室外剧场、餐馆等等）的综合环境保护。对现有水域的保护。得到了建筑师奥尼尔·福特帮助的本地组织

图 11.13　对室内空间和原始功能的保护将重要的老建筑物变成了一个活生生的博物馆。17 世纪的典型私人住宅室内。帕特莫斯 (Patmos) 岛，Chora Patmou，希腊

图 11.14 使用被拯救的材料和回收利用一直在历史上被持续地运用着。雅典的 St. Eleftherios 教堂，希腊（公元 10 世纪）

图 11.15 英国是保护方面的领袖之一。新与旧的结合，即使是通过象征性的举动。一点对老劳埃德大楼的记忆还保留着并且被作为在它后面立起的当代“高科技”杰作的入口之一。劳埃德大楼，理查德·罗杰斯合作组，英国伦敦

保护了一个历史上最有环境意识的建筑例子之一。[23]

此外，保护可以致力于许多建筑物或者许多组建筑物，尽管这些建筑物本身不一定很特殊但也许是保持某个城市结构的构造和连续性所必需的。[24] 这种环境治理被称作“广泛的保护”（general preservation）。欧洲有很多广泛保护的例子。一些欣欣向荣的主要城市例如罗马、巴黎、维也纳、斯德哥尔摩、哥本哈根、赫尔辛基、布拉格和华沙都为这个可能性的研究提供了无数的范例。这些城镇的整个部分是在广泛保护的原理基础上规划的，并且它们是一些新旧环境和谐共存并且与旧环境互相尊重的最佳范例。[25]

“区域保护”指的是对乡村或城市社区的普通建筑、文化或美的价值的保护。这种保护在保留世界上许多地方的村落和历史城镇的质量和特点方面曾起了极为重要的作用。绝大多数希腊群岛、许多意大利山城和在欧洲中北部的城镇例如德国的罗滕堡（Rothenburg）和芬兰的塔米萨里［Tammissari，今天的埃克奈斯（Ekenäs）］（图 11.19–20），它们的存在都归功于“区域保护”和“历史区”的观念[26]，另外一些地方被称为“传统居住地”[27]。区域保护是通过强制性控制的实施来完成的，例如历史分区条例[28]、形态和材料标准以及在发放建筑许可证过程中的严格控制。听上去也许不好，区域保护是墨索里尼在意大利及其殖民地的成就之一（1911—1943 年）。罗马许多部分的现状，特别是旅游者游览的地方（即通向圣彼得大教堂的大街、古斗兽场地区、国会山附近的地区等等）都是这个独裁者大笔一挥即刻决定的保护计划的结果。[29] 利比亚首都的黎波里的“城堡”以及希腊罗得老城区部分（图 11.31– 图 11.33），均是墨索里尼的殖民地，也都被细心地保护了，它们展现了那个政权时期的建筑师发展出的高水平的能力和专长。[30] 罗得老城区部分是所有进行过的区域保护中最大最成功的范例之一，并且它是活生生和繁荣昌盛的，每天都有大量的旅游者到访。

风景和地区环境的保护旨在于保持一个地方、风景或者地区的物质环境特征和精神。这种保护是通过对环境标准的确认、对自然环境的保护和对私人开发和无环境意识的使用的控制来保证的。这类保护的出色例子是美国的国家公园和瑞典及挪威北部的拉普兰的广袤地区。[31]

室外环境的保护也可以是较小尺度的，例如乡村或城市的开场空地。在得克萨斯州圣安东尼奥的运河

图 11.16　考古保护。正在保护过程中的伊瑞克提翁（Erechtheion）神庙的侍女柱

工程，是在美国此类例子中最好的一个，它是一个当地保护组织在建筑师奥尼尔·福特（O'Neal Ford）的帮助下努力的结果。但是在这方面瑞典是最先进的国家。它的许多城镇拥有保护良好的公园，在那里保护努力不仅仅保留了花卉而且还有重建的古老村落和建筑物原型的样品。斯德哥尔摩的 Skansen 公园和在隆德市（Lund）的 Kulturen 公园是最著名的（图 11.22）。

适应性使用是一种具有重要经济潜力的保护。它保证了建筑物动态的、非博物馆式的寿命的延长。适应性使用也许是最有前途的一种保护形式，在这里私人的利益进入了保护的领域。[32]

关于适应性使用有许多好的例子，尤其是在私人产业的经济可行性是最关键因素的美国。在华盛顿特区的国家建筑物博物馆，也许是最具代表性和象征意义的研究范例。其他一些出色的例子包括例如旧金山的 Ghirardelli 广场和波士顿的 Quincy 市场，我们将在后面章节中讨论这些例子（图 16.56，图 16.21）。还有对具有历史重要性的大面积区域的保护和适应性使用，例如在新奥尔良、加尔维斯顿、圣迭戈等地的一些例子。

关于老建筑物的回收利用、适应性使用和保护的一个重要问题与这个老建筑物的平面命运有关。[33] 这个平面是否应该保留？平面是否应该加以更改以满足新的功能要求？关于这些问题有两种思潮。一个是由权威的 C·布兰迪（Cesare Brandi）领导的，他相信除非一个历史建筑物现存的所有方面，包括平面都得到了保护，否则就不能称其为保护。布兰迪信仰的是他所称的“历史完整性的保护”（the preservation of historic wholesomeness）[34]。这种情况期待的是新的功能将会调整自己，被“按摩”进一个以前曾服务其他功能的平面里。在某种程度上，这种思潮支持的是将功能调节进一个预先存在的形式中的态度，这点与许多“形式主义”建筑师的态度没有多大区别，他们相信形式的至上性，并且相信一种方式或另一种方式使功能适应形式。

第二种思潮，一般是由一些美国理论家为代表并且在绝大多数实践中显现出来的，它认为改变建筑物的平面和室内空间以便合理高效地适应新功能的方法才更能适应时代的要求。新的技术和更强壮的结构组合能允许对室内空间的更改以便更好地服务目前的用途。

尽管以布兰迪派思潮原理为基础修复的历史建筑物的室内空间有一种迷人的、浪漫的气氛，但也许第二种思潮更适应保护在方法上应该更宽大的紧急需要。在这种情况下，更多的商业和公共机构将发现保护在经济上是可行的，并且更多的老建筑物将被会回收利用。我们的目标应该是通过保持街道的序列、尺度和组织结构不变来保留我们城镇的历史纹路。相比在细节的争执上失败并使老建筑物在争执过程中被推倒，这种方法当然要更可取一些。

图 11.17 保留老建筑物立面的保护：一个在成功的实现中要求超群的设计敏感性的艰难挑战

图 11.18 与底下的建筑学院结合在一起的 Jesse Owen 体育场。一个成功的回收利用和高效创举的例子。俄克拉何马大学诺曼（Norman）分校

图 11.19 在城市的尺度的历史保护。芬兰的塔米萨里（今天的埃克奈斯）的例子

图 11.20 成功的区域保护对最小的环境细节也加以注意。芬兰塔米萨里（今天的埃克奈斯）的住宅窗户旁的镜子

末尾则是有关保护的最后一种情况：出于教育或展览的目的为历史建筑物摆设家具。[35] 为教育目的而保护的建筑物也许是早期的、朴素的棚屋和茅舍或者是显赫的和具有国家级重要性的建筑物。通过对这些建筑物的保护，我们可以对我们各个祖先的生活氛围和室内环境得到贴近的了解和感觉。人类学的研究和文化人类学（又称为 laography）在此种保护中扮演了重要角色。由于面向此类保护的努力，我们现在拥有许多早期文明居住者的绝好例证——美洲印第安人[36]、中美洲人、北欧人[37] 和其他地方的人。

历史保护主义者的教育是非常独特且多方面的。因为尽力早期保护是考古的本质，具有丰富考古宝藏的国家在强化保护的关注、发展特长甚至在建立具备历史保护综合课程的学校方面处于领先地位。意大利和希腊在这方面是前锋，尽管意大利在保护主义者的教育方面取得了更好的效果。在威尼斯、佛罗伦萨和罗马的建筑学院是这个领域的先锋，而希腊考古协会，与在雅典和塞萨洛尼基（Thessaloniki）的建筑学院联手并且在文化与文明部的领导下，最近进行了一些领先的工作。[38]

其他一些国家例如法国、英国和捷克斯洛伐克也很优秀。在那里进行的工作已经被美国的保护学者和教育家们当作了工作原型。

在美国，关于历史保护的大学教育的第一个项目是由菲奇于 20 世纪 60 年代早期在哥伦比亚大学创立的。[39]

毫不奇怪，在历史保护方面提出倡议并且扮演了一个重要角色的人是菲奇；在某种意义上，他曾是我

图 11.21 圣巴巴拉，县法院，William Mooser，1929 年

图 11.22 隆德市的 Kulturen 公园中修复的老住宅，瑞典

图 11.23 质地的丰富是通过对拯救材料的使用、保护和回收利用来做到的。在 20 世纪 60 年代晚期从普拉卡（Plaka）的居民区望雅典卫城

们这个时代中极少的几个具有文艺复兴精神的人中最“文艺复兴的”一个。他是一个建筑历史学家，他对环境的探究和极大关注曾塑造了近期建筑的兴趣和关注。正是菲奇唤起了建筑师对环境心理学考虑的注意力。他进一步探究并倡导了有能源意识的设计——适应气候、当地材料和普遍环境限制的设计；并且正是他最终将所有这些关注合成了回收利用老建筑物和历史保护的主要倡议。在某种意义上，菲奇是许多好建筑师、环境保护主义者和历史保护主义者今天所作的一切的背后的驱动力量，至少是在美国[40]。不幸的是这些严肃事业的倡导者在他们活着的时候却很少得到应得的称赞；而对建筑不幸的是其他一些人、鼓吹者和时髦的理论家们却每天收集着赞美的花环。

随着哥伦比亚大学计划的建立，全国各地的其他计划紧随其后，并且这些学院一起进一步推进了历史保护教育的事业。

历史保护主义者的“文艺复兴”特点是由这个领域中全方位的教育和训练培养起来的。[41] 对艺术历史和建筑历史的学习和对哲学、一般历史的学习，以及对那些构成一个人在建筑或其他环境领域的特长背景的东西的学习一样重要。速写的能力和使用测量和记录建筑物的现代技术[42]（例如摄影测量学）与化学、材料和经济学的知识一样重要。建筑学院是一个学习历史保护课程的极好场所，因为工作所需要的许多技能可以在那里得到培养。一些欧洲的学校已经成为记录历史环境的非凡资料库。一些形态方法学的大学教授常常参与老建筑物的测量和记录，以此作为一种教授学生形式与其决定参数（即功能、结构限制、材料）之间关系的方法。因此许多欧洲第一批历史保护主义者是建筑学院的形态方法学教授也就不是一个偶然。这方面的传奇人物有希腊教授例如 Anastasios Orlandos[43]、Panagiotis Michelis、Charalambos

图 11.24 阿尔伯克基的"KIMO"剧场，新墨西哥州。在美国城市中心地区的一个保护例子，由于美国城市中心地带土地的高价，实现保护是极为困难的

Bouras 和 Nicolaos Moutsopoulos；所有这些人通过其受人尊敬的大学教授职位参与了记录和测量老建筑物的行动，他们的努力极大地帮助了实际的保护努力。人们可以说希腊已受到保护的大多数古典和拜占庭遗产的保护行动都归功于这些人的努力以及其学生们的测绘图。在那些不讲授形态方法学的学校和那些取消了测绘学科的学校缺乏很多东西。

为了保证成功的保护行为，我们必须要有工匠、技师和手工艺人以及有多面知识的保护主义者。不幸的是对此类手艺人，如砖石匠、泥瓦匠、细木工匠、彩绘玻璃艺术家等等的训练到目前为止一直在美国受到忽略。[44] 但是其他一些国家例如意大利和法国，以及东欧的社会主义国家，已经发展出培训和招募手工艺人的计划。[45] 如果要保护美国的环境并且如果历史保护要成为其中一部分的话，那么惟一合乎逻辑的是必须改变目前有关训练此类手工艺人的态度。人们希望那

图 11.25 新墨西哥州阿尔伯克基的"老城"。保护具有历史意义的地区是收入的重要来源。它们推动了旅游业并且稳定了城市的文化活动

图 11.26　得克萨斯州加尔维斯顿（Galveston）的历史保护

图 11.27　莱斯大学建筑学院。一个关于通过今天的材料语言和空间制造语言来回收利用、扩建以及结合旧的极为谨慎的例子。建筑师：詹姆斯·斯特林，Michael Wilford，1981 年

图 11.28 作为一个传统的历史保护。数学大楼，乌普萨拉市(Uppsala)，瑞典

图 11.29 Linnaeus 博物馆，最初是 Linnaeus 的住宅，一个考虑周到的瑞典历史保护的典型例子。乌普萨拉市，瑞典

图 11.30 工具房，Linnaeus 花园的橘子园，乌普萨拉市，瑞典。所有的细节都保持了其原有状态的一个保护例子，如画在墙上的假窗

图 11.31 在的黎波里的城堡。意大利人在 20 世纪 20 年代和 30 年代中进行的历史保护和修复例子之一。建筑师：Brasini 和 Pelegrini

图 11.32 罗得老城，希腊。一个由意大利，Pietro Lojacono，R. Pettraco 和 Hermes Balducci 团队进行的历史保护和修复的非凡例子，1928—1936 年

图 11.33 在罗得老城的城堡，希腊。修复和历史保护的最早例子之一。建筑师：Pietro Lojacono，1928 年

些想成为未来历史保护主义者的人们会成为培训手工艺人的倡议者。

在一段相当长的时间内，美国的人们曾鼓励过发展、批量生产、非中心化、能源消耗和其他“进步”的发展。惟一合乎逻辑的是希望我们将共同接受逆转这个发展方向的需要；舆论会再摇摆回去，并且对历史的欣赏将缓和“前进”的驱动。从最近的一些事实来判断，这个发展方向已经被逆转过来了。现在历史保护与其他敏感的、谨慎的、尊重的和有能源意识的环境治理行动已经被很好地建立起来了，并且随着时间它们会繁荣起来。

注释

1. 摘自制定古代建筑物保护协会原则的宣言，1877 年。另见 Harvey，1972 年，第 210 页。关于 Morris 和保护的更多的资料见在 Fawcett 中的 Pevsner，1976 年，第 52–53 页。
2. 关于这些术语理解的历史和进一步辩论见 Harvey 和 Fitch，1982 年。
3. 见 Pevsner，同上。
4. 关于上述的问题的详尽阐述见 Fitch，1982 年，第 349 页；Whitehill，1967 年，第 31 页。
5. Harvey，同上，第 12 页；关于老建筑物消失的视觉证据的重要资料见 Insall，1973 年，第 75–91 页。
6. Fitch，1982 年，第 29 页。
7. 出处同上，第 47 页。
8. Harvey，同上，第 15 页。
9. 出处同上，第 15 页。
10. Fitch，同上，第 46 页。
11. 出处同上，第 46 页。
12. 出处同上，第 46 页。
13. 出处同上，第 47 页。
14. 出处同上，第 47 页。
15. 出处同上，第 47 页。
16. Harvey，同上，第 18 页。
17. 出处同上，第 18 页。
18. 出处同上，第 20 页。
19. 出处同上，第 20 页。
20. 威廉 · 莫里斯（William Morris）的宣言已经很清楚地陈述了保护的教育利益，同上。
21. Risebero，1979 年，第 11 页。
22. Palamas，《国王的笛子》，另见 Maskaleris，1972 年，第 88，89 页。
23. 克诺索斯宫中全包容环境的中肯性在以前还没有涉及过。它是重要的，超越了纯形式和装饰考虑的表面现象。这个作品值得被当作一个对环境有利的建筑原型。关于资料的信息见 Marinatos，1960 年；Graham，1962 年；Scully，1979 年以及阿瑟 · 伊万斯爵士的最初发表物，1921 年。
24. Ravenswaay，1967 年，第 20 页。
25. 关于历史保护成就的世界性回顾见 Fitch，1982 年，第 361–391 页。
26. 这个词汇用于美国。
27. 这个词汇用于希腊。
28. 即，见新墨西哥州 Santa Fe 的例子。
29. 关于这个话题的主要资料见 Cederna，1979 年，第 248–253 页。
30. 见 Antoniades，1984 年。
31. 拉普兰的环境保护是由双边协定控制的。关于美国的开敞空地的保护计划见 Weaver，1966 年，第 68–72 页。
32. 见 Fitch，同上，第 165 页；Ravenswaay，1967 年，第 27 页；以及历史保护部门办公室，1974 年，第 15 页。关于适应性使用的经济可行性的范例研究见 Anderson, Notter, Fine, Gold 公司，1978 年。
33. 见 ICOMOS II，Monumento per 1' Uomo，Padova，1971 年。
34. 见 Cholevas Nicholas，在 Archaeologia 第 6 期的“Epemvasis stin Architektonike Kleronomia tis Athenas”一文，雅典，1983 年 2 月，第 39 页。
35. Ravenswaay，出处同上，第 27 页。
36. 例如人们可以参见印第安人保护区的不同文化中心，在那里印第安人的房子已被修复并且对公众开放；即，希拉（Gila）文化中心，希拉，亚利桑那州。
37. 典型的例子是斯德哥尔摩的 Skansen（公园）和隆德市的 Kulturen（公园），瑞典。
38. 必须指出的是尽管希腊在发展保护主义者教育的基础方面处于领先地位，但其只在最近才能够将分散的环境保护政策补充为一个完整的。其多样性的长期存在是由于完全包容的保护利益与政治和经济利益的对立。
39. 见 Fitch，1982 年，第 xi 页。
40. 见 Antoniades1982 年，第 178 页。
41. 关于保护主义者教育的更多资料见 Fitch，1982 年，第 349 页。
42. 许多科学的历史保护的先进技术和手段曾在《美国建筑历史学家学会学报》中报道过。
43. 这些尝试的领导人物奥兰多斯，最后终于荣获希腊和法国的学院的会员资格。
44. 见 Fitch，同上，第 356 页。
45. 出处同上，第 358 页。

所选书目

Fitch, James Marston: *Historic Preservation*
Harvey, John: *Conservation of Buildings*

第 12 章

第一部分结束语

到现在你已经对建筑有了第一个基本的综合理解。在本书随后第二部分的章节将详细阐述环境设计的其他范畴，即建筑的相关设计学科。

很自然当一个人变得越专门化，他对设计细节的关注就越多并且他就越容易忽略强调所有设计基本概念的相互关系。

建筑的入门设计概念与所有其他设计学科是一样的。基本的设计概念总是相互影响的。其相互关系在完成作品中的适当表达方式是具备相应特点的设计本身。人们必须永远牢记这些基本概念。所有的环境设计师们必须努力记住我们到目前为止所谈到的这些基本概念。笔者坚信，对于本书第一部分的普遍关注要点，人们不可以对其中一方面的强调多于另一方面。最终能够产生完整设计的智慧是一个没有偏见的智慧。没有偏见的智慧就是平等地考虑所有的设计方面（美学的、社会的、技术的等等），用相互联系的方式对所有方面待以同样的注意力，并且遵循每一个问题结论所制定的优先方面。真正的建筑师不是一个单独考虑（例如，建筑计划的问题、形式的问题或者环境心理的问题）的鼓吹者。他是建筑关注的所有方面的客观的、富有创造力的控制者，通过设计合理地将它们相互联系起来，用所使用的不同信息交流种类（例如，客户的信息交流与施工行业的信息交流）充分地表现它们，并且认真地作研究并用爱心找出解决办法。

设计师们常常忘记下面这些一般性的实践经验，而且不幸的是在其所创造的环境产品中显现出来。笔者相信这些经验是一些重要的“窍门”，某个人总是会给你这些窍门的，并且在未来的日子里，当你有了足够的经验和信心时，你最终会重新发现这些窍门的真实性。你们应该将这些经验读了又读并且在将来当你们构筑或评价建筑项目时，应该试着回应它们的要求。

美学

1. 记住建筑是致力于空间的工作。永远不要忘记建筑作品有三个有形的基本尺度以及“时间”，这第四个尺度，与其他三个尺度联合在一起创造了作品的韵律。韵律的质量是一个视觉和生活艺术作品的最重要品质。记住建筑师制造的任何空间在任何时间都有（a）平面；（b）剖面；（c）立面，并且对这些方面的同时考虑创造了整体。任何新的决定，或者任何有关整体的改变，对三维表现（平面、剖面、立面）的所有手法都有一个同时的影响，因此所有三方面都必须重新考虑。因此永远不要忘记设计决定过程中被称为“同时性”的概念。

读者中将成为建筑师并且将来要设计工程的人们，在面对挑战做出决定时，要经过多次的平面、剖面和立面的构思和绘制。这些需要严格的训练和极大的投入。

2. 除上述过程外通过三维模型和空间片断（空间细部的速写和透视）的方法进一步测试（平面、剖面和立面的）视觉构成。

社会责任

1. 我们应该记住建筑师的作品是为了人类的使用，而且一个建筑师必须永远尽力去理解人们，以便通过他（或她）的作品使他们的生活更好一些。首先要使他们感谢你设计的有形环境。为人们的舒适设计，为他们的实际尺度设计。考虑他们的卫生、精神和心理利益；但是永远不要忽视你设计的空间中实际的人的尺度。

2. 为“使用者”而不是为你自己设计。

技术蕴涵

1. 将结构的现实性在设计过程的最开始就引进你的设计中。永远不要忘记有一些可以使用的图表[例如发表在Henry Cowan的著作《建筑结构》附录B中的Philip Corkill图表]。在设计过程中，一旦你对所设计的空间要求有了感觉后就开始使用这些图表。

2. 将对机械、电气、照明和其他设备系统的结合的最初感觉引进你的设计中。永远不要将这些问题留在最后。在设计过程的一开始就考虑它们并着手工作。尽早考虑所有方面的同时操作。计划所有需要知道的东西并走出去学习它们。雇用顾问与你一起工作并为你做详细的计算。

经济考虑

对每一个参与项目的经济因素得出一个大概感觉。尽可能早地学习由市场上供应的各种“施工计算器”提供的类似项目。永远将“设计经济性”作为以最少的方法达到最大效果（在所有方面）的理性过程。同时考虑经济和空间。

专业责任

思考清楚你在专业中所期望扮演的角色。不要期望变成一个综合主义者，如果你喜欢处理细节或者倾向于分析学。在你自然倾向的范围内尽你的力量做得最好，并将它作为你的目标。

建筑需要（1）有能力的综合主义者；（2）有能力的分析者和（3）有能力的片断工笔者。如果设计不是你的自然倾向，不要失望。你可能更适于成为一个分析者。遵循你的倾向，因为建筑需要你。

第二部分

建筑的相关学科

第 13 章

对相关学科的简介

生活发生在室内和室外的空间中,而不是在“边缘”上。在某种意义上，一个人可以将建筑物（建筑师设计的或者不是）看作是由各种面组成的三维整体，这些面有时是完全垂直的或水平的而别的时候又是曲线的。它们构成了定义室内和室外，即生活的领地的“边缘”。当然也有一些时候人们使用这些边缘，例如在中世纪时期当他们不得不爬到界定墙的上面来保卫城堡的里面，或者如果他们是攻城的人，他们就需要爬上墙以便进到里面。建筑物的边缘保护室内空间不受各种敌人、热和冷、风和雪、雨和不想要的东西的袭击。它们还用其比例和联系创造了室内空间的质量。这些边缘还定义了室外空间。因此，既有在建筑物“内部”的空间又有在建筑物“外部”的空间。如果建筑物具备和谐，并且如果一个建筑物是一个好的作品，它的设计应该是一个综合考虑问题的结果，这些问题有关室内－室外和这二者间的界面，即建筑物的外壳。

本书的第一部分，处理的问题涉及单体建筑设计，即是人们常说的“建筑”。在第二部分我们将注意力集中在建筑物内部发生的事以及有关的主要问题和考虑，另外考虑了室外发生的一切。一些环境设计的学科涉及的是这些大的考虑。

室内设计的学科，也被称为室内建筑学，专门处理的是建筑物室内问题的考虑和设计。还有其他的学科，例如家具、物件和产品设计的学科，针对的是创造室内空间使用的日用品和用具，这些在这里将不会成为我们探索的一部分。

景观建筑的学科涉及的是室外。它的探究覆盖的是与建筑物紧密相连的室外问题，例如前院，或者定义为建筑物之间的室外空间，例如公共广场或者居住区的游乐场，甚至是一个更大的室外整体，例如一个地区公园。景观建筑师在所有这些层次上开展他们的工作。因此他们的学科与建筑师的学科以及城市设计、城市规划和区域规划的学科的联系极为紧密。

城市设计是环境设计中关注社会尺度的学科。它解决的是将建筑物以不同的布置方式放在一起以便创造一个居住区甚至于整个城镇的问题。这是一个创造公共城市空间的学科，一般是室外空间，而在一些情况下是室内，在这些空间内我们度过了绝大多数的城市生活。其作品影响城市居住者每天的视觉经历，并且它对居住在一个居住区或城镇内的某个特定人群产生的骄傲感或缺乏骄傲感负有责任。

城市规划是一个关注尺度比城市设计的尺度要大一些的环境设计学科。它并不一定涉及有形的尺寸、比例或者城市空间中的尺度（这是城市设计的关注点），但它更多的是一个有关数量的和预测的学科。它将城市环境作为一个整体来计划未来的发展，将有形的、社会、经济、心理、政治、文化的和所有其他关系到国计民生问题的因素都整合于城市地区。

区域规划处理的考虑与城市规划一样，但是它发生在一个“地区”内所遇到的整个连续体中，这个地区包括城市和乡村并且包括自然的和人类资源。区域规划的学科补充完整了目前在大多数建筑和环境设计学院中教授的设计学科的范围。这不是说不再有与建筑相关的其他学科或者它们不应被称为环境学科。在某种意义上说，一些学科例如那些涉及化学、物理和工程的某些分支学科，它们涉及化学和材料性能、空气污染、能源、废物控制等等，这些目前是环境问题的中心。但是，这些学科应该代表“科学”研究的问题而不是目前我们探究的美学和物质－社会方向。

有了这些想法，我们将开始以景观建筑为始点对第二部分的学科进行详尽的阐述。我们最先做这项是为了完成有关建筑物最邻近的区域——建筑物的地点和周围环境问题的探究。然后我们将讨论室内建筑的各方面，因此完成整个序列，室内－建筑外壳－室外。在此之后，我们将涉及城市设计、城市规划、区域规划的学科，将它们以这个序列表现出来是因为它符合其大小尺度并且能用合乎逻辑和序列的方式介绍这些概念。

第 14 章

景观建筑

印度泰姬陵（摄影 Oliver Windham）

图 14.1 通向瓦尔拉阿姆（Varlaam）修道院的通道。希腊 Meteora

形式和内／外力　　**表 14.1**

<table>
<tr><td>
内部力量（限制）</td><td>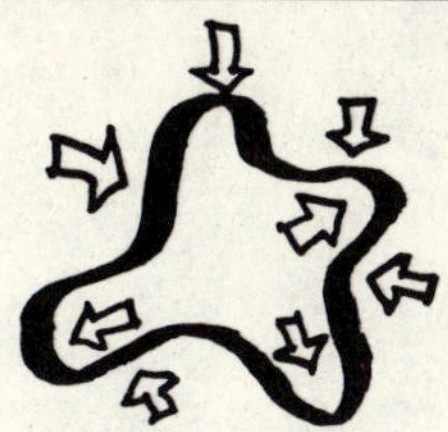
内部和外部的力量（限制）</td><td>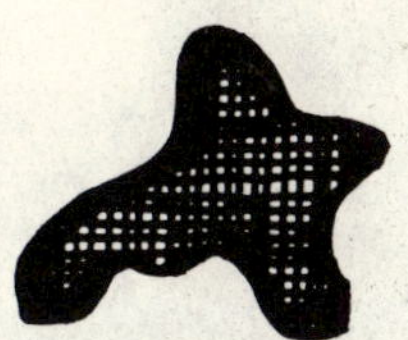
平面、剖面和立面中极端的建筑形式，回应内部和外部的力量（限制）</td></tr>
</table>

<table>
<tr><td>
</td><td>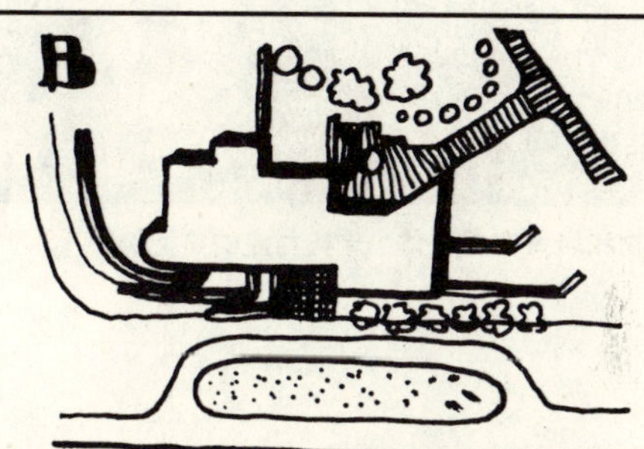
</td></tr>
<tr><td>这个建筑物可以在任何地方——可以移到任何地方</td><td>这个建筑物是“不可否认的”。通过对外部限制的认知和设计它被固定到这个地点上</td></tr>
<tr><td colspan="2">如果一个建筑作品的形式是对内部和外部限制的合乎逻辑的（或有意识的）回应的话，它就变得“不可否认”。外部限制的影响显示在总图平面上，并且是通过对建筑物体量和外部轮廓的布置和对室外地面的处理来控制的。室内限制的影响显示在平面上并且是通过内部功能发生地方（活动区域和家具布置）的基本布置来控制的。</td></tr>
</table>

“……你曾梦想过你的城堡，坐落在山顶上，被一片美丽的草地围绕着。你在很远的地方梦想这个城堡已经很久了，它现在是你的了。你所要做的一切就是到那去，进入到里面，占据它……在这一切发生的前一天下了雨。那片美丽的草地弄得你全湿了……而且你的鞋子里全是泥。一个功能性的问题破坏了你的想像，摧毁了庄严的入住仪式……所以你在山坡上修了一条干路。这路上没有任何草；一些石头、一些露台的板子、一些混凝土石头子儿、一些木头桩子即可组成它。”这个干的、“硬硬的”道路就是你运用于室外、地形和你的“城堡”领地的、有意识的行动的结果。它的目的是帮助你避免土地的潮湿，指引你到你想去的地方，在上山的路上引你向左向右转，为你提供不同视角的景色，使你在接近或进入的过程中移动、停留、放松。

一个人对室外做的任何事都是一种“处理”室外的行为。一个人可以通过在地点上增加新作品，通过保护和合理地使用现存的东西，或者通过平衡的、有良知的方式结合两者——自然和人造环境来处理室外。这些室外的实际工作，人造的（人工的）与上帝造的（自然的）加起来，常常被称为“景观”[1]作品，或者在我看来更合理的称呼：“室外建筑”[2]的作品。景观作品对稳固场所上建筑物的存在形式是必要的，换句话说，使它的地位更加不可否认。一个入口位于入口通道的尽端是因为这个入口通道在那里结束。从通向建筑物的一条通道上的某一点看，这个建筑物有某种特定的外貌，因为这个通道在那里并且这点（例如路上的一个放松点或一个转折）也恰恰在那里。

涉及室外的建筑决定比涉及室内的要动态一些。这是因为室外环境中季节的变化。室内环境的变化大多数是温度的变化并且是人用机械控制的。因为室外的变化是由于季节的自然过程，人们应该了解它们、

图 14.2　建筑物和风景变成一体：瑞典村庄的典型例子。Skansen，斯德哥尔摩

承认自然的上帝，并且根据它们采取相应的行动。

在劳伦斯·哈尔普林（Lawrence Halprin）早期游历世界时，他在笔记中很好地总结了这个观点。他写道："我们需要用一种自然的方法设计进风景中，以便社区与风景揉和在一起并成为风景。不抄袭自然，但利用她的过程来转变成长的形式从而使社区变成风景的一部分。"[3]

这个处理"室外环境"的格言在于对自然和自然过程的理解。[4]为了做到这一点，一个人必须非常热爱自然法则，尊重自然过程在很多年中创造出来的这一切，了解当地的自然－气候－地形特点，并且熟悉当地的植物和动物。另外，一个人还必须具有诗一般的性情[5]、天分和一份可以协调室内－建筑－室外序列的智慧。一个人必须认识室内（建筑物内部的功能、各房间的位置等等），因为室外是从那里看到的，并且室外决定需要因此做出调整。一个人必须认识到结构整体性（体量），因为根据它从外面被接近的方式，它的目的要么被美化要么被挫败（方向的决定、入口的倾向性等等）。一个人必须清楚地认识到室外环境（视野、景色、朝向等等），因为被处理的正是周围环境，而且它是一种稀有资源。[6]

人类已从很久以前就认识到了"处理"室外环境的重要性。在历史的进程中，态度和技术已被完善了。

图 14.3　风景和建筑物也许有同样强烈的存在性，但二者也可能作为一个更强烈的构成的元素。一个二者都重要的新景观，但在新汽车旅馆"Xenia"的创造中又都是必须的，希腊卡拉巴卡（Kalambaca）。20 世纪 60 年代中期。建筑师：Aris Constantinides

图 14.4 土地覆盖着的 Camino Real 旅馆，下加利福尼亚州（墨西哥）。建筑物即是风景，而风景也是建筑物。建筑师：里卡多·莱戈雷塔（照片由里卡多·莱戈雷塔提供）

通过发展出将人的感觉刺激到更高的和谐层次的方法，一些社会设法掌握了室外设计。现代人可以从所有这些例子中学习。下面我们将回顾这些文明，寻找室外设计的原理。然后我们将总结这些原理并且简单地介绍一些目前用于创造现代室外环境的重要理论和工程。

历史上的景观建筑[7]

1. 有证据表明自从早期的“肥沃的新月地区”（底格里斯河－幼发拉底河流域、尼罗河流域、印度河流域）时期就有了有意识的、有组织的景观实践。在伊拉克尼普尔（Nippur）城的第一张地图上标明的城市公园提供了注意将室外公共空间结合进早期城市环境中的证据。两条河提供了丰富的水的元素，而公园提供了绿色的元素——水和绿色，两个愉悦人类并且对生态平衡有帮助的主要元素（图 14.9：1）。

2. 埃及人开始了将绿化引进居住领地的关注。有迹象表明他们将植物从一个房子移到另一个房子。一张埃及绘画描绘了工人正扛着要移植的有香味的植物。（图 14.9：2）

3. 古代绿化的一个主要例子归功于尼布甲尼萨（Nebuchadnezzar）。他将室外空间的处理完全与室内结合在一起：植物被安排在室外露台的不同高度上。它是如此的美好和壮观以至于它启发了古代诗人并将它包括进了“世界七大奇迹”中。尼布甲尼萨“巴比伦空中花园”（图 14.9：3）的想法后来在格林纳达摩尔人的 Generalife 中以及在 20 世纪旧金山的 Ghirardelli 广场中得到了重新复兴。（图 16.26：4）

4. 古希腊早期的单体建筑是严肃和轮廓鲜明的。这些建筑物代表了希腊环境范畴的一个极端。但是室外环境是自由的，就像上帝造的那样。主宰的室外环境是由农场、橄榄树、百里香、松树、高大的橡树、岩石和所有可供使用的水域构成的。在希腊黄金时代之后，松散的希腊景观实践变化了。在自然和人造环境之间不再有严格的界限，而是在两者之间演变出一种相互的混合。空地（柔软的地面）和公共空间（坚硬的地面）被谨慎地结合进古希腊“新城”的设计中。

5. Priene 的设计显示出有组织的空地围绕着一个体育馆，同时“坚硬”的室外地面覆盖着公共开敞空间例如市场（Agora）。（图 14.9：4）

6. 大理石板，即坚硬的、覆盖着土地的面层，被用在内向的希腊和古希腊房子的露台上，维护的需要表明耐久的材料（例如石料和大理石）更适合用在使用频繁的空地上。在“坚硬”和“柔软”[8]的景观之间的辩证法从古希腊时期延续至今。（图 14.9：5）。

7. 罗马人使用各种不同种类的室外铺地材料和设计组合。“坚硬”和“柔软”、“几何形”和“自由形式”是相互联系的，根据用途（公共的和私人的）要求和地形（罗马市场、尼禄的赌场和花园等等）的提示。（图 14.9：6–8）

图 14.5　建筑师必须对宏观和微观的景观培养出一种敏感性。石头和光的质感

图 14.6　克诺索斯宫。严格的结构几何形和“自由”的室外处理的双重性

图 14.7　西班牙阿兰布拉宫。三位一体的建筑：室内、建筑物结构、室外。一个严格的几何连续性

8. 一个室外－室内－景观结合在一起的复杂例子出现在庞培的 Loreius Tibertinus 的别墅中。树木、灌木、水域和道路强调了运动和直线性。室内和室外空间的连续性则是通过简单的空间布置和合乎逻辑的室内外活动的规划来完成的。(图 14.9：8)

9. 拜占庭人是从罗马人那里学习的。圣索菲亚大教堂、宫殿和 Hippodromio 创造的一个公共建筑群，在这里建筑物和室外环境按照希腊－罗马原型很好地结合在一起。(图 14.9：9)

10. 中世纪的人们在其广场和主要街道上使用的是“坚硬”的景观。“坚硬”的室外地面对于中世纪大教堂和封建主城堡前城市聚积人群的频繁使用是必需的。除了广场和主要街道，所有中世纪的街道都是被泥巴和苦难覆盖着的。

11. 与基督教的中世纪景观相对比的是摩尔人天堂般的风景。随着他们从非洲跨越到欧洲，摩尔人为室外文明创造了像阿兰布拉宫和 Generalife 那样永恒的礼物。所有的元素都被用上了：水域、树木、声音、五颜六色的花朵、坚硬和柔软的地面以及作为视觉放松的建筑物上的装饰，这是为了避开安达卢西亚（Andalusia）强烈的阳光和眩光。在阿兰布拉宫和

图 14.8　西班牙阿兰布拉宫

1

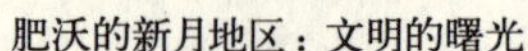

肥沃的新月地区：文明的曙光

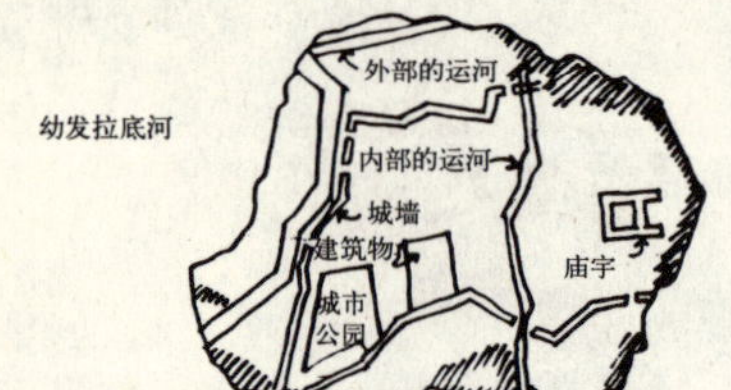

第一张城市地图中的城市公园，建于一个土台上的尼普尔城，公元前1500年

2

公元前2500年—前1600年：埃及、叙利亚、美索不达米亚的城堡和花园

工人们正抬着要移植到私人住所的植物

私人的空地

3

建筑物内花园的结合被认为是一个奇迹

花园和建筑物的剖面；巴比伦——公元前600年。记住摩尔人，勒·柯布西耶和劳伦斯·哈尔普林

4

公共空地—Priene，公元前4世纪。网格系统的建立。空地围绕着公共建筑物

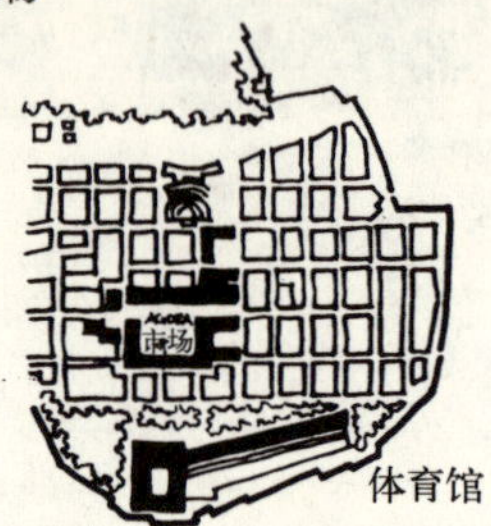

Priene/包括了空地的希波达姆斯规划

5

在露台上的硬地

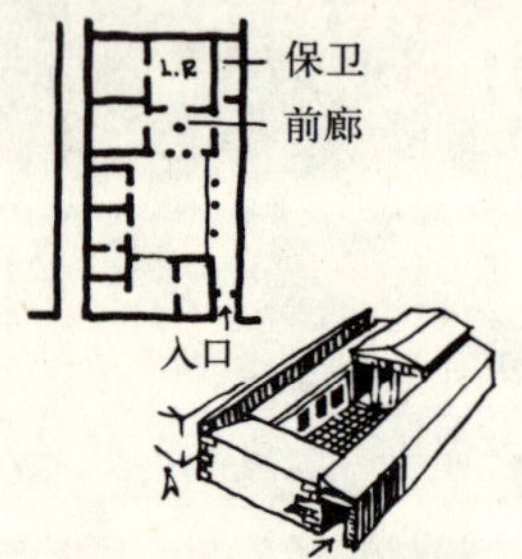

住宅，Priene，公元前4世纪，为了适应内部频繁使用的硬地

6

运用人工元素的景观——雕塑、街道家具等等，罗马

在罗马公共空间中使用雕塑而不是树木

加强公用的硬表面

7

罗马——露台上的硬地。地面的软景观设计

尼禄赌场和花园，公元200年

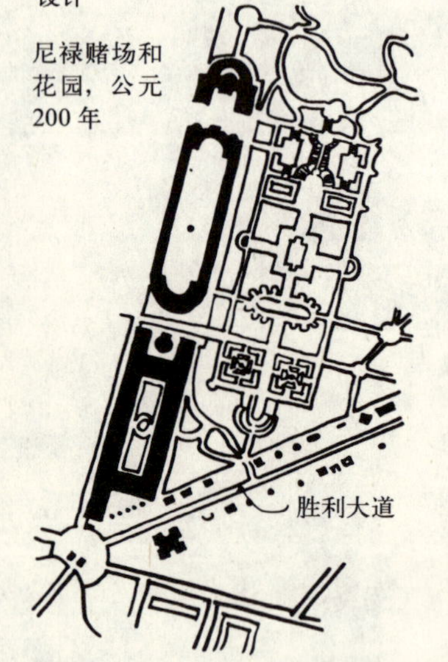

8

具备合理绿化的方向性和运动可能性。树木可以当作外围墙，灌木规范运动，草地定义室外区域

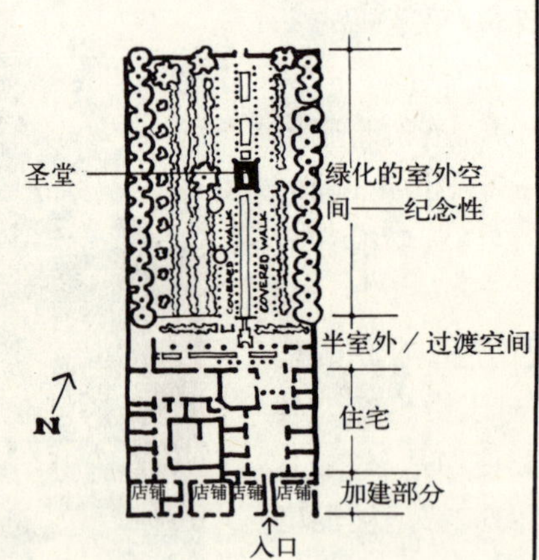

庞培城—Loreius Tibertinus的住宅

9

早期拜占庭时期的罗马影响

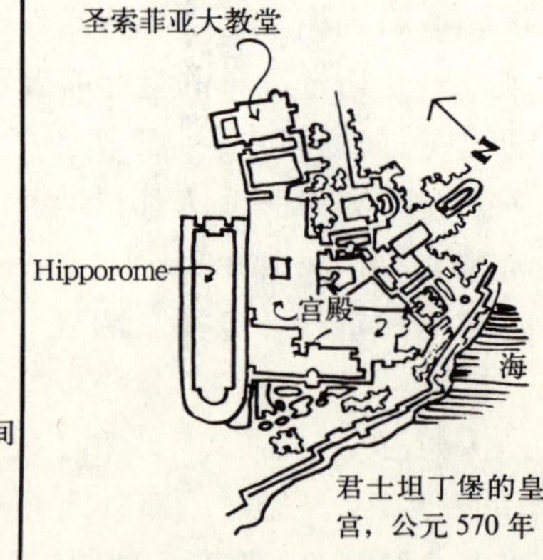

君士坦丁堡的皇宫，公元570年

在君士坦丁堡所有的景观元素都很明确。正式和非正式的“柔软”和“坚硬”，取决于用途和地形。法令的颁布保护了海边（loustinian's 法律）

10

坚硬的景观：中世纪提供的历史范例。欧洲的高密度环境（公元500—1300年）

广场（A.B.C.）

圣马可广场——威尼斯

11

Generalife的地形。西班牙格林纳达的阿兰布拉宫建筑区的一部分。公元1350年

景观建筑中的整体参与。所有的元素都结合在一起

图14.9　历史上的景观建筑（1）

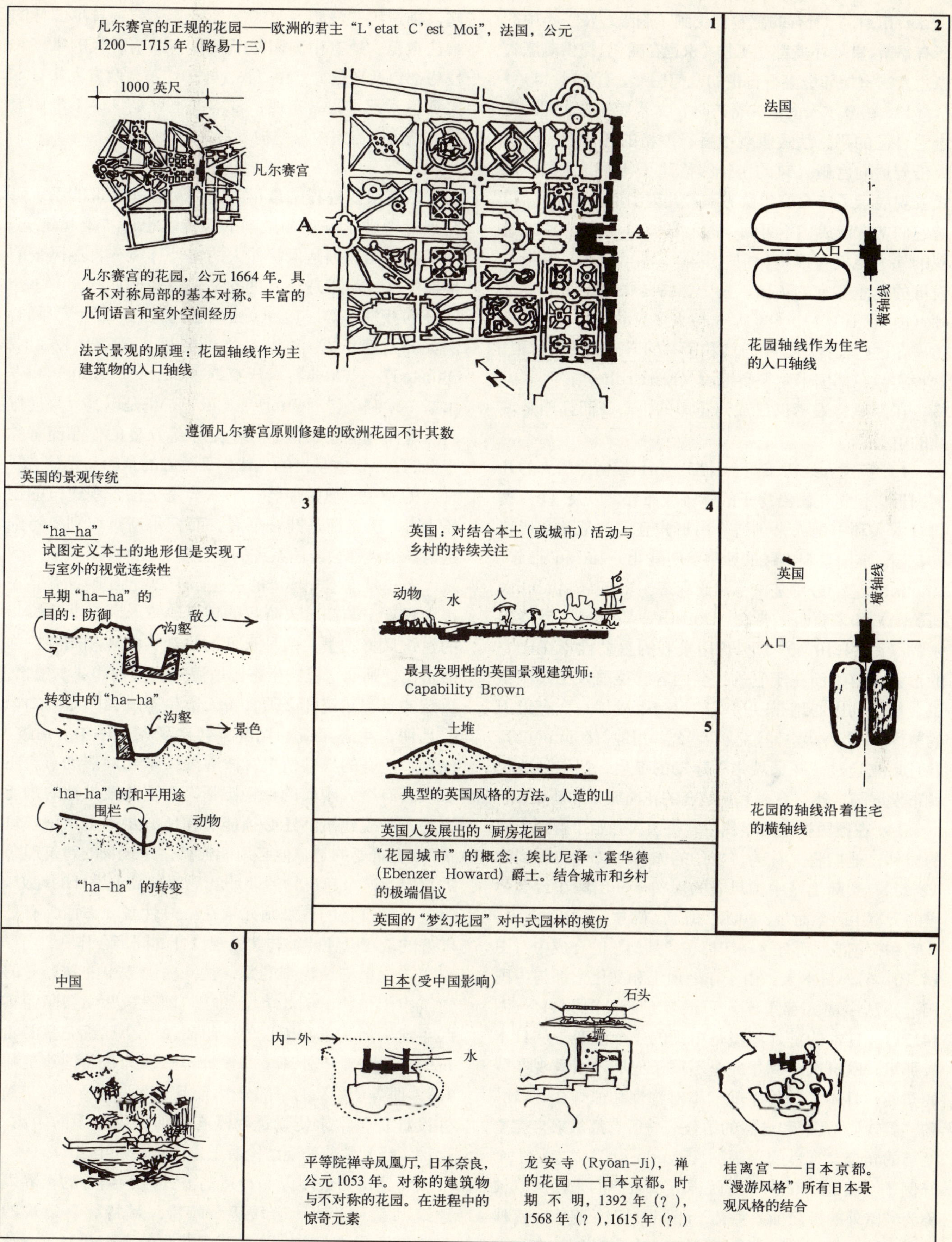

图 14.10 历史上的景观建筑 (2)

Generalife中，所有的感觉都受到了刺激；在一年中的所有季节，室外环境都在工作（永远在变化、提供刺激）。摩尔人的室外环境盛行自由的几何图形。（图14.11）

12. 在摩尔人创造其奇迹时，文艺复兴的欧洲却在走它自己的路。法式景观中盛行严格的几何形。法国人沿着通向宫殿入口的主轴线修建了壮丽的花园。法式景观展示了伟大的想像力和“几何图形的丰富”，但是它们常常造成“不可阅读的”（迷宫）格局。法式景观的伟大范例可以提出勒·诺特（Andre Le Notre）设计的凡尔赛宫的花园，勒·诺特是路易十四的建筑师（图14.10：1）。它们后来被大多数欧洲的君主们模仿。在这些设计中，主轴线和所有的道路都通向宫殿。这种实践在德国卡尔斯鲁厄城（Karlsruhe）得到了发扬，在那里宫殿不仅仅成为花园的中心，而且还是城镇的中心。

13. 英国人经历了两个时期：(a) 模仿法国人的几何图形，但将花园沿房子的横轴线布置，以及 (b) 模仿日本人和中国人来创造自由形式且常常是随意形状的花园。英国景观实践的独创发明是“ha-ha”和“凸起”(mount)，它们分别是由卡帕比利蒂·布朗(Capability Brown）和多萝西·弗农（Dorothy Vernon）发展出来的（图14.10：3-5）。英国景观的重要性不在于它的形式内容，而在于它的社会内容。英国人在其城镇工业街区的中心地带（所有的后院组成了一个有组织的整体，一个公共空地）发展了“公共用地”(commons)，并且后来通过“花园城市”运动的诞生，他们创造了城市发展与自然（乡村）相结合的花园城市和新城镇。

14. 在殖民扩张的年代中，英国人开始了解到中国的园林，他们将之称为“梦幻的园林”。[9]他们看到的“梦幻”，实际上是中国风景的现实——山峰在云雾弥漫的天空中时隐时现、树木、街道、佛龛、小山、流水、鸟鸣和荷花池；所有这一切都在“梦幻”的合成中（图14.10：6）。日本人，由于在地理上和文化上都与中国相近，从中国人那里学习了很多东西（图14.15-图14.21）。日本的室外环境是中国的一个演变。从日本人那里，欧洲人学到了完全不同于他们过去景观实践的东西。日本人教给了他们不对称性和惊奇、“坚硬”和“柔软”、人造和自然的结合——所有都从来自完整经历的角度。奈良的平等院（Byodo-in）禅寺是一个好例子（图14.16）。平等院禅寺所教授的东西可以被称为“室外的极简抽象主义”（图14.17）。皇家行宫桂离宫（Katsura）将所有的经验和室外技巧都放在了一起，创造出“漫游”类的室外风景，它是日本园林的最佳典范。所有中国园林以及日本以前时代的风格和技巧都包括在桂离宫中（图14.10：7）。西方人从日本人那里学习了很多东西，日本人也许是世界上最伟大的协调建筑、室内－结构－室外的大师。

从其演变过程的最早阶段，对室外建筑的系统研究同时考虑了宏观和微观的尺度。也许“景观建筑”一词盛行的原因是保护伟大的室外环境－自然风景的早期关注，而不是小尺度的室外空间例如花园、单个地址的开发等等。19世纪著名的美国景观建筑师们，例如弗雷德里克·劳·奥姆斯特德（Frederick Law Olmsted）、卡尔弗特·沃克斯（Calvert Vaux）和查尔斯·埃利奥特（Charles Eliot），都是以其大尺度作品（地区和国家公园）而不是中等尺度的作品而著称于世的。[10]这些早期的先锋们最关心的是参与设计宏观尺度的景观。奥姆斯特德被认为是美国景观建筑的创始人[11]，沃克斯是其合笔者；而查尔斯·埃利奥特则是第一个大都会公园系统的创立者。

对小尺度室外环境的关注始于20世纪晚期并且在很大程度上与高收入阶层的住宅建筑[12]和公共建筑物的建筑风格相关。两种尺度的景观，宏观和微观，都要求设计师明了植物生态圈所遵守的规则和基本概念。活跃的景观建筑师必须具备无数生态过程的专门知识并且明白生态系统的循环、共生现象、保护、后继、侵入、适合的气候情况、微观气候学和地形细节。还必须具有个人观察的敏锐眼睛。在这些技术性的才能之外，景观建筑师还必须能够在所有层次上认识“建筑”；更重要的是，他必须能够抓住建筑物的建筑理念的精髓，这个建筑物的地址就是他被要求设计的地方。另外，建筑物的建筑师必须在一般性景观方面具有足够好的教育以便能够与其景观设计的同事合作。

在这里应该提到的是，在一些国家中的被分开的建筑组织结构，例如美国和在美国建筑师学会职业实践手册中所构思和表现的，阻碍了一个健康完整的建筑的产生。对室外环境的设计不被认为是美国建筑师“基本服务项目”的一部分[13]，而且景观设计所要的“额外设计费”常常使建筑物没有任何室外环境的考虑。这种实践常常使景观结论看上去像是后加上去的。

将建筑与景观以一种适当方式进行结合的世界级建筑师是弗兰克·劳埃德·赖特。赖特综合建筑的经典例子是建在宾夕法尼亚州熊跑的考夫曼别墅（流

图 14.11　西班牙 Generalife 的景观元素

图 14.12　京都国际会议厅。一个对立的双重性：起伏的自然环境相对于轮廓鲜明的人造环境。建筑师：芦原义信，1966 年

图 14.13　在 Kamakura 的室外雕塑园，日本

图 14.14　你怎么能够砍掉一棵花了 300 年才长到这个高度的橄榄树？里卡多 · 博菲尔在巴塞罗那的“Walden Seven”设计的巧妙景观，1975 年

水别墅)，以及亚利桑那州的西塔里埃森住宅。另一个对综合原则有着极大尊重的早期美国建筑师是理查德 · 诺伊特拉。他在加利福尼亚州的无数住宅设计可以被例举为住宅室外建筑的榜样。除了这两个没有称自己为景观建筑师的先锋人物，无数其他的建筑师也创造了具有相当多综合建筑优点的作品。在这些人中，密斯 · 凡 · 德 · 罗可以占据一个重要位置。他的玻璃住宅保证了室内与室外的视觉结合。密斯式建筑物结构和细部的准确以及它们与自由景观的关系类似于古希腊的“建筑与景观”的原型。

今天建筑师面临的所有热门问题是景观尊重和保护。[14] 现存的景观可以被尊重到什么程度？建筑师怎样才能尊重它？他们在开始时应该知道些什么才能创造出生态可以接受的作品，即尊重室外环境巨大的、稀有资源？这些问题的答案对每一个特定的情况都是独特的。他们需要对现存情况的细致研究和专家的意见。但是普通的建筑实践者以及有责任心的市民可以遵循无数的实践经验。对景观和室外环境的问题，公众的了解可以对有关室外环境的合理民政决定的制定极有帮助。

一些实践经验

对一些所选择的景观资料的研究[15] 揭示了一些基本的实践经验，它们在设计中或在谈论景观时可以加以考虑（图 14.41）。

1. 一个人不应该与地形的地势反着工作。等高线和排水形式应该受到尊重。

2. 利用已经存在的东西。尊重现存的特征（石头、流水、树丛）并合理地美化它们（图 14.14）。

3. 尊重现存的树木。不要在具备独特植被的地方兴建。在没有植被的地方修建并且将你的建筑物朝向绿色的方向。最聪明的生态方法：“建在废旧物堆积场上并面对着森林。”使用本地的东西。

4. 将树木用作挡风设施。利用树木“免费的”阴凉。利用景观季节的变化。

5. 考虑吸引人类所有感官的景观元素。在全年的基础上考虑室外元素的多样性和植物生命的多样性。

6. 地形不总是平坦的。在山地的情况下提醒你的建筑师屋顶的重要性（图 14.27）。建筑物的雕塑质量

图 14.15　东京的 Meinzi Gingu 禅寺，湖水

图 14.16　奈良的平等院禅寺

图 14.17　京都的龙安寺

图 14.18　京都桂离宫的栅栏。存在于现存树木和竹子栅栏之间的一个和谐姿态

图 14.19　桂离宫。建筑物－景观的关系

图 14.20　中国园林中的水泉

图 14.21　日本景观中的考虑细致的细节

图 14.22 建筑物也是景观设计行动。令人反感的建筑物变成了永久的风景败笔。令人喜欢且考虑周全的建筑物是对自然景观积极的附加物。芬兰塞伊奈约基（Seinäjoki）公共图书馆屋顶的整体形式和细节，对附近教堂尖塔上的观者来说它看上去像是一朵独特的花朵。两个工程都是由阿尔瓦·阿尔托设计的。1958—1960 年

图 14.23 斯德哥尔摩的林地墓园。一个具有最大限度精神性的室外建筑项目。 建筑师：冈纳·阿斯普隆德，1935—1940 年

图 14.24 建筑物变成不可否认的风景特点的一个杰出例子。就像它已经永远存在那里了。第一浸礼会教堂，哥伦布斯，印第安纳州。建筑师：Harry Weese，1966 年（摄影 Craig Kuhner）。摘自 D.L. Collins 著的《印第安纳：人类的风景》

图 14.25 历史上绝大多数迷人的环境都显示了"建筑"与"景观建筑"的绝对结合。两种工作都以生态平衡为目标。Stavronikita 修道院，希腊圣山

图 14.26 成功的景观能给分散甚至没有关系的建筑物带来统一性。Garrett Eckbo 设计的新墨西哥大学的景观，1969 年

图 14.27　因为在山场地中，整个环境是通过三维的运动、在山坡上上上下下来感知的，所以建筑元素必须具有雕塑般的表现形式。希腊桑托林岛

图 14.28 水和树木被结合进金贝尔艺术博物馆的整体建筑中，美化了渐进的入口经历。建筑师：路易斯·康，1972 年。景观建筑师：乔治·帕顿（George Patton），（摄影 Tommy Stewart）

图 14.29 对室外环境的关怀。如果有足够的关怀的话，景观可以用最朴素的方式来达到

图 14.30 在尊重当地程序的当代建筑中，景观可以通过最朴素的方式来达到。坐落于墨西哥城的私人住宅细部。建筑师：里卡多·莱戈雷塔，1978 年（注：注意这个"羞怯的方法"怎样在得克萨斯州西湖项目中找到更大尺度的表达方式，1989 年。见图 14.56）

图 14.31 通过最朴素的方式来达到最大的效果。古老的雅典住宅，普拉卡（Plaka），希腊雅典

图 14.32 人造和自然的诗歌。通过使用本地植物产生的不造作的景观。苏尼翁（Sounion）的绿色海岸度假村，希腊。建筑师：Aristomenis Provelengios，1963 年

图 14.33 当"自然"被考虑周全地与"人造"相结合时并且当两者保持其各自的整体性时，结果可以是非常动态的，并且经历可以是非常值得一试的。Cresge 学院。圣克鲁斯（Santa Cruz）校园，建筑师：查尔斯·穆尔，William Turnbull，1970 年

是重要的；精心设计它。避免俯瞰不迷人的屋顶的景观处理。

7. 景观必须考虑既合功能又易于维护的铺地材料。在这方面，记住有三种基本类型的景观表面。[16] 合理地使用它们并精心设计。记住下列：

a. 硬地景观：它包括坚硬的铺地和质感；例如露台板、混凝土划面地区、瓷砖、砖石、赤陶、大理石、片岩、木制的平台、石头子等等。初期造价会高一些，但在长期是经济的。其维护费用低并且容易清洗，因此它适于不容易常常维护的生活方式（例如单身汉的生活方式）。在提议硬地景观时要极为小心，因为它可能对孩子们造成危险（图 14.41：4）。

b. 软地景观：它包括植被和柔软的质感；例如，草坪、灌木、沙地、水等等。初期造价低，但长期费用高。必须时时维护并且必须具备园艺知识，从基本的到极为复杂的。适于孩子们，对婴儿安全。土质的质感（沙子等等）必须合理地规划以避免常刮风。草坪极为适合炎热的气候，因为它们至少将周围温度降低 10%。树木也极为重要因为它们能减低风速，因此保护至少十倍于其高度的地面面积（图 14.14、图 14.23、图 14.24）。

c. 硬地－软地的结合：它们是 "硬"和"软"平

图 14.34　房子和景观变成了自然的一部分，就像它们已经永远在那里了。Hanna 住宅，帕洛阿尔托（Palo Alto），加利福尼亚州。建筑师：弗兰克 · 劳埃德 · 赖特，1937 年

衡的结合。一个结合可能是由合理布局的硬和软的区域组合在一起的，或者硬的元素（面或线的）“合理地”处于软的“地毯”或“海洋”中（日本园林是后一类的典型例子）。（图 14.36、图 14.37、图 14.38）

在软硬的结合中，各元素可以是几何形的（板等等）或在形式上是自由的（自然的石头、大石）。日本园林（公共的、祭祀的或私人的）大多数的风格表现都是各类可能性的一种结合，优美且“合理的”平衡。象征性和宗教意义支配了日本园林的很多行为。任何组合的“合理性”决定了相应设计的优点。

总的考虑

在任何室外设计中，最重要的注意力必须放在设计的运动和活动的可能性上。每一个设计应该加强运动，使用适合于室外的元素（自然的或人工的——树木、灌木、室外家具），并且允许静态活动的发生。

我们已经承认完成的景观区域是一个结合在一起的整体。这个整体应该有时能吸引人群，而其他的时候则应使人们保持一段距离来仅仅观赏它。人们在为“活动”设计的地方应该感到受欢迎。对出于视觉愉悦目的而设的地方，人们应被保持在合理的距离之外。如果独特且有活动倾向的地方可以由各种道路和甬道等等到达的话，景观中的活动就可以发生。这些元素连接室外空间（景观）和室内空间（建筑物室内），反过来也一样，并且他们最终成为景观的支柱。道路和甬道以及它们的交叉点类似于建筑物室内交通系统的支柱（通道、走廊）。

“线性”或“体量”概念可以进一步加强景观的“支柱”。一条道路旁的灌木和树丛可以加强它的线性方向感。树木在成对种植时可以加强线性和体量。树木也可以提供“墙体”和“顶棚”，同时地面上有树荫的地方可以成为不同活动区域的保护性界限。有些树木适合于强调“墙体”的概念（例如柏树），而其他的更适合于“顶棚”的形成（例如松树）等等（图 14.41：1）。

不同的树木具有不同的个性。格特鲁德 · 斯坦（Gertrude Stein）可能会说：“一棵柏树就是一棵柏树就是一棵柏树”；但是一棵橄榄树却绝不同于任何其他的橄榄树。因此某些树木的独特性可能会建议独特的处理（图 14.41：3）。

图 14.35（对面页图）　通过对景观力量的妥协达到的整体结合。这个房子是悬在桩基上的，以便在植被密集的景观中对树木的根造成最小的干扰。佛罗里达州迈阿密，建筑师：Yannis Antoniadis（摄影 G. Wade Swicord）

图 14.36 “软”和“硬”的结合

图 14.37 有韵律的经历可以通过对铺地图案的留心来加强。丹麦 Helsinsor 的行人道路

图 14.38 希腊雅典的 Eleftherios Venizelos 纪念碑，在这里起伏的地势将纪念空间转变成一个可以玩耍和放松的场所。建筑师：Panagiotis Vokotopoulos，1969 年

图 14.39 “硬的”室外铺地。意大利的例子

图 14.40 严格的“硬地”，日本

在希腊橄榄树被认为是智慧树。也许这是因为其顺时针的皱纹暗示着随年龄增长而得到的知识，或者也许是由于希腊神话和人们赋予它的重要性。[17]

人们不能否认室外“画面”和“图解”在人们记忆中强烈的重要性；人们也不能否认景观建议的相对性。正是通过室外才产生了“恋乡情结”(topophilic)的联系，并且正是本地景观的普遍性布局陪伴人们的一生一世。[18]祭祀活动可能是围绕着并在一棵橄榄树荫下举行的。村落的聚会和非宗教的节日可能发生在一棵橡树下……人们应该充分利用，并且公正对待具有个性的树木。

我们曾经提到过并且还要再一次提到，景观建筑必须被考虑为整个建筑过程中的一部分。即使出于资金限制，“绿化”可能要留待以后来完成，它的设计必须与建筑物的设计同时考虑。只有景观决定才将使建

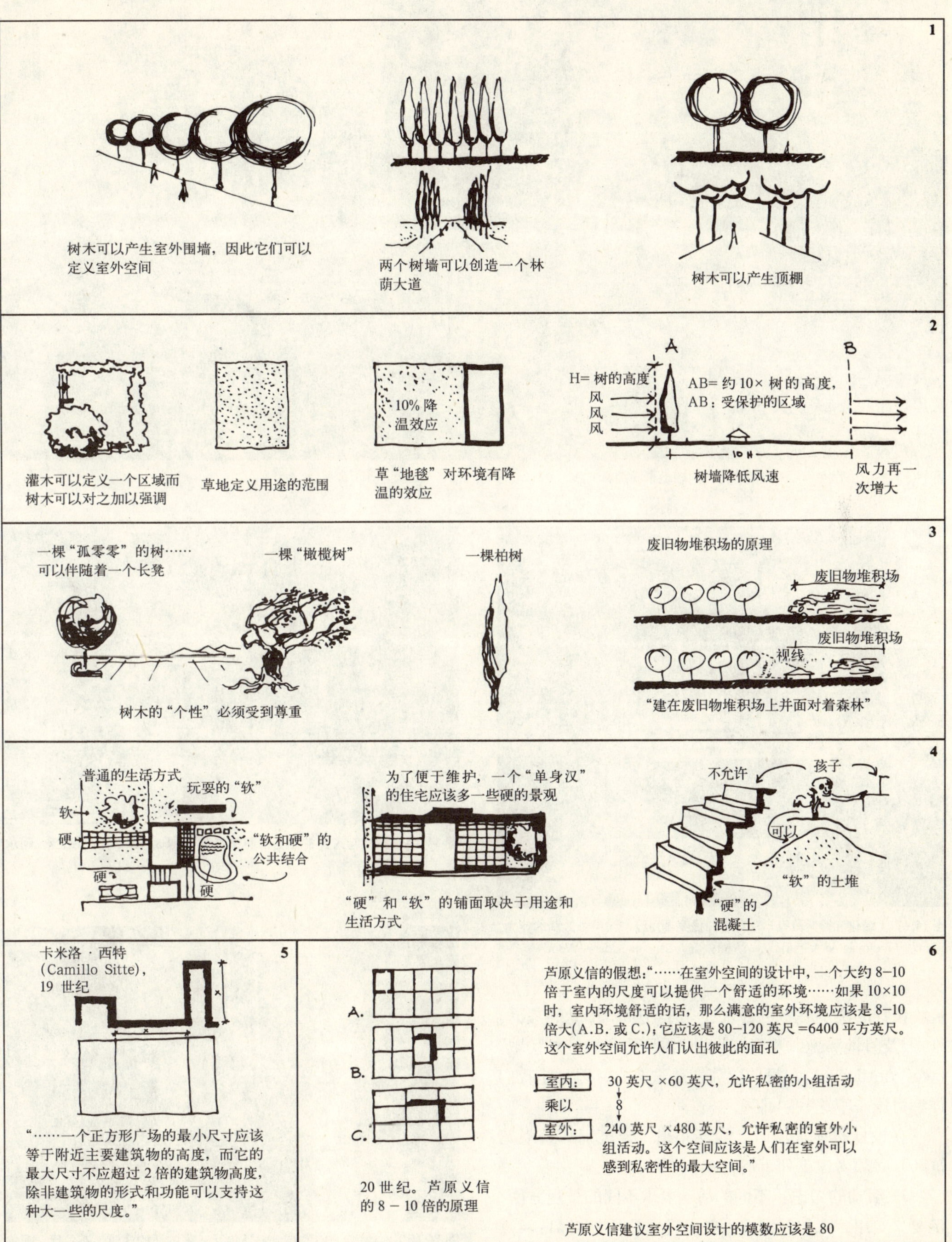

图 14.41　景观建筑的概念

图 14.42 圣山 Vatopedi 修道院内庭园的硬地景观图案

图 14.43 绿化和照明具有丰富环境并提高项目经济和系统效率的能力。图卢兹（Toulouse le Mirail）大学，建筑师：Candilis—Josic—Woods

图 14.44 自然与人造的结合，赛于奈察洛（Säynätsalo）市政厅，阿尔瓦·阿尔托，芬兰

筑物设计的决定“不可否认”。在这方面，活动的考虑、维护、及时地实施以及建筑物到“需要浇水的室外区域”（wet outdoors）和根的比邻性是重要的。因此让我们详细讨论一下这些“必须”：

在设计整体环境时，设计小组（建筑师和景观建筑师）必须考虑下列事情：

1. 活动的考虑：不同的活动要求不同的景观方法。玩耍、实用、工作、家庭、祭祀、风景（图 4.41：4）。

2. 维护的考虑：私人与公共的问题，生活方式。

图 14.45 自然与人造的结合。阿尔瓦·阿尔托的建筑。芬兰厅，阿尔瓦·阿尔托。赫尔辛基，1967—1971 年

图 14.46　（上图）“爱人之泉”，“俱乐部”的分区，墨西哥城。建筑师：路易斯 · 巴拉甘，1963—1964 年。（下图）“俱乐部”分区中带马厩的 Folke Egerstrom 夫妇的私人住宅的景观。墨西哥城。建筑师：路易斯 · 巴拉甘，1967—1968 年

图 14.47 雅典卫城

图 14.48 雅典卫城山的西面的山崖

3. 及时的实施：什么是本地的、需要多久才能长成以及是否是常绿植物的知识（经验的或其他的）。

4. 永远记着检查建筑物的比邻性，以及建筑物基础到植物的根的深度。非常近的植物可以对建筑物的结构造成坏的影响。

5. 用整体设计发展的方法来做你的景观设计：室内－结构－室外。建筑物以及它的朝向、入口等等，只有在结合景观的例子中才可以在地址上成为一个不可否认的整体。在做剖面和立面时表明植被的现实高度。尽可能地了解你那个地区以及邻近地区的主要植被（尺寸、大小、存活期）。经常速写本地的植物。

尽管景观是在人的存在之前创造出来的，人对它的了解是随着经验和时间发展的。我们现在还在迫切地找寻；作为室外建筑师，我们在大多数时候是失败的。建筑历史上极少的几个专门处理景观问题的出色人物要么是独裁者的建筑师［例如勒·诺特（Le Notre)：凡尔赛宫设计者］，要么是关心室外的社会思想家［如埃比尼泽·霍华德（Ebenezer Howard)］。前一组人们具有极少的创造伟大作品所必需的技术能力和有用的理论。奥姆斯特德（Frederick Law

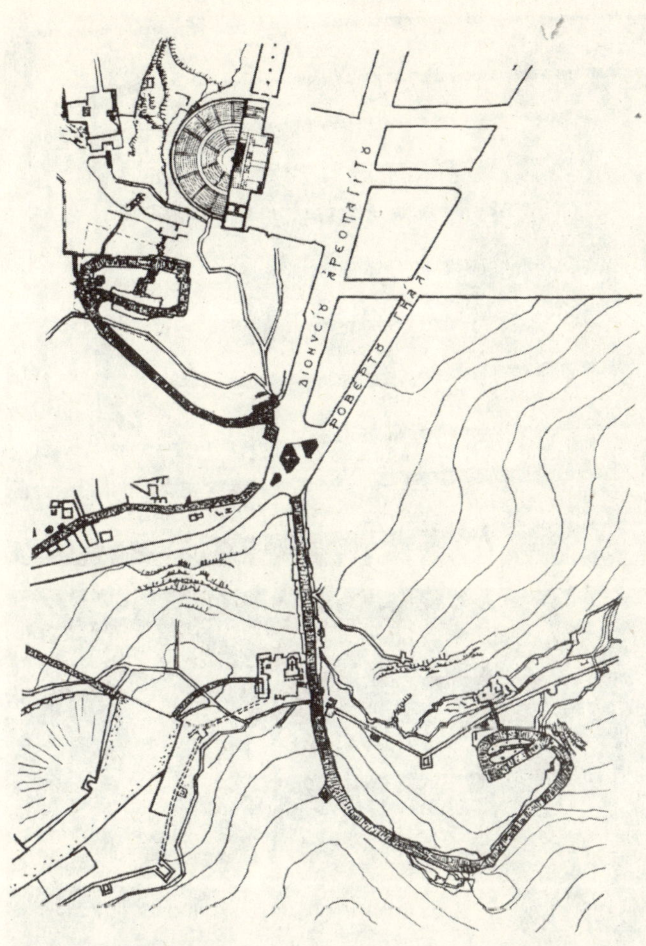

图 14.49　卫城山的景观方案，Pnyx 和 Philopapou，希腊雅典。建筑师：Dimitris Pikionis（After D. Vassiliades,"Odiporia stis Morfes ke to efos tou Ellinikou Chorou." 雅典，1973 年）

图 14.50　通向卫城的景观细部。希腊雅典。建筑师：Dimitris Pikionis（After D. Vassiliades,"Odiporia stis Morfes ke to efos tou Ellinikou Chorou." 雅典，1973 年）

Olmsted）是 19 世纪中第一个执行重要的景观工程的人。他对景观的关注尤其令人吃惊，考虑到在他的时代并不缺少空地的情况。[19] 他在美国创造了无数伟大的公园，但他却不是一个伟大的理论家。在很多年中室外建筑主要是一个保护性和区域性的关注。

20 世纪前 50 年的景观建筑师是以一种艰难的方式取得他们诗一般的技能的；通过对历史的观察、旅行和速写 [20]，早期的理论忧虑少一些。在其中最著名的，且具有长久价值的一个是日本建筑师芦原义信（Yoshinobu Ashihara）的理论，他从对日本、意大利和美国的范例研究中得出了他的结论。芦原义信，尽管不是一个名义上的景观建筑师，却极为关注室外空间中“人的”尺度问题。他的“10”的理论建议一个室外空间，如果想要具有人的尺度，其空间必须是具有人的尺度的一个室内空间的 8 － 10 倍。[21] 换句话说，如果一个人在一个 9 平方米的室内空间感到舒适的话，这个人会在 8–10 倍于那个尺寸的室外空间中感到舒适，即 72–90 平方米。芦原义信的理论看上去很教条，但却在其工程中受到过很好的检验，并且也在无数的历史范例中得到了证实，特别是日本的范例。不管怎样，它们代表了个人研究的令人欣慰的开始（图 14.41：6）。

在 1960—1980 年之间的时期是景观建筑师的“理论兴盛”的时期。在笔者看来，Garrett Eckbo（图 14.26）无数的“怎样做”的资料为初始者的考虑提供了最好的例子。在 20 世纪 70 年代中，劳伦斯·哈尔普林（Lawrence Halprin）在实践中清晰地阐述了大部分理论并且成为美国最成功的景观建筑师之一，特别是在城市项目、微型公园和公共喷泉设计中。景观建筑师中最出色也最受建筑师尊重的一个是 Dan Kiley（图 14.53），路易斯·康和贝聿铭的经常合笔者。在其他国家，我们可以提到瑞典冈纳·阿斯普隆德（Gunnar Asplund）的作品、墨西哥的路易斯·巴拉甘（Luis Barragán）作品（图 14.46）以及 Dimitris Pikionis 在卫城和 Philopapou 山上的奇迹般的景观作品（图 14.47、图 14.48、图 14.51）。Pikionis 的设计

图 14.51 铺地图案。建筑师：Dimitris Pikionis

构思有一种创造性的朴素，它允许帕提农神庙的神圣地位和伟大保持了（就像它应该的）主导地位。

不幸的是我们的景观已经被不经心的发展破坏了，有时甚至是有意毁坏的。由纵火犯为随后的“发展”清除森林的举动在“发展中”国家甚至在一些“发达”国家也是一件常有的事情。许多 20 世纪 50 年代和 60 年代的景观建筑师是一些平静、诗意、热爱上帝的人也许是一件不幸的事。与此相反的情况可能会好一些。我们需要坚强和坚定的斗士来保护那些被城市化投机过程、没有意识的工业化和不经心的发展夺走的东西。

在 20 世纪 80 年代后期“兴盛”的年代之后出现的一些景观建筑师，以及新一代景观建筑师的坚决参与，遵循着后现代主义赋予他们的特许，已经开始塑造“室外空间”的新概念和立场。

新景观的天地

后现代主义的一个积极贡献是对景观建筑的影响。年轻的建筑师在文学、神话、诗歌中发现了丰富性，加上后现代主义的特许，他们将它们作为其景观建议的灵感源泉。这些精神和理论的影响来自一些论文，例如 Joseph Rykwert 的《天堂中亚当的房子》，在另一个程度上来自 Naomi Miller 对山洞、花园和人工洞穴的研究。新设计的目标是将景观元素作为和谐人在室外空间经历的方法，超越纯实用性，触及人类原始的源头，即“阿卡狄亚”（arcadian，意即牧歌似的情调。——译注）和“精神的”源头，就像它们曾被早期诗人和作家描述的那样。[22]

Emilio Ambasz 创造了最早展示这种关注的设计。其设计特点是建筑物被构思成大的景观形成物，并且整体效果具有维吉尔（Virgilian）诗歌中流畅和抒情的阿卡狄亚的宁静。[23] 这些工程引起了共同的关注。20 世纪 80 年代景观设计师中先锋人物的新建议是各学科绝对结合的不可否认的证据，在这里“建筑”和“景观建筑”交织成了一个。这当然是过去美国和欧洲设计师的情况。尽管二战之后在美国发生的专业分裂中失落了，尽管它们有专业上的区别，但现在再一次被两个学科的统一带了回来。在这方面具有里程碑式重要性的事件是 1986 年的展览“转变美国的花园”，由哈佛大学设计研究生院和新英格兰艺术基金会联合举办，随后 1989 年《进步建筑》杂志 7 月刊用整期的篇幅介绍了前卫的景观建筑师。1986 年的展览是公众了解“新综合气候”和“景观设计新天地”的开始事件，这是早期景观建筑师们通过 20 世纪 60 年代“兴盛”和不确定的立场没能完成的一个动员。

室外空间乌托邦的构想在 20 世纪 70 年代的项目中很缓慢但很确定地开始出现。美国各地的景观建筑师，以及一些同时也是实践者的年轻学者，与建筑联合在一起并发展出 20 世纪 80 年代室外主色调的所有真正独创的方法。

受伊塔洛 · 卡尔维诺（Italo Calvino）的“看不见的城市”启发，Michael R.van Valkenburgh 结合了文学和透视图的技艺。他创造的“Eudoxia”，可以说是纽约市 20 世纪 60 年代的 Paley 公园的一个大尺度的再现（图 6.11：7）。Valkenburgh 严格地依靠历史前身和“梦想”、“转瞬即逝的思维”和“记忆”[24]，他的目的就是创造“既合功能又令人难忘的地方”，同时在“空间和文化意义上”处理景观。

Terence Harkness 和 Warren Byrd 强调了室外的区域性方面，或者从历史中或者从现代建筑的前身中，常常直接引用建筑细节。密斯 · 凡 · 德 · 罗式的构成的“抽象语言”有时用植被、棚架和花卉细节来表现，这直接出自卡尔 · 弗里德里克 · 申克尔（Karl Friedrich Schinkel）在 19 世纪发展出的早期设计建议。[25]

20 世纪 70 年代的景观建筑师接受了选择性，并且将其研究中值得记忆的细节和旅行的记忆精心剪接到 20 世纪 80 年代室外空间的“拼图”中。后现代和超后现代的景观建筑师没有满足于过去的公式和教条。他们的痛苦与建筑师一样深，因为他们试图找到景观的真实性，并且要对付不久的过去中那些不经心的环境和景观开发留给他们的客观环境困境。

在设计态度方面，20 世纪 80 年代景观建筑师不同意前几代景观建筑师的“优美”和“自然”的设计态度。他们避免“看上去自然、但却是人造的曲线，”相反他们选择的是“果断的”、人造的形式、“纯”几何形和“理想的”形式，它们可以被认为是人为附加的组织理性的决定、与自然地形的“情况”的直接对话。

“园林”的概念又一次成了中心，这一次是在新的、不优美的思想指导下，同时集中于推动设计师发现新的物质象征的想像力的超现实性和神话。以这点为基础，未来的室外设想指向了超越 20 世纪早期景观“功能”和“活动”关注的一个解放。室外建筑变得更为“包容”，将全方位的强调作为主要考虑，包括“象征性”、“超

图 14.52　通过将建筑物的立体几何形式延伸到室外的建筑物－景观的结合（天窗的金字塔形将形式借给了室外喷泉等等）。洛杉矶博物馆，建筑师：矶崎新，1985 年

图 14.53　达拉斯联合银行的点缀行人行进过程的“尼亚加拉”瀑布和电控喷泉，建筑师：贝聿铭，景观建筑师：Dan Kiley

现实的”和“精神的”方面。

人们忍不住会钦佩两个设计提议以及这种探索方向的实施方案。刚才提及的 1989 年 7 月刊的《进步建筑》的封面是弗吉尼亚州克拉克县（Clark）的一个景观实施项目。它是 Tori Thomas 设计的一个景观项目，一些枯萎的灌木上的蓝色喷料丰富了室外的视觉经历，并且通过独创、发明和象征性治理的关注戏剧化了丰富的可能性。

历史、古老的和最近的前例、诗歌、文学，对人的原始和原生要求的研究，加上基本设计和构成的严格纪律，构成了 20 世纪 80 年代景观建筑师训练的基础。这是一个超越早期景观学科的园艺学科和植物学框架的关注。

景观建筑实际上是触及“无限”概念的设计，因为它的基本材料是地形和“没有顶棚的天堂”。就像建筑师一般倾向于通过探索其建筑物的室内来达到“无限性”，景观建筑师却试图达到相反的效果。除了所有其他事物，他们还提供了“有限的”感觉，以便人可以在室外的广漠和无限中找到一个阴凉、私密、放松和有安全感的地方。它是一个将永远在“人”和“无限”之间、在“人”和“上帝”之间，以其最抽象和最富

图 14.54　拉维莱特公园。建筑师：伯纳德 · 屈米

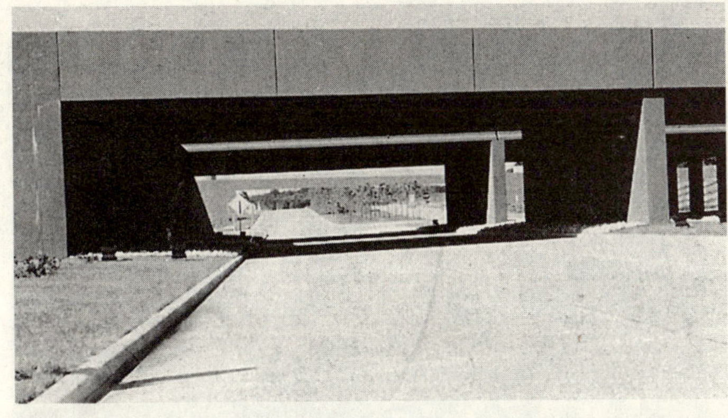

图 14.55 得克萨斯州西湖／南湖的 IBM 开发项目，1989 年。结合周围地形的景观，高速公路处理，自然与人工的整体"连接"。建筑师：里卡多·莱戈雷塔，景观建筑师：Peter Walker/Martha Schwartz

于精神的表现方式，寻求和定义一种和谐的设计学科。

这种和谐混合的例子还不太多。建筑和景观建筑的普遍实践经历了一个两者的混合比以往任何时候都更强烈的时期。因为成功的小尺度城市开发项目的重要性，包括公共的和私人的，这在景观方面是事实。这种混合的发生是通过将建筑物的建筑语言延伸到室外，部分建筑物将其形式借给室外元素。两个这种出色的例子是在洛杉矶和达拉斯，矶崎新设计的洛杉矶博物馆（图 14.52）和景观建筑师 Dan Kiley 和建筑师贝聿铭设计的联合银行大楼（图 14.53）。

"建筑"对室外强硬的附加、完全不考虑室外的自然和在自然中的东西，可能有坏的影响并会在建筑和景观建筑中重新产生两极分化的结果。依然有一些情况，专家治国论加上过分探索的特许以及对甚至最基本的东西的完全否定（例如重力法则），创造了可以被称作 20 世纪后期"愤世嫉俗的"景观。就此，可想想建筑师伯纳德·屈米设计的、媒体高度曝光的"解构主义"的拉维莱特公园（La Villette）例子（图 14.54）。这个公园是改变巴黎屠宰场区周围废弃土地的结果，为 20 世纪 80 年代的主要竞赛之一，它是一个将人们从地面上摒弃出去的"景观"，在某种程度上，使他们迅速地运动出这个区域，将他们描绘成环境的"过客"。这是通过将穿过公园的交通道桥架高来做到的，这些人行桥擦着预期的和现存的建筑物而过，并给予行人新创造的自然环境的一个"鸟瞰"视角。

但是与此相反，得克萨斯州沃思堡附近西湖／南湖的 IBM 建筑群（图 14.55，图 14.56），在笔者看来，是一个可以被作为范例的重要项目，它表明通过建筑师、景观建筑师和城市设计师的"和谐"努力可以做到些什么，他们采用了人文－阿卡狄亚式的，而不是技术政治式的方法。在这个例子中，高速公路下的视觉污染以及高速公路分割土地用途的负面问题得到了解决。由于运用了统一而不是进一步分解和不稳定的概念，停车场和室外尺度的内在问题消失了。尽管它是由三位有着不同的表现形式和创造语言的建筑师设计的，整个项目依然具有统一性。树木的种植和室外装置的位置、有计划地分布的标志、符号、水和改善气候的装置，例如在极其炎热和无风的夏季用来"人化"室外环境的通风器，全都结合进可以被称为"环境包容设计"（environmentally inclusivist design）的设计创造中。

这个特定项目的重要性还在于它没有一个关于应

图 14.56　得克萨斯州西湖的“三个村落”购物中心。1989 年。建筑师：里卡多 · 莱戈雷塔，景观建筑师：Peter Walker/Martha Schwartz

该遵循什么样的“形式发展语言”的争论，与此相反，它展示出“现代主义”语言（Legorreta）可以与后现代主义整体组成层次和唯美艺术的双轴线（IBM 办公楼部分是由 Romaldo Giurgola 设计的）共存，如果整体是通过形式和完整的混合，并运用室外设计的组织能力（Peter Walker/Martha Schwartz）“和谐地”组织到一起的话，并且如果在不同的建筑师和其他介入的设计师之间具备和谐和合作性倾向的话。这种和谐的混合的有效承诺必须永远是“总体规划”，一个概念和组织的整体规划，它必须由所有方面的合作发展而来，并且通过设计师，例如城市设计师和规划师之间有策略的合作，他们的角色将在后面的章节中加以讨论。

注释

1. 关于“景观建筑”早期的全面定义参见 Hubbard，Henry V；和 Kimball，Theodora，1967 年，第 1 页。
2. “建筑中的室外设计”一词第一次是由芦原义信使用的。他的著作《建筑中的室外设计》是关于室外空间设计中承包商—建筑师的完整而负责的态度。
3. Halprin，Lawrence，1971 年，第 33 页。
4. 参见 Jan McHarg；以及出处同上，第 33 页。
5. 大多数景观建筑师是好意的、内行的、有信仰和诗意的人。笔者不知道任何比希腊建筑师－景观建筑师 Dimitrios Pikionis 更好的例子。关于进一步资料参见 Antoniades，1975 年（5）。
6. 关于景观资源中稀有和自然资源保护的出色论点参见 Newton，1971 年，第 654–674 页。
7. 关于景观历史的一般性资料参见 Tobey，1973 年；Newton，1971 年；和 Carpenter、Walker、Lanphear，1975 年。后者的资料为景观发展的历史提供了一个非常综合的介绍且值得推荐为进一步的介绍性读物。后面没有提出进一步特别的资料。
8. “硬地”和“软地”景观铺地的术语归功于 Garrett Eckbo。参见 Eckbo，1978 年。
9. 关于中国园林的进一步资料参见 Keswig，1979 年。
10. Barlow，1972 年，以及 Newton，1971 年，第 267 页和第 325 页。
11. Newton，1971 年，第 337 页。
12. 在本土景观中表现出色的是加利福尼亚州的景观建筑师。Garrett Eckbo 可以被认为是 加利福尼亚州本土景观建筑师的带头人。
13. 参见《美国建筑师学会职业实践手册》的“基本建筑服务”一章。
14. Newton，同上，第 659 页。
15. Simonds，1961 年，一般性资料；林奇，1962 年，一般性资料；Carpenter、Walker、Lanphear，1975 年，一般性资料。
16. Eckbo，1950 年和 1978 年，基本资料。
17. Constantinides，1972 年。
18. Yi-fu-Tuan，1974 年，第 59 页，第 113 页。
19. Barlow，第 5 页。
20. 好例子：Lawtence Halprin 的《1959—1971 年笔记》。
21. 芦原，1970 年，第 47 页。
22. 建筑师和景观建筑师集中于例如：Virgil 和 John Milton。The Aeneid 的室外、亚当的树荫和诗歌中或者在文艺复兴时期建造的洞穴是主要前例之一。参见 Rykwert，1981 年和米勒，1982 年。
23. 参见 Ambasz。
24. Valkenburg，摘自巡回展览“改变美国的花园”中设计的描述性文字，哈佛大学设计研究生院和新英格兰艺术基金会，1986 年。
25. 设计资料，“Tidal 花园”，Warren T.Byrd，Jr.，同注释 24 的同一个展览。

所选书目

Ashihara: *Exterior Design in Architecture.*

Eckbo: *House Design* The Art of Home Landscape, McGraw Hill, 1978.

Halprin: *Notebooks 1959–1971.*

Miller. *Heavenly Caves: Reflections on The Garden Grotto.*

第 15 章

室内设计

"……我不喜欢那些面孔；那些人的心离上帝很远；人类重要的是内心世界，人的心灵是判断事物的标准……。"

——耶稣 基督

"……这个住宅的室内充满了宁静和精神的平和……一个内心世界的平和。"

——阿里斯·康斯坦丁尼德斯（Aris Constantinides）[1]

整个建筑环境是由一个神圣的三位一体构成的：室内－建筑体量－室外。当三位一体中所有的元素都以一个整体运作时，我们可以肯定地说这是一个成功的环境设计。

某些气候比另一些气候更容易让人在室外活动的时间比在室内长一些，反之亦然。一般来说，炎热的气候创造了室外文明而不是室内文明。希腊人、意大利南部的人、北非人和墨西哥人是生活在室外的人们。斯堪的纳维亚人、北欧人、美国人和其他普遍气候寒冷和雨水众多的国家的人们将其大部分时间花在室内。因此很自然一些人生性更喜爱室外生活，而另一些人则喜欢室内生活。

但是所有文明都普遍认为，室内环境有一种保护的特点，一种子宫般的呵护；它是人类生活的“花瓶”。与此相反，室外环境则有一种逃避的含义；它为社交、为公共生活而不是私人生活提供了机会。

在许多近期的文明中，室内和室外的关系发生了变化。信息交流的媒介（电话、电视等等）为有着发达技术的国家[2]的室内生活带来了新的深度，以至于对室外环境和与外界直接接触的需要比过去少了。在这些国家的一些中，对室外环境的担忧来自不断增长的犯罪率。由于这些原因，发达国家今天正经历着室外环境的颓废；而同时，他们也正经历着为私人和公共性质的活动而设的新室内环境的创造。[3]某些室内环境流行起来，特别是那些“有”格调的“室内环境”；而另一些“室内环境”，例如那些大众公寓中的，在很多例子中却是不愉快和不舒适。这些不好的情况是当代建筑实践的结果，那些设计是针对多种类型的使用者的，但却以对生活方式、个人爱好和使用者需求的大概推测为基础。

技术发达的社会目前极度需要回应“室内”需要的建筑。对“三位一体”平衡的关注需要重新兴盛起来。未知的使用者必须得到机会来根据他们自己的需要和爱好来塑造其室内环境。古老的文明没有20世纪城市人的问题。过去的人们根据他们自己的生活方式和需求自己修建自己的房子；他们是客户、承包商－建筑师和使用者。

有关未来使用者未知性的问题、有关未来使用者生活方式和特殊需求的特定信息的缺乏，已经产生了对新的环境尝试的需要。这些新的尝试应该由合适的设计师在已知一个特定使用者的时候来操作，例如当一个公寓已经被其未来的房客租赁时。为已知客户设计室内环境的任务在今天是由室内建筑师来完成的，就像他（或她）在德国的称呼；或者室内设计师，如其在美国所称。

有了这一段简介，我们现在可以将室内建筑（室内设计）定义为环境设计的一个范畴，它通过运用色彩、质地、照明、家具、家用电器的选择、布置和组织活动[4]来合理地开发一个建筑作品的室内空间，以便使空间的功能高效、舒适、在心理上吸引人并且在感官上和精神上振奋特定使用者。[5]室内建筑师在试图做到所有上述条件时必须对他（或她）所工作的建筑空间有一个彻底的理解。[6]他必须有强烈的动力去理解他为之设计的人的需要和精神含义。[7]然后他必须在色彩组合、质地、照明、声学、材料效率、细节的经济性和室内植物的生长等方面有技术专长。[8]

一个有天分和良知的室内设计师能够美化一个未使用的建筑空间的内在特点（如果有的话）。在这个学科的演变过程中，抛开那些好的室内设计的孤立例子和受到尊重的个人不说，在20世纪60年代和70年代早期，某些其固有的缺点在学科内部造成了一些问题。室内设计的某种实践方式是值得质疑的[9]，并且某些职业态度在美国最值得注意，尽管事实上美国拥有相当多的在人道方面很成功的室内环境例子。这些不好的情况在这个领域后来的发展和改进中得到了更正。

室内设计的一个健康概念即它是“室内建筑”，这点在欧洲得到了广泛的认同。[10]“室内装饰”的概念是有害的，因为“装饰师”常常以一个产品推销员的角色出现，而不是一个受过适当教育的、解决室内空间使用者需要的问题的人。一个客户几乎不可能信任一个“产品”或“风格”的推销员。他应该信任一个可以与他交流并有办法满足其室内习惯需要的人。随着问题的明朗化，美国室内设计专业的问题已经得到了解决。人们不必再谈论“好的室内设计师”与“装饰师”，或者“好的装饰师”与“坏的装饰师”。[11]早期的文献充满了对术语定义的疑惑和专业的不确定性。[12]在这里没有必要在这些问题上进行详细的解释。这些问题已不再存在，因为室内设计师们已经变得尊重“空间”，因为他们已经不再进行过去那些使他们看上去仅仅是“新材料和新布料”推销员的实践，并且因为他们已经将他们的努力集中在了他们最能胜任的设计范畴内。但是依然有一小部分室内设计师和装饰师保持着他们的“雄心”：“他们可以充当住宅建筑师角色的一天终会来临。”[13]人们只能希望如果这一天真的到来的话，那么它应该是一个有章法有环境价值的教育的结果，这些教育可以帮助这些设计师真正有资格实现其梦想。

有关目前依然存在的所有不确定性的关键答案在于这个设计领域的教育角色上。对比建筑师所需的 6 年制教育，今天美国的绝大多数室内设计师是 4 年制教育的产品（这还是最好的情况）。装饰师则是接受了很少的教育以及一个非常浅显、并非以设计为主的考试的结果；他们常常为产品的推销而工作。在这种意义上他们成了试图迅速致富的工厂的“合笔者”[14]、一些无意义的、过时风格的“推动者”，以及过去毫不相干的室内环境的复制者。在做这些的时候，他们常常会有一种浮夸的职业行为和一种浅薄的夸夸其谈，这些都是从装饰界的祖师，已故的奥斯卡 · 王尔德（Oscar Wilde）那里继承来的。[15]

上述讨论没有任何贬义或故意贬低一个环境学科的意思，它与所有其他学科一样都是必需的。但要强调的是，因为这也正是笔者的强烈信念，为了塑造人类生活最紧邻的环境，室内设计必须永远扮演一个非常活跃的角色。室内设计师必须与建筑师紧密地合作，并且他们必须考虑“空间”。就像在早一些的一章中提到的，在同一个项目上工作的所有设计师们必须认同一个类似的“空间观念形态”以便加强相互的空间成就。这个“空间”问题是基础，如果建筑结论想要得到美化并且如果室内空间想要成为一个整体的一个组成部分的话，即使所采取的策略是相反的和对立的。在这方面，极为重要的是建筑师和室内设计师对空间语言有一个彻底的理解，并且室内空间决定是对特定空间内在特点的认知。例如一个设计周密的公寓群可以具备很多空间特点；它可以通过高侧窗或不同的活动层次创造出流动的室内空间。与此相反，一个购物中心的单元商店可能一点儿空间特点也没有。设计语言的空间感觉和空间特性的认知是重要的问题，我们在这个探究的过程中将对它们进行详细的考察。

室内空间的演变[16]

人类使用的早期室内空间是由自然提供的。通过一个侵入的过程，原始人类驱逐了动物从而成了洞穴的占有者。通过火的使用，他努力保持洞穴的温暖并将动物挡在外面。通过控制视野，洞穴提供了保护和防御。

在演变过程中人类通过开挖土地创造了庇护所。在我们存在的史前穴居时代里，洞穴的氛围一直跟随着我们。第一个建起来的空间是围绕着洞穴的原型和火的舒适演变而来的。原始部落修建了圆形的空间。这些空间保护了居住者并且允许他们围绕着火堆成组地生活。这些结果是通过强调平面的一个中心点来完成的，这个点就是火堆的所在。剖面的另一个中心点是洞顶的烟囱，它的作用是通风和抽烟。原始室内空间的等距性和集体特性从人类文明的早期就存在了。某些公共空间例如教堂和集会厅在整个历史时期都保持了圆型平面；并且无数的建筑师也曾经试图设计圆形和曲线的空间（在平面中曲线很容易画，并且用一根钉子和一根线就能简单地画出一个圆）。这种空间的第三个方向在施工上有一些困难；因此人类寻找修建围合空间的更简易的方法。重力法则使人类很自然地把梁柱系统，竖直和水平的，作为了主要方法。

两维连续性

历史上的大多数室内空间，特别是私人使用的空间，使用竖直和水平元素的方法。这些元素或者是线性的或者是面的（图 15.1：2）。在用竖直和水平的元素围合空间的方法上基本上没有什么结构上的变化；有的只是完善。这些完善中的一个就是将空间构架用作水平元素。希腊大厅（Megaron）的空间，通过“巴塞罗那馆”密斯式的重述，变成了当代的展厅和集会厅、超级市场和住宅及工业建筑。梁柱系统使平面从过去厚重的承重墙中解放出来。密斯 · 凡 · 德 · 罗的独创性，加上勒 · 柯布西耶的独创性和发明创造的丰富，继而做到了水平以及三维的连续性。

密斯式的三维连续性是不稳固的。它存在于竖直和水平分界的透明的空间结合处，例如玻璃。玻璃的使用使竖直分界在顶棚下面很远的地方停住，这样视线可以在三维上从一个房间移到另一个房间（图 15.1– 图 15.4）。顶棚看上去像是来自紧邻的空间，穿过它，然后消失在邻近的空间中。密斯做到的是空间通透性的第一步[17]，即是水平的而不是竖直的空间连续性。密斯式空间的特点是元素的明晰性（每一个元素在结构上和空间上都得到清晰表达）。由于这个明晰性是以结构的诚实性作为支持的，它必须被当作一个原则来尊重；它对空间的统计性存在是关键的。

质地和表面很重要；因此在密斯式语言的空间中，对室内特性的考虑不可以与已经存在的空间的质感和

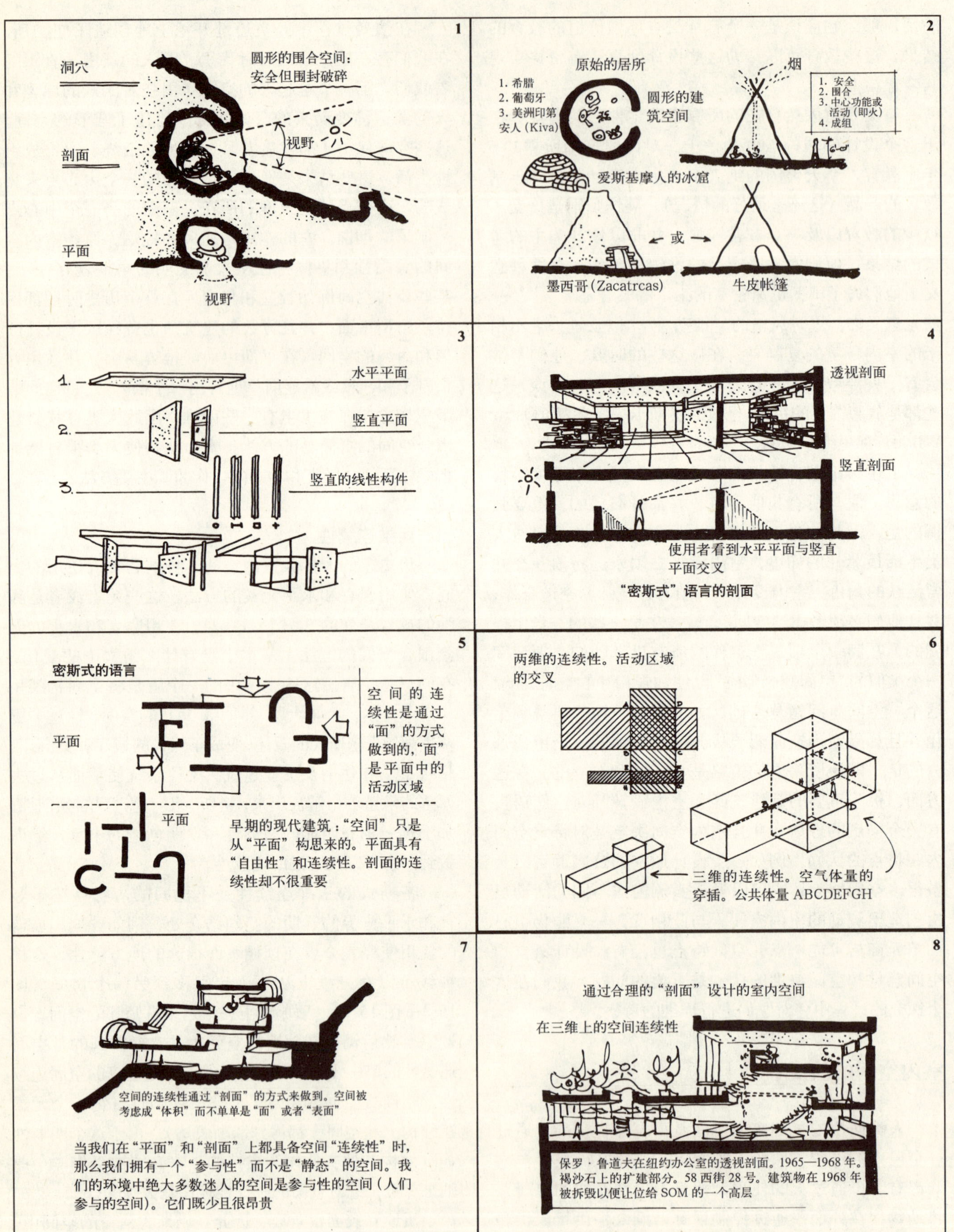

图 15.1　室内空间概念（1）

图 15.2　金贝尔艺术博物馆的室内空间，结合了结构、机械和照明的考虑。建筑师：路易斯·康，1972 年（摄影 Tommy Stewart）

图 15.3　室内空间通过典礼般交通流线的经历加上用自然光线造成的游动得到了丰富。阿尔瓦·阿尔托建筑的例子。赛于奈察洛（Säynätsalo）市政厅，左图。于韦斯屈莱（Jyväskylä）校园化学系楼，右图

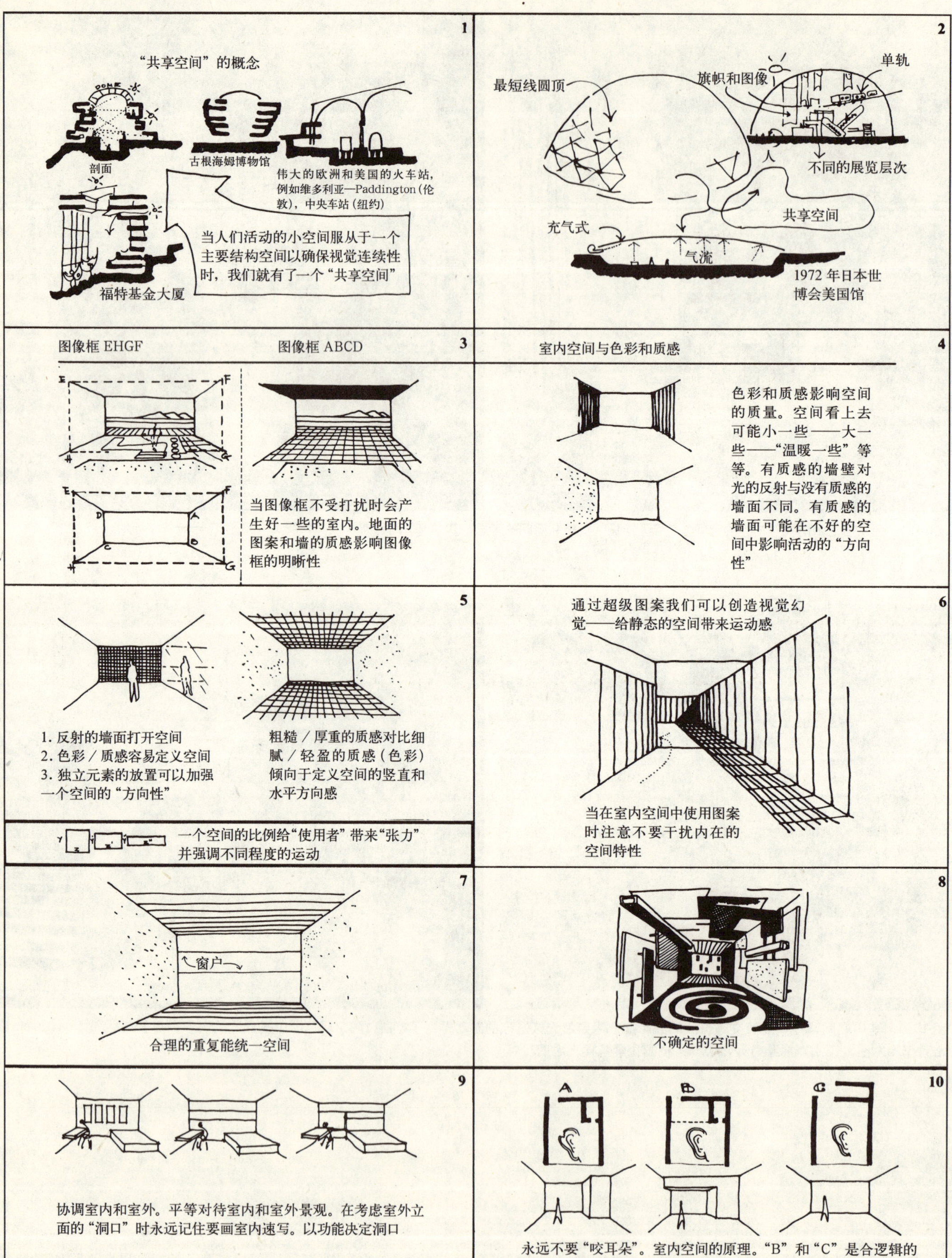

图 15.4 室内空间概念（2）

结构平衡相竞争。空间的各个角落必须保持原样或者重新设计以使新空间遵循密斯的原则。在设计室内空间时应该考虑所有的立面，而且人们相信，如果要尊重密斯式的结构，每一个立面都应该处于 Mondrian 式的平衡中。密斯的所有元素——墙体、内隔断、顶棚、地面——都可以被考虑成完整的框架，因为它们实际上已准备好来接受色彩、质感和家具。这些框架应该受到尊重。当地面不受尊重时，它们会裂开；它们会干扰竖直的框架和视野。透明的框架是最可取的。

运用密斯式空间语言的室内设计的最佳例子是由 S.O.M. 做的。自由的密斯式空间的最佳室内设计是由他自己设计的……但那是在建筑的另一个时代。密斯给我们留下了其结构平面的秘密——框架的明晰性和“面的”，而不是“体的”的连续性。如何理解它并进行合理的创造则取决于室内建筑师。

三维连续性

当把密斯的平面立起来时，人们就会得到一个具有连续性（通透性）的建筑剖面，这是原来密斯的平面所具备的。平面和剖面上的连续性产生三维的通透性[18]；即它产生了具有水平和竖直空气体量穿插的室内空间（图 15.1：3–8）。这些穿插点赋予了空间动感且需要加以强调。三维的空间连续性是由弗兰克 · 劳埃德 · 赖特在他的大项目中（古根海姆博物馆、莫里斯商店）以某些“单调的”方式发展来的；勒 · 柯布西耶及其他一些建筑师对它进行了完善，例如鲁道夫 · 辛德勒和保罗 · 鲁道夫。对此类空间理解的关键在于对这些水平和竖直空气体量穿插点的认知。这些穿插点可以通过使用竖直元素（植物、旗帜等等）来加以强调，它们可以抓住视线并引导它穿过室内空间的所有层次。

由于此类空间的连续性是完整的，它应该受到尊重；人们应该采用完整、连贯的色彩和质地的方法。如果此类空间被多种色彩体系分割开来并且包含了无数的材料和色彩，这会是有害的。不幸的是许多“装饰师”和室内设计师不理解这些。如果有很多色彩和材料的话，它们应该被用在室内的物体、家具和家用电器上；家具陈设应该是独立的，在空间内以自由物体的形式出现而不应附属于建筑的基本空间中。例如，超级图案（supergraphics）可以重新强调此类空间的空间连续性，但是在研究它们时应该与整个空间放在一起考虑。仅仅连接一个完整空间的某些层次的超级图案的图案可能会“打破”空间，因此是不可取的（图 15.4：8）。声学和防火保护是极其重要的室内设计限制，特别是当涉及的建筑空间使用我们刚刚讨论的语言时。最成功的此类空间在色彩和质地方面都极为克制；例如，一个白色的室内用一个绿色的竖直强调和集中的家用电器或铬合金的百叶窗帘来美化。控制色彩体系的需要应来自大的空间考虑，而不是被错误理解的流行趋向和名称例如“极简抽象派”（minimalism）等等。[19]大多数成功的结果都是通过使用原色来达到的，而不是不明确的色彩组合。

一个建筑空间的内在整体性有可能得以保留，甚至得到进一步强调，并且小的创造生活情趣的细节可以找到位置并能存在于大的空间概念中。一些由“纽约五人组”（New York Five）（埃森曼、格瓦思梅、格雷夫斯、海杜克和迈耶）设计的早期项目是三维连续空间中色彩 – 质地 – 建筑空间相互结合的优秀例子。[20] 其中理查德 · 迈耶在这方面更为出色并且创造了最高层次的三维连续性的设计作品。

共享空间（universal spaces）

当相互穿插的三维连续空间被约束成一个时，我们就得到了所说的共享空间（图 15.1：6）。大多数此类空间具有一个处于主宰地位的竖直连续性，它将公共活动安排在地面层，个人或私人的活动则在上层空间中。许多欧洲的火车站、帕克斯顿（Paxton）的水晶宫、赖特的古根海姆博物馆和纽约市的中央车站是这类空间的先驱代表。20 世纪 60 年代和 70 年代的美国建筑创造了无数具备独特的“共享”空间的公共空间。这些建筑物的剖面包括了各种基本的几何形状，例如正方形、长方形、梯形、三角形、圆形等等。[21]

许多当代的建筑师涉及过共享空间的空间类型学（图 9.1、图 9.2、图 9.3）。在大多数例子中这种大空间室内问题的处理是将活动安排在地面层，并将重点强调放在竖向穿插的空中，通过使用竖直的元素如电梯、旗帜和吊灯在视觉上强调它们。所有这些室内空间都展现了建筑史上第一次出现的宏伟尺度。在这些伟大的当代空间的室内设计师脑中，关键的问题是建筑，而不是狭义的室内。通过共享空间的比例和尺度而不是通过细节、质地和地面层的活动，这些空间创造出了宏伟的感觉，常常达到崇高的美学范畴。这些 20 世纪公共室内的室内设计是一件相当次要的事情，并且曾完全被建筑师根据建筑物的全面功能和明确的

图 15.6 对必要的满意元素的合理安排产生了具备人的尺度的室内空间。化学教室，于韦斯屈莱大学（芬兰），建筑师：阿尔瓦·阿尔托，1953—1956 年

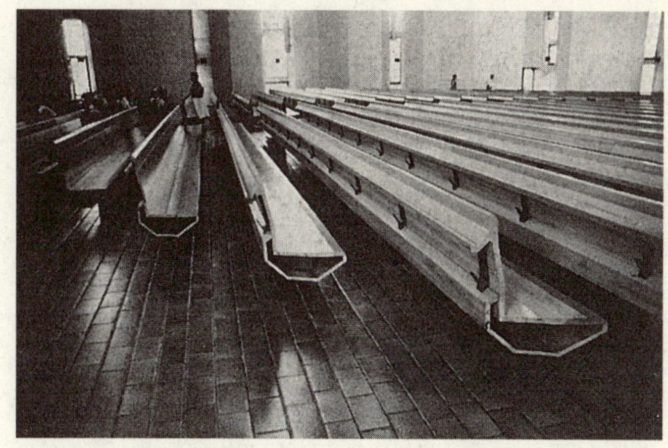

图 15.7 精湛的手工和对材料的了解服务于出色的芬兰室内环境。Kaleva 教堂，雷马·皮耶蒂莱（Reima Pietilä）和拉伊利·帕泰莱宁（Raili Paatelainen），坦佩雷（Tampere），芬兰，1966 年

需要所控制。在这个空间类型中有许多杰出的例子，包括旧金山、休斯敦和芝加哥的海亚特摄政旅馆，以及纽约市的福特基金大厦。

共享空间也可以与上面所说的不同。用来覆盖公共人群活动（常常在不同的层次）的固定的大“气泡”、覆盖大体育场座位的张力结构，以及大到建筑物大小的、用来覆盖展览或独立活动的壳是共享空间的新类型，它们在公共范围内顾及了私人的活动。这些共享空间要求很少的室内设计，即使有的话。空间外貌与结构整体联系非常紧密以至于增加任何东西都会造成视觉干扰和对此种结构状态真实性的干扰。在这种情况下人们可做的最谨慎的事就是不去动这个建筑空间。

许多完整的室内空间最初都是由建筑物的建筑师自己“设计的室内”。这在今天几乎是不可能的，其原因是职业的性质、用途的不确定性和专业分工，专业分工不仅是必需的而且也是客户所期待的。室内设计师不仅已经设法创造出看上去是由有着完全控制权的一个人设计的室内环境，而且他们还大大美化了建筑的室内质量，达到了前所未有的经验上的愉悦层次。室内设计的教科书在 20 世纪 80 年代得到了指数式的改进。它们超越了对“风格”和“流行推销”的学习。中心点变成了原理之一。因此对过去的室内设计原理做个总结是重要的，然后我们就应该彻底地忘掉风格的记忆和不相干的模仿。

图 15.5（对面页图） 三维的连续性可以使一个小的建筑室内看上去很大。悬在桩基上的小住宅室内，佛罗里达州迈阿密。建筑师：Yannis Antoniadis（摄影 Joachim Schuppe）

室内空间处理的历史总结[22]

古希腊人没能达到可以匹敌克里特文明的伟大，克里特创造出过一些辉煌的壁画和室内处理。古希腊人是性格外向的人；他们生活在室外环境中。他们的室内环境是次要和幽闭的。[23] 与此相反，罗马人对室内极为精心并创造出了难忘的围合空间。[24] 拜占庭人更进了一步并且用优秀的壁画、湿壁画和马赛克美化了其神庙和公共建筑物的杰出建筑室内空间。圣索菲亚大教堂，拜占庭空间创造的永恒范例，是意大利文艺复兴室内空间的前身，它是一个室内环境发展的繁盛时期。

意大利文艺复兴是一个共享空间的时期，超越了基本的建筑空间，其重点主要集中在了细节上。极度复杂的拉毛水泥技艺使得室内的湿壁画成为可能。在此期间曾有过超越“有限空间”并将它提高到“无限空间”层次的卓越尝试。它是实实在在地通过墙上和顶棚上的绘画能产生的幻觉来做到的。这种幻觉通过虚假的透视的技艺和布景设计的技艺（trompe l'oeil）得到了进一步加强。米开朗琪罗的西斯廷小教堂和帕拉第奥的奥林匹克剧院是这种文艺复兴尝试的辉煌范例。此类工程的客户是教皇和富有的贵族。可以说当时的室内设计师就是当时的杰出画家；米开朗琪罗、拉斐尔、达·芬奇、提香、维伦尼兹等等。一些建筑物的内部空间是这些客户和某个艺术家一生的关注。客户根据艺术家的长处授予其项目委托，然后艺术家可以在客户干涉最少的情况下创作。文艺复兴时期的人们相信其艺术家的能力。“室内空间”常常是一个人及其学徒们的创造……这些在当时都是基本的现实。[11] 如果当代的一个客户想要一个西斯廷小教堂的室内人们会怎样反应？而且现在有哪个室内设计师把一个室内空间当作他的一生的任务？今天，一个设计师也许会说：“壁纸，壁画的复制品，有些文艺复兴味道的东西……。”但是，文艺复兴不是那样的！

欧洲巴洛克时期的普遍建筑气候比意大利文艺复兴时期要少一些理性。建筑物有太多不必要的细节，其中一些看上去是结构的。品位和模棱两可充斥于形式的表现中。例如“拱券”是不完整的；并且看上去是“柱子”的东西实际上却不是。与结构和室外的不连贯性相反，其室内在空间扩张方面显示了连贯性；水平和竖直空间的相互穿插创造出了一个动感的空间心态。欧洲巴洛克风格是空间极为宏大的一种建筑，它在宏伟的建筑空间概念化上具有极度的教导性。在这些动态的室内人们可以发现可移动的家具，常常具有高度的艺术性和对细节的关注，这是装饰过多的结果而不是关注功能和简洁的结果。巴洛克空间的原理在今天许多的新作品中得到了重新阐述。可移动家具的观念非常合理。精心装饰的细节在今天见不到了（或者不可能了），因为找不到这种劳力，而且也因为用机器制造家具的过程产生了减少装饰的工业方法。

洛可可风格被看作是“吸引人的”[25]、“常常是滑稽的”(comique)[26]，并且根据某些美学家，“不如”[27]此前的风格。它包括了使用多种材料和布料的大量装饰细节。许多湿壁画和“闪光装饰物”的使用是洛可可室内的特点。[28] 富有者、傲慢者和挥霍者将“洛可可”作为他们的表达风格。洛可可是法国贵族阶级最喜爱的风格，它包含了工匠的高超技艺和金钱的浪费。一些风格如路易十三、十四、十五和路易十六发展了出来[29]，它们都遵循了从“非常复杂”到“较复杂”到“简单”的趋向。洛可可的室内还被称为“浪漫时期”(Romantique Era)的室内。法国大革命在法国结束了这些风格；但是它们对欧洲其他部分却有足够的影响，特别是英国。英国的伊丽莎白式、乔治式和维多利亚式的室内就是巴洛克和洛可可的室内，只不过包括了新材料、织物和闪光装饰物，以及独特的布料、石头和英国人从他们的殖民地收集的大量用品和收藏品。[30]

遵照追随“奇异的”阵线的偶尔流行的时髦原则在室内空间布置中各种材料和布料的拼凑，代表的仅仅是洛可可风格偶尔的复兴。

室内处理的所有早期风格在20世纪初期在欧洲得到了复兴。新艺术运动（Art Nouveau）和装饰艺术运动（Art Decoratif）有历史模仿的轻快愉悦感。**新艺术**的室内应该是“明亮、简单和空闲的”。[31] 它们的目标是带有船舱中所有经济性的功能。[32] 新艺术的格言是所有的艺术都应该是合成的。[33] 在这种意义上，新艺术在意向上没有失败，但在实施上却失败了。这个运动没能将自己从过去的装饰弊病中解脱出来，而且它经常创造出模仿植物世界浪漫形式的作品，这些形式不适合钢铁这样的材料，也不适合工业生产的过程。

装饰艺术运动也创造了明亮、简单和空闲的类似室内。它使用单色、连续的室内、铬合金、综合成一体的灯具和连续的图案带，它在20世纪60年代晚期以“超级图案”的名称得到复兴。尽管装饰艺术时期在原则上应该是一个装饰的时期，但就室内设计而言它却不是这样。装饰艺术的室内认知空间的整体，并且它们通过使用质地、色彩和图案来达到的连续性美化了空间。装饰艺术的装饰性仅仅体现在家用电器、人们的服饰和实用性物体上。

新艺术和装饰艺术都因为公众对室内的态度受到了伤害。公众受到了维多利亚晚期某些审美家的影响。特别是奥斯卡·王尔德（Oscar Wilde），成了“迷人”、“优雅”和“新潮”的提倡者。在室内空间创造的装饰性态度上，他的影响是巨大的。“住宅美化”（house beautiful）运动就始于他[34]，而且那些自命高雅的中产阶级[35]，尽管反对他的生活方式，却接受他的美学观念并且最终成了他的装饰门徒。

室内美学尺度的另一极端是20世纪的建筑师们。他们的兴趣集中在机器的新潜力上，而且试图寻找一种适合工业进程的新美学，它应该能使大规模生产成为现实。在他们寻找工业方法论的过程中，这些建筑师们创造了没有任何历史可比物的室内空间；它们是原创的、实用的和迷人的。在许多情况下它们既适合观赏也是适合居住。20世纪最伟大的室内设计师是那些关注整体性的建筑师。弗兰克·劳埃德·赖特、阿尔瓦·阿尔托、密斯·凡·德·罗，作为一个整体的

图 15.8 任何不认同建筑空间内在特性的行为可以很容易毁坏这个空间。伊马特拉(Imatra)的武奥克森尼斯卡(Vuoksenniska)教堂壮丽的室内空间，芬兰，建筑师：阿尔瓦·阿尔托（摄影 Constantine Xanthopoulos）

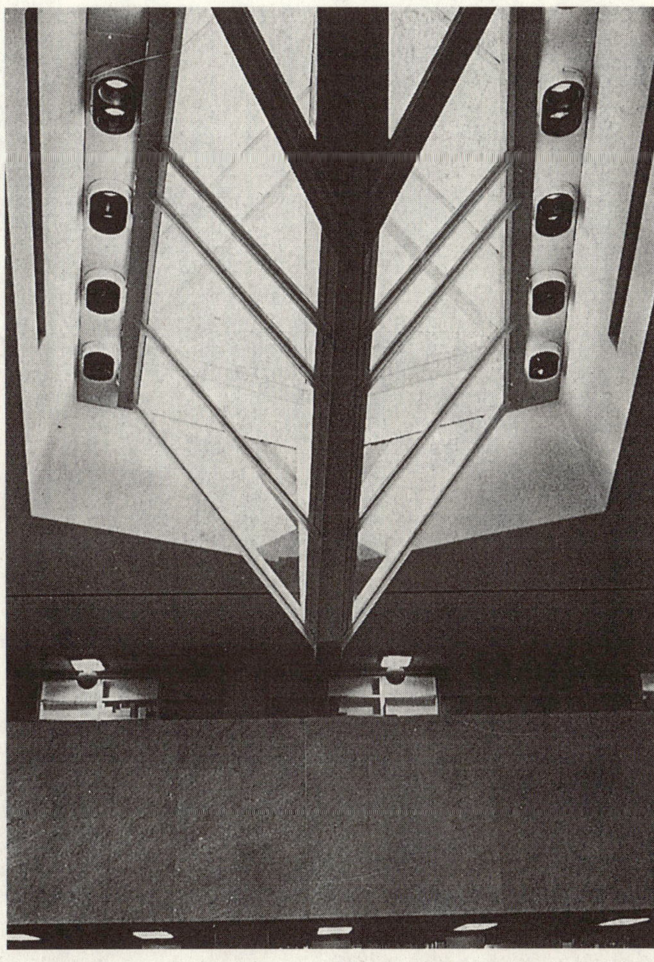

图 15.9 在赫尔辛基的学院书店。建筑师：阿尔瓦·阿尔托，1966—1967 年（摄影 Constantine Xanthopoulos）。学院书店的天窗细部结合了自然和人工光线，赫尔辛基。建筑师：阿尔瓦·阿尔托（摄影 Constantine Xanthopoulos）

包豪斯，勒·柯布西耶、格罗皮乌斯、马塞尔·布劳耶、埃罗·沙里宁和查尔斯·埃姆斯创造了应该被当作学生和有抱负的室内设计师研究范例的室内空间。

日本的室内普遍被认为是所谓的早期室内极简抽象派的启发者，它是一个成功的极简抽象派。日本人用纸张和木头创造空间，人们忍不住会想到是这种空间启发密斯发展出了他的语言。但是我们知道它不是……因为密斯曾告诉我们，他从来没有去过日本。

某些其他的国家在室内设计方面也很出色。芬兰、丹麦和瑞典的寒冷气候表明了人们生活在室内。那里富饶的森林孕育了以木材为主的室内、家具和室内用具的发展。意大利，一个有着先进的塑料技术的先驱，致力于室内的模数化和容器整体的发展。今天的一些最先进的室内提议来自意大利。在下文中我们将仔细研究当代室内设计先驱的作品。[36]

当代影响

斯堪的纳维亚

芬兰和丹麦设计中的当代冠军是阿尔瓦·阿尔托和阿尔内·雅各布森（Aarne Jacobsen）。他们曾以一种综合的方式设计，并且在灯具、室内用具和室内家具方面创造了直觉性的结论。阿尔托最先介绍了"码放"（stacking）的原理；他设计的家具既轻盈又能很容易地码放在一起、移走和储存起来，并使空间空出来——即使空间更灵活适用于多功能的用途。阿尔托在一些室内用具和椅子的设计上使用了加压的胶合板以及不锈钢和铬合金。雅各布森也创造出使用木头、

图 15.10 瓦哈卡城（Oaxaca）的室内市场，墨西哥。室内公共空间的一个出色例子；充满了生活气息和不可否认的完整魅力。室内空间的经历魅力可以通过简单和朴素的方式来完成的一个证明，如果它"包含"了许多层次的空间定义层，即照明、声响等等

钢铁和皮革的家具。

包豪斯

对大规模生产的关注在包豪斯运动中是很重要的。马塞尔·布劳耶是这个学校的首席家具设计师，而格罗皮乌斯和密斯·凡·德·罗则参与了室内设计。密斯·凡·德·罗的“巴塞罗那椅”在今天还有持续的需求（图5.55），但不是为了它的舒适性而是为了它的视觉魅力和细部处理的明晰性。

勒·柯布西耶

人们可以说勒·柯布西耶的室内是持续过程的作品。巴黎大学城瑞士厅的大堂被构思成一个孩子的房间……并且它现在还是。他在室内使用了强烈的颜色，并在墙上和固定家具上涂以“乱七八糟的涂鸦”来传达他在建筑和规划上的观念。他的室内与其他所有建筑考虑一样都被处理成使用者的“信息”来源。这是一个室内经历的魅力可以通过简单和朴素的方式来完成的一个证明，如果它“包含”了许多层次的空间定义层，即光线、声响等等。

弗兰克·劳埃德·赖特

弗兰克·劳埃德·赖特设计自己的家具是因为他相信“整体”或“完整”的建筑观念和实施。在他的所有作品中，人们应该记住东京帝国饭店的家具和威斯康星州拉辛的约翰逊制蜡公司的办公桌椅和橱柜，以及亚利桑那州西塔里埃森的座椅和其他家具。但是赖特不能设计出舒适的家具却是人所共知，特别是椅子。

埃罗·沙里宁和查尔斯·埃姆斯

这两个朋友创造了出色的室内。沙里宁创造过完整的整体，例如肯尼迪机场环球航究公司候机楼的红地毯室内和曼哈顿CBS大楼的大厅。在家具设计方面他的椅子和餐桌家具代表了他的最好作品。查尔斯·埃姆斯至今仍是20世纪最多产和最符合人的需要的家具和室内用具设计师。我们今天使用的许多注册工业产品是埃姆斯的设计。所有埃姆斯的家具设计都是独创的标志；它们是形式和色彩纯粹性的奇迹和他对人类的爱。[37]

其他

保罗·鲁道夫为他的许多室内设计了家具，但它们都很昂贵。菲利普·约翰逊使用的是巴塞罗那椅和密斯式的语言。里卡多·莱戈雷塔也曾参与过家具的设计和制造。他的设计极为舒适，并且形式也迷人。许多年轻的美国建筑师试过设计他们自己的家具，但很少有人成功。在那些将从别国借鉴来的家具和室内用品结合进自己的室内的人中，意大利的语言是最流行的。“意大利设计运动”是最重要的国际运动，它从20世纪60年代到后现代主义的出现这一段时间影响了室内设计。

室内设计的意大利学派

意大利人抓住了时代的精华：移动性、性能的缺乏、特殊劳动力的缺乏；他们的新的室内景观的形式

图15.11　巴黎奥尔赛（Orsay）博物馆。加埃·奥伦蒂（Gae Aulenti）表现的室内空间。项目建筑师：Renaud Bardon, Pierre Colboc 和 Jean–Paul Phillipon

现代主义者

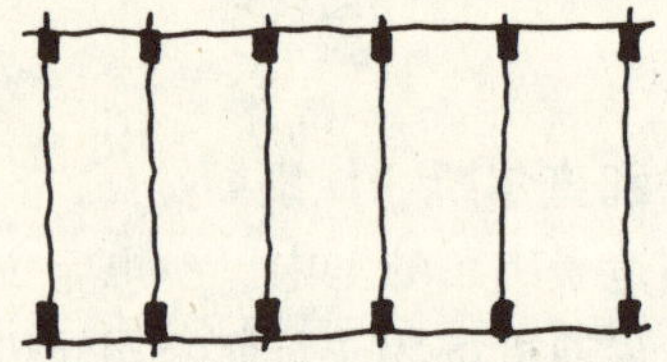

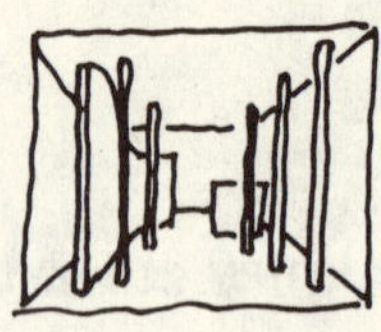

遵循现存的网格、柱或者平面特性，与结构和建筑空间的一般性相结合

后现代主义者

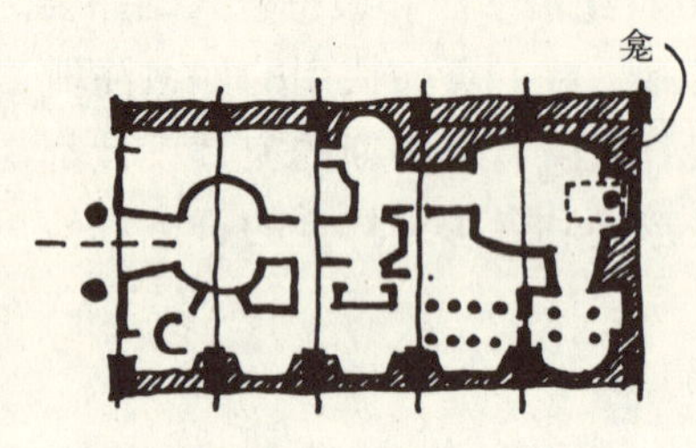

通过局部的对称和产生新的墙体厚度（Poché）来重新设计室内

主要方法：

1. 整体的“仪式般”的室内；
2. 挑战网格和“空间”中的“空间”的态度

解构主义者

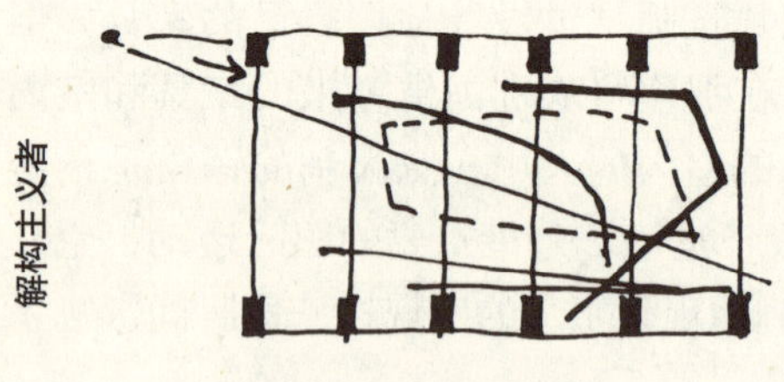

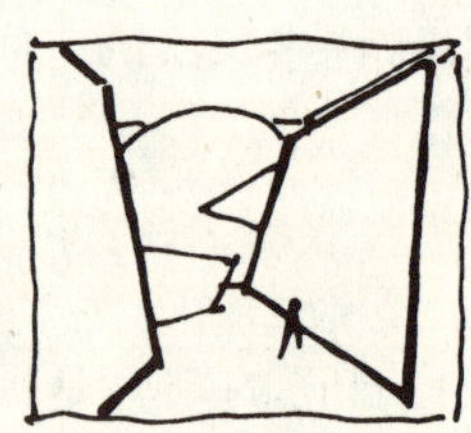

现存网格系统的巨大挑战
重新定向（混淆方向）。开发非欧几里德的可能性

图 15.12 用现代主义、后现代主义和解构主义语言处理的普通建筑空间

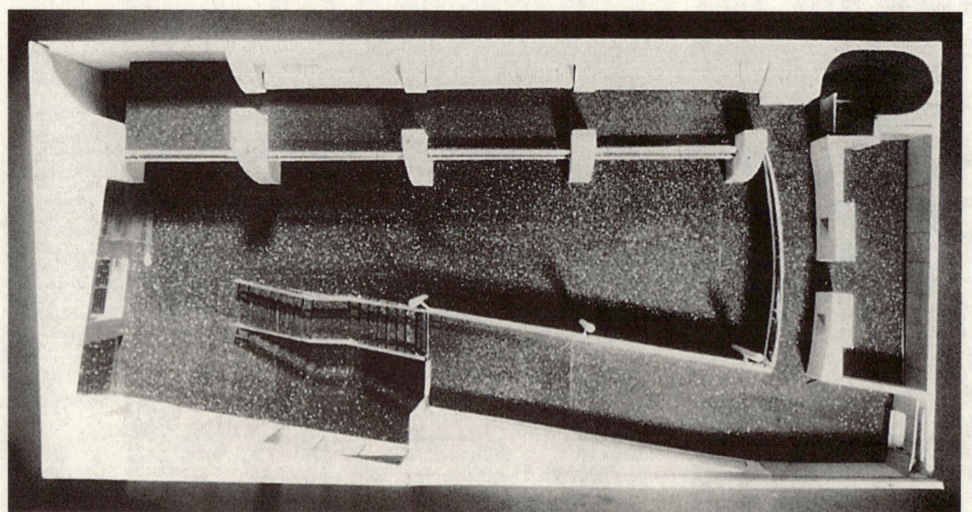

图 15.13 主要结构网格和被作为一种活跃空间方法的次要“室内网格”的使用。办公楼休息室的模型。埃尔弗里德·福斯特（Elfriede Foster）设计课中学生詹姆斯·特韦特（James Tveit）的作品，得克萨斯大学阿灵顿分校

反映了这些限制。[38]移动的需要要求使用轻便并可回收利用的材料。特殊劳动力的价格预先限制了生产的工业技术。工业制品（家具、录像设备、一个火柴盒或一个盘子）的经济和流行性要求使用新的、合成且轻质的塑料。意大利的产品满足了室内中人的全部需要并赢得了几乎所有的普通意大利家庭。对意大利来说这个非常流行的家庭形象在输出时却非常地昂贵，在其他国家只有富裕阶层才能负担得起。

在“室内设计意大利学派”中的顶尖设计师是乔·科隆博（Joe Colombo），他死于1970年，年仅40岁，小埃托雷·索特萨斯（Ettore Sottsass Jr.）、阿尔贝托·罗塞利（Alberto Roselli）、马里奥·贝利尼（Mario Bellini）和罗伯特·马尼奥（Robert Magno）。[39]他们的作品最早出现在美国是在展览“意大利，新的家庭景观”上，这是纽约市现代艺术博物馆组织的展览。他们的思想形态和设计震动了北美，通过他们的作品和一些意大利设计师的执教，例如在加拿大多伦多的奥尔多（Aldo）和弗兰切斯科·皮卡卢加（Francesco Piccaluga）兄弟和在美国的莱拉（Lella）和马西莫·维涅利（Massimo Vignelli），以及法比奥·法比亚诺（Fabio Fabiano）（图 15.18，右图）。室内设计的真正转机是与全球性影响的后现代主义一起到来的。这方面的一个标志性工程是巴黎的奥尔赛（Orsay）博物馆（图 15.11），它的最终魅力来自一个室内设计师的决定性发明。加埃·奥伦蒂（Gae Aulenti），一个在20世纪80年代后期被国际上尊为意大利建筑师/室内设计师的领头人，设法以一种典范性的方式将修复、工程技术和建筑的关注和室内空间表达结合在一起。她通过奥尔赛博物馆给出了一个建设性的合成，它是用现代和后现代空间态度中的最好的东西组成的。

后现代主义时期的室内设计

景观建筑从后现代主义的理论和特许中得到了全面且积极的推动，与此相反，室内设计这一学科在某些层次上即经历了倒退，同时在另一些中经历了优势。通过后现代主义中“历史主义”的方面，它创造的室内深受形式和图像的负累，它们与时代的精髓、可使用的技术和可能的舒适性没有任何关系。[40]另一方面，后现代主义的特许和好用性解放了激进的室内设计师，他们在平面布局上探索新的可能性并创造了新的室内“空间”状况，通过使用相对的韵律、方向性和组织语言，以及独立于模式建筑整体的语言[41]（图 15.12，图 15.13）。我们可以认为20世纪70年代晚期的室内设计打开了空间可能性的新天地，这个可能性后来在20世纪80年代早期得到了“解构主义的”建筑师们的进一步探索。[42]

基于这个研究和20世纪70年代中几个重要的室内空间的年代顺序，特别是小尺度的环境，以及随后的“解构主义”的演变，笔者认为在实践中的室内设计师和前卫的建筑师之间有一种往返交错的相互丰富的影响。不管是有意识的还是无意识的，尖角的特许、重新定向、碰撞和有意的对立，挑战重力的自然法则

图 15.14 “建筑物中的建筑物”。在网格的控制中游动。Atabak 和 Bijan Youssefzadeh。Las Colinas，得克萨斯州（摄影 Craig Kuhner）

等等都被结合进室内的设计中。这些后来成了“解构主义”的语言，以埃森曼、库哈斯、哈迪德、李贝斯金德和盖里的作品为代表。

在这个意义上，当时室内设计的角色在历史上是极为重要的，因为它迅速地抛弃了对“历史主义”的短暂采用并且显示出：普通的建筑空间，就像在现代运动的施工方法和材料的基础上发展出的，可以经过合理的关怀得到美化和丰富。

“历史主义”和室内设计中“非历史主义的后现代”语言主要是作为对公共空间的一个设计答复来发展的，这个公共空间是地域的私密性和个人的舒适需要的结合。“历史主义”主要盛行于购物中心、百货大楼、展览厅和普通的办公环境。在笔者看来这是个不幸的例子。通过“古代山墙”的使用这种室内变成了装饰的练习，在这里的空间分界看上去像是直接来自阿依达的布景或者亚述和埃及的明信片。[43]

后现代主义的另一个负面影响是它将建筑师作为家具和家用器具设计师的早期现代主义特许变成了常事。后现代的建筑师们，如罗伯特·文丘里，迈克尔·格雷夫斯，罗伯特·斯特恩等等，不仅遵照其自己的风格来选用形式以作为标准来设计家具（这些形式绝对不符合人的身体），而且他们还试图将这些家具大批量地生产和销售。大多数后现代家具有抽象的棱角并且将图像毫无想像力地描绘在平面上，例如摩天大楼和国家纪念建筑等等，但却不考虑人的舒适性，仅仅这些就足够使任何有理性的评论家将这种家具认为是“愚蠢”的而摒弃。[44] 在这种意义上，我们必须承认作为给大多数人创造室内空间和家具的表现者和制造者，后现代历史主义者们是失败的。他们创造的只是给追求潮流的人和前卫的展廊欣赏的“艺术实体”（Object of Art）。

非历史主义的，或如笔者所称的“进步的”后现代方向却的确做出了一定贡献。通过思考单调和无特征这些反面问题的答案，它指出了做到既具有地域特性的“场所”又具有“无限性”的可能性，即使在普遍较差的空间内。这点常常是通过使用“室内”的次要网格系统来做到的（“建筑”网格是主要网格），它们从空间中重要的点，例如入口、景色等等，来开始其“旋转”或“交错”，并且控制组织和布局，继而产生室内空间的整体“游动感”。

这个总体组织策略通过“空间内的空间”或“建筑物内的建筑物”的概念得到了进一步加强，在这里

图 15.15　克劳迪娅的面包店。建筑师：汤姆·格龙多纳设计的室内，建筑师。Horton 广场，圣迭戈

“新空间”或“新建筑物”被用来适应所需的室内功能。在加利福尼亚州诞生了几个出色的例子并且随后在美国各地得到了普遍的追随（图 15.14，图 15.16）。“旋转的”、“幻觉的”、“世界中的世界”的室内空间成了小办公建筑、小公司和小尺度实践工作环境的最爱。

在这方面“尺度”是个关键问题，并且在进行将小尺度办公环境的挑战和幻觉扩展到大尺度的公共空间时必须加以小心，例如购物中心和大的公共建筑物的室内，例如库哈斯的海牙市政厅计划。[45]“效果”和“渲染”的上像能力必须与安全、平衡和重力的需要，以及让每个人在公共空间感到舒适的实际需要相比较并做出选择。大尺度的公共室内空间具有不同于小尺度空间的心理要求，尽管后现代室内空间的积极方面通过设计触及了一些环境心理方面的问题，大尺度空间还是需要思考上述各点。

笔者不认为空间必须是“纪念性”，或者“历史主义”、或者是对“不稳定”、“非重力”、“迷惑”、“碰撞”等概念不加思考地运用，这些概念是由解构主义

图 15.16　公园购物中心的序列，得克萨斯州阿灵顿，1987 年。建筑师：Omniplan

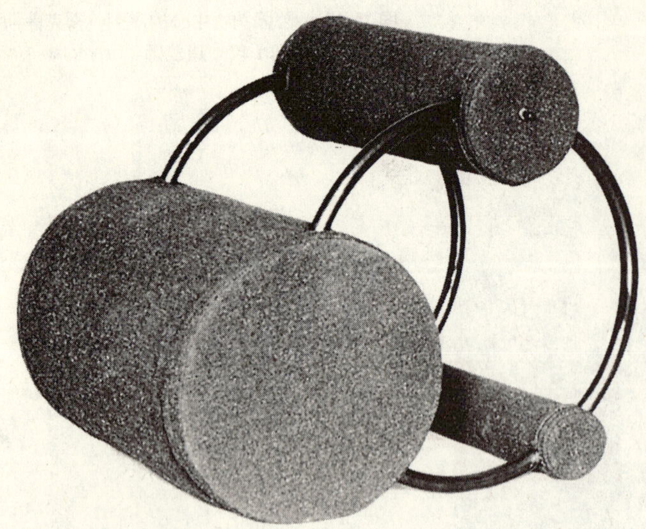

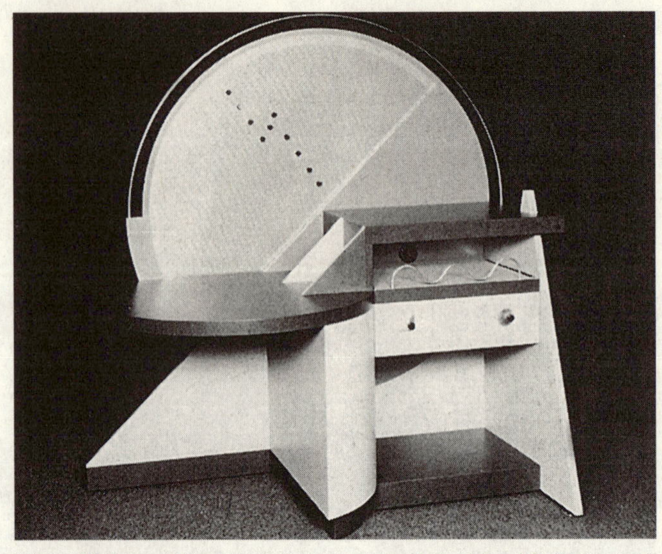

图 15.17　年轻人有一种"年轻的"倾向，就像应该有的那样，有时又有不妥协、"有偏见的形式"和"刚性"的倾向。但是在生活中有年轻人、不太年轻的人和老年人。室内设计存在于所有人类过渡的中心。Sheila Huckaby 课程中的学生家具设计作品，得克萨斯大学阿灵顿分校。椅子，Jeff Henderson（左图）。桌子，Sheri Bumgardener（右图）（照片由埃尔弗里德 · 福斯特提供）

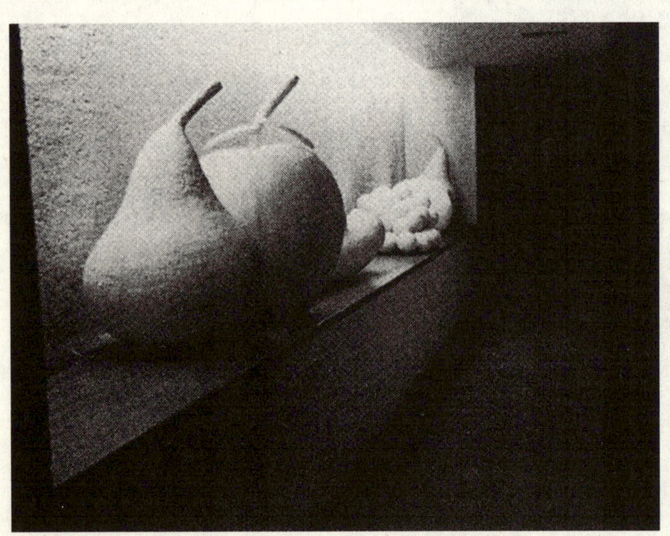

图 15.18　绘画－雕塑，好的品位和一点"幽默"能永远使室内经历人化。在墨西哥城的 IBM 仓库内廊。建筑师：里卡多 · 莱戈雷塔（左图）。贝多芬和蒙娜丽萨分散了在得克萨斯州一个小美容室等候的无聊。建筑师：法比奥 · 法比亚诺（Fabio Fabiano）（右图）

者们提出的，甚至一些已经建成了。"局部的混乱"和"自由主义"一类的方法在小尺度的情况下也许是"迷人的"，例如汤姆 · 格龙多纳（Tom Grondona）在圣迭戈 Horton 广场设计的克劳迪娅面包房的室内（图 15.15），它甚至是合适的，而且也可能正是拉斯维加斯的赌场设计师们寻求的对使用者的迷惑和困惑。但是生活的其他部分有不同的需要，包括"宁静"的需要，至少是在私人与公共接轨的空间内，以及在所有人都需要遵守由行为、公共安全和社区特征决定的、大家共同接受的契约的空间内。

我们还应该永远记住的是"平静"、"方向感"、"稳定"和"人的舒适"将永远在人类的环境中占有一席之地，因为需要记住的是社区包含了所有年龄的群体，年轻的、成熟一些的和年老的，并且有需要"好玩儿"和"享乐主义"[46]的时候，但也有需要"安静"的时候。简而言之，笔者不同意建筑师可以将其自己的环境观念通用化并将之看作是一付万能药。笔者还认为应该考虑公共尺度、建筑物类型和空间的比例、有多少并且哪一部分是私密的，或者它需要多少私密性、应该有多少私密性等等的问题。这些问题应该最终能为用什么样的"语言"来消除无特征和单调的问题提供谨慎的答案，并且能允许氛围和隐喻的创造，同时满足个人在公共空间中的需要。当题目只是私人对私人时，问题总会少一些，就像处理一个住宅的室内，设计的成功与否将取决于使用者和设计师之间的相互理解。

室内建筑曾有过伟大的过去。它将拥有一个更光明的前景，因为它是惟一触及人的自身尺度的设计学科，它塑造了我们的身体与环境接触的细节，并且影响了我们一生中在室内生活时的精神状态（图 15.16）。

注释

1. Aris Constantinides。《雅典的老房子》。雅典，1950 年，第 36 页。
2. 关于环境和新媒体的关系参见 Marshall McLuhan 的《媒介即是信息》或者在《加拿大建筑师》中的《看不见的环境》一文，1966 年，第 74 页。
3. 在这方面的代表国家是美国。高犯罪率是产生很多机械控制的室内环境的主要推动因素。人们可能提到“室内城市设计”群。出色的例子可以在得克萨斯州的休斯敦看到，例如展廊、绿道广场等等。
4. 定义来自对一系列目前可以找得到的关于室内设计的论文的综合研究。基本功劳归功于 Friedmann，Pile，Wilson，1974 年，第 143 页。
5. 《美国建筑师学会学报》第 X 卷，1975 年，第 19 页。
6. 亚力山大，1972 年，第 44 页。
7. 出处同上，第 216 页。
8. 关于详细的信息，参见目前所有关于室内设计的基本资料，Friedmann，Pile，Wilson，同上；亚力山大，同上；以及 Whiton，1974 年。
9. 这些资料可以在某些专业“设计”组织在 20 世纪 70 年代发表的不同公开信中找到，它们公开反对一些其他专业设计组织的实践和内容。见《美国建筑师学会学报》，1975 年。
10. 在德国，室内设计师被称作“室内建筑师”。室内设计被认为是建筑的进一步完善；它是一个专业细分工。关于在美国的重要态度参见 Ching，1987 年。
11. Harling，1971 年，第 12 页。
12. Mcllhany，1970 年，第 73 页。
13. Whiton，1974 年，第 v 页。
14. Harling，1971 年，第 12 页。
15. 关于奥斯卡 · 王尔德在装饰方面的影响和他在美国和英国关于装饰的公开演讲，详见 Fido，Martin，1973 年，第 65 页。
16. 关于进一步读物见 Antoniades，1975 年（2），1975 年（3），1975 年（4）；另见 Zevi，1957 年。
17. “通透性”一词的使用归功于 Collin Rowe。见 Rowe。
18. Antoniades，1975 年（2）。
19. 笔者相信室内是为了人类的居住。在艺术上被用作同义词的“极简抽象派”的概念不适合建筑和室内的使用。一个“干净、不啰嗦的形式”不应该只是为了制造一个“干净、不啰嗦的形式”而作。任何建筑形式都应该适应生活的需要，然而如果“生活”或者“生活方式”的限制创造了此类形式，那么可以。关于“极简抽象派”的争论见 Mcllhany，1970 年，第 72 页。
20. 埃森曼，1975 年。
21. Antoniades，1975 年（3），第 41 页。
22. 关于主要历史资料，参见 Bruno Zevi。关于运用到室内设计的历史原理见史密斯，1986 年。
23. 出处同上。
24. 出处同上。
25. Papanoutosos，1956 年，第 287 页。
26. 出处同上，第 297 页。
27. 出处同上，第 237 页。
28. 关于进一步细节，见 Whiton，第 682 页。另见 Lancaster，1964 年，第 52 页。
29. 出处同上，第 140−181 页。
30. Lancaster，1964 年，第 30，54 和 86 页。
31. 从维多利亚时代到目前的设计历史，见 Ferebee，1970 年；关于维多利亚的室内设计，第 21 页；关于新艺术室内设计，第 68 页；关于“现代室内设计”，第 86 页。另见史密斯，同上。
32. Ferebee，1970 年，第 68 页。
33. 出处同上，第 68 页。
34. 出处同上，第 69 页。
35. 见 Fido，Martin，同上，第 65 页。关于王尔德对资产阶级的影响，见 Pevsner，1972 年，第 27 页。
36. 这里没有提供特别的资料，因为读者可以找到无数关于现代建筑历史的一般性资料。
37. 关于查尔斯 · 埃姆斯见《设计季刊 98/99》，第 21−29 页。
38. 一般性资料见 Emilio Ambasz，1972 年，第 419 页。
39. 出处同上，第 419 页。
40. “历史主义”类型的典型是由迈克尔 · 格雷夫斯设计的、被广泛发表的 Sunar 室内空间，他是 20 世纪 80 年代美国后现代历史主义的重要人物。
41. 很多出色的室内空间是由建筑师以及专门的室内设计师设计的。在出色的例子中笔者认为有建筑师威廉 · 亚当斯在加利福尼亚州的威尼斯设计的 Prytka 影片制作中心。见《建筑》，1987 年 1 月，第 117−121 页。
42. 人们忍不住会指出存在于早期室内影响和室外影响之间的形式的强烈类似性，例如由 Gerrit Rietveld 在 1934 年设计的“Z”形椅子和丹尼尔 · 李贝斯金德设计的柏林德国博物馆的犹太馆扩建部分之间的超常类似性，李贝斯金德是 20 世纪 80 年代后期的典型解构主义者。所有这些都表明了各种设计学科之间的相互丰富。
43. 见注释 40。
44. 例如见《建筑》中的“产品介绍”章节，1988 年 2 月，第 135 页。
45. 参见 Dietsch，1988 年，第 99 页。
46. 这点指的是 R · 库哈斯的一段声明，“……现代主义是一个享乐主义的运动；它的抽象、精确和严谨实际上为现代生活中的试验创造最刺激的布景的情节。”（在 Dietsch，1988 年，第 94 页）但是笔者所参观的库哈斯的作品以及交谈过的人们没有说服笔者库哈斯的“享乐的现代主义”提供了让人接受的布景。

所选书目

Ambasz: *Italy, the New Domestic Landscape.*
Ching. *Interior Design Illustrated.*
Frampton. *Neoplasticism and Architecture: Formation and Transformation.*
Smith. *Interior Design in The Twentieth Century.*
Zevi. *Architecture as Space.*

第 16 章

城市设计

“当一个人厌倦了伦敦时，他就厌倦了生活。”

——塞缪尔·约翰逊（Samuel Johnson）

城市设计是设计尺度比建筑大的一个范畴。它是介于建筑和城市规划之间的一个中间范畴。因此，它具有两者的特点。它是部分建筑，或者建筑的小部分；部分城市规划，或者城市规划的小部分。我们知道了建筑是什么；而随后将对城市规划做一个介绍性的叙述。但是为了对城市设计有一个扎实的理解，我们需要首先考虑规划是什么。这样我们才能将城市设计与它联系起来。我们提出下面的定义：规划是通过社区有可能将它们对其未来创造性关注的结合达到最高层次的一个领域。人们通过它可以控制、引导和塑造许多影响或者动力，这些将影响其未来的发展能否成为一个全面和谐的发展和健康的生存。从这种意义上，规划是最具“包容性”的学科，它集合了物质的、社会的、经济的、心理的、象征性的、“社区的期望”和其他关注。规划制定“计划”、表明“政策”和发展项目以便以音乐创作的方式来演奏城市生活的交响乐。它的设计和规划过程可能呈现各种形式，取决于它发生于其中的政治和经济环境。

规划的主要目的之一是美化城市的物质环境。[1]

城市设计是规划中涉及“美”的问题的那一部分，它的表现是其实实在在的有形整体并且是由那些物质环境设计师提出的，他们处理的是城市环境中的特定部分。学者们和城市设计师们还没有就其对城市设计、城市设计师的角色和设计涉及范畴的理解达成共识。这些在城市设计中还不够清楚。因此有必要对这个话题进行进一步的阐述直到给这个设计范畴及其设计任务制定一个更坚实的定义。

一些人曾经将城市设计称为市政设计（civic design），指的是政府和管理中心的设计任务。这是一个片面的理解，但有时又是正确的，尤其是当大尺度的作品是由贵族和皇室完成时，以及当惟一的大尺度项目是政府、管理或宗教性质的城市建筑群时。在近些年城市设计一词已经取代了“市政设计”。一些关于这个设计所涉及的新范畴的早期观点强调的仅仅是其定义中的有形方面，而其他一些则强调了隐藏在有形环境发展下的社会问题，还有一些强调的是设计的管理和实施问题。另一组城市设计师们将他们的作品定义在城市空间中人的参与和经历分享的角度上。

弗雷德里克·吉伯德（Frederick Gibberd）和弗雷德里克·吉特海姆（Frederick Gutheim）的定义集中在城市设计的有形概念上；对于这个简介，它们既综合又足够具体。吉伯德和他的追随者们深化了被称为城市设计的“现代主义”的定义。他们将城市设计强调成既可经济地建设又在环境上迷人的各种“功能”的一个组合，例如土地使用。[2] 弗雷德里克·吉特海姆将城市设计定义为“城市规划中涉及美学并决定城市秩序和形式的部分。”[3] 这还是一个“现代主义的”观念，它反映了现代运动建筑师的态度。社会问题至上是由斯坦利·坦克尔（Stanley Tankel）的定义首次提出的：“城市设计处理的是空间社区……但是这个空间社区不仅仅是一个意识形态或者美学的产品；它是基本社会需要的物质表现。”[4]

埃德蒙德·培根（Edmund Bacon）和劳伦斯·哈尔普林（Lawrence Halprin）是从城市空间中人的交流和经历分享的角度来定义城市设计的。培根声称：“（城市）设计师的问题不是创造一个建筑体量的立面，而是创造一个全面的经历，来创造参与性……城市是人的艺术，一个分享的经历，一个艺术家能遇到最多可能的欣赏者的地方。”[5] 哈尔普林表达的几乎是同样的东西。其城市设计的概念要求城市设计的极致创造，它应该能给人们提供一个创造性的环境，即一个具有极大的多样性、允许选择的自由并在人们和城市环境之间产生最大的交流[6]的环境。哈尔普林城市环境的观念是独特的，因为他想使它成为一个创造性[7]和自我表现的竞技场，而不是一个强加一个时代行为格局的起决定论的有形布景。“创造性”和“自我表现”指的是所期望的处境，但对一些人来说却太难懂，或太模糊。因此哈尔普林给城市设计介绍了更先进、更包容的概念，这个情况最终被 Joseph Rykwert 进行了深化，他是一个强调城市的“仪式”(ritual)和“礼仪”(ceremonial)方面的理论家。在其著作《一个城镇的想法》中，他强调了非物质的和“无形的”概念。[8] 这本书，尽管读的人很少，却启发了 20 世纪 80 年代的几位城市设计师，他们创造出了一些后现代主义时期最好的城市设计项目。但Rykwert的论文依然太“专业”，不适宜直接的“消化”和广泛的运用。在简化城市设计关注的一个尝试中，美国建筑师学会制定了“城市清单”（checklist of cities）这个文件。

美国建筑师学会制定的“城市清单”这个文件，在某种程度上总结了协会在城市设计上的立场。“城市设计是解决城市问题的结论的形式。它是找到解决这些问题的实践性答案的专业过程。这些答案采用的是有形的形状；是城市本身的形状。最好的结论是创造性的，结合了愉悦和用途，从功能中演变出的美。城市设计既不是过于深奥的也不是纯美学的。”[9] 上述定义强烈得不容忽视，因为它既没有忽略这个设计范畴物质特性也没有忽略创造性的需要，即任何设计工作的基础。

不幸的是美国的专业城市规划组织在 20 世纪 70 年代失去了对城市设计精髓的理解。由美国规划师协会城市设计部提出的城市设计的思考性定义几乎完全定向于物质环境的“实施过程”而不是它的“创造”和“设计”。美国规划师协会采取的立场是“城市设计是多种环境设计艺术中统筹全局的范畴，它关注的是对所建设的环境的公共目标的实施。它包含了物质尺度的所有层次——物体设计、工程设计及城市或环境设计。它是以过程和使用者为主导的、以框架为基础的并以实施为目标的”。[10] 确实，美国 20 世纪 70 年代的城市设计师——规划师们受到了 20 世纪 60 年代晚期和 70 年代早期社会学鼓吹的毒害，其在规划决定和规划实践方面持有偏见。他们的定义具有官僚主义的缺点和管理上的妥协。

情况在 20 世纪 80 年代变得更为复杂，在这个时期内，城市设计师的主要客户是私人开发商而不是政府组织。“城市设计”包括了非设计性的重要任务，例如房地产、金融和法律性质上的谈判。没有城市设计师的谈判技能，就没有任何一个计划可以达到。他们与房地产商和律师的交流技能打开了通向设计的大门。为了完成设计的有形创造任务，城市设计师曾需要与相关专业密切的联系，例如房地产和法律，以及室内设计师和景观建筑师。[11]

在考虑上述态度之后，我们现在可以完善我们的初始定义并进一步阐述如下：城市设计是城市建筑过程的物质创造元素（注意：在这里，“创造性”指的是“在一段时间中建筑的、三维的创造”）。它是通向城市美的本性的关键；这个“本性”可以促进居民的快乐，但如果是消极的话则可以产生不快乐。居民塑造他们的城市空间而这些空间反过来塑造未来的几代人。城市空间必须要加强创造性和分享，并且提供选择的自由。城市设计是在一段时间内的物质与社会间的辩证法。它既要求设计的技能也要求谈判的技能，以及“取舍”的能力和在开始之前提供一些奖励的能力。它的有形词汇包括到目前为止谈过的所有建筑词汇。设计概念例如尺度、比例、韵律、控制、围合、多样性、印象性、可读性、混乱和单调是城市设计师的基本智力手法。其平衡是一个优点。混乱和单调则是一个障碍。城市设计中物质或“有形的”元素是空地和广场、街道布局和行人路线、景色、景观、地形、有单独重要性的一组建筑群、市政纪念物（喷泉、雕塑、壁画）、街道家具（标志、灯柱、长凳）、公共室内空间和公共室外空间。“无形的”元素则是“人”。[12]

城市设计不同于建筑设计。它在时间上更动态一些。[13] 它比特定建筑物的设计要概括一些。在组织其创造时要做到可以接受未来变化的建筑方向。它具有经济意识，因为它牵涉公共基金的巨大花费。最后，实现它的时间跨度要比建筑设计长得多，因此它要求设计师要有耐心，因为可能需要几十年的时间才能将他们的设计变成现实。最合适专攻城市设计的背景是核心为建筑的背景；同时最必需的宏观背景是更综合和更分析的规划背景，这点应该在学习城市设计的同时得到。

城市设计的历史回顾

在开始的时候没有设计。有形的发展来自自由的发展而不是有意识的方式。传统的观念是农业生活首先得到发展其次才是城市生活。[14] 近期的推测提出了非正统但却可信的可能，即“城市发展”首先发展出来而“乡村发展”是从城市中发展而来的。[15] 不管怎样，社会密集区（城市）的有意识的有形发展一定是在一段时间内人类寻求保护的结果（图 16.1）。比起政治、经济或社会考虑，对原始人类来说“保护”和生存更为重要。“政治”、“经济”和“社会”可能是抵达终点（生存的终点）的快速办法。有形保护的需要在早期的城市集中区中极为明显；它们包括集中的有形布置、防御设施和选择侵入者看不到的地址。[16] 保护的原始限制持续了很多世纪；它在中世纪中得到了极大的发展并且于 20 世纪在美国得到了复兴。[17] 低密度的物质环境的非中心化在 20 世纪被用来作为城市地区避免原子弹的保护措施。[18]

对社会、政治、经济、心理和城市设计其他因素的关注在历史上很早就得到了发展。希腊哲学家、几位中世纪的英国哲学家和无数文艺复兴时期的人们涉及了城市生活中的一些基本问题。这些人关心的不是每日的琐碎现实，他们探索的是作为未来城市概念基础的“生活质量”的问题。这些人是理想主义者而不是实用主义者，我们称他们为乌托邦主义者。柏拉图、亚里士多德、希波达姆斯（古希腊著名理论家）、托

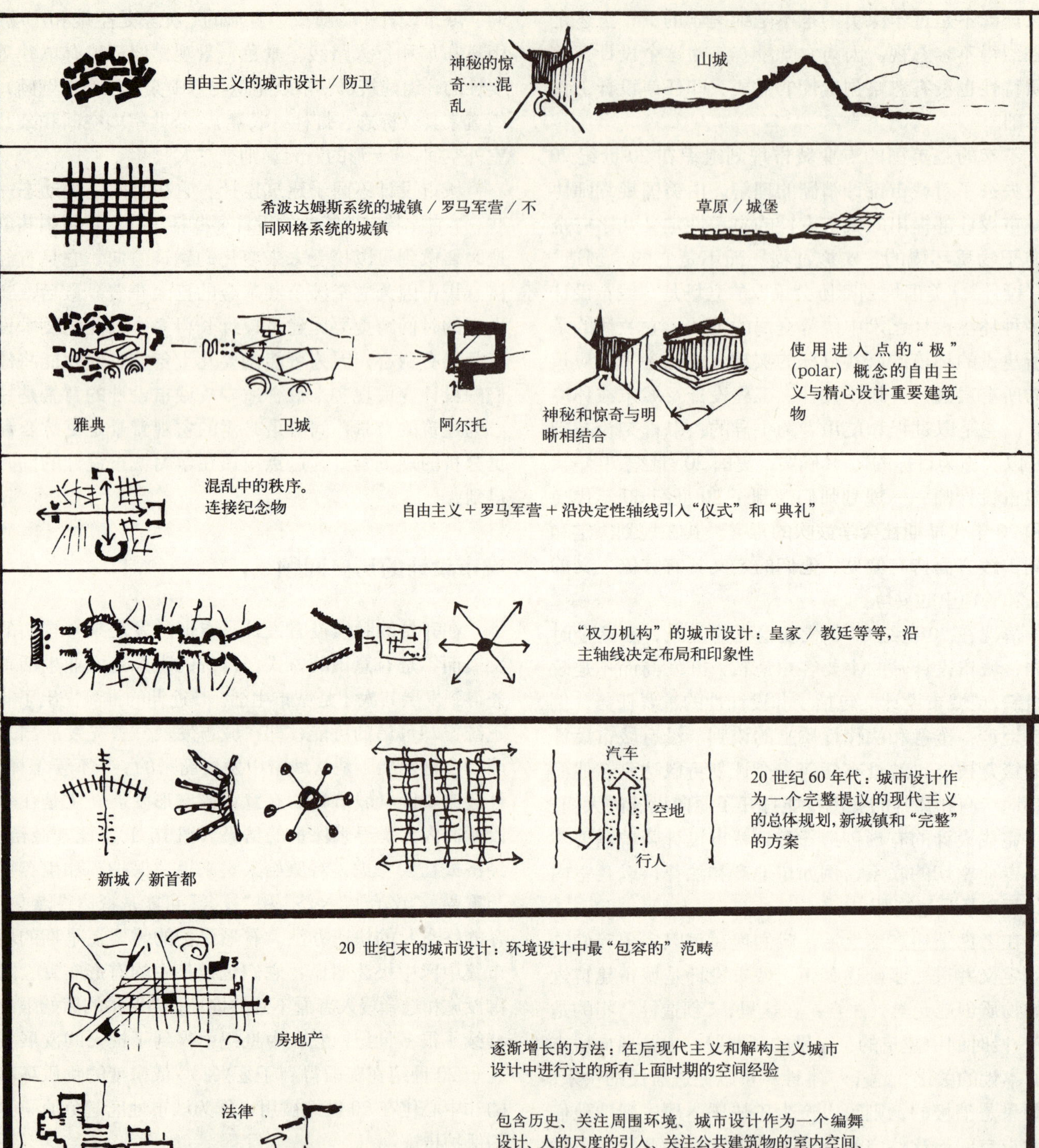

图 16.1　历史上城市设计的态度

马斯·莫尔、达·芬奇和阿尔布雷希特·丢勒是历史上第一批“城市设计”的乌托邦主义者。[19]他们中的一些触及到了城市设计，并将它作为他们规划的较大的乌托邦的一个细节。在这些人中、只有希波达姆斯真正成了一位城镇设计师。他的合理控制的几何形（网格系统）以及他对市政活动区域的多样性和对包含足够空地的早期关注通过他对城市区域最佳尺寸的重要关注得到了进一步发展，这个尺寸既是物质性的也是人口尺度的。[20]由于他对社会、人口统计和“社区”的深入的兴趣，亚里士多德认为他是古代的第一个“政治哲学家”[21]，这个称号显示出希波达姆斯在亚里士多德心目中的位置很高，亚里士多德实际上才是人类真正的“政治哲学家”。亚里士多德声称希波达姆斯比起作为一名城市设计师，他更多的是一位政治哲学家，他的这个结论在某种程度上是历史上最早的有记录的关于“城市设计”比简单的绘图技能要深奥得多的观念。

早期乌托邦主义者对城市设计（以及规划）的热望在世纪的发展中和早期文明的琐事中消陨了。每日的工作由微不足道的实用主义者所决定，例如权力的拥有者——皇帝、国王、封建领主[22]、宗教专制统治者、教会首领和政府党派、极权主义者和支持改革的人。[23]这些决策者们都曾制订过城市规划，而他们所制订的规划常常受到个人或小集团目的，或者是利益和诱人的商机所左右。古埃及的皇室和神职人员的领袖创造了强调纪念性、宗教仪式和超现实概念的城市规划。[24]

古希腊人，富于自由精神并对付了各种不规则和多样的风景，最初发展出“自由主义的”建筑群，但随着时间他们发展出了古代最复杂、最有意识的建筑群。[25]除了希波达姆斯系统，即由希波达姆斯发展出的网格系统设计，古希腊人还发展出其他有意识的物质环境设计系统，最著名的是极座标系统（polar coordinates）。这个设计中的决定因素是人的视野。[26]极坐标系统考虑了一个公共空间的进入点（entrance point），并根据它布置公共建筑物以便给进入这个公共空间的人们提供最迷人的透视。[27]佐克西亚季斯（Doxiadis）曾争辩说无数的希腊城堡都是根据极坐标系统的原理设计的。在这方面的一个最著名的例子是雅典卫城的建筑布局。

古希腊 Hellenistic 城镇全都是以希波达姆斯的网格系统为基础。这个网格系统在布置时很有效率，尤其在平地上当它变成正方形时。由于在殖民时期施工的速度是个关键要求，因此很自然地盛行采用网格系统，罗马人面临的是在其之前希腊殖民者面临的同样问题。罗马军营必须建造得比建造一个新城更快；因此网格系统立即得到了运用。罗马人殖民化了欧洲，而早期的罗马军营则变成了后来欧洲首都的中心。[28]但是就在罗马将军们用有意识的、有计划的方式修建他们的军营的时候，被占领国家的人们却在其封建领主的城堡周围以自由的方式建造着他们自己的城镇。

绝大多数中世纪城镇的建筑物是一个自由过程的结果。因此它是以个人主义特点为导向的，完全不考虑公共设施、公共广场、排水系统、有组织的空地、铺好的道路等等。[29]城镇的惟一公共部分是主教堂的广场和通向主教堂或封建主城堡的主街道。出于防卫的原因，自由的中世纪城镇是同心圆的。这种同心性的一个附加结果是围绕着这些城镇的道路提供了一个，并且还在提供一系列永远在变化的透视、消失点和迷人的惊奇，但是困惑也常常出现。这些城镇为目前对城市多样性、视觉魅力和城市细节处理的范例研究提供了教材。[30]但是除了这些积极的方面，中世纪城镇缺乏公共基础设施。它们曾是流行病、疟疾和火灾的陷阱，并且后来变得太危险而不宜在夜间行走。这些时候是城市贫困助长犯罪增长的时期。

中世纪城镇的缺陷引起了文艺复兴思想家、建筑师和规划师的关注，他们提倡有意识的城镇物质环境发展。在主要的文艺复兴建议中，最著名的是达·芬奇的提议，他建议使用连续的地下通道作为流行病期间疏散城镇居民的方法。达·芬奇的草图甚至在今天都是卓越的，因为它们解决了目前的一些基本问题，例如快速公共交通的需要、将行人与机动车交通分开的需要等等。尽管文明需要实用主义者实现这些想法。人类已有过许多实用主义者，但是他们中的大多数都是从乌托邦主义者那里得到的想法，而且从没有给过他们任何应得的功劳就实现了这些想法。

瑞士 Zähringen 的城镇是规划的新城。[31]修建于君主的命令下，它们是实用性规划的第一批例子。其他类似也是君主统治的工程的例子，例如由克里斯蒂安（Christian）四世设计的哥本哈根中心地区[32]，以及英国的巴斯，后者是在一个整体设计的基础上发展起来的，包含了直线和曲线城市元素的组合。[33]巴斯介绍了一个自由的城市韵律概念。

另一个重要的城市设计发展发生在巴黎，并且它是宏大的城市改造计划的第一例。由拿破仑三世实施并由奥斯曼（Baron Haussmann）设计，它提出在巴黎用宽广的林荫大道打通“不可辨认”的中世纪环境。这个计划成了现实，而且是一个有直觉力的城市设计师（奥斯曼）和一个有直觉力的客户（拿破仑三世）高效的合作。这些林荫大道的早期需要是军事的，它们方便了路易斯·拿破仑的军队在城中的调动。另外林荫大道的直线性允许了火炮的使用，而巴黎中世纪格局中弯弯曲曲的小径只适于手枪和军刀。[34]有力的火炮技术的创新带来了一个城市的创新。但是一个有益的城市设计的附带影响是可读性[35]，它使人们更容易“阅读”这个城市并且能更迅速地从一个地方到另一个地方。今天这些林荫大道在某种程度上缓解了市中心的交通问题。

工业革命之前有意识的城市设计发展全部是由国王们自己或者他们的命令带来的。实际上，彼得大帝设计了圣彼得堡的整体规划。不是由国王和皇帝发起的有意识的城市设计在工业革命的早些年开始出现。带来城市规划良知的苏醒的因素有很多。其中最重要的如下[36]：

1. 19世纪城市生活状况的恶化和由工业革命导致的日益提高的生活标准的可能性导致了对物质环境和社会环境的日益提高的强调。

2. 工业化伦敦中不健康的贫民窟引起了医疗界的关注，他们要求建造一个以卫生的可居住概念为基础的新的物质环境。[37]

3. 社会主义哲学家例如恩格斯和马克思充分利用了医学报告的要求，并且成为新的物质环境秩序需要的激烈提倡者。

4. 傅立叶、欧文、Guise、Cabet、Soriay Mata和托尼·加尼尔强调以物质环境结论来促进社会环境的需要。[38]这些倡议的绝大多数是以平等、自由、友爱和统一的原则为基础的。[39]与此相反，卡米洛·西特（Camillo Sitte）强调纯美学的城市考虑。西特模式的主要特征是组织构件、围合、多样性、不对称性、不规则性以及本身很重要的连接因素的连续性。[40]西特的理论没有流行起来。以社会为导向的有形环境设计者例如Cabet、傅立叶和欧文在有良知的规划的早些年中更具影响力。但即便如此，只有欧文通过他与埃比尼泽·霍华德的关系得以在后世留名。

5. 埃比尼泽·霍华德提倡建造“花园城市”以及乡村和城市发展的结合。他在1892年领导了花园城市运动[41]并在他的一生中建造了两个，威尔温（Wellwyn）和莱奇沃恩（Lechworth）。霍华德认为城镇规划不仅仅只是一个控制居住区布局和设计的技艺（控制城市设计），而是自然、经济和社会目标政策的一部分。

6. 帕特里克·格迪斯（Patrick Geddes），一个来自爱丁堡的植物学家，早在1910年就提出了在有形环境设计中公民教育和公民参与的需要。[42]他是公民参与城市事务的第一个倡导者。近年来强调公民参与的城市规划方法论没有给予帕特里克·格迪斯其应得的功劳。[43]必须弄清楚的是通过建议“建设性的公民义务”和“公众参与”，帕特里克·格迪斯成为世界上第一位“倡议性”规划师。帕特里克·格迪斯的理论可以总结为几个字：“建设性的公民义务”（constructive citizenship）；通过这个关注可以满足城市中所有利益的根本性和谐。[44]

7. 美国的克拉伦斯·斯坦（Clarence Stein）和亨利·赖特（Henry Wright）倡议了在美国创造“花园城市”的需要。[45]他们设法使得“Radburn”（新泽西州）在1928年破土动工。Radburn是当代城市设计中的一个重要范例研究并将在此章下面部分加以讨论。

8. 20世纪30年代的美国罗斯福政府启动了著名的“新社区计划”并且进行了一大批新社区的施工[46]，他们采用了“自由的”有形设计格局。这些格局包括相当数量的空地，并且其特点为相对低的密度。

9. 对重建的关注始于第一次世界大战和第二次世界大战，特别是二战的破坏之后很自然地得到了发展，它推动了进一步的有形设计……在这个历史事件中，一些世界上的著名建筑师，例如弗兰克·劳埃德·赖特、勒·柯布西耶、格罗皮乌斯、保罗－珀西瓦尔·古德曼（Paul-Percival Goodman）（Paul Goodman是一位社会学家）和其他一些人，对城市的有形发展提出了强有力的计划。[47]赖特的广亩城市成了一个必然，它在今天美国“郊区”的无计划延伸的形式中随处可见。勒·柯布西耶将城镇修建在“架空底层”[48]上，并保持地面层不被开发的想法被重复地使用，特别是在美国，其结果却绝对地令人失望。通过将人们抬到地面的上一层，勒·柯布西耶的提议最终产生了“无人的”地面层、极差的维护并且容易引发犯罪。[49]第二次世界大战最重要的连带影响是英国修建新城的紧迫需要，而且这个施工过程还在继续。英国的范例、理论和实际情况，曾被其他国家追随，例如瑞典、芬兰、以色列、日本等等。一些国家例如巴西、印度和澳大利亚从零开始发展新的首都城市。这些当代例子的初步介绍和进一步研究对任何城市设计师来说都是重要的。

……今天的城市设计存在于过去和现在之间。新的东西是新的。新的东西像一个婴儿，没有自己的历史并且常常受罪。旧的东西、自由主义、没有汽车以及小的尺寸被看作以浪漫的倾向加以研究；且被当作学习范例。今天的城市设计师在寻求这两者的结合。[50]

他们建设着新的并在“成功”的旧例中寻找原理和经验。许多世界上的新城镇以及发生在美国二战期间的物质环境规划显示了分隔土地用途的实践。城镇被分隔成“好的”和“坏的”部分。环境失去了其“中心”。开发以无控制的方式发生着，在这里和那里无计划地延伸着，浪费着能源。

为了对付现在这种情况，今天的人们把眼光投向了过去和未来。这是一个城市设计觉醒的新时代，主要关注集中在城市印象的新观念、基础设施的新观念、能源保护的新观念和生活方式及“选择的自由”的新观念上。这些新观念的结果可以在最近世界范围内新建的无数工程中学习到。我们有必要做一个成功的城市设计的调查。下面的讨论指出了其最精彩的部分。

成功的城市设计：范例研究

雷德伯恩，新泽西州

20世纪的城市设计在开始时期经历了一个坎坷的阶段。19世纪晚期在英国发生的花园城市运动创造了两个“花园城市”，威尔温（Wellwyn）和莱奇沃思（Lechworth），但是它们都没有显示出超越理论阶段的先进的有形环境观念。[51] 这两个早期花园城市的环境让人联想起英国的花园规划。相比较某些英国的历史原型例如巴斯,其公共建筑物和城市实体（建筑物的序列）的体量布置要差得多。

由于早期英国“花园城市”的有形环境较差，世界上第一个为城市设计介绍了环境革新的范例是新泽西州的“雷德伯恩”。雷德伯恩是埃比尼泽·霍华德理论的美国演绎（图16.2：1）。[52] 雷德伯恩的设计第一次运用了“超级街区”（superblock）的概念，一个尺寸放大了很多的住宅街区，在这里汽车在边缘活动而公共空地和社区机构的建筑被放置在街区的中央。行人道路系统的布置方便了行人从街区边缘的住宅走到作为社区中枢的街区公共绿地中。为孩子而设的游乐场和为成人而设的消遣场所都坐落在社区公共空地中。各个超级街区的行人网络是连续的，并且在不同的地平与汽车系统分隔出来。在雷德伯恩的设计中，行人和汽车驾驶之间没有冲突。城镇的两种基本运动系统的完全分开是通过地平变化、在平常是两种系统交叉路口的地方设置行人的地下通道，以及在汽车系统到达住宅密集地带时为汽车设置尽端路的方法来做到的。除了其地平变化和“手指”原理，这个计划还通过改变活动区域的意义，例如前院和后院，来试图革新住宅设计。

由于20世纪30年代的经济萧条，这个城镇从来也没有完工过。但是这些原理却得到了很明确的陈述并且在随后的其他新城和城市设计发展中广泛地重复着。

有代表性的英国新城[53]

1. 斯蒂夫尼奇城（Stevenage）的镇中心，20世纪的第一个英国新城，采用了“雷德伯恩”分离行人和汽车的原理。其行人林荫大道还强调了时间－空间经历的表现。这是通过合理的铺路和街道家具设计，以及线性与静态活动的平衡序列来实现的。材料的使用也受到了极多的考虑；合理布置的标志物，以及致力于“满意”（舒适放松）而不是视觉魅力的街道家具细节。斯蒂夫尼奇城和其他一些早期新城的住宅区设计质量都很差。哈洛城（Harlow）和随后的其他新城曾试着解决这个问题。

2. 哈洛城（Harlow）的住宅区在设计时考虑了混合和多样性的观念。建筑物的设计是建筑竞赛的结果。哈洛城还试图做到住宅密度的多样化。但是，抛开它的住宅考虑，哈洛城还是受到了土地用途计划的错误的内在影响，此计划留了大量的空地来分隔各个居住区，因此将一个居住区与另一个分开。尽管提供了空地，但它的最佳数量和比例还没被找到。哈洛城的“空地和建筑区”的关系问题在几乎所有第一代英国新城都始终是个主要缺陷。以坎伯诺尔德城(Cumbernauld)的建设为始点的第二代新城的规划点明了这些问题并试图解决它们。

3. 坎伯诺尔德城（Cumbernauld）的平面致力于紧凑的有形环境发展、混合的用途和一个线性和紧凑的镇中心。这个中心是带有公共室内空间的一个建筑物而不是斯蒂夫尼奇城传统的室外观念。强调室内的坎伯诺尔德城中心是由苏格兰寒冷的气候决定的。在坎伯诺尔德城之前的新城规划中，土地使用是在二维上考虑的；即一种用途被放置在另一

土地用途和运动系统是环境的两个主要有形因素。运动系统构筑了整个环境

城市设计处理的是土地用途和运动系统之间质量上的相互联系。"质量"常常被迫屈从于"数量"。数量和质量之间的理想关系应该由设计来决定，以人的舒适性和感知考虑为基础

1

运动系统：机动和行人。城市地区生活的基本（物质）来源

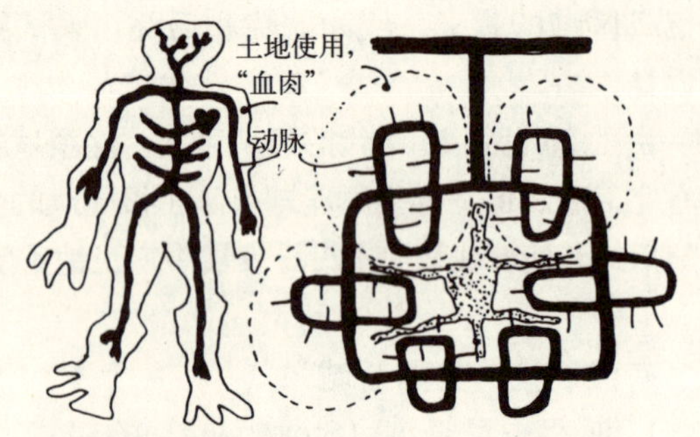

运动系统是城市环境的"动脉"。土地使用是血肉

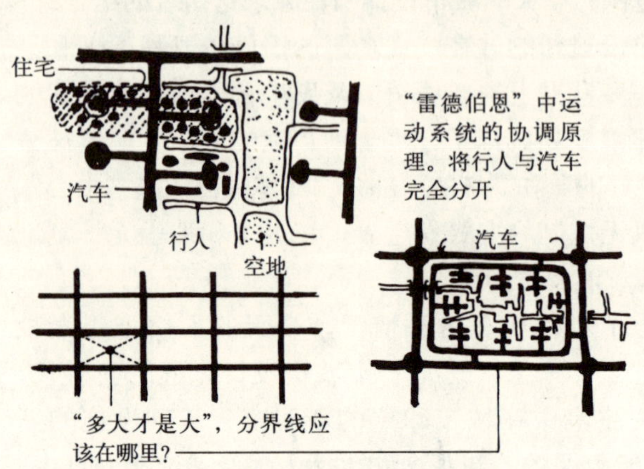

2

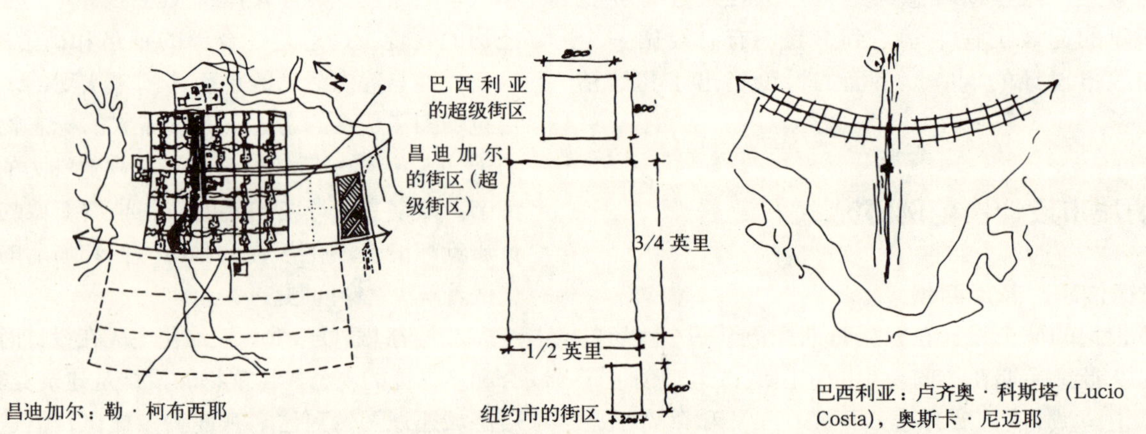

3

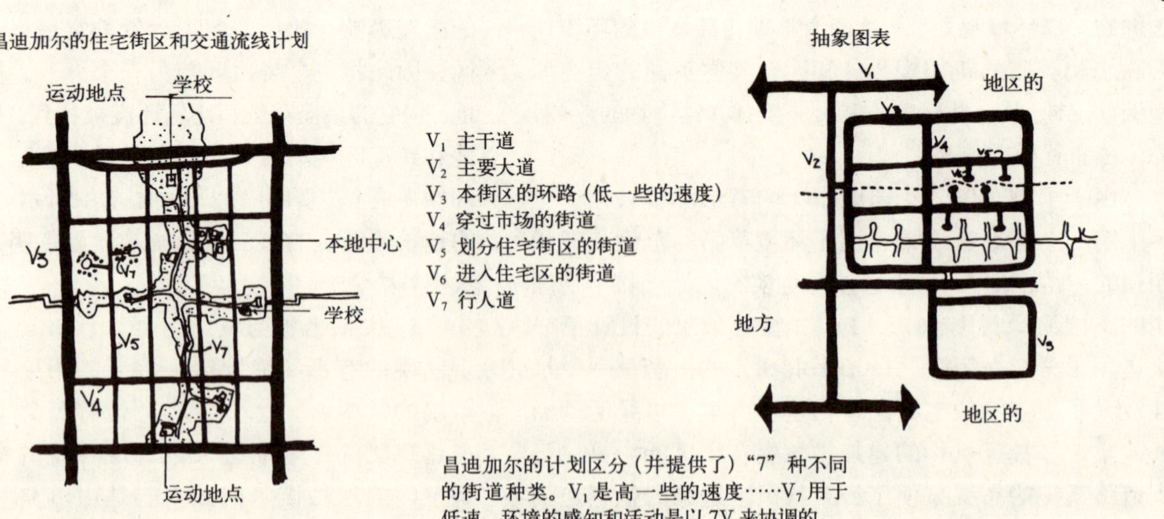

昌迪加尔的计划区分（并提供了）"7"种不同的街道种类。V_1 是高一些的速度……V_7 用于低速。环境的感知和活动是以 7V 来协调的

图 16.2 土地用途和运动系统

种的旁边，中间隔以空地。坎伯诺尔德城的设计师们试着介绍了城市秩序的新概念，即“用途”在“三维”上发生。坎伯诺尔德城中心的行人系统从室外到室内、变换高度、旋转而上并在室内围合的“内脏”中移动；它使得人们上下活动，然后再一次到达室外。坎伯诺尔德城引进了相当多的观念革新。从空间角度来看，镇中心强烈的三维特性显示了它是一个复杂的建筑。

尽管如此，坎伯诺尔德城只是一个中间步伐。这个城镇还不够紧凑；工业区被放置在边缘的遥远地带；而且在“高峰”期间会产生交通问题。这里需要更紧凑的发展、行人和汽车运动系统更紧密的结合并在城市结构中更多地使用三维。到了开始研究“胡克”(Hook）新城的时候，英国人已经有了20年新城建设的经验，并修建了或正在修建的20多个新城镇。

4.“胡克”城（Hook）开始了英国新城镇发展的第三代。[54]“胡克”城的设计解决了所有在此之前的城镇中发现的问题。随着轻工业的开始例如电子业，工作区域被分散到了居住区内。行人系统的长度被大大减少了，同时用途紧密地布置在水平和三维方向上。“胡克”城试图建立居住者持续的接触，通过使用紧凑的有形设计、在平面中在平等的基础上对工业的重新分布、建筑革新、系统建筑的新观念和新的住宅设计。尽管“胡克”城从来没有被建成。但是它极大地影响了城市设计的思想。许多在英国和其他地方规划和建造的新城遵照了“胡克”城的原型，至少是在理论概念上。

斯堪的纳维亚的新城镇

1. 瑞典有两个著名的新城，Vallingby和Farsta。这两个城镇中的每一个中心都被构思为整个城市经历的中枢。它们的设计随着敏感的地势而建，而且它们还显示了既尊重自然同时又包括高层施工的可能性。但是这两个新城却受到了负面的城镇规划评论。它们过于接近斯德哥尔摩，所以不可能独立、自我包含和自给自足。由于这一点，它们仅仅是居住性郊区（图16.3：4)。

2. 塔皮奥拉（Tapiola）是芬兰新城设计的一个杰出范例（图16.10)。它展示了建筑的简洁性、单体建筑物的朴素表现、尊重自然以及在乡村环境中对高密度结构的结合。[55]

图16.3 Farsta，瑞典新城

首府新城——巴西利亚和昌迪加尔[56]

20世纪宏伟的物质环境发展中最著名的是巴西利亚和昌迪加尔（图16.2：2-3)。这两个都是首府城市，前者是一个国家的，后者是一个大省的。尽管在过去建立了无数的首府城市，但这两个在规模、尺度和施工速度上都是非凡的。这两个城市工程的规模在以前还从来没有实施过。由于其独特性，我们有必要对其城市设计的主要特点做个介绍。

人们可以说每一个工程的观念之源都始于勒·柯布西耶的理论和思想。规划师卢齐奥·科斯塔（Lucio Costa)、巴西利亚的城市设计师和主建筑师奥斯卡·尼迈耶，都是勒·柯布西耶的学生。勒·柯布西耶自己则是昌迪加尔的规划师和城市设计师。

在这两个设计中，城市设计的细节是“超级街区”，即勒·柯布西耶所称的“区”(the sector)。巴西利亚的超级街区是800英尺见方。昌迪加尔的超级街区更大，1/2英里×3/4英里。巴西利亚的主要平面庄严而简洁；但不幸的是却找不到密闭度的特点。巴西利亚缺乏人类的诗歌和抒情。在目前那里只有“极简装饰派”的现代抒情（如果人们可以将尼迈耶的极简装饰的建筑物称为抒情的话，特别是政府广场附近带有两个集会厅的建筑物)。在昌迪加尔中心区也充满空旷的感觉。这个首府宏大的政府建筑群没有人的尺度。建筑物之间有巨大的绿地，而且在那里怎么也不会有密闭度的感觉。许多人已经批评过昌迪加尔的设计。但是所有客观的评论家都同意，如果勒·柯布西耶犯错误的话，它们也是会在将来被时间改正过来的。今天的空地将会是解决未来城市需要的空间。

图 16.4　市中心，瑞典 Vällingby 新城

图 16.5　Skärholmen，瑞典新城

图 16.6　塞伊奈约基城（Seinäjoki）的管理、文化和宗教中心，芬兰。建筑师：阿尔瓦·阿尔托，1952—1969 年

图 16.7　Toulouse le Mirail。由 Candilis—Josic—Woods 设计的法国新城

昌迪加尔和巴西利亚都与历史没有任何联系。但是在未来的年代中，每个城镇都将会得到一个历史。居住者对“恋乡感”（Topophilic）的依赖将会改变；它们将会有更多的人、更多的绿地。随着时间，它们会将有很大机会成功。同时，在超级街区内的生活还会继续下去。

目前昌迪加尔的超级街区是它的主要特点，它在城市实体（建筑物）和空地之间有着平衡的结合。行人和汽车交通完全分开。昌迪加尔还具备到目前为止所设计出的最复杂的道路系统分类。每一个运动渠道都被称作一个“V”。这个城市有 7 个“V”，即它的设计提供了 7 种道路。它们是城市间的高速 V_1 到被称为 V_7 的消遣（散步道路）和自行车路。

昌迪加尔一般被认为是一个比巴西利亚更先进的城市设计成就。它提供了更多样的运动系统；它比巴西利亚展示了更多的对人的关注，特别是在“区”内；并且它成功地结合了空地和城市环境。所有这些积极的事情都是通过一个极为简单的设计系统实现的。事实上，整个设计是网格系统的重述。昌迪加尔工程的规模和费用，以及设计委托的独特性（勒·柯布西耶只被付给了极少的一笔设计费，并且在真正设计上几乎没有花什么时间；勒·柯布西耶在短短的四天内设计出了这个宏大的设计！）[57]，没能允许为人类设计出一个绝对迷人的环境。

昌迪加尔有人的区域比巴西利亚要好一些，但还是有许多东西值得改进。有人认为昌迪加尔的设计只是保持在图解结论的水平上。细节部分需要进一步地完善。但是这点是早被预计到的，因为我们知道勒·柯

图 16.8 通过将整个街区处理为一个超级结构的高密度住宅。Bloomsbury 住宅。建筑师：Pattrick Hodgkinson，伦敦，1973 年

图 16.9 旧金山的高密度住房。加利福尼亚州。好的完整建筑的例子可以解决房地产要求、环境、社会和精神上的建筑要求以及现实考虑之间的冲突限制，1980 年

图 16.10 塔皮奥拉（Tapiola），新城，芬兰塔皮奥拉

布西耶完全反对卡米洛 · 西特（Camillo Sitte）对城市设计细节的关注。[58] 超级街区的内部空间本应该早被进一步设计过了，印度的城市设计师们将不得不在将来对其进行完善。在做这个工作时，他们需要提供多种多样的城市活动并需要加强城市韵律。为了能做到这点，城市设计师应该努力实现城市空间的多样性，并且他们应该了解城市空间的种类和每种空间使其使用者产生的感觉。作为这个关注的一部分，城市设计师应该了解并学习印象性、围合、方向、决定性、运动的决定、邀请、吸引和其他的基本概念，以及虚体的类型、虚体的交叉、场所的种类和城市实体和虚体合成的原理。这点可以通过对传统和当代成功环境的学习来做到。还可以建议的是，尽管对空间 - 人群关系的深入研究可能提供科学的答案，经验的观察和速写以及观察时的笔记可以提供一个比统计探究更适宜的学习方法（甚至是一个更准确的方法）。

宏伟的城市改造 [59]

就城市改造（urban redevelopment）来说共有两种主要的类型。第一种是城市复兴（urban renewal），即在要么被战争毁坏要么由于不利因素导致的恶化了的城市地点的新工程。第二类是通过一系列对现存建筑物的保护、翻新以及努力保持过去的连续性来做到的。整个世界遍布二战后城市复兴的例子。广岛的市中心已被重建成一个欣欣向荣的新的城市环境。考文垂（图 16.28）和西柏林的整个中心已经重建。伦敦圣保罗大教堂的外围（图 16.26：3）和邻近的 Barbican 的项目也是一样（图 16.12：2）。鹿特丹的整个市中

1

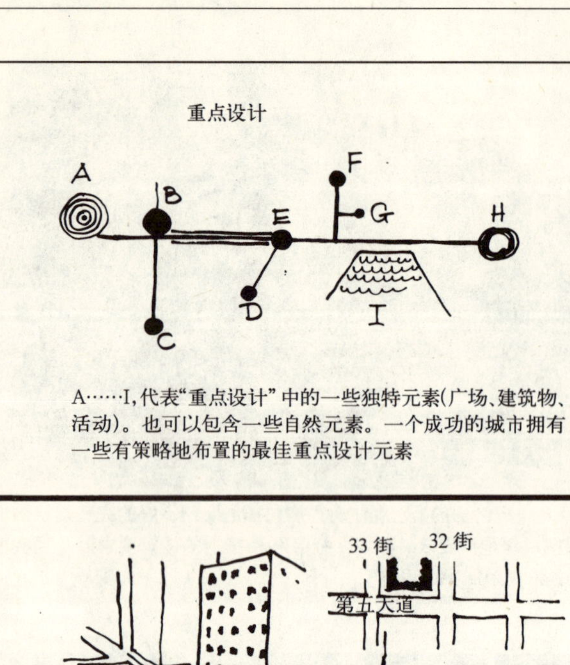

A……I,代表“重点设计”中的一些独特元素(广场、建筑物、活动)。也可以包含一些自然元素。一个成功的城市拥有一些有策略地布置的最佳重点设计元素

2

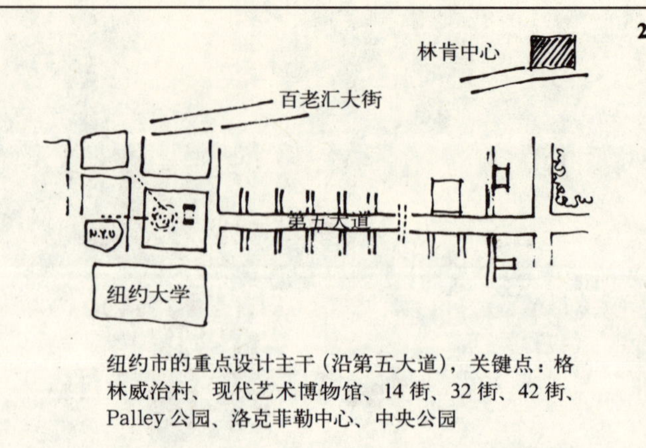

纽约市的重点设计主干(沿第五大道),关键点:格林威治村、现代艺术博物馆、14街、32街、42街、Palley公园、洛克菲勒中心、中央公园

3

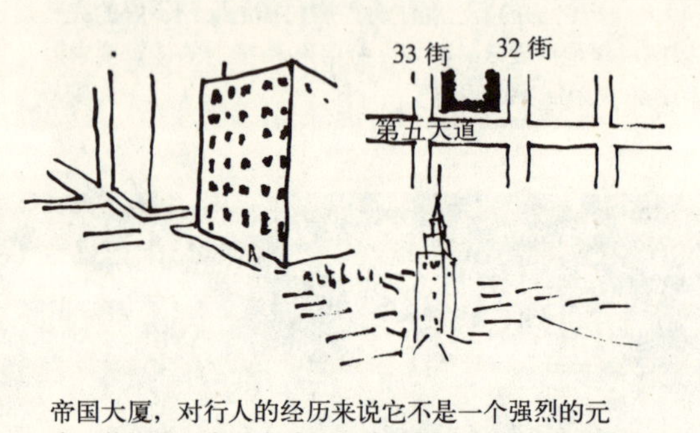

帝国大厦,对行人的经历来说它不是一个强烈的元素;其作为一个城市结构元素的影响在于其“区域性”的尺度上。它是纽约市的一个标志

4

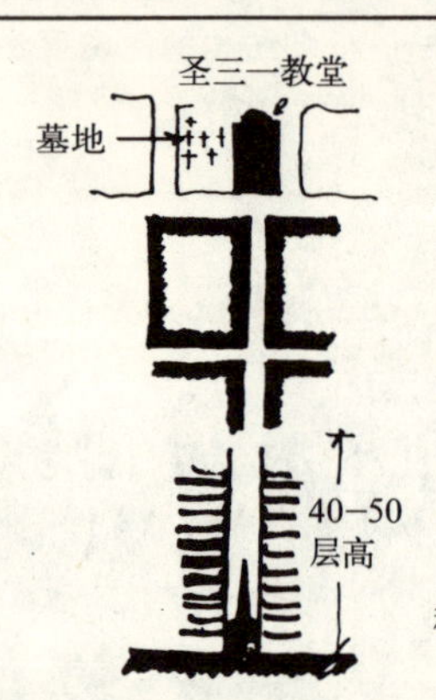

华尔街:白天世界上最高的密度、夜间没有密度、令人吃惊的尺度(狭窄的街道),城市设计的合理元素

消极的元素:没有日光、下午5点之后不安全、没有24小时的服务。主要不便:没有用途的多样化

积极的元素:新与旧的结合

5

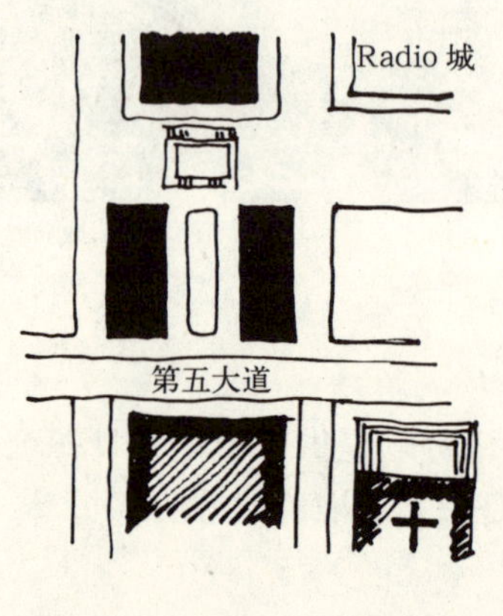

纽约市洛克菲勒中心,一个非常成功的城市环境。积极点:用途的多样化(26种不同的用途)、层次的多样化(多样－地上－地下)、下沉式广场的出色使用,城市剧场、花卉的使用、色彩的使用、人群的混合、尺度(人的)合理尽管其建筑物的巨大尺寸、不同季节的不同特点、无障碍设计

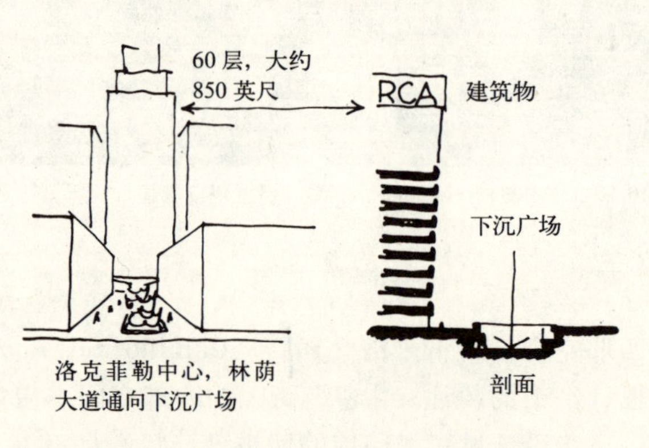

洛克菲勒中心,林荫大道通向下沉广场

6

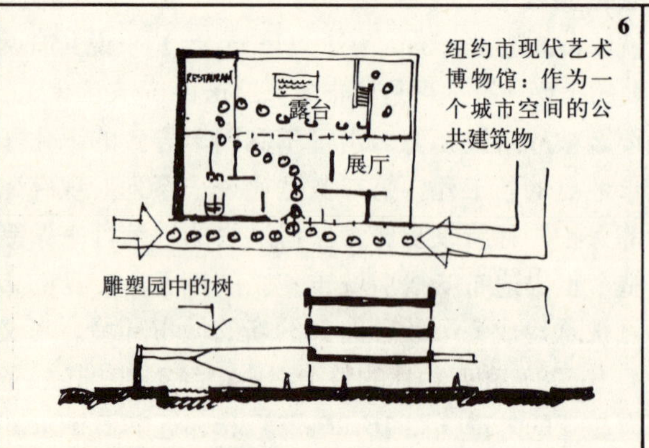

纽约市现代艺术博物馆:作为一个城市空间的公共建筑物

7

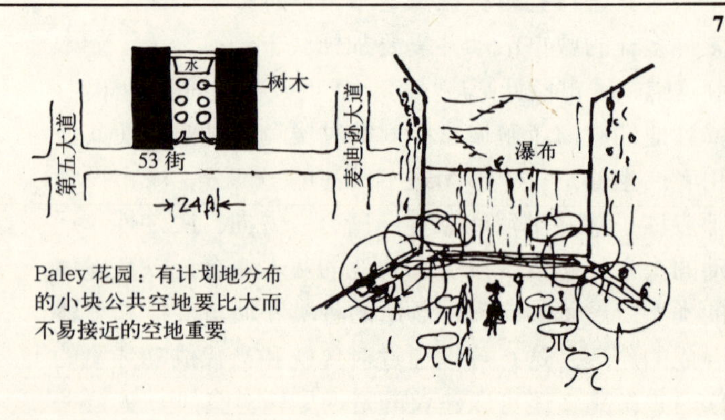

Paley花园:有计划地分布的小块公共空地要比大而不易接近的空地重要

图16.11 城市设计概念(1)

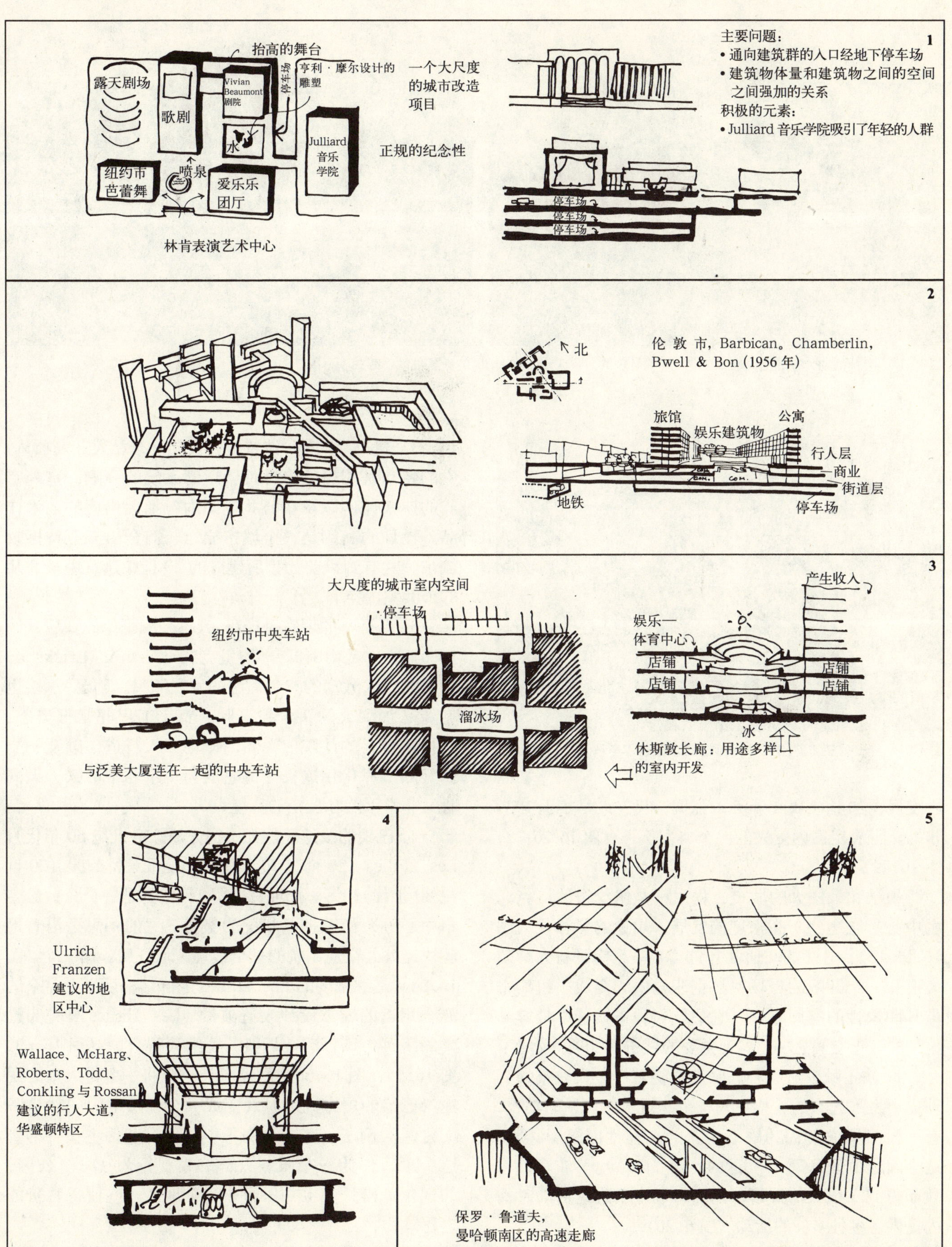

图 16.12 城市设计概念（2）

图 16.13　有计划地分布的空地是成功的城市设计中的必要成分。Jyväkylä 的新居住区，芬兰

图 16.14　一个“中肯的”建筑的范例，芬兰的赫尔辛基

心发展，加上对 Lijnbaan 的强调，代表最早始于 1930 年的全世界范围内复兴的一个典型例子（图 16.26：2，图 16.29）。

最早和最宏大的城市工程之一是纽约市的洛克菲勒中心。它达到了高密度的发展、用途的多样化（图 16.11：5）、分隔的交通并且包括了一个室外行人林荫大道和一个开敞的广场；洛克菲勒中心变成了纽约市最具印象性的空间之一。它是现代城市设计中最容易记忆的城市空间之一。其他重要的城市设计项目如下：

1. 波士顿政府中心。它是围绕着一个大城市的管理需要发展起来的。构思为一个建筑“杰作”的集合，有一段时间它却因为缺乏用途的多样性而深受其害。这个问题由于 1978 年邻近的昆西（Quincy）市场的开放而得到了很大的缓解，昆西市场在下班之后的时间内提供了多种多样的活动（图 6.20）。

2. 旧金山的码头（Embarcadero）中心（图 16.53）。建筑师约翰 · 波特曼开发的一个私人开发项目。它的特点是用途的多样性、运动系统的分隔、室外空间的迷人比例以及在公共空间内包括大尺度的艺术作品。设计的高潮是一个城市旅馆，旧金山海亚特摄政旅馆，具有到目前为止所建成的 20 世纪建筑中最非凡的公共室内空间。

3. 温哥华的罗宾逊广场，大不列颠哥伦比亚省（图 16.31）。它是由阿瑟 · 埃里克森（Arthur Erickson）设计的令人激动的三个街区的发展项目，阿瑟 · 埃里克森是加拿大的头号建筑师。整个工程非常低姿态，包括了现存的法院、瀑布、广场和人行道，以及一个良好的多样化用途，使得它成为一个非常活跃，但同时又非常平静和放松的环境。

4. 巴黎的改造区例如拉德方斯（20 世纪 60 年代）、Les Halles（20 世纪 70 年代）和拉维莱特公园（20 世纪 80 年代）。第一个项目（图 16.62）是一个分散巴黎市中心办公活动拥挤状况的努力，它的构思是沿着地区快速公共交通系统的一个线性区域开发。第二个（图 16.24）是继重要的 Les Halles 上部结构后一个完全的混合用途的城市设计改造项目，Les Halles 早先为巴黎的蔬菜市场，后被拆毁。拉维莱特公园（图 16.63，图 16.65，图 16.66）已经成为一个将一个讨人嫌的用途（巴黎的屠宰场区）转变成一个开敞空间 – 消遣 – 文化区的例子。在这个例子中前卫的解构主义［尽管这个项目作为一个服务人群的景观行为（一个公园）的偶尔障碍］尊重并保留了这个地区一些值得称赞的老建筑物。

5. 东京的新宿（图 16.22）。在所有新的城市改造

图 16.15　建筑物与快速公共交通系统的结合。大型城市重点的可能性。迪斯尼世界旅馆中的共享空间，佛罗里达州。建筑师：Welton Becket

中它是声誉最高的一个，并且在概念和意图上都类似于巴黎的拉德方斯项目。今天的新宿是世界上最密集和最大的城市中最密集的部分。在这里所有的城市用途都结合在水平和竖直方向上。高密度的施工、行人和汽车的分隔、在一周中的某些天从汽车手中夺回某些街道还给行人，以及将世界上最集中的人群分布到大都会和国家的其余地区都发生在这里，而且它们是新宿的主要特点。

6. 日本大阪的 Umeda 车站。通过这个项目，日本显示了 20 世纪最复杂最宏大的地下城市设计发展。城市活动发生在地下 11 个层次，同时地上活动包括所有种类的商业、办公和公共交通用途。Umeda 是一个地下奇迹，但是它不是“可读的”，也不是一个人待的地方。

7. 除了庞人的新宿和 Umeda，日本充满了小的城市设计翻新计划，特别是在许多传统地区的中心地带。某些街道用连续的塑料天窗保护起来；汽车在这些街道中禁行，而且街道内部被用于行人和商业用途。这些改造项目常常是具备一个开端和结束的线形。在许多例子中开端是本地的地铁出口，而结束则是一个居

图 16.16　Ghirardelli 广场，旧金山。建筑师：劳伦斯 · 哈尔普林

图 16.17　Horton 广场，圣迭戈。建筑师：Jon Jerde

图 16.18　办公空间、单轨铁路、运河;“后现代主义”的即时威尼斯。Las Colinas，得克萨斯州（摄影 Crystal Anderson）

民区的佛龛或者一些其他的公共建筑物。具备上述特点的最出色的城市设计改造项目是东京在 Asakusa 区的同名工程。Asakusa 属于城市改造的第二类型，即关注保护、翻新和接续过去的类型。

8. 旧金山的 Ghirardelli 广场属于同一类型并且是美国的出色范例（图 16.16，图 16.26：4，图 15.56）。它是一个旧巧克力工厂的重新改造，整个计划的三维设计结果容纳了吸引各种层次的人们的室内和室外用途。Ghirardelli 广场整体环境的运作如同一部伟大的城市交响乐。一条直线的公共街道连接了 Ghirardelli 和“The Cannery”购物中心。“The Cannery”是一个距著名的渔人码头只几英码远的旧的装罐工厂。Ghirardelli 广场、“The Cannery”和渔人码头的序列创造了历史上最非凡的城市设计建筑群之一。那个地方总是有人，而这恰恰是一个城市空间成功的原因。

9. 圣迭戈的 Horton 广场，尽管在开始的时候受到了一些批评家嘲讽的评论[60]，在笔者看来，它是 20 世纪 80 年代 Ghirardelli 广场的成功对应物（图 16.17）。沿着后现代主义的阵线发展，它在整体上被“编配”成一部“历史”风格、色彩和由 Jon Jerde 设计的图案的“拼图”，Jerde 是筹划过洛杉矶奥运会的建筑师－平面设计师。这个项目证明了沿着一个考虑周全的“有韵律的”方式，或者“时间／空间”原理而布置的成功规划和城市活动的结合，偶尔运用的“风格”的作为城市设计考虑，是一个出色的组成成分，并且它可以毫无疑问地保证一个场所的成功。Horton 广场是一个所有事物的巧妙混合物，它结合了创造收入的用途，而且是立体的且具有视觉魅力。

10. 在城市设计中作为一个态度和形式与视觉表现的后现代主义，还影响了大尺度的住宅开发，或“小块住宅用地开发区”(subdivision)，甚至新的城镇。这在美国尤其令人难忘，美国在后现代的十年中开发起来的住宅小区建筑数量远远超过了城市设计文献中以前所知的所有例子中的数量。它创造的环境即刻成了结合住宅、便利设施和具有“风格”的景观的绿洲，特别是历史主义，而且“样板”住宅常常由时尚且臭名昭著的后现代建筑师设计，例如罗伯特·斯特恩。另一方面，由于依赖于没有能源意识的、强调汽车的低密度模式，而且在大方向上遵循分隔土地用途的模式，持续地造成了早期小块住宅用地开发区的消极方面。许多值得一提的商业和具有高密度的重要建筑物的城市设计项目，类似于 Horton 广场，其特点是活动安排与后现代主义形式语言的整体结合，在无数的美国城镇中繁盛起来。

11. 新的信息交流技术的成熟、计算机的广泛使用和 20 世纪 70 年代能源危机之后全球市场的出现，诞生了新城市和包含前所未有的尺度和技术的公司的集结地的创造。加拿大和美国两方面公司和开发利益合资开发的得克萨斯州 Las Colinas（图 16.18），是结合科技、交通和计算机等流行倾向的典型城镇。它的存在依赖于附近的 D/FW 地区机场，并拥有一条单轨铁路和充足的停车设施，它显示了许多过去城市设计计划中设想的特点，在另一种意义上却象征了过程的矛盾之一；这个结合了人类发展中所有“好东西”的城镇却否定了“人类”。Las Colinas 是一个技术和建筑风格（绝大多数后现代主义的）的空虚纪念物，而且完全缺乏人的存在。住宅被从整体中分隔出来，并被放置在附近的土地使用区内。

图 16.19 通过在空地上有组织地分布具有"人的尺度的"文化便利设施人性化了现代的大峡谷。洛杉矶艺术博物馆。建筑师：矶崎新

12. 在 20 世纪第三个 25 年中，城市设计最重要的贡献与"历史连续性"有关。这种连续性应该受到彻底地尊重并且可以通过对老建筑物的翻新以及对城市"历史"区的重新设计来做到。后现代主义使"文脉主义"（contextualism）的概念得到了大大发展，它涉及了联系新建筑物与历史背景环境的问题。城市中"有历史的"部分以及"新"与"旧"的关系是下一章节详细阐述的论题。

文脉主义

Ghirardelli-Cannery 序列类型或者圣迭戈 Horton 广场的城市设计是关注"背景环境的"理想范例。许多这样的设计在世界范围内的一些城市中出现过。最突出的例子可以在波士顿、丹佛和墨西哥城（图 16.30）中找到。墨西哥城中的三种文化广场（Plaza de las Tres Culturas）对过去显示了相当大的尊重并且以象征性的方式阐述了城市设计中历史连续性的概念。墨西哥的印第安、西班牙和当代文明在同一个现代设计中得到了欣赏、保留和发扬光大；城市设计师们保护了在那里原有的东西（印第安人的废墟、罗马天主教大教堂），并且通过低调地处理现代的路面，他们将所有三种文明（文化）结合在一起。

保护老的工程是好的；这在生态上是值得推荐的……但是在建造新建筑物时模仿老建筑物却在绝大多数情况下都不应该。城市设计师们在颁布历史分区规范时要保持警惕，并且应该能够在所有的层次上辩论传统与现代的问题。墨西哥城中的三种文化广场和波士顿的 Copley 广场的开发是这方面的好例子。

美国 20 世纪 70 年代的某些立法发展，例如"鼓励性分区"（Bonus Zoning）[61] 和"开发权力的移交"（Transfer Development Rights）[62] 应该能够帮助促进有保护意识和平等能源处理的城市设计，包括有形环境和历史的能源。平等、尊重、保护：所有这些都是以对能源保护的巨大关注为基础的城市设计道德观的问题。

从这个角度上，出色的例子是由休 · 斯塔宾斯（Hugh Stubbins）及伙伴设计的纽约市花旗集团中心（图 16.32）。这个精心设计的项目利用了"奖励性分区"提供的优势。它完整保持了街道层活动的精华；它在曼哈顿房地产业最热的地段之一保留了一座教堂；并且它实现了一个市内公共大厅，充满了生气和令人愉快的活动。这个工程是美国城市建筑的一个样板，它回应了更广阔的城市背景同时也是城市背景的一个结果。从纯理论的角度讲，花旗集团项目还可以被考虑为美国对新陈代谢主义（metabolism）的独特运作——这是日本在 20 世纪 60 年代的城市设计倡议，它旨在保留现存的环境并且通过开发废弃土地或者小部分可供使用的土地，并且使用先进的建筑技术，在现存的环境上竖直地分层扩大城市。

今天无数严重依赖人工室内环境调节的大尺度项目却没有能源保护意识。得克萨斯州休斯敦和达拉斯的"Galleria"购物中心是一个极端的大尺度城市设计室内的典型例子，尽管其室内建筑华丽非凡。但却没有能源意识，因此非常不堪一击。能源是今天所有发

图 16.20　昆西市场的购物开发，波士顿。一个在波士顿政府中心附近的最成功且最有收益的城市设计建筑群。建筑师：Thompson Benjamin 和 Thomas Green（摄影 Dimitris Loukopoulos）

展的中心。因为这一点，城市设计师必须“低调地思考”。但是朴素的设计并不一定意味着人们不能实现“宏大的”想法。伟大的城市空间可以结合现存的一切、通过使用最简单的方式设计出来。为了做到这点，城市设计师必须通过使用这些朴素和最简单的方式发展出能够促进城市美化和生活的办法。如果方式是朴素的，其结果可能会是立竿见影。但是人们应该把目标放在长远上，此时，社区的支持就是个关键。

促进城市美化和生活

如果城市设计师想要创造出一个能让人感觉愉快和放松的环境，他（或她）应该使它具有人的尺度。如果一个环境能使人对它感激，那么它就具有人的尺度（图 16.36）。这类环境是为人的基本需要而建的。随着人在城市空间中移动和停留，他们的需要可以被看作是“动态的”或“静态的”运动。“动态的”指的是人们在工作时进行的运动；“静态的”指的是人们在进行静态活动和放松时的运动。

为了进行每一种运动，人们必须能够进行必须的生理功能：吃饭、睡眠、做爱、小便和放松。从放松就引出了娱乐的需求。娱乐是生活中使人兴奋的部分。

根据随文化和生活方式而变化的某些仪式，所有这些功能在不同社会中的进行方式也不同。为了使人类每日的经历更迷人，城市设计师可以做的一些事情如下：

1. 控制标志，特别是在市中心地区。

2. 使用新的粉刷和居住区壁画。粉刷可以在居住区内实现奇迹，特别是在那些临近脏乱差区域的地区。社区壁画可以带来参与并且使社区成员对喷绘的公共

图 16.21　昆西市场的购物开发，波士顿

图 16.22　左图，新宿开发，日本东京。坂仓准三（Junzo Sakakura）设计，1967 年。右图，典型的居住区购物街道。Asakusa，日本东京

图 16.23　作为一个剧院——室外市场的城市，芬兰的赫尔辛基

图 16.24　通过合理的活动规划、宽容以及将建筑物当作城市剧院的一个布景，甚至浮夸的技术不敏感也可以看上去很成功。Les Halles 的广场，巴黎。建筑师：Claude Vasconi，1979—1983 年

图 16.25　The Cannery 购物中心，旧金山。建筑师：Joseph Esherick 事务所，1968 年

1

城市设计韵律：时间空间经历：巴斯城

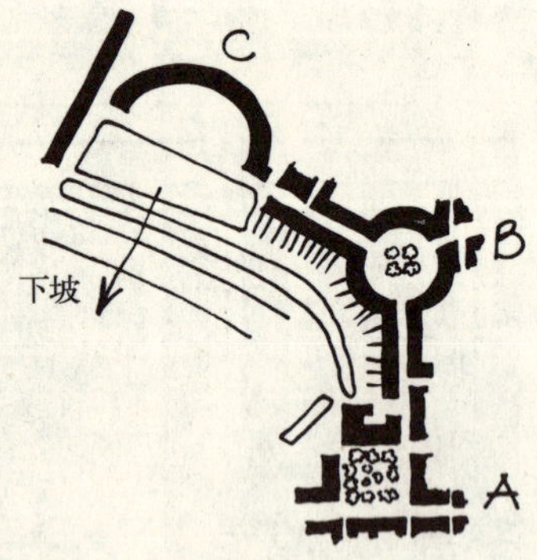

巴斯城。约翰 · 伍德父子

2

鹿特丹的“Lijbaan”贝克玛与 Van Der Broek (1942—1943 年设计)，1946 年建成

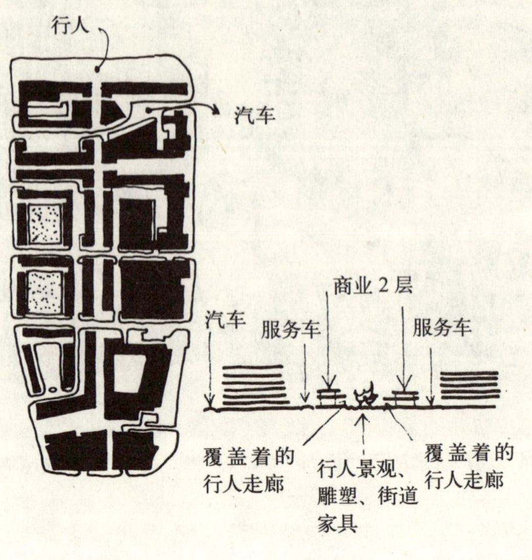

3

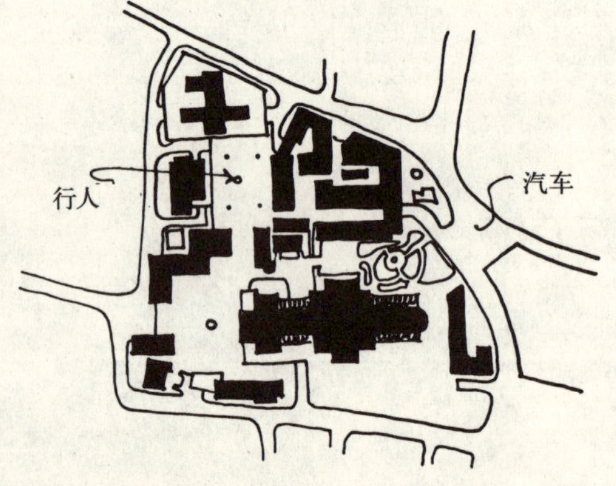

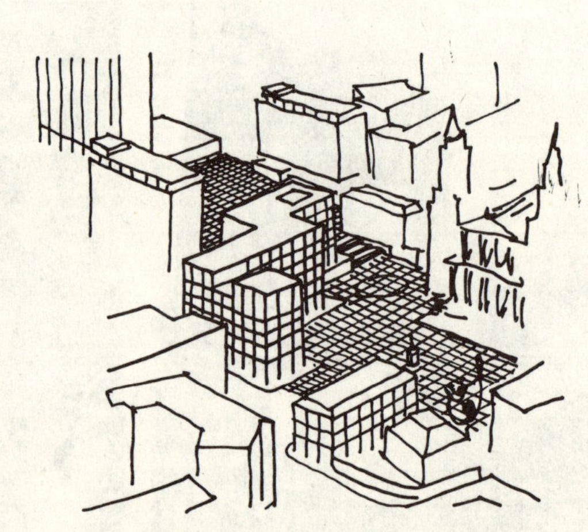

伦敦的圣保罗，1956 年，建筑师：威廉 · 哈尔福德爵士

4

旧金山 Ghirardelli 广场

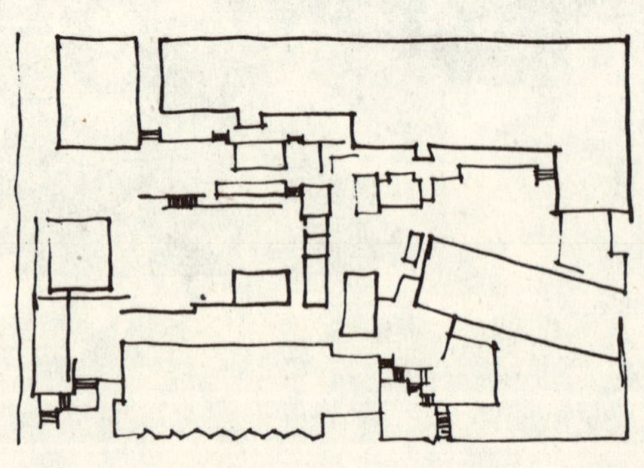

图 16.26 城市设计范例

图 16.27　城市设计中时间－空间经历的主轴线，英国巴斯城

图 16.28　第二次世界大战之后的第一批市中心改造项目之一。考文垂市中心。用途的混合以及汽车和行人系统的分隔。20 世纪“室内购物中心”姗姗来迟

图 16.29 城市设计中的时间尺度：第二次世界大战之后鹿特丹转变的 40 年。从 Lijnbaan 的图解式的简洁，一个由贝克玛和 Van Der Brock 设计的室外购物中心，到鹿特丹 Black 附近的"多样中的统一"以及活动和形式的"包容性"，以及由建筑师 Piet Blom 设计的多边形住宅单位的主导因素

空间产生区域的联系感。[63] 街道的活动和壁画可以引人为本地而骄傲。

3. 种植树木和花卉；景观。

4. 利用现存建筑物，重视继承传统"好的"事物。

5. 利用关键的人行道和未使用的广场来进行室外活动。

6. 努力使较高程度的社区宽松性制度化，即允许人们买卖、玩耍、放音乐而不会受到警方的干预等等。

7. 在可能的情况下使用水。设计师必须意识到水的组织性特点，特别是在平静的日子里。水具有赋予无秩序的东西秩序、平静一个审美混乱状态的力量。

8. 邀请社区艺术家在街道上展览，特别是有实用性的雕塑和可以被孩子们使用的雕塑。与博物馆和画廊协商在室外展览。

9. 提供可以重新布置的花盆。

10. 建议在建筑物内包括能让人放松的声音。

11. 选择和设计合适的街道家具、花坛、电话亭、信箱。

12. 粉刷电线杆。

13. 将招贴画集中在关键性的招贴画墙上。这些墙可以是人们不喜欢的破败建筑物的外墙。

14. 粉刷现存建筑物。使用超级平面设计和其他东西。要求艺术家在作壁画时与市民合作。

15. 经常组织聚会和街道狂欢。

16. 保证有足够数量的长椅供人们放松。

取决于设计师的直觉性和"实践想像力"，这个实践建议的单子可以永远进行下去。

尽管某些特定的建议在实施时造价较低，但它要求官方的合作。这些建议有关城市景观的"动态"元素，例如汽车和人。一些提供城市美化的"动态"方法如下：

1. 油漆公共汽车。伦敦的红色公共汽车是城市景观中移动元素的好例子。它们与城市中各处的黑灰色相对比并且给城市提供了一个令人愉快的色彩。

2. 用动态的设计来粉刷快速公共交通系统。20 世纪 70 年代早期由于出现在它们身上的乱涂乱画，甚至纽约的地铁在室外时也成了强烈的移动物体。

3. 组织新奇的临时性的娱乐表演，例如放风筝、赛车、单色的街道许可（例如只允许绿色和黄色的汽车）等等。

4. 鼓励人们着装的室外竞赛。人是城市设计中最强烈的运动元素。

5. 通过允许和促进合理的功能（例如街道仪式、宗教节日，用意良好的示威、公众辩论）鼓励人们集会。

6. 最后且同样重要的，允许室外的公共表演（音乐会、剧场、舞蹈），特别是在周末。

所有上述建议都将城市作为了一个剧场，这是中世纪城市的一个特点。那时的城市是生活戏剧上演的舞台。[64] 为这个演出设置的不同布景应该由城市设计师选择。这些布景应该是自然资源：现存的水、现存的山、优美的风景中现存的景点。演出的特殊节目和活动应该在"城市剧院"的布景上演。

今天世界上的伟大城市，例如伦敦 [65]、巴黎和纽约，为城市剧院提供了连续的布景。城市作为一个剧院的观念在旧金山的城市设计观念中尤其明显。受人喜爱的旧金山有轨缆车将市中心"商业行为"的布景与渔人码头附近的"游乐和消遣行为"的布景连接起来。

图 16.30 三种文化广场，墨西哥城。建筑师：Mario Pani 事务所

图 16.31 Robson 广场，温哥华。建筑师：Arthur Erickson（照片由 Arthur Erickson 提供）

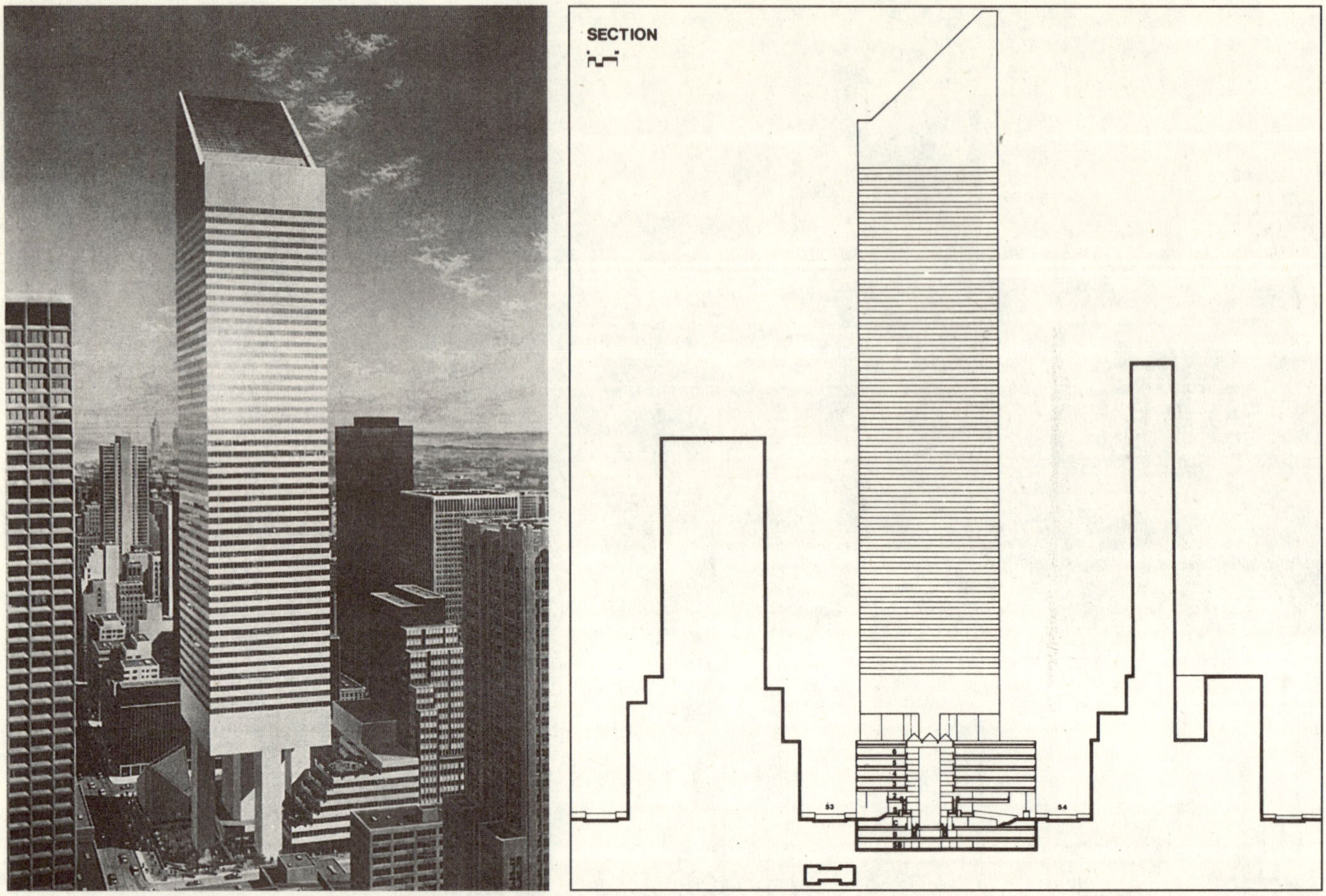

SECTION

图 16.32　花旗集团中心，纽约市。纽约市中城的一个典范城市项目。通过结合与工程相互渗透的街道层的活动，建筑物成了城市布局中的一部分。渲染，建筑师／规划师：休·斯塔宾斯事务所，1978 年（摄影休·斯塔宾斯事务所）

图 16.33　花旗集团中心，纽约市。建筑师：休·斯塔宾斯事务所

图 16.34 花旗集团中心的街道层表现。与街道有关的体量与塔楼之间的分隔。建筑师：休·斯塔宾斯事务所（摄影 Peter Aaron，ESTO）

图 16.35 芝加哥的游船停靠区。美国最早的回应城市重要性要求的一个工程。这个设计是结合城市功能的一个结果，例如游船停靠区、游乐地带、给居民和游人的停车场、住宅、广播电台。建筑师：Bertrand Goldberg

图 16.36 水和一个可以放松的地方；使人感激其所处环境的元素。巴塞罗那的一个公共喷泉。Peñiscola 的一个长椅，西班牙

图 16.37　Skärholmen 市中心，瑞典

图 16.38　公共空间中的雕塑和水可以让孩子们玩耍并且丰富环境中的生活。赫尔辛基的孩子们在与雕塑玩耍，芬兰，左图

图 16.39　新墨西哥大学的校园

图 16.40 左图，窗户、花、光线，西班牙格林纳达。右图，新与旧的共存。希腊雅典

图 16.41 艺术系学生在施工围栏上的绘画，西班牙圣塞瓦斯蒂安（San Sebastian）

图 16.42 使用现存的水体——水边、湖泊、运河等等。Xochimilco 花园，运河中涂绘的船只。墨西哥 Xochimilco

图 16.43 农民在 Tlaxiaco 主广场的周六市场上贩卖他们的货物，墨西哥

图 16.44　不是一个废墟：城市风景中的一个抽象浮雕。Toledo，西班牙

图 16.46　通过使用便宜的帆布作为日光保护，这条街道成了一个在西班牙科尔多瓦（Cordoba）中心地区城市经历中的独特特点

图 16.45　每个单体建筑对城市连续性和街道联系的加强都是重要的。“体量”词汇具有克诺索斯宫结构和色彩规范的历史隐喻。希腊雅典。建筑师：Nicos Theodosiou

图 16.47　东京的人

图 16.48　Portobello 路。周末的一条居住区街道，周六的一个国际购物中心。Notting Hill Gate，伦敦

图 16.49　“城市就是人们”。巴塞罗那大教堂广场上的广场舞

图 16.50　海德公园的公众辩论，伦敦

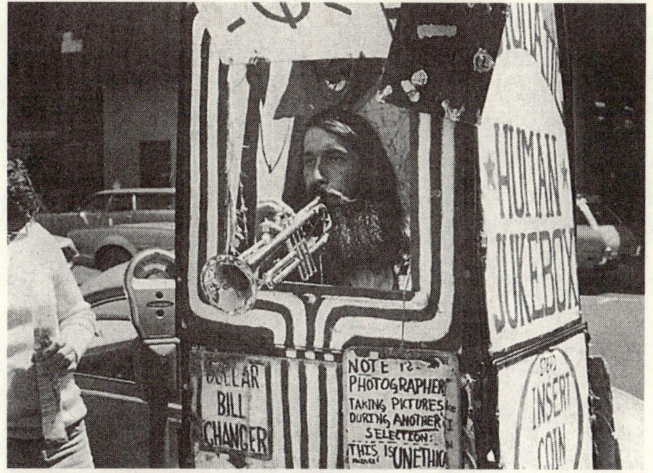

图 16.51　旧金山街道中的“宽松”。一个城市设计成功的关键

图 16.52 旧金山。泛美大厦

图 16.53 码头（Embarcadero）中心，旧金山

图 16.54 有轨缆车，旧金山

图 16.55 渔人码头，旧金山

图16.56　旧金山的序列

然后，行人漫步着将观众从码头带到了 The Cannery 然后到了 Ghirardelli 广场。观众变成了参与者。通过考虑周到的城市设计，规划的建筑和活动为持续变化的“城市的即兴创作”提供了配乐。放松、人的交往和对表达的容忍构成了旧金山生活的戏剧！

波特兰、俄勒冈、西雅图、华盛顿和温哥华、大不列颠哥伦比亚省经历了类似于旧金山的城市设计活动。他们的市民展现了可以比拟任何地方的最高程度的“城市骄傲”，甚至在欧洲许多迷人的古老城市的市民中也不逊色。所有这些城市都显示出由回应人的需要和“人的尺度”的功能支持的城市布景，其最终结果是成功和迷人的城市状况。“简单的”功能，例如吃饭、坐下、放松，以及为人的生理舒适提供的地方对城市设计是关键的。这些“基本的”功能创造了伟大的和为人的场所，而创造“城市骄傲”应该成为城市设计的最终目标。当市民为他们居住的城市或居住区骄傲时，快乐会充斥在各处并且生活会在和谐中进行下去。

这个学科的演变

城市设计的学科相对来讲没有受到极端主义者的理论中断、论战和分极。它的演变在工程中慢慢显示出来，并是许多人艰苦努力的结果。它主要是一个态度、方法论和决策的演变。从 20 世纪 60 年代出自一个设计师之手的雄心勃勃的大尺度方案，城市设计逐渐被接受为对城镇中有计划地选择的部分进行逐渐增加的和零星的治理，这个城镇是“由一个规划精心安排”，其细节最终是由不同的设计师设计的。在 20 世纪 80 年代中这种情况在美国和欧洲成为惯例，特别在巴黎和柏林（IBA）。[66] 后现代主义，不管是“历史主义者”还是“解构主义者”，都曾偶尔对冷漠的现代主义城市设计有过“人性化”和“消弱平淡”的影响。它给许多美国城市没有生气的摩天大厦的“峡谷”注入了生活（图 16.19），或者通过偶尔在现代主义的平淡附近发展“迷人的”解构主义拼贴（图 16.58），它挑战并活跃了人们的精神。

大多数的解构主义城市设计都有此类意向，除了设计师探索空间新可能性的目标，并且不考虑其成功或失败的相对性。

在建筑中很明显的“现代”与“后现代”的论战，没有在全球范围内渗透到城市设计师的理论忧虑中。它只是简简单单地发生了；城镇的形式悄悄地吸收了建筑争论的“风格”。城市区域成了实验室。这点可以在法国 20 世纪 80 年代后期的例子中最清楚，从 20 世纪 60 年代早期到 20 世纪 80 年代晚期的法国城市设计过程（巴黎和法国的新城）显示出，通过发展的多方面策略，同时热情地处理城市中心以及周边地带的工程，并且如果有公共政府人员的政治支持（和发起）、开放的思想、决策和公众的支持的话，有可能实现成功的大尺度“包容的”结果。巴黎地区展示出不同的“建筑风格”可以共存且常常能互相促进，包括“现代”、“后现代”和“解构主义”。许多法国新城相当“不可读”的整体布局，通过偶尔的“后现代历史主义”住宅项目的轴线清晰性和印象深刻的特征得到了极大的改善［即 M. Nuñez 设计的 Les arẽnes de Picasso（图 16.59）和里卡多 · 博菲尔设计的 Les Espaces d’Abraxas（图 16.61），两个工程都在 Marne-la-Vallée］，同时拉维莱特公园中色彩丰富的解构主义和 “folies”（伯纳德 · 屈米设计，图 16.66），成功地对抗了由附近现代主义的“科学和工业城”产生的没有尺度的压抑（图 16.60）。20 世纪法国的城市设计发展成为一个在城市社区内将所有偶然被构思为（或被认为）“好的东西”混合为一体的尝试，无论是视觉上的还是社会方面的。通过“分裂”（fragmentation）和“定期增加主义”（incrementalism），它曾是无限制且“包容的”。但是曾有一些美国和欧洲的城市设计师，他们是总体规划风格表现主义的积极支持者，尤其是我们所称的“城市设计的浪漫历史主义”。

莱昂 · 克里尔推动了几个城市设计方案，出色的钢笔鸟瞰图描绘了一些欧洲城市，且常常是彩色的，在其中所有“新的”东西看上去像是四百年前设计的。克里尔最终从查尔斯王子那里得到了一个设计委托，准备 Cornwall 规划的 Dorchester 的扩建部分 Duchy 的总体规划。[67]

后现代主义引导建筑和一少部分城市设计师将单体建筑物和城市建筑群的创造变成了具有历史主义形态的布景设计，尽管其中一些非常成功，就像 Horton 广场的例子。但是在后现代主义时代之前已有设计项目的绝大多数城市设计师们，在忙着将他们的工程完成和监督成一个整体。20 世纪 70 年代和 80 年代中期并列于后现代主义在建筑中的崛起，目睹了（默默地）几个重要的城市设计建筑群和新城的完成或成熟（即法国的新城、Touleouse-le-Mirail 的

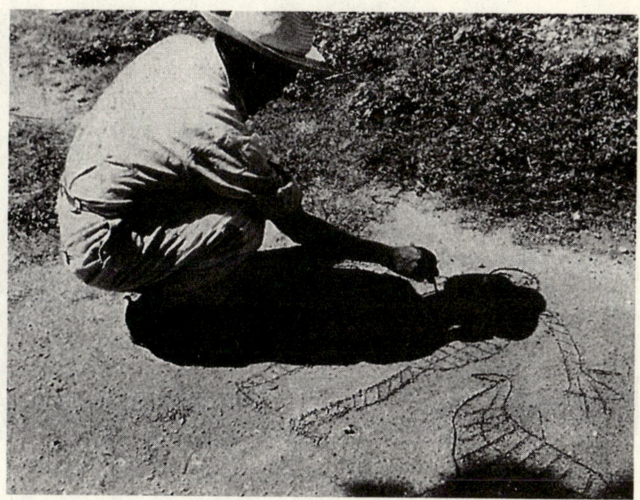

图 16.57　环境必须要给人们一个自我表现的机会。巴黎的“街头画家”(左图)。原始的表现：墨西哥司机在卡车停车场路边的土地上涂画（右图）

图 16.58　解构主义－新－现代主义。海牙的安东·菲利普（Anton Philips）博士音乐厅，荷兰。建筑师：R·库哈斯

成熟、大学城——特别是在英国、瑞典、芬兰和比利时，大尺度住宅开发的原型例如拉斐尔·厄斯金在英国Newcastle Upon-Tyne设计的Byker Wall等等）。所有这些项目都是 20 世纪早期建筑师提倡的综合主义（包容主义）论点的清晰的、活生生的证言；在这个意义上，它们是通向创造迷人、不压抑、正确的环境的自然演变的纹路。早期工程的匿名性，例如臭名昭著的圣路易斯的 Pruitt-Igoe，受到了批评并在内部找到了改变（改正）的答案。Byker Wall（图 6.16）显示出，即使在一个大尺度的超级建筑中实现具备特征和个性的人化的建筑物的可能性。好的城市设计已经显示出实际上有可能“考虑环境背景”，包括“技术”，这是今天环境中非常重要且显著的部分，但常常被历史主义的“考虑环境背景主义者”遗忘。因为上述原因，从文明演变的角度讲，人们可以认为 20 世纪参与城市设计项目的建筑师比单体建筑的建筑师要更为重要。实际上城市设计确实有可能对文明产生更大的影响。

图 16.59　住宅开发“Les arênas de Picasso”，建筑师：M.Nuñez，Marne—la—Vallée，法国

图 16.60　“科学和工业城”，建筑师：Adrien Fainsilber，拉维莱特公园（Parc de la Villette），巴黎

图 16.61　Les Espaces d'Abraxas，建筑师：里卡多·博菲尔，Marne—la—Vallée，法国

图 16.62　拉德方斯的大拱门。建筑师：Johann—Otto von Spreckelsen，巴黎拉德方斯

图 16.63　拉维莱特公园，鸟瞰。建筑师：伯纳德·屈米，巴黎拉维莱特公园

图 16.64　“金字塔”：卢浮宫的新入口，建筑师：贝聿铭

图 16.65　解构主义的细节处理紧挨着有节制的建筑物。拉维莱特公园，建筑师：伯纳德·屈米

图 16.66　“Folies”之一，拉维莱特公园，建筑师：伯纳德·屈米

注释

1. 所提出的定义反映了笔者透过“包容主义”的视镜理解规划和城市设计的尝试。它反映了对规划理解的演变，从 20 世纪 60 年代的“有形”关注，到 80 年代“无形”关注的丰富。关于早期的定义见 Gibbert，1953 年，第 9 页。
2. 这个在 20 世纪 60 年代被作为城市设计的东西基本上是由建筑师宣传的。
3. Gutheim。
4. Tankel，1969 年。
5. 培根，1974 年，第 23 页。
6. Halprin，1972 年，第 7 页。
7. 关于详细的阐述参见 Halprin，1973 年，一般性资料。
8. 尽管 Rykwert 的关注主要集中在罗马，他的关注具有普遍的适用性。见 Rykwert，1976 年。
9. 城市设计师的作用以及他们对空间和有形环境决定的态度是重要的。“那些塑造环境的人们塑造人自己。”这个声明可以追溯到温斯顿·丘吉尔关于人的房子的原始观念。他说：“我们塑造我们的房子，同时我们的房子塑造我们。”参见 W. R. Ewald 的《环境和变化》中的 Bertaux，第 14 页。
10. 参见基本资料：Gibbert，1953 年；Von Hertzen 和 Spreiregen，1973 年；培根，1974 年；Halprin，1972 年；以及林奇，1973 年。
11. 见 Barnett，1986 年，第 49 页。
12. 关于更多的“有形”与“无形”的资料见 Antoniades，1990 年。
13. 关于城市设计中“时间”概念的进一步阐述参见林奇，1972 年。

14. Jacobs，1970 年，第 46 页。
15. 出处同上。
16. 在这方面可以研究的典型例证是无数希腊群岛的首府。这些岛屿城镇建在岛屿的腹地，远离海盗入侵的视线。
17. 笔者在这里指的是鼓吹防止原子弹的城市设计以及防止犯罪的城市设计。参见 Newman《防御性空间》。
18. 《非中心化主义者》，1942 年；Duff，1961 年；以及 Antoniades，1971 年，附录 3。
19. 参见 Mumford，《乌托邦的历史》。另见 Rasmussen，1969 年，第 21 页。
20. Doxiadis，1972 年，第 20 页。
21. 参见亚里士多德的《政治学》。
22. Rasmussen，1969 年，第 20 页。
23. 一些权力的执行者是实际的城市建设者。这个问题的很多资料是由 Rasmussen 提供的，1969 年，第 20—27 页。
24. 一般性资料，Mumford，《历史上的城市》。
25. Doxiadis，同上，第 20 页。另见 Travlos，1955 页。
26. 出处同上，第 5 页。
27. “这个有利地点的半径决定了每个重要建筑物的三个角，以便可以看见每一个建筑物的四分之三的景色。”参见 Doxiadis，出处同上，第 5 页。
28. 参见 Troedsson，1959 页，关于中世纪时期城市发展互动力的一般信息。另见 Mumford，1966 年。
29. 关于中世纪城镇的一般资料见 Pirenne，1952 年。
30. 通过对中世纪范例的研究，目前关于虚体、实体和交叉的城市设计词汇已经发展了出来。典型的范例研究参见《Architecture d' Aujourdhui》，1962 年；Chazimichalis，1973 年；第 23 页和日本国家旅游局材料中的速写。
31. Zucher，1970 年，第 77 页。
32. Rasmussen，同上，第 27 页。
33. B Benevolo，1967 年，第 14，16 页。
34. Peets，1968 年，第 152 页。
35. 这些术语归功于凯文 · 林奇。参见林奇，1963 年，第 2 页。
36. 关于这个论题的详细资料参见 Benevolo，同上，第 1 页。
37. 关于这些问题的基本资料是恩格斯的著作。他引用了某些指出贫民窟环境中不卫生状况的医学报告。另见恩格斯，在 Benevolo 中的《住宅问题》，同上，第 75，83 页。
38. Choay，1969 年，第 32，97 页。
39. 出处同上，第 57 页。
40. 出处同上，第 105 页。
41. Howard，1970 年，一般性资料。
42. Geddes，1971 年，第 xxix 页。
43. Paul. Davidoff 在 20 世纪 60 年代中期发展出的“倡议性规划”的理论和方法没有给 Geddes 应得的功劳。参见 Davidoff，1965 年。
44. Geddes，同上，第 xxix 页。
45. 关于一般性资料见 Stein，1971 年。
46. Tunnard，1967 年，第 90 页。
47. 对有形环境计划的总结参见 Reiner，T.，以及 Antoniades，1971 年，表格。另外的一般性资料：勒 · 柯布西耶，1947 年，介绍，指的是重新施工的问题。另见 Goodman，1960 年。
48. 关于勒 · 柯布西耶的城市设计计划，参见勒 · 柯布西耶，1971 年。
49. Newman，1972 年，一般性资料。
50. 城市设计的大多数研究以及这个领域的一些领先性出版物表明了这点。基本例子是培根在他的著作《城市的设计》中提到的研究。见培根，1974 年。
51. Unwin 发展出的 Letchworth 的有形设计极大地受到了 Camillo Sitte 观念的影响，这个观念不是先进的。这个论点的证据参见 Choay，1969 年，第 106 页；关于他的影响，参见 Choay，1969 年，第 108 页。
52. Stein，1971 年，一般性资料。
53. 一般性资料见 Antoniades，1971 年。
54. 关于 Hook 的故事，参见大伦敦委员会，1965 年。
55. 关于 Tapiola，参见 Von Hertzen 和 Spreirengen，1973 年。
56. 《Architecture d' Aujourdhui》，1962 年。
57. 关于昌迪加尔设计的故事、付给勒 · 柯布西耶的设计费以及花在设计上的时间，参见 Evenson，1966 年。
58. 勒 · 柯布西耶曾诬蔑 Camillo Sitte 是一个“笨驴方法”的辩护者。见 Choay，1969 年，第 106 页。
59. 这里将不再引用特别的资料，因为随后讨论中的评论是基于笔者参观提到的设计的个人经历。学生们可以参见《美国建筑师学会学报》（后来的《建筑》）“美国”和“世界”城市中的章节。
60. 这个非常成功的设计最初被认为是“滑稽歌剧”，“好笑的城市”等等。
61. Barnett，1974 年，第 45 页。另见 Costonis，1974 年。
62. 开发权力的移交。见 Barnett，1974 年。
63. Sommer，1974 年。
64. Huizinga，《Homo Ludens》，1962 年。
65. 例如参见 Rasmussen，1974 年（2）。
66. 更多关于 20 世纪 80 年代的城市设计态度参见亚历山大，1988，它关注“人的尺度”，“自然”（organicness）感觉的表达，或者模拟有机形式的城市发展关系，以及逐步增加的发展。关于巴黎在 80 年代的规划参见 Rocher，1988 年，第 12—15 页，关于柏林（IBA）参见 Kleihues 和 Klotz，1986 年。
67. 参见 Ellis，1989 年，第 28 页。关于克里尔的提议见克里尔，1984 年。

所选书目

Alexander. *A New Theory of Urban Design*
Gibberd: *Town Design*
Goodman, Paul and Percival: *Communitas*
Huizinga: *Homo Ludens*
Lynch, Kevin: *The Image of the City*

第 17 章

城市规划

图 17.1　城市规划师的社会背景。典型美国城镇的空中照片（新墨西哥州的阿尔伯克基）

城市规划是一个比城市设计和建筑都更为综合的环境设计范畴。就像这个术语表明的那样，城市规划处理的是城市环境的问题。城市规划在不同的时期和不同的地点有不同的名字。它曾被称为“规划”（planning）、“综合规划”（comprehensive planning）[1]、“城镇规划”（town planning）、“城市规划”（city planning），“结构规划”（structure planning），最后“城市规划”（urban planning）。在美国从事此类环境设计的专业人士喜欢称自己为规划师（planner）；在欧洲，特别是在法国，他们将自己称为城市主义者（urbanists）。就像你已经猜到的，术语上缺乏一致性反映了这个设计专业概念上的不确定性和含糊性。尽管其他人可能认为缺乏一致性反映了一个专业在演变过程中的动态。

城市规划关注的是城市环境中的许多方面。因此，它是许多专业人士的领域，每一个人都具备某个方面的基本专长，并且除此之外，还对各种参与因素之间的相互关系具备一个综合的理解。就像后面提出的那样，“城市规划师”不是一个独立的专业人士。“城市规划师”是属于不同的基本专业但具备共同的词汇的一组个人。因为这个共同的词汇，这个小组的成员可以进行交流。根据这一点，“城市规划师”们可以被比喻成一张圆桌。这张圆桌的每一个成员都关注着一个特定的问题，他们协调他们之间的争论并将它们用相互联系的方式联系在一起。其结论，总体说来，代表了这个圆桌关于所研究的城市环境的规划作品。[2]这个圆桌的一个成员（比如“交通运输”方面的代表）可以是一组人、一个交通运输规划顾问、一个个人，或者一个事务所。但是如果圆桌的一个成员将其特定方面关注的结论作为解决城市问题的那一个结论，那么最终将不会有规划。这个结论必须是所有参与因素以一种综合的方式相互联系和合作的结果。这是为什么“综合规划”一词在专业概念方面更具约束力一些。[3]

有了这段介绍，我们现在可以定义城市规划如下：

“城市规划是将城市社区作为一个整体发展的智力

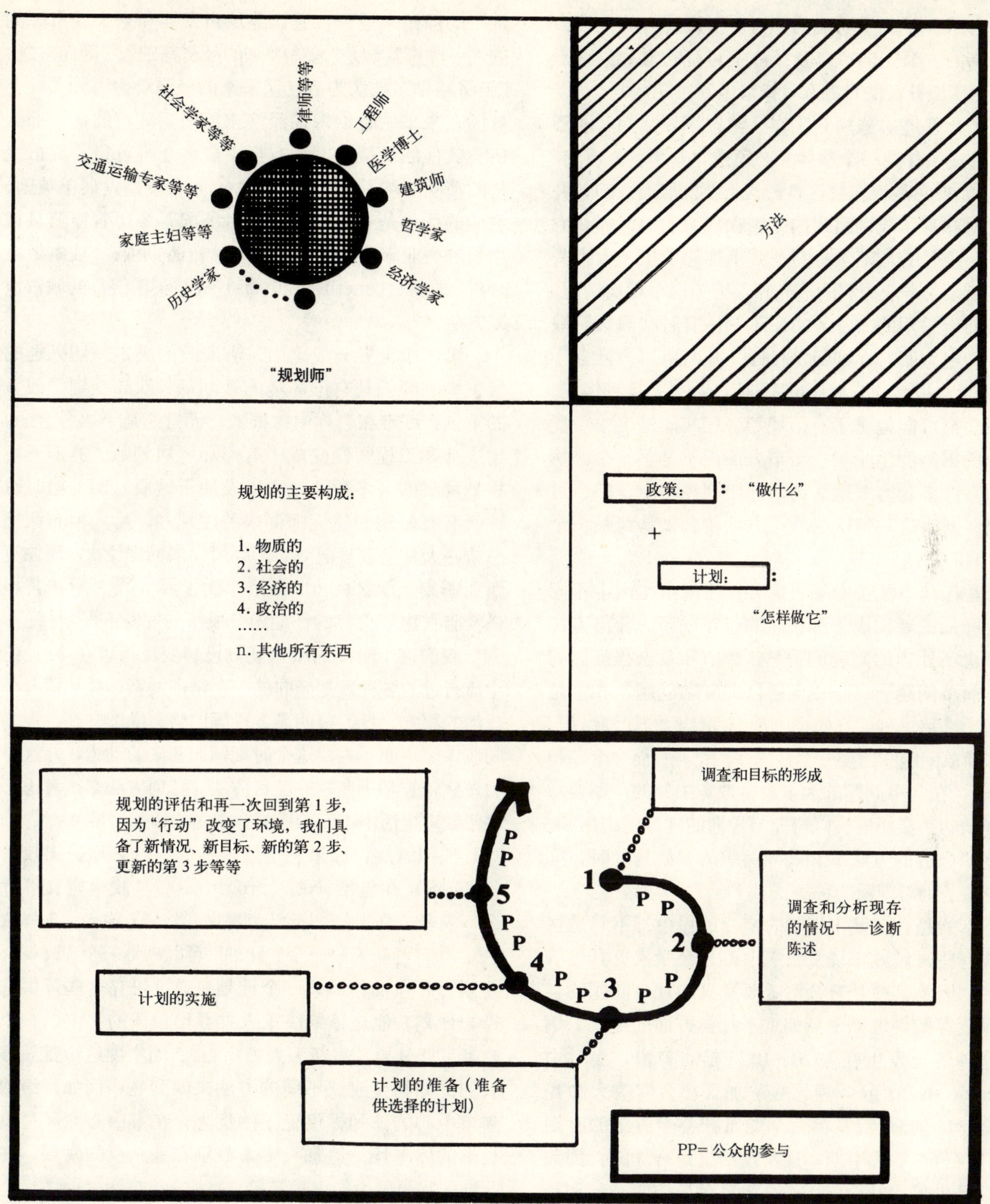

图 17.2　规划师和规划方法

预想，它用一种合乎功能的、物质形式迷人的、社会方面平衡的、公正的，以及经济上可行的方式。这点必须根据所说社区的目的和目标来做到。”[4]

为了合理地实施规划工作，城市规划师们（即圆桌的所有成员作为一个整体）必须遵守一个“合适的”方法。[5]如果它是根据社区自己的需要发展而来的，并且如果它尊重了规划组织的结构和能力的话，那么它就是“合适”的。不是每一个城镇都能负担一大批具有尽可能多的专业分科的规划师。因为这个现实情况，城市规划所采用的方法也有所不同。有时“圆桌”缺少某个特定方面的规划师，有时没有规划师－社会学家，但有时有很多的有形环境规划师。如果是这种情况，其方法会很可能偏重于有形规划。在其他情况中可能会认为城市问题出于一个城市方面而不是另一个。例如，如果许多政客普遍认为问题出在经济上，那么可以想像，解决这种情况的合适方法将会被认为是一个经济方面的方法。

但是任何方法都必须考虑存在于城市生活中不同方面之间，或者构成部分之间的相互联系。任何方法必须考虑所处理的问题的种类、性质和复杂程度。问题有“简单问题”、“合成问题”、“复杂问题”和“超级问题”。[6]每一种问题需要一种不同结构的规划组织。一个“简单问题”需要一个最简单的结构；而一个“超级问题”，在其中问题的大多数参数是未知的，则要求一个复杂的、多样的、以研究为导向的规划组织结构。在决定“合适的方法”和规划组织的“结构”时，第一步应该是判断问题的种类。

不幸的是，在城市规划的演变过程中却不总是这样。曾有些时候城市规划组织中的社会学家更具影响力一些，因为某些具有政治重要意义的社会问题的存在使得政客们寻求和支持偏重于社会方面的提议。例如，这种情况发生在1920—1925年的美国，当时由McKenzie和Burgess领导的芝加哥社会学院大力提倡社会学的偏重性。[7]另一个偏重社会学方法的时期是20世纪60年代中期；这在政治上是合理的，因为政客们优先采用社会学家[8]的建议旨在控制暴乱和社会不平。

偏重经济学的城市规划方法发展于20世纪30年代，当美国面临由于经济萧条引起的失业和其他经济弊端时。由霍默·霍伊特（Homer Hoyt）[9]领导的经济学家们，通过谈论经济问题提出了解决城市问题的结论。霍默·霍伊特发展出的方法围绕着“经济基础”的理论来运作；它认为城市发展和未来城市规划的惟一健康基础是“总体规划的经济基础”。[10]简而言之，“经济基础”被认为是社区未来的经济潜力。如果一个社区在未来的时期内在经济上能做到健康的话，那么所有其他的事情，例如有形发展将变得可行。城市规划的简明经济方法在20世纪60年代晚期发展于英国。它们的优势是有根据的，当时英国正经历着伴随日益增长的失业率的经济衰退，在这段时期内，“成本效益分析”（cost benefit analysis）成了英国流行的城市规划方法。[11]

第二次世界大战之后，有着政治决定一切兴趣的城市规划师们是有形环境的规划师。欧洲受到了战争的重创；城市在轰炸中被摧毁，而重建是个当务之急。建筑师和工程师们变成了有形环境规划师。有形环境规划发展的大多数原型方案发展于这段时间。当时欧洲所有有影响的建筑师都很关注规划。勒·柯布西耶总结并大量发表了他对有形环境发展的理论[12]，而佐克西亚季斯（Doxiadis）在第二次世界大战之后在其担任希腊重建部长[13]的任期内变成了一位城市规划师。

我们这个时期的城市规划已转变成为曾在20世纪中流行过的各种规划倾向的一个辩证关系，并且适合于政治的权宜之计。很明显各种倾向将会继续存在。规划师应该至少明了构成这个时期倾向基础的动力，并且尽力做到检查和平衡这些流行方法。任何方法必须考虑存在于城市生活中不同构成部分之间的相互关系。

任何方法，如果想是建设性的，就必须提出政策（policies）并包括计划（programs）。[14]政策定义“什么”或者“做什么”；而计划提供“怎样”或者“怎样做它”。[15]有可能不只一个“计划”可以满足一个“政策”。规划师必须推荐不只一个计划。通过研究这些可供选择的计划，他应该给决策人推荐出最佳的一个。一个政策可能是要“重新振兴市中心”。而实现这个重新振兴的计划则会建议不同的方法来做到它；例如，给回到市中心的公司提供税上的优惠，在市中心地区提供足够的停车场，追加投资来鼓励私人企业的发展，在此地区加强警力的保护等等。

……除非有一个阐述清晰的方法，否则规划的工作将是不可能的。每个规划方法应该遵循这个组织所有成员都知道的步骤。一个规划方法的步骤被称为规划过程。每一个过程的步骤和构成部分根据方法的重点的不同而有所不同。

例如，一个综合的规划过程可能关注理论和技术上的“理想状况”，并且理所应当地会强调“合成的”步骤。

与此相反，一个适合非理想的完整方式的“中等规模的规划”方法[16]，将会强调其过程的“实施”步骤。它会关注计划的运用和立即的实施；“与其等着十个不如先拿到五个”。[17]

规划的构成部分

只考虑城市生活的一部分会产生偏颇的规划。但是即使在不久的过去我们还曾见过这种偏颇的做法。重要的是我们在规划过程中要尽可能多地去掉偏颇的地方。这点可以通过研究来做到。

生活的主要方面是：(1) 物质的；(2) 社会的；(3) 经济的；(4) 政治的和 (5) 其他所有的事物（普遍的）。因此，规划关注所有这些方面。我们说这些方面是规划的构成部分。每一个构成部分是下一步构成部分的聚集体。城市规划师必须明了构成部分和下一步的构成部分。这个了解将构成建立对规划组织其他成员的理解的基础。对这些构成部分问题细节的正规学习、质询和修正的过程代表了规划研究的探究。主要的规划构成部分和其中一些基本的下一步构成部分总结如下。[18]

1. 物质的

a. 土地用途；

b. 交通运输；

c. 社区设施。

在前一章中所讨论的“城市设计”的大多数关注属于规划的有形环境构件。

2. 社会的

a. 教育；

b. 卫生健康；

c. 安全；

d. 福利。

这些中的每一个都影响且被所有其他构成部分（物质的、经济的、政治的等等）所影响。

3. 经济的或者金融的

a. 经济基础和就业特点；

b. 各种政府计划、制度和经济活动的项目：即城市的税收和财政政策。

4. 政治的（常常指的是管理和政府的构成部分）

a. 本地、州和联邦之间的相互联系；

b. 现存的项目；

c. 法律和法规量度。

“政治”是规划过程中最抽象的构成部分。这在“政治权宜之计”很重要的政治系统中尤其是个事实。

5. 其他所有：综合的构成部分。

综合的规划过程／方法

毫无疑问关于综合规划过程，在城市规划师之间有很多争论。[19] 我们在这里将不会解决各种争论。通过对规划的进一步研究答案将会出现，并且它将会是你们那些最终更多地参与规划工作或甚至成为规划师的人的终生任务。下面概括的综合规划的过程是最传统的方法之一，而且它曾被美国的规划师们广泛地使用过。[20]

1. 调查和目标的形成；

2. 调查和分析现存的状况（物质的、社会的、经济的和政治的等等）——诊断；

3. 计划的准备（一系列可选方案的准备）；

4. 计划的实施；

5. 计划的评估和再一次回到第一步，因为“行动”改变了环境；所以我们有了新情况、准备新目的的需要、新的第二步、更新的第三步等等。

最激烈的争论有关这个方法的第一步的正确性：目标的形成。争论就是目标的形成，作为过程的第一步，来得过早；还没有事实来支持这些目标，并且由于可能的预先假设，这些目标可能完全不相关。这个论点有其道理之处。不管怎样，我们有必要解释过程中每一步都做些什么。我们将给读者提供这些解释并且将规划过程的步骤顺序的争论留给读者，来让他发展其自己的专业方法。

在调查和目标形成的这一步中，城市规划师首先进行调查，即他们在城市环境中走动，就大多数问题进行调查，物质的、社会的、经济的等等。他们要尽力得到整体处境的综合印象，并且经历和理解问题的现实。他们做笔记并提出许多问题。他们要尽可能多地发现一些东西，类似于一个旅游者第一次参观一个外国城市。许多早期的观察极为有益，并且一些极富经验的城市规划师凭直觉提出的结论在后来被证明是正确的结论。这种情况在仔细研究现存的情况之后可以在很多例子中发现。出于这个原因，在调查这一步中“直觉性”很重要。

图 17.3 通过将上面楼层的退后以便让阳光照到街道上，巴黎的前卫多层住宅试图创造"卫生的"街道生活。随后柏林和纽约市的分区规范是在上述观念的基础上形成的。建筑师：Henri Sauvage

第一步的第二部分是"目标的形成"。在这部分规划师们准备一个目标的总结，它应该包括社区未来发展的期望。这些目标是否应该单纯是社区的，或是规划师的或者是两者的结合，这个话题已在规划师和规划评论家中引起了相当的争论。[21] 城市规划师有时被指责只为实现其自己的技术官僚目标而很少尊重社区的目标和期望。不幸的是这点在很多情况下都是真的。关于这个话题的争论已经产生了一些其他的规划过程，它们强调在目标形成阶段中市民的参与。在这些规划过程中最重要的是美国的倡议性规划（advocacy planning）[22]，以及由英国斯凯芬顿（Skefington）委员会建议的市民参与[23]过程。一些由于价值的传统转变，或者由于政治指令而具有同类构成成分的国家由上面制定"目标"。在一些国家中，诸如"倡议性规划"的方法论在目前是不可想像的。在许多情况中这种方法论是非法的。[24]

我们在这里讨论的规划过程的第二步是最容易的。它有关城市环境所有方面信息的系统收集。在这步中规划师收集并分析物质的、社会的、经济的、人口的和政治的信息。当所有的信息已被收集和分析之后，城市规划师做一个"诊断性"的总结。即他们将他们所发现的不对的地方以及怎样来"治疗"它们的方法做一个正式的陈述。在这个时候，城市规划小组扮演的是城市环境的"内科医生"的角色。诊断陈述是最重要的，因为它指出了疾病所在。

在诊断之后就是第三步。城市规划师已有了所有的资料；通过其诊断陈述，他们知道了需要治愈些什么；然后他们准备一些可供选择的方案，即他们准备一些"治愈疾病"的策略。他们必须准备好多可选方案以便使决策人知道他们的选择。规划师应该推荐他们喜欢的方案并且解释其原因。一个帮助决定制笔者挑选最佳方案的手法是成本效益分析。[25] 它从成本和收益的角度分析每一个方案，即"谁付这些费用以及谁得到好处"，并且告诉社区哪一个方案从经济（公共利益）角度更可行一些。城市规划师所使用的一个简明成本效益分析方法是 20 世纪 60 年代中期由 Lichfield 在英国发展出来的。

社区所选中的方案被称为"总体规划"、"总规划"[26]、"综合规划"、"结构规划"或者"战略规划"。[27] 它在性质上是概括的而不涉及有形的特定性。它是一个书面的和图形的文件，它给市民解释社区的目标和期望是什么，以及未来一些年中社区的发展方向。

一个社区定下一个总体规划的时刻总的来说是其历史上的一个愉快的时刻；它的市民因此知道社区和他们自己在未来将发生些什么变化。一个社区具有一个总体规划的好处是数不清的，并且在所选的书目中讨论得很多。在笔者看来，一个总体规划最重要的好处是这个方案提供给市民权益的保护因素。在规划成为法律之后，每一个市民将知道他在社区未来发展倾向中的确切位置。他将知道其房地产以及邻近房地产的未来。他可以因此根据它计划他的未来和私人利益。但是一个总体规划只是一个"愿望性"的文件；它可能永远成不了现实，如果发展的倾向（或没有发展）由于不可预期但可能的外部条件而改变的话。为了确保所选择的总体规划成为现实，首先它必须成为法律。

使一个方案法律化的细节，即确保它具有立法效应并且因此保护市民，是在规划过程的实施步骤中实现的。规划师为它发展出必要的法律手段。这些手段常常被称做规划的"控制措施"或者"规范"措施。它们的意图是保证方案的"平稳"实现。

实施的手段在不同的国家、不同的规划过程和不同的政治系统有所不同。在美国方案实施的基本手段有四个：（1）分区法（zoning）、（2）小块住宅用地划分规范（subdivision regulation）、（3）官方地图（official map）和（4）投资预算（capital budgeting）。前三个是以书面形式以及图形术语和图标形式表现的立法文件。书面声明是必须的，因为它们在法院更易于被理解一些（图 17.4）。

一般来说，分区法涉及的是"土地用途和用途的

1

总体规划或普遍性规划或综合规划或结构规划等等。一个书面和图形文件的汇编。总体规划：一个市政立法的官方声明，它制定关注其未来希望实现的有形发展的主要政策；发表的总体规划文件必须包括这个社区的独立的、统一的概括性有形设计，并且它必须努力分清物质－发展政策和社会及经济目标之间的关系*。总体规划是一个倾向性的陈述**。政策："做什么"，计划："怎样做"。

*Kent（用总体规划取代概括性规划），1964 年，第 18 页。
** 出处同上，第 20 页。

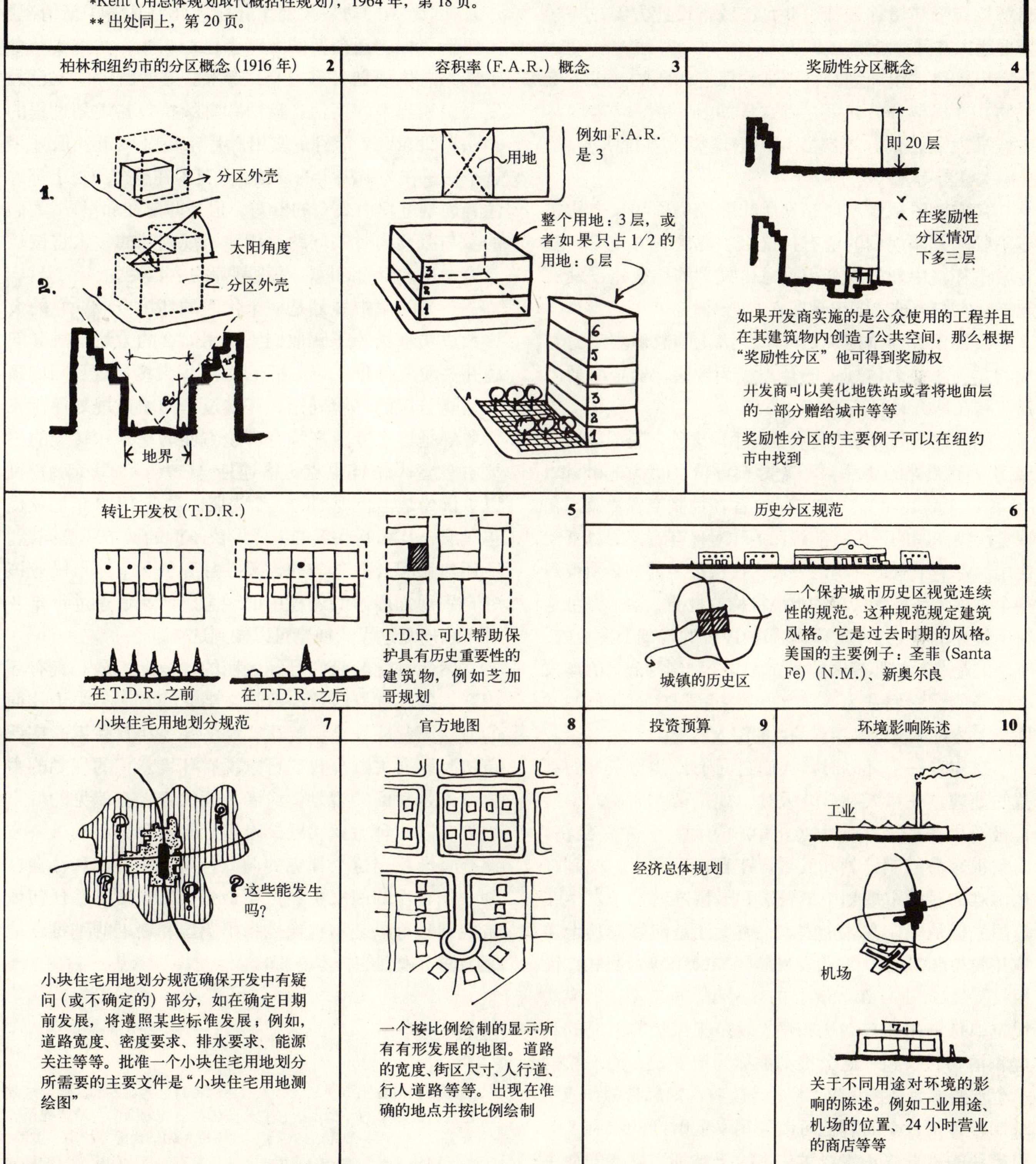

图 17.4　规划的控制措施

密度”。[28] 分区法的一些有形概念，就用途的密度而言，是容积率（floor area ratio）、奖励性分区[29]、历史分区规范和最近在分区考虑中的一个改革，转让开发权的概念。[30] 总的来说，分区法的革新观念是对发展的一种奖励[31]，而不是一个限制。分区法中的所有革新都试图解放有形环境规划师，并允许城市设计方案在美学上更迷人并且在经济上更可行。

小块住宅用地划分规范是确保有问题的（或不确定的）发展部分，如果在确定日期前发展，将遵照某些标准发展，例如道路宽度、密度要求、排水要求、能源关注等等。[32]

官方地图是显示现存发展的准确位置和尺度的实施手段。总体规划的所有提议必须尊重官方地图。随着城市环境中新的部分根据总体规划的综合建议发展起来，它们会被立即记录在官方地图上。

投资预算简单地说是一个经济上的总体规划。它说的是为了使总体规划的计划成为现实，资金将会怎样花和在什么时间花。

除了这四个实施的传统基本手段之外，美国最近发展出一个额外的手法，环境影响评价（environmental impact statement）。[33] 它是一个旨在控制空气、噪声和视觉污染问题的评价；能源保护和对稀有资源的尊重性使用。每一个有形环境的发展，在实现之前，必须得到一个被称为环境保护局的批准机构的批准。这个许可是在所提出的特定工程的环境保护评价的基础上发放的。不幸的是今天的环境保护评价是以一种例行公事的形式来准备的。它们是为遵守官方要求和程序而准备的文件，不是对环境影响相互关系的深入研究。

在实现一个计划时，人们会面临公共与私人的利益的处理。在私人利益介入时，规范私人企业的发展是极为困难的。在集中经济中，例如社会主义经济，国家很容易控制计划和发展。在自由世界中，控制则是困难的。城市规划中最极端和最困难的例子发生在美国。但是即使在这个国家，方案还是能够成功地实施并成为现实，由于“治安权”（police power）和“征用权”（eminent domain）的观念和实施，美国的宪法规定，每个州拥有立法和建立规范来保护其公民的利益和福利的权利。这个权利被称为治安权。治安权的一个重要方面是征用权。[34] 它是政府在紧急时刻和战争时期，为了公众的利益可以征用私人财产的权利。美国宪法的第五修正案要求应该给予被征用财产的业主恰当的补偿（just compensation）。

实际上规划过程的最后一步是过程的一个新循环的开始，因为规划过程是以一个“螺旋”的形式而不是“闭合的圆”的方式进行的。随着总体规划的计划开始实现，规划评估的步骤开始（或者应该开始）了。这个过程完全重新开始，从第一步（调查和目标的形成），因为“行动”改变了环境因此它具备了新情况、需要新目标、一个新的第二步已经转变，并需要一个更新的总体规划（第三步）等等。某些欧洲国家已经发展出相当多的评估、反馈和继续执行其规划过程的方法。Candilis 介绍了使用影片来记录城市发展并用这个信息作为新决定的反馈。[35] 英国在整个历史上都曾注意规划过程中公众的参与。但是即使在那里，“人们的参与以及何时的问题、相对于规划师的技术官僚信息输入及多少的问题”是规划师的主要关注。

今天的城市规划是一个优秀的环境专业。它的大多数成员都极为了解他们需要用综合的方法解决其问题并关注所有介入的“相互联系”。大多数规划师们极为通晓普遍的环境问题。许多过去的城市规划评论家们曾经是这个专业在综合环境方面的奠定和转变的主要贡献者。帕特里克·格迪斯（Patrick Geddes）可以被认为是当代规划的一个先驱。早在 1910 年他就提倡以综合及相互联系的方式解决不同的城市环境问题。他还建议了公众参与的需要并且开创了全体市民应该参与到规划理解的过程中的观念。他相信通过每年各种市政规划过程的展览可以做到这点。[36]

然而，就像我们已经表明的，规划不是一直有环境意识的，它有时曾失败过。当它的方法集中于片面的方法而忽略社会、物质、经济等等相互联系的广泛范畴时即会失败。我们可以说有环境意识的规划的主要敌人是片面的规划，或者片面的或者有偏见的城市规划师以此种方式实践。对规划问题和方法的进一步调查将会超出这个探究的简介范畴。在自由和社会良知一起合作的国家中会产生最好的城市规划。任何城市规划师可以毫不犹豫地指出英国和斯堪的纳维亚地区为城市规划的样本。[37]

注释

1. 美国的大多数城市规划设计人员愿意称自己为规划师。综合规划也是美国熟悉的一个术语。它是美国注册规划师学会希望使用的术语。一些术语例如城镇规划、城市规划和结构规划被用于英国。关于规划中偶尔术语的使用，英国人具有其肯定的定义。结构规划一词来自作为“总体规划”的一个先进概念的“结构”含义。

这个术语归功于卢埃林 · 戴维斯（Llewelyn Davies）并出现在米尔顿 · 凯恩斯（Milton Keynes）新城的报告中。

2. 笔者在新墨西哥大学教授“规划方法”一课时，用两年的时间进一步深化了城市规划师作为一个“圆桌”的观念。
3. 美国注册规划师学会更希望使用综合规划一词。
4. 这个定义发展自美国注册规划师学会正式承认的关于规划的地位。
5. 方法指的是“做”规划的方式。
6. 关于问题种类的资料，参见美国注册规划师学会关于美国规划师注册考试的小册子。
7. 笔者在新墨西哥大学“规划方法”的课程中曾研究过片面规划的过程。在这里没有提供详细的资料，因为关于这个论题的研究还在进行中；因此这里的声明可以被认为是一个早期的假设。
8. 在这个社会学至上的时期诞生了由住宅和城市发展部建立的“模范城市计划”、“倡议性规划”方法（见 Colboc，“倡议性规划”）和“行动突破”（operation breakthrough）过程。上述论题的基本资料：《模范城市计划——计划总结》，HUD，1965年；Frieden，《城市规划和社会政策》；Little，《塑造模范城市的策略》；Davidoff，《规划手册》；和《规划师的社会责任》，旧金山美国规划师学会全美大会，由 P.Davidoff 准备。在美国规划师学会全美大会中，笔者是准备上述立场声明的合笔者之一。
9. 参见 Homer Hoyt 在《根据 Hoyt》一书中的所有文章，另见 Hoyt，1941年。
10. Hoyt，1963年。
11. 成本效益分析的主要提倡者是 N.Lichfield 博士。参见 Lichfield，1962年。
12. 勒 · 柯布西耶的著作《四条路》特别注意了与重建有关的规划问题。见勒 · 柯布西耶，1947年。
13. Doxiadis 是第二次世界大战后希腊的第一任重建部长。
14. 关于“政策”和“计划”参见 Kent，1964年，第20，21页。另见 Altshuler，1965年。
15. 根据笔者对 Harry Anthony 博士的一个采访，美国规划师学会全美大会，科罗拉多州丹佛市，1966年。
16. 术语归功于 Altshuler，1965年。
17. 一个广泛流行的希腊谚语用简单的话语揭示了“中尺度规划”期望的精髓。
18. 这个总结基于美国注册规划师学会所理解的规划的构成部分和分支构成部分。
19. 关于综合规划过程参见 Cooke，1976年，第27页。
20. 由 Harry Anthony 博士介绍并由他在哥伦比亚大学教授；参见 Anthony，1955 年，1956年。另外有 Goodman 和 Freund 出版，1968年。
21. 关于规划“目标”的一般性资料，参见 Altshuler，1965年。
22. Davidoff，同上（关于倡议规划）。
23. Skeffington 关于公众参与的报告。H.M.S.O.，1969年。
24. 当讨论希腊需要倡议性规划时，希腊协调部一个部长的回答是“这种事”会被认为是非法的。1975年圣诞节。笔者的证词。
25. Lichfield，1962年。
26. Kent，1964年，第130页。
27. “结构”和“战略计划”是在英国使用的术语。Lichfield 喜欢它们。
28. 关于分区法的很多文献，参见纽约州分区法的介绍性定义。另一个有价值的介绍性理论资料：Pomeroy，1950年，整篇论文。
29. 参见 Barnett，1974年。一般性资料；以及 Markus，1972年，第5页。
30. Woodbury，1975年，第3页；以及 Costonis，1974年。
31. 同上，第40页。另见《研讨会：土地规范的新观念》，J.A.I.P.，1975年1月，第1页。
32. 关于小块住宅土地分区规范的资料，一般性资料。
33. 参见关于环境影响陈述的立法手册。另见《环境质量》1973年9月（一般性资料，关于环境质量的第四个年度报告）。
34. 关于规划术语的进一步解释，参见 Charles Abrams，1972年。
35. 参见 Antoniades，1969年。
36. Patrick Geddes，《转变的城市》，1971年。
37. 规划的中心思想是“公正”。因此城市规划关注城市“公正”系统的平衡。这个设计范畴的社会因素使得规划师很难在自由世界中运作。在很多年中规划师被冠以邪恶含义的负面特性。目前美国是最难进行成功的城市规划的地方之一。不管怎样，能源危机使公众看到了预想和公正的需要。有可能在未来的年代里在美国能有好一些的城市规划。

所选书目

Geddes: *Cities in Evolution*
Goodman, Paul and Percival: *Communitas*
Greater London Council: *Hook, the Planning of a New Town*
Kent: *The Urban General Plan*
Le Corbusier: *Four Routes*
McHarg: *Design with Nature*

第 18 章

区域规划

区域规划是这个探究中所讨论的环境设计中最广阔的一个范畴。它是最综合的一个，因此也是所有设计范畴中最概括的一个。就像这个术语字面所包含的，区域规划是为区域而设的规划。区域规划师[1]深入地研究和分析“区域”，并且致力于将其发展作为一个整体的智力预想。这个智力预想是以一种方式做到的以便：不浪费区域能源；协调区域的土地用途；保持区域特点；合理地使用区域的资源；区域的社会、经济和文化资源以平衡的方式发展；并且最后，这个地区在潜在的竞争范围内完整无损地存在下去。这种同其他地区进行的竞争现时存在，也可能在将来会进一步发展。

区域规划是国家宏观规划的一部分[2]，一般来说是一个国家在“阶段规划”[3]指导下执行的经济和工业规划。城市规划被比喻为成员使用同一语言的“一个圆桌的智力预想”；而区域规划是同样的。区域“规划圆桌”的不同之处是占据其席位的专家们的关注更概括一些并对小尺度问题的关注少一些。区域规划圆桌（区域规划团队）的常有专业人士是经济学家、工业安置专家、地理学家、交通运输工程师、景观建筑师、能源保护主义者和当地选出的官员。专门建筑物的建筑师常常只在讨论某些特定区域中枢的设计和施工时才参与到圆桌中，例如飞机场、发电厂和具有区域重要性的建筑物。就像我们已经看到的，传统建筑师的作用随着环境设计范畴变得更综合而减弱。但是区域却对“建筑”具有巨大的影响。这个问题将在此章的后面加以讨论。

景观建筑师在区域规划中扮演了一个相当重要的角色。许多考虑最周全的区域土地用途规划就是由经过景观建筑基本训练的区域规划师准备的。19世纪中美国的区域规划大部分是由景观建筑师执行的。这方面的一个著名例子是景观建筑师弗雷德里克·劳·奥姆斯特德（Frederick Law Olmsted），他开创了保护区域自然资源以及国家公园的构思，并提倡使用协调的区域室外方案（区域室外走廊）。[4]

1932年美国开始了一个杰出的区域规划时代。由田纳西流域局（Tennessee Valley Authority）主持的所有工程都是以区域的互相依赖性（regional interdependencies）为基础的。“美国电气化”的计划和新社区的建设发生在这个区域规划的壮举时期。这是由罗斯福政府创立的“新政”时期。

目前日本正经历着具有国家重要性的区域规划。这是仅有的几个工业化国家之一，其区域还保留着其本地特征、自然资源受到保护、区域的室外环境一点也没有受到污染，并且技术进程设法与文化价值和区域特征保持同步。[5]

在城市和乡村发展之间的不平衡[6]只能通过区域规划才能得到调查和协调。过度城市中心化的倾向，就像在“发达”国家所看到的，只能通过对区域互动力和对有意义的区域规划的理解才能停止和改正。我们有必要集中对待对区域资源的平等的重新分布、对稀有资源的深入理解和“区域良知”的唤醒。过去一些最成功的区域规划范例都曾重视上述原理。可能很容易理解，在资源及其重新分布方面具有先进的平等和公正观念的国家，区域规划比较容易实施。

什么是区域？

到目前为止我们在谈论区域规划时是在假设我们已经一致同意区域的含义的基础上。例如，一个希腊雅典的居民可能会将他的区域描述成由周围的山脉（Parnis、Hymitos、Penteli）和Saronic海湾定义的地理区域。对于一个每天乘坐地铁往返于曼哈顿北城的住所和曼哈顿南城办公室之间的纽约客来说，他的区域是地铁线路行程，加上也许一个月几次的时代广场等等；简而言之，就像他可能告诉你的，他的“区域”就是“这个城市”。这个雅典人和纽约客对“区域”一词的概念不同；“区域”对他们意味着不同的东西。同样的事情也发生在不同的政府身上，而且不幸的是，同样的事情也发生在不同的区域规划师身上。区域对不同的人们有不同的含义。关于区域概念化和定义的解释对成功的区域规划很重要。“区域”的基本解释如下：

1. 地理性的解释[5]：它通过客观界限例如山脉、山谷、海岸等等定义区域。

2. 经济性的解释[6]：它仅仅考虑经济基础。通过某些定义明确的经济活动的相互关系来定义区域，这些经济活动能给一个特定的人口带来经济繁荣。

3. 政治和行政管理上的解释[7]：区域常常在地图上被相当任意的标线“政治地”定义出来，它只考虑一个选区人口的大小，完全忽略了同质性、平衡、地理、文化。有些时候出于行政管理方便的目的，区域的定义更负责任一些。

4. 文化的解释：它通过对人口同质性的考虑来划分区域。同质性的标准是语言、风俗、信仰、种族背景等等。人类学家更喜欢区域的文化概念化。

5. 研究者的解释：这些常常是出于研究提要目的的任意理解。[8] 为了研究模式的“简洁”，区域的定义和区域的互动力常常非常抽象。

可以看出，对区域没有一个综合的解释。但是出于这个探究的介绍性目的，下面一段文字可以作为一个出发点：

> 区域是一个想法。……区域是具有共同联系的一个人口度过其日夜的地理范围。……如果一个区域与外界和谐相处时，它的内部就是平和和繁荣的。成功的区域是自给自足的。在这些区域中“自然的”和“人造的”以和谐的平衡共存；即自然法则和生态支持人类的“发展”和“人类生态”的和谐存在，并且反过来也一样。当自然和人类的居住地之间存在平衡时，当适应存在时，区域规划就是好的。有些例子中“敌意的区域”(hostile regions)（例如沙漠、冰）已经被提高到人的标准并且人类已经被训练得能够在这些环境中生存和生产。区域是人们在那儿怀有最高程度的“恋乡情结”的地理范围。

区域主义

“恋乡情结”是一个人对他的地方（区域）感到的热爱，它曾是历史上区域主义运动的特点。为了方便区域规划，人们分享对一个地方同样的热爱和同样的区域想法的地理范围可以被肯定地定义为区域。区域主义是一个试图将权力从中央政府转移到地方管理机构并强调这个省（区域）自给自足（self-sufficiency）和文化特征的运动。[9] 关于 12 世纪和 18 世纪法国的“区域主义”运动的文献比任何其他国家类似运动的文字都要多。[10]

法国在第一次区域主义运动中（12 世纪）建立了无数的新城（Bishopic towns）[11]，而第二次法国区域主义运动（18 世纪）的动力如此之强烈以至于引发了法国大革命。区域主义与“民族主义”(nationalism) 仅一步之遥。我们可以说区域主义是一个构思明确的国家主义 [12]，并且健康的区域主义是国家稳定和幸福的保证。除法国之外由于区域竞争经历动荡的国家有德国和西班牙。[13] 当区域主义基于理性、对可使用资源的研究和规划时，它是健康的。如果它仅仅以情感为基础，则可能引向民族主义。有可能这个民族主义是用意不良的，建立在没有现实标准的基础上的，其表现形式是人们对国家的神经质热爱。为了区域规划，这类型的民族主义应该被摒弃。

近期历史上区域主义的一个好的尝试发生在美国。每一个州可以被考虑成一个政治上划分的区域。

区域规划的最大困难在于区域的定义和解释。区域规划的理论家们指出了这项工作的困难性。[14] 但是，除非一个区域是在规划目标的基础上合理定义的 [15]，并且除非这个区域中相互联系的分支系统已被明确并得到研究，否则不可能产生整个系统都平衡的规划。

区域的研究

区域研究的元素

像区域规划这样巨大的设计范畴，其理论也是巨大的。与此相反的是，在这个论题上的实用资料却很少，特别是那些适合介绍性目的的资料。一个谈论区域规划方法和实用技巧的著作是麦克哈格的《设计结合自然》。麦克哈格提议区域规划师应该与自然一起设计，而不是与它对立。这时麦克哈格的基本前提和方法看上去都非常有前途，因为它们都是极综合的。

为了避免复杂性并使结论在方法上容易一些，其他目前存在的方法则排除了问题的许多构成部分。一个在过去使用过并且目前在许多国家，特别是在英国仍在使用的方法是由 Nathaniel Lichfield 博士首创并发展的费用收益分析。区域的构成部分被分隔开来，并且通过给所提出的每一个方案的优缺点指定一个金钱上的价值来得出一个结论。最佳结论通常是在目标期限内费用最低的一个。但是就像 Lichfield 已经承认的，大多数构成部分是无形的，因此无法给它们指定金钱上的价值。为了评估，这就将这个方法引向了一个打分系统的使用。

考虑到这些困难，麦克哈格的综合方法看上去更有前途，尽管它可能看上去更经验主义一些。比起使用数学和经验评估相结合的 Lichfield 的费用收益分析方法，它能评估更多的环境因素。麦克哈格提议 [16]，为了与自然一起设计，区域规划师必须完全了解自然生态群（植物、动物、人类）的各种生态进程，他们应深入地探明这个区域现存的自然现实，然后应在一系列的透明膜上记录这些现实，并且永远不要在生态平衡所必须的土地上发展。麦克哈格的透明膜，当考虑为一种构成的方式时，可以产生可发展和不可发展土地的区域方案。开发应该只发生在可发展的土地上。

任何区域研究都需要考虑和协调的元素是物质的（自然的和人造的）、社会的、经济的、文化的和政治的。

物质的元素：(a) 自然的：湖泊、山脉、海岸、河流、平原、森林、农业用地、地下资源；(b) 人造的：城市居住区、交通线路、有区域重要性的公共作品（发电厂、水坝、飞机场、工业等等）。

社会元素：人口特点、人口统计、所有和统计资料有关的东西。

经济元素：第一、第二、第三产业；区域的经济基础。

文化元素：风俗、生活方式、语言、同质的程度、含义的层次、"恋乡情结"的程度。

政治因素

1. 当地政府的形式及其对区域规划的态度。当地政府的最佳形式必须是任何区域规划方案的首要考虑。[17]

2. 区域性政府的种类

a. 州政府

b. 为执行区域规划而专门建立的区域性政府部门。这些政府部门是由当选政府指定的，例如纽约州发展委员会。

c. 权力部门。这些是专门建立的、只执行区域规划中一个重要元素的区域政府部门，例如纽约港务局、旧金山海湾地区快速公共交通局、田纳西流域局（1932年）。

1932年美国开始了一个杰出的区域规划时代。由田纳西流域局主持的所有工程都是以区域的互相依赖性为基础的。"美国电气化"的计划和新社区的建设发生在这个区域规划的壮举时期。这是由罗斯福政府创立的"新政"时期。

目前日本正经历着具有国家重要性的区域规划。这是仅有的几个工业化国家之一，其区域还保留着其本地特征，自然资源受到了保护，区域的室外环境一点也没有受到污染，并且技术进程设法与文化价值和区域特征保持同步。[18]

区域的不平衡：中心化与非中心化

在城市和乡村发展之间的不平衡[19]只能通过区域规划才能得到调查和协调。过度城市中心化的倾向，就像在"欠发达"国家所看到的，只能通过对区域互动力和有意义的区域规划的理解才能停止和改正。我们有必要集中在对区域资源的平等的重新分布、对稀有资源的深入理解和"区域良知"的唤醒。过去一些最成功的区域规划范例都曾集中在上述原理。可能很容易理解，在资源及其重新分布方面具有先进的平等和公正观念的国家，区域规划比较容易实施。

历史的影响

人类居住世界的区域环境是由城市和乡村的社会环境组成的。在过去这些社会环境是以自由的形式发生的。但是即使在"原始"时期，当在城市定居点的发展中"丛林规则"盛行的时候，也出现过某些显示出自由区域竞争的理性的区域布局。19世纪曾有过对自由区域发展历史的回顾并且发现了四种城市定居形式的基本布局。后来的理论都是以这些发现为基础的：

1. 在观察的区域中某些城市定居形式比其他的更重要一些。因为这些重要的定居形式都是以中心形式安置的，它们被称为中心地带（central places）[20]，其发展的原因是易于接近使用它们的人们。

2. 某些定居形式（城市）关注其地方（区域）与外界的联系；这些定居形式是这个区域的港口。[21]它们是这个区域的重要经济元素，并且它们具有重要的文化多样性和各种生活方式。一般来说，它们是早期区域中最自由的城市定居形式，因为它们与外面的世界相切，并且贸易的成功需要容忍和自由。

3. 第三重要的其他定居形式是围绕着高度局部化的物质资源发展的。[22]

4. 某些其他的定居形式完全出于偶然的事件。底特律即是这样的例子。[23]这个城镇发展的原因是因为一个"酒吧"的所在，在酒吧里几个朋友聚在一起并最终决定介入到汽车工业中去。

理论

最重要的区域安置理论总结如下（图18.1）。

1. 中心地带论，或者W. Christaller的假设。这是一个关于贸易中心空间布局的理论。Christaller将德国南部作为他的范例研究。他发现有着最低专门分工的城镇是等距地布置的，并被六边形的内陆环绕着。每六个这种城镇就会有一个较大的、分工更细的城市定居点。[24]

2. August Lösch进一步发展了Christaller的理论，但是他的"完善"产生了一个更复杂的解释。[25] Lösch的著作《安置经济学》是一部出色的资料，它对区域规划师来说极具启发力。

3. 城市发展的同心圆理论[26]（Burgess芝加哥社会学学院）。这个理论关注的是城市环境。它建议环境应以圆的形式发展。这些圆是环（中心）、过渡区、工人住宅区、住宅区和远距离上班族的住宅区。

4. 扇形街区理论。[27] 由霍默·霍伊特（Homer Hoyt）发展出的。他建议了与同心圆理论同样的街区种类。但是只有环（中心）是在中心地带；其他的区则以扇形的形式发展的，而不是同心圆。

5. 多核心理论。它是由McKenzie提出并由Ullman进行了拓展。它没有显示明显的同心秩序。区的布置是根据供需规律。环境竞争沿着进出城市的道路发生。[28]

6. 佐克西亚季斯的Ecoumenopolis概念。[29] 这是“扇形街区”理论结合线性发展的一个演变。发展中国家的无数区域曾遵照佐克西亚季斯的理论来规划发展。佐克西亚季斯的理论不以现实的研究和发现为基础；与此相反它只是一个人为的建议。

7. 保罗·索莱里（Paolo Soleri）的微型化。[30] 这是一个建筑师的区域发展设想，它的基础是区域中在有计划的地点设置的高密度的Arcologies（建筑生态）与区域资源和能源的最大程度的保护相结合。

范例研究

除上述的理论摘要之外，现有几个出色的区域规划可以作为区域规划师的范例研究。在这些规划中，最重要的几个如下（图18.1）：

1. 大伦敦地区规划[31]，由帕特里克·阿伯克龙比（Patrick Abercrombie）爵士在1944年完成。它建议大伦敦地区应该主要沿着一个物质环境非中心化的进程发展。发展应该通过工业的分化和建设自我控制、自给自足的新城。伦敦区域发展的故事（大伦敦地区）间或见诸文字，而且关于这个话题的文献资料在区域规划方面是最多的。目前大伦敦地区的发展是由大伦敦地区委员会执行的（GLC），它是目前世界上最大的区域规划机构。

2. 华盛顿区域规划。协调2000年华盛顿特区区域发展的放射性走廊规划。这个区域规划的特点是一个星形的抽象图案。

3. 巴尔的摩规划，设计成按三个阶段发展：1970年、1980年和1990年。这个规划是为散布在这个区域的多个城镇而设，它们没有特定的几何形状。

4. 丹麦哥本哈根的“手指状规划”。它的构思类似于华盛顿特区的星形规划构思。但是由于近海的原因，它仅仅是半个星形图案。

5. 斯德哥尔摩的区域规划。这是另一个沿着快速公共交通线路发展的星形。

6. 巴黎的线性延伸规划。沿着快速公共交通线路的线性发展是这个规划的特点。

对上述例子的研究建议，在任何区域规划的实施中，最重要的决定因素是政治系统和政府的形式。除非有一个适合的政治气候，以及有一个合适的政府机构来执行这个规划，否则就不能成功实施。

我们对区域规划和政府形式之间内在联系的研究将主要集中在英国、瑞典、荷兰、以色列、前苏联、拉丁美洲的一些国家和美国。在研究这些区域典范时要做的第一件事是各国家在其物质的、经济的和政治的定义中对中心化和非中心化的态度。对中心化和非中心化的研究系指城市对立方面（urban dialectics）的研究。[32] 如果在城市和乡村定居形式之间出现不平衡，那么人们可能面对的是物质环境中心化和糟糕的区域发展例子。中心化和非中心化的优点必须加以研究，并且区域规划方案必须努力实现两个系统的最佳形式。让我们看看不同的国家是怎样实现中心化和非中心化之间的平衡的。[33]

英国

通过规划的非中心化实现的有控制的区域发展。在美国常见的、没有控制的非中心化形式，例如无计划的延伸、分散和低密度，在这里得到了完全的避免。[34]

瑞典

斯德哥尔摩的非中心化是沿着快速公共交通渠道发生的。未来发展和新城发展的地址是由瑞典政府提前50年购买的。快速公共交通系统首先发展然后城市发展跟随其后。这已被证明是一个有秩序地控制区域发展并避免由汽车引起的无计划延伸的出色方法。[35]

荷兰

在这个例子中区域规划变成了国家规划。严肃的规划关系到这个国家全体人口生死存亡的问题。所有的人都接受和理解这个尺度的规划。常言道：“上帝创造了地球而荷兰人创造了荷兰”不是一个没有根据的说法。……但是人们必须共同努力。荷兰人通过首先创造发展的地址而创造了其协调的区域；他们首先进行了填海造地来达到这个目的。当人们填海造地时，

1

中心地带论

Christaller 的假设

• 小村庄　— 小村庄的边界
• 村落　---- 村落的边界
■ 城镇　•— 城镇界限
■ 城市　━ 城市交易地区的界限

W. Christaller 关于交易中心空间布局的范例研究：德国西南部

具有最低层次专门分工的城镇可以等距地分布并用六边形的内陆环绕起来。每六个这种城镇就会有一个较大的、分工更细的中心

区域发展的概念

中年的　　中心地区衰落　2

同心圆的理论 3	扇形街区理论 4	多中心理论 5
轮廓 1. 环（中心•） 2. 过渡区 3. 工人住宅区 4. 住宅区 5. 远距离上班族地区 湖 Park–Burgess–McKenzie	1. 中心商业区 • 2. 批发—轻工业 3. 低收入住宅区 4. 中等收入住宅区 5. 高收入住宅区 霍默 · 霍伊特	1、2、3、4……8 与扇形街区理论相同。 6、7、8、9："包容的"住宅区（高收入郊区） Harris 和 Ullman

6

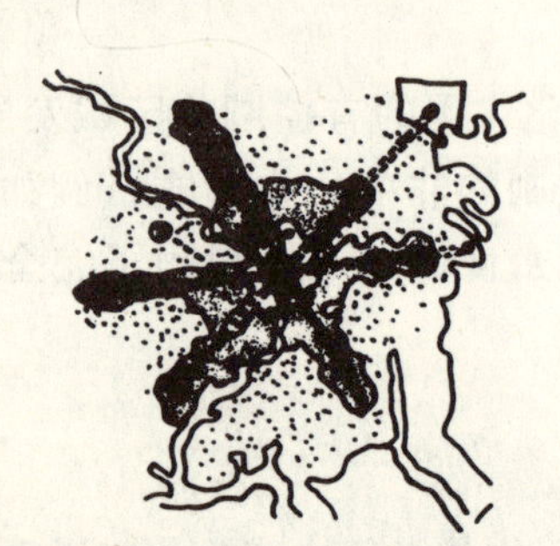

华盛顿 2000 年规划。一个放射性的走廊规划。由首都规划委员会和首都区域规划委员会设计，但很可能实现不了

7

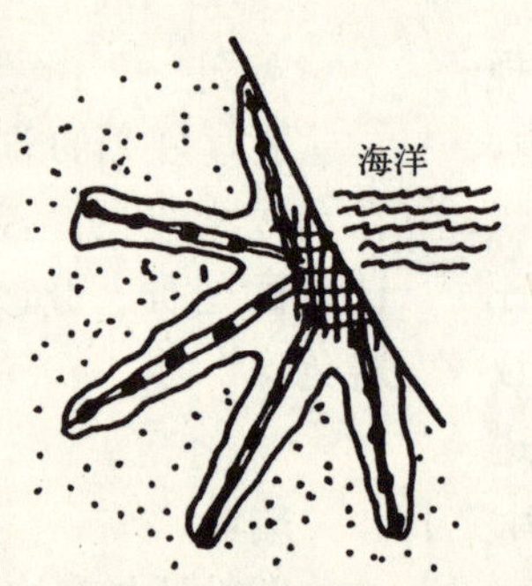

哥本哈根区域规划。哥本哈根的"手指"规划。由于这个国家小的尺寸，它倾向于成为一个国家规划

8

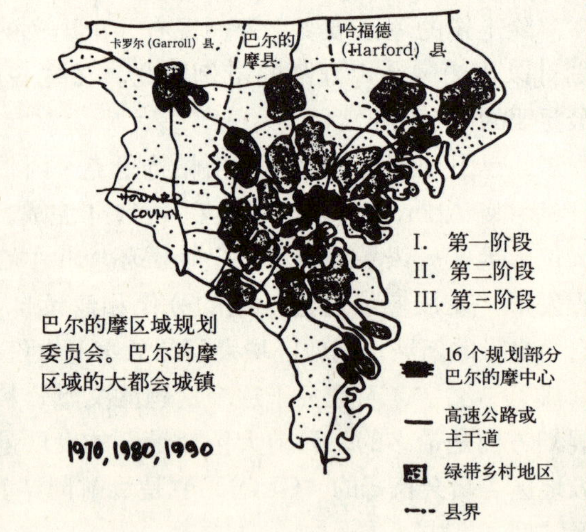

巴尔的摩区域规划委员会。巴尔的摩区域的大都会城镇

1970, 1980, 1990

9

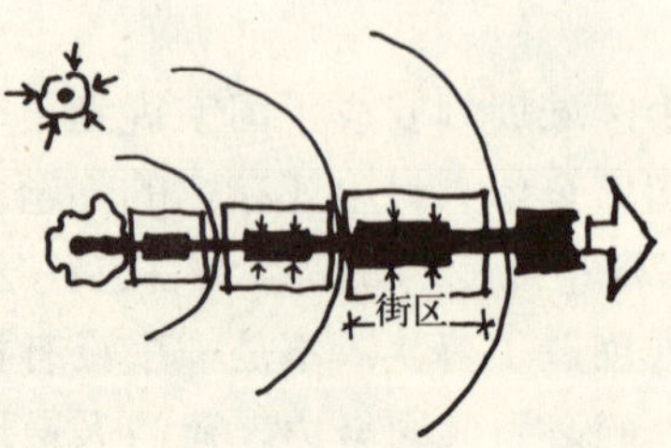

佐克西亚季斯：Dynapolis

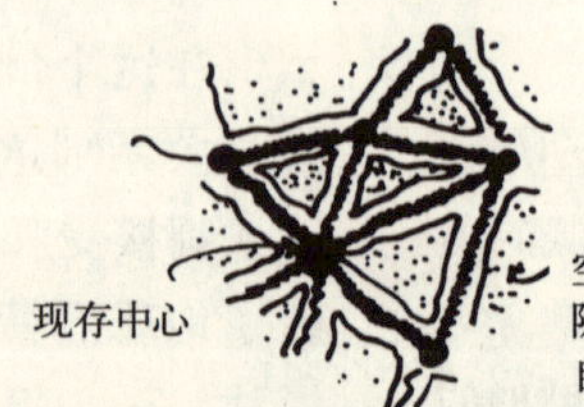

佐克西亚季斯：Ecoumenopolis

10

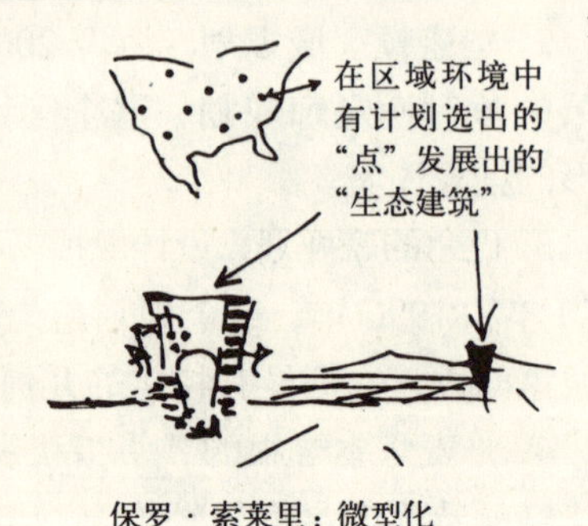

保罗 · 索莱里：微型化

图 18.1　区域规划的概念和理论

他们必须极为注意他们所做的一切。[36]

以色列

以色列的区域规划包括了新城的广泛建设[37]以及出于国家防御目的的分类。区域规划是整体"防御"规划的一部分，并且全部人口都参与了。荷兰和以色列代表了今天对"区域良知"研究的顶尖例子；"区域良知"可以被认为是成功的区域规划的首要条件。

前苏联（左派极权主义）

在 1926 年至 1963 年间，苏联发展了 800 个新城。[38]一些城镇是修复的，其他的是改建的，而另外相当的一部分是新建的。区域规划，就经济和物质环境发展而言，被接受为并按一个方针来执行。但是其有形城市环境的质量却不很成功。[39]在前苏联集团中好的区域规划例子有波兰和独立的南斯拉夫。

拉丁美洲（右派极权主义）

在无数拉丁美洲国家执行的区域规划强调了经济和技术的发展。[40]研究常常发现偏见的区域决定旨在满足统治组织和外界联盟的利益。"区域规划"通常是由政府技术官僚和外国专家主持的。这种规划，尽管令人吃惊的合算[41]，是对区域的榨取而不是发展。

美国

自由市场经济，加上其内在的竞争和私人所有权，使得区域规划在美国更像是一个学术关注而不是一个重要的行动。目前的"城市辩证法"看上去有从"非中心化"到"中心化"的倾向，但是却不存在所需的"大"的想法和实施"大"的区域方案的能力。参与规划的人们相信有必要给予区域规划优先权，但是真正迫切的是环境设计专业人员意识到这种规划对美国的紧迫性。这个国家的区域规划曾经历过辉煌的时期，但不幸的是这种时期没有持续下去（例如新政），人们以怀疑的态度对待区域规划的倡议者和规划师，并且对其专业赋予左倾的含义。今天的环境和能源问题给了美国一个重新考虑其区域规划态度的机会。尽管目前只有某些小的积极的特例（旧金山海湾地区快速公共交通系统、双城区域规划、纽约州发展公司），但对于区域规划的普遍态度还没有任何改变。政治利益和大的私人公司还没有找到对付所涉及的重要问题的方法。不幸的是这个具备最伟大的技术潜力并在学校中训练了一大批区域规划师的国家却不能在现实环境中处理其自己的区域环境问题……

因此，人们可以断定，成功的区域规划的关键不可能在技术官僚、实际知识和只求数量的态度中找到，它却可以在关于区域规划的国家价值系统中发现。也许对区域规划价值的寻找应该开始于对法国区域运动的研究……然后英国、斯堪的纳维亚国家、日本和荷兰。

地域主义和建筑

在建筑和地域主义之间有一个肯定的联系。有环境意识的建筑能够谨慎地对待区域限制和过程（图 18.2—图 18.21）。回应区域普遍动力的建筑是同质的建筑。直接影响建筑的地域动力的是气候、材料、施工技术、生活方式和经济。

地域性影响最终创造了建筑的地域种类。意义、质感、洞口、色彩、眩光的处理、建筑组群、建筑物的剖面和室内布置服从于环境限制。一个文化常常需要几百年的时间学习区域限制并合理地应对它们。尽管大多数文化已经发展出其建筑物的"正确"结论，也有一些时候相反的情况发生了。[42]如果一个不正确的地域结论在地域建筑中发展出来，这个错误就有持续几个世纪的危险。

世界上的许多区域具有极为相似的气候和材料；因此有可能在不同的地域建筑中发现强烈的类似型。例如巨大性、质感、连续性和超越虚体的实体优越性是希腊群岛和新墨西哥印第安村落建筑之间的主要相似性。眩光问题、社会态度和类似材料的可使用性创造了这两个"平行环境"的本性上的类似。希腊群岛的建筑和新墨西哥印第安建筑的主要区别是拉毛水泥的颜色。

地域建筑是保护能源的建筑。它使用已经存在的材料，并且不需要消耗能源来制造人工材料。另外，一些问题例如通风、热量控制和夏季降温通过使用合理的建筑剖面和建筑物朝向的方法常常已得到了解决。建筑可以从对世界上不同地域建筑中的研究中学习很多东西，但是必须保持一种警觉和"批判的"态度。这就将我们引向了"批判的地域主义"（critical regionalism）。

"批判的地域主义"是乐于接受各时期设计意识形态的地域主义建筑，并且它能够通过运用强烈的"批判"

图 18.2　大多数工业化以前的建筑是建筑地域主义的结果。希腊圣山(Athos)清苦的 Kafsokalyvia 村落通过对地域相互作用元素(气候、材料、技术)的利用做到的统一

图18.3 在传统例子中经历的地域主义曾创造过统一的作品和不可否认的工匠技艺。在Kafsokalyvia修道院住宅的小祈祷室和穹顶，希腊圣山（上图）。在同一清苦村落的船坞（下图）

图 18.4 使用本地材料和模仿传统形式的当代地域主义。由于模仿过程中的内在障碍，这种地域主义很容易失败（即左下图）

特许，将这种意识形态结合进其“地域性”的创造中去。[43]“批判的地域主义”能够超越“缺乏想像力的地域主义”，这是对地域性原型不加质询的接受并且通过使用技术来使其形式适应新功能。例如，约翰·高·米姆（John Gaw Meem）在新墨西哥州的建筑（图 18.17）[44]即是“缺乏想像力的地域主义”。与此相反，“批判的地域主义”可以产生形式与本地所知的形式极少类似、但又是包含地域限制（“有形的”和“无形的”）的真实结果。就像小威廉·柯蒂斯（William Curtis, Jr.）所说的，丹麦建筑师亨宁·拉尔森（Henning Larsen）设计的利雅得外交部大楼是一个具有“……现代的简洁、地域性的暗示和泛－伊斯兰的借鉴……”的建筑物。[45]它是一个适合那个地方和那个气候、具有沙漠质地、具有安全感的“堡垒”似的建筑物（图 18.20）。它的室内是伊斯兰的（图 9.10）。在同一国家的丹麦皇家大使馆也是这样（图 18.21）。一个由外国人，包括建筑师亨宁·拉尔森设计的异域文化的建筑物，但适合这片土地、它的气候和这个地域的光线，这是一个超越性的地域主义。

一些在 1980 年读到这本书第一版的建筑师已经转变成“批判的地域主义”的典范人物。在笔者看来，安托万·普雷多克（Antoine Predock）是这组人物中最出色的，他将地域主义提高到一个批判、合成和环境“包容性”的最高层次的建筑（图 18.6）。[46]

地域主义和建筑形式的问题是一个敏感的问题。如果建筑师想要超越缺乏想像力的地域建筑并做到“包容的真实性”，他们必须研究和学习地域建筑的原理。

图 18.5　（左上图）雅典的住宅，建筑师：Aris Constantinides（右上图）希腊雅典的公寓住宅，建筑师：Dimitris 和 Suzana Antonakaki，1977 年。（左下图）希腊雅典的公寓住宅，建筑师：佐克西亚季斯事务所，1962 年。（右下图）在阿尔伯克基的低造价住宅，新墨西哥州。建筑师：Hildreth Barker，1969 年

图 18.6 La Luz；新墨西哥州阿尔伯克基。建筑师安托万·普雷多克（Antoine Predock）设计的地域性建筑

图 18.7 新墨西哥州阿尔伯克基 Sandia 山脚下的太阳能住宅。建筑师：Edward Mazria（摄影 Wayne Parker）

图 18.8 加利福尼亚州圣迭戈的联排住宅建筑群。建筑师：Rob Wellington Quigly

图 18.9 新墨西哥州阿尔伯克基 Corrales 的太阳能客房

图 18.10 新墨西哥州阿尔伯克基 Corrales 的住宅

图 18.11 新墨西哥州阿尔伯克基 Corrales 的住宅

图 18.12　通过清晰的表现，对地域限制（材料、气候等等）的周密回应能产生迷人的效果。希腊雅典的私人住宅。建筑师：Dimitris 和 Suzana Antonakaki，1982 年

图 18.13　约恩 · 伍重设计的 Helsinor 住宅。遵循综合建筑原理发展的规划单元的出色例子

图 18.14　地域建筑使用当地的材料可以促进视觉表现的独立性和特点。芬兰塔米萨里（Tammisaari）的马里纳（Marina）旅馆。Adlercreutz Erik 和 Aschan Nils—Hinrik，1972 年

图 18.15　材料的统一性和对环境限制的小心回应已经创造了加利福尼亚州 Sea Ranch 的独特视觉特点。建筑师：查尔斯 · 穆尔，William Turnbull

图 18.16　建筑对气候的回应是通向产生地域性原型的正确方向的一步。如果能够合理地解决问题，密斯式的词汇和“高技术”也能够产生有地域意识的结论。Takis Zenetos 在希腊雅典设计的建筑物，可能性的表现（摄影 Takis Zenetos）

图 18.17　Rancho de Taos 教堂（背后）和 Popejoy 厅，新墨西哥大学美术大楼。没有尺度可能产生没有想像力的模仿，例如地域形式尺寸的夸大。建筑师：John Gaw Meem，新墨西哥州

图 18.18　"高技术"和回应气候。地域主义不应该意味着对过去成功地域性原型的模仿。希腊 Glygada 的住宅。建筑师：Takis Zenetos，1964 年（照片由 Takis Zenetos 提供）

图 18.19　"La Luz del Sol"，建筑师：Hildreth Barker，新墨西哥州阿尔伯克基

图 18.20　沙特阿拉伯利雅得的外交部大楼。主立面入口。建筑师：亨宁·拉尔森（Henning Larsen）（摄影 Richard Bryant）

图 18.21　沙特阿拉伯利雅得的丹麦皇家大使馆。建筑师：亨宁·拉尔森（摄影 Troels Troelsen）

图 18.22　地域性的良知必须开始于小小的年纪：小学学生参观东京国际会议中心，一个具有国际重要性的地域中枢。日本东京，1966 年。建筑师：大谷幸夫

地域良知的需要

对成人来说地域概念可以是很难理解的，因为他们将大的地域与“人口”而不是个人联系起来，而且大多数成人已对个人习性而不是社区习性有了“固定”的立场。孩子们更容易接受一些。由于使每个人都能通过教育培养区域良知是极为重要的，因此开始的最好地方是小学。[47] 这些学校可以成为一个地域试验室，年轻的学生们将开始从中了解其地域面临的关键问题并发展出处理这些问题的积极态度。地域的各个方面和元素可以通过郊游的方式来感知，教师的参与对现场指导是最重要的。日本，一个有着极小的地理范围但却有着极多人口的国家，已经在发展必须的地域良知方面，通过在小学中实施地域教育实现了“奇迹”（图 18.22）。笔者认为日本的例子应该仿效。不管怎样每一个社会的目标是为了未来的孩子们规划。他们应该尽早地参与到规划过程中去。不仅因为孩子们是规划师真正的“客户”，而且他们是一个有思考和有精神的未来的最可爱和最活跃的源泉。

注释

1. 美国的区域规划师在美国注册规划师学会的支持下运作。这个学会是城市规划师和区域规划师的国家级专业组织。由于这一点，在城市规划师和区域规划师之间没有一个清晰的区别。《美国注册规划师学会布告》1973 年第 1 页。另见 Mcloughlin，1969 年，一个基本的介绍性资料。另见 Cullingworth，1970 年，以及 Ash，1969 年。
2. 由于这一点，区域规划受到当前政治系统和思想的直接影响。区域规划在社会主义国家更容易。在自由经济国家，区域规划受到执政党派的政治思想的影响。区域规划与政治权宜性的问题相冲突。在一些国家中区域规划与国家规划紧密联系在一起。荷兰和以色列就是这方面的典型例子。参见 Antoniades，1971 年；以及 Spiegel，1967 年，第 21 页。
3. 这个术语被用于前苏联。这个时期是 5 年，而这个规划被称为五年计划。
4. 参见 Mumford，1938 年，第 308 页；以及 Taylor，1964 年，第 385 页。
5. 在这个问题上有对立的观点。在目前研究中的观点代表了笔者的个人评价。
6. Rodwin，1970 年，第 xiii 页。关于随后观点的完整资料清单参见 Antoniades，1971 年，第 18–22 页。
7. 参见 Taylor，1964 年，第 377 页。
8. 关于区域主义者对区域的观念参见 Brown，第 27 页；“声称为最大范围的自给自足的地区”
9. 出于管理方便的区域概念归功于 Charles Abrams。见 Goodman、Paul 和 Percival。

10. 有时区域的划分仅仅基于一个区域资源或者一个区域限制。例如，得克萨斯州的“购买区域”曾被认为是纽约市到墨西哥城的地区。Burton，1968 年，第 286 页。
11. Dickinson，1952 年，第 255 页。
12. Mumford，1940 年，第 359 页。这个讨论假设了人口大小。
13. Antoniades，1971 年，表（f），第 41 页；另见一般性资料，Troedsson，1959 年。
14. Mumford，1940 年第 349-351 页。另见 Antoniades，1971 年，第 47 页。
15. Mumford，1940 年第 359 页。
16. Richardson，1973 年第 6 页。
17. Richardson 说：“在这个问题上写过成千上万的话但没有一个令人完全满意的答案。我们只能说没有独特的定义，并且我们可以根据探究的不同目标而随意愿给予区域不同的定义……”Richardson，1973 年，第 6 页。
18. Ian McHarg，《设计结合自然》，一般性资料。
19. 关于规划的最佳政府形式参见 Tinbergen，1964 年，一般性资料。
20. Christaller，1966 年，第 17 页，第 66 页。
21. Taylor，1964 年，第 243 页。
22. 出处同上，第 301 页。
23. Abrams，1969 年。
24. Christaller，同上，一般性资料。
25. Lösch，1967 年，一般性资料。
26. 关于介绍性总结，参见 Chapin，1972 年，第 16-17 页。
27. 出处同上，第 17-19 页。
28. 关于总结的进一步阐述，参见 Chapin，出处同上，第 19 页。
29. Doxiadis，1968 年。《Ekistics》。
30. 关于 Paolo Soleri 基本理论的介绍，参见 Soleri，1973 年。关于建筑生态，见第 41 页。
31. Abercrombie，1944 年和 1945 年。
32. 术语第一次是由 Antoniades 使用的，参见 Antoniades，1971 年，第 41 页。
33. 关于随后的信息将没有特别的资料。注释中会建议进一步读物。
34. Buchanan，1972 年。
35. 瑞典布告栏。
36. 荷兰布告栏。
37. Speigel，1967 年，第 22 页。另见 Sharon，1976 年。
38. Shkvarikov，Haucke 和 Smirnova，1964 年第 307 页。
39. Fitch，1961 年，第 279-280 页。
40. 在《城市》中的“Ciudad Guyana”，美国科学出版社，1967 年。
41. 奥斯卡·尼迈耶关于巴西利亚最伟大成就的观点是：“我们只用三年就建成了巴西利亚，”在 I.M. Goodovitch，1967 年，第 38 页。
42. Antoniades，1971，一般性资料。
43. 这个概念是由 Alexander Tzonis 和 Liane Lefaivre 介绍的，通过对第一次发表于 Antoniades 作品中的几个希腊建筑师的批评性分析，1975 年（2）和 Antoniades，1980（此书的第一版）。参见 Tzonis-Lefaivre，1981 年，第 164-178 页。Frampton 进一步讨论了“批判的地域主义”，1985 年，第 313-327 页。
44. 关于 John Gaw Meem，其设计和态度见 Bunting，1983 年。
45. 参见 Curtis，1987 年，第 395 页。关于地域主义的更多资料参见 Curtis，1986 年。
46. 关于这个批判立场的进一步争论参见 Antoniades，1988 年，第 178-198 页。
47. 关于环境和区域感知和在这方面发展计划的进一步的争论、方法和技术，参见教育机构实验室，1974 年。

所选读物

Doxiadis: *Ekistics*
Goodman, Paul and Percival: *Communitas*
Lösch: *The Economics of Location*
McHarg: *Design with Nature*
McLoughlin: *Urban and Regional Planning*

后记

“如果在上帝的右手中掌握所有的真理而在他的左手中是对真理一生的追求，那么他会选择左手。”

——S · 齐克果（S. Kierkegaard）[1]

我们可以肯定，一些读者会对某些特别的环境印象深刻，而对另一些人则无动于衷。一些人喜欢在他们的周围有“闪闪发光”且整洁的摆设；另一些人则不。一些人喜欢有着同一质地的质感和元素的统一体，而另一些人则寻求与其自我价值、特点和片段表现完全不同的东西。这些不同的偏爱来自人们的各种文化背景，但是从环境角度讲，不是所有的偏爱都是可以接受的。尽管我们不能鼓吹某些文化优于或者“高出”其他文化[2]，但我们可以认为目前的某些文化比其他的文化更有环境意识。因此，环境设计师需要发展出一个持续的环境文化，因为它为人类的生存提供了惟一的希望。

笔者相信有意义的环境设计应该寻求“多样中的统一”，并且应该将目标对准最高层次的“包容主义”。多样性允许自由并容忍个人的不同；统一性提供与环境相关的关注的共同点。“包容”的态度将保证设计师会试着包容尽可能多的影响设计的参数，尽可能地关注这个整体，并且将“有形”和“无形”设计限制的互惠满意作为一个目标。偶然的物质、数量和技术的情况（有形的）必须相应地借助文化、智力和精神状况而加强起来。“包容的态度”将进一步保证适应那些甚至不相信统一和那些认为整体是一个许多空洞的组合的人[3]。

为了通过“包容的”态度实现“多样中的统一”的理想结果，环境设计师必须回应问题的各自不同的情况。

为了实现“多样中的统一”的理想结果，所有参与环境设计的人必须具备环境意识并要接受环境文化。在这本书中笔者试图面向所有的人——学生、教师、市民、设计师，不同年龄段、不同文化背景和不同环境偏爱的人。这样的探寻将把你引向何方？你的方向是什么？

我们所有人都是市民的一员，因此我们受设计师的所有设计的影响。尤其是那些关注尺度是长期的和社会方面的环境设计范畴。作为市民我们受城市设计、城市规划和区域规划的影响。我们还受单体建筑的影响。通过它们的个别表述，它们构成了我们所居住的环境的整体形象……但是作为市民我们对我们的环境也有影响。如果我们关心它，如果我们参与到长期环境构成中去，我们可以具备影响力。如果我们意识到一个事实，即通过选择一个产品而不是另一个、通过让一个建筑师而不是另一个设计我们的房子，或者通过激烈地反对一个城市或规划设计而喜欢另一个，我们就是在不断地做着设计的决定。在这种意义上，所有关心的市民都是环境设计过程中的参与者。关心的市民是环境设计的决策人。

社区参与、参加市政厅的会议和实实在在地参与社区的工程可以使一个人成为更好的“市民环境设计师”。成人市民还有一个任务：他们必须成为年轻人的主要环境教师。家庭必须成为第一个环境学校。环境道德观必须在家中教授然后在合适的情况下得到加强。父母必须为孩子们追求有环境意识的生活并且面对未来的环境问题做准备。

仅次于家庭重要性的就是学校。正规的环境教育必须从这里开始，并且应该始于学前班。关于环境意识和环境事实的课程必须贯穿一个学生的学习生涯。教授环境设计的教师的任务将是艰巨的。他们必须有资格谈论“环境”，而且更重要的是，他们必须相信他们所教授的东西的正确性。每一个教师必须寻找他自己（或她自己）的有效的教授方法。他必须能够根据特定学生的需要进行调节。为了做到这一点，他必须不仅对他的事业充满信心，而且必须成为一个愉快的、令人喜欢的人。作为一个教师，他将是学生最近的环境的一部分。教师的权威给学生产生压抑的环境。这类教师的态度必须去除。教授环境设计的教师必须是一个严肃但快乐的人的榜样、一个事业的信徒、一个市民和想法的交流者。

学院或大学的教师必须超越这些。他（或她）必须能够回答更多的事实性问题，并且他必须在某些特定的环境设计学科中具备专业资格。他的作品必须展示在塑造一个平衡环境方面上他的个人尝试和他自己的贡献。学生们尊重这种教师，因此他们的指导就更具成效。随着时间，环境教师也应进步，变得更包容。环境良知随年龄增长，这是不可避免的，因为人们受环境变化的影响并相应地回应它，包括在物质和心智上的。这是一个生活的事实，不幸的是很多人意识得太晚，为此而得了关节炎或丧失了视力。人们可以防止这种意识过晚的问题。教师们不应该忘记他们在教授环境，因此应该明确教学本身就是与环境互动关系的一部分。他们应该强调除非考虑了所有可能的环境相互关系的总体脉络，否则不应该做出任何决定，并且所有决定的支持元素应该是人类及他与其环境的和谐共存。

今天环境设计的任务看上去是巨大的，尽管大多数单独的环境过程的事实已经通过以前的研究知道了。我们已经准备了许多资料手册，并且计算机已经进入了我们的生活。我们需要把所有现存的研究放在一起。更重要的是，我们对相关和有意义的结论需要有一个“态度”，而不是短见的行动和“排除性的”设计。

参与环境设计有关的最后一组需要强调的人是学生。他们应该受到特别的注意，因为他们也许是对未来的环境现实最具影响力的一组人。他们中的许多人将成为实实在在的环境设计师。其中一些将从事本书中所讨论的专业。许多人也许还没有决定将来从事什么职业。在他们寻找并选择职业时，他们也许想从这本书中得到一些帮助。他们应该一直做大尺度的，或者他们应该寻求小尺度设计范畴？他们的注意力应该放在建筑上、室内上还是城市规划上？这个问题可以随后加以讨论，但是首先重要的是指出想成为一个环境设计师是一个有荣誉和受尊敬的事情。文明需要设计师。“创造性”是每个设计专业的中心而且回报是巨大的。

当然，曾有些人从事了此书所讨论的各种环境设计学科的职业但却没有展示出对这些学科之间内在的相互联系的理解。这些人士认为他们自己是孤立的专业人士。其中一些人甚至狭隘地认为他们的特定专业可以为所有的问题提供答案。这些人为自己发展出某种形象。许多这些专业形象或模式化形象还存在，而且它们极有害。“绅士建筑师”的形象以及“反叛倡议规划师”的形象、“倡议建筑师”（牛仔裤、大胡子等等）或者“艺术家”优越的“流行迷”很著名，就像其他人不关心建筑是一门艺术一样。自我价值主义和浮夸常常可以在很多设计专业中找到，建筑师和室内设计师也不例外。同样著名的是许多社会学家的“傲慢”态度，以及拘谨的态度和一些优异专业人士滔滔不绝的演讲。这些形象不仅仅是视觉形象而且是行为和社会地位的形象。人们在对付这些形象和模式化形象时必须做的第一件事是试着看清表象后面的人和这些人的想法。

人们不应该凭借这些过去的形象就决定成为（或不成为）建筑师。使自己成为一个流行形象的模仿不是件聪明的事。为了成为你想成为的人，你必须先抛弃老的模式化形象和那些你感兴趣的专业形象。也就是，如果你想成为像弗兰克·劳埃德·赖特一样好的建筑师，你必须立即抛弃你为自己创造的弗兰克·劳埃德·赖特的形象。你有必要努力学习并弄明白赖特怎样对待他的学科以及为什么他成为了他。通过对赖特情况的研究，他的形象将有了意义。他的作品将变得清晰。这个研究将会教给你看待你自己问题的根源并且告诉你，你应该考虑你自己的情况。

这里是一个表明这个观点的故事：安东尼·奎因（Anthony Quinn），著名的影星，曾经想成为一名建筑师。从他还是一个孩子时起，他就对绘画具有浓烈的兴趣而且崇拜弗兰克·劳埃德·赖特。他试图去拜访这位大师并向赖特寻求他应该上什么建筑课程的建议。带着他的速写本，年轻的奎因拜访了赖特。这位老人欢迎了他。年轻人想让他看看他的速写本但赖特却不想看什么速写本或速写。安东尼·奎因当时是个结巴，因此赖特建议他，如果他想成为一个建筑师的话，他应该首先做手术治好他的声音。[4]……奎因做了手术。但他从来没有用新的声音与建筑客户谈话，因为他从来没有成为一个建筑师。但是他满足了他的同事，通过用另一个学科来最大程度地利用他新得的兴趣。

这个例子不是说奎因本来也许不可能成为一个好的或伟大的建筑师。它的意思是每个学科有其内在的要求。如果不是天性或者有天赋，人们应该尽最大努力克服任何障碍。根据赖特，能够很好地表达自己是一个建筑师的必备条件。当然我们知道，这在今天却不一定是事实。一个著名的得克萨斯州事务所的主要合伙人，以其具有环境意识的设计著称，就有赖特在奎因身上看到的一模一样的毛病。这个合伙人是这个事务所最有效的业务促进者。

一个不了解你的人无法告诉你应该成为什么样的设计师，或者什么最适合你的天性。在你作出这些决定时你的教师也许能给你一些建议。他将逐渐亲自了解你并可以给你建议。不管你的决定是什么，其必须以你绝对相信你将要做的事情为基础，你做它是因为热爱它，因为你选择来为它服务，不是因为它将为你创造的形象或收入。你必须“在精神上”热爱你的专业，而且如果你足够幸运地实现它，你会发现设计的工作最适合你。

注释

1．在 Bretall 的 Kierkegaard，1946 年，《死亡之疾》第 341-365 页。
2．笔者在这里完全同意 Camus。参见 Camus，1968 年，第 191 页。
3．就像彼得·埃森曼的例子，他推断关于“统一性”的缺乏并且认为在今天的世界中“……我们住在一个片面事物的年代”……被“……碎片或缺乏整体的近似性”的片段包围着。参见埃森曼，1980 年，第 223 页，另见 Frampton，1982 年，第 123 页。
4．Quinn，1974 年，第 212 页。

参考文献

Aalto, Alvar. *Sketches.* MIT Press. Göran Schildt, editor, 1978.

Abercrombie, Sir P. *Greater London Plan.* London: H.M.S.O. 1944.

———. *The Greater London Plan.* London: H.M.S.O. 1945.

Abercrombie, Stanley. "Structure and Form." *AIA Journal.* October, 1980.

Abrams, Charles. "The Residential Construction Industry," in *The Structure of American Industry,* ed. by Walter Adams. New York: The Macmillan Company, 1969.

———. *The Language of Cities.* New York: Avon Books, 1972.

Ackerman, James S. "*Palladio*" Penguin Books, 1966.

Adams, William Howard "*Jefferson's Monticello*", Abbeville Press. New York, 1983.

Adelberg, T. Z., and Shelly, M. W. "Notes on Satisfactions in Shopping Centers," I, II, III, IV, in *Psychological Reports.* October, 1967.

A.I.A. Memo, March, 1976.

A.I.P. Examination Booklet.

Alexander, Christopher. *Notes on the Synthesis of Form.* Cambridge, Massachusetts: Harvard University Press, 1964.

———. *A New Theory of Urban Design.* Oxford University Press, 1988.

Alexander, Mary Leon. *Designing Interior Environment.* New York: Harcourt Brace Jovanovich, Inc., 1972.

Altshuler, Alan A. *The City Planning Process,* Ithaca. New York: Cornell University Press, 1965.

Ambasz, Emilio. *Italy, the New Domestic Landscape.* The Museum of Modern Art. New York, 1972.

Ambrose, James & Vergun, Dimitry. *Design For Lateral Forces.* New York: John Wiley & Sons, 1987.

American Institute of Architects. *Handbook of Professional Practice.*

American Institute of Architects. The Committee on Urban Design. *Checklist for Cities.* No date.

American Institute of Planners. The Board of Governors. *The Social Responsibility of the Planner.* Washington, D.C.: A.I.P. 1973.

Anderson, Notter, Fine, Gold Inc. "*Recycling Historic Railroad Stations: A Citizens Manual*" U.S. Department of Transportation. Washington, D.C., 1978.

Anderson, R. Stevens. "The Structural Architecture of Major Modernists." *Architecture,* March 1988.

Anthony, Harry A. "An Approach to Contemporary Urban Planning," Doctoral dissertation, Columbia University, 1955, Ann Arbor, Michigan: University Microfilms, 1956.

———. Paper at the National Issues Conference on Conservation of Energy by Design. University of California, Riverside. October 2, 1973.

Antoniades, Anthony C. "Public Relations Stage of Planning Process." Discussion paper series #13. Town Planning Department, University of London, November, 1969.

———. "Traditional vs. Contemporary Elements in Architecture" in *New Mexico Architecture.* November–December, 1971.

———. *The Role of the New Towns in the Furtherance of Decentralization in Town Planning.* Unpublished M. Phil. thesis. University of London, December, 1971.
———. "Education of the Architect," *Symposia Colorado,* December 1972.
———. "Getting Back to the Roots," *Symposia Colorado,* April, 1972. Follow ups: August, 1973, November, 1973.
———. "Economics of Architectural Aesthetics: The Dallas-Fort Worth Case," research grant, University of Texas at Arlington, August, 1974, August, 1975.
———. "Ethics of Space," *Technodomica,* October, 1975.
———. "Recent Space," *A.I.A. Journal,* November, 1975.
———. "The Big Idea in Contemporary Japanese Architecture: From Le Corbusier to Tokyo Boogie Woogie," *Technodomica* (in Greek), December, 1975.
———. "Poems with Stones: The Enduring Spirit of Pikionis," *A + U,* Dec., 1975.
———. "Space in New Mexico Architecture as a Resource for an Energy Ethic," *New Mexico Architecture,* January–February, 1976.
———. "Sychroni Elliniké Architektoniké" (Contemporary Greek Architecture) in Greek, Athens, Anthropos and Choros editions Karagouni, 1979.
———. "*Mount Athos: Historic Precedent of Arcological Post-Modernism*", A + U, September, 1979.
———. "The Design Instructor as an Architectural Journalist" in proceedings of the 70th Annual Meeting of the ACSA 1982, in ACSA L'Hotel d'Architecture, Washington, D.C. 1982.
———. *"Architectural Road to the Deep North and Other Travel Sketches",* in A + U, September, 1981.
———. *"Italian Architecture in the Dodecanese: A Preliminary Assessment",* in *Journal of Architectural Education,* American Association of Collegiate Schools of Architecture, Volume 38, number 1, Washington D.C., Fall, 1984.
———. "Antoine Predock: un caso" d'inclusivitá sintetica" in *L'architettura,* no. 401, March, 1988.
———. "Poetics of Architecture: Theory of Design," Van Nostrand Reinhold, New York, 1990.
Antoniadi, E. *"Ekfrasis tis Agias Sophias".* Athens, 1907–1909.
"Architecture 1980. The Presence of the Past. Venice Biennale". Rizzoli, New York, 1980.
Architectural License Seminars. "Environmental Analysis," Los Angeles, 1974.
Architectural License Seminars, "Architectural Programming," Los Angeles, 1974.
Arnheim, Rudolf. *Art and Visual Perception* Berkeley, California: University of California Press, 1971.
———. *Visual Thinking.* Berkeley, California: University of California Press, 1971.
Arnold, Christopher. "In Earthquake, Failure Can Follow Form." *AIA Journal,* June, 1980.
———. "Rolling With The Punch of Earthquake." *Architecture,* September, 1983.
Ash, Maurice. *Regions of Tomorrow.* London: Evelyn, Adams, and MacKay, 1969.
Ashihara, Yoshinobu. *Exterior Design in Architecture.* New York: Van Nostrand Reinhold Company, 1970.
Bachelard, Gaston. *Poetics of Space.* Beacon Press, 1969.
Bacon, Edmund. *Design of Cities.* New York: The Viking Press, 1974.
Baker, Paul. *Integration of Abilities: Exercises for Creative Growth.* Trinity University Press, 1972.
Bandura, A., and Walters, R. *Social Learning and Personality Development.* New York: Holt, Rinehart & Winston, 1963.
Banham, Reyner. *Theory and Design in the First Machine Age.* London: The Architectural Press, 1967.
———. *The Architecture of the Well-Tempered Environment.* London: The Architectural Press, 1969.
Barker, R. G. *Ecological Psychology: Concepts and Methods for Studying the Environment of Human Behaviour.* Stanford University Press, 1968.
Barlow, Elizabeth. *Frederick Law Olmsted's New York.* New York, Washington, London: Praeger Publishers, 1972.
Barnett, Jonathan. *Urban Design as Public Policy.* New York: Architectural Record Books, 1974.
Bayer, Gropius, and I. Gropius. *Bauhaus 1919–1928.* Boston: Charles T. Branford Co., 1952.
Benevolo, Leonardo. *The Origins of Modern Town Planning.* Cambridge, Massachusetts: The M.I.T. Press, 1967.
Benevolo, Leonardo. *"The History of the City".* MIT Press, 1980.
Bertaux, Pierre. "The Future of Man," *Environment and Change,* ed. by W. R. Ewald.
Blake, Peter. *Frank Lloyd Wright: Architecture and Space.* Baltimore: Penguin Books, 1965.
———. *Form Follows Fiasco.* Boston: Little Brown and Co., 1977.
Blaser, Werner. *After Mies: Mies van der Rohe, Teaching and Principles.* New York, Van Nostrand Reinhold, 1977.
Boesiger, Willy. *Le Corbusier.* New York: Praeger, 1972.
Bonta, Juan Pablo. "Michelis," Reviews, *Journal of Aesthetics and Art Criticism,* Winter 1977.
Borissavliévitch. *Les Theories de l'Architecture.* Paris: Payot, 1926.
Boud, John. *Lighting Design in Buildings.* Stevenage, England: Peter Peregrinus Ltd., 1973.
Boudon, P. *Lived-in Architecture—Le Corbusier's Pessac Revisited.* M.I.T. Press, 1972.
Broundle, Kurt. *The Systems Approach to Building.* Associated Schools of Architecture learning package. University of Utah, 1974.
Bretall, Robert. *A Kierkegaard Anthology,* Princeton, New Jersey: Princeton University Press, 1946.
Brolin, Brent. *Failure of Modern Architecture,* New York: Van Nostrand Reinhold Company, 1976.
———. *Architecture in Context.* Van Nostrand Reinhold Company, 1980.
Brown, A. J. *The Framework of Regional Economics in the United Kingdom:* Cambridge University Press, 1972.
Brown, Frank. *"Roman Architecture."* George Braziller, 1967.
Bruenig, LeRoy C. *Apollinaire on Art.* New York: The Viking Press, 1972.
Buchanan, Colin. *The State of Britain.* London: Faber and Faber, 1972.
Building Systems Planning Manual. Menlo Park, California: Building Systems Information Clearing House, E.F.L., 1971.
Bunting, Bainbridge. *John Gaw Meem, Southwestern Architect.* Albuquerque: New Mexico: University of New Mexico Press, 1983.
Burns, John A. & Lowe Jet. "Structure and Mechanics Viewed as Sculpture." *AIA Journal,* April 1983.
Burton, I. "A restatement of the Dispersed City Hypothesis," *Annals of the Society of American Geographers,* September, 1968.
Bush-Brown, Albert. *Louis Sullivan.* New York: George Braziller, 1960.

Camus, Albert. *Lyrical and Critical Essays.* New York: Knopf, 1968.

Candela, Felix. "Understanding the Hyperbolic Paraboloid" in *New Structures.* Fisher, Robert, ed. New York: McGraw Hill, 1964.

Canter, D. V., ed. *Architectural Psychology: Proceedings of the Conference held at Dalandhui University of Strathelyde,* 28 February–March, 1969.

———. *Environmental Interaction.* New York: International Universities Press, 1976.

Carpenter, Philip L.; Walker, Theodore D.; and Lanpheaz, Frederick O. *Plants in the Landscape.* San Francisco: W. H. Freeman and Company, 1975.

Cartwright, Timothy J. "Problems, Solutions, and Strategies" in *Journal of the American Institute of Planners,* May 1973.

Caudill, William W., Lawyer, Frank D. & Ballock, Thomas A. *A Bucket of Oil: The Humanist Approach to Building Design For Energy Conservation.* Boston: Cahner's Books, 1974.

Caudill, William W. "Forces Shaping Architectural Practice" in *The Florida Architect.* November–December, 1975.

Cederna, Antonio *"Mussolini Urbanista",* Laterza, Roma-Bari, 1979.

Chapin, Stuart F., Jr. *Urban Land Use Planning.* Urbana, Illinois: University of Illinois Press, 1972.

Chazimichalis, C., and Polychroniadis, A. "Stadt Gestaltung" in *Bauen and Wohnen,* January, 1973.

Ching, Francis D. K. *Interior Design Illustrated.* New York: Van Nostrand Reinhold, 1987.

Choay, Francoise. *Le Corbusier.* New York: George Braziller, 1960.

———. *The Modern City: Planning in the Nineteenth Century.* New York: George Braziller, 1969.

Choisy, A. *"L'Art de Batir chez les Byzantins",* 1883.

Cholevas, Nicholas. "Epemvasis stin Architectoniké Kleronomia tes Athénas" in *Archaeologia, #6.* Athens, February, 1983.

Christaller, Walter. *Central Places in Southern Germany.* Englewood Cliffs, New Jersey: Prentice-Hall, Inc., 1966.

Colboc, P. "Advocacy Planning" in *Architecture d'Aujourdhui,* 1971.

Collins, George. "Broadacre City: Wright's Utopia Reconsidered," in *Four Great Makers of Modern Architecture.* New York: Columbia University, A Da Capo Press, Reprint Edition, 1963.

Constantinides, Aris. *Dio Choria ap ti Mykono.* Athens. 1947.

———. *Ta Palia Athenaika Spitia.* Athens, 1950.

Cook, Jeffrey. "The Varied and Early Solar Energy Applications of Northern New Mexico" in *A.I.A. Journal,* August, 1974.

Cook, John, and Klotz, Heinrich. *Conversations with Architects.* Praeger Publishers, 1973.

Cooke, Thomas. "Guide to Planning Practice—A Process for Community Design" in *Practicing Planner,* February, 1976.

Corkill, Puderbaugh & Sawyers. *Structure and Architectural Design.* Davenport, Iowa: Sernoll Division, Baldwin Bros. Inc., 1974.

Corkill, P. A. "Preliminary Structural Design Chart" in *Architectural Structures* by Cowan, Henry. New York: American Elsevier, 1971.

Costonis, John J. *Space Adrift.* University of Illinois Press. Chicago, 1974.

Coulton, T. T. *Ancient Greek Architects at Work.* Cornell University Press, Ithaca, New York, 1977.

Cowan, Henry J. *An Historical Outline of Architectural Science.* Amsterdam, London, New York: Elsevier Publishers, 1966.

———. *Architectural Structures.* New York: American Elsevier, 1971.

Crump, Ralph W. "Games That Buildings Play With Winds." *AIA Journal,* March, 1974.

Cullingworth, J. B. *Town and Country Planning in England and Wales.* London: George Allen Unwin Ltd., 1970.

Curtis, William J. R. *Modern Architecture Since 1900.* Englewood Cliffs, New Jersey: Prentice Hall, 1987.

———. "Towards an Authentic Regionalism." *Mimar* 19, Spring 1986.

Danesi, Silvia e Patetta Luciano. *Il Razionalismo a l'Architetura in Italia Durante il Fascismo.* Electa, La Bienale di Venezia, 1976.

Davidoff, Paul. "Advocacy and Pluralism in Planning" in *A.I.P. Journal,* November, 1965.

Davis, Llewelyn, *Milton Keyner-Structure Plan.*

Dawood, N. J. *The Koran,* translated by N. J. Dawood. Fourth Ed., Penguin Books, 1981.

De Stijl 1917–1931: Visions of Utopia. Walker Art Center. New York: Abbeville Press, 1982.

DeZurcko, Edward. *Origins of Functionalist Theory.* New York: Columbia University Press, 1957.

Deasy, C. M. "People Patterns in the Blueprints" in *Human Behavior, the Magazine of Social Sciences,* August, 1973.

Dean, Andrea O. "Interiors as Architecture" in *A.I.A. Journal,* July, 1975.

Department of Housing and Urban Development. *Model Cities Program: A Summary of the Program.*

Despeycroux, J. "The Agadir Earthquake" in *Proceedings of the Second World Conference on Earthquake Engineering,* V. I, II, III. Science Council of Japan. Japan Society of Civil Engineers, Architectural Institute of Japan, Seismological Society of Japan, Tokyo and Kyoto, Japan, July 11–18, 1960.

Dickinson, R. E. *City, Region and Regionalism.* Routledge and Kegan Paul, Ltd. London, 1952.

Dietsch, Deborah K. "Modern Romance: Eight Projects by The Office For Metropolitan Architecture." *Architectural Record,* March, 1988.

Dietz, G. H. *Plastics for Architects and Builders.* Cambridge, Massachusetts, and London, England: The M.I.T. Press, 1969.

Division of Historic Preservation, Office of Parks and Recreation. *"Historic Resources Survey Manual."* New York, 1974.

Downey, Glanville. Byzantine Architects: Their Training and Methods in *"Medieval Architecture"* Volume Four, the Garland Library of the History of Art. Garland Publishing, Inc. New York and London, 1976.

Dowrick, D. J. *Earthquake Resistant Design.* New York: John Wiley & Sons, 1977/78.

Doxiadis, C. A. *Ekistics.* London: Hutchinson of London, 1968.

———. *Architectural Space in Ancient Greece.* Cambridge, Massachusetts: The M.I.T. Press, 1972.

Drexler, Arthur. *Ludwig Mies Van der Rohe.* New York: George Braziller.

Duff, A. C. *New Towns in England.* London: 1961.

Dutch Information Bulletin.

Eckardt, Wolf von "The Bauhaus in Weimar" in *Four Great Makers of Architecture.* New York: Columbia University, A Da Capo Press, Reprint Edition, 1963.

Eckbo, Garrett. "Landscape for Living" in *Architectural Record* with Duell, Sloan, and Pearce. New York. 1950.

———. *Home Landscape. The Art of Home Landscaping.* McGraw-Hill, 1978.

Educational Facilities Laboratories. *Learning for the Built Environment.* New York, 1974.

Eisenman, Peter. *Five Architects.* New York: Oxford University Press, 1975.

———. *House X.* New York: Rizzoli, 1982.

———. *"Sandboxes: House XIa." A + U,* January, 1980.

Eliade, Mircea. *The Sacred And The Profane.* New York: Harcourt, Brace & World, Inc., 1959.

Ellis, Charotte. "Prince Charles Unveils Krier's Dorset Master Plan," *Architecture,* September, 1989.

Energy Management. "County School Administrations Apply 'Cheaper-by-the-Dozen' Economics to HVAC Budgets" (advertisement) in *A.I.A. Journal.* September, 1975.

"Environmental Impact Statement-Writing Guidelines." *EPA.* Washington, D.C.

Environmental Quality—1973. The Fourth Annual Report of the Council on Environmental Quality. Washington, D.C.: U.S. Government Publications, 1973.

Evenson, Norma. *Chandigarh.* Berkeley University Press, 1966.

Eyck, Aldo Van. "*Rats Posts and Other Pests, or the Solid Teapot*". Annual discourse at the RIBA. *Forum,* Vol. 27, No. 3. July, 1981.

Fanelli, Giovanni. "*Brunelleschi*". Scala Books, 1980.

Ferebee, Ann. *A History of Design from the Victorian Era to the Present.* New York: Van Nostrand, 1970.

Ferguson, M. William & Rohn, H. Arthur. *Anasazi Ruins of The Southwest in Color.* Albuquerque, New Mexico: The University of New Mexico Press, 1987.

Fermor, Patrick Leigh. *Mani, Travels in the Southern Peloponnese.* London: John Murray (Publishers) Ltd., 1971.

Fido, Martin. *Oscar Wilde.* New York: The Viking Press, 1973.

Fischer, Robert E. *New Structures.* New York: McGraw-Hill, 1964.

Fitch, James Marston. *Walter Gropius.* New York: George Braziller, 1960.

———. *Architecture and the Aesthetics of Plenty.* New York: Columbia University Press, 1961.

———. "A Utopia Revisited" in *Columbia University Forum.* Fall, 1966.

———. "Experimental Basis for Aesthetic Decision" in *Annals of the New York Academy of Sciences,* 1965.

———. "The Future of Architecture" in *The Journal of Aesthetic Education.* Vol. 4, Number 1, January, 1970.

———. *The American Building.* Houghton Mifflin Company, 1971.

———. "The Aesthetic of Function" in *People and Buildings,* Gutman, Robert, ed. New York: Basic Books, 1972.

———. "The Control of the Luminous Environment" in *Cities,* Kingsley Davis, ed. Scientific American. San Francisco: W. H. Freeman and Company, 1973.

———. "*Historic Preservation*". McGraw-Hill, New York, 1982.

Fleig, Karl. *Alvar Aalto.* Praeger, 1971.

Fletcher, Banister, Sir. "*A History of Architecture*" Eighteenth Edition, Revised by J. C. Palmes. New York, Charles Scribner's Sons, 1975.

Four Great Makers of Modern Architecture. New York: Columbia University, Da Capo Press, 1970.

Frampton, Kenneth. "Neoplasticism And Architecture: Formation And Transformation." *De Stijl: 1917–1931, Visions and Utopia.* Walker Arts Center. Minneapolis: Abbeville Press, 1982.

———. *Modern Architecture: A Critical History.* London: Thames and Hudson, 1985.

Frei, Otto, ed. *Tensile Structures.* Cambridge, Massachusetts: The M.I.T. Press, 1962.

Frieden, Bernard J., and Morris, Robert. *Urban Planning and Social Policy.* New York: Basic Books, Inc., 1968.

Friedmann, Arnold; Pile, John F.; and Wilson, Forrest. *Interior Design.* New York: Elsevier, 1974.

Furneaux, Robert Jordan. *Le Corbusier.* Westport, New York: Lawrence Hill and Company, 1972.

Gans, Herbert. *People and Plans: Essays on Urban Problems and Solutions.* New York: Basic Books, Inc., 1968.

———. "Social and Physical Planning for the Elimination of Urban Poverty" in *Urban Planning and Social Policy.* Frieden, J. B., and Morris, R., ed. New York: Basic Books, Inc., 1968.

Gardiner, Stephen. *Le Corbusier.* New York: Viking Press, 1975.

Gauldie, Sinclair. *Architecture.* London: Oxford University Press, 1972.

Gay, Peter. "Art: Its History and Psychological Significance." New York, Harper and Row, 1976.

Gebhard, David. *Schindler.* New York: The Viking Press, 1971.

Geddes, Patrick. *Cities in Evolution.* New York: Harper and Row, 1971.

Ghyka, Matila C. *The Geometry of Art And Life.* New York: Sheed and Ward, 1946.

Gibberd, Frederick. *Town Design.* New York: Reinhold. London: The Architectural Press, 1953.

Giedion, Sigfried. *Space, Time, and Architecture.* Cambridge, Massachusetts: Harvard University Press, 1967.

Goodman, Paul and Percival. *Communitas.* New York: Vintage Books, 1960.

Goodman, William, and Freund, Eric C., eds. *Principles and Practices of Town Planning.* Washington, D.C.: International City Managers Association, 1968.

Goodovitch, I. M. *Architecturology.* Tel Aviv: A. D. Publishing, Inc., 1967.

Greater London Council. *The Planning of a New Town.* London: 1965.

Grabar, Oleg. "*The Alhambra*". Harvard University Press, Cambridge, Massachusetts, 1978.

Graham, Walter James. "*The Palaces of Crete*". Princeton University Press, 1962.

Gropius, W. *The Scope of Total Architecture.* Toronto, Ontario: Collier Books, 1943.

———. *Apollo in the Democracy.* New York: McGraw-Hill, 1968.

———. *The New Architecture and the Bauhaus.* Cambridge, Massachusetts: The M.I.T. Press, 1974.

Gugliotta, Paul. "Architect's (and Engineer's) Guide to Space Frame Design." *Architectural Record.* Mid-August, 1980.

Gutheim, Frederick. *One Hundred Years of Architecture in America, 1857–1957.* New York, Reinhold Publishing Corp., 1957.

Hall, Ed. *The Hidden Dimension.* Doubleday-Anchor Books, 1969.

Halprin, Lawrence. *Cities.* Cambridge, Massachusetts: The M.I.T. Press, 1972.

———. *Notebooks 1959–1971.* Cambridge, Massachusetts: The M.I.T. Press, 1972.

———. *The RSVP Cycles.* New York: George Braziller, 1973.

Harling, Robert, Ed. *Modern Furniture and Decoration.* New York: Galahad Books, 1971.
Harvey, John. "*The Medieval Architect*". Wayland Publishers, London, 1972.
———. "*Conservation of Buildings*". University of Toronto Press, 1972.
Hasselman, Peter M. "The Architectural Potential of the Power Plant," in *A.I.A. Journal,* February, 1975.
Hazelton, Lesley. "The Responsibility of the Architect" in *ARIEL,* No. 36. Cultural and Scientific Relations Division/Ministry for Foreign Affairs, Jerusalem, 1974.
Hecker, Zvi. "Geometric Prefabbing" in *Progressive Architecture.* March, 1969.
———. "Polyhedric Architecture" in *Architectural Association Quarterly,* Vol. 4, No. 3.
Heinonen, Raija-Liisa. "Some Aspects of 1920s Classicism and the Emergence of Functionalism in Finland" in *Alvar Aalto,* New York, Rizzoli-an Academy Edition, 1978.
Hitchcock, Henry-Russell. "Walter Gropius" in *Modern Architecture International Exhibition,* Museum of Modern Art, New York, 1932.
———. with Philip Johnson *The International Style.* New York: Norton, 1966.
Hoage, John D. "*Western Islamic Architecture*". New York, George Braziller, 1963.
———. "*Islamic Architecture*". Harry N. Abram Publishers, New York, 1975.
Hopkinson, R. G., and Kay, J. D. *The Lighting of Buildings.* New York: Praeger, 1964.
Hopkinson, R. G., and Collins, J. B. *The Economics of Lighting.* London: McDonald Technical and Scientific, 1970.
Hoskins, Ed. "Environmental Psychology." Unpublished paper, University of New Mexico, Fall, 1971.
Hoyt, Homer. "Economic Background of Cities" in *Journal of Land and Public Utility Economics,* 1941.
———. "The Economic Background of a City is the Foundation of the Master Plan" in *According to Hoyt.* 1963. Also, in *National Real Estate Journal.* August, 1943.
Hubbard, Henry V., and Kimball, Theodora. *An Introduction to the Study of Landscape Design.* Boston: Hubbard Educational Trust, 1967.
Hughes, Helen MacGill. *Crowd and Man's Behavior.* Boston: Holbrook Press. 1972.
Huizinga. *The Waning of the Middle Ages.* New York: Doubleday, 1954.
———. *Homo Ludens.* Boston: Beacon Press, 1962.
Huxtable, Ada Louise. "Architecture in '71: Lively Confusion" in *The New York Times.* January 4, 1972.
———. "Deep in the Heart of Nowhere" in *The New York Times.* February 15, 1976.
———. "What's in a Wall?" in *The New York Times Magazine.* February 29, 1976.
Ingraham, Catherine. "Milking Deconstruction or The Cow Was The Show?" *Inland Architect.* Chicago, September/October, 1988.
———. "Slow Dancing: Architecture in The Embrace of Post-structuralism." *Inland Architect,* Chicago: September/October, 1987.
Icomos, Ed. II. Monumento per l'Uomo. Padova, 1971.
Insall, Donald W. "*The Care of Old Buildings Today*". The Architectural Press. London, 1973.
Jacobs, Herbert. "How Big Was the Crowd?" Talk given at California Journalism Conference, Sacramento, February 24, 25, 1967. Also in Summer, 1969.
Jacobs, Jane. *The Economy of Cities.* London: Jonathan Cape, 1970.
Jacobus. "Introduction" in *James Stirling.* New York: Oxford University Press, 1975.
Japan National Tourist Agency, Tokyo, 1975.
Jencks, Charles, and Baird, G. *Meaning in Architecture.* New York: George Braziller, 1969.
Jencks, Charles. *Modern Movements in Architecture.* New York: Anchor Books, 1973.
———. *Le Corbusier and a Tragic View of Architecture.* Cambridge, Massachusetts: Harvard University Press, 1974.
———. *The Language of Post-Modern Architecture.* London: Academy Editions, 1978.
———. Interview with Charles Jencks in "*Archetype*". San Francisco, 1982.
Journal of Architectural Education, March, 1976.
Journal of the American Institute of Planners, "Symposium: New Perceptions in Land Regulation" in *A.I.P. Journal,* January, 1975.
Kahn, Louis Isadore. *Architecture.* New Orleans: Tulane University School of Architecture, 1972.
Kent, T. J., Jr. *The Urban General Plan.* San Francisco: Chandler Publ., 1964.
Keswig, Maggie. *Chinese Gardens.* London: Academy Editions, 1979.
Ketchum, Morris, Jr. "Recycling and Restoring Landmarks: An Architectural Challenge and Opportunity" in *A.I.A. Journal,* September, 1975.
Kittridge, A. Wing. *Bandelier.* Washington, D.C.: National Park Service, Historical Handbook Series, No. 23, 1955, reprint, 1961.
Kleihues, T. and Klotz H., editors. "International Building Exhibition Berlin 1987." Frankfurt am Main, 1986.
Knowles, Ralph & Villecco, Marquerite. "Structure And Perception." *AIA Journal,* October 1980.
Kohler, Walter and Wamali, Luckhardt. *Lighting in Architecture.* New York: Reinhold Publishing Corporation, 1959.
Kostof, Spiro K. "*The Architect: Chapters in the History of the Profession*". ed. Spiro Kostof. Oxford University Press. New York, 1977.
Labatut, Jean. "An Approach to Architectural Composition." *Journal of Architectural Education,* Vol. XI, No. 2, Summer, 1956.
Laine, Christian, K. "The Freeze of Architectural Thought" in *CRIT #4,* the Architectural Student Journal, Association of Student Chapters of the American Institute of Architects. Washington, D.C., 1978.
Lancaster, Osborn. *A Cartoon History of Architecture.* Boston: Houghton Mifflin, 1964.
———. *"A Cartoon History of Architecture".* Houghton Mifflin Company. Boston, 1964.
Larson, Leslie. *Lighting and Its Design.* New York: Whitney Library of Design, 1964.
Leach, Edmund. *Claude Levi-Strauss.* New York: The Viking Press, 1974.
Le Corbusier. *Four Routes.* London: Dennis, Ltd., 1947.
———. *Towards a New Architecture.* New York: Praeger, 1960 and 1972.
———. "A Talk to Students" in *Four Great Makers of Modern Architecture.*
———. *The Modulor.* Cambridge, Massachusetts: The M.I.T. Press, 1968.
———. *The City of Tomorrow.* Cambridge, Massachusetts: The M.I.T. Press, 1971.
———. *Le Corbusier,* 1958.

"Let's invest in Conservation of Energy Instead of Waste," editorial in *A.I.A. Journal,* March, 1975.

Libeskind, Daniel. "Interview With Daniel Libeskind, Winner: The Berlin Museum Competition," *Newsline '89,* New York: Columbia University, September 1989.

Lichfield, N. *Cost Benefit Analysis in Urban Redevelopment.* University of California, Institute of Business and Economic Research, 1962.

Little, Arthur. *Strategies for Shaping Model Cities.*

Lösch, A. *The Economics of Location.* Yale University Press, 1967.

Lynch, Kevin. *The Image of the City.* Cambridge, Massachusetts: The M.I.T. Press, 1963.

———. *What Time Is This Place?* Cambridge, Massachusetts: The M.I.T. Press, 1972.

Lynes, J.A. *Principles of Natural Lighting.* Amsterdam, London. New York: Elsevier Publ., 1968.

McGuinness, J. William, and Stein, Benjamin. *Mechanical and Electrical Equipment of Buildings.* New York: John Wiley and Sons, Inc., 1971.

McHarg, Ian. *Design with Nature.* Garden City, New York: Doubleday-Natural History Press, 1971.

McIlhany, Sterling. *Art as Design: Design as Art.* New York: Van Nostrand Reinhold Company, 1970.

McLoughlin, Brian J. *Control and Urban Planning.* London: Faber and Faber, 1973.

———. *Urban and Regional Planning.* London: Faber and Faber, 1969.

McLuhan, Marshall. "The Invisible Environment" in *The Canadian Architect,* June 1, 1966.

McRae, Dick. "The Subtle Influences of the Environment," unpublished thesis, University of New Mexico, Fall, 1972.

McQuade, Walter. "The Enduring Work of a Great Finnish Architect" in *Fortune Magazine,* March, 1976.

Marinatos, S. *"Crete and Mycenae",* Harry N. Abrams. New York, 1960.

Markus, Marvin. "Urban Design Through Zoning" in *Planner's Notebook,* Volume 2, Number 5, October, 1972.

Massengale, John. "The Etiquette of Deconstructivism: Mr. Manners Goes to MOMA," *Inland Architect,* September/October, 1988.

Maskaleris, Thanasis. *"Kostis Palamois",* Twayne Publishers, Inc., 1972.

Michelis, Panagiotis. *An Aesthetic Approach to Byzantine Art.* Batsford, 1955.

———. "Space-Time and Contemporary Architecture" in *Journal of Aesthetics and Art Criticism,* Vol. III, No. 2, December, 1949.

———. "Aesthetic Judgment" in *Rivista di Estetica,* Anno III, Fasc. III, Set.-Dic., 1958.

———. "Aesthetic Distance and the Charm of Contemporary Art" in *Journal of Aesthetic and Art Criticism,* Vol. XVIII, No. 1, September, 1954.

———. "Thought and Creation in Art" in *The Arts and Philosophy,* No. 3, Spring, 1962.

———. *L'esthetic de l'architecture du Beton-Arme,* Dunod, 1963.

———. *E Architektonike os Techni,* Athens, 1965.

———. "Form in Architecture: Imitation and Abstraction, Sign, Language, Symbol" in *Vision and Value Series,* Vol. 6, Gyozgy Kepes, ed. New York: Braziller, 1966.

———. "Humanism and Contemporary Art" in *Chronica Aesthitikis,* Vol. H, Athens, 1969.

———. "Philosophie et Art" in *Studi Internazionali di Filosofia,* III, Fall, 1971.

———. *Aesthitika Theorimata.* In Greek, Vol. I–1965, Vol. II–1971, Vol. III–1972.

———. "The Teaching of Aesthetic and Artistic Experience" in *The British Journal of Aesthetics,* Vol. 12, No. 1, Winter, 1972.

———. "L'esthétique de l'architecture." Klincksieck, Paris, 1974.

———. *"Haghia Sophia".* Athens, 1976.

———. "Aisthetikos." Detroit, Michigan: Wayne State University Press, 1977.

Miller, Naomi. *Heavenly Caves: Reflection on The Garden Grotto,* New York: George Braziller, 1982.

Moliotis, Panos. "Development of the Design of Earthquake Resisting Structures in Greece" in *World Conference on Earthquake Engineering 1906–1956.* Dept. of Engineering, University Extension, University of California.

Muschamp, Herbert. "Peter Eisenman: Theory And Reality Collide," *Vogue,* October 1989.

Mumford, L. *The Culture of Cities.* London: Secker and Warburg, 1940.

———. *History of Utopias.* New York, 1963.

———. *The City of History.* London: Secker and Warburg, 1966.

Naylor, Gilliam. *The Bauhaus.* London: Studio Vista, 1968.

Negreponte, Nicholas. *The Architecture Machine.* Cambridge, Massachusetts: The M.I.T. Press, 1970.

Nelson, Eames, Girard. Prost in *Design Quarterly 98/99,* Walker Art Center, 1975.

Nervi, Pier Luigi. "Is Architecture Moving Toward Unchangeable Forms?" in *Structure in Art and in Science.* Gyorgy Kepes, ed. New York: George Braziller, 1965.

———. "On the Design Process" in *Structure in Art and in Science.*

Neuman, Eckhard. *Bauhaus and Bauhaus People.* Van Nostrand Reinhold, 1970.

Neutra, Richard. *Survival through Design.* New York, Oxford University Press, 1954.

Newman, Oscar. *Defensible Space, Crime Prevention through Urban Design.* New York: Collier Books, 1973.

Newsletter of A.I.P. Urban Design Department, Vol. 1, No. 4, January 24, 1975.

Newton, Norman T. *Design on the Land, the Development of Landscape Architecture,* Cambridge, Massachusetts: The Belknap Press of Harvard University, 1971.

Norberg-Schulz, Christian. *Intentions in Architecture.* 1963, 1965.

———. *Meaning in Architecture.* Jencks, C., and Baird, G., eds., 1969.

———. *Existence, Space, and Architecture.* New York: Praeger, 1971.

Osman, Mary E. "Earthquake Design: It Cannot All Be Left To The Engineers." *AIA Journal,* December, 1976.

Papanoutsos. *Aesthitiki.* Athens: Ikaros, 1964.

Pawley, Martin. "Introduction in *Le Corbusier.* New York: Simon and Schuster, 1970.

Peets, Elbert. *On the Art of Designing Cities,* Spreirengen, Paul, ed. Cambridge, Massachusetts: The M.I.T. Press, 1968.

Peña, William. *Problem Seeking.* Houston: Caudill Rowlett Scott, 1969.

Perin, C. *With Man in Mind: An Interdisciplinary Prospectus for Environmental Design.* Cambridge, Massachusetts: The M.I.T. Press, 1970.

Pevsner, Nikolaus. *Pioneers of Modern Design*. London: Penguin Books, 1972.
———. *Scrape and Anti-Scrape* in *"The Future of the Past"*, Fawcett Jane, Editor. Whitney Library of Design, New York, 1976.
———. The architecture of mannerism in *"Readings in Art History"* edited by Harold Spencer, Volume II. "The Renaissance to the Present", Second Edition. Scribner, New York, 1976.
Phelps, Robert. *Professional Secrets: An Autobiography of Jean Cocteau*. New York: Harper, Colophon Books, 1970.
Pirenne, Henri. *Medieval Cities*. Trenton, N.J.: Princeton University Press, 1952.
Pomeroy, Hugh R. Seminar on American planning. April 22–23, 1950. Department of City and Regional Planning, University of North Carolina.
Pommer, Richard. "The New Architectural Supremacists," in *Artforum*, October, 1976.
Popular Science, "Now You Can Buy Your Solar Heating Equipment for Your House." March, 1975.
Porphyrios, Demetri. *Alvar Aalto*. New York: Rizzoli, 1979.
———. *"Sources of Modern Eclecticism"*, Academy Editions/ St. Martin's Press, London, 1982.
Princeton University. *Planning Workbook*. Princeton, N.J.: Princeton University Press, 1971.
Progressive Architecture. "Interior Volume" and "Exterior Volume." June, 1965.
Quinn, Anthony. *The Original Sin*. Bantam, New York, 1974.
Rapp, Robert. "Space Structures in Steel."
Rasmussen, Steen, Eiler. *Towns and Buildings*. Cambridge, Massachusetts: The M.I.T. Press, 1969.
———. *Experiencing Architecture*. Cambridge: The M.I.T. Press, 1974.
———. *London: The Unique City*. Cambridge: The M.I.T. Press, 1974.
Ravenswaay, Charles Von. Planning for Preservation in *"Historic Preservation Tomorrow"*, National Trust for Historic Preservation. Colonial Williamsburg, 1967.
Reps, John W. *"Town Planning in Frontier America"*, Princeton University Press, 1969.
———. *"Cities of the American West"*, Princeton University Press, 1979.
———. *"The Making of Urban America"*. Princeton University Press, 1965.
Richard, Chafee. The Teaching of Architecture at the Ecole des Beaux-Arts in Drexler Arthur, *"The Architecture of the Ecole de Beaux-Arts"*, edited by Arthur Drexler. M.I.T. Press, 1977.
Richardson, Harry W. *Regional Growth Theory*. New York: John Wiley and Sons, 1973.
Risebero, Bill. *"The Story of Western Architecture"*. Charles Scribner's Sons, New York, 1979.
Ritsos, Yannis. "Stones-Bones-Roots" in *Anti*, Papoutsakis, ed. Athens, July 19, 1975.
Rocher, Bernard. "New Planning orientations for the city of Paris" in *PARIS, la ville et ses projets*, editions Babylone, Paris, 1988.
Rodwin, L. *Nations and Cities*. Boston: Houghton Mifflin Company, 1970.
Rowe, Colin and Robert Slutzky. "Transparency: Literal and Phenomenal" in Yale *Perspecta #8*. (no date).
Rowe, Colin. "Neoclassicism and Modern Architecture" in "The Mathematics of the Ideal Villa," M.I.T. Press, 1976.
Rudofsky, Bernard. *Architecture Without Architects*. New York: Doubleday and Company, 1964.
———. *Streets for People*. Doubleday, New York, 1969.
Ruskin, J. *The Seven Lamps of Architecture*. London: Dent, 1907.
Russell, Bertrand. *Introduction to Mathematical Philosophy*. G. Allen & Unwin Ltd. London (Macmillan Co.: New York), 1919.
Rykwert, Joseph. *The Idea Of A Town*. Princeton University Press, 1976.
———. *"On Adam's House in Paradise"*. MIT Press, Cambridge Mass., 1981.
Safdic, Moshe. *Beyond Habitat*. Cambridge: The M.I.T. Press, 1970.
Salvadori, Mario, and Heller, Robert. *Structure in Architecture*. Englewood Cliffs, N.J.: Prentice-Hall, 1963.
Salvadori, Mario. "Thin Shells" in Fisher, Robert E., *New Structures*. New York: McGraw-Hill, 1964.
Sartre, Jean Paul. *Essays in Aesthetics*. New York: Philosophical Library, 1963.
Schildt, Göran. *Alvar Aalto: The Early Years*. New York, Rizzoli, 1984.
———. *Alvar Aalto: The Decisive Years*. New York: Rizzoli, 1986.
———. *Alvar Aalto: The Mature Years*. New York, Rizzoli, 1991.
Schmid, Thomas, and Testa, Carlo. *Systems Building*. New York: Praeger Publishers, 1969.
Schodek, Daniel L. *Structures*. Englewood Cliffs, New Jersey: Prentice Hall, 1980.
Schulze, Franz. *Mies van der Rohe: A Critical Biography*. Chicago: The University of Chicago Press, 1985.
Science Council of Japan. "Proceedings of the Second World Conference on Earthquake Engineering," Gakujutsu Bunken, Vol. II, 1960.
Scientific American Publications. "Ciudad Guyana" in *Cities*. Penguin Books, 1967.
Scott, G. *The Architecture of Humanism: A Study in the History of Taste*. New York: Doubleday, 1954.
Scully, Vincent, Jr. *Frank Lloyd Wright*. New York: George Braziller, 1969.
———. *American Architecture and Urbanism*. New York: Praeger, 1971.
———. *Modern Architecture*. New York: George Braziller, 1974.
American Houses: Thomas Jefferson to Frank Lloyd Wright in *"The Rise of An American Architecture"* ed. Edgar Kaufmann, Jr. Praeger Publishers, New York, 1970.
———. *"The Earth, The Temple and The Gods"*, Yale University Press, 1979.
Seligman, Werner. "Le Corbusier As Structural Engineer." *Architectural Record*, October, 1987.
Sharon, Arieh. *Kibbutz and Bauhaus*. Stuttgart: Kramer and Massada, 1976.
Shkvarikov, V.; Hancke, M.; and Smirnova, O. "The Building of New Towns in U.S.S.R." in *Ekistics*, Athens, November, 1969.
Simonds, John Ormsbee. *Landscape Architecture*. New York, Toronto, London: McGraw-Hill, Inc., 1961.
Simpson, Otto George Von. *"The Gothic Cathedral: Origins of Gothic Architecture and the Medieval Concept of Order"*. Princeton University Press, 1974.
Skeffington Report on Public Participation. London: H.M.S.O., 1969.
Skinner, B. F., and Holland, James Gordon. *The Analysis of Behavior: A Program for Self-Instruction*. New York: McGraw-Hill, 1961.
Smith, Ray. *Supermannerism*. New York: E. P. Dutton 1977.

, Ray C. *Interior Design in The Twentieth Century.* New York: Harper & Row, 1986.
Smith College Museum of Art. *"Speaking a New Classicism: American Architecture Now"* Northampton, Massachusetts, 1981.
Soleri, Paolo. *Matter Becoming Spirit.* Garden City, New York: Anchor Press, 1973.
Sommer, R. *Personal Space: The Behavioral Basis of Design.* Englewood Cliffs, New Jersey: Prentice-Hall, 1969.
———. *Design Awareness.* San Francisco: Rinehart Press, 1972.
———. *Street Art.* Links: New York, 1975.
Speer, Albert. *Inside the Third Reich.* New York: The MacMillan Company, 1970.
Spiegel, Erika. *New Towns in Israel.* New York: Praeger Publishers, 1967.
Stefany, John E. "Environmental Education in Florida Schools," in *A.I.A. Journal,* September, 1976.
Stein, Clarence. *Toward New Towns for America.* Cambridge: The M.I.T. Press, 1971.
Stierlin, Henri. *"Encyclopedia of World Architecture".* Van Nostrand Reinhold Company, New York, 1983.
Sullivan, Louis H. *The Autobiography of an Idea.* New York: Dover Publishers, 1956.
Swedish Information Bulletin.
Tankel, Stanley B. "The Importance of Open Space in the Urban Pattern," in *Cities and Space,* Lowdon Wingo, Jr. ed. Resources for the Future, Inc. Baltimore: The John Hopkins Press, 1969.
Tatarkiewicz, Wladyslaw. *History of Aesthetics,* Vol. I, II & III. Warsaw: Mouton, PWN [Polish scientific publishers], Vol. I & II, 1970. Vol. III., 1974.
Taylor, Griffith. *Urban Geography.* London: Methuen and Co., Ltd., 1964.
The Decentralist, Vol. I, No. 1, January, 1942.
Theil, Paul A. *New Mexico, Dancing-Ground of the Sun.* Santa fe: Historical Society of New Mexico and School of American Research, 1954.
"Thomas Jefferson, Architect" New York, Da Capo Press, 1968.
Thompson, D'Arcy. *On Growth and Form.* Cambridge University Press, 1942.
Thorndike, Joseph J. *"The Magnificent Builders and Their Dream Houses".* American Heritage Publishing Co., Inc. New York.
Tiggeruean, Stanley. *"The California Condition".* The La Jolla Museum of Contemporary Art, 1983.
Tinbergen, J. *Central Planning.* New Haven: Yale University Press, 1964.
Tobey, George B., Jr. *A History of Landscape Architecture, the Relationship of People to Environment.* New York: American Elsevier Publishing Co., 1973.
Travlos, I. Title transliterated in *Poleodomike Exelixis ton Athenon.* Doctoral dissertation. University of Athens, 1955.
Troedsson, C. B. *The Growth of the Western City during the Middle Ages.* Transactions of Chalmers University of Technology, 1967. Göthenburg, Sweden, No. 127 (Avd. Arkitektur 2), 1959.
Tunnard, Christopher and Pushkarev, Boris. *Man-Made America: Chaos or Control?* Yale University Press, 1967.
Twombly, Robert C. *Frank Lloyd Wright.* New York: Harper and Row, 1973.
Tzonis, Alexander. *Towards a Non-oppressive Environment.* New York: i. Press, Inc., George Braziller, 1972.
Tzonis, Alexander, General Editor. *Archives of Le Corbusier, Gropius, Mies, Kahn.* New York: Garland Series.
Tzonis, Alexander & Lefaivre, Liane. "The Grid And The Pathway, *Architecture in Greece,* No. 5, 1981.
Uniform Building Code. International Conference of Building Officials, Whittier, California, 1973 edition.
Utudjian, Edouard. *Armenian Architecture 4th to 17th Century.* Albert Morance, Paris, 1968.
Vassiliades, D. *Odiporia stis morfes ke to ifos tou Ellinikou chorou.* Athens, 1973.
Vassiliou. J. "Angkor" Albért Morancé. Paris, 1971.
Venturi, Robert. *Complexity and Contradiction in Architecture.* New York: Museum of Modern Art, 1968.
Vickery, Robert. "Bijvoet and Duiker." *B. Bijvoet and Johannes Duiker, 1890–1935.* Zürich: Technischen Hochschule, 1977.
Von Hertzen, Heikki, and Spreiregen, Paul D. *Building a New Town.* Cambridge: The M.I.T. Press, 1973.
Wang, Marcy Li. "Stylistic Dogma vs. Seismic Resistance." *AIA Journal,* November, 1981.
Warhol, Andy. "Secrets of My Life" in *New York Magazine,* March 31, 1974.
Weaver, C. Robert. *"Preserving Historic America"* Dept. of Housing and Urban Development, 1966.
Wegner, Gilbert R., *The Story of Mesa Verde National Park.* Denver, Colorado: Good Stuff Publishing, 1988.
White, Edward T. *Introduction to Architectural Programming.* Tucson: Architectural Media, 1972.
———. *Concept Sourcebook: A Vocabulary of Architectural forms.* Tucson: Architectural Media, 1975.
Whitehill, Walter Muir. Education and Training for Restoration Work in *"Historic Preservation Tomorrow".* National Trust for Historic Preservation, Colonial Williamsburg, 1967.
Whitehill, Walter Muir and Nichols, Frederick Doveton. *"Palladio in America".* Mila: Electa Editrice, 1976.
Whiton, Sherrill. *Interior Design and Decoration.* Philadelphia: Lippincott Company, 1974.
Wilson, Forrest. "Of Space Frames, Time and Architecture." *Architecture,* August, 1987.
Wingler, Hans. *The Bauhaus.* Cambridge: The M.I.T. Press, 1969.
Wolf, Peter. *Evolving City.*
———. *The Future of the City.* New York: Whitney Library of Design, 1974.
Woodbury, Steven R. "Transfer Development Rights: A New Tool for Planners" in *Journal of the American Institute of Planners,* January, 1975.
Wong, Wucius. *Principles of Two-Dimensional Design.*
Wrede, Stewart. *The Architecture of Erik Gunnar Asplund.* The MIT Press, 1980.
Wright, Frank Lloyd. *The Natural House.* New York: Mentor Books, 1954.
———. *A Testament.* New York: Horizon Press, 1957.
———. *The Living City.* New York: Horizon Press, 1958.
———. *An Organic Architecture.* Cambridge: The M.I.T. Press, 1970.
Yi-Fu-Tuan. *Topophilia.* Englewood Cliffs, New Jersey: Prentice Hall, Inc., 1974.
———. *Morality And Imagination.* Madison: The University of Wisconsin Press, 1989.
Zevi, Bruno. *Architecture as Space.* New York: Horizon Press, 1957.
———. *The Modern Language of Architecture.* University of Washington Press, 1978.
———. "Gruppo 7: The Rise And Fall of Italian Rationalism." *Architectural Design,* 51, 1/2/1981.
Zoning in New York State. State of New York, Department of Commerce, Albany, New York, 1964.
Zucker, Paul. *Town and Square.* Cambridge: The M.I.T. Press, 1970.